高等职业教育汽车类专业规划教材

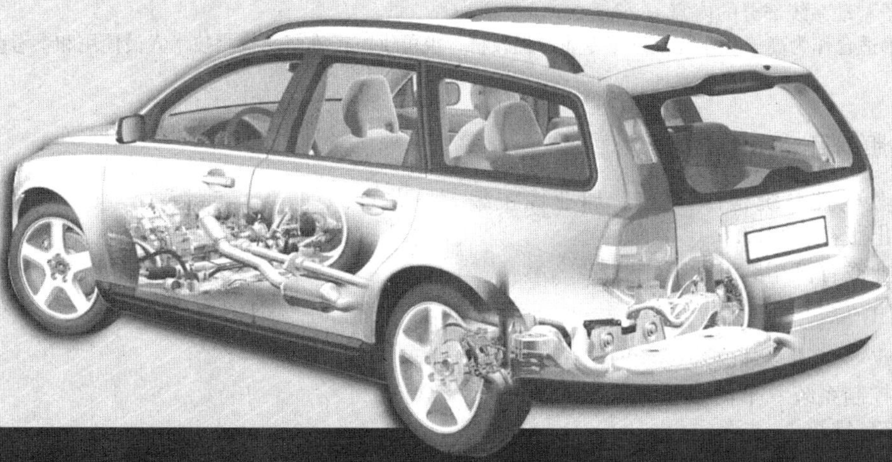

汽车底盘电控系统检修

QICHE DIPAN DIANKONG XITONG JIANXIU

刘 刚 屈亚锋 主编

中国铁道出版社
CHINA RAILWAY PUBLISHING HOUSE

内 容 简 介

本书是汽车检测与维修专业和汽车运用专业核心课程的教材，系统讲述了现代汽车底盘电控系统的结构原理、故障诊断与检修方法。

全书包括认知汽车底盘电控系统、检修电控液力自动变速器、检修防抱死制动系统、检修驱动防滑控制系统、检修电子控制悬架系统、检修电控动力转向系统、检修电子稳定程序控制系统共七个项目。每个项目均有学习目标且包括若干学习任务，每个学习任务又包括任务导入、相关知识、任务实施（含任务工单）、拓展知识（项目一除外）、复习延伸等内容。

考虑到汽车底盘电控系统在汽车上使用的具体情况和发展趋势，编写时增加了自动变速器和汽车电子制动系统部分的内容。

本书适合作为高等职业院校汽车专业课程教材，也可供汽车维修与检测技术人员使用和参考。

图书在版编目（CIP）数据

汽车底盘电控系统检修/刘刚，屈亚锋主编．—北京：中国铁道出版社，2017.6
高等职业教育汽车类专业规划教材
ISBN 978-7-113-21918-5

Ⅰ．①汽…　Ⅱ．①刘…　②屈…　Ⅲ．①汽车－底盘－电气控制系统－车辆修理－高等职业教育－教材
Ⅳ．①U472.41

中国版本图书馆 CIP 数据核字（2017）第 114566 号

书　　名：汽车底盘电控系统检修
作　　者：刘　刚　屈亚锋　主编

策划编辑：何红艳　　　　**读者热线：**（010）63550836
责任编辑：何红艳
编辑助理：绳　超
封面制作：白　雪
责任校对：张玉华
责任印制：郭向伟

出版发行：中国铁道出版社（100054，北京市西城区右安门西街 8 号）
网　　址：http://www.tdpress.com/51eds/
印　　刷：三河市华业印务有限公司
版　　次：2017 年 6 月第 1 版　　2017 年 6 月第 1 次印刷
开　　本：787 mm×1 092 mm　1/16　**印张：**22　**字数：**593 千
印　　数：1～2000 册
书　　号：ISBN 978-7-113-21918-5
定　　价：49.80 元

前言

PREFACE

近年来，国家大力推进“以服务为宗旨，以就业为导向”的职业教育改革，提出了“工作过程导向”“项目引领”“任务驱动”等一系列新理念、新理论、新方法。“以培养职业能力为核心，以工作实践为主线，以工作过程（项目）为导向，用任务进行驱动，建立以行动（工作）体系为框架的现代课程结构，重新优化课程内容，使理论与实践高度融合（一体化）”的课程改革思路，已得到众多职业院校所认同，并大力推进。

随着汽车工业及电子技术的飞速发展，现代汽车底盘上采用的电子设备品种繁多、日益复杂，当今汽车工业发展的电子化态势已然形成。这些电子设备大量采用计算机进行智能化控制，使得汽车维修理念、内容和方法都发生了根本性的变化，对汽车维修岗位人员的理论水平和实操技能都提出了越来越高的要求，要想短时间内掌握汽车新车型的维修技术和方法，必须具备自我提高知识与技能的能力。

为使高等职业院校汽车专业的学生能够系统地掌握汽车底盘电子控制系统的基本原理、故障诊断与维修方面的基本理论和技能，适应当今汽车维修行业的发展需要，我们编写了本书。本书在内容上力求反映汽车底盘电控系统新技术，注重理论联系实际，采用“项目引领，任务驱动”方式编写。以典型轿车（大众、丰田和上汽通用等车系）的汽车底盘为例，重点介绍其底盘电控系统的结构、工作原理、电路分析、使用与维修等内容，突出对汽车底盘电控系统的结构分析、电路图识读及检测与维护方法，旨在提高读者的技术应用能力。考虑到汽车底盘电控系统在汽车上使用的具体情况和发展趋势，编写时加强了自动变速器和汽车电子制动系统部分的内容。

本书内容先进、资料翔实、图文并茂、通俗易懂，针对性与实用性很强，每个项目后都配有复习延伸（小结、练习与思考），使读者能快速把握重点，举一反三、融会贯通，加深对汽车底盘电子控制技术的理解。本书适合作为高等职业院校汽车专业课程教材，也可供汽车维修与检测技术人员使用和参考。

本书由武汉交通职业学院刘刚、屈亚锋主编。具体分工如下：项目二由刘刚编写，其余项目均由屈亚锋编写。

在本书的编写过程中，参考了大量的教材与资料，在此向各位作者表示衷心感谢。

限于时间、水平、篇幅等因素，书中难免存在疏漏与不足之处，恳请读者不吝赐教，批评指正！

编　者

2017 年 2 月

目录

CONTENTS

项目一　认知汽车底盘电控系统

学习目标

1. 知识目标

（1）了解汽车底盘电控技术的概念。

（2）熟悉汽车底盘电控技术的现状。

（3）了解汽车底盘电控技术的发展趋势。

2. 能力目标

（1）能准确判断汽车使用了哪些汽车底盘电控技术。

（2）能熟练分析汽车电子控制系统的使用状况。

（3）能理解主要的汽车底盘电控技术的作用。

任务　汽车底盘电控系统认知

任务导入

2016 年暑期，小明跟着父亲走进了一家 SKODA 4S 店，准备购置一辆 2016 款昕动牌轿车。工作人员拿出车辆介绍资料，询问具体的购车意向。小明的父亲早在网上查询了各种款式的参数配置和价格，选中了 2016 款改款 1.6L 自动创行版。看着参数配置表中的 AT、EBD/CBC、ABS、EBA/BAS/BA、ASR/TCS、ESP/DSC，小明一头雾水，这些都是什么东西？能干什么用呢？你对上面的汽车底盘电控技术专业词汇缩略语了解多少呢？

本任务的学习拟在汽车底盘电控实训室结合多媒体教学手段来完成。除达到上述学习目标外，还应能结合车型参数配置表弄清楚具体车型汽车底盘电控技术的应用情况，掌握常见的汽车底盘电控技术专业词汇缩略语，了解其各自的功用和发展状况。

相关知识

一、汽车底盘电控技术的概念

汽车电子技术使汽车工业进入了一个全新的时代。电子技术在汽车上的应用，使得汽车的性能不仅适应日益严格的能源、排放、安全法规要求，而且满足了人们对汽车的舒适、便利、豪华的追求。

汽车底盘电控技术是指汽车底盘总成部件应用汽车电子技术来提高汽车的操纵性能、舒适性能和安全性能。主要体现在：电控自动变速器、防抱死制动系统、驱动防滑控制系统、电子控制悬架系统、电控动力转向系统、电子稳定程序控制系统等。

二、汽车底盘电控技术的应用

（一）汽车底盘电控技术的现状

1. 电控自动变速器

电控自动变速器的应用使得汽车在行驶过程中能够根据实际行驶情况进行变速器的挡位自动

变换，具有驾驶省力、延长发动机使用寿命、起步加速平稳、有效避免过载及发动机熄火等优点。目前，电控自动变速器主要有以下四种类型：电控机械式自动变速器（EMT）、电控液力－机械式自动变速器（EHAT）、有级式双离合器机械自动变速器（DCT）、电控机械式无级变速器（CVT）。

电子控制在自动变速器上的应用实现了汽车行驶过程中的自动补偿调节，自动变速器电子控制通过动力传动控制模块接收来自汽车上各种传感器的电子信号输入，根据汽车的使用工况对这些信息处理来决定液力自动变速器运行工况。按照这些工况，来控制变速器的升挡、降挡及换挡感觉。

2. 电子控制制动系统

电子控制制动系统主要包括 ABS/ASR/ESP（防抱死制动系统/驱动防滑控制系统/电子稳定程序控制系统）等集成控制系统，提高了汽车的主动安全性和驾驶舒适性。

ABS 能防止制动时车轮抱死，提高制动时的方向稳定性，缩短制动距离；ASR 能防止驱动过程车轮滑转，提高汽车行驶稳定性；ESP 通过有选择性地制动某一车轮及发动机管理系统干预，防止车辆滑移。

ABS/ASR/ESP 集成控制系统通过感知制动车轮每一瞬间的运动状态以及车辆的侧滑程度，对车辆在四个车轮上的制动力进行闭环控制，可以保证车辆在纵向和侧向都能充分利用地面附着系数，以保持行驶方向的稳定性和制动安全。

目前，在发达国家，功能相似的 ESP 装备已经被提升为国家层面的标准。欧盟 EuroNCAP 规定，自 2012 年起，只有装备了 ESP 的车辆才能获得五星级的安全等级；2011 年 11 月起，所有新车型必须装备 ESP；同时 2014 年 11 月起，所有新车必须配备 ESP 系统。美国国家高速公路安全管理局（NHTSA）规定：4.54 t 以下的车辆自 2011 年 9 月起，必须装备 ESP；2011 年 9 月之后，在加拿大销售的 4.54 t 以下的车辆必须强制装备 ESP。目前，我国生产的高端车辆，ESP 已经成为基本配置，随着用户对主动安全的日益关注，ESP 装备在中国也必然向低端车辆普及，在不久的将来，必将成为一项国家层面的标准，提供中国用户更加安全的驾驶性能。

3. 电子控制悬架系统

悬架系统是连接车轮与车身之间全部部件以及零件的总称。悬架系统主要由减振器、弹性元件（例如螺旋弹簧、板簧、扭杆等）以及导向机构这三部分共同组成。悬架系统能够有效地降低、抑制车轮与车体之间的振动与动载，保证汽车在行驶过程中的平顺性以及稳定性。

电子控制悬架系统（简称“电控悬架系统”）包括主动悬架和半主动悬架两种，主动悬架能够有效改善汽车的乘坐舒适度和安全性能，成为汽车电控悬架系统的主要发展目标。电控主动悬架又包括电控主动液压悬架和电控空气悬架两种。电控主动液压悬架通过伸缩液压减振器，根据车载计算机计算的悬架加速度使得车辆在行驶过程中保持平衡。电控空气悬架通过感应路面状况以及自身受到的作用力，能够及时进行空气减振器的摩擦和刚度的控制，以保证整个过程中车辆始终保持在可接受的范围之内发生适度振动。这两种主动悬架都是通过对减振器阻尼以及悬架刚度进行调节控制，抑制车身的振动，同时能够调节车身的高度，对被动悬架局限区域进行突破，令汽车悬架特性能够与道路状况相适应，从而保证了汽车行驶过程的平顺性及操纵稳定性。

4. 电控动力转向系统

电控动力转向系统是为了改善用户的转向操纵感，减轻用户的体力消耗和提高汽车的转向性能而设计的。它的基本要求是：汽车在低速行驶时，能够减少用户作用于转向盘的转向力；汽车在高速行驶时，能够通过转向盘向用户反馈适度的转向力。电控动力转向系统主要包括车身电子稳定系统、主动前轮转向系统、后轮转向系统等。

（1）主动前轮转向系统。主动前轮转向系统的英文全称是 Active Front Steering，简称 AFS。它具有可变传动比的特点。在低速状态下传动比较小，使转向更加直接，以减少转向盘的转动圈数，提高车辆的灵活性和操控性；在高速状态下传动比较大，可提高车辆的稳定性和安全性。AFS 的另一特点是可通过转向干预来实现对车辆稳定性的控制。作为新技术发展趋势，AFS 大大提高了车辆的安全性、机动性和驾驶乐趣。它不仅保留了完整的转向系统，而且使用户在转弯的过程中体会到真实的路感。

（2）后轮转向系统。后轮转向系统的英文全称是 Rear Wheel Steer，简称 RWS。它由电子控制单元、传感器和执行机构等组成，能够主动使汽车两后轮横拉杆相对于车身做侧向运动，并产生一个转向角。其执行机构有整体式和分离式两种。整体式是指汽车两后轮的横拉杆由同一个执行机构调节；而分离式则是指汽车两后轮的横拉杆由两个不同执行机构调节。对于整体式 RWS 执行机构，用一个横拉杆位移传感器就能确定两后轮的转向角；但分离式 RWS 执行机构至少需要两个位移传感器。

RWS 正常工作状态下，转向盘转向角和汽车行驶速度与后轮转向角成函数关系。当汽车低速行驶时，转向盘的执行机构给后轮一个与前轮转向角方向相反的转向角，使得车辆转弯或停车的转弯半径变小；当汽车高速行驶时，转向盘的执行机构给后轮一个与前轮转向角方向一致的转向角，可提高汽车的方向稳定性。当汽车在左右两侧附着力不同的路面制动时，RWS 同 ESP 系统相配合，及时地通过主动后轮转向角来平衡制动力所产生的横摆力矩，不仅保持了汽车的方向稳定性，而且最大限度地利用前轮的制动力，改进了汽车的制动性能。

5. 自适应巡航控制系统

自适应巡航控制系统的英文全称是 Adaptive Cruise Control，简称 ACC。它是一种智能化自动控制系统，它是在巡航控制技术的基础上发展而来的。在车辆行驶过程中，安装在车辆前部的车距传感器（雷达）持续扫描车辆前方道路，同时轮速传感器采集车速信号。当与前车之间的距离过小时，ACC 控制单元可以通过与防抱死制动系统、发动机控制系统协调动作，使车轮适当制动，并使发动机的输出功率下降，以使车辆与前方车辆始终保持安全距离。自适应巡航控制系统在控制车辆制动时，通常会将制动减速度限制在不影响舒适的程度，当需要更大的减速度时，ACC 控制单元会发出声光信号通知驾驶者主动采取制动操作。当与前车之间的距离增加到安全距离时，ACC 控制单元控制车辆按照设定的车速行驶，见图 1-1-1。目前，德国大众的帕萨特 CC、辉腾等高端车型已经成熟地应用了此系统，尽管目前在中国市场上还很少装备，伴随着中国交通管理的日益规范，道路情况的不断改善，该项技术在未来的中国必定会为用户带来更安全、更舒适的驾驶性能。

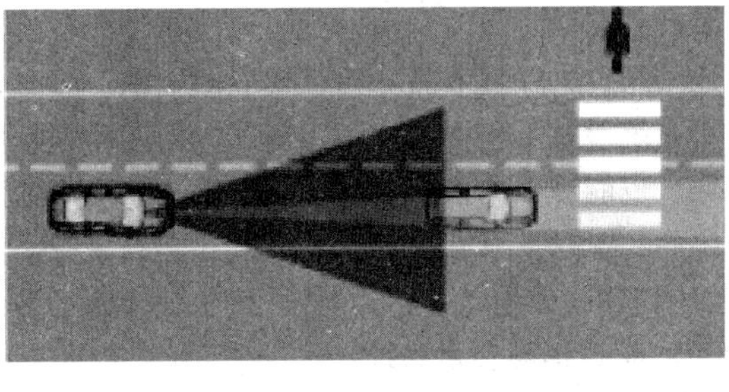

图 1-1-1　ACC 自适应巡航控制系统

6. 轮胎气压监控系统

轮胎气压监控系统的英文全称是 Tire Pressure Monitoring System，简称 TPMS。通过连续地检测轮胎压力、温度和车轮转速，可以在线监控车轮的实际气压，使用户能够实时了解自己车辆的轮胎气压状况，自动为驾驶人发出警告，以保持适宜的胎压，可以减少轮胎的不正常磨损，减低油耗，防止因胎压不足而引起的轮胎损坏，并保证汽车的行驶安全性。

在我国，直到近几年才有少数汽车企业开始考虑将 TPMS 系统作为标配。中国是一个潜力巨大的市场。在若干年以前，由于道路状况的条件，使得 TPMS 系统根本无用武之地，但最近几年由于道路状况的巨大改善已经使得 TPMS 的使用成为可能。目前 TPMS 主要还是作为一个豪华系统出现在一些高端车型上。

根据欧盟的规定：2012 年 11 月起，强制规定装备胎压检测系统。2008 年 9 月，我国由发展和改革委员会提出、全国汽车标准化技术委员会组织起草的标准《汽车轮胎气压监测系统》已完成征求意见稿，2011 年初开始推荐实施。该标准规定了 TPMS 系统的性能要求和试验方法，相信在不久的将来，国家亦必然有规定要求车辆逐步配备这一配置。目前我国配备了 TPMS 的车型主要有领驭、朗逸、荣威 550、国产奔驰 E 级、铂锐、奥迪 A6、宝马 3 系及 5 系等。

（二）汽车底盘电控技术的发展趋势

1. 线控制动系统

线控制动系统的英文全称是 Brake By Wire，简称 BBW。它是一种新型的智能化制动系统，也是未来制动控制系统的发展趋势。

BBW 包括电制动器、线控制动控制单元、传感器、线束、电源、制动手柄或电子制动踏板等。其简单的组成结构，省去了传统制动系统中的制动油箱、制动主缸、液压阀和复杂的管路，提高了整车质量和性能。BBW 不同于传统的制动系统，其传递的是电力，而不是液压油或压缩空气。它采用嵌入式总线技术，可以与防抱死制动系统（ABS）、牵引力控制系统（TCS）、车身电子稳定系统（ESP），自适应巡航控制系统（ACC）等汽车主动安全系统协同工作，通过优化微处理器中的控制算法，可以精确地调整制动系统的工作过程，缩短制动响应时间，提高车辆的制动效果，加强了汽车的制动安全性能。BBW 以电能作为能量来源，通过电动机或电磁铁驱动制动器，并且采用电线连接，耐久性好，可改善各种电控制动能效。系统总成制造、装配、测试简单快捷。安装和维修更加简单方便。

2. 自动辅助泊车系统

自动辅助泊车系统的英文全称是 Automatic Parking System，简称 APS。它通过前保险杠车头两侧设置的雷达探头，运用超声波传感器扫描路面两侧，通过比较停车的空间和车辆的长度，自动寻找合适的停车位，如图 1-1-2 所示。找到合适位置后，驾驶人只需控制制动、车辆自动控制转向操作，即可将车辆驶入泊车位，并且液晶屏会有相应的显示。拥有自动泊车系统后就不用再为停车烦恼了，即使驾驶技术不娴熟，也能够根据系统指示轻松解决。在泊车辅助这个层面，国际上只有高端车才配备这样的装备，但是随着国内用户要求的提高，昊锐和途观开创了 B 级车享受豪华车配置的先河。

图 1-1-2 自动辅助泊车系统

3. 车道偏离警示系统

车道偏离警示系统通过中控台上的按钮被激活。如果驾驶人在行车过程中跨越原来的车道，但没有转向的操作（如打转向灯），该系统会发出轻微的警示音。该系统是通过一台摄像机检测车辆在车道线之间的位置，当车速超过 60 km/h 时，该系统被激活；当车速超过 65 km/h 时，系统便开始进行干预。驾驶人警示控制系统（DAC）由一个摄像头、若干传感器和一个控制单元组成。摄像头装在风窗玻璃和车内后视镜之间，不断测量汽车与车道标志之间的距离；传感器记录汽车的运动；控制单元存储该信息并计算是否有失去对汽车控制的危险。如果评估的结果是高风险，即通过声音信号向驾驶人发出警示。此外，在仪表盘上还显示一段文字信息，用一个咖啡杯的符号提示驾驶人休息一会儿。在车辆进入容易使驾驶人进入放松状态的笔直、平坦的道路以及容易使驾驶人分神和打盹的环境时，以及当车速超过 60 km/h 时该系统被激活；当车速超过 65 km/h 时，系统便开始进行干预。欧盟规定：针对总重超过 3.5 t 的商用车和八座以上的小型客车，自 2013 年 11 月新车型必须强制安装车道偏离警示系统；2015 年 11 月针对所有新注册新车，强制装备以上系统。目前这些警示控制系统已经普遍应用在奥迪、沃尔沃、宝马等高级车上面。随着中国用户和安全管理部门对车辆主动安全要求的不断提高，这些安全电子系统必将朝着低成本化和普及化方向发展。

4. 连续性阻尼控制系统

连续性阻尼控制系统的英文全称是 Continuous Damping Control，简称 CDC。它由电子控制单元、CAN（控制器局域网总线）、四个车轮垂直加速度传感器、四个车身垂直加速度传感器和四个阻尼器比例阀组成。根据汽车的运动状况及传感器信号，电子控制单元计算出每个车轮悬架阻尼器的最优阻尼系数，然后对阻尼器比例阀进行相应的调节，自动调整车高，抑制车辆的变化等，使汽车的悬架系统能提供更好的汽车舒适性、安全性和稳定性。为此，让汽车车轮的动载振幅和车身垂直加速度尽可能小。目前德系车中，高端车辆如奔驰、辉腾、奥迪、途锐、保时捷等都配备了以上的装备，提供更加灵活的底盘舒适性和安全性。随着用户对车辆性能要求的不断提高，可调式减振器成本的优化和批量的增加，该项技术也必然朝着普及化和低端化的趋势发展。

5. 底盘线控系统

所谓线控系统就是执行机构和操纵机构两者没有机械连接和机械能量的传递，驾驶人的操纵指令通过传感器件感知，再采用电信号等形式经过网络传递给执行机构与电子控制器。其中，执行机构通过利用外来的能源完成相对应的任务，而其执行的整个过程和执行结果受到电子控制器的控制与监测。

汽车底盘线控系统的核心是线控驱动系统、线控转向系统和线控制动系统。线控驱动系统是电子控制器根据用户指令来控制发动机的转速和方向的，并且通过踩加速踏板来控制发动机输出的扭矩大小。线控转向系统由转向系统、电子控制系统和转向盘系统三部分组成，去除了转向轮与转向盘之间的机械连接装置，使得自身与其他系统更加协调一致地工作。线控制动系统由接收单元、踏板行程传感器和制动踏板等组成，经制动控制器接收车轮传感器信号、踏板信号与制动信号来控制车轮制动。

6. 连续控制底盘系统

连续控制底盘系统的英文全称是 Continuously Controlled Chassis Concept，简称 FOUR－C。它由电子控制全时四轮驱动系统和持续调校悬架系统构成。该系统可利用纵向、横向、滚动及倾斜感应器，加上车轮速度、转向盘角度、输出功率及制动力等数据对动力分布及悬架进行调节。

FOUR－C 的基本原理：分布在底盘的相应传感器可测量车身相对于道路的纵向、横向和垂直方向的加速度，并可通过防抱死制动器和稳定控制系统来测量每个车轮的旋转和垂直运动，转向盘的偏转角、速度、转向，发动机扭矩，以及各种紧急障碍数据等。整个过程以电子线路的形式与轿车全轮驱动系统相连接。由传感器收集上来的数据，主动上传给微处理器，再由微处理器将所有这些信息反馈给减振器，并以 500 次/s 的速度对其进行刷新。

未来汽车底盘电控技术的发展方向势必将线控制动系统、自动辅助泊车系统、车道偏离警示系统、连续性阻尼控制系统、底盘线控系统、连续控制底盘系统等新技术集成融合在一起，成为汽车底盘智能控制系统。上述全部系统功能集中在一个电子控制单元（Electronic Control Unit，ECU），再通过 CAN 总线实现信息共享、集中控制。提高了各自单独控制的性能和资源的合理分配。目前，基于串行通信传输的网络结构成为一种必然的选择。

未来汽车底盘电控技术在集成化方面，大体趋势是ABS/ASR/ESP集成和ABS/ASR/ACC集成。前者在制动、加速和转向方面满足了用户的较高要求，解决了汽车在制动和驱动时的方向稳定性问题，对汽车的主动行驶安全具有较大的贡献；后者具有优先用户操作的功能和ABS优先工作的功能，在实时动态监控、数据计算和确定汽车行驶状态和车轮转动状态上体现了优越性。汽车底盘电控技术的研究发展还在继续，未来在集成化方面必将有更新、更好的突破。

任务实施

一、实施环境

（1）汽车底盘电控实训室或汽车整车实训室。

（2）装备有底盘电控技术的轿车、举升机、工具车（配有拆装工具）、工作台。

（3）相应的车辆维修手册或车辆参数表。

二、实施步骤

分小组完成如下操作：

（1）对照本组指配的整车查看车辆装配了哪些底盘电控的部件。

（2）分组指出底盘电控的部件的具体位置。

（3）完成任务工单。

三、任务工单

<table>
<tr><td rowspan="3">项目一　认知汽车底盘电控系统</td><td>班级</td><td colspan="3"></td></tr>
<tr><td>姓名</td><td></td><td>学号</td><td></td></tr>
<tr><td>日期</td><td></td><td>分数</td><td></td></tr>
<tr><td colspan="5">（1）根据教师指定的整车，回答以下问题：
① 车辆的型号：________________；
② 车辆的VIN码：________________；
③ 装配汽车底盘电控的部件：________________________________
____。
（2）电控自动变速器的类型有：
① ________________；② ________________；
③ ________________；④ ________________。
（3）简述汽车底盘电控技术的发展趋势。

（4）分组讨论，如何回复任务导入中的客户咨询？

</td></tr>
</table>

复习延伸

一、小结

（1）汽车底盘电控技术是指汽车底盘总成部件应用汽车电子技术来提高汽车的操纵性能、舒适性能和安全性能。

（2）电控自动变速器有：电控机械式自动变速器（EMT）、电控液力－机械式自动变速器（EHAT）、有级式双离合器机械自动变速器（DCT）、电控机械式无级变速器（CVT）。

（3）电子控制制动系统主要包括ABS/ASR/ESP等集成控制系统，提高了汽车的主动安全性和驾驶舒适性。

（4）电子控制悬架系统包括主动悬架和半主动悬架两种，主动悬架能够有效改善汽车的乘坐舒适度和安全性能，成为汽车电控悬架系统的主要发展目标。

（5）电控动力转向系统是为了改善用户的转向操纵感，减轻用户的体力消耗和提高汽车的转向性能而设计的。

（6）自适应巡航控制系统的英文全称是Adaptive Cruise Control，简称ACC。

（7）轮胎气压监控系统的英文全称是Tire Pressure Monitoring System，简称TPMS。

二、练习与思考

（一）简答题

（1）自动变速器电子化的常见类型有哪些？

（2）防滑控制系统的基本内容是什么？

（3）简述防抱死制动系统的作用。

（4）简述电控悬架的作用。

（5）ESP有何功用？

（6）电控动力转向系统有何优点？

（7）四轮转向系统与电控动力转向系统有何不同？

（8）请在学习过程中留意积累素材，在学习结束时写一篇关于汽车底盘电控技术应用现状和发展趋势的总结。

（二）选择题

（1）下面（　　）是汽车底盘电控的装置。（多选）

A. AT　　B. ABS　　C. ASR　　D. EBD

E. EDS　　F. ECSS　　G. ESP　　H. EPS

（2）自动变速器和手动变速器相比，传动效率（　　）。

A. 提高了　　B. 降低了　　C. 一样

（3）电控悬架和传统悬架相比，（　　）可实现自动调节。（多选）

A. 弹性元件　　B. 减振器　　C. 车身高度　　D. 车轮

（4）轮胎气压监控系统（　　）了轮胎爆胎的可能性。

A. 提高了　　B. 降低了　　C. 一样

（5）车道偏离警示系统工作时，当车速超过（　　）时，系统被激活。

A. 50 km/h　　B. 60 km/h　　C. 65 km/h　　D. 70 km/h

项目二　检修电控液力自动变速器

学习目标

1. 知识目标

（1）了解电控液力自动变速器的主要优点和类型。

（2）掌握电控液力自动变速器及其主要元件的组成、结构、功用和工作原理。

（3）掌握电控液力自动变速器的控制内容和控制策略。

2. 能力目标

（1）能正确识别电控液力自动变速器的类型和检修主要元件。

（2）能熟练分析电控液力自动变速器的动力传动路线及换挡执行元件的作用。

（3）能熟练识读电控液力自动变速器的电路图和油路图。

（4）能够对电控液力自动变速器的常见故障进行正确的诊断与排除。

任务一　认知电控液力自动变速器

任务导入

一位购买丰田 COLLORA（卡罗拉）自动挡的新车主，电询 4S 店售后人员，反映车辆上陡坡时动力不足，车速很慢，咨询车辆是否出现了问题？是否选挡手柄的位置不当？听朋友说要挂在低速挡时才行，那么究竟在什么时候才使用低速挡呢？能否在高速行驶中从 D 位直接拨到 1 位呢？倘若你是该店售后服务人员，应该怎样正确答复客户的询问呢？

本任务的学习宜在整车实训室或汽车底盘电控实训室利用整车或自动变速器总成台架完成。具体包括：了解自动变速器的类型、特点；快速辨识车辆是否装备自动变速器且能识别该自动变速器的类型；知道正确操纵装备自动变速器车辆的方法；掌握电控液力自动变速器的基本工作原理等。最后完成任务工单。

相关知识

自动变速器的普遍采用，使汽车驾驶变得舒适方便，操作简单、省力，有利于行车安全和机件使用寿命的提高。现在 95% 以上的中高级轿车均采用了电控自动变速器，对普通家用轿车也在迅速普及。这就使得学习掌握自动变速器的相关知识和技能日显迫切；否则，容易由于盲目拆卸或维护不当而引发各种故障，甚至导致自动变速器报废。

一、电控液力自动变速器的概念

自动变速器是指在汽车行驶过程中，驾驶人无须操纵选挡手柄，仅通过踩踏加速踏板即可自动变换挡位进而改变车速的变速器，简称 AT（Automatic Transmission，注：AT 现在也专指采用电子控制液力传动类型的自动变速器，以区别于 AMT、CVT、DSG 等不同类型。）目前的自动变速器全都是由 ECU 依据设计好的换挡规律或换挡策略来控制自动换挡过程的，因此自动变速器又可简称 EAT、ECT、ECAT 等（缩略语中的字母 E、C 分别对应于英文 Electronic 和 Control。）

二、电控液力自动变速器的组成

尽管自动变速器的厂牌型号很多，外部形状各异，内部结构也不尽相同，但它们的组成却基本相同。电控液力自动变速器通常都是由液力变矩器、齿轮变速机构、换挡执行机构、液压控制系统和电子控制系统五部分组成的。自动变速器结构图如图 2-1-1 所示。

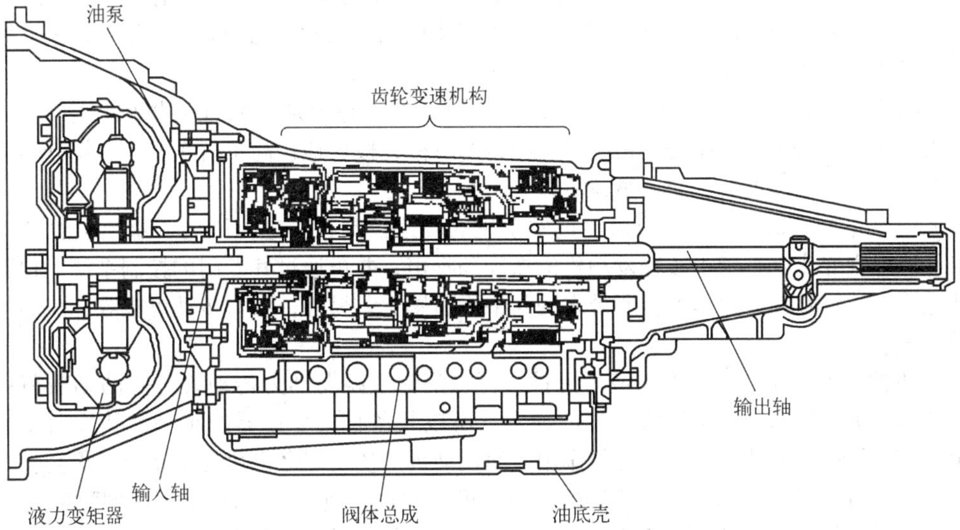

图 2-1-1　自动变速器结构图

1. 液力变矩器

液力变矩器位于自动变速器的最前端，与飞轮固定连接，其作用相当于手动挡汽车中的离合器。它可利用油液循环流动过程中动能的变化将发动机的动力传递给自动变速器的输入轴，并能根据汽车行驶阻力的变化，在一定范围内自动、无级地改变传动比和转矩比，具有一定的减速增扭功能。

2. 齿轮变速机构

齿轮变速机构用于构成不同的传动比，进而组成不同的挡位。目前绝大多数的电控液力自动变速器都采用行星齿轮机构进行变速，但也有少数车型采用定轴轮系进行变速（如本田车系）。

3. 换挡执行机构

换挡执行机构由若干多片湿式离合器、制动器（也有带式的）和单向离合器组成。通过其中不同类型和数量的组合，用以改变行星轮系中主动元件的角色（太阳轮、齿圈、行星架中的一个）和限制某个元件的运动（固定或是与其他运动件联动），进而使得动力传递的方向和速比发生改变。

4. 液压控制系统

液压控制系统主要由油压提供和限制部分、油压调节部分、联动控制部分、换挡控制部分、变矩器锁止控制部分及其他部分组成。组成中的各种控制阀和油路通常设置在一个板块内，称为阀体总成。

5. 电子控制系统

电子控制系统由输入装置、ECU、执行器三大部分组成。输入装置主要包括各种传感器和部分控制开关；ECU 根据各传感器和控制开关的信号和设定的控制程序，通过运算、分析，向相应的执行器输出控制信号，实现对自动变速器的控制。

三、自动变速器的特点

1. 优点

（1）操作简单省力。采用自动变速器的车辆取消了离合器踏板，只剩加速踏板和制动踏板；省去了手动换挡时离合器踏板与加速踏板、选挡手柄三者间的配合操作，极大地简化了换挡动作，降低了驾驶人的劳动强度。

（2）行车安全可靠。由于操作的简化，使驾驶人的注意力从频繁地换挡操作中解放出来，有利于更加集中精力观察道路交通情况，把控行车方向，极大地提高了行车安全。统计显示，在公共汽车采用自动变速器后，交通事故可减少 1/3。

（3）驾乘平顺舒适。自动变速器能把发动机的转速控制在一定范围内，避免了发动机转速忽高忽低地急剧变化，有利于减轻发动机的振动和噪声；并可通过其专门的控制系统，得到平稳的换挡过程，减轻驾驶人操作不良所带来的驾乘不适感觉；另外，液力传动可吸收和减弱换挡过程中的冲击。

（4）机件寿命延长。因为采用液力元件，可以消除或减弱动力传动装置中的动载荷；且由于自动换挡避免了粗暴换挡操作所产生的冲击，所以装备自动变速器的车辆，其传动装置零件的使用寿命较长；加上动力控制系统的作用，使发动机的使用寿命也得到了相应的提高。

（5）改善动力性能。由于液力变矩器性能及可连续自动换挡，车辆起步加速性能得以提高；自动换挡过程中传动系统可不中断功率传递，并有减少换挡冲击的设计措施（减油压、蓄能器、减扭矩等），加之换挡时刻与发动机功率的合理匹配，所有这些使得车辆平均速度有所提高，加速性能良好。

（6）通过性能提高。由于自动变速器绝大多数都是采用液力传动，再加上自动控制换挡，使得车辆的通过性能也得到了显著改善，能以较高的平均车速通过雪地和松软路面。

（7）降低空气污染。在手动变速器中，由于换挡过程中常伴有燃油供给量的急剧变化，发动机转速的变化较大，导致燃烧过程变差，使得发动机排气中的有害成分增加，加剧了对空气的污染。使用自动变速器，由于液力传动和自动换挡技术，能把发动机的工作限制在污染较小的转速范围内，进而减少排气中有害物的数量，有利于大气环境的保护。

2. 缺点

（1）结构复杂，制造精度要求高，质量大，因而造成其成本较高，研制费用较大。通常装备自动变速器的小轿车，较其相应的手动挡轿车价格高出 10% 左右。

（2）传动效率降低，燃油消耗增加，这主要由液力传动导致。通常，液力传动效率最高可达 86% ～ 90%，比机械传动效率低 8% ～ 12%，故通常燃料消耗较手动变速器略高。尽管许多教材和资料中都说到因结构改进和控制策略的优化，可使其燃料消耗较手动挡轿车更少，但目前的实际情况证明这只是一种理论上的设想。

（3）自动变速器由于结构复杂，故在使用维修、故障分析和处理等方面，要求必须有较高的技术水平。

四、自动变速器的类型

不同车型装备的自动变速器在形式和结构上往往差异甚大，常见的分类方法和类型如下。

1. 按变速方式分类

汽车自动变速器按变速方式的不同，可分为有级变速器和无级变速器两类。

有级变速器是具有几个固定传动比的变速器（通常是有3～6个前进挡和1个倒挡）。无级变速器是能使传动比在一定范围内连续变化的变速器，无级变速器目前在汽车上日渐普及。

2. 按汽车驱动方式分类

按汽车驱动方式的不同，自动变速器可分为后驱自动变速器和前驱自动变速器两类。它们在结构和布置上有很大的差别。

后驱自动变速器的变矩器和齿轮变速器的输入轴及输出轴在同一轴线上，轴向尺寸较大，在小型客车上布置比较困难。其阀体总成通常布置在变速器下方的油底壳内，如图2-1-1所示。

前驱自动变速器在壳体内还装有差速器。其中，发动机纵向布置所配用的前驱自动变速器的结构和布置与后驱自动变速器基本相同，只是在后端增加了差速器。横置发动机前驱自动变速器限于汽车横向尺寸，要求必须有较小的轴向尺寸，因此常将输入轴和输出轴设计成平行排列方式；变矩器输入、输出轴和变速器输入轴在同一轴线上，布置在上方，变速器输出轴布置在下方，如图2-1-2所示。这样就使变速器的轴向尺寸减小，高度增加，因而常将阀体总成布置在变速器的侧面或上方，确保汽车有足够的最小离地间隙。

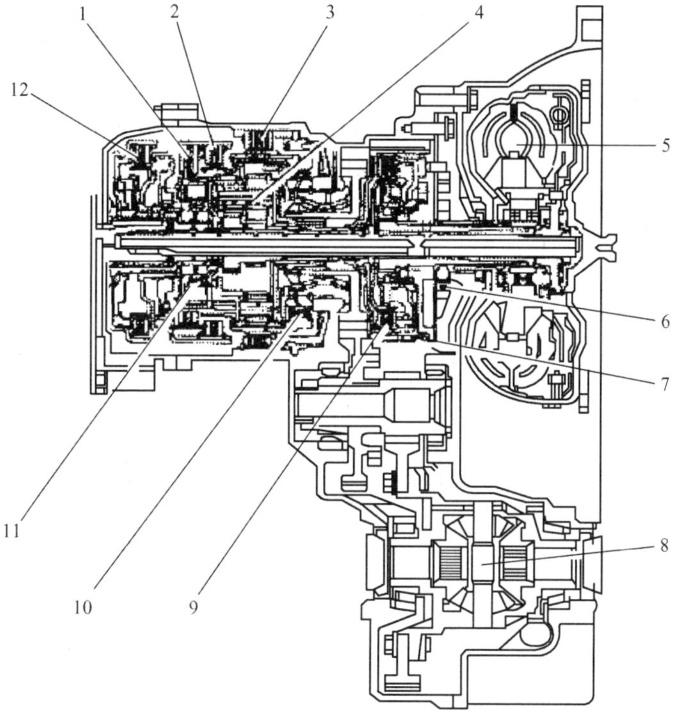

图2-1-2 AF13型前轮驱动自动变速器

1—C3多片离合器；2—C0多片离合器；3—B2多片制动器；4—4挡变速器装置；5—扭矩变换器；
6—流体泵；7—B1制动带；8—差速器；9—C2多片离合器；10—F1飞轮；11—F0飞轮；12—C1多片离合器

3. 按前进挡位数分类

目前，自动变速器按前进挡位数的不同，可分为4～6个挡位，甚至于有些车型还装备有7～9个前进挡。现在轿车装备的自动变速器几乎都是4个（已显落后）或4个以上前进挡，均设有超速挡。挡位数的增多，必然使得自动变速器的构造更加复杂，但是对于车辆燃油经济性的提高却大有益处。

4. 按齿轮机构的类型分类

按齿轮机构的类型不同，自动变速器分为普通（定轴）齿轮式和行星齿轮式两类。定轴齿轮式自动变速器体积较大，最大传动比较小，只有少数车型使用，如本田 Accord 轿车；行星齿轮式自动变速器因结构紧凑，能获得较大的传动比，为绝大多数轿车所采用。

5. 按变矩器的类型分类

现代轿车自动变速器大多采用结构简单的单级三元件综合式液力变矩器，内部均设有锁止离合器。这样，当汽车达到一定车速时，控制系统使锁止离合器接合，将液力变矩器输入部分和输出部分连成一体，发动机动力不再借助于液力传动而是以机械传递方式直接传入齿轮变速器，提高了传动效率，降低了燃油消耗，使得车辆燃油经济性得以改善。

6. 按控制方式分类

液力自动变速器按控制方式不同，可分为全液力控制自动变速器（简称液力自动变速器）和电子控制液力自动变速器（简称电控液力自动变速器）两类。前者，现已几乎淘汰。

现代汽车普遍采用的电控液力自动变速器，是在液力自动变速器基础上增设电子控制系统而形成的。节气门开度和车速参数分别由节气门位置传感器和车速传感器提供，替代了液力自动变速器中的节气门阀和速控阀，简化了液压系统，提高了响应速度；并增设了油路控制电磁阀。

电控系统中的传感器和开关感测汽车和发动机的运行状态和驾驶人的驾驶意图，并将其所检测到的信息转换成电信号输入到电控单元 ECU。ECU 经过计算、比较处理后，根据设计的换挡程序（或称控制策略），确定并输出换挡指令信号，通过电磁阀的开闭，实施油压的增加和泄放，完成对换挡阀的控制；使其打开或关闭通往相应换挡离合器和制动器的油路，最终实现换挡时刻和挡位的变换，达到自动变速的目的。其工作原理如图 2-1-3 所示。

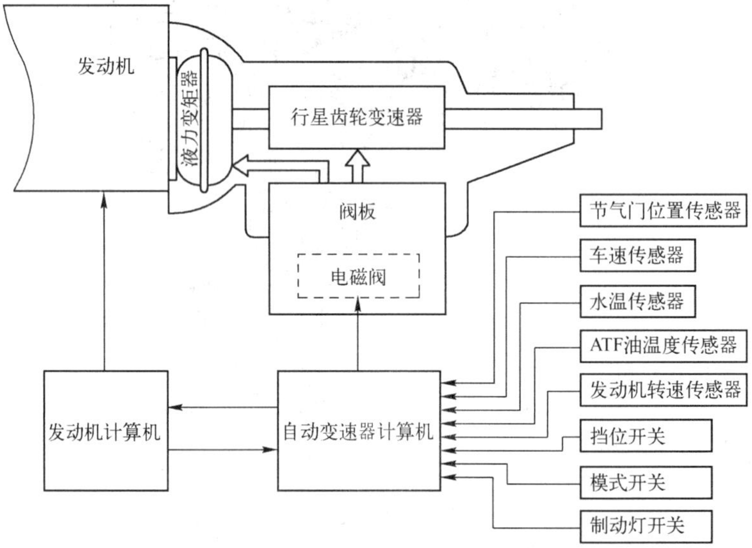

图 2-1-3 电控液力自动变速器的控制原理

五、自动变速器的使用

不同类型的自动变速器挡位大同小异，使用方法相差无几。选挡手柄一般有 3 ～ 7 个位置。如欧美部分车选挡手柄位置为 P、R、N、D、S、L 或 P、R、N、D、3、2、1；本田车系选挡手柄位置为 P、R、N、D4、D3、2、1；丰田车系选挡手柄位置为 P、R、N、D、2、L；日产车系选挡手柄位置为 P、R、N、D、2、1 等。选挡手柄如图 2-1-4 所示。

挡位指示器可以设置在选挡手柄旁，也可以设置在仪表板上，如图 2-1-4 所示。

自动变速器选挡手柄各位置名称与功能见表 2-1-1。

有的手/自一体变速器上还有 M（Manual）位，表示此位置可以手动控制：M + 表示手动升挡，M - 表示手动降挡。

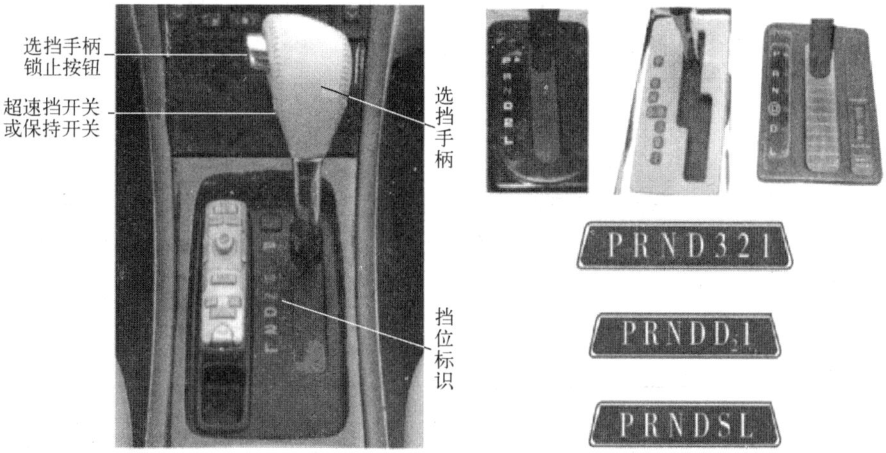

图 2-1-4　选挡手柄组成及挡位指示器

表 2-1-1　自动变速器选挡手柄各位置名称与功能

挡位	挡位名称	挡位功能
P	驻车挡（Parking）	停车位置。只有在车辆完全停稳时才能进入该位，此时驻车锁止机构锁住变速器输出轴。若从此位移出，可踩下制动踏板或按下选挡手柄上的锁止按钮，此时解除锁止功能。注意：在此位可启动发动机
R	倒车挡（Reverse）	用于倒车。通常要按下选挡手柄上的锁止按钮，才可将手柄移至 R 挡。注意：当车辆尚未完全停定时，绝对不可以强行转至 R 挡，否则变速器会受到严重损坏
N	空挡（Neutral）	空挡。将选挡手柄置于 N 挡时，发动机与变速器之间的动力已经切断分离。如短暂停留可将选挡手柄置于此挡并拉起驻车制动杆，右脚可移离制动踏板稍作休息。注意：在此位可启动发动机
D(D4)	前进挡（Drive）	前进挡，用在一般道路行驶。由于各国车型有不同的设计，所以前进挡一般包括从 1 挡至高挡或者 2 挡至高挡，并会因车速及负荷的变化而自动换挡。将选挡手柄放置在 D 位上，驾车人控制车速快慢只要控制好加速踏板就可以了
3(D3)	高速发动机制动挡	上下坡行驶条件下使用。选挡手柄位于此位置时，液压控制系统只能接通前进挡中 1、2、3 挡的油路，自动变速器只能在这三个挡位之间自动换挡，无法升入 4 挡，从而使汽车获得发动机制动效果
2(S)	中速发动机制动挡	用于在松软打滑路面或较长坡道上使用。在此位置，液压控制系统只能接通前进挡中的 1、2 挡的油路，自动变速器只能在这两个挡位之间自动换挡，无法升入 4 挡，从而使汽车获得发动机制动效果
1(L)	低速发动机制动挡	变速器只能在 1 挡内工作，不能升挡。它在严重交通堵塞的情况和坡度较大的斜坡上最能发挥功用。上斜坡或下斜坡时，可充分利用汽车发动机的扭力或制动作用
OD	超速挡（Over Drive）	用于高速行驶。通常为最高前进挡，设有专门的锁止开关，只有达到规定条件后才可接通开关

任务实施

一、实施环境

(1) 汽车底盘电控实训室或汽车整车实训室。

(2) 装备有自动变速器的轿车（如世嘉、标致307、科鲁兹、英朗、君威等）或汽车自动变速器台架（如MAXA、AF13、4T60E、AL4等）、举升机、工具车（配有拆装工具）、工作台。

(3) 相应的车辆维修手册或自动变速器台架资料。

二、实施步骤

分小组完成如下操作：

(1) 对照本组指配的整车或台架查看自动变速器构造特征，弄清其具体组成和工作原理。

(2) 分组操作，领会自动变速操纵杆的换挡方法。

(3) 完成任务工单。

三、任务工单

<table>
<tr><td rowspan="3">项目二　检修电控液力自动变速器
任务一　认知电控液力自动变速器</td><td>班级</td><td colspan="3"></td></tr>
<tr><td>姓名</td><td></td><td>学号</td><td></td></tr>
<tr><td>日期</td><td></td><td>分数</td><td></td></tr>
<tr><td colspan="5">(1) 根据教师指定的自动挡车辆和自动变速器，回答以下问题：
① 车辆的型号：________；　② 车辆的 VIN 码：________；
③自动变速器型号：________；　④ 自动变速器的类型：________；
⑤ 自动变速器的组成部件：________________；
⑥ 该自动挡车辆的动力传动路线：________________
________________________________。</td></tr>
<tr><td colspan="5">(2) 写出自动变速器选挡手柄位置的名称：
P：________；　R：________；　N：________；
D(D4)：________；　3(D3)：________；　2(S)：________；
+：________；　-：________；　1：________；
M：________。
(3) 写出自动变速器控制模式开关的名称：
O/D：________；　E：________；　P：________；
N：________；　S：________；　*：________。
(4) 简述教师指定需要辨识的自动变速器的主要部件及装配关系。

(5) 分组讨论，如何回复任务导入中的客户咨询？

(6) 讨论说明，对于手动挡车辆和自动挡车辆在拖车时有何区别？

</td></tr>
</table>

拓展知识

一、使用自动变速器的常见错误

（1）自动变速器车辆长时间停车时，变速杆仍滞留在D位。

在等待通过信号灯或堵车时，有些驾驶人喜欢将变速杆保持在D位，同时踩下制动踏板，若时间很短，这样做是允许的。但若时间较长时最好换入N位，并拉紧驻车制动杆。

（2）自动变速器车辆高速行驶或下坡时，把变速杆置于N位滑行。

当下长坡确需滑行时，可将变速杆还保持在D位，也可以滑行，但不可使发动机熄火（因下长坡滑行将发动机熄火会减少车轮制动助力）。另外，会因发动机转速处于怠速，造成油泵供油量过小，会导致换挡执行元件油压不足而打滑且润滑散热效果下降，进而烧毁换挡执行元件。

（3）自动变速器在P位或N位以外的挡位启动车辆。

装备自动变速器的车辆被设计为只能在P位或N位才能将发动机启动，以避免在其他挡位启动时，使车辆立刻出现向前或向后的窜动而发生意外。因此，启动发动机时一定确定变速杆处于P位或是N位。

（4）装备自动变速器或三元催化转换器的汽车通过外力推拉车辆来启动发动机。

搭载自动变速器或三元催化转换器的汽车因在发动机熄火状态下，在任何挡位是不能将车轮滚动力矩反向传递给发动机的，而采用人推或其他车辆拖动的方法启动，这种做法是错误的。这样非但不能将外加动力施加到发动机上，反而会损坏三元催化转换器。

（5）装备自动变速器的车辆在坡道停车时不使用驻车制动。

装备自动变速器的汽车在坡道上停车时，有些驾驶人只是将变速杆置于P位，而不使用驻车制动，这种操作容易引发交通事故。虽然装备自动变速器的汽车在P位设有停车锁止机构，一般是很少失效的，但一旦失效就会造成意外事故。因此，在坡道上停车时，还是应该同时使用驻车制动器。

（6）自动变速器汽车在D位可以起步，一直踩加速踏板就可以换到高速挡。

正确的换挡操作应是“松加速踏板提前升挡，急踩加速踏板提前降挡”。也就是说，在D位起步后，若要快速升挡，可以采用“踩—放—踩—放”这种循环操作方式。但要注意，不能将加速踏板踩到底；否则，会强制挂入低速挡，长期如此有可能造成自动变速器的损坏。

总之，自动变速器汽车相对于手动变速器汽车而言，省去了离合器踏板，不必频繁地实施复杂的换挡操作，使驾驶汽车变得简单、轻松。但倘若操作不当，也会人为增加自动变速器的故障发生频率，降低其使用寿命，增加维修保养费用。正确使用自动变速器，不仅可以避免或减少交通事故的发生，还会降低车辆使用油耗，减少排放污染。

二、自动变速器型号的认知

一种变速器可能被用在多个公司不同款式的汽车上，而同种车型也可能装用不同型号的变速器。如果对自动变速器的型号不了解，在维修中就会对故障分析、资料查找及零配件采购等造成障碍。通过自动变速器的型号可以了解其基本配置，其型号通常在油尺、油底壳或变速器壳某一特定位置上可以找到。

以下先介绍典型自动变速器型号的含义，然后对目前常见自动变速器的主要识别方法进行简要介绍。

1. 自动变速器型号的内容

自动变速器的型号中，主要包含以下内容：

（1）变速器性质：指的是自动变速器还是手动变速器。一般用 A 表示自动变速器，M 表示手动变速器。

（2）生产公司：有的自动变速器型号前会加上表明生产厂家的字母，如 ZF 表示德国 ZF 公司生产的自动变速器。

（3）驱动方式：指车辆是前轮驱动还是后轮驱动。一般用 F 表示前轮驱动，R 表示后轮驱动。

（4）前进挡位数：一般用数字表示。

（5）控制方式：指自动变速器是电控、液控还是电液控制。一般用 E 表示电控，H 表示液控，EH 表示电液控制。

（6）生产、改进序号：指自动变速器是基本型还是改进型。

（7）额定输出转矩：指自动变速器能够输出的最大转矩。

2. 自动变速器型号含义举例

下面将几个主要公司的自动变速器介绍如下：

1）采埃孚（ZF）公司自动变速器

全名 ZF Friedrichshafen AG，与日本的爱信（Aisin AW）、捷特科（Jatco）并称为世界三大自动变速器厂商。只要是汽车自动变速器标识为“××HP－××”的均为 ZF 公司产品。

例如：宝马 ZF5HP－19－EH。ZF：ZF 公司；5：前进挡位数；H：液控类型；P：行星轮系；19：变速器额定转矩 19 N·m；（E：电控类型变速器）；EH：电液控制类型变速器。

又如，ZF－6HP－22、8HP－30/45/70/90、9HP－28/48 等。目前，ZF 已推出 10HP。

2）通用（GM）公司自动变速器

该公司自动变速器的型号主要有：4T60E、4L60E、5L40/45E、6L45E 等。第一位阿拉伯数字表示前进挡的位数，“4”表示有四个前进挡。第二位字母表示驱动方式：“T”表示自动变速器横置（前轮驱动）；“L”表示纵向安装（后轮驱动、四轮驱动）。第三、四位阿拉伯数字表示自动变速器的产品系列。第五位字母表示控制类型，“E”表示电子控制。

3）丰田公司自动变速器

丰田公司自动变速器大部分为爱信公司生产的，型号分为 A 系列和 U 系列。

早期的丰田自动变速器型号的形式以 A43D 这种型号中含有两个数字为代表，这种形式的自动变速器主要有 A40、A40D、A42DL、A45DF、A55、A55F 等。其中，A 表示自动变速器；4 表示驱动方式，其中 1、2、5 表示前轮驱动，3、4、6、7 表示后轮驱动；3 表示生产序号，0 是基本型，1 是第一次改进型，3 是第三次改进型；D 表示前进挡位数，D 表示具有超速挡，即 4 挡自动变速器，若无 D 则表示为 3 挡自动变速器；E 表示电控自动变速器，同时具有锁止离合器，若无 E 则表示液控自动变速器；L 表示具有锁止离合器；F 表示四轮驱动自动变速器。

目前的丰田自动变速器型号以 A340E 这种型号中含有三个数字为代表，这种形式的自动变速器主要有 A340E、A340H、A341E、A340F、A341F、A140E、A141E、A240E、A241E、A245E、A540E、A540H、A541E、A650E 等，其中，左起第一个字母 A 仍表示自动变速器；左起第一位阿拉伯数字以及后附字母的含义同上；左起第二位阿拉伯数字表示该自动变速器前进挡位数；左起第三位阿拉伯数字表示生产序号。还需说明，上述各型自动变速器中，A340H、A340F、A540H 的后面均省略了字母 E。

丰田公司近年来升级版本的自动变速器型号有 A750E、A760/761E、A960 和 AA80E 等。U 系列的有 U151、U241、U250、U340/341E、U540、U660、U760/761E 等型号。这里的 U 表示超级智能自动变速器，且均为前轮驱动。

特别说明：在当今的六速自动变速器市场上，爱信公司产品占有很大的市场份额，其中，国内最常见的就是爱信的 TF-60SN，大众将它安装于多种车型中，将它称为 09G、09M 以及 09K。而用于奥迪、途锐及保时捷卡宴的 09D 也是爱信的六速后驱自动变速器，爱信的名称为 TR-6SN。此外，还有爱信的 TF-80SC，整车厂称为 AF40；在欧系车中，如 VOLOV、SAAB、OPEL、RANGE ROVRE、PEUGEOT 等车型使用广泛，而国内上海通用公司新近生产的新款君威 2.0T 用的也是这款 AF40 爱信六速自动变速器。而爱信的 TF-81SC 变速器被福特称为 AWF21，被用于新款福特蒙迪欧等车型上。这些爱信六速自动变速器将在今后几年的维修市场中日益常见，尤其是大众 09G，此变速器已被用来完全取代早先的大众 01M 和 01N 这两种四速变速器，正用于各种国产的大众车型中，如大众途安、POLO、新宝来、朗逸、速腾、迈腾、斯柯达等，其今后维修保养量之大可想而知。然而爱信公司对于维修市场采取了一贯的技术资料和零配件的封锁，维修人员除了一些基础的整车厂培训资料外，缺乏深入的技术资料以及需要更换的零配件，维修市场除了能出高价更换变速器总成或者小总成外，想要以低成本来维修这些爱信六速自动变速器似乎困难重重。

4）奔驰公司自动变速器

奔驰公司自动变速器型号形式为722. ×，如 722.4（四个前进挡）、722.5、722.6（五个前进挡）、722.7（5 挡平行轴式）、722.9（七个前进挡，两个倒挡）等。以 722.6 为例，进一步介绍。其中，722 表示轿车用自动变速器；6 表示自动变速器型号。

5）大众公司自动变速器

大众公司自动变速器型号分为两大系列，即 09 系列和 01 系列。

09 系列有 096、097、098、099、09G、09E、09L、09D（09G 系列由日本爱信公司生产）等。

01 系列有 01M、01N、001、01V（是大众服务号，实为 ZF 公司生产的 ZF-5HP-19）和 01J（无级系列）。

DCT/DSG 双离合器直接换挡系列有 02E（为 6 挡湿式离合器）、OAM（为 7 挡干式离合器）、0B5（为 7 挡湿式离合器）。

复习延伸

一、小结

（1）自动变速器之所以能实现自动换挡是因为发动机负荷和行车速度的变化能指挥自动换挡控制系统工作，通过自动换挡系统中的电磁阀或液控阀的工作状态发生变化，使得控制变速齿轮机构的换挡执行元件：离合器（分离与接合）和制动器、单向超越离合器（制动与释放）的组合形式跟随改变，造成变速齿轮机构的动力传动路线发生变化，改变了传动比，最终实现变速器挡位的变换。

（2）液力自动变速器主要由液力变矩器、齿轮变速机构、换挡执行机构、液压控制系统、电子控制系统、冷却滤油装置等组成。

（3）电控自动变速是通过各种传感器，将发动机转速、节气门开度、车速、发动机冷却液温度、自动变速器油（ATF）温度等参数信号输入 ECU，ECU 根据这些信号，按照设定的换挡规律，向换挡电磁阀、油压电磁阀等发出动作控制信号，换挡电磁阀和油压电磁阀再将 ECU 的动作控制信号转变为液压控制信号，阀体中的各控制阀根据这些液压控制信号，控制换挡执行元件的动作，从而实现自动换挡过程。

（4）目前使用的自动变速器按照传动及控制原理的不同可分为 AT（液力自动变速器）、AMT（自动控制机械式变速器）、CVT（无级变速器）和 DCT/DSG（双离合器直接换挡变速器）四种。

（5）各公司的自动变速器都编有不同的型号，由字母和数字组成，用以表示各种不同意义。

(6) 自动变速器的变速杆位置不同于手动变速器的换挡位置，通常有P、R、N、D（D4）、3（D3）、2（S）、1（L）等位置。自动变速器的挡位变化不只是由变速杆的位置所决定，还受到控制开关和模式开关的约束。

(7) 装有自动变速器的汽车出现故障需要牵引时，变速杆应置于N位，牵引速度不得超过50 km/h，距离要小于50 km。若需长距离牵引，则要将驱动桥置于牵引车上。

二、练习与思考

（一）简答题

(1) 简述自动变速器的基本组成和基本工作原理。

(2) 自动变速器汽车有何优点？

(3) 如何识别不同品牌的汽车自动变速器？

(4) 简述换挡手柄上各挡位和控制开关的作用。

（二）案例分析题

案例一　汽车修理厂招聘接车员

广州某汽车修理厂招聘一名接车员。上午9时许，一名张姓先生前来应聘。张先生是某知名大学汽车专业毕业生，没有多少工作经验，但有驾驶证。恰巧有一辆奥迪车开来要维修自动变速器，于是厂长问道："张先生能否试车，帮助看看是什么毛病？"张先生满口答应并去试车。张先生向车主说明来意，车主回应说："钥匙就在车上，你去试吧。"张先生打开点火开关至启动挡，结果发动机寂静无声，毫无反应。于是，张先生透过车窗问车主，"你的起动机是否有故障？"车主闻言气不打一处来，"刚才还好好的，怎么现在起动机就有故障了呢？"车主当然心知肚明，"你出来，我再看看？"车主上车将发动机启动，掉头深踏加速踏板扬长而去。这一幕被厂长看得一清二楚，当即叫来张先生说："你留下电话号码回去等通知吧。"接下来，张先生等的通知犹如石沉大海般杳无音讯。

你读到这里知道其中原因吗？

如果你是一名汽车销售员，有客户来买搭载自动变速器的汽车，你应该怎样向客户介绍自动变速器车辆操作要领呢？

案例二　小孙购买自动变速器配件

小孙是个汽车修理学徒工，有一天带着一大包拆散的自动变速器旧零件去买新配件。到了配件公司，他将一大包旧件拿了出来，说"我要购买宝马和奔驰两种车的这一堆自动变速器配件，这些都是样品"，并请销售人员给他拿货。然而，销售人员不但不给小孙拿货，反而漫不经心地回答"我们无法给你配货，请把你这些旧件拿到别的地方去配吧。"接下来小孙又找了几家配件公司，结果如出一辙。

请问小孙是在哪个环节出了问题呢？配件公司为什么不给他配货呢？你知道答案吗？

任务二　认知与拆装液力变矩器

任务导入

某大众4S店前台接待人员刚上班就接到一位购买Bora自动挡的车主报修：早晨着车后，发现起步异常缓慢，深踩加速踏板才勉强起步，明显感到车辆动力不足，提速困难，此前未觉异常。于是就赶紧将车开来，希望得到检修处理。

你认为是何原因导致该车出现了上述问题？这与自动变速器中的液力变矩器性能异常是否有关呢？

本任务的学习宜通过在整车实训室或汽车底盘电控实训室利用整车或自动变速器总成台架完成。具体包括：掌握液力变矩器的结构、类型；理解液力变矩器工作原理与工作特性；能够拆装和检修液力变矩器，并完成相应的任务工单。

相关知识

装备自动变速器的车辆无法起步或起步困难均是极为典型的故障现象，导致此类故障现象的出现有诸多原因，比如发动机的动力严重下降，传动系阻力过大，自动变速器中换挡执行元件打滑或齿轮变速机构异常，液控系统压力不足等等。此外，还有与液力变矩器（Fluid Torque Converter）相关的一个重要方面就是其中的增矩元件导轮出现了故障进而导致起步无力。若要解决由此原因所致的故障，就必须掌握液力变矩器的结构组成和工作原理，理解为何导轮的存在会增加发动机传输给传动系的扭矩，以及有利于车辆起步的缘由。

一、液力变矩器的作用和性能

如前所述，液力变矩器位于自动变速器的最前端，与飞轮固定连接，其作用相当于手动挡汽车中的离合器。它可利用油液循环流动过程中动能的变化将发动机的动力传递给自动变速器的输入轴，并能根据汽车行驶阻力的变化，在一定范围内自动、无级地改变传动比和转矩比，具有一定的减速增扭功能。

液力变矩器动力传递的主要形式是液力传动，是构成液力自动变速器不可缺少的重要组成部分。此总成封装在一个钢质壳体中，内部充满自动变速油（Automatic Transmission Fluid，ATF）。变矩器壳体前端通过螺栓与发动机曲轴后端的飞轮连接，随曲轴一同旋转，如图2-2-1所示。它将发动机的动力“柔性”地传递给自动变速器中的齿轮机构，并具有一定的自动变速能力。自动变速器的传动效率主要取决于液力变矩器的结构和性能。

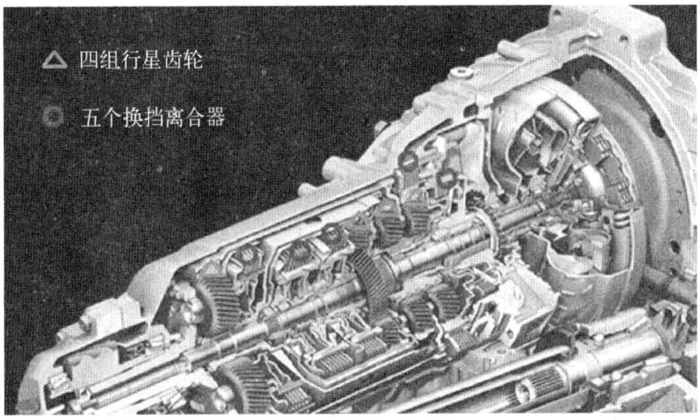

图2-2-1　液力变矩器的位置及形状

1. 液力变矩器的作用

（1）增大由发动机产生的扭矩，有利于车辆起步；

（2）起到自动离合器的作用，传递（或不传递）发动机转矩至变速器；

（3）缓冲发动机和传动系的扭振，使发动机和传动系使用寿命延长；

（4）起到飞轮的作用，使发动机运转平稳；

（5）驱动液压控制系统的油泵。

2. 液力变矩器的性能

（1）自适应性能：指液力变矩器能够根据外界负荷的大小，自动改变其转速和转矩值并使系统处于稳定工作的性能。

（2）变矩性能：指液力变矩器在一定范围内按一定规律无级改变由泵轮传到涡轮轴转矩值的性能。

（3）效率性能：指液力变矩器在传递能量过程中的效率的变化。

（4）透穿性能：指液力变矩器涡轮轴上的转矩和转速变化时，是否影响泵轮轴上转矩和转速的性能。

（5）局限性：传动效率低，经济性差；结构复杂，成本高。

二、液力变矩器的结构与工作原理

1. 液力变矩器的结构

液力变矩器内部有泵轮、涡轮和导轮这三个工作轮，其组成结构如图 2-2-2 所示。

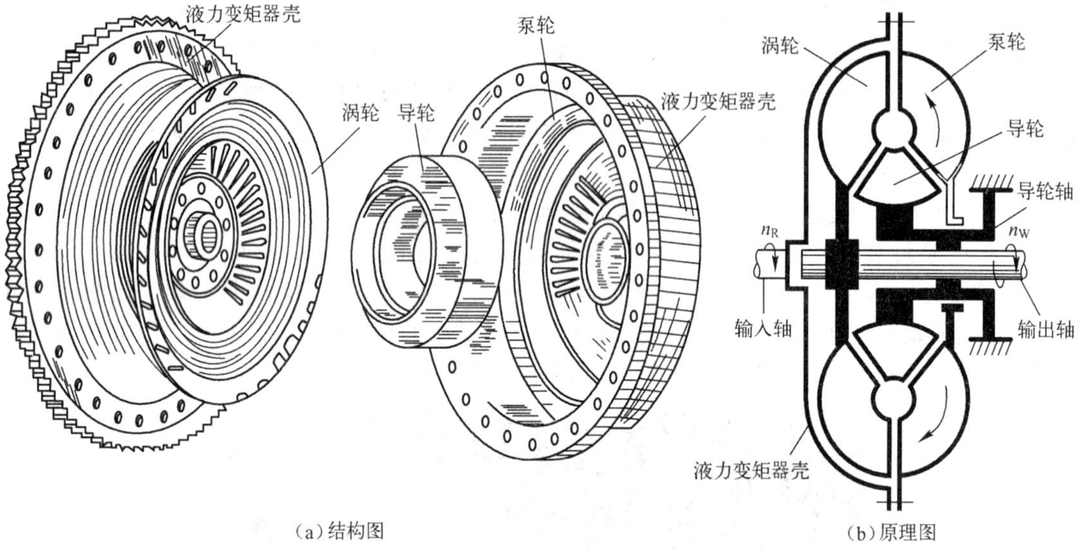

图 2-2-2　液力变矩器的组成结构

泵轮位于液力变矩器的后部，与液力变矩器壳连成一体，靠近自动变速器的齿轮传动机构。涡轮位于泵轮前，靠飞轮更近，通过带花键的从动轴向后面的机械变速器输出动力。导轮位于泵轮与涡轮之间，与泵轮和涡轮均保持有一定的轴向间隙，通过单向离合器支承在固定套管上，使得导轮只能单向旋转（顺时针旋转）。泵轮、涡轮和导轮上都装有周向布置的叶片，泵轮叶片和涡轮叶片中部及导轮叶片的外侧均制有导流环，使得三者装配好后，在液力变矩器内沿径向剖面形成环形内腔。整个液力变矩器内充满着 ATF。

2. 液力变矩器的工作原理

1）车辆起步前

车辆启动后，发动机飞轮带着液力变矩器壳体和内部的泵轮随之一同转动，泵轮内的液压油在离心力的作用下，由中心向外甩出，经叶片外缘冲击涡轮，并沿涡轮叶片流向导轮，再经导轮叶片内缘流回泵轮，形成循环的液流，如图 2-2-3（a）所示。导轮用于改变涡轮上的输出转矩。由于从涡轮叶片下缘流向导轮的液压油仍有相当大的冲击力，只要将泵轮、涡轮和导轮的叶片设计成一定的形状和角度，就可以利用上述的冲击力来提高涡轮的输出扭矩。由于液流除了在泵轮、涡轮和导轮三者之间的循环流动（称为涡流）之外，还要绕着输入、输出轴线一同旋转流动（称为环流，亦谓旋转流），最后形成首尾相接的螺旋流，如图2-2-3（b）所示。

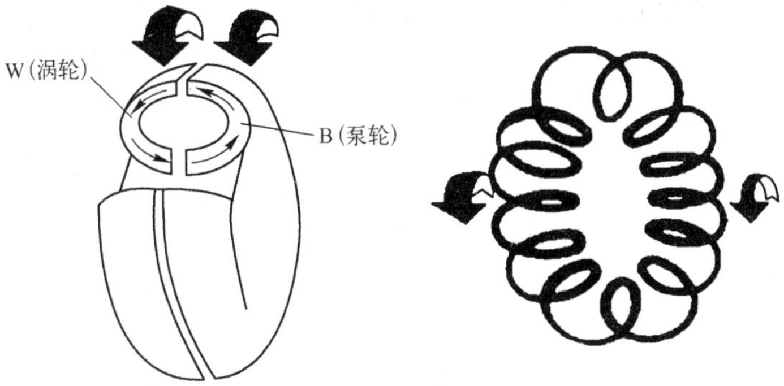

（a）液力变矩器内的涡流与环流　（b）液力变矩器内的螺旋流

图2-2-3　液力变矩器内的液流

车辆起步前，涡轮转速 $n_W=0$，发动机通过液力变矩器的壳体带动泵轮旋转，并对工作液产生一个大小为 M_B 的转矩。液力变矩器内的工作液在泵轮叶片带动下，以一定的绝对速度 v_B 冲向涡轮叶片，绝对速度 v_B 是泵轮的圆周速度 v_{B1} 和沿泵轮叶片的相对速度 v_{B2} 的合成速度。因此时涡轮静止不动，液流沿涡轮叶片流出冲向导轮叶片，如图2-2-4中 v_W 所示。这既是液流质点在涡轮叶片的相对速度，也是液流质点的绝对速度，然后液流再沿固定不动的导轮叶片沿 v_D 所示箭头方向回到泵轮中。液流流经导轮叶片时，因受叶片作用，使液流方向发生了变化。以工作液为研究对象，设泵轮、涡轮和导轮对液体的作用力矩分别为 M_B、M_W、M_D，根据液流的力矩平衡条件，可得 $M_W=M_B+M_D$，如图2-2-4所示。

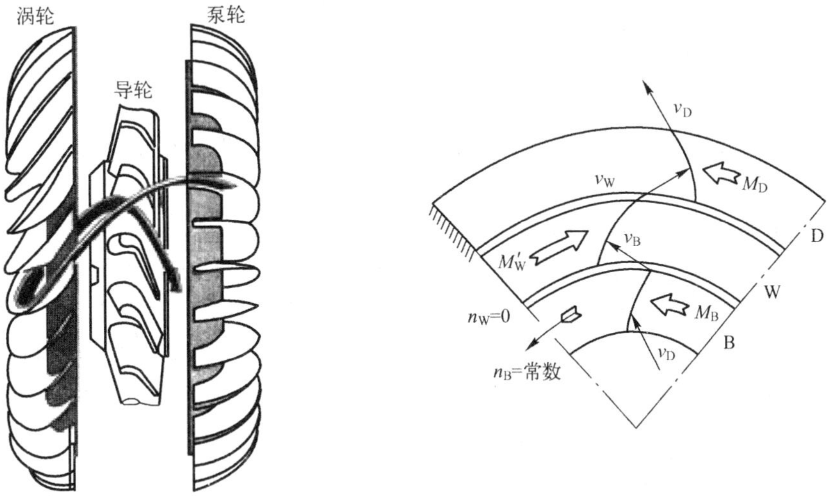

（a）液力变矩器内部循环液流方向　（b）涡轮出口液流速度变化示意图

图2-2-4　起步前液力变矩器内部液流状态

2）车辆起步后

车辆起步后，与驱动轮相连接的涡轮便开始旋转。其转速随着汽车的加速不断增加。此时，由泵轮冲向涡轮的液流除了沿着涡轮叶片流动之外，还要跟随涡轮一同旋转，使得由涡轮内缘出口处冲向导轮的液流的方向发生变化，不再与涡轮出口处叶片的方向相同，而是顺着涡轮转动的方向向前倾斜了一个角度，使冲向导轮的液流方向与导轮叶片之间的夹角变小，导轮所受到的冲击力矩也减小，液力变矩器的增扭作用也随之减小。车速越高，涡轮转速越大，冲向导轮的液流方向与导轮叶片的夹角就越小，液力变矩器的增扭作用也越小；反之，车速越低，液力变矩器的增扭作用就越大。因此，液力变矩器在汽车低速行驶时有较大的输出扭矩，在汽车起步、上坡或遇到较大行驶阻力时，能使驱动轮获得较大的驱动力矩。

在汽车起步之后，随着涡轮转速不断增大，到某一数值时，涡轮出口处的液流绝对速度方向与导轮叶片平行，即冲向导轮的液流方向与导轮叶片之间的夹角减小为0，由于从涡轮流出的液流流经导轮后方向不变，故导轮对涡轮的反作用力矩为0，即 $M_D=0$，所以，此时涡轮的输出力矩等于泵轮对液流的作用力矩。此时，液力变矩器由变矩工况转为耦合工况，失去增扭作用，其输出扭矩等于输入扭矩。具体情况如图 2-2-5 所示。

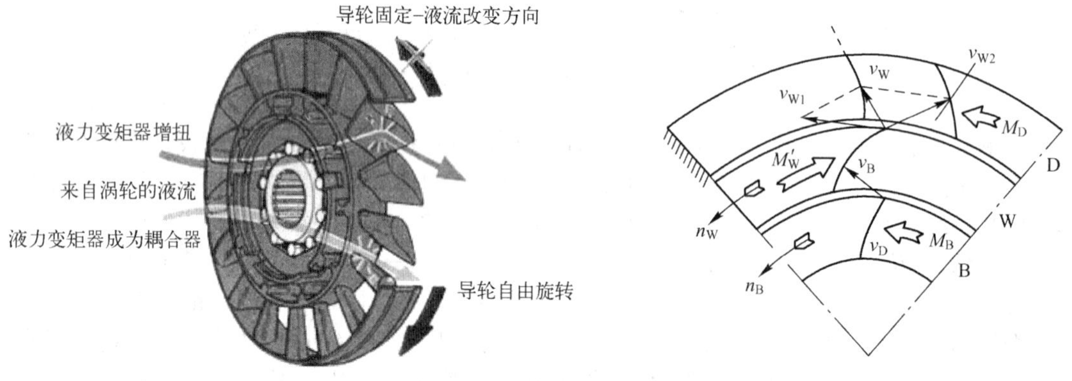

（a）导轮致使液流方向变化　　（b）涡轮出口液流速度变化示意图

图 2-2-5　起步后液力变矩器内的液流状态

3）车辆高速行驶时

此时，涡轮转速进一步增大，涡轮出口处液流绝对速度 v_W 方向进一步向左倾斜，当涡轮转速超过耦合工况的转速时，液流便冲击到导轮叶片的背面，此时导轮对液流反作用力矩的方向与泵轮对液流的作用力矩的方向相反，即 $M_W=M_B-M_D$，故涡轮输出力矩反而小于泵轮输入力矩，其传动效率也随之减小。为了解决这个不利问题，可将液力变矩器导轮设置成不是完全固定不动的，而是通过单向超越离合器支承在固定于液力变速器壳体的导轮固定套上。单向超越离合器使导轮可以朝顺时针方向旋转（从发动机前面向后看），但反向旋转被禁止。所以，当涡轮转速超过前述耦合工况的转速时，液压油从反面冲击导轮叶片，对导轮产生顺时针方向的扭矩，由于单向超越离合器在顺时针方向没有锁止作用，所以导轮在液流的冲击下开始旋转。这时导轮对液流失去了反作用力矩，液压油只受到泵轮和涡轮的反作用力矩，故导轮不再起增扭作用，如图 2-2-6 所示。

总结：自动变速器在低速区域，输出力矩 $M_W=M_B+M_D$。如果单向离合器不能被锁止，M_D 就会减小，M_W 也就减小，导致汽车在低速区域加速无力故障发生。自动变速器在高速区域，$M_W=M_B-M_D$。如果单向离合器被咬死，M_D 就会增大，M_W 就会减小，导致汽车在高速区域加速无力故障发生。可以把液力变矩器的工作过程概括为两个工况：一个是变矩，另一个为耦合。当泵轮与涡轮转速相差较大，或者说在低速区域时，液力变矩器实现变矩（增矩）；当涡轮转速达

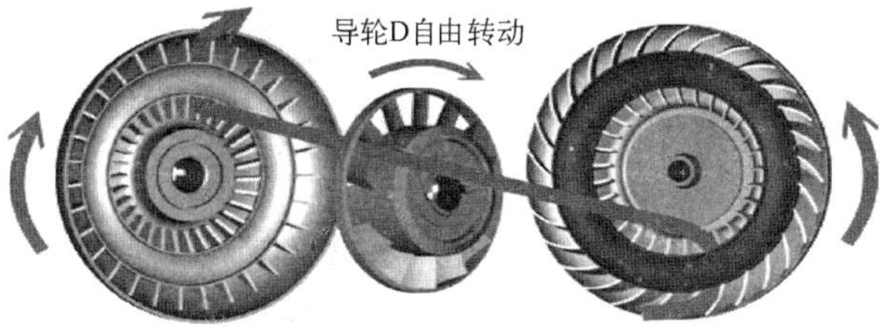

（a）流经导轮液流方向的变化

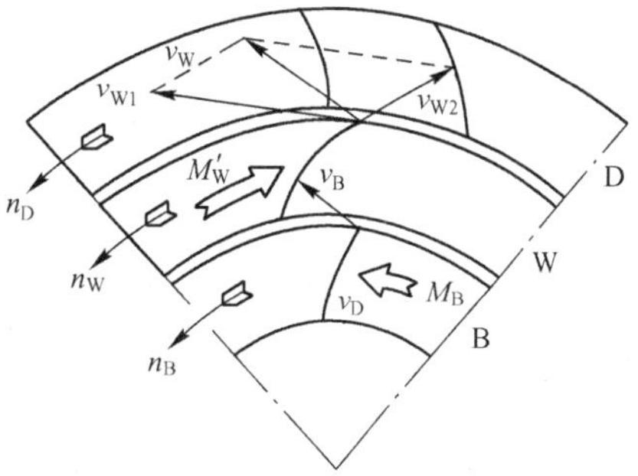

（b）涡轮出口液流速度变化示意图

图 2-2-6　高速行驶时液力变矩器内的液流状态

到泵轮转速的 85%～90%，或者说在高速区域时，液力变矩器实现耦合传动，即涡轮输出转矩等于泵轮输入转矩。

任务实施

一、实施环境

（1）汽车底盘电控实训室或汽车整车实训室。

（2）装备有自动变速器的轿车（如宝来、捷达、桑塔纳、世嘉、标致 307、科鲁兹、英朗、君威等）或汽车自动变速器台架（如 01V、01N、01M、MAXA、AF13、4T60E、AL4 等）、举升机、工具车（配有拆装工具）、工作台。

（3）相应的车辆维修手册或自动变速器台架资料。

二、实施步骤

分小组完成如下操作：

（1）对照本组指配的整车或台架查看液力变矩器的构造特征，弄清其具体组成和工作原理。

（2）分组操作，领会液力变矩器的拆装和检修方法。

以大众车系典型自动变速器为例，液力变矩器的实物认识与拆装测量关键拆装检修步骤如表 2-2-1 所示。

表 2-2-1　大众车系典型液力变矩器的拆装检修步骤

环节	对应项目	具体程序	
1	大众车系典型液力变矩器安装	安装变速器之前要检查液力变矩器的安装尺寸。密封环必须要涂一些 ATF，使用其他的润滑材料会导致液力变速器控制功能故障	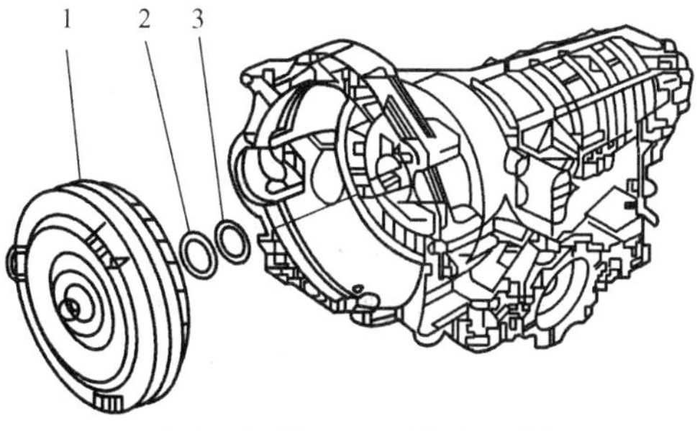 1—液力变矩器；2—密封环（更换）； 3—轴承套（密封环后面，损坏时更换）

续表

环节	对应项目	具体程序	
2	液力变矩器的标识	液力变矩器有许多种，通常用代码来标识液力变矩器。变矩器与变速器是相互匹配的，不可随意更换	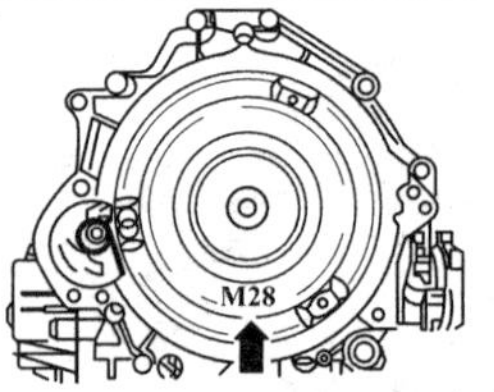
3	液力变矩器的检查	检查液力变矩器轮毂的导入轨迹（右图中箭头所示）。由于液力变矩器是焊接上的，出现损坏或缺陷时要整体更换，不能进行修理	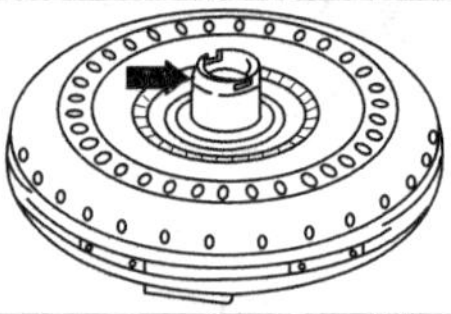
4	液力变矩器ATF的排空	磨损会导致ATF变脏，在修理自动变速器时应排放ATF。排放ATF时要用VAG1358A和导管VAG1358A/1将液力变矩器中的ATF抽出	 VAG1358
5	液力变矩器油封的更换（专用工具选择）	选择专用工具VW681和专用工具3295	 专用工具VW681 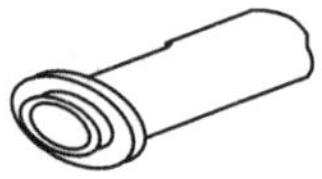 专用工具3295
6	液力变矩器油封的拆卸	拆下变速器，将变速器固定到装配支架上。将专用工具VW681放到密封环上，如右图所示。这样可避免下面的轴承环损坏	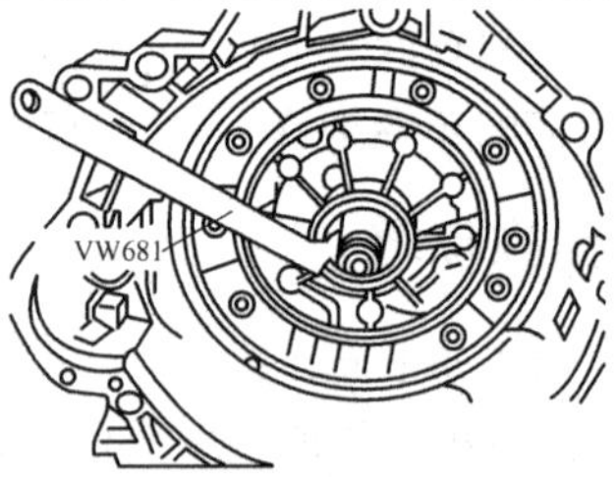
7	液力变矩器油封的安装	在密封环外沿和唇口涂一些ATF，用专用工具3295压入密封环。安装液力变矩器油封时，密封环张开侧应指向变速器	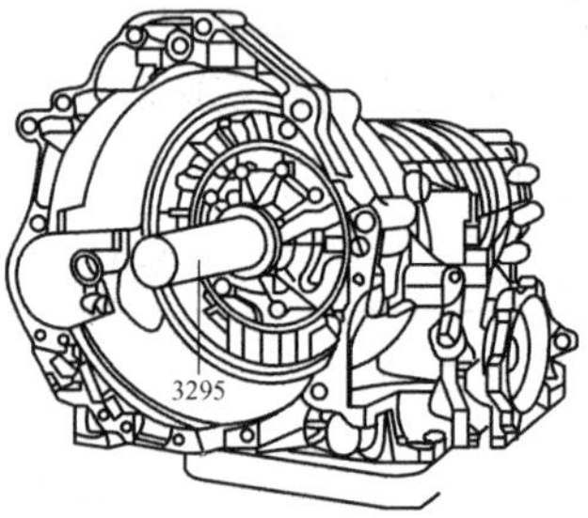
8	液力变矩器的安装与测量	先装入轮毂，然后将变矩器轻轻向里旋转，直到液力变矩器轮毂的槽进入泵轮的接合杆中并且能感觉到液力变矩器往里滑。如果液力变矩器安装正确，则变速器固定面到液力变矩器槽面距离最小为23 mm，如右图所示。如果液力变矩器没有装好，则此距离大约为11 mm	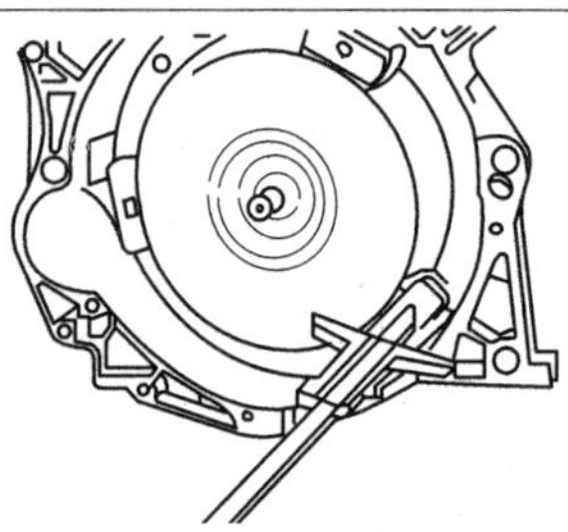

特别提醒：如果液力变矩器安装错误，会造成液力变矩器的接合杆及自动变速器油泵损坏，而且变速器和发动机连到一起

（3）完成任务工单。

三、任务工单

项目二　检修电控液力自动变速器 任务二　认知与拆装液力变矩器	班级			
	姓名		学号	
	日期		分数	

（1）根据教师指定的自动挡车辆和自动变速器，回答以下问题：

① 车辆的型号：____________；　② 车辆的 VIN 码：____________；

③ 自动变速器型号：____________；　④ 液力变矩器的类型：____________；

⑤ 液力变矩器的组成部件有：________________________；

⑥ 液力变矩器的动力传动路线：________________________。

（2）写出下图中数字指示部件的名称。

1：____________；

2：____________；

3：____________；

4：____________；

5：____________；

6：____________；

7：____________；

8：____________。

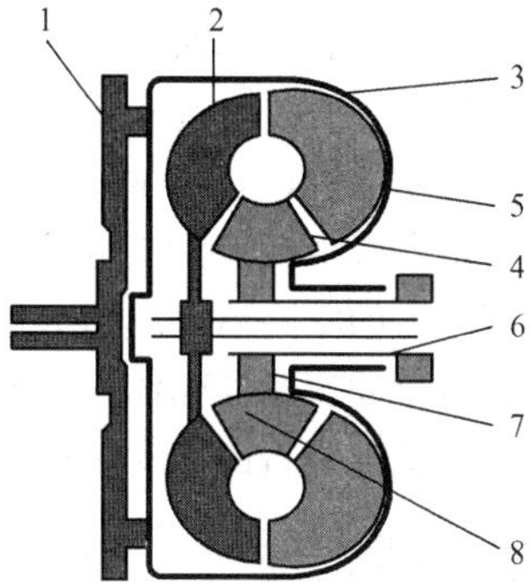

（3）清洗液力变矩器要注意哪些问题？

（4）完成教师指定的液力变矩器的检测情况表。

检 查 内 容	检 查 结 果	维 修 方 法
液力变矩器外部		
单向离合器		
轴套偏摆量		
安装情况		

（5）分组讨论，如何回复任务导入中的客户咨询？

（6）分组讨论，“液力变矩器就是一个无级变速器”的说法，对吗？为何不能将它直接用作变速器？

拓展知识

一、液力变矩器的检查

（1）检查液力变矩器外部有无损坏和裂纹、轴套外径有无磨损、驱动油泵的轴套缺口有无损伤，如有异常，应更换液力变矩器。

（2）检测单向离合器。将单向离合器内座圈驱动杆和外座圈固定器（专用工具）插入液力变矩器中，并卡在轴套上的缺口内，转动驱动杆，检查单向离合器工作是否正常。逆时针方向转动时应锁住，顺时针方向应能自由转动，如图 2-2-7 所示。如有异常，说明单向离合器损坏，应更换液力变矩器。

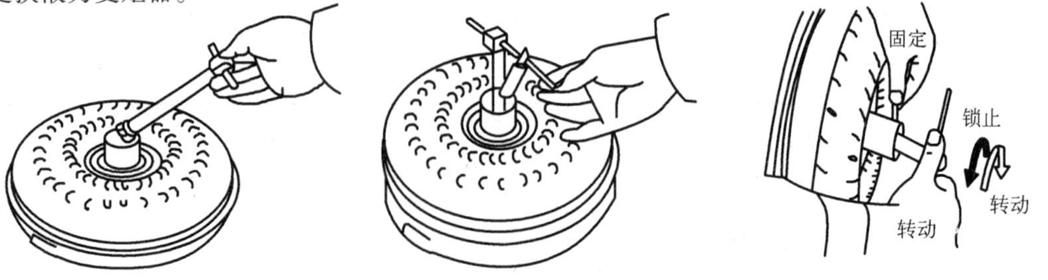

（a）插入内座圈驱动杆　（b）插入外座圈固定器　（c）传动驱动杆

图 2-2-7　单向离合器的检测

（3）测量液力变矩器轴套偏摆量。暂时将液力变矩器装在传动板上，安装百分表，如图 2-2-8 所示。如偏摆量超过 0. 30 mm，可通过重新调整液力变矩器的安装方位进行校正，并在校正后的位置上做一记号，以保证安装正确，若无法校正，应更换液力变矩器。

（4）检查液力变矩器的安装情况。用卡尺和直尺测量液力变矩器安装面至自动变速器壳体正面的距离，若距离小于标准值，则应检查是否由于安装不当所致。

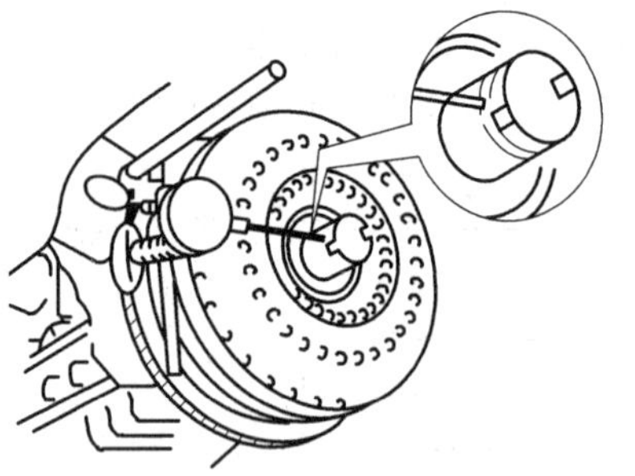

图 2-2-8　液力变矩器轴套偏摆量的测量

二、液力变矩器的清洗

自动变速器的机油污染，多表现为在机油中可见到金属粉末。这些金属粉末大部分来自多片离合器上的磨耗。

（1）倒出液力变矩器中残留的液压油。

（2）向液力变矩器内加入干净的液压油，以清洗其内部，然后将液压油倒出。

（3）再次向液力变矩器内加入干净的液压油，清洗后倒出。

（4）用清洗剂清洗液力变矩器零部件。清洗后只能用压缩空气吹干，不要用纸巾或棉丝擦干。

（5）用压缩空气吹所有的供油孔或油道，确保清洁。

清洗时，也可加入专用的去污剂，在清洗台上一边旋转变矩器，一边不停地注入压缩空气，以便使清洗液作用彻底。为取出清洗液，可在液力变矩器上最外侧较平的面上，在两叶片之间钻一个孔（用钻床钻一个正圆的孔），将孔口向下放置 15 min 后，液力变矩器内原有变速器液压油就可排出，然后从液力变矩器轴孔处加入清洗剂或挥发性好的汽油，进行内部清洗。再次将所钻孔口向下时，清洗剂又可流出，这样反复作业 2 ～ 3 次，最后用压缩空气吹干，再用铆钉将钻孔封死。

从外侧钻孔清洗的方法，属于一般的方法，此法存在损伤液力变矩器和清洗不彻底等缺点。简易的方法是将压缩空气自下而上吹入液力变矩器，同时不断地转动液力变矩器，或用手上下晃动进行清洗，然后再按前述方法吹出、排净。需要注意的是：清洗后一定要干燥，否则残留的清洗剂或汽油与新注入的 ATF 混合，会导致 ATF 变质。

复 习 延 伸

一、小结

（1）液力变矩器的作用相当于手动挡中的离合器，由它将发动机的动力“柔性”地传递给自动变速器中的齿轮机构，并具有一定的自动变速能力。具体表现为：增大发动机产生的转矩；起到自动离合器的作用，传递（或不传递）发动机转矩至变速器；缓冲发动机和传动系的扭振；起到飞轮的作用，使发动机运转平稳；驱动液压控制系统的机油泵。

（2）普通液力变矩器主要由泵轮、涡轮和导轮组成。现代汽车所采用的综合式液力变矩器是在其基础上进一步发展完善而成的。

（3）液力变矩器内的螺旋流是由在循环圆内流动的涡流和绕输入、输出轴线旋转的环流合成的。涡流的存在是普通液力变矩器传递动力的必要条件，如此才能保证泵轮液流对涡轮叶片的冲击。

（4）液力变矩器涡轮输出转矩的增加是靠导轮对其冲击液流的反作用来实现的。泵轮与涡轮的转速差最大时，增扭作用最强。

（5）液力变矩器的工作过程可概括为两个工况：一个是变矩，另一个是耦合。当泵轮与涡轮转速相差较大（在低速区域）时，液力变矩器实现变矩（增矩）；当涡轮转速达到泵轮转速的85%～90%（在高速区域）时，液力变矩器实现耦合传动，即涡轮输出转矩等于泵轮输入转矩。

（6）如果涡轮固定不动而泵轮仍在旋转，这种工况称为失速。失速转速是当涡轮处于静止时，发动机所能达到的最高转速。

（7）因为不同车系、车型所装备的自动变速器品种多样，甚至同一车系的同种品牌车辆采用的自动变速器型号也不相同，所以其所匹配的液力变矩器规格也不一样，故不能通用。

二、练习与思考

简答题

（1）简述液力变矩器的基本组成和基本工作原理。

（2）液力变矩器有何作用？

（3）如果导轮单向离合器打滑不能锁止，会引起什么不良后果？

（4）液力变矩器为何在停车时不脱开传动系也能维持发动机怠速运转？

任务三　检修液力变矩器

任务导入

一位自动挡五代雅阁客户驾车来到4S店向前台接待报修，最近车辆频繁出现异常故障，并且在加速及制动两种工况均有表现：一方面，踩加速踏板时加速无力，提速缓慢；另一方面，在车辆高速行驶时踩下制动踏板或减速时，车辆有时会突然熄火。

液力变矩器的故障是否会导致上述的故障现象呢？如果可能，又是什么原因引起的呢？

如何针对车辆出现的故障现象确定故障部位为液力变矩器？又如何确定液力变矩器故障的具体成因？这些都是本任务要解决的问题。另外，本任务重点介绍了液力变矩器中的锁止离合器和导轮单向离合器的作用、结构及各自的工作原理，并列举了液力变矩器检修的关键步骤。

相关知识

随着汽车使用时间及行驶里程的延长，液力变矩器不可避免地会产生性能的下降。液力变矩器常见的故障有：锁止离合器摩擦片磨光、锁止打滑、锁止冲击；汽车高速时动力不足，严重时甚至造成车辆无法行驶；导轮单向离合器卡死或打滑、异响；低速加速性能差、入挡熄火、入挡无反应等。

案例中车辆故障的出现发生在加速及制动两种不同的工况，而且车况很旧，首先就加速无力而言，在液力变矩器的工作范畴，可能由于液力变矩器内部支承导轮的单向离合器卡滞影响了导轮转速的提高，导致加速无力；还有可能是液力变矩器的锁止离合器无法锁止导致传动效率下降。而另外一个故障，关于车辆高速时踩制动踏板或减速时，车辆有时熄火的问题，则很大程度上在于高速锁止后的锁止离合器无法在接通制动踏板开关时自动解锁，导致发动机与驱动轮刚性连接在一起，无法承受强大的制动阻力矩而熄火。要解决液力变矩器此类故障问题，必须要掌握典型液力变矩器内导轮单向离合器和锁止离合器的工作原理和分解检修要点，同时要掌握与自动挡车辆无法起步相类似的典型故障诊断排查流程。

本任务涉及检修液力变矩器较为重要的内容是锁止离合器和导轮单向离合器。

一、锁止式液力变矩器

1. 锁止离合器的作用及结构

锁止离合器（Torque Converter Clutch，TCC）的结构图如图 2-3-1 所示。因为液力变矩器用液流动能来传递动力，ATF 的内部摩擦会造成一定的能量损失，所以传动效率较低。为提高汽车的传动效率，减少燃油消耗，锁止离合器可以将泵轮和涡轮直接连接起来，即将发动机与机械变速器直接连接起来，减少液力变矩器在高速比时的能量损耗，提高了传动效率和汽车在正常行驶时的燃油经济性，并可防止 ATF 过热。

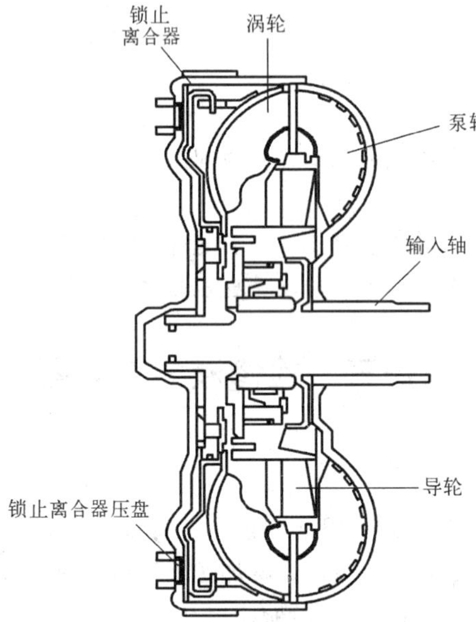

(a) 原理图

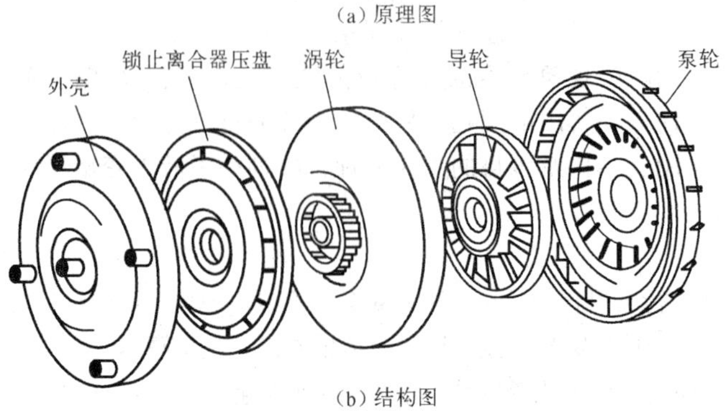

(b) 结构图

图 2-3-1　锁止离合器的结构图

如图 2–3–2 所示，液力变矩器壳体即是锁止离合器的主动盘，从动盘是一个可做轴向移动的压盘，它通过花键套与涡轮连接。压盘背面的液压油与液力变矩器泵轮、涡轮中的液压油相通，保持一定的油压；压盘与液力变矩器壳体之间的液压油通过液力变矩器输出轴中间的控制油道与阀板总成上的锁止控制阀相通。锁止控制阀由自动变速器计算机通过锁止电磁阀来控制。

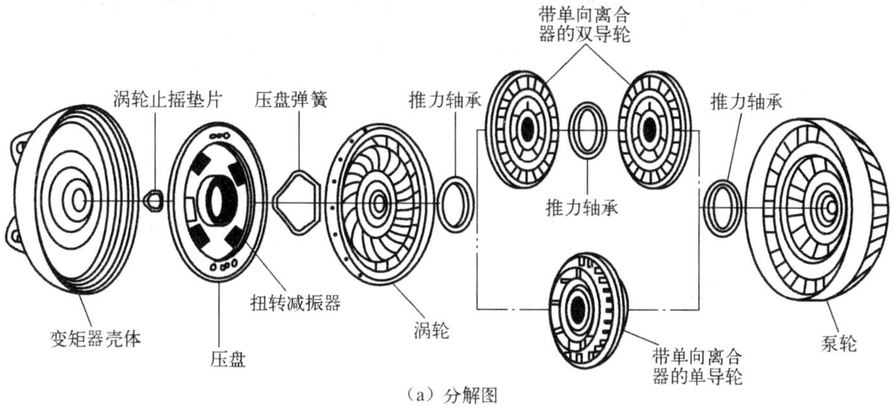

（a）分解图

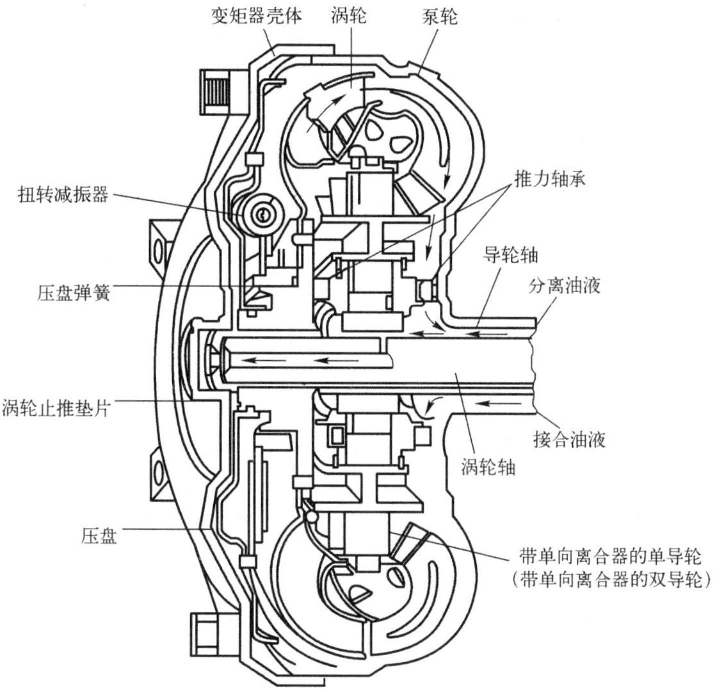

（b）原理图

图 2–3–2 带锁止离合器的液力变矩器

锁止离合器减振器、压盘与前盖的配合关系如图 2–3–3 所示。

2. 锁止离合器的工作原理

锁止离合器的工作是由锁止信号阀和锁止继动阀共同控制的，锁止信号阀上方作用着速控油压。当车速低时，速控油压也低，锁止信号阀在弹簧的作用下保持在上方位置，将通往锁止继动阀的主油路切断，从而使锁止继动阀在上方弹簧力及主油路油压的作用下保持于下方位置，让液力变矩器内锁止离合器压盘左侧的油腔与来自次调压阀的进油道相通，此时锁止离合器处于分离状态，发动机的动力完全由液力变矩器内的液压油来传递，如图 2–3–4 所示。

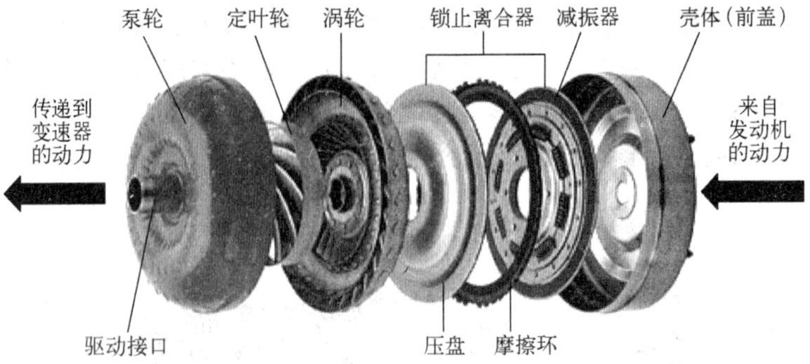

图 2-3-3　锁止离合器减振器、压盘与前盖的配合关系

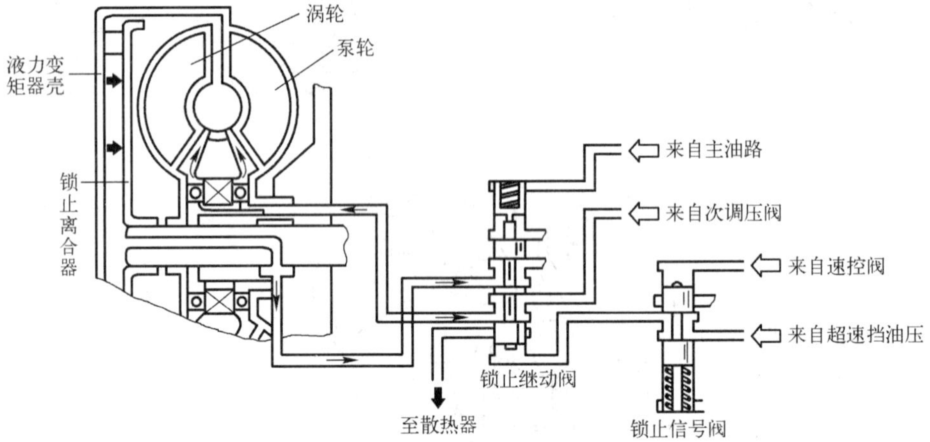

图 2-3-4　锁止离合器分离工作状态

当汽车以超速挡行驶，且车速及相应的速控油压升高到一定数值时，锁止信号阀在速控油压的作用下被推至下方位置，使来自超速挡油路的主油路油压进入锁止继动阀下端，锁止继动阀在下方主油路油压的作用下上移，让锁止离合器左侧油腔与泄油口相通，使锁止离合器处于接合状态，发动机的动力经锁止离合器直接传至涡轮输出轴，传动效率为 100%，如图 2-3-5 所示。

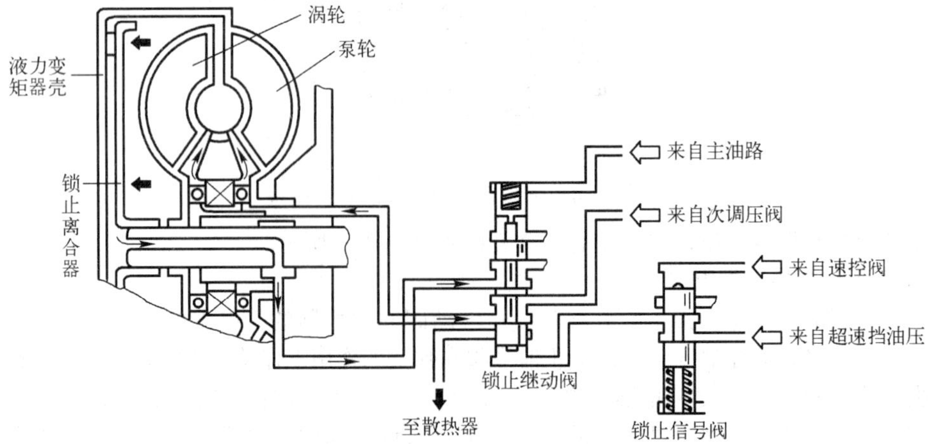

图 2-3-5　锁止离合器接合工作状态

3. 带锁止离合器的液力变矩器的特性曲线

如图 2-3-6 所示，液力变矩器特性曲线及各参数表达如下：

K 为变矩比，是涡轮输出转矩与泵轮输入转矩之比。

i 为转速比，是涡轮转速与泵轮转速之比。

η 为传动效率，是涡轮输出功率与泵轮输入功率之比。

η_0为液力变矩器的传动效率。

在 $i < i_1$ 区域，$K > 1$，为液力变矩器工况。

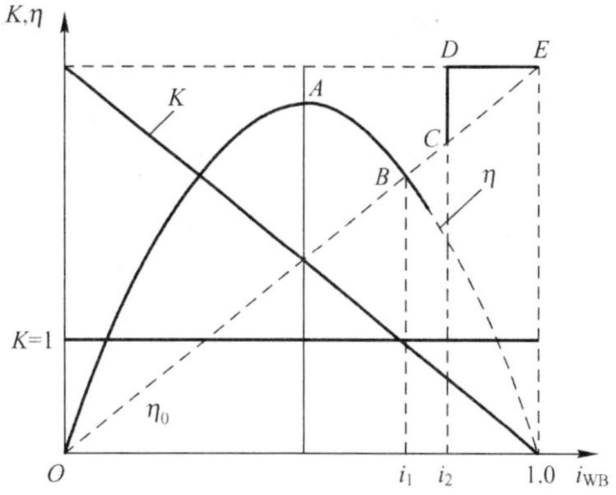

图 2-3-6　液力变矩器特性曲线

在 $i_1 \leqslant i \leqslant i_2$ 区域，$K = 1$，为耦合器工况。当涡轮转速升高到 i_2（约为 0.8）时，锁止离合器接合，动力由锁止离合器直接传递，此时 $K = 1$，效率 η 上升为约 100%。锁止离合器的效率特性曲线为 *OABCDE*，其动力性及经济性均较理想，故在轿车上应用较为广泛。

当车辆在良好路面行驶时，液力变矩器进入锁止工况的工作条件一般包括下列五方面：

（1）工作温度：ATF 要求温度（一般为 50 ～ 70 ℃），具体因车型而异。

（2）挡位：通常要求挡位开关指示变速器处于前进挡位置，且挡位在 2 挡以上。

（3）制动灯开关状态：制动灯开关必须指示没有进行制动。

（4）车速：车速必须高于规定值（因车型而异，大部分在 3 挡进入锁止工况，50 ～ 70 km/h）。

（5）节气门位置信号：加速踏板处于开启（怠速触点打开）状态。

当车辆起步、低速或在坏路面上行驶时，应将锁止离合器分离，使液力变矩器具有变矩作用。

锁止离合器的常见故障有不锁止和常锁止：

不锁止的现象是车辆的油耗高、发动机高速运转而车速不够快。具体检查时要相应检查电路部分、阀体部分及锁止离合器本身。

常锁止的现象是发动机怠速正常，但变速杆置于动力挡（R、D、2、L）后发动机熄火。

锁止离合器的检查需要将液力变矩器分解后才能进行，但这只能由专业的自动变速器维修站来完成。

二、导轮单向离合器

单向离合器又称自由轮离合器、超越离合器，其作用是实现导轮的单向锁止，即导轮只能顺时针旋转而不可逆时针转动，使得液力变矩器在高速区域实现耦合传动。常见的单向离合器包括滚柱式和楔块式两种结构，液力变矩器中使用的单向离合器多为滚柱式。

1）滚柱斜槽式单向离合器

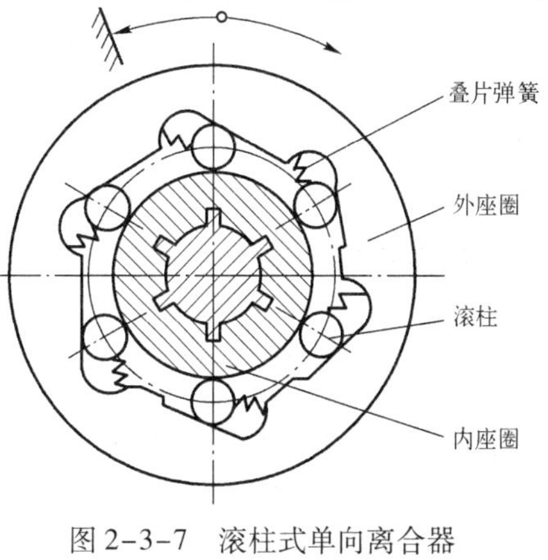

图 2-3-7　滚柱式单向离合器

滚柱斜槽式单向离合器简称滚柱式单向离合器。滚柱式单向离合器如图 2-3-7 所示，由外座圈、内座圈、叠片弹簧和滚柱等组成。当导轮带动外座圈逆时针转动时，滚柱进入楔形槽的窄处，内、外座圈被滚柱楔紧，外座圈和导轮固定不动；当导轮带动外座圈顺时针转动时，滚柱进入楔形槽的宽处，内、外座圈不能被滚柱楔紧，外座圈和导轮可以顺时针自由转动。

2）楔块式单向离合器

楔块式单向离合器如图 2-3-8 所示，由外座圈、内座圈、保持架和楔块等组成。导轮与外座圈连为一体，内座圈与固定套管刚性连接，不能转动。当导轮带动外座圈顺时针转动时，外座圈带动楔块顺时针转动，楔块的短径与内、外座圈接触，由于短径长度小于内、外座圈之间的距离，所以外座圈可以自由转动；当导轮带动外座圈逆时针转动时，外座圈带动楔块逆时针转动，楔块的长径与内、外座圈接触，由于长径长度大于内、外座圈之间的距离，所以外座圈被卡住而不能转动。

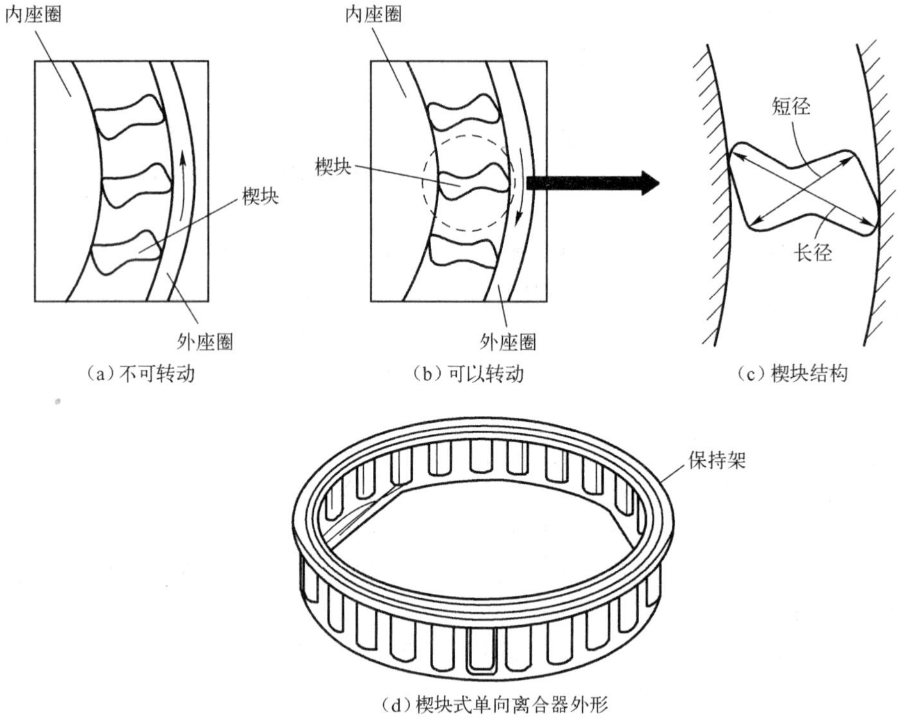

图 2-3-8 楔块式单向离合器

单向离合器在拆卸安装时一定要注意方向性，若装反，将会导致工作失效。单向离合器也是各类齿轮变速器中不可或缺的换挡执行元件之一。

本任务的任务导入中的故障成因之一正是因为单向离合器失效或损坏后，液力变矩器就没有了增扭作用，便出现了故障：车辆起步加速无力，不踩加速踏板车辆不走，但车辆行驶起来之后换挡正常，发动机功率正常，如果做失速试验就会发现失速转速比正常值低 400 ～ 800 r/min（关于失速试验的内容将在后面的学习任务中详细介绍）。

任务实施

一、实施环境

（1）汽车底盘电控实训室或汽车整车实训室。

（2）装备有自动变速器的轿车（如世嘉、标致 307、科鲁兹、英朗、君威等）或汽车自动变速器台架（如 MAXA、AF13、4T60E、AL4 等）、举升机、工具车（配有拆装工具）、工作台。

（3）相应的车辆维修手册或自动变速器台架（含液力变矩器）资料。

二、实施步骤

液力变矩器的常见故障包括：高速加速性能差、低速加速性能差、锁止打滑、锁止冲击、入挡熄火、入挡无反应、异响、漏油等。其检修关键步骤如表 2-3-1 所示。

表 2-3-1　液力变矩器检修关键步骤

步骤	对应项目	具体程序
1	检查涡轮花键	（1）现象：前后挡不走，但油压正常。 （2）检查：拆检，目视检查即可
2	检查单向离合器	（1）现象：车辆加速起步无力，不踩加速踏板车辆不走，但车辆行驶起来后换挡正常。 （2）检查：用专用工具插入油泵驱动毂和单向离合器外座圈的槽口中。然后用手指压住单向离合器的内座圈并转动。检查是否顺时针转动平稳而逆时针方向锁止 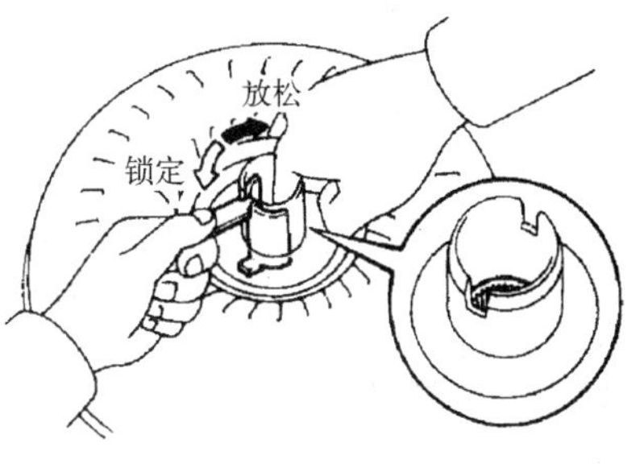
3	检查锁止离合器	（1）不锁止： ① 现象：油耗增加，高速不快。 ② 原因：a. 控制系统；b. 电路：信号、ECU、电磁阀；c. 阀体：柱塞卡住、阀体装配；d. TCC（更换）。 （2）常锁止： ① 现象：发动机怠速正常，但变速杆置于动力挡后发动机熄火。 ② 检修：拆检
4	其他检修项目	（1）检查液力变矩器的外部。目视检查液力变矩器的外部有无损坏和裂纹，油泵驱动毂外径有无磨损、缺口，有无损伤。如有异常，应更换液力变矩器。 （2）液力变矩器的清洗。当自动变速器有过热现象或 ATF 被污染后，应该清洗液力变矩器。清洗液力变矩器可以采用专用的冲洗机进行，也可以手工清洗，方法是加入干净的 ATF，用力摇晃、振荡液力变矩器，然后排净油液，反复进行这样的操作，直到排出的油液干净为止
5	干涉检查	干涉检查主要指导轮和涡轮、导轮和泵轮之间的干涉。如果有干涉，液力变矩器运转时会有噪声
6	导轮和涡轮之间的干涉检查	将液力变矩器与飞轮连接侧朝下放在台架上，然后装入油泵总成，确保液力变矩器油泵驱动毂与油泵主动部分接合好。把变速器输入轴（涡轮轴）插入涡轮轮毂中，使油泵和液力变矩器保持不动，然后顺时针、逆时针反复转动涡轮轴，如果转动不顺畅或有噪声，则更换液力变矩器 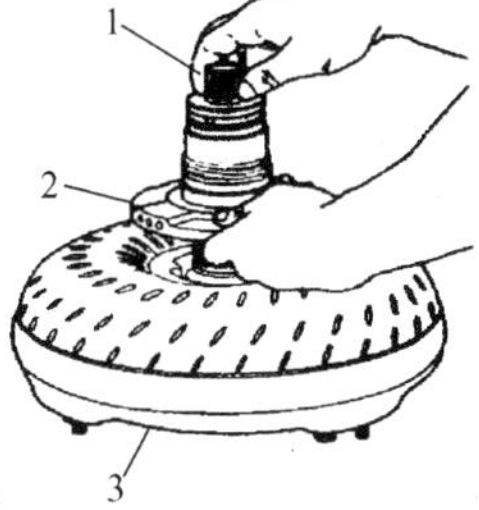 1—涡轮轴；2—油泵总成； 3—液力变矩器总成

续表

<table>
<tr><th>步骤</th><th>对应项目</th><th colspan="2">具体程序</th></tr>
<tr><td>7</td><td>导轮和泵轮之间的干涉检查</td><td>将油泵放在台架上，然后把液力变矩器安装在油泵总成上，旋转液力变矩器使液力变矩器油泵驱动毂与油泵主动部分接合好。固定住油泵并逆时针转动液力变矩器，如果转动不顺畅或有噪声，则更换液力变矩器</td><td>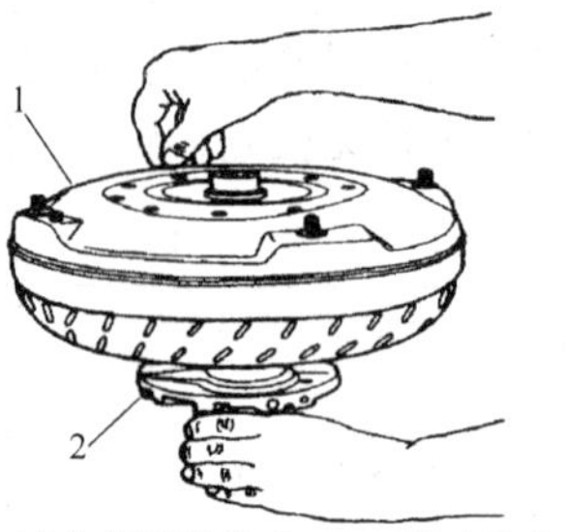
1—液力变矩器总成；2—油泵总成</td></tr>
</table>

三、任务工单

<table>
<tr><td rowspan="3">项目二　检修电控液力自动变速器
任务三　检修液力变矩器</td><td>班级</td><td colspan="3"></td></tr>
<tr><td>姓名</td><td></td><td>学号</td><td></td></tr>
<tr><td>日期</td><td></td><td>分数</td><td></td></tr>
</table>

（1）根据教师指定的自动挡车辆和自动变速器，回答以下问题：

① 车辆的型号：____________________；　② 车辆的 VIN 码：____________________；

③ 自动变速器型号：________________；　④ 液力变矩器的类型：________________；

⑤ 液力变矩器的组成部件有：____；

⑥ 液力变矩器的动力传递路径：____。

（2）写出下图中数字指示部件的名称。

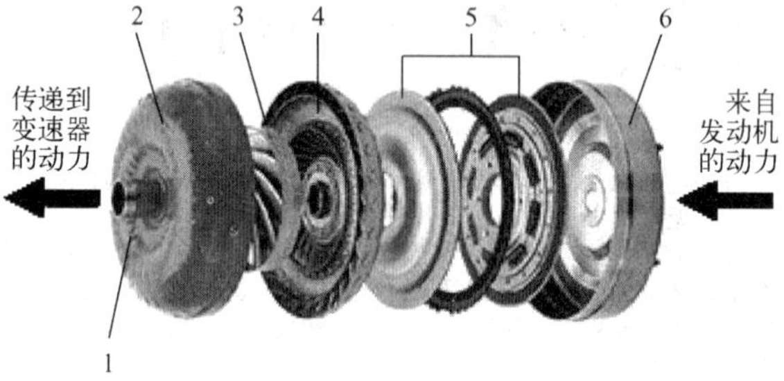

1：____________________；　2：____________________；　3：____________________；

4：____________________；　5：____________________；　6：____________________。

（3）说明为何要安装导轮单向离合器？

（4）进行锁止离合器检查的前提条件有哪些？

（5）讨论说明任务导入中的故障现象与液力变矩器的关系。

拓展知识

几类特殊液力变矩器的拓展认识

1. 离心锁止型液力变矩器

离心锁止型液力变矩器的结构如图 2-3-9 所示。其中的主要部件是离合器盘（即图 2-3-9 中 4、5、6、7 的组件），该盘上设有弹簧型扭转减振器。通过单向离合器与液力变矩器的涡轮花键相连，在离合器盘的外侧，装有若干离心蹄块，蹄块外侧敷有摩擦材料。不工作时，蹄块由复位弹簧拉紧在离合器盘的外侧。

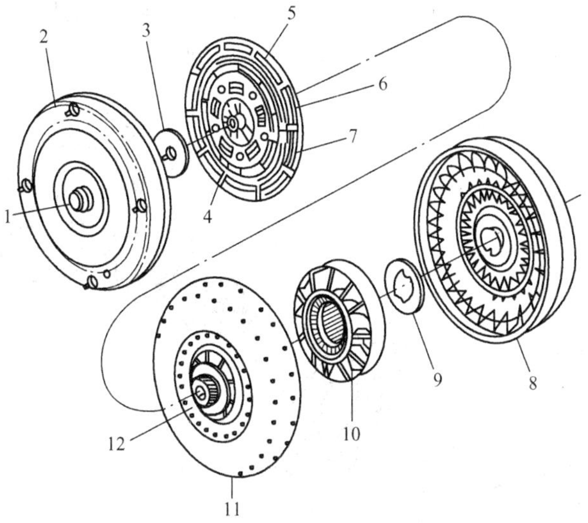

图 2-3-9 离心锁止型液力变矩器结构图

1—导向毂；2—液力变矩器壳；3—止推垫圈；4—惯性式单向离合器；5—离合器与减振器组件；6—离心式离合器蹄片；7—摩擦衬片；8—泵轮；9—止推垫片；10—导轮；11—涡轮；12—离合器花键

当液力变矩器的涡轮转速升高时，作用在离心蹄块上的惯性离心力将使它们向外张开，当涡轮转速升高到一定程度时，离心蹄块上的摩擦材料与液力变矩器盖的内圆表面接触，并使涡轮相对于泵轮锁止。锁止力矩大小取决于离心力的大小，而离心力的大小取决于转速。随转速的变化，涡轮与液力变矩器壳可以完全锁止，也可以一半锁止或 1/4 锁止。若车速低于一定程度，则复位弹簧的拉力克服离心蹄块上的惯性离心力，将离心蹄块从液力变矩器盖的内圆表面上拉回，解除液力变矩器的锁止。

相比较而言，离心锁止离合器比液压锁止离合器要简单一些，而且，只要液力变矩器中的涡轮转速超过了设计的锁止转速，它就会在任何一个前进挡时起作用。当然其也有缺点，例如，它不能像液压锁止离合器那样被精确控制，同时，其锁止转速和锁止力也会随离心蹄块上摩擦材料的磨损而发生变化。另外，锁止机构所允许的摩擦副间较大的滑转量，还会造成较多的摩擦材料颗粒脱落，从而污染变速器油。

使用离心锁止型液力变矩器的主要车型有本田和捷达等。

2. 黏性锁止型液力变矩器

在通用汽车公司凯迪拉克轿车装用的 THM440 - T4 型自动变速器中，由于极高的对运动传递的平稳性要求，所以，装用了一种黏性液力变矩器锁止离合器。该锁止离合器的结构主要由一个活塞盖和一个活塞体，以及一个内转子组成，锁止离合器的摩擦材料敷在活塞盖上，同时，活塞盖与活塞体连接在一起，其内转子则与液力变矩器的涡轮用花键相连。活塞体和转子相对的端面上，各置有一系列交错的圆环槽。这种结构中最重要的一点是活塞的组件内部充满了特殊的硅油。由于其中所采用的特殊硅油的黏度可随活塞体与转子之间转速差的增大而自动地增高，所以其滑转量被控制在最低限度。例如，实际使用中这种黏性锁止型离合器的滑转量在车速为97 km/h 时，仅有 40 r/min，从而在具有最佳的平稳性的同时，又具有良好的燃料经济性。

3. 液力机械分流传动变矩器

出于增加传动效率，提高燃料经济性的目的，福特汽车公司的 ATX 型自动变速器，使用了液力机械分流传动变矩器，这种分流传动变矩器，除了多出一个行星齿轮机构外，与一般的液力变矩器相差不多。通过该行星齿轮机构，便可根据自动变速器所处的挡位，以液力和机械相结合的方式来传递发动机的扭矩和功率。其结构如图 2-3-10 所示。

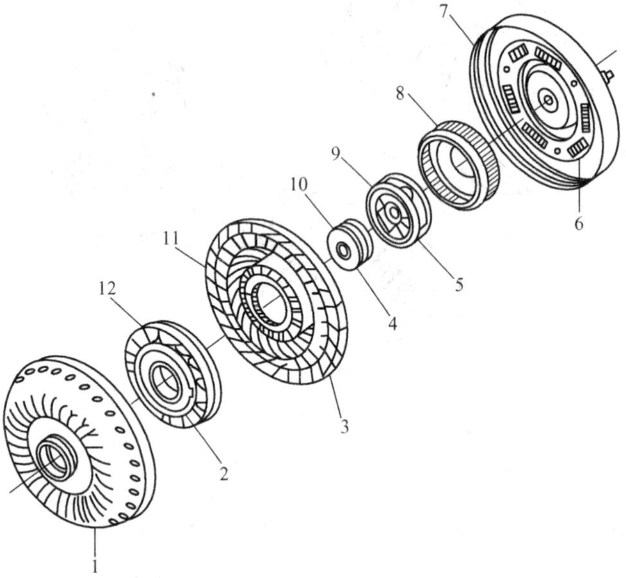

图 2-3-10　装有行星齿轮机构的液力机械分流传动变矩器结构

1—泵轮；2—单向离合器；3—涡轮；4—输入轴花键毂；5—中间轴花键毂；6—扭转减振器；7—液力变矩器壳及减振器组件；8—行星齿圈；9—行星架组件；10—太阳轮；11—太阳轮花键毂；12—导轮

4. 多片离合器代替液力变矩器

匹配某些奔驰 AMG 车型的 Speedshift MCT 自动变速器用一组多片离合器代替了液力变矩器，如图 2-3-11 所示。

图 2-3-11　Speedshift MCT 自动变速器

复习延伸

一、小结

(1) 现代汽车上广泛采用的是具有导轮单向离合器和能够适时将泵轮与涡轮间的液力传动通过锁止离合器转换为机械传动的综合式液力变矩器，通常称其具有“三轮两器”。

(2) 导轮单向离合器和液力变矩器锁止离合器均可提高液力变矩器的传动效率，锁止离合器还有防止 ATF 过热的功能。

(3) 导轮单向离合器大约在变速比为 0.85 时，也就是液力变矩器进入耦合工况时开始转动。

(4) 导轮单向离合器的安装是有方向的，绝大多数都是允许导轮顺时针方向旋转。少数车型如本田 Accord 和 Acura 等则限制导轮顺时针方向转动。

(5) 导轮单向离合器反装、打滑或卡死，锁止离合器打滑等故障都会引发液力变矩器传递效率下降，造成车辆动力下降、加速无力甚至难以起步。

(6) 锁止离合器的检查需要将液力变矩器分解后才能进行，但这只能由专业的自动变速器维修站来完成。

(7) 锁止离合器常锁止的现象是发动机怠速正常，但变速杆置于动力挡（R、D、2、L）后发动机熄火。

二、练习与思考

简答题

(1) 简述综合式液力变矩器的基本组成和基本工作原理。

(2) 简述液力变矩器进入锁止工况的条件？

(3) 如何在不分解液力变矩器的情况下检查锁止离合器的工作是否正常？

(4) 当液力变矩器内的单向离合器出现故障时，自动变速器车辆行驶中会有何症状出现？

(5) 锁止离合器有哪些常见故障？各自对应的现象如何？

任务四　检修齿轮变速机构

任务导入

一辆丰田（TOYOTA）大霸王（Previa）MPV 被拖进某丰田 4S 店，据车主反映，车辆早上起步时突发故障，症状表现为：变速杆处于 D 位时车辆仅有 1 挡，无法升挡提速，且伴随有齿轮敲击声。遂熄火后拨打救援电话，希望排除故障。

本任务重点介绍单级和双级行星齿轮机构的传动原理和运动特性，并以此为基础分析典型的辛普森（Simpson）式、拉维娜（Ravigneaux）式、串联复合（CR－CR）式、莱派特（Lepelletier）式等各种不同的以行星齿轮机构作为齿轮变速机构的自动变速器的动力传动路线。另外，对本田车系采用的平行轴式（定轴轮系）自动变速器，以 MAXA 为例进行简单介绍。

相关知识

目前，大多数自动变速器中的齿轮变速机构具有空挡、倒挡和 4 ～ 6 个前进挡，其挡位的变换不是由驾驶人直接操控变速杆完成的，而是借助于自动变速器的液压和电子控制系统的配合，通过控制换挡执行机构的动作来改变齿轮变速机构的传动比实现自动换挡的。

该车装备辛普森式自动变速器，型号为 A340E。由故障现象初步判断，可从机械系统和电控系统两方面查找原因。机械系统的原因主要有：1–2 挡换挡电磁阀（简称“1–2 挡换挡阀”）卡死在 1 挡位置、B2 间隙过大、F1 失效、行星排齿轮打齿或轴承损坏等；电控系统的原因主要有：换挡阀及线路故障、节气门位置传感器及其线路故障、车速传感器及其线路故障。由于故障分析所需的许多知识前文尚未涉及，依据症状的出现还伴有异响，故而现在只探讨齿轮变速机构出现故障的可能性。若想全面系统地分析、解决此类故障，快速准确地对电控液力自动变速器进行诊断和检修，基本条件是必须掌握此种变速器所涉及的行星齿轮机构的变速原理及其动力传动路线分析方法等理论及相应的拆装技能。

一、行星齿轮机构基础知识

（一）单排（单级）行星齿轮机构

1. 单排行星齿轮机构的组成

行星齿轮机构有很多类型，最简单的单排行星齿轮机构主要由一个太阳轮（又称中心轮）、一个带有若干个行星齿轮的行星架和一个齿圈组成。这被称为一个行星排，如图 2–4–1 所示。

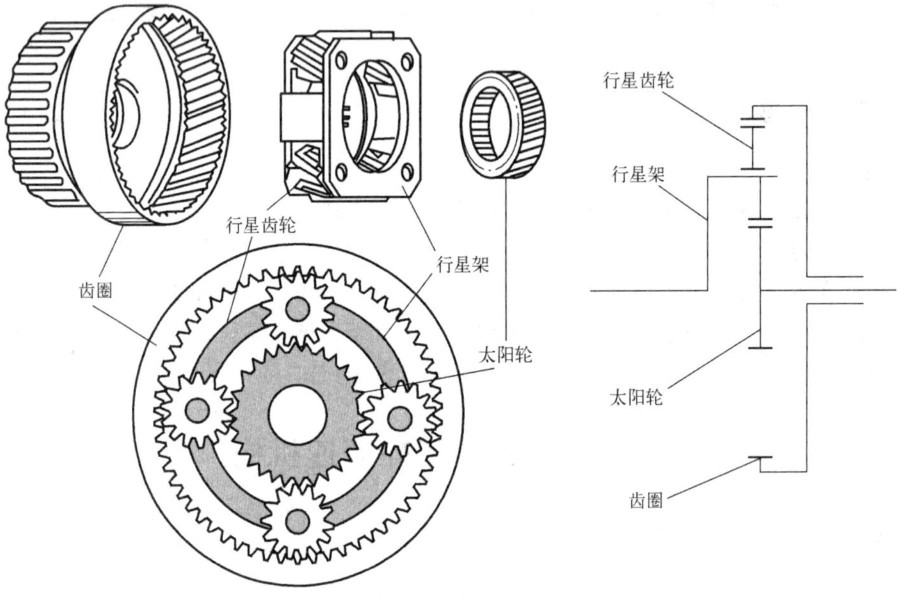

图 2–4–1 单排行星齿轮机构

齿圈又称齿环，制有内齿，其余齿轮均为外齿轮。太阳轮位于行星齿轮机构的中心，行星齿轮与太阳轮外啮合，与齿圈内啮合。通常行星齿轮有 3 ～ 6 个，通过滚针轴承安装在行星齿轮轴上，行星齿轮轴对称、均匀地安装在行星架上。行星齿轮机构中的太阳轮、齿圈和行星架有一个共同的固定轴线，当行星齿轮机构工作时，行星齿轮除了绕自身轴线的自转外，同时还绕着太阳轮公转，行星齿轮绕太阳轮公转，行星架也绕太阳轮旋转。由于太阳轮与行星齿轮是外啮合的，所以两者的旋转方向是相反的；而行星齿轮与齿圈是内啮合的，所以这两者的旋转方向是相同的。在行星排中，具有固定轴线的太阳轮、齿圈和行星架称为行星排的三个基本元件，亦称“运动三元件”。由于行星轮齿数对于机构传动比的计算没有影响，故称其为“惰轮”。

2. 单排行星齿轮机构的运动规律

图 2–4–2 所示为单排行星齿轮机构的传动简图。

表示单排行星齿轮机构运动规律的特性方程式为

$$n_1 + \alpha n_2 - (1 + \alpha) n_3 = 0 \tag{A}$$

式中：n_1——太阳轮转速；

n_2——齿圈转速；

n_3——行星架转速；

α——齿圈齿数 Z_2 与太阳轮齿数 Z_1 之比，即 $\alpha = Z_2/Z_1$，且 $\alpha > 1$。

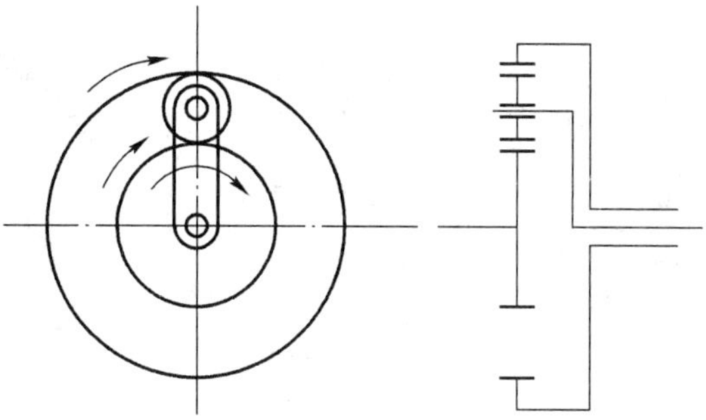

图 2-4-2　单排行星齿轮机构的传动简图

设太阳轮的齿数为 Z_1，齿圈的齿数为 Z_2，行星架的当量齿数为 $Z_3 = Z_1 + Z_2$，则将（A）式的两边同时乘以太阳轮的齿数 Z_1 后，可得

$$Z_1 n_1 + \alpha Z_1 n_2 - (1 + \alpha) Z_1 n_3 = 0$$

化简后，可得

$$Z_1 n_1 + Z_2 n_2 - Z_3 n_3 = 0 \tag{B}$$

观察（B）式可知，式中的三项从左至右分别为太阳轮、齿圈和行星架的齿数与转速的积，三项间的运算符号为先“+”后“-”，为便于记忆，可总结出“太、圈、架、+、-”的五字助记口诀。

3. 单排行星齿轮机构可能的动力传动方案

由于一个方程［指方程（A）或方程（B）］中有三个变量，如果将太阳轮、齿圈和行星架中某个元件作为主动（输入）部分，让另一个元件作为从动（输出）部分，则由于第三个元件不受任何约束和限制，所以从动部分的运动是不确定的（这可通过行星齿轮的机构自由度计算证明）。因此，为了得到确定的运动，必须对太阳轮、齿圈和行星架三者中的某个元件的运动进行约束和限制。

如图 2-4-3 所示，通过对不同的元件进行约束和限制，可以得到不同的动力传动方式。

（1）齿圈为主动件（输入），行星架为从动件（输出），太阳轮固定，如图 2-4-3（a）所示。此时，$n_1 = 0$，则传动比 $i_{23} = n_2/n_3 = 1 + 1/\alpha > 1$。

由于传动比大于 1，说明为减速传动，可以作为降速挡。

（2）行星架为主动件（输入），齿圈为从动件（输出），太阳轮固定，如图 2-4-3（b）所示。此时，$n_1 = 0$，则传动比 $i_{32} = n_3/n_2 = \alpha/(1 + \alpha) < 1$。

由于传动比小于 1，说明为增速传动，可以作为超速挡。

（3）太阳轮为主动件（输入），行星架为从动件（输出），齿圈固定，如图 2-4-3（c）所示。此时，$n_2 = 0$，则传动比 $i_{13} = n_1/n_3 = 1 + \alpha > 1$。

由于传动比大于 1，说明为减速传动，可以作为降速挡。

对比这两种情况的传动比，由于 $i_{13} > i_{23}$，虽然都为降速挡，但 i_{13} 是降速挡中的低挡，而 i_{23} 为降速挡中的高挡。

（4）行星架为主动件（输入），太阳轮为从动件（输出），齿圈固定，如图2-4-3（d）所示。此时，$n_2=0$，则传动比 $i_{31}=n_3/n_1=1/(1+\alpha)<1$。

由于传动比小于1，说明为增速传动，可以作为超速挡。因此时传动比数值过小，超速过多，故考虑到实际的行车安全问题，通常将此方案舍弃。

（5）太阳轮为主动件（输入），齿圈为从动件（输出），行星架固定，如图2-4-3（e）所示。此时，$n_3=0$，则传动比 $i_{12}=n_1/n_2=-\alpha$。

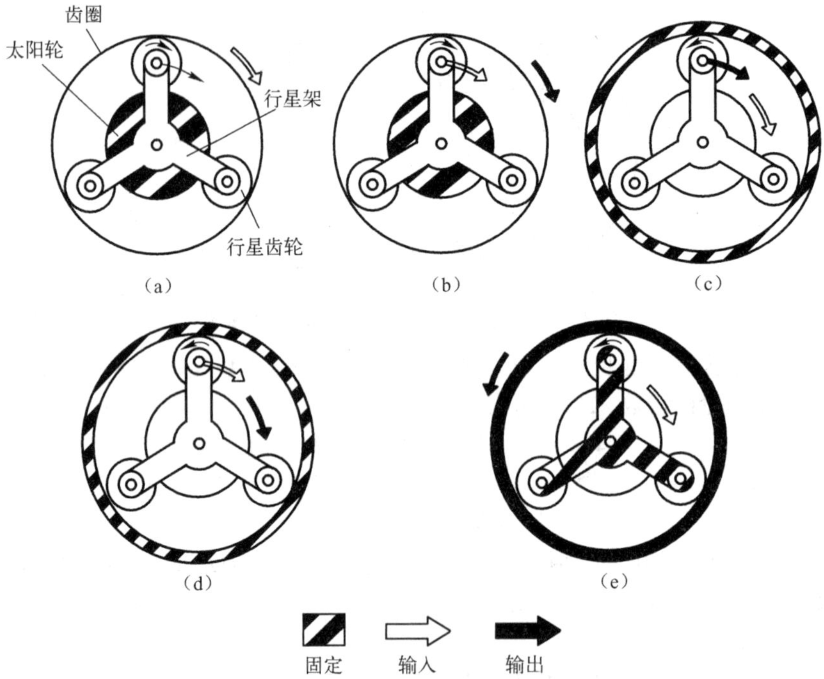

图2-4-3 单排行星齿轮机构的动力传动方式

由于传动比为负值，说明主从动件的旋转方向相反；又由于 $|i_{12}|>1$，说明为减速传动，可以作为倒挡。

（6）齿圈为主动件（输入），太阳轮为从动件（输出），行星架固定，如图2-4-3（e）所示。此时，$n_3=0$，则传动比 $i_{21}=n_2/n_1=-1/\alpha$。

由于传动比为负值，说明主从动件的旋转方向相反；又由于 $|i_{21}|<1$，说明为增速传动，考虑到作为倒挡会影响行车安全，易产生倒车风险，通常将此方案舍弃。

（7）如果 $n_1=n_2$，则由式（A）可以得到 $n_3=n_1=n_2$。同样，当 $n_1=n_3$ 或 $n_2=n_3$ 时，也都能够得到 $n_1=n_2=n_3$ 的结论。如此，若使太阳轮、齿圈和行星架三个元件中的任何两个元件连为一体转动，则剩余的元件的转速必然与前两者等速同向，即行星齿轮机构中所有元件（包含行星齿轮）之间均无相对运动，在这种情形下传动比 $i=1$。此传动方式被用于变速器的直接挡传动。

（8）如果太阳轮、齿圈和行星架三个元件没有任何约束，则各元件的运动是不确定的，此时为空挡。

自动变速器中的行星齿轮变速器一般采用2～3排行星齿轮机构传动，其各挡传动比就是根据上述单排行星齿轮机构传动特点进行合理组合得到的。

将上述单排行星齿轮机构的传动方式归纳为表2-4-1。

表 2-4-1 单排行星齿轮机构的传动方式

序号	固定件	主动件	从动件	传动比	输出转速	输出转矩	相当挡位
1	齿圈	太阳轮	行星架	$1+\alpha>1$	下降	增大	1 挡
2		行星架	太阳轮	$0<1/(1+\alpha)<1$	上升	减小	×
3	太阳轮	齿圈	行星架	$(1+\alpha)/\alpha>1$	下降	增大	2 挡
4		行星架	齿圈	$0<\alpha/(1+\alpha)<1$	上升	减小	超速挡
5	行星架	太阳轮	齿圈	$-\alpha<0$	下降	增大	倒挡
6		齿圈	太阳轮	$-1/\alpha<0$	上升	减小	×
7	太、圈、架均不固定			—	—	—	空挡
8	无	任意一个	另一个	1	相等	相等	直接挡

注："×"表示实际中一般不用此种方式；"—"表示无法得到确切结论。

观察表 2-4-1，可进一步归纳得出如下单排行星齿轮机构的运动规律："三件自由为空挡，两件联锁直接挡；架出减速架进升；固圈巨变固心缓，固架传动定倒挡"。

然而，只有一个行星排是不能满足汽车多挡位传动要求的，故此需要多个行星排，以一定的方式连接起来。比如，两个行星排共用一个太阳轮；或前行星排齿圈与后行星排行星架连为一体等。这种多行星排互连的设计，丰富了挡位的数量，也增加了挡位分析的难度。这使得在分析挡位时，有时会出现，"单看一个行星排时，好像没有固定元件，动力无法传递，而实际上则由于某种（通常不易察觉的）连接关系构成与另一个行星排的某个元件彼此约束，其运动状态仍然是确定的，依然可以实现动力传递"的情况。

（二）单排双级行星齿轮机构

1. 单排双级行星齿轮机构的组成

掌握单排双级行星齿轮机构的运动规律，是学习拉维娜式行星齿轮机构的基础。如图 2-4-4 所示。单排双级行星齿轮机构与单排单级行星齿轮机构一样，也有太阳轮、齿圈和行星架三个基本元件。不同之处表现为：在太阳轮与齿圈之间有两组行星轮，即行星轮 1 和行星轮 2。两组行星轮共用一个行星架。

2. 单排双级行星齿轮机构的运动规律

图 2-4-5 是单排双级行星齿轮机构传动示意图。通过行星齿轮机构自由度的计算可知，单排双级行星齿轮机构与单排单级行星齿轮机构一样，均为两个自由度的运动机构。为了组成具有一定传动比的传动机构，必须将太阳轮、齿圈和行星架这三个元件中的一个加以固定，或者将某两个基本元件互相连接在一起，即两者同速转动，才能获得一定的传动比。

图 2-4-4 双级行星齿轮机构

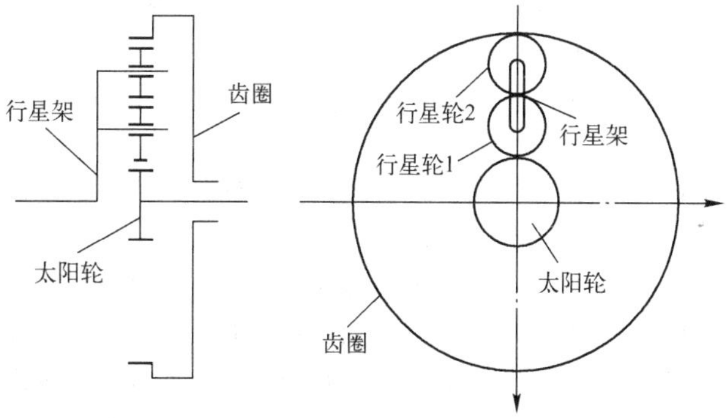

图 2-4-5 单排双级行星齿轮机构传动示意图

设太阳轮、齿圈和行星架的转速分别为 n_1、n_2 和 n_3，齿数分别为 Z_1、Z_2 和 Z_3，α 为齿圈与太阳轮的齿数比，可运用行星齿轮机构运动分析中的“反转法”，分析得到其运动规律为：

$$n_1 - \alpha n_2 + (\alpha - 1) n_3 = 0 \tag{C}$$

设行星架的当量齿数为 $Z_3 = Z_2 - Z_1$，则将（C）式的两边同时乘以太阳轮的齿数 Z_1 后，可得

$$Z_1 n_1 - \alpha Z_1 n_2 + (\alpha - 1) Z_1 n_3 = 0$$

化简后，可得

$$Z_1 n_1 - Z_2 n_2 + Z_3 n_3 = 0 \tag{D}$$

观察（D）式可知，式中的三项从左至右分别为太阳轮、齿圈和行星架的齿数与转速的积，三项间的运算符号为先“-”后“+”，为便于记忆，可总结出“太、圈、架、-、+”的五字助记口诀。

值得强调的是，要注意单排双级行星齿轮机构中的行星架当量齿数与单排单级行星齿轮机构中行星架当量齿数的差异，在单排单级行星齿轮机构中，$Z_3 = Z_1 + Z_2$，在单排双级行星齿轮机构中，$Z_3 = Z_2 - Z_1$。助记口诀为“单+、双-”。

3. 单排双级行星齿轮机构可能的动力传动方案

单排双级行星齿轮机构的运动分析与单级行星齿轮机构分析方法相同，下面介绍单排双级行星齿轮机构的运动规律。

（1）将行星架固定，以太阳轮为主动件，齿圈为从动件，则行星齿轮的轴线亦被固定，行星齿轮只能自转，不能公转。可获得减速传动，传动比 $i = n_1/n_2 = \alpha$；由于行星架固定，所以 $n_3 = 0$。

因为齿圈的齿数 Z_2 大于太阳轮的齿数 Z_1，所以这一传动比的数值 α 要大于1，如图2-4-6所示。结果从动件与主动件是同向，减速传动。

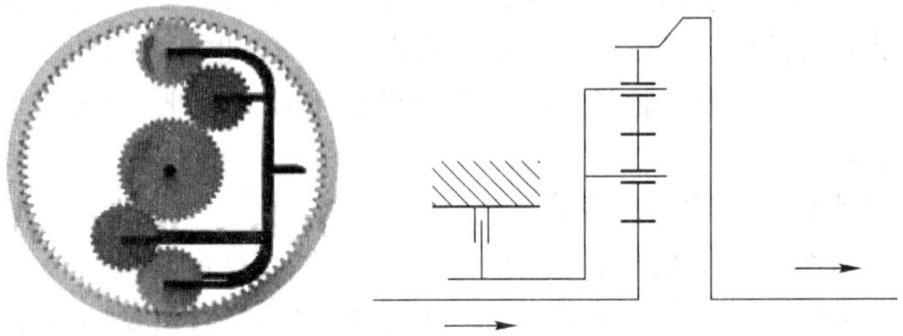

图2-4-6　单排双级行星齿轮机构行星架固定时的运动情况

（2）将行星架固定，以齿圈为主动件，太阳轮为从动件，即可获得增速传动，其传动比 $i = n_2/n_1 = 1/\alpha$；由于行星架固定，所以 $n_3 = 0$。

由于太阳轮的齿数 Z_1 小于齿圈的齿数 Z_2，因而 α 大于1，所以 $1/\alpha$ 小于1。可实现同向增速传动，如图2-4-6所示。

（3）将太阳轮固定，以行星架为主动件，齿圈为从动件，此时传动比 $i = n_3/n_2 = \alpha/(\alpha - 1)$；由于太阳轮固定，所以 $n_1 = 0$。

这一传动比 i 大于1。结果从动件与主动件是同向，减速传动，如图2-4-7所示。

（4）将太阳轮固定，以齿圈为主动件，行星架为从动件，即可获得同向增速传动。传动比 $i = n_2/n_3 = (\alpha - 1)/\alpha$；这一传动比 i 小于1。结果实现同向增速传动，如图2-4-7所示。

（5）将齿圈固定，以行星架为主动件，太阳轮为从动件。传动比 $i = n_3/n_1 = 1/(1 - \alpha)$；由

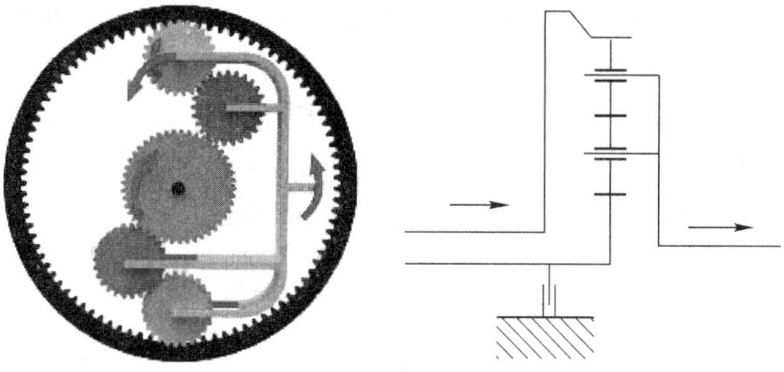

图 2-4-7　双行星齿轮机构太阳轮固定

于 α 大于1，$1-\alpha$ 小于0。此传动比绝对值小于1，表示输出与输入转向相反，如图2-4-8 所示，且为增速传动。

（6）将齿圈固定，以太阳轮为主动件，行星架为从动件，可获得减速传动，传动比 $i=n_1/n_3=1-\alpha$；由于齿圈固定，所以 $n_2=0$，此传动比小于0，如图 2-4-8 所示。

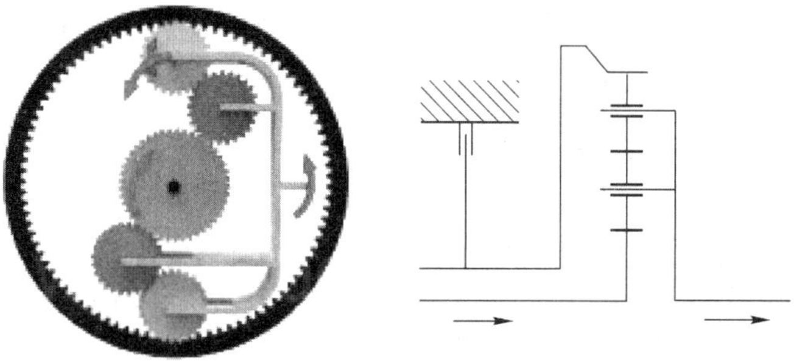

图 2-4-8　双行星齿轮机构齿圈固定

结果：从动件与主动件是反向，减速传动。

（7）若三个基本元件都没有被固定，各个基本元件都可以自由转动，则此时该机构不论以哪两个基本元件为主动件、从动件，都不能获得动力传递，处于空挡状态。

（8）若将任意两个基本元件互相连接起来，也就是说，使 n_1 等于 n_2 或 n_2 等于 n_3，则由行星排的运动特性方程可知，第三个基本元件的转速必与前两个基本元件的转速相同，即三个基本元件将以同样的转速一同旋转。此时，不论以哪两个基本元件为主动件、从动件，其传动比都是1，这种情况相当于直接挡。

综上所述，单排双级行星齿轮机构的运动规律归纳如下：“三件自由为空挡，两件联锁直接挡；圈出减速圈进升；固架巨变固心缓，固圈传动定倒挡”。

二、自动变速器动力传动路线分析

不同车型自动变速器在结构上往往有些差异，主要表现为：前进挡数目不同，离合器、制动器及单向离合器（均为换挡执行元件）的数目和布置方式不同，所采用的行星齿轮机构的类型亦不同等。对于同种类型的行星齿轮变速机构而言，前进挡数目越多，行星齿轮变速机构中的离合器、制动器及单向离合器的数目也就越多。这些换挡执行元件的布置方式主要取决于行星齿轮变速机构前进挡数目的多少和所采用的行星齿轮机构的类型。下面分别介绍不同类型的行星齿轮变速机构及典型的自动变速器。

（一）辛普森（Simpson）式行星齿轮自动变速器的结构特征与动力传动路线分析

1. 辛普森式行星齿轮自动变速器的结构特征

辛普森式行星齿轮自动变速器是在自动变速器中应用最广泛的一种行星齿轮变速器，它是由美国福特公司的工程师 H. W. 辛普森发明的，目前多采用四速辛普森式行星齿轮自动变速器，它是由更为早期且更为简单的三挡辛普森式变速器改进而来的。

改进后的四速辛普森式行星齿轮变速机构有两种：一种是在原辛普森式行星齿轮变速机构的基础上，再加一个超速行星排，形成三行星排四辛普森式行星齿轮变速机构；另一种是对原双行星排三速辛普森式行星齿轮变速机构进行改进，通过改变前后行星排各元件的组成方式和增加换挡执行元件，使其改变为带超速挡的双行星排四速辛普森式行星齿轮变速机构。这就致使不同厂家的四速辛普森式行星齿轮自动变速器的元件位置可能稍有不同，分析时应加以留意。

如图 2-4-9 所示，辛普森式行星齿轮变速机构由两个内啮合式单排行星齿轮变速机构组合而成，其结构特点是：前后两个行星排的太阳轮连接为一体，称为前后太阳轮组件；前一个行星排的行星架和后一个行星排的齿圈连接为一体，称为前行星架和后齿圈组件；输出轴通常与前行星架和后齿圈组件连接。经上述组合后，该机构成为一种具有四个独立元件的行星齿轮机构。这四个独立元件分别是：前齿圈、前后太阳轮组件、后行星架、前行星架和后齿圈组件。

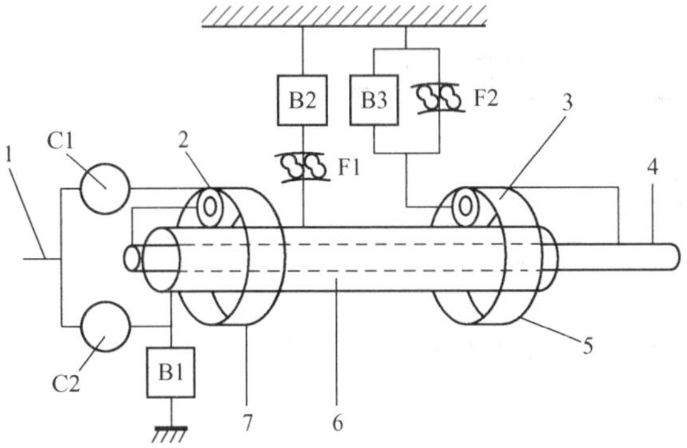

（a）传动图

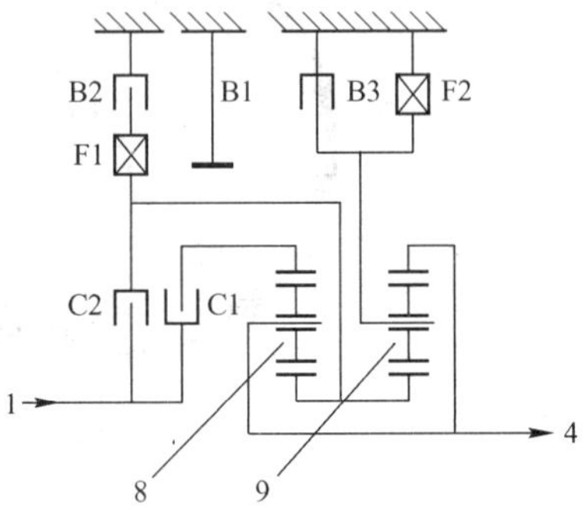

（b）传动简图

图 2-4-9 辛普森式行星齿轮变速机构

1—输入轴；2、8—前行星排；3、9—后行星排；4—输出轴；5—后排齿圈；6—太阳轮；7—前排齿圈；C1、C2—离合器；B1、B2、B3—制动器；F1、F2—单向离合器

2. 典型四速辛普森式行星齿轮自动变速器的挡位分析

下面以丰田 A340E 为例，进行挡位分析。

从 20 世纪 90 年代起，丰田公司推出了 A340 系列，这是一个具有“电控、四速、带锁止离合器”等共同特征的系列，多用于高级轿车。其中，A341E 和 A342E 的电液控制系统为智能型控制系统，但它们的行星齿轮机构却基本没有改变。区别通常是构成行星齿轮机构的“运动三元件”的结构尺寸和齿数有所不同，以适应配用的发动机的最大转矩的差异；另外，在前进低挡设置的挡位数也有所不同，比如，有的在 2 位时最高只能升到 2 挡，但有的却可升到 3 挡；有的在 L 位仅仅只有 1 挡，有的却可以升到 2 挡。上述的区别必然使得其电子控制系统和液压控制系统也不尽相同，但是它们的行星排的数目及各排之间运动元件的连接方式并无差异。也就是说，A340 系列的不同型号的行星齿轮变速器的挡位分析方法并无不同。

图 2-4-10 所示为丰田皇冠 3.0 轿车 A340E 型自动变速器三行星排四速辛普森式行星齿轮变速系统。该系统共有三个行星排：超速行星排、前行星排、后行星排。

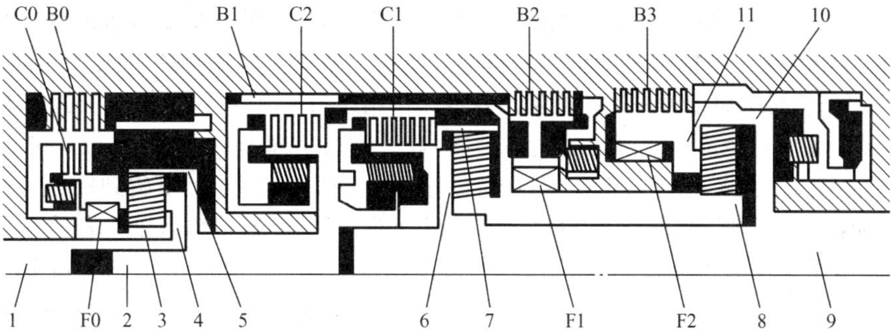

（a）结构简图

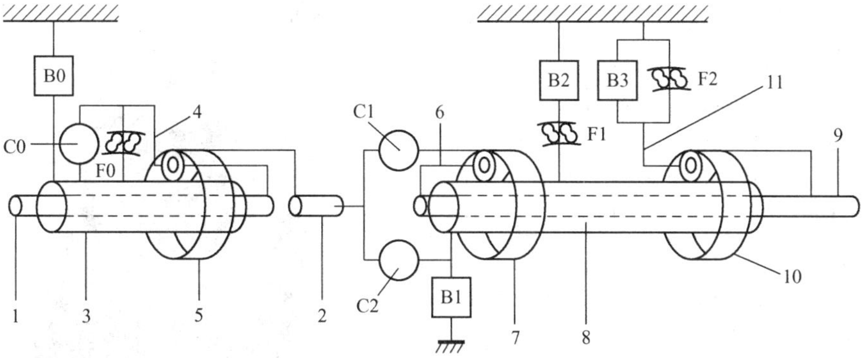

（b）传动图

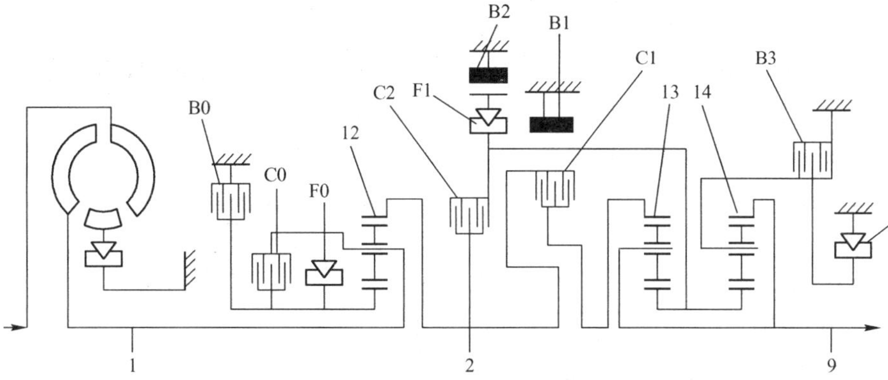

（c）传动简图

图 2-4-10　A340E 型自动变速器三行星排四速辛普森式行星齿轮变速系统

1—超速输入轴；2—输入轴；3—超速太阳轮；4—超速行星架；5—超速环齿圈；6 —前行星架；7—前环齿圈；8—太阳轮（前、后行星排共用）；9—输出轴；10—后环齿圈；11—后行星架；12—超速行星排；13—前行星排；14—后行星排；C0—超速离合器；B0—超速制动器；F0—超速单向离合器；C1—前进离合器；C2—直接离合器；B1—2 挡滑行制动器；B2—2 挡制动器；B3—低、倒挡制动器
F1—第一单向离合器；F2—第二单向离合器

前、后行星排共用一个太阳轮。前行星排的行星架和后行星排的环齿圈连接在一起，作为行星齿轮变速系统的动力输出端。此为典型的辛普森式行星齿轮机构。

超速行星排位于前、后行星排的前部（也有的位于后部），发动机的动力由超速输入轴 1 输入。超速输入轴与超速行星架相连，超速环齿圈作为超速行星排的输出端与输入轴 2 相连。

超速离合器 C0 用于连接超速行星架和超速太阳轮。超速单向离合器 F0 的作用是保护超速离合器 C0。当发动机刚启动时，油路中油压较低，作用在超速离合器 C0 上的压力较小，使离合器摩擦片容易打滑，产生磨损。当与超速离合器 C0 并列装上超速单向离合器 F0 时，超速单向离合器 F0 反向锁止，这样在超速离合器 C0 摩擦片间不会产生打滑，使其得到保护。

超速制动器 B0 用于固定超速太阳轮。前进离合器 C1 用于连接输入轴 2 和前环齿圈 7。直接离合器 C2 用于连接输入轴 2 和前、后行星排共用的太阳轮。2 挡滑行制动器 B1 用于固定前、后行星排共用的太阳轮。制动器 B2 和第一单向离合器 F1 共同工作，可单向锁止前、后行星排的太阳轮。低、倒挡制动器 B3 用于固定后行星架。第二单向离合器 F2 用于单向锁止后行星架。

下面对各个不同挡位的功用和动力传动路线进行具体分析：

（1）驻车挡（P 位）。变速杆处于 P 位，行星齿轮变速系统中除超速离合器 C0 外的其他换挡执行元件都不动作，行星齿轮机构中各元件自由转动，不传递动力，汽车不能运行。此时，变速杆（手控连杆机构）控制停车闭锁凸轮动作，使固定在变速器外壳上的停车闭锁爪啮入变速器输出轴的外齿槽中，将输出轴固定，驱动轮不能转动，如图 2-4-11 所示。

图 2-4-11　A340E 型自动变速器驻车装置

（2）空挡（N 位）。在空挡，由于停车闭锁爪并不工作，当有外力作用在汽车上或汽车停在斜坡上时，车辆仍可移动。因此，当汽车长时间停车时，不应将变速杆拨至空挡，而应拨至驻车挡，并进行驻车制动，以防车辆溜动而引发事故。

（3）倒挡（R 位）。当变速杆处在倒挡时，换挡执行元件中超速离合器 C0、超速单向离合器 F0、直接离合器 C2 和低、倒挡制动器 B3 工作，如图 2-4-12 所示。

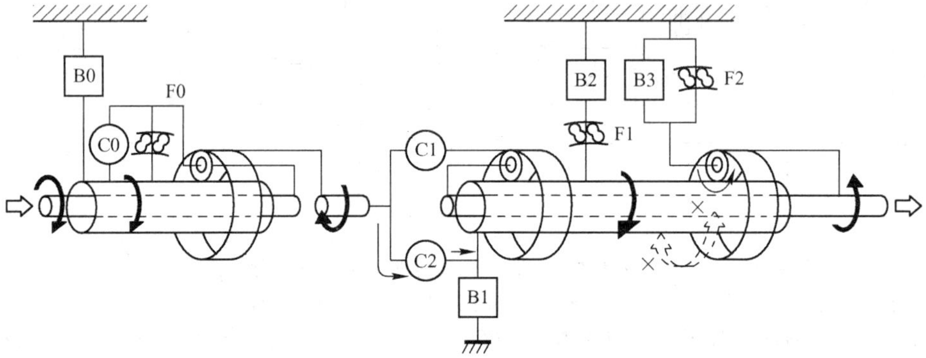

图 2-4-12　A340E 型自动变速器倒挡传动图

超速离合器 C0、超速单向离合器 F0 工作时，将超速排的行星架和太阳轮连接起来，使超速行星排由超速输入轴 1 到前、后行星排的输入轴 2 形成传动比为 1 的直接传动。直接离合器 C2 工作时，将输入轴 2 与前、后行星排的太阳轮连接起来。低、倒挡制动器 B3 工作时，将后行星排的行星架固定起来。

将输入轴2的动力经直接离合器C2输入到太阳轮时，由于前行星排中另两个元件（行星架及环齿圈）均没有约束，因此前行星排空转，不传递动力。而后行星排的行星架被低、倒挡制动器B3固定，因此，太阳轮的动力经行星轮（自转）传递给后轮圈，经输出轴输出。后环齿圈的转动方向与太阳轮相反，形成倒挡。

（4）前进1挡（D位1挡）。在前进1挡，换挡执行元件中超速离合器C0、超速单向离合器F0、前进离合器C1、第二单向离合器F2工作，如图2-4-13所示。

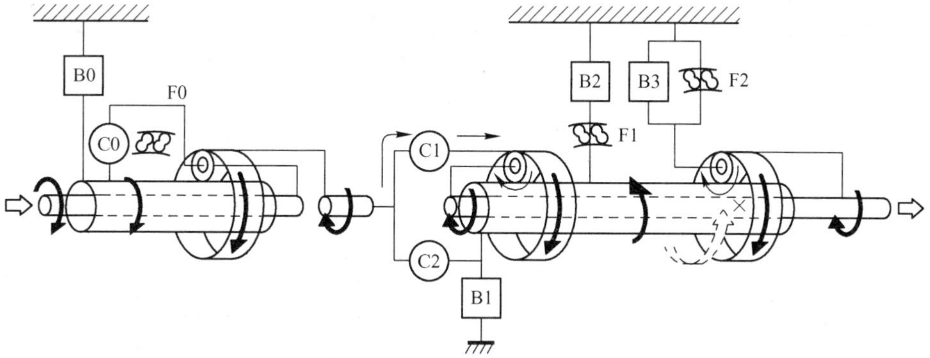

图2-4-13　A340E型自动变速器前进1挡传动图

当超速离合器C0、超速单向离合器F0工作时，将超速输入轴1上的动力直接传递给输入轴2。前进离合器C1工作时，将输入轴2和前排环齿圈连接在一起。第二单向离合器F2工作时，将后行星架单向锁止。

在前进1挡，汽车起步时，行星齿轮变速系统的输出轴尚未转动，前行星架因此也被固定。当发动机的动力经超速行星排、前进离合器C1传到前环齿圈时，因前行星架被固定，动力传到太阳轮（前、后行星排共用一个太阳轮），太阳轮的转动方向与前环齿圈相反。由于前行星排行星轮顺时针自转，则前、后行星排太阳轮逆时针转动，再驱动后行星轮顺时针自转，此时后行星排行星轮在前后行星排太阳轮的作用下有逆时针公转的趋势，但后行星架逆时针转动的趋势被第二单向离合器F2单向锁止，太阳轮的动力经后行星轮（自转）又传到后环齿圈，使得后环齿圈的转动方向与太阳轮相反，这时，后环齿圈的转动方向和前环齿圈又变成一致。这样，输出轴便在后环齿圈作用下开始旋转。

汽车起步后，前行星架也随着输出轴慢慢转动。这时，经前进离合器C1输送到前环齿圈的动力分两路传递到输出轴：一路是前环齿圈带动前行星架转动，直接将动力传至输出轴；另一路是前环齿圈的动力经太阳轮、后行星排的环齿圈传到输出轴。这样，动力经齿轮变速系统传递后，其转矩增大、转速降低，汽车以较大的转矩克服行驶阻力，低速前进。

（5）前进2挡（D位2挡）。在前进2挡，换挡执行元件中超速离合器C0、超速单向离合器F0、前进离合器C1、2挡制动器B2、第一单向离合器F1工作，如图2-4-14所示。

超速离合器C0、超速单向离合器F0工作时，将超速输入轴1上的动力直接传递给前、后行星排的输入轴2。2挡制动器B2工作时，将第一单向离合器F1的外圈固定，第一单向离合器F1与2挡制动器B2共同作用，可将太阳轮单向锁止。

变速器在前进2挡工作时，发动机的动力经过超速行星排、离合器C1传到前环齿圈，因太阳轮被B2和F1单向锁止，所以前环齿圈的动力经前行星架传至输出轴。

（6）前进3挡（D位3挡，又称直接挡）。在前进3挡，换挡执行元件中超速离合器C0、超速单向离合器 F0、前进离合器 C1、直接离合器 C2 及 2 挡制动器 B2 工作，如图 2-4-15 所示。

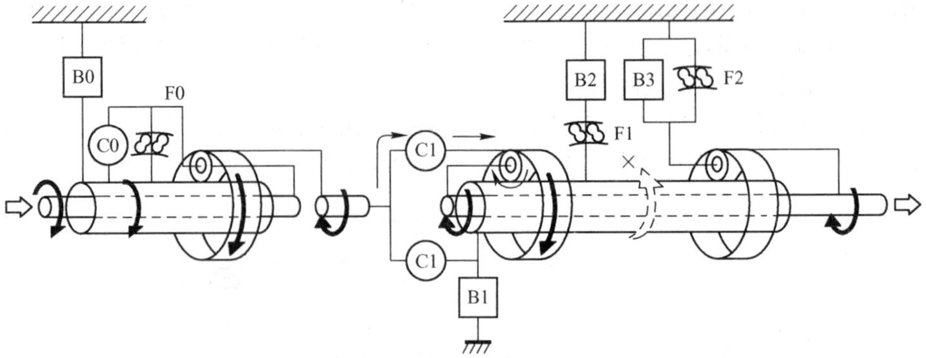

图 2-4-14 A340E 型自动变速器前进 2 挡传动图

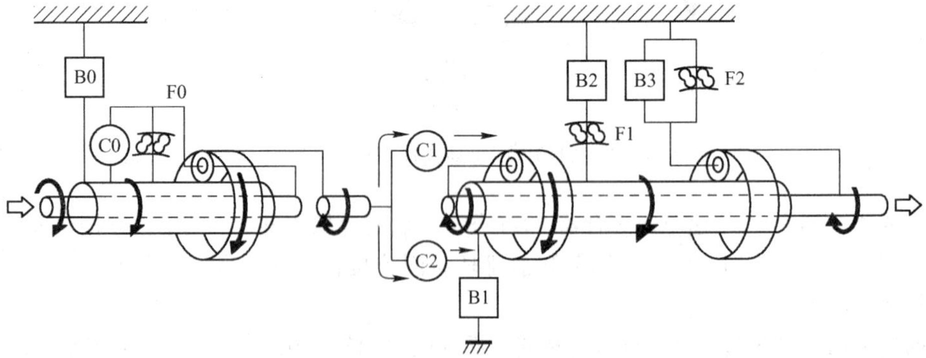

图 2-4-15 A340E 型自动变速器前进 3 挡传动图

超速离合器 C0、超速单向离合器 F0 工作时，将超速输入轴 1 上的动力直接传递给前、后行星排的输入轴 2。前进离合器 C1 工作时，将输入轴的动力传至前环齿圈。直接离合器 C2 工作时，将输入轴的动力传至太阳轮。

2 挡制动器 B2 工作时，将第一单向离合器 F1 的外座圈固定。在该挡位，太阳轮转动方向为顺时针，因此 F1 不会锁止太阳轮，即 F1 在前进 3 挡不工作，只在前进 2 挡及由前进 2 挡转换至前进 3 挡过程中起作用。

变速器在前进 3 挡工作时，超速输入轴的动力经超速行星排传到前、后行星排的输入轴。输入轴的动力分两路传递：一路经前进离合器 C1 传至前环齿圈；另一路经直接离合器 C2 传至太阳轮。前环齿圈的转速和转动方向与太阳轮相同，并同时作为前行星排的主动件，因此，前行星架作为从动件，将会以相同的转速和方向转动，并经输出轴向外传送动力。在整个动力传递过程中，齿轮变速系统的传动比为 1，即输入轴和输出轴转速相同。

（7）超速挡（D 位 4 挡，又称 O/D 挡）。在超速挡，换挡执行元件中超速制动器 B0、前进离合器 C1、直接离合器 C2 及 2 挡制动器 B2 工作，如图 2-4-16 所示。

超速制动器 B0 工作时，将超速太阳轮固定。前进离合器 C1 工作时，将输入轴和前环齿圈连接在一起。直接离合器 C2 工作时，将输入轴和太阳轮连接在一起。2 挡制动器 B2 工作时，将第一单向离合器 F1 的外座圈固定住。

变速器工作时，超速输入轴的动力传至超速行星架，因超速太阳轮被超速制动器 B0 固定，

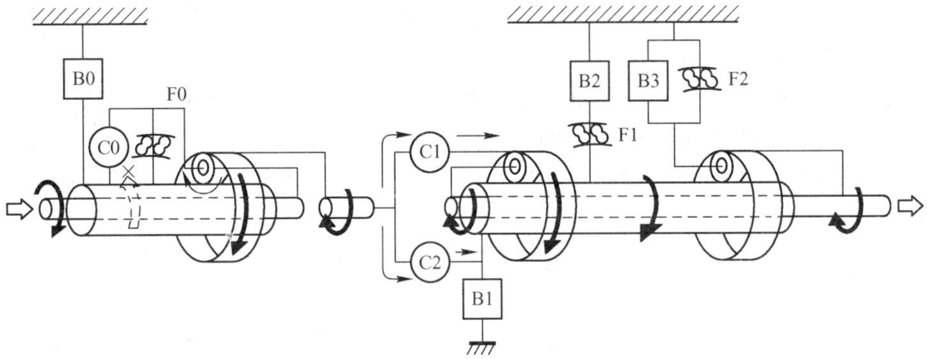

图 2-4-16 A340E 型自动变速器前进 4 挡传动图

因此，动力由超速行星架传至超速环齿圈。由行星齿轮变速机构的工作原理可知，动力从行星架向环齿圈的传递过程可使转速升高，属于超速传动。转速升高的超速齿圈的动力传至前、后行星排的输入轴，再经离合器 C1、C2 分别传至前环齿圈、太阳轮。在前环齿圈和太阳轮两主动件的作用下，前行星架以相同转速和方向转动，然后经输出轴输出。输出轴的转速高于行星齿轮变速系统超速输入轴的转速，实现了超速传动。

（8）2 位 2 挡　当变速杆处于 2 位时，汽车的最高车速受到限制。变速器最高只能升到 2 挡，或者从高速挡（直接挡、超速挡）被强制降至 2 挡，并且在此状态下还具有发动机制动作用，因此又称 2 位 2 挡为“制动 2 挡”。

在 2 位 2 挡时，换挡执行元件中的超速离合器 C0、超速单向离合器 F0、前进离合器 C1、2 挡滑行制动器 B1、2 挡制动器 B2、第一单向离合器 F1 工作，如图 2-4-17 所示。

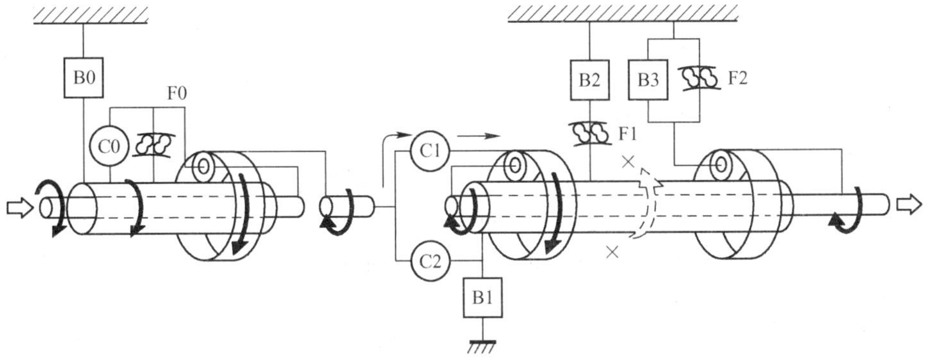

图 2-4-17 A340E 型自动变速器 2 位 2 挡传动图

超速离合器 C0、超速单向离合器 F0 工作时，将超速输入轴和前、后行星排的输入轴连接起来。前进离合器 C1 工作时，将前、后行星排的输入轴和前环齿圈连接起来。制动器 B1、B2 及单向离合器 F1 工作时，将前、后行星排的太阳轮固定住，使其既不能顺时针转动，也不能逆时针转动。

在汽车正常前进、变速器由 1 挡升至 2 挡时，发动机驱动汽车前进，发动机的动力经变速器传至汽车驱动轮，此时制动器 B1、B2 及单向离合器 F1 共同将前、后排的太阳轮固定住，变速系统的动力传动路线与 D 位 2 挡时相同。

当汽车减速行驶、变速器由高速挡（如超速挡）强制降入 2 挡时，在汽车惯性的作用下，变速器输出轴转速高于发动机转速。由于在 2 位 2 挡时制动器 B1 投入工作，将太阳轮固定住，使2挡的动力能逆向传递，变速器输出轴带着输入轴转动，因此汽车便在发动机的作用下强制减速，实现了发动机的制动作用。

假如变速系统在汽车减速时换挡执行元件的工作情况与D位2挡时相同，只是由B2、F1单向锁止前、后行星排的太阳轮，则动力的逆向传递（由输出轴到输入轴）便不能实现。这是因为动力逆向传递时，输出轴带动前行星架转动，前行星架又会带动太阳轮顺时针转动（太阳轮在顺时针方向转动时，不受单向离合器F1的限制），这样前行星架的动力就不能传递给前环齿圈，发动机就不能作为阻力矩去强制降低汽车车速，发动机的制动作用就不能实现，而汽车会在惯性作用下仍然高速行驶。

（9）2位1挡。变速器在此挡位时的动力传递路径与D位1挡时一样，这里不再赘述。

（10）L位。当变速杆位于L位时，变速系统只能在1挡工作，且在此1挡具有发动机制动作用，因此又将L位1挡称为“制动1挡”。

在L位1挡时，换挡执行元件中的超速离合器C0、超速单向离合器F0、前进离合器C1、2挡制动器B2、第二单向离合器F2工作。与D位1挡相比，所不同的是在L位1挡制动器B3投入了工作，如图2-4-18所示。

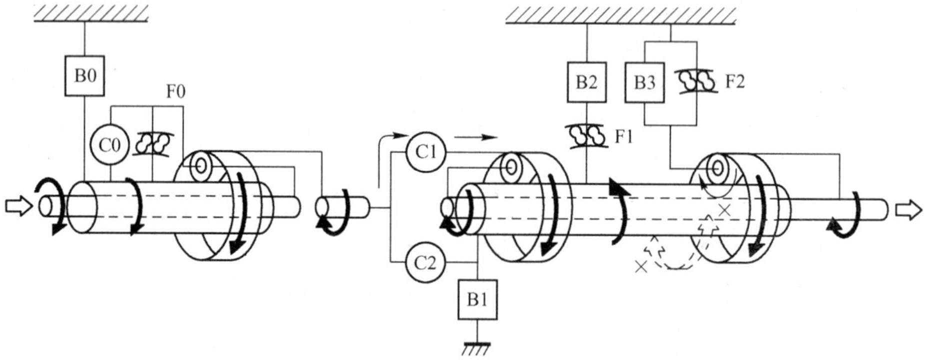

图2-4-18　A340E型自动变速器L位1挡传动图

D位1挡时，虽然制动器B3没有工作，但在汽车正常行驶时，后行星架因有逆时针转动方向转动的趋势而被第二单向离合器F2锁止，可实现前进1挡的动力传递。但在汽车减速（动力逆向传递）时，因第二单向离合器F2不能在顺时针方向锁止后行星架，因而动力逆向传递中断，发动机制动作用不能实现。

当汽车在L位1挡行驶时，制动器B3投入工作，后行星架被制动器B3固定住，既不能逆时针转动，也不能顺时针转动，可以实现变速系统在1挡的正、反双向动力传动，因而能够实现发动机的制动作用。

从上述各个挡位的分析可以看出，变速系统的各种传动（各挡位）是靠变速系统换挡执行元件的不同工作组合来实现的。表2-4-2为丰田A340E型自动变速器各换挡执行元件工作情况。

由表2-4-2可以看出，各换挡执行元件都是有其特殊的应用场合的。

表2-4-2　丰田A340E型自动变速器各换挡执行元件工作情况

变速杆位置	传动挡位	换挡执行元件									
		C0	C1	C2	B0	B1	B2	B3	F0	F1	F2
P	驻车挡	○									

续表

变速杆位置	传动挡位	换挡执行元件									
		C0	C1	C2	B0	B1	B2	B3	F0	F1	F2
R	倒挡	○		○				○	○		
N	空挡	○									
D	1 挡	○	○						○		○
	2 挡	○	○				○		○	○	
	3 挡	○	○	○			○		○		
	4 挡		○	○	○		○				
2	1 挡	○	○						○		○
	2 挡	○	○			○	○		○	○	
L	1 挡	○	○					○	○		○

注：○表示换挡执行元件工作。

前进离合器 C1 是工作在除倒挡以外的任何前进挡中，因此常把离合器 C1 称为前进挡离合器。离合器 C2 工作时，会产生直接传动，因此常把离合器 C2 称为直接离合器。又因离合器 C2 在倒挡和两个前进高挡工作，所以又称其为倒挡与高挡离合器。

制动器 B1 工作时，发动机在 2 挡滑行（滑行是指发动机怠速或低速运转时靠汽车惯性运行）时具有制动作用，因此常将制动器 B1 称为 2 挡滑行制动器。制动器 B2 工作时，变速系统位于前进 2 挡，因此常把制动器 B2 称为 2 挡制动器。制动器 B3 工作时，变速系统处于 1 挡或倒挡，因此常把制动器 B3 称为低、倒挡制动器。

单向离合器 F1 的作用之一是在前进 2 挡时和 B2 一同单向锁止太阳轮；作用之二（也可以说是设置 F1 的主要原因）是防止由前进 2 挡升至前进 3 挡时，前行星排各换挡执行元件间发生“运动干涉”现象。在前进 2 挡时，前环齿圈为主动件，行星架为从动件。当变速器由前进 2 挡升至前进 3 挡时，太阳轮由固定件变为运动元件。正常的换挡过程应当是：太阳轮的锁止一旦解除，离合器 C2 应立即接合，将动力传至太阳轮。若在锁止和接合之间存在交叉或间隙，则均会造成换挡冲击及换挡执行元件的磨损。

假如没有第一单向离合器 F1，太阳轮只被 2 挡制动器 B2 固定，则 2 挡制动器 B2 的释放时机及前进离合器 C2 的接合时机就很难掌握。但在设置了第一单向离合器 F1 后，太阳轮被 B2 和 F1 单向锁止，即在逆时针方向被锁止，在顺时针方向仍能正常运转。这就使换挡时刻仅受一个换挡执行元件（离合器 C2）控制，即离合器 C2 接合的时刻就是换挡时刻。一旦离合器 C2 接合，太阳轮就顺时针转动，太阳轮在逆时针方向的锁止随即解除，这样就防止了前进 2 挡升至前进 3 挡时的换挡冲击。因此常称第一单向离合器 F1 为 2 挡单向超速离合器。

第二单向离合器 F2 的一个作用是在前进 1 挡时单向锁止后行星架；另一个作用是在 1 挡升至 2 挡时，防止变速系统换挡执行元件间的运动干涉。在 1 挡升至 2 挡时，后行星排的行星架约束需要被解除，而太阳轮又要被锁止。若没有第二单向离合器 F2，只用低、倒挡制动器 B3 固定后行星架，则有可能造成行星架的约束解除后，太阳轮还没有被锁止，或者太阳轮已被锁止，但后行星架的约束还没有被解除，这就会使各运动件间产生干涉现象，造成换挡冲击。而使用了第二单向离合器 F2 后，后行星架被单向锁止，1 挡换 2 挡的时机只取决于太阳轮被锁止的时机，即 2 挡制动器 B2 开始工作的时刻就是 1 挡换 2 挡的时刻。一旦太阳轮被锁止，在后齿圈的作用下，后行星架立即顺时针转动，逆时针方向的锁止随即解除，使换挡过程很平顺。因此，常把第二单向离合器 F2 称为 1 挡（低挡）单向离合器。

以下对四速辛普森式行星齿轮机构自动变速器的有关换挡执行元件的作用和挡位传动路线的分析问题做进一步解析。

当行星齿轮变速器处于 1 挡、2 挡、3 挡或倒挡时，超速行星排中的超速制动器 B0 放松，超速离合器 C0 和超速单向离合器 F0 接合（加速时，C0 和 F0 的作用都是使超速排行星架和太阳轮同步，放松加速踏板时仅由 C0 产生发动机制动），使超速行星排处于传动比为 1 的直接传动状态。更准确地说是内齿圈有阻力时，行星架使太阳轮顺时针加速转动，太阳轮通过 F1 主动去锁止行星架。在发动机顺时针带动自动变速器输入轴转动时，它就让超速行星排的太阳轮和行星架锁止为一个整体，就可以实现传动比为 1（注：但不能实现发动机制动）。由于超速离合器 C0 在自动变速器处于超速挡之外的任何挡位（包括驻车挡、空挡和倒挡）都处于接合状态，有了发动机制动，似乎可以把 F0 拿掉，但当发动机刚启动而油泵尚未建立起正常的油压时，超速离合器 C0 就已处于半接合状态，这样容易使其摩擦片因打滑而加剧磨损。为了防止出现这种情况，在超速离合器 C0 并列的位置上布置了一个直接单向离合器 F0，使超速行星排的行星架能在逆时针方向上对太阳轮产生锁止作用，防止超速离合器 C0 的摩擦片在半接合状态下打滑。但最终设计 C0 的目的是实现动力可以由车轮反传给发动机，进而实现发动机制动。F0 的设计主要是为了实现超速排的直接传动，而防止超速离合器 C0 的摩擦片在半接合状态下打滑是它的一个连带效果。

超速单向离合器 F0 的另一个作用是改善由 3 挡升至超速挡的换挡平顺性。在 3 挡升至超速挡的换挡过程中，若超速制动器 B0 制动晚，超速离合器释放早，造成超速行星排各基本元件之间的空转，使发动机转速升高，同时伴随换挡冲击；反之，超速制动器 B0 制动过早，超速离合器 C0 释放迟缓，则必然造成运动干涉，从而损坏超速制动器 B0 和超速离合器 C0。为了防止发动机空转和运动干涉，设计上可以让超速离合器 C0 释放早些，再让超速制动器 B0 接合。若超速离合器 C0 释放后超速制动器 B0 仍来不及接合而使行星齿轮变速器出现打滑现象，超速单向离合器 F0 仍可以在超速离合器 C0 已释放而超速制动器 B0 尚未完全接合时，代替超速离合器的工作，将超速行星排的太阳轮和行星架锁止在一起，防止超速行星排出现打滑现象，并在超速制动器 B0 接合后又能及时自动脱离锁止，让超速行星排顺利进入超速挡工作状态。

由超速排可知，传动比在小于 1 和等于 1 之间切换。可以试想，当在 1、2 挡时，只要超速排传动比为 1，1、2 挡传动比由辛普森机构来实现减速即可。3 挡超速排和前两挡一样，传动比也为 1，若辛普森机构的传动比为 1，则整个变速器的传动比为 1。4 挡时，若辛普森机构传动比为 1，超速排传动比小于 1，则整个变速器的传动比小于 1。

这里再介绍一个口诀：对于四速辛普森式变速器，1 挡固定行星架，2 挡固定太阳轮，3 挡同步，4 挡行星架带内齿圈超速，倒挡太阳轮传内齿圈。此口诀对于四速拉维娜式变速器也适用。

1 挡时，C0 和 F0 工作实现传动比为 1，C1 离合器接合把动力传至前齿圈。在起步时，前行星架和后内齿圈与车轮相连，阻力大于太阳轮（太阳轮自由），前内齿圈顺时针带动太阳轮逆时针超速转动，在后排由于后内齿圈与车轮相连，则动力传至行星架且使行星架逆时针转动，行星架刚一转动就被单向离合器 F2 锁止，此时行星架阻力远大于内齿圈，动力只好由后太阳轮传到后内齿圈，后内齿圈顺时针转动，这时不要认为动力输出了。试想，若前内齿圈和前太阳轮的齿数比等于后内齿圈和后太阳轮的齿数比，则这时传动比为 1∶1，不能用于起步，但后内齿圈的转动立即会带动前行星架顺时针转动。可设太阳轮转速为 n_1、前内齿圈转速为 n_2、前行星架转速为 n_3、后行星架转速为 n_4，设顺时针为正。

起步：前排　　$n_1+\alpha_1 n_2-(1+\alpha_1)n_3=0$

后排　　$n_1+\alpha_2 n_3-(1+\alpha_2)n_4=0$

通过把前后排方程消去 n_1 得：$n_2/n_3=(1+\alpha_1+\alpha_2)/\alpha_1$，这个式子含有 α_1 和 α_2，表明前后排都参与了变速传动。

在口诀里，1 挡固定行星架，是指在 D 位 1 挡、2 位 1 挡由 F2 固定行星架；在 L1 由 B3 固定行星架。区别在于，用 B3 固定有发动机制动，发动机制动要理解成发动机帮助汽车减速，而不要理解成制动发动机，即动力可以由发动机传到车轮，也可由车轮反传回发动机。而单向离合器制动基本没有发动机制动，即动力可以由发动机传到车轮，但却不能由车轮反传回发动机。

2 挡固定太阳轮，是指前内齿圈传前行星架若在 D 位 2 挡时，用 B2 和 F1 串联，阻止太阳轮逆时针转动，若在 2 位 2 挡则用 B1 阻止太阳轮逆时针转动。区别很简单，D 位 2 挡无发动机制动，2 位 2 挡有发动机制动。

3 挡同步，是指前内齿圈和太阳轮同步，共同夹持行星架转动，传动比很显然是 1∶1，理论上有发动机制动，但实际上由于传动比较小，车轮反拖发动机时效果不明显，一般认为没有发动机制动效果。

4 挡时因为辛普森机构传动比为 1∶1，超速排超速形成 4 挡。

R 挡时，后行星架固定，后太阳轮驱动后齿圈。

有些车型的这种自动变速器将超速行星排设置在原辛普森式 3 挡行星齿轮变速器的后端，其工作原理与前述类型是相同的。只需要注意，F0 在倒挡时不工作，例如宝马 4HP－24 或佳美 A540E 等，如图 2-4-19 所示。

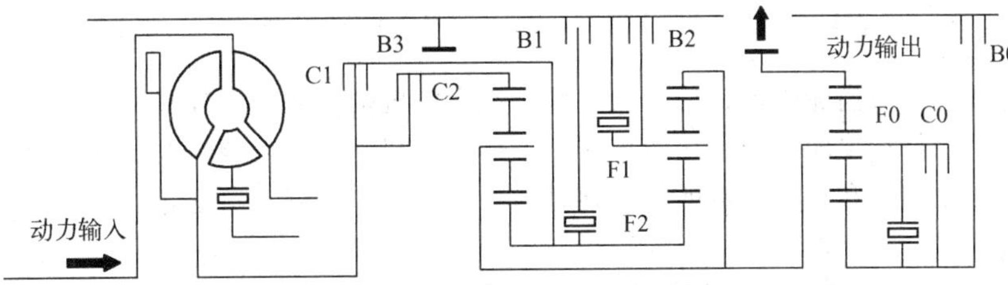

图 2-4-19　佳美 A540E 型自动变速器传动简图

3. 变速器后坐控制功能和减速降挡控制功能

1）后坐控制功能

当变速杆从 N 移至 D 准备起步时，车辆一般会产生一定的振动和车后部下沉的现象，这是由于在发动机转矩传递的同时要消除行星齿轮之间的间隙，在这个过程中会产生一定的冲击振动。为了减少冲击和后坐，丰田电控自动变速器在起步时不是直接进入 D1 挡，而是先进入 D2 挡甚至 D3 挡，此过程时间非常短，然后立即降为 D1 挡起步，这个过程称为后坐控制。进行后坐控制时，先进入 D2 挡或 D3 挡，由于 D2 挡和 D3 挡的传动比小于 D1 挡，通过齿轮变速器转矩增加的比例小于 D1 挡，产生的冲击也就小于 D1 挡。另外，在 D1 挡时，辛普森行星齿轮系统中所有的齿轮都要参加动力的传递，齿侧间隙的总和较大，产生的冲击就大，在 D2 挡只有一排行星齿轮参与工作，齿侧间隙的总和较小，降入 D1 挡后再消除另一部分间隙，使得全部的齿侧间隙由两个阶段消除，一次较大的冲击变成两次较小的冲击。这样就使得总体的感觉变好了，提高了乘坐的舒适性。

2）减速降挡控制功能

车辆在 O/D 挡行车，如果车速不断降低，就会导致降挡，但降挡时不是直接降入 D3 挡，而是先降入 D2 挡 0.8 s，然后再回升到 D3 挡以减小降挡引起的冲击和振动，这个过程称为减速降挡控制。ECU 进行减速降挡控制要接收下列信号：

（1）发动机水温超过 70 ℃；

（2）变速杆在 D 位；

（3）节气门位置传感器（IDL）怠速触点要闭合。

另有些变速器为减少挂挡后的冲击，即使 D1 挡为单个行星排传力也由 2 挡起步。

（二）拉维娜（Ravigneaux）式行星齿轮自动变速器的结构特征与动力传动路线分析

1. 拉维娜（Ravigneaux）式行星齿轮自动变速器的结构特征

拉维娜（Ravigneaux）式行星齿轮机构是区别于辛普森式行星齿轮机构的另外一种典型的行星齿轮机构，是一种双排单、双级复合式行星齿轮机构，图 2-4-20 为其结构示意图。

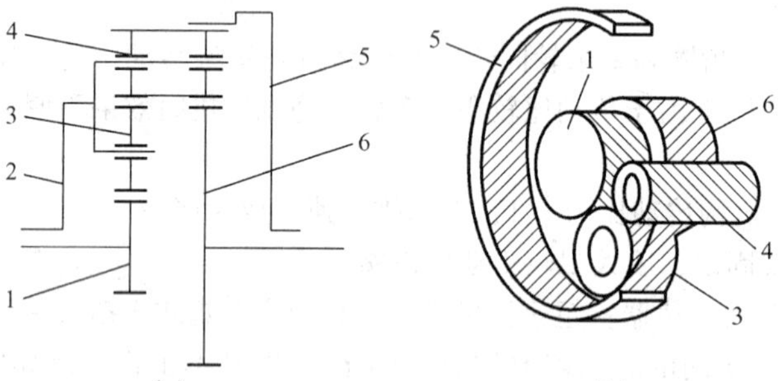

图 2-4-20 拉维娜式行星齿轮机构结构示意图

1—小太阳轮；2—行星架；3—短行星轮；4—长行星轮；5—齿圈；6—大太阳轮

其前排为单级行星齿轮机构，后排为双级行星齿轮机构；前、后排共用一个齿圈和一个行星架。在行星架上，外行星轮为长行星轮，它的小端与齿圈啮合，大端与太阳轮啮合；内行星轮为短行星轮，与小太阳轮和长行星轮的小端同时啮合。大众、别克、三菱等公司生产的自动变速器多采用此结构。

2. 典型拉维娜式行星齿轮自动变速器的挡位分析

下面以德系车通常采用的几款拉维娜式自动变速器为例，进行挡位分析。

1）四速 01M 和 01N 自动变速器

01M 属于常规的横置前驱自动变速器，较为广泛地应用于捷达、宝来及斯柯达等车型上；01N 是纵置前驱自动变速器，多用于奥迪 A4、帕萨特 B5 及桑塔纳 2000 等车型上。这两款自动变速器在内部结构上几乎相同，均采用了拉维娜式行星齿轮机构，通过三组离合器、两组制动器及一个单向离合器的不同组合，实现四个前进挡和一个倒挡。

另外，奥迪 A6 采用五速纵置前驱型自动变速器 01V；Sagitar、Magotan 采用六速横置前驱型自动变速器 09G，它们也都是拉维娜式行星齿轮变速机构。

针对大众汽车在我国采用拉维娜式行星齿轮自动变速器的现状，而且此型自动变速器也是今后行星齿轮自动变速器的发展趋势，下面将详细介绍。

首先对 01M 型行星齿轮变速器各挡位的运动分析如下：

（1）1 挡：1 挡时，只有 1 ～ 3 挡离合器 K1 工作。在图 2-4-21 中，发动机动力经输入轴和前进离合器 K1 传至后太阳轮，使后太阳轮顺时针方向转动，并通过短行星轮带动长行星轮也顺时针方向转动。由于内齿圈与车轮相连有阻力，因此行星架有逆时针转动的趋势，但 F1 阻止了行星架逆时针方向的转动。由于行星架所受阻力大于齿圈所受到的阻力，这时动力由后排的小太阳轮传递给齿圈。从而带动齿圈至输出轴以较慢转速顺时针方向转动。此时，发动机动力是由后太阳轮经短行星轮、长行星轮传到齿圈至输出轴。若设前排内齿圈齿数与太阳轮的齿数比为 α_1，后排内齿圈齿数与太阳轮的齿数比为 α_2，则传动比为 α_2。

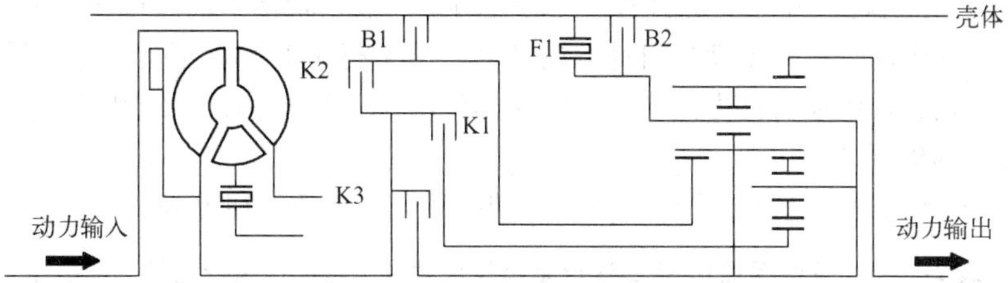

图 2-4-21 无发动机制动作用的 1 挡动力传动路线

K1—1～3 挡离合器；F1—单向离合器

当汽车滑行、输出轴反向驱动行星齿轮变速器时，齿圈通过长行星轮对行星架产生一个顺时针方向的力矩，此时 1 挡单向离合器 F1 脱离锁止状态，使行星架朝顺时针方向自由转动，行星齿轮机构因此失去传递动力的能力，无法实现发动机制动。

为了使 1 位 1 挡能产生发动机制动作用，可将变速杆拨入前进低挡 1 位置。这样在 1 挡时，前进离合器 K1 和低挡、倒挡制动器 B2 同时工作。行星架由低挡、倒挡制动器 B2 固定，此时动力传动路线及传动比和前述 1 挡时完全相同，如图 2-4-21 所示，而且不论汽车加速或滑行，行星架都固定不动，在汽车下坡或滑行时，驱动轮可以通过行星齿轮变速器同向带动发动机，利用发动机怠速运转阻力实现发动机制动作用。

（2）2 挡：2 挡时，1 ～ 3 挡离合器 K1 和 2、4 挡制动器 B1 一起工作。发动机动力经输入轴和 1 ～ 3 挡离合器 K1 传至后太阳轮，使后太阳轮朝顺时针方向转动，并通过短行星轮带动长行星轮朝顺时针方向转动。由于前太阳轮被 2、4 挡制动器 B1 固定，因此长行星轮在做顺时针自转时，还将朝顺时针方向公转，从而带动齿圈和输出轴以较快转速朝顺时针方向转动。此时发动机动力是由后太阳轮经短行星轮、长行星轮传至前行星排，再由前行星排传至齿圈和输出轴。

拉维娜行星齿轮变速器 2 挡的传动比为 $i_2=(\alpha_1+\alpha_2)/(1+\alpha_1)$，此结果说明前后排全参与了变速，即拉维娜机构整体变速。想计算的读者，只需将前排列一个单行星轮基本元件转速关系式，将后排列一个双行星轮基本元件转速关系式，再求输入与输出的转速比，即为传动比。

这种拉维娜四速行星齿轮变速器在 2 挡时具有向发动机传递动力的能力，在汽车滑行时能产生发动机制动作用。

（3）3 挡：3 挡时，1 ～ 3 挡离合器 K1 和 3、4 挡离合器 K3 同时接合，使输入轴同时和后太阳轮及行星架连接。由于后太阳轮和行星架成为一个整体，两者以相同的转速随输入轴转动，因此短行星轮和长行星轮不能自转，只能和前后太阳轮及行星架一起公转，从而导致齿圈一同转动。发动机动力由后排小太阳轮和行星架传至齿圈和输出轴，此时传动比 i_3 等于 1，因此 3 挡是直接挡。

在上述 3 挡状态下，该行星齿轮变速器还具有反向传递动力的能力，在汽车滑行时会产生发动机制动作用，但是效果不明显。

（4）4 挡：4 挡时，3、4 挡离合器 K3 和 2、4 挡制动器 B1 同时工作，使输入轴与行星架连接，同时前太阳轮被固定，发动机动力经 3、4 挡离合器 K3 传至行星架，行星架带动长行星轮朝顺时针方向一边自转一边公转，并带动齿圈和输出轴朝顺时针方向转动．其传动比 $i_4=\alpha_1/(1+\alpha_1)$。由于其值小于 1，所以 4 挡为超速挡。

在 4 挡状态下，该行星齿轮变速器还具有反向传递动力的能力，在汽车滑行时会产生发动机制动作用，但效果已经很不明显。

（5）倒挡：倒挡时，倒挡及直接挡离合器 K2 接合，使输入轴同前太阳轮连接，同时低挡及倒挡制动器 B2 产生制动，将行星架固定。发动机动力经输入轴传给前太阳轮，使前太阳轮朝顺时针方向转动，并带动长行星轮朝逆时针方向转动。由于行星架固定不动，长行星轮只能自转，从而带动齿圈和输出轴朝逆时针方向转动，此时的传动比 i_R 等于 $-\alpha_1$。在倒挡时，该行星齿轮变速器也能实现发动机制动作用。

拉维娜式 01 M 四速行星齿轮自动变速器换挡执行元件工作规律见表 2-4-3。

表 2-4-3 拉维娜式 01M 四速行星齿轮自动变速器换挡执行元件工作规律

变速杆位置	挡 位	换挡执行元件					
		K1	K2	K3	B1	B2	F1
D 位	1 挡	○					○
	2 挡	○			○		
	3 挡	○		○			
	4 挡			○	○		
1 位	1 挡	○				○	
R 位	倒挡		○			○	

注：○表示接合、制动或锁止。

由于此车只有一个单向离合器 F1，所以很容易得出 D 位 1 挡 =3 位 1 挡 =2 位 1 挡，D 位 2 挡 =3 位 2 挡 =2 位 2 挡，D 位 3 挡 =3 位 3 挡。

01N 型拉维娜式行星齿轮自动变速器的运动简图如图 2-4-22 所示。读者可自行分析其挡位传动路线及其换挡执行工作规律。

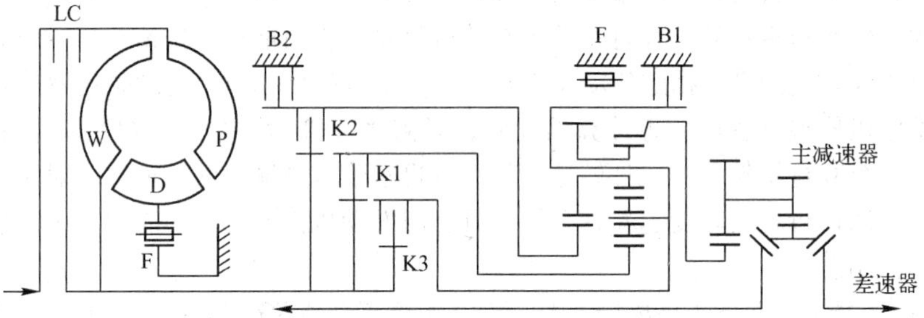

图 2-4-22 01N 型拉维娜式行星齿轮自动变速器的运动简图

2）奥迪 A6 01V 五速自动变速器

在拉维娜式四速行星齿轮自动变速器的输出轴后增加一个行星排，就可以使之成为具有五速的奥迪 A6 01V（即 5HP－19 型）行星齿轮自动变速器。

与四速 01M 自动变速器相比，它仅在输出轴后的行星排上增加了一个直接挡离合器 K4，1、2 挡制动器 B3。图 2-4-23 所示为奥迪 A6 01V 五速拉维娜式行星齿轮自动变速器结构简图。

这种行星齿轮自动变速器在不同挡位下各换挡执行元件的工作规律见表 2-4-4。

由表 2-4-4 可知，这种行星齿轮自动变速器与 01M 自动变速器相比的工作特点是：R 挡要多减一步速；1、2 挡也要多减一步速。

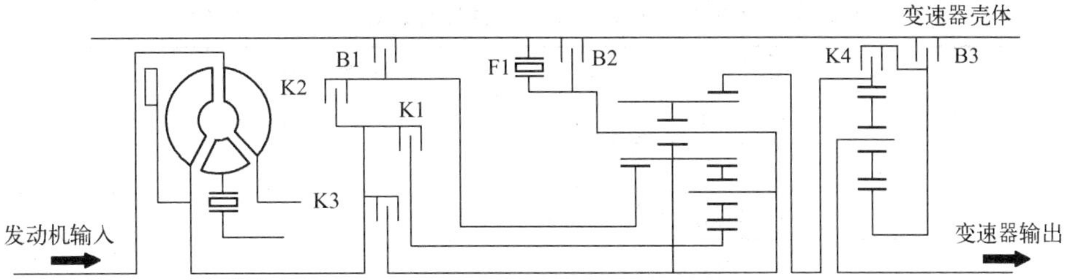

图 2-4-23 奥迪 A6 01V 五速拉维娜式行星齿轮变速器结构简图

表 2-4-4 拉维娜式 01V 五速行星齿轮自动变速器换挡执行元件工作规律

变速杆位置	挡位	换挡执行元件							
		K1	K2	K3	B1	B2	F1	K4	B3
D 位	1 挡	○					○		○
	2 挡	○			○				○
	3 挡	○			○			○	
	4 挡	○		○				○	
	5 挡			○	○			○	
2 位	1 挡	○							○
R 位	倒挡		○			○			○

注：○表示接合、制动或锁止。

由于此车也只有一个单向离合器 F1，所以很容易得出 D 位 1 挡 =4 位 1 挡 =3 位 1 挡、D 位 2 挡 =4 位 2 挡 =3 位 2 挡 =2 位 2 挡、D 位 3 挡 =4 位 3 挡 =3 位 3 挡、D 位 4 挡 =4 位 4 挡。其他采用这种拉维娜式结构的自动变速器的车系有新款宝马六速等轿车。

3）AISIN 六速 09G 自动变速器

AISIN 六速 09G 自动变速器由一个单行星轮行星排齿轮系统和一个 Ravigneaux（拉维娜式或瑞文牛斯式）行星齿轮变速机构组成。

09G 可选两种换挡程序，即经济型（标准）、运动型，通过变速杆选择 D 或 S 即可实现，D 位为经济型（标准），S 位时为运动型。

手动换挡功能的实现需要通过将处在 D 位的换挡手柄右移以进入手动模式，此功能通过点动电子开关 F189 内的三个霍尔电子开关识别。向前点动加挡，向后点动减挡。仪表自动由自动模式切换为手动模式。图 2-4-24 所示为 AISIN 六速 09G 自动变速器结构示意图，AISIN 六速 09G 自动变速器换挡执行元件工作规律见表 2-4-5。

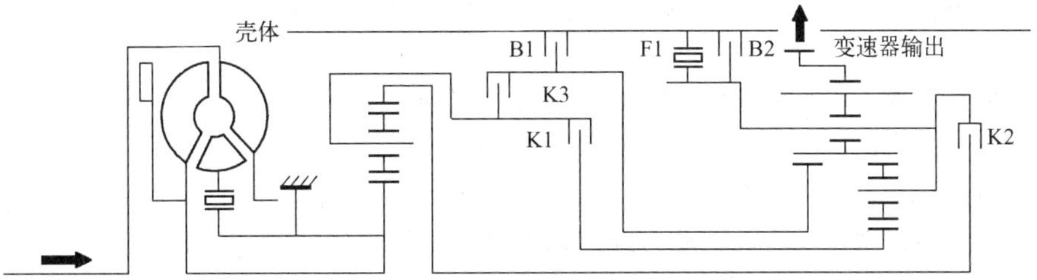

图 2-4-24 AISIN 六速 09G 自动变速器结构示意图

表 2-4-5 AISIN 六速 09G 自动变速器换挡执行元件工作规律

变速杆位置	挡 位	执行元件规律					
		K1	K2	K3	B1	B2	F1
D 位	1 挡	○				○	○
	2 挡	○			○		
	3 挡	○		○			
	4 挡	○	○				
	5 挡		○	○			
	6 挡		○		○		
R 位	倒挡			○		○	

注：○表示接合、制动或锁止。

4）奔驰瑞文牛斯式七速 722.9 行星齿轮变速器

奔驰轿车应用瑞文牛斯式行星齿轮变速机构（拉维娜式机构）的自动变速器，因其结构复杂，所以很少有书介绍。随着汽车工业技术的发展，轿车自动变速器的设计构造也在发生变化，特别是自动变速器的控制系统，成为各大汽车公司努力改进和更新的重点。

随着奥迪公司 2002 年 A6 2.8L 无级变速器 01J 和宝马公司 GA6HP26Z 六速自动变速器的应用，2003 年 7 月奔驰公司推出了世界上最早的七速自动变速器。

下面介绍奔驰 722.9 七速全电子控制换挡的自动变速器的动力传动路线，其动力传动机构简图如图 2-4-25 所示。

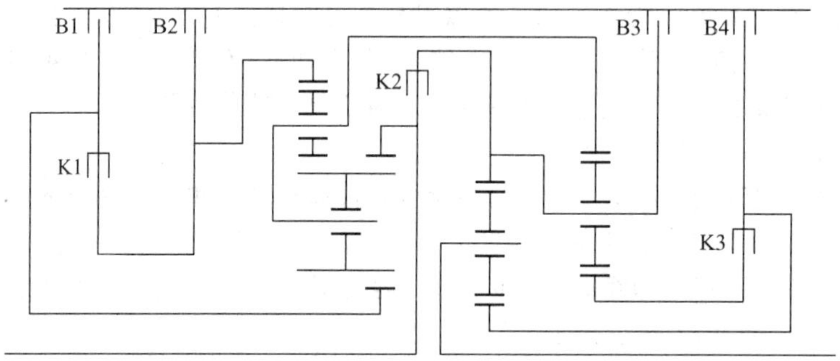

图 2-4-25 奔驰 722.9 七速全电子控制换挡的自动变速器的动力传动机构简图

此七速自动变速器的传动齿轮机构由前部的拉维娜式行星齿轮组和中部、后部的单排行星齿轮机构组成。此变速器的中部和后部设计与 722.6 的中部和后部结构相同。发动机动力直接输入到前部拉维娜式行星齿轮机构的小齿圈，经变速后，由中部的行星齿轮机构的行星架输出给传动轴。

其换挡执行元件由三组离合器 K1、K2、K3，四个制动器 B1、B2、B3、B4 组成。

各挡所参与的换挡执行元件及动力传动路线分析如下：

（1）1 挡：此时 B2、B4、K3 工作，B2 将前部双级行星齿轮机构的大齿圈固定，B4、K3 将中部和后部的太阳轮固定。输入轴动力经前部拉维娜式行星齿轮组大速比减速后，传递到前部行星架（即后部齿圈），再经后部行星齿轮机构再次减速后，传递到后部行星架（即中部齿圈），再经中部行星齿轮机构第三次减速后，传递到中部行星架（即输出轴），经过三次减速，完成 1 挡传动。

（2）2 挡时：此时 B1、B4、K3 工作，B1 将前部行星齿轮机构的太阳轮固定，B4、K3 将中部和后部的太阳轮固定。输入轴动力经前部拉维娜式行星齿轮组小速比减速后，传递到前部行星架（即后部齿圈），再经后部行星齿轮机构再次减速后，传递到后部行星架（即中部齿圈），再经中部行星齿轮机构第三次减速后，传递到中部行星架（即输出轴），经过三次减速，完成 2 挡传动。

（3）3 挡：此时 K1、B4、K3 工作，K1 将前部行星齿轮机构的大齿圈和太阳轮连接为一体，B4、K3 将中部和后部的太阳轮固定。输入轴动力未经减速直接传递到前部行星架（即后部齿圈），再经后部行星齿轮机构减速后，传递到后部行星架（即中部齿圈），再经中部行星齿轮机构再次减速后，传递到中部行星架（即输出轴），经过两次减速，完成 3 挡传动。

（4）4 挡：此时 K1、B4、K2 工作，K1 将前部行星齿轮机构的大齿圈和太阳轮连接为一体，B4 将中部太阳轮固定。输入轴动力经 K2 直接传递到中部齿圈，经中部行星齿轮机构减速后，传递到中部行星架（即输出轴），经过一次减速，完成 4 挡传动。

（5）5 挡：此时 K1、K2、K3 工作，前、中、后部的行星齿轮机构全部连接为一体，输入轴动力直接传递给输出轴，完成 5 挡传动，即直接挡。

（6）6 挡：此时 B1、K2、K3 工作，B1 将前部行星齿轮机构的太阳轮固定，K3 将中部和后部太阳轮连接为一体，输入轴动力经前部拉维娜式行星齿轮组小速比减速后，传递到前部行星架（即后部齿圈），另外，输入轴动力经 K2 直接传递到后部行星架，由于后部齿圈转速低于后部行星架转速，所以后部太阳轮（即中部太阳轮）转速高于输入轴转速，而中部齿圈与输入轴转速相同，故中部行星架（即输出轴）以高于输入轴的转速传递动力，6 挡为超速挡。

（7）7 挡：此时 B2、K2、K3 工作，B2 将前部行星齿轮机构的大齿圈固定，K3 将中部和后部太阳轮连接为一体，输入轴动力经前部拉维娜式行星齿轮组大速比减速后，传递到前部行星架（即后部齿圈），另外，输入轴动力经 K2 直接传递到后部行星架，由于后部齿圈转速低于后部行星架转速，所以后部太阳轮（即中部太阳轮）转速更高于输入轴转速，而中部齿圈与输入轴转速相同，故中部行星架（即输出轴）以更加高于输入轴的转速传递动力，7 挡为速比更高的超速挡。

（8）R 挡：在冬季（Winter）模式下倒挡传动时，B1、B3、K3 工作，B1 将前部行星齿轮机构的太阳轮固定，K3 将中部和后部太阳轮连接为一体，B3 将中部齿圈和后部行星架固定，输入轴动力经前部拉维娜式行星齿轮组小速比减速后，传递到前部行星架（即后部齿圈）。再经后部行星齿轮机构换向增速后，传递到后部太阳轮（即中部太阳轮），再经中部行星齿轮机构减速后，传递到中部行星架（即输出轴）。经过两次减速、一次增速和换向后完成倒挡传动。

在标准（Standard）模式下倒挡传动时，B2、B3、K3 工作，B2 将前部行星齿轮机构的大齿圈固定，K3 将中部和后部太阳轮连接为一体，B3 将中部齿圈和后部行星架固定，输入轴动力经前部拉维娜式行星齿轮组大速比减速后，传递到前部行星架（即后部齿圈）。再经后部行星齿轮机构换向增速后，传递到后部太阳轮（即中部太阳轮），再经中部行星齿轮机构减速后，传递到中部行星架（即输出轴）。经过两次减速、一次增速及换向后完成速比更大的倒挡传动。

（三）莱派特（Lepelletier）式行星齿轮自动变速器的结构特征与动力传动路线分析

1. 莱派特（Lepelletier）式行星齿轮自动变速器的结构特征

随着世界汽车工业的不断发展，五速或六速自动变速器现已取代四速自动变速器的主导地位，仍在不断地向多挡位方向发展。挡位的增多可使变速器具有更大的速比范围和更细密的挡位之间的速比分配，为改善汽车的动力性、燃油经济性和换挡平顺性提供了更大可能。例如，宝马 7 系或奥迪 A8 装配德国 ZF 公司生产的六速自动变速器中（ZF6HP－26），首次采用莱派特式齿轮变速机构。这种轮系是在 1990 年由法国人皮埃尔·莱派特（Pierre Lepelletier）发明的，并获得专利。

2001年，德国ZF公司的ZF6HP－26型自动变速器首次使用该轮系。之后，通用、福特、大众、沃尔沃、劳斯莱斯等车型开始陆续使用。不久，莱派特轮系将会像其之前30来年一直使用的辛普森（Simpson）、拉维娜（Revigneaus）轮系一样普及。为了缩小体积和减轻质量，要采用紧凑化设计，简化内部结构，引入电子控制系统，采用轻质材料。这些都是现代汽车自动变速器发展的方向。

当自动变速器由四速占主导地位逐渐进入六速时代时，将首选莱派特式行星齿轮组合。如图2-4-26所示，有六个换挡执行元件：三个离合器K1、K2、K3，两个制动器B1、B2，一个单向离合器F。可以实现六个前进挡，一个倒挡和空挡的相互转换。

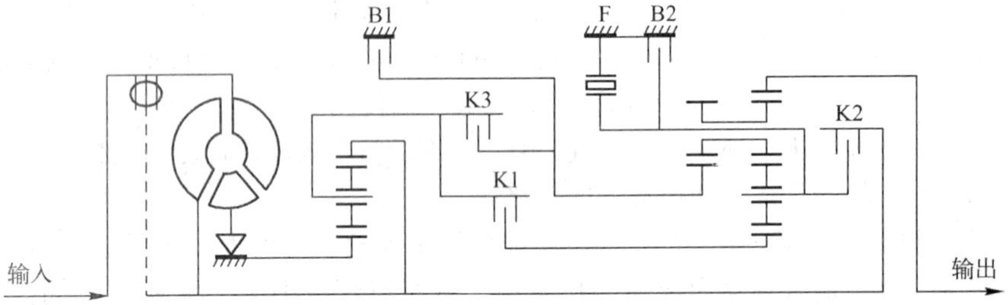

图2-4-26　莱派特式行星齿轮变速机构挡位传动图一

采用这种行星齿轮机构换挡的变速器有：福特AWF21 6速自动变速器，日本AISIN AW公司开发的TF－60SN系列，配用许多厂家的不同型号的车型，如奥迪、保时捷、马自达、标致、雪铁龙、菲亚特、宝马、大众系列等，都是基于莱派特式行星齿轮机构生产设计的。还有大众途锐AG6－09D、09G自动变速器结构原理与之相近。学习时可以相互参考。因所配用的发动机排量不同，需要传递的转矩也不同，自动变速器尺寸、执行元件的片数也不同，但动力传动路线是相同的。

其结构特点是：采用前、后两个行星齿轮组，前面是一个单排行星齿轮机构，称为初级行星齿轮组；后面是一个拉维娜式行星齿轮机构，称为次级行星齿轮组。初级行星齿轮组的太阳轮是永久固定不动的，次级行星齿轮组的齿圈是动力输出端。

各换挡执行元件的作用如下：

离合器K1：连接前排行星架与拉维娜小太阳轮。离合器K2：连接输入轴与拉维娜式行星排行星架。离合器K3：连接前排行星架与拉维娜大太阳轮。

制动器B1：固定拉维娜大太阳轮。制动器B2：固定拉维娜式行星排行星架。单向离合器F：阻止拉维娜式行星排行星架逆时针转动。

莱派特式齿轮变速机构各挡执行元件工作情况，如表2-4-6所示。

表2-4-6　莱派特式齿轮变速机构各挡执行元件工作情况

挡　位	D1	D2	D3	D4	D5	D6	R
离合器K1	●	●	●	●			
离合器K2				●	●	●	
离合器K3			●		●		●
制动器B1		●				●	
制动器B2	○						●
单向离合器F	●						

注：●表示接合状态；○表示有发动机制动时接合。

欲更清楚表达莱派特式行星齿轮机构挡位传动路线，可用图 2-4-27 表示。

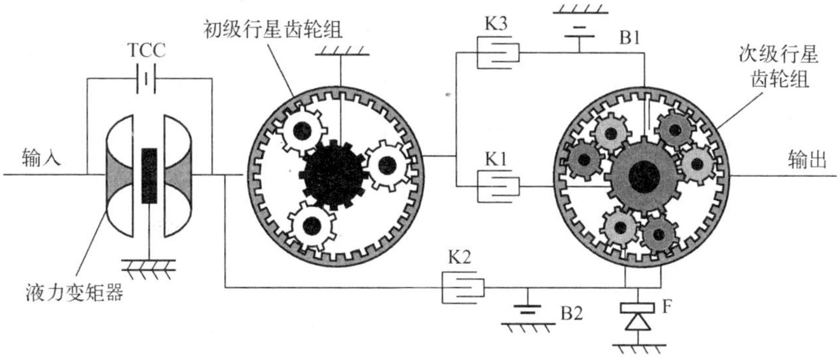

图 2-4-27　莱派特式行星齿轮变速机构挡位传动图二

最早使用莱派特式齿轮变速机构的是德国 ZF 公司生产的 ZF6HP－19A 和 ZF6HP－26。这两款自动变速器分别装在宝马 E60 和 E65 上，至此引领自动变速器的发展进入 6 速时代，具有划时代的意义。这两款自动变速器传动系统基本相同，只是与不同的发动机匹配，传载的额定转矩不同（ZF6HP－19A 和 ZF6HP－26 的转矩分别是 450 N·m 和 650 N·m）。在结构上换挡执行元件的摩擦片数量略有不同。在 2005 款奥迪车上装用的 09L 和 09E 自动变速器中，也是这两款自动变速器在大众公司的不同命名而已。

2. 莱派特（Lepelletier）式行星齿轮自动变速器的动力传动路线分析

对于莱派特式行星齿轮变速机构各挡动力传动路线的分析，限于篇幅，在此不做展开，请读者对照图 2-4-26、图 2-4-27 和表 2-4-6 自行完成。

自动变速器采用莱派特行星齿轮变速机构，挡位分布合理，换挡执行元件的布置合理紧凑：只用了五个或六个换挡执行元件就实现了六个前进挡和一个倒挡的相互转换。后来，随着电控技术的不断发展，使汽车低挡位的滑行以及换挡冲击控制逐渐改善，取消了单向离合器 F（如 09L/09E 自动变速器），使莱派特式行星齿轮变速机构的组合，只需要五个换挡执行元件即可组合实现六个前进挡和倒挡。使传动系统的构件更少，减轻了变速器质量，降低了制造成本，损耗减小，效率提高，每个挡位都有发动机制动。但在换挡过程中存在着换挡重叠，发动机转矩有重叠或干涉，这给电控系统提出了更高的要求。自动变速器控制单元检测自动变速器输入转速传感器信号，通过调整换挡油压来实现重叠换挡，并在换高挡时减小发动机转矩输出，在换低挡时会增加发动机转矩输出，与行驶状态相适应。

（四）串联复合（CR－CR）式行齿星轮自动变速器的结构特征与动力传动路线分析

1. 串联复合（CR－CR）式行星齿轮自动变速器的结构特征

如图 2-4-28 所示，串联复合式齿轮变速机构是在典型的辛普森式 3 挡齿轮变速机构的基础上改进而成的，又称辛普森改进型。它也是由两个单级的行星排组合而成的，其结构特点为："将前行星排的行星架与后行星排的齿圈组合在一起，将前行星排的齿圈与后行星排的行星架组合在一起；而前太阳轮和后太阳轮各自独立"。也有的前行星架是通过离合器或单向离合器与后齿圈连接，也可以独立运动。

L/R 及 2ND 制动器分别制动前排齿圈和后排太阳轮。有三组离合器，其中，UD 离合器接合：1、2、3 挡动力输入；O/D 离合器接合：4 挡动力输入；REV 离合器接合：倒挡动力输入。动力输入为前排行星架，可以实现四个前进挡、倒挡和空挡。采用这种结构的典型变速器有：通用别克 4T65E、4T60E，雪铁龙 AL4，马自达 929 型轿车装用的 R4A EL 等。

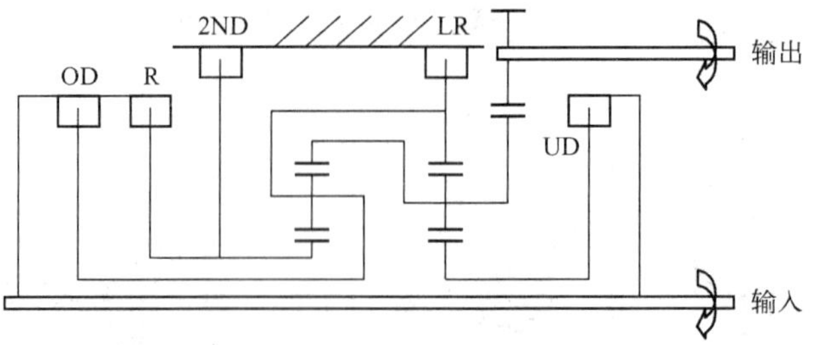

图 2-4-28　CR-CR 式行星齿轮自动变速器传动简图

2. 4T65E 自动变速器结构与组成

4T65E 自动变速器装在别克君威等车上，属于横置前驱自动变速器。

4T65E 自动变速器共有三个行星排，最后一排行星齿轮是专用于作为主减速器的，太阳轮输入，行星架输出，齿圈固定在壳体上，与挡位变换无关。图 2-4-29 为 4T65E 传动系统结构简图。

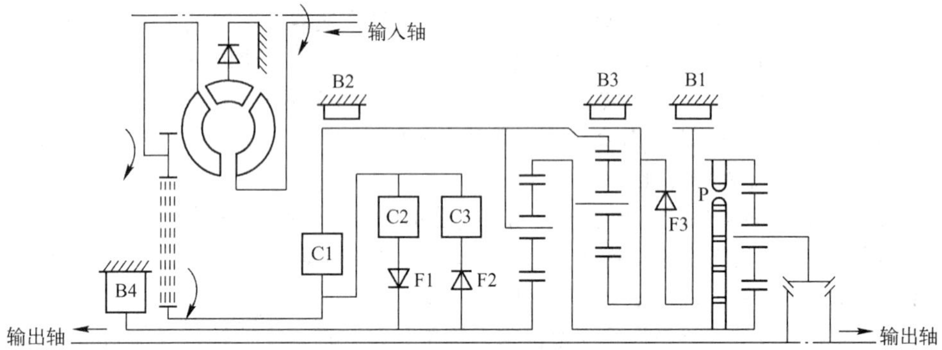

图 2-4-29　4T65E 传动系统结构简图

C1—2 挡离合器；C2—3 挡离合器；C3—输入离合器；
B1—前进挡制动器；B2—倒挡制动器；B3—2、1 挡制动器；B4—4 挡制动器；
F1—3 挡单向离合器；F2—输入单向离合器；F3—1、2 挡单向离合器

通用别克 4T65E 自动变速器各换挡执行元件的功用如下：

C1 为 2 挡离合器，连接输入轴和前行星架及后齿圈；C2 为 3 挡离合器，连接输入轴和 3 挡单向离合器 F1 的外座圈；C3 为输入离合器，连接输入轴和输入单向离合器 F2 的外座圈。

B4 为 4 挡制动器，固定前太阳轮，同时固定 3 挡单向离合器 F1 和输入单向离合器 F2 内座圈；B2 为倒挡制动器，固定前行星架及后齿圈；B3 为低速挡（2、1 挡）制动器，固定后太阳轮；B1 为前进挡制动器，与低速挡单向离合器 F3 一起防止后太阳轮逆时针转动。

F1 为 3 挡单向离合器；F2 为输入单向离合器；F3 为低速挡（1、2 挡）单向离合器。

3. 各挡动力传动路线对应的换挡执行元件组合

4T65E 换挡执行元件在各挡位的工作状态见表 2-4-7。

表 2-4-7　4T65E 换挡执行元件在各挡位的工作状态

项　目	驻车挡	倒挡	空挡	D				3			2		1
挡　位	P	R	N	D1	D2	D3	D4	31	32	33	21	22	1
1-2/3-4 挡换挡阀	接通	接通	接通	接通	关闭	关闭	接通	接通	关闭	关闭	接通	关闭	接通

续表

项　　目	驻车挡	倒挡	空挡	D				3			2		1
挡　　位	P	R	N	D1	D2	D3	D4	31	32	33	21	22	1
2－3 挡换挡阀	接通	接通	接通	接通	接通	关闭	关闭	接通	接通	关闭	接通	接通	接通
B1							●						
B2		●											
C2					●	●	●		●	●		●	
C3						●	○			●			●
F2						●				●			●
C1	○	●	○	●	○			●	○	●	●	○	●
F1	○	●	○	●				●		●	●		●
B3											●	●	●
F3				●	●			●	●		●	●	●
B4				●	●	○	○	●	●	○	●	●	●

注：接通—电磁阀通电；关闭—电磁阀未通电。●—接合且传力；○—接合但不传力。

考虑到前述四速、七速自动变速器的分析已经十分详细了，故对 4T65E 各挡位具体的动力传动路线，在此不再赘述，请读者自己分析。

另外，考虑到本田平行轴式自动变速器实质上是定轴轮系，分析其动力传动路线的方法与普通手动变速器基本一致，故将这部分内容放在“拓展知识”中与丰田八速行星齿轮式自动变速器一并仅进行简单介绍。

任务实施

一、实施环境

（1）汽车底盘电控实训室或汽车整车实训室。

（2）装备有自动变速器的轿车（如世嘉、标致 307、科鲁兹、英朗、君威等）或汽车自动变速器台架（如 MAXA、AF13、4T65E、AL4、A34 系列、01M、01N 等）、举升机、工具车（配有拆装工具）、工作台。

（3）相应的车辆维修手册或自动变速器台架资料。

二、实施步骤

（1）对照分解的实物、模型或图片，说明所视对象属于哪种类型的自动变速器。

（2）确定此种自动变速器的型号，并查找该自动变速器的维修手册及相关资料。

（3）依据资料分析其各挡位的动力传动路线。

（4）参照给出的 A341E 和 A342E 型自动变速器分解图（见图 2-4-30），实操分解和组装辛普森式行星轮系，并验证单级行星齿轮机构的运动规律。

（5）对照实物，实绘其行星齿轮机构的结构简图，并与教材比对。

（6）对照实物，辨识行星齿轮机构的各零部件所处位置。

丰田 A34 系列自动变速器关键拆装步骤见表 2-4-8。

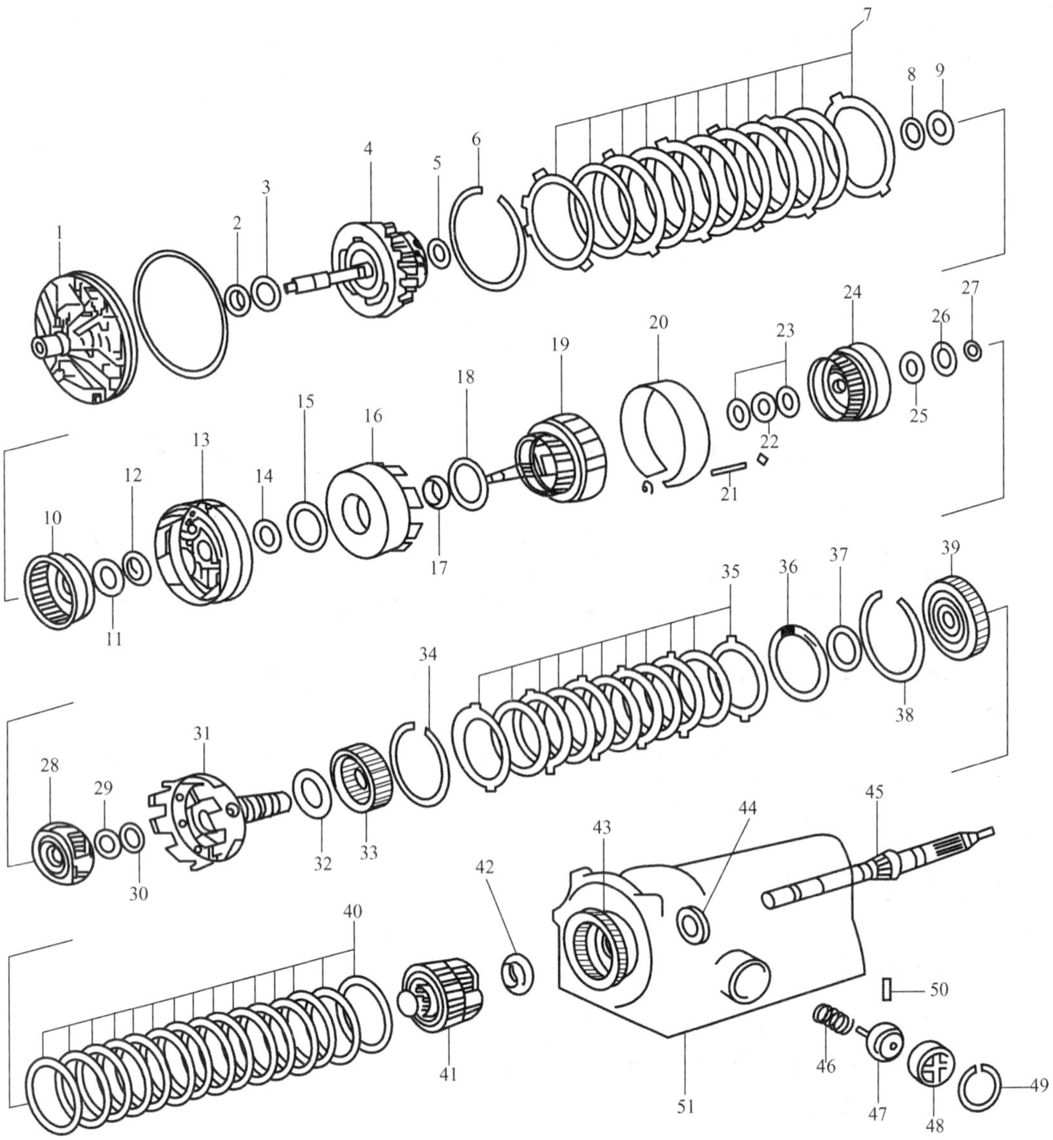

图 2-4-30 A341E 和 A342E 型自动变速器分解图

1—油泵；2，5，9，11，14，23，26，29—止推垫片；3，8，12，17，22，25，30，42，44—推力轴承；4—超速挡行星架和超速挡离合器组件；6，27，34，38，49—卡环；7—超速挡制动器钢片和摩擦片；10—超速挡内齿圈；13—超速挡制动器；15，18，32，37—尼龙止推垫圈；16—高速，倒挡离合器组件；19—前进挡离合器组件；20—2 挡强制制动器；21—制动器销轴；24—前内齿圈；28—前行星架；31—前、后太阳轮组件；33—2 挡单向离合器；35—2 挡制动器摩擦片和钢片；36—活塞衬套；39—2 挡制动鼓；40—低速、倒挡制动器摩擦片和钢片；41—后行星架和行星轮组件；43—后内齿圈；45—输出轴；46—弹簧；47—2 挡强制制动器活塞；48—2 挡强制制动器油缸盖；50—超速挡制动鼓进油孔油封；51—变速器壳体

表 2-4-8 丰田 A34 系列自动变速器关键拆装步骤

步骤	对应项目	具体程序
1	拆卸部分	拆下液力变矩器壳体
		拆下后端盖

续表

步骤	对应项目	具体程序
1	拆卸部分	拆下油底壳
		拆下机油集滤器
		拆卸变速器阀体总成：（1）螺栓要对称旋松；（2）不能一次直接旋出
		拆下驻车锁杆支架
		拆下驻车锁杆和棘爪
		拆下油泵螺栓，取下油泵：（1）螺栓要对称旋松，一次直接旋出或不对称不符合要求；（2）油泵要用拉具或惯性拉出，不能用一字头螺钉旋具撬出
		拆下带超速挡直接离合器和单向离合器组件、超速挡行星齿轮装置；直接离合器和单向离合器组件；行星齿轮装置
		拆卸超速挡制动器的卡环，取出其法兰、压盘和从动盘
		拆下超速挡支架的弹性圈，取出超速挡支架总成：（1）需用拉具均匀拉出，可以在拉动的过程中摇晃拉器；（2）用螺钉旋具等撬出，属于严重错误
		拆下带前离合器的直接离合器
		拆下第 2 挡滑行制动带
		拆下前行星齿轮装置
		拆下输出轴的卡环，取出输出轴，取出前行星齿轮行星架，再取出 1 号单向离合器的太阳轮组件
		拆下第 2 挡制动器的卡环，再取出法兰、压盘和从动盘
		拆下第 2 挡制动活塞衬套
		拆下 2 挡制动鼓卡环
		拆下 2 挡制动鼓
		拆下 1 挡和倒挡制动器组件
		拆下后行星齿轮组及 2 号单向离合器组件
2	安装部分	安装后行星齿轮组及 2 号单向离合器组件
		安装 1 挡和倒挡制动器组件
		安装 1 挡制动鼓
		安装 2 挡制动鼓卡环
		安装活塞衬套
		安装第 2 挡制动器的法兰、压盘和从动盘、卡环
		安装 1 号单向离合器的太阳轮组件，再安装输出轴、前行星齿轮架及卡环
		安装前行星齿轮装置
		安装第 2 挡滑行制动带
		安装带前离合器的直接离合器
		安装超速支架的弹性挡圈：（1）超速挡支架要用橡胶锤（铜棒、铝棒）轻轻敲入，也可以用手推入，不用铁锤敲打；（2）弹性挡圈安装到位，开口向外，否则必须重新装复
		安装超速挡制动器的法兰、压盘和从动盘、卡环
		安装超速挡行星齿轮装置：超速挡直接离合器和单向离合器组件

续表

步骤	对应项目	具体程序
2	安装部分	安装油泵、紧固油泵螺栓：（1）安装油泵要用橡胶锤（铜棒、铝棒）轻轻敲入，不能用铁锤敲打；（2）紧固油泵螺栓（力矩为 21 N·m）要对称、均匀、分两次以上紧固
		安装驻车锁杆和棘爪
		安装驻车锁杆支架
		安装机油集滤器：螺栓力矩为 10 N·m
		安装油底壳：（1）要对称、均匀紧固；（2）不能一次把螺栓紧固到规定力矩（7.4 N·m）
		安装后端盖：达到旋紧力矩（34 N·m）
		安装液力变矩器壳体：达到旋紧力矩（34 N·m）
		安装操作过程中工具的使用方法：（1）施力方向要准确；（2）工具与零件结合到位后才可操作
3	行星排 整体的检修	（1）检查太阳轮、行星轮和齿圈的齿面，如有磨损或疲劳剥落，应更换整个行星排。 （2）检查行星轮与行星架之间的间隙。其标准间隙为 0.2～0.6 mm，最大不得超过 1.0 mm，否则，应更换止推垫片或行星架和行星轮组件 
4	太阳轮、行星架、齿圈磨损检查	检查太阳轮、行星架、齿圈等零件的轴径或滑动轴承处有无磨损，如有异常，应换新件 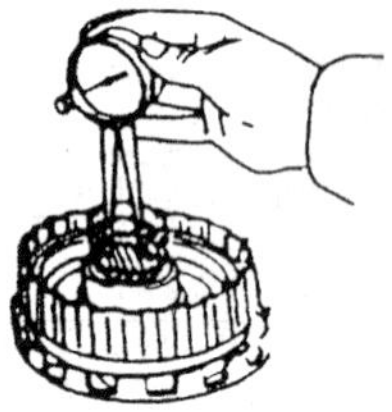 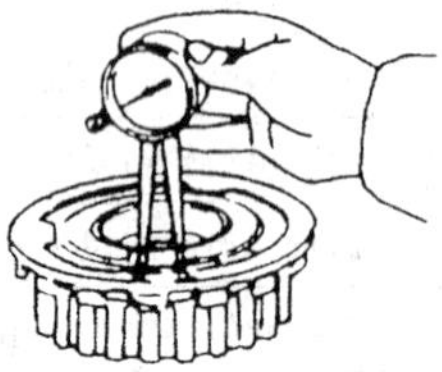 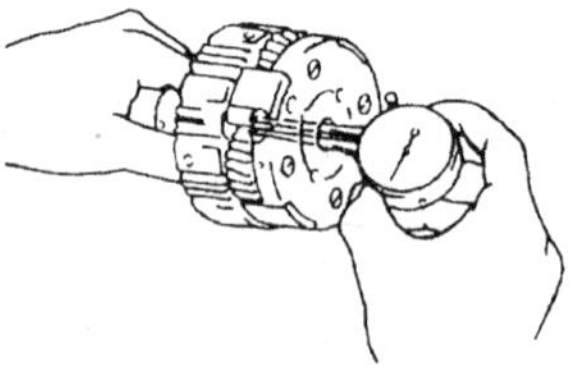
5	文明生产	着装：衣服、鞋等穿戴整齐
		现场、工具及时清洁：工作台、地面、工具、手等沾污后要及时清洁
		工具、零件摆放整齐：拆装过程中，工具、零件不能混放
		出现轻微安全事故；拆装过程中有人身、机具轻微损伤的，工具、零件落地等都属违规操作

三、任务工单

项目二　检修电控液力自动变速器 任务四　检修齿轮变速机构	班级			
	姓名		学号	
	日期		分数	

（1）根据教师指定的自动挡车辆和自动变速器，回答以下问题：

① 车辆的型号：______________；　　② 车辆的 VIN 码：______________；

③ 自动变速器型号：______________；　　④ 齿轮变速机构的类型：______________；

续表

项目二　检修电控液力自动变速器 任务四　检修齿轮变速机构	班级			
	姓名		学号	
	日期		分数	

⑤ 所用行星排的个数及结构特点：____;

⑥ 所用的换挡执行元件各自的名称及作用：____;

⑦ 此型自动变速器各挡的动力传递路径：____;

⑧ 绘出此型自动变速器的变速传动机构结构示意图。

续表

项目二　检修电控液力自动变速器 任务四　检修齿轮变速机构	班级			
	姓名		学号	
	日期		分数	

（2）小明在完成下列单排双级行星齿轮机构运动规律表时，有些项目空缺了，请补充完整。

传动方案	固定件	主动件	从动件	传动比	转速变化	可能挡位
1	齿圈	太阳轮	行星架			
2						
3	太阳轮	齿圈				
4						
5	行星架	太阳轮				
6						
7	所有元件都不固定					
8	无	任意两个	另一个			

单排双级行星齿轮的运动方程为____。

（3）下图是丰田 A341E 型自动变速器的行星齿轮变速机构的结构简图，请据此完成以下问题。

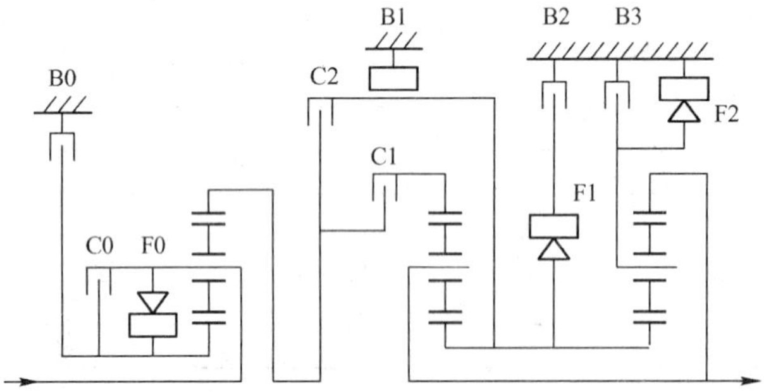

① 这是哪种类型的行星齿轮变速机构？

② 分析各挡动力传动路线：

a. 1 挡动力传动路线：

b. 2 挡动力传动路线：

c. 3 挡动力传动路线：

续表

项目二　检修电控液力自动变速器 任务四　检修齿轮变速机构	班级			
	姓名		学号	
	日期		分数	

d. 4 挡动力传动路线：

e. R 挡动力传动路线：

③ 分析说明：

a. F2 约束后排行星架哪个方向的转动？

b. F1 约束前、后排公共太阳轮哪个方向的转动？

c. F0 约束超速排行星架哪个方向的转动？

（4）下图是北京现代轿车某型自动变速器的行星齿轮机构简图，请据此推理分析其各挡传动路线。

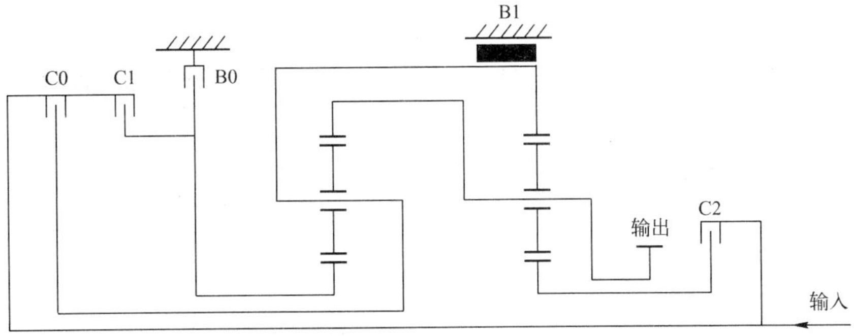

① 这是哪种类型的行星齿轮变速机构？

② 分析各挡动力传动路线：

a. 1 挡动力传动路线：

b. 2 挡动力传动路线：

续表

<table>
<tr><td rowspan="3">项目二　检修电控液力自动变速器
任务四　检修齿轮变速机构</td><td>班级</td><td colspan="3"></td></tr>
<tr><td>姓名</td><td></td><td>学号</td><td></td></tr>
<tr><td>日期</td><td></td><td>分数</td><td></td></tr>
<tr><td colspan="5">c. 3 挡动力传动路线：

d. 4 挡动力传动路线：

e. R 挡动力传动路线：

（5）分组讨论，说明 09G 型自动变速器的各挡传动路线，并写出各挡传动比的函数表达式。

（6）分组讨论，分析说明任务导入中故障现象与自动变速器行星齿轮机构哪些机件的失效有直接关系？</td></tr>
</table>

拓展知识

一、广州本田 MAXA 平行轴式自动变速器

与前述的各种行星齿轮变速器不同，本田公司旗下的几乎所有车型（如本田的 5AT，讴歌的 6AT）都是在使用一种称为“平行轴式”的自动变速器，由于这是本田的专利，故而除了本田自己以外，几乎没有其他厂牌使用。下面就以广州本田雅阁轿车 MAXA 自动变速器来拓展分析这个熟悉的品牌，但却陌生的机器。

广州本田雅阁轿车 MAXA 自动变速器采用电子控制式，它具有四个前进挡和一个倒挡。该自动变速器主要由定轴式齿轮变速传动机构、液压控制系统和电子控制系统等三大部分组成，

主要包括一个三元件液力变矩器和一个三轴机构组成的电子控制自动变速装置，可以提供四个前进挡和一个倒车挡。该装置与发动机曲轴成直线排列，其主要特点如下：

（1）采用定轴式齿轮变速传动机构，而日产、丰田及大多数欧美汽车自动变速器采用的是行星齿轮变速传动机构。

（2）除液压控制系统外，还增设有电子控制系统，使车辆在各种道路条件下均具有平顺的驾驶操纵性和最佳的挡位选择。

（3）采用前轮驱动，自动变速器与驱动桥合为一体，动力传动路线短，结构更紧凑。

1. MAXA 型自动变速器的结构

MAXA 型自动变速器的齿轮机构如图 2-4-31 所示，广州本田雅阁轿车用 MAXA 自动变速器的结构如图 2-4-32 所示。

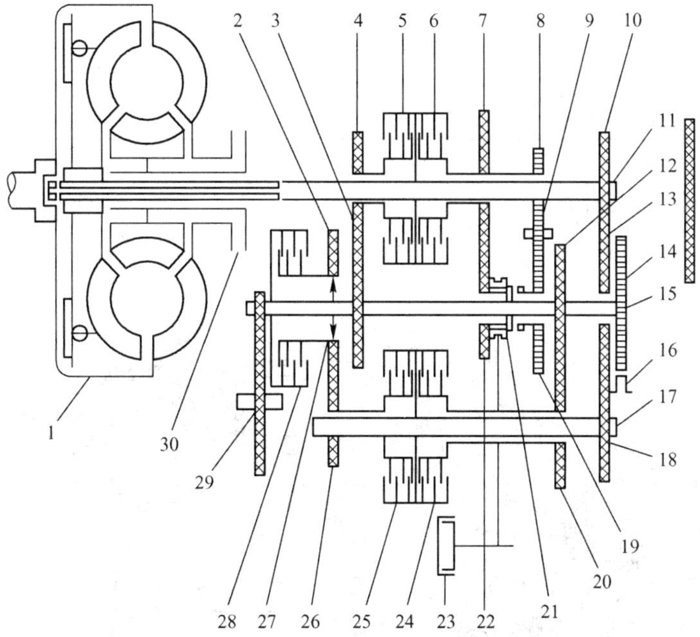

图 2-4-31　MAXA 自动变速器的机构

1—液力变矩器；2—副轴 1 挡齿轮；3—副轴 3 挡；4—主轴 3 挡齿轮；5—3 挡离合器；6—4 挡离合器；7—主轴 4 挡齿轮；8—主轴倒挡齿轮；9—倒挡惰轮；10—主轴惰轮；11—主轴；12—副轴 2 挡齿轮；13—副轴惰轮；14—驻车挡齿轮；15—副轴齿轮；16—驻车锁销；17—辅助轴；18—辅助轴惰轮；19—副轴倒挡齿轮；20—副轴 2 挡齿轮；21—倒挡滑套；22—副轴 4 挡齿轮；23—伺服阀；24—2 挡离合器；25—1 挡离合器；26—辅助轴 1 挡齿轮；27—单向离合器；28—1 挡固定离合器；29—主减速器齿轮；30—油泵

2. 各挡动力传动路线

各挡动力传动路线请读者依据表 2-4-9 结合图 2-4-31 自行分析。

表 2-4-9　MAXA 各挡位换挡执行元件工作情况

挡　位	液力变矩器	1 挡		2 挡		3 挡		4 挡		倒挡齿轮	驻车挡齿轮
		齿轮	离合器	齿轮	离合器	齿轮	离合器	齿轮	离合器		
P	○										○
R	○								○		

续表

挡　位	液力变矩器	1挡		2挡		3挡		4挡		倒挡齿轮	驻车挡齿轮
		齿轮	离合器	齿轮	离合器	齿轮	离合器	齿轮	离合器		
N	○									○	
D4	1挡	○	○								
	2挡	○		○							
	3挡	○			○						
	4挡	○				○	○				
D3	1挡	○	○								
	2挡	○		○							
	3挡	○			○						
2		○		○							
1		○	○								

注：○表示工作。

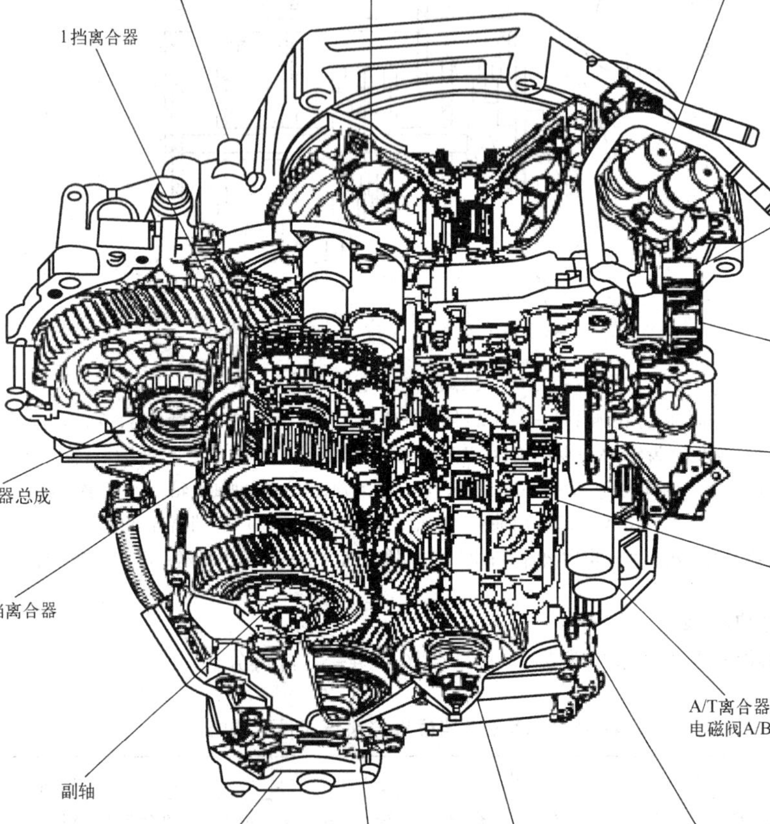

图 2-4-32　MAXA 自动变速器的内部结构

二、雷克萨斯 LS460 AA80E 八速自动变速器

图 2-4-33 为雷克萨斯 LS460 AA80E 八速自动变速器。图 2-4-34 为其挡位传动图。

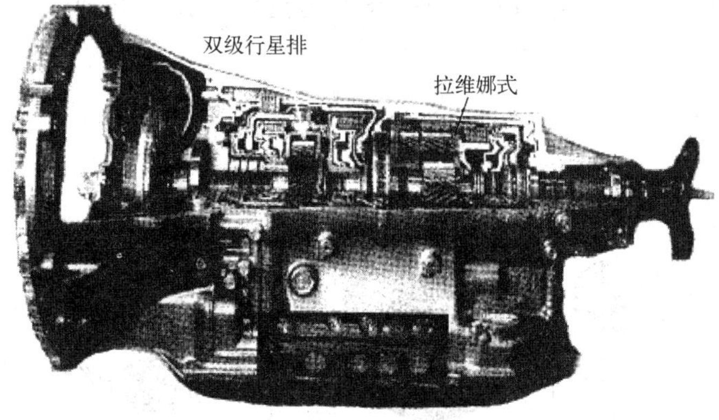

图 2-4-33 雷克萨斯 LS460 AA80E 八速自动变速器

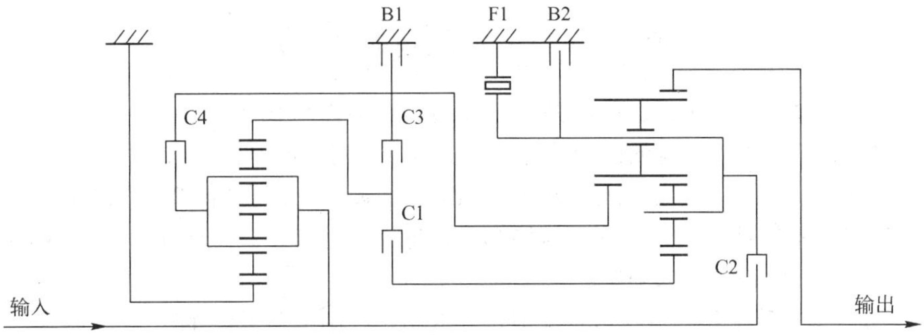

图 2-4-34 AA80E 挡位传动图

不同挡位时各换挡执行元件的工作情况，如表 2-4-10 所示。

表 2-4-10 AA80E 换挡执行元件工作表

挡 位	C1	C2	C3	C4	F1	B1	B2
1	○				○		○*
2	○					○	
3	○		○				
4	○			○			
5	○	○					
6		○		○			
7		○	○				
8		○				○	
R1			○				○
R2				○			○

注：○表示工作。

雷克萨斯 LS460 采用的是型号为 AA80E 的全球首款八速自动变速器，它的变速传动机构使用了一个双级行星齿轮组合和一个拉维娜（Ravigneaux）行星齿轮组，许多部件都经过小型化、轻量化设计，外壳由铝合金铸造而成，因此，这台新变速器的体积与上一代车型使用的六速自动变速器相同，但质量却仅仅增加了 10%，AA80E 自动变速器的动力传动路线示意图如图 2-4-35 所示。

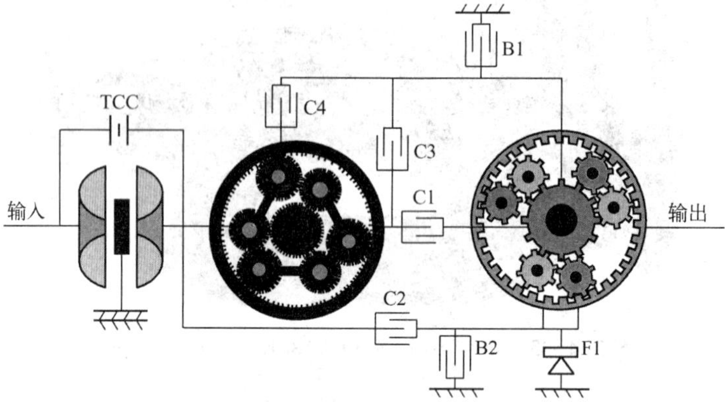

图 2-4-35　AA80E 自动变速器的动力传动路线示意图

它采用前后两个行星齿轮组，前面是一个双级行星齿轮机构，后面是一个拉维娜式行星齿轮机构，拉维娜式行星齿轮机构的内齿圈是动力输出端。变速器内各换挡执行元件的作用如下：

离合器 C1：减速驱动拉维娜式行星齿轮组后排小太阳轮。离合器 C2：直接驱动拉维娜式行星齿轮组行星架。离合器 C3：减速驱动拉维娜式行星齿轮组前排大太阳轮。离合器 C4：直接驱动拉维娜式行星齿轮组前排大太阳轮。

制动器 B1：固定拉维娜式行星齿轮组前排大太阳轮。制动器 B2：固定拉维娜式行星齿轮组行星架。

单向离合器 F1：单向固定拉维娜式行星齿轮组行星架。

关于其各挡位的动力传动路线，限于篇幅，在此不再赘述，读者可自行分析。

复习延伸

一、小结

(1) 以行星齿轮机构作为齿轮变速机构的自动变速器，通常涉及的是单排单级行星齿轮机构和单排双级行星齿轮机构的不同组合；无论哪一种，其中一排中的太阳轮、齿圈和行星架都被称为“运动三元件”；而行星轮因其对机构传动比的计算无关，故被称为“惰轮”。

(2) 单排单级行星齿轮机构的运动规律为 $n_1+\alpha n_2-(1+\alpha)n_3=0$ 和 $Z_1n_1+Z_2n_2-Z_3n_3=0$（助记口诀为“太、圈、架、+、-”，行星架的当量齿数 $Z_3=Z_1+Z_2$）。

(3) 单排双级行星齿轮机构的运动规律为 $n_1-\alpha n_2+(\alpha-1)n_3=0$ 和 $Z_1n_1-Z_2n_2+Z_3n_3=0$（助记口诀为“太、圈、架、-、+”，行星架的当量齿数 $Z_3=Z_2-Z_1$）。

(4) 无论是在运用单排单级行星齿轮机构的运动方程，还是在运用单排双级行星齿轮机构的运动方程推算其某个确定的机构组合类型的传动比时，一个简单快捷的方法就是：“将太阳轮的齿数视为 1，齿圈的齿数视为 α，行星架的齿数为此时对应的当量齿数”。

(5) 在单排单级行星齿轮机构中 $Z_3>Z_2>Z_1$。由运动方程容易推出结论：只有固定行星架，方为倒挡；只要行星架输出就为减速。

（6）在单排双级行星齿轮机构中，$Z_1 < Z_3 < Z_2$。由运动方程容易推出结论：只有固定齿圈，方为倒挡；只要齿圈输出就为减速。

（7）不同型号的自动变速器所采用的行星齿轮机构有不同的类型，常见的有：辛普森式、拉维娜式、串联复合（CR－CR）式，莱派特式等。无论其挡位数的多少，行星排数的组合方式有何差异，分析其不同挡位的动力传动路线都是要依据行星齿轮机构的运动规律，结合换挡执行元件的组合状态来进行。所以，想要快速地摸透某个行星齿轮变速器的挡位传动路线，应当找到其机构运动简图和换挡执行元件工作表。

二、练习与思考

（一）判断题

（1）判断行星齿轮自动变速器在某个挡位是否有发动机制动作用主要看其约束件用的换挡执行元件是否使用的是单向离合器。（　　）

（2）丰田 A341E 在 D1 挡无发动机制动作用，但在 L 位有发动机制动作用。（　　）

（3）09G 是采用莱派特行星齿轮机构的五速自动变速器。（　　）

（4）AL4 是采用 CR－CR 式行星齿轮机构的四速自动变速器。（　　）

（5）01M、01N 都是大众车所用的拉维娜式四速自动变速器。（　　）

（6）行星齿轮自动变速器的换挡执行元件的工作组合只要能满足各挡传动比的变化就行了，无须考虑挡位变化时的换挡便利性和平顺性。（　　）

（7）在丰田 A341E 中 C0 和 F0 都是连接超速排太阳轮和行星架，所以其中一个工作失效，对于自动变速器的工作性能并无影响。（　　）

（8）在丰田 A341E 中，若 F2 装反，将使车辆在 D 位失去动力。（　　）

（9）“前架后圈”和“前圈后架”是串联复合式行星齿轮变速器的典型结构特征。（　　）

（10）4T65E 是与发动机纵向布置所配用的四速 CR－CR 式行星齿轮自动变速器。（　　）

（二）选择题

（1）A341E 自动变速器 1 挡单向离合器装反会（　　）。

A. 没有倒挡　B. 不能升入 2 挡　C. D 位是空挡

（2）以下国产车用自动变速器不使用辛普森式行星齿轮机构的有（　　）。

A. 切诺基 AW－4　B. 大切诺基 42RE　C. 赛欧 AF13　D. 猎豹 V4A51

（3）使用辛普森式自动变速器的汽车不能行驶，最常见的原因之一是（　　）。

A. 主油压过高　B. 超速挡离合器打滑　C. 超速挡单向离合器打滑

（4）两组行星齿轮共用一个太阳轮的是（　　）。

A. 辛普森式　B. 拉维娜式　C. 串联式

（5）丰田公司的四速自动变速器使用的都是（　　）行星齿轮机构。

A. 辛普森式　B. 拉维娜式　C. 串联式

（6）四速自动变速器中使用三个行星排的是（　　）。

A. 辛普森式　B. 拉维娜式　C. 串联式

（7）在单排行星齿轮中，以（　　）输入，（　　）固定可以实现超速传动。

A. 太阳轮、行星架　B. 太阳轮、齿圈

C. 行星架、太阳轮　D. 齿圈、行星架

（8）在单排双级行星齿轮机构中，只有以下（　　）组合方式才能获得倒挡。

A. 行星架固定，太阳轮主动　　B. 行星架主动，齿圈固定
C. 齿圈主动，太阳轮固定　　D. 齿圈固定，太阳轮主动

(9) 在单排单级行星齿轮机构中，增加扭矩的状态是（　　）。
A. 太阳轮输入，行星架自由，齿圈输出　　B. 行星架输入，太阳轮固定，齿圈输出
C. 齿圈输入，行星架固定，太阳轮输出　　D. 齿圈输入，太阳轮固定，行星架输出

(10) 技师甲说：辛普森式行星齿轮机构是两组行星排共用一个太阳轮。技师乙说：拉维娜式行星齿轮机构有两个太阳轮，两组行星齿轮架，共用一个齿圈。则（　　）。
A. 甲正确　　B. 乙正确　　C. 两人均正确　　D. 两人均不正确

(11) 采用平行轴的自动变速器是（　　）。
A. 丰田 A341E　　B. 大众 01M　　C. 本田 MAXA　　D. 别克 4T65E

(12) 以下对本田 MAXA 变速器说法正确的是（　　）。
A. 没有离合器　　B. 没有制动器
C. 没有单向离合器　　D. 没有换挡接合套

(13)（　　）是平行轴自动变速器的特点。
A. 前后排共用一个太阳轮　　B. 只有一组共用的行星架
C. 没有离合器　　D. 没有制动器

(14) 本田 MAXA 自动变速器 3 挡离合器装在（　　）
A. 输入轴上　　B. 输出轴上　　C. 中间轴上　　D. 壳体上

(15) 下列不属于拉维娜式行星齿轮机构特点的是（　　）。
A. 一个行星架上装了两套行星齿轮
B. 大、小太阳轮相互独立
C. 大、小太阳轮及行星架都可动力输入，齿圈输出
D. 前行星架、后齿圈一体输出

（三）案例分析题

请正确填写以下实际维修案例中的空缺内容。

(1) 故障症状。某车采用四速辛普森自动变速器，由于 B3 损坏而造成无 R 挡，经拆检修复后，反而出现 D 位和 2 位均无动力输出。

(2) 诊断思路。初步判断为 C1、F2 故障。先进行试车看有无 R 挡和 L 挡。将变速杆置于 R 位，动力输出正常，说明油压正常，排除了由于油压低导致______工作不正常的可能。再将变速杆置于 L 位，动力输出正常，由此可以判断故障是由于______故障所致。

变速杆在动力挡时，变速器都是在 1 挡起步，当 F2 有故障时，变速杆在 D 位和 2 位时没有 1 挡，而 L 位由于有______工作，可以起到 F2 的作用，即防止后排行星架逆时针转动，所以有 1 挡。

(3) 排障感悟。经拆检后发现 F2 装反了，这是由于上次维修时工作人员安装失误造成的。重新安装______后故障得以消除。

由此例故障的检修过程可以说明：汽车维修人员对待工作一定要认真仔细，不可马马虎虎，否则就是害人害己，对他人不负责任实际上就是对自己不负责任。

（四）实操分析题

通过分析辛普森式 A340E 变速器各挡位换挡执行元件的工作情况及各挡位的动力传动路线，可以得出以下结论：

(1) 如果____故障，则自动变速器没有前进挡，即将变速杆置于 D 位、2 位或 L 位时车辆都无法起步行驶。但对于倒挡没有影响。

(2) 如果____ 故障，则 F1 自动变速器没有 3 挡，倒挡也将没有。

(3) 如果____ 或____ 故障，则自动变速器没有 D 位 2 挡，但对于 2 位 2 挡没有影响。

(4) 如果____ 故障，则自动变速器没有倒挡。

(5) 如果____故障，则自动变速器 3 挡升 4 挡时会产生换挡冲击。这是由于 3 挡升 4 挡时，相当于由 C0 切换到 B0，但 C0、B0 有可能同时不工作。此时负荷的作用将使超速行星排的齿圈不动，如果没有 F0，在行星架的驱动下太阳轮将顺时针超速转动，当 B0 工作时产生换挡冲击。

(6) 如果____故障，则自动变速器没有 D 位 1 挡和 2 位 1 挡，但对于 L 位 1 挡没有影响。

(7) 换挡时，单向离合器是____参与工作的，所以只考虑离合器和制动器的工作即可。D1 挡升 D2 挡是 B2 工作，D2 挡升 D3 挡是 C2 工作，D3 和 D4 互换，相当于 C0 和 B0 互换。

(8) 如果某挡位的动力传动路线上有单向离合器工作，则该挡位____发动机制动。

(五) 思考题

(1) 讨论总结出组合式齿轮变速机构的挡位分析规律。

(2) 讨论推导出 AA80E 型八速自动变速器各挡位的传动比表达式。

(3) 查找本次任务所涉及的各型自动变速器的相关资料。

任务五　检修液控系统

任务导入

一辆丰田皇冠3.0 轿车，装用 A340E 型自动变速器。热车时动力不足，且要重踩加速踏板方可缓慢起步，且行驶无力，加速不良；但冷车时起步正常。

从故障现象分析，故障应由液压油泄漏引起。通过失速、时滞、液压等试验，初步判定应是油泵故障，拆解油泵，测量其有关数据，发现油泵从动齿轮与泵体间隙大于 0.4 mm，标准数值是 0.07～0.15 mm，极限值是 0.3 mm。

本任务介绍自动变速器液压控制系统的功用、组成及工作原理，包括自动变速器油（ATF）、油泵、换挡执行元件、阀体等内容，重点介绍丰田 A340E 型自动变速器液压油路的识读方法。

相关知识

液压控制系统（简称“液控系统”）是自动变速器的重要组成部分，它不仅担负着对液力传动装置提供介质，控制液力变矩器锁止、润滑和冷却的任务，同时还担负着对行星齿轮结构进行换挡控制和对齿轮、轴承等零部件润滑、冷却等功能。

液压控制系统主要由 ATF、油泵、主油路油压调节装置、换挡信号装置、换挡控制装置、变矩器锁止离合器控制装置、缓冲安全装置等组成。根据驾驶人的意图和行驶条件（节气门的开度和车速等信号）的需要，利用控制液压阀等元件控制液压油的施加和释放，通过操纵换挡执行元件中的离合器和制动器的动作，控制行星齿轮机构的运动组合方式的改变，从而实现自动换挡。液压控制系统的组成及基本工作情况示意图如图 2-5-1 所示。

一、液控系统的组成及工作原理

(一) 油泵

自动变速器油泵的作用是使 ATF 产生一定的压力和流量，供给液力变矩器和液力操纵系统，并保证行星齿轮机构的润滑需要。通常安装在液力变矩器的后方，由液力变矩器后端的轴套驱动。

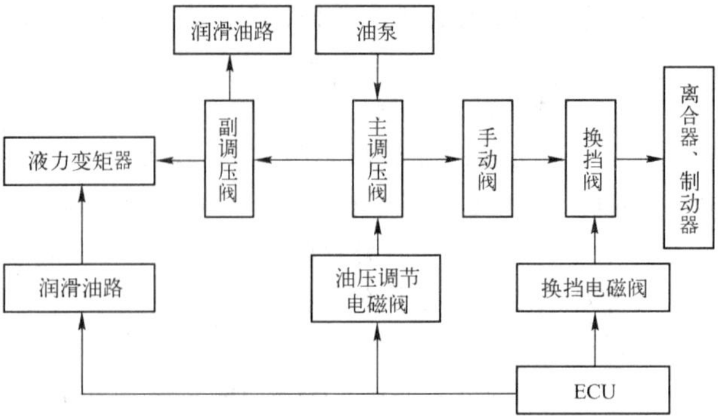

图 2-5-1　液压控制系统的组成及基本工作情况示意图

自动变速器油泵主要有内啮合齿轮泵、转子泵、叶片泵和可变流量叶片泵四种类型。

1. 内啮合齿轮泵

内啮合齿轮泵主要由泵体、从动齿轮、主动齿轮等组成。由于从动齿轮是一个齿圈且较大，而主动齿轮是一个较小齿轮，所以在主、从动齿轮之间的空隙用一个月牙形隔板把这个容腔分为两部分（见图 2-5-2），其中一腔是进油腔，另一腔是出油腔。

油泵工作时，主动齿轮带动从动齿轮旋转，在齿轮脱离啮合的一端，容积不断增大，成为低压吸油腔，把 ATF 吸入；在齿轮开始啮合的一端，容积不断减小，成为高压出油腔，将 ATF 压出，如图 2-5-3 所示。

内啮合齿轮泵具有结构紧凑、质量小、自吸能力强、流量波动小、噪声低等特点。

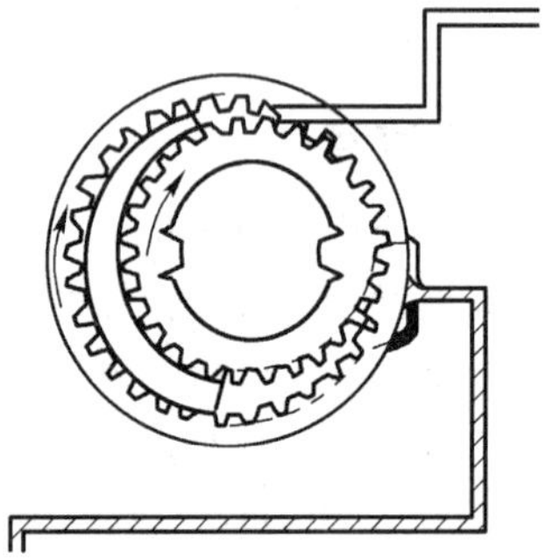

图 2-5-2　内啮合齿轮泵的结构

2. 转子泵

转子泵主要由一对内啮合的转子组成。内转子为外齿轮，为主动件；外转子为内齿轮，为从动件。通常内转子比外转子少一个齿。内外转子之间是偏心安装。内转子的齿廓和外转子的齿廓是由一对共轭曲线组成的，因此内转子上的齿廓和外转子上的齿廓相啮合，就形成了若干密封容积，如图 2-5-4 所示。

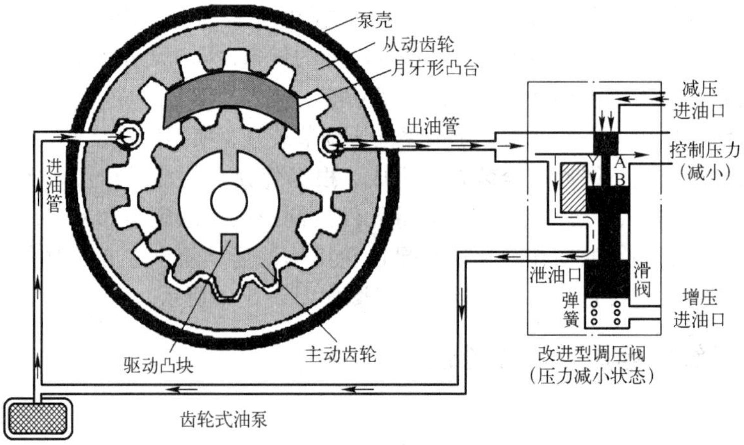

图 2-5-3　内啮合齿轮泵的工作原理

发动机旋转时，液力变矩器驱动油泵转子朝相同的方向旋转。转子转动，工作腔的容积发生变化：容积由小变大，形成局部真空，将液压油从进油口吸入；容积由大变小，形成局部高压，将液压油从出油口排出，如图 2-5-5 所示。

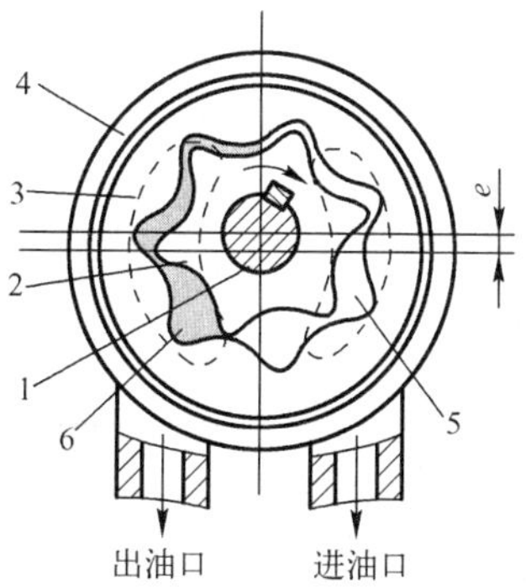

图 2-5-4　转子泵结构示意图

1—驱动轴；2—内转子；3—外转子；4—泵壳；5—进油腔；6—出油腔

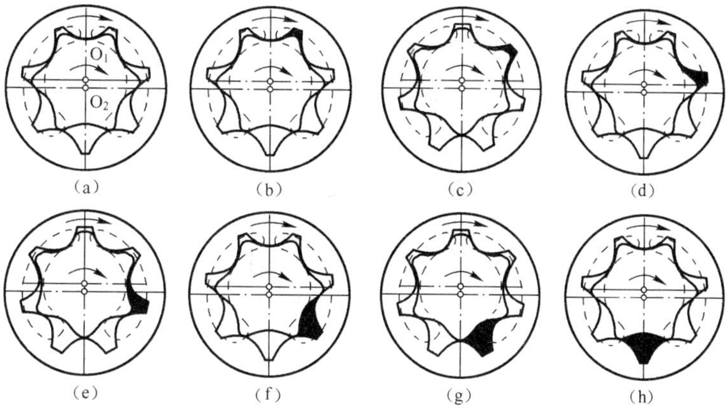

图 2-5-5　转子泵工作原理图

转子泵具有高速性能好、噪声小、运转平稳、流量脉动大等优点，但加工精度要求高。

3. 叶片泵

叶片泵由转子、定子、叶片及端盖等组成。定子具有圆柱形内表面，定子和转子之间有偏心距。叶片装在转子槽中，并可在槽中滑动，如图 2-5-6 所示。

转子旋转时，叶片在离心力及底部油液压力的作用下向外张开，紧靠在定子内表面上，并随着转子的转动，在转子叶片槽内做往复运动，这样就在定子、转子、叶片和端盖间形成了若干个密封空间。如果转子顺时针旋转，在转子与定子中心连线右半部的工作腔容积逐渐增大，以致产生一定的真空，将油从进油口吸入；在转子与定子中心连线左半部的工作腔容积逐渐变小，将油从出油口排出。

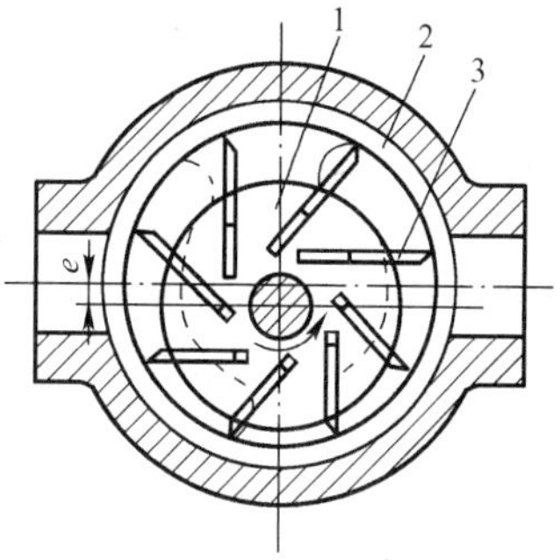

图 2-5-6　叶片泵结构

1—转子；2—叶片；3—定子

4. 可变流量式叶片泵

上述三种油泵的排量都是固定不变的，称为定量泵。定量泵的泵油量是随转速的增大而成正比地增加的，为了减少油泵在高速运转时泵油量过多而引起的动力损失，目前用于汽车自动变速器的叶片泵大部分都设计成排量可变的形式（称为变量泵或可变流量式叶片泵）。

可变流量式叶片泵主要由定子、转子、销轴等组成。这种叶片泵的定子不是固定在泵壳上，而是可以绕一个销轴做一定的摆动，以改变转子与定子的偏心距（见图 2-5-7），从而改变油泵的排量。在油泵运转时，定子的位置由定子侧面控制腔内来自油压调节阀的反馈油压来控制。

当油泵转速过低时，油压调节阀将反馈油路关小，使控制腔内的反馈油压下降，定子在回位弹簧的作用下绕销轴向顺时针方向摆动一个角度，加大了定子与转子的偏心距，油泵的排量随之增大；当油泵转速增高时，泵油量增大，油压调节阀将反馈油路开大，使控制腔内的反馈油压上升，定子在反馈油压的推动下绕销轴逆时针方向摆动，定子与转子的偏心距减小，油泵的排量也随之减小，从而降低了油泵的泵油量。

图 2-5-8 是定量泵和变量泵的泵油量曲线图。由图 2-5-8 可知，定量泵的泵油量与发动机的转速成正比，并随发动机转速的增加而增加；而变量泵，当发动机转速超过一定时，泵油量不再增加，从而减少了油泵高速运转的阻力。

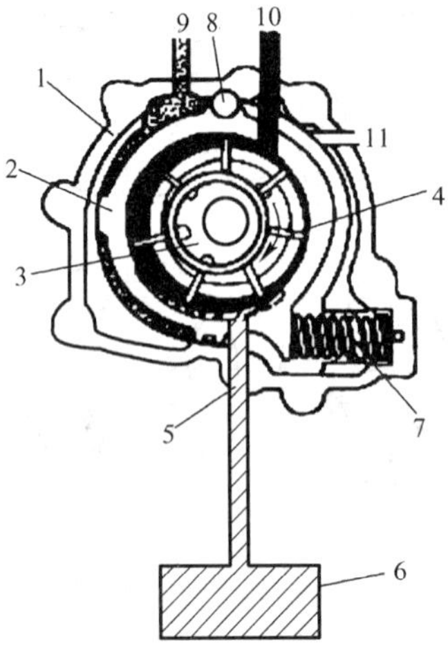

图 2-5-7　可变流量式叶片泵

1—泵壳；2—定子；3—转子；4—叶片；5—进油口；6—滤清网；7—回位弹簧；8—销轴；9—反馈油道；10—出油口；11—卸压口

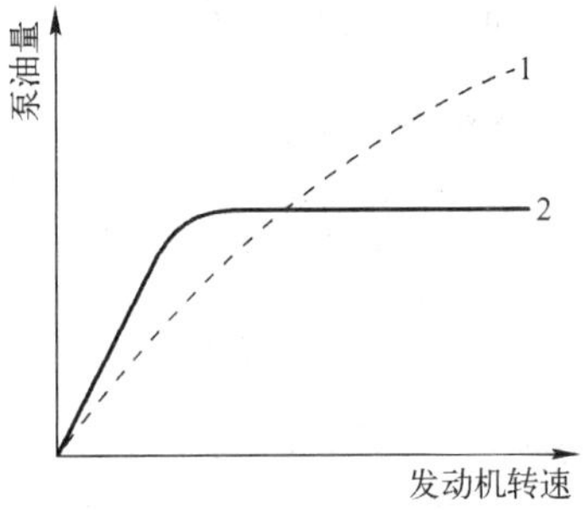

图 2-5-8　泵油量曲线

1—定量泵的泵油量曲线；2—变量泵的泵油量曲线

（二）自动变速器油

自动变速器油（ATF）是特殊的高级润滑油，不仅具有润滑、冷却作用，还具有传递转矩及传递压力（充当执行元件及液压操纵系统的工作介质）的作用。

ATF 一般正常行驶每 12 万 km 更换一次，恶劣行驶情况每 6 万 km 更换一次。尽量选用原厂推荐的 ATF。不能错用及混用 ATF。ATF 由于型号不同，摩擦因数也不同。某些厂家根据汽车变速器的技术指标设计出有针对性的油品，使用这样的油品可以保持变速器良好的机械性能，延长使用寿命。

正常的 ATF 清澈略带红色，无异味，如果使用不当，容易出现油液变质。如果呈深褐色或有杂质、异味，则需要及时更换。自动变速器要求定期更换工作油，按随车使用手册的要求确定换油周期。

（三）换挡执行元件

行星齿轮变速器中的所有齿轮都处于常啮合状态，挡位的变换是通过以不同的方式对行星齿轮机构的基本元件进行约束，即固定或连接某些基本元件来实现的。通过选择被约束的基本元件和约束方式，就可以使该机构具有不同的传动比，从而组成不同的挡位。换挡执行元件包括离合器、制动器和单向离合器。

1. 离合器

离合器起连接作用，是将行星齿轮变速器的输入轴与行星排中的某个基本元件连接，以传递动力或将行星排的某两个基本元件连接在一起，使之成为一个整体。目前，使用较多的是多片湿式离合器，由液压来控制其接合和分离。

如图 2-5-9 所示，离合器由离合器壳、离合器活塞总成、复位弹簧总成、摩擦片、钢片、离合器毂、挡圈及卡环等组成。离合器活塞总成包括活塞和密封圈，安装在离合器壳内，和离合器壳一起形成一个封闭的环状液压缸，并通过离合器壳内圆轴颈上的进油孔和控制油道相通。摩擦片和钢片交错排列，钢片的外花键齿安装在离合器壳的内花键齿圈上，可沿齿圈键槽做轴向移动。摩擦片由其内花键齿与离合器毂的外花键齿连接，也可沿键槽做轴向移动。摩擦片的工作面上有摩擦材料，而钢片表面则是光滑的，没有摩擦材料。

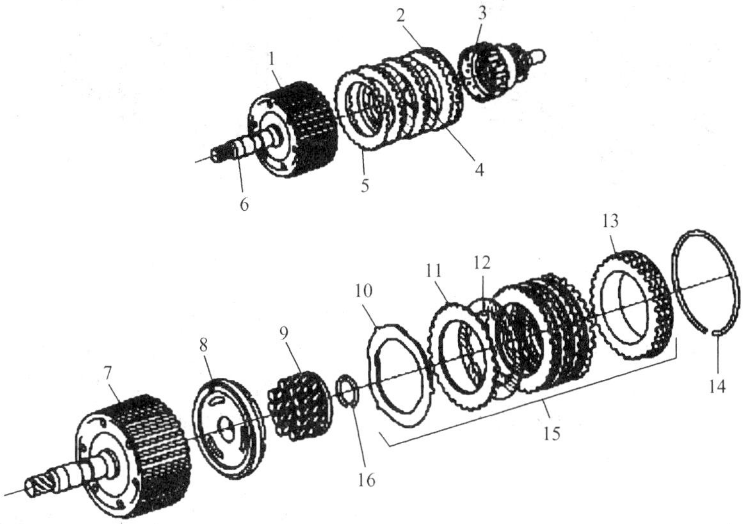

图 2-5-9　多片湿式离合器

1、7—离合器壳；2、13—挡圈；3—离合器毂；4、12—摩擦片；5、11—钢片；6—输入轴；8—离合器活塞总成；9—复位弹簧总成；10—波形弹簧 14、16—卡环；15—离合器片

离合器壳或离合器毂分别以一定的方式和变速器输入轴或行星排的某个基本元件相连接，离合器壳为主动件，离合器毂为从动件。当来自控制阀的液压油进入离合器液压缸时，推动离合器活塞克服复位弹簧的弹力而移动，把摩擦片和钢片紧压在一起，使离合器处于接合状态，把离合器壳和离合器毂连接成一个整体，因此通过离合器把输入轴或行星排的基本元件也连接在一起，如图 2-5-10（a）所示。

当控制阀控制液压油从离合器的液压缸内泄压后，则复位弹簧使活塞复位，而使离合器处于分离状态，摩擦片和钢片相互分离，两者之间无压力，离合器壳和离合器毂以不同的转速旋转，如图 2-5-10（b）所示。离合器在分离状态时，摩擦片和钢片之间有一定的轴向间隙，以保证摩擦片和钢片间无轴向压力，防止片间滑磨，这个间隙为离合器的自由间隙，其大小可通过组合不同厚度的挡圈来调整。各种不同型号的自动变速器的标准间隙不尽相同，通常在 1.8 ~ 2.2 mm 之间。离合器片的数量愈多、油压愈高，离合器传递负荷的能力也愈强。

在活塞和钢片之间安装有波形圈（弹簧），它具有一定的弹性，可以减缓离合器接合时的冲击。

离合器液压缸液压油泄压时，多片离合器分离。但液压缸内仍会残留少量的液压油，由于离合器壳的高速旋转，残留的液压油在离心力的作用下会被甩向液压缸外缘，并在此处产生一定的油压，使离合器活塞不能彻底复位而处于半接合状态，导致摩擦片和钢片相互摩擦而产生磨损。为了泄除液压缸内的残留液压油，在离合器上设置了一个离心式单向阀，通过离心力把单向阀打开，使部分残留液压油迅速地从这里泄出，防止片间的拖滞现象发生。当液压油进入液压缸时，单向阀自行关闭，建立压力使离合器接合。

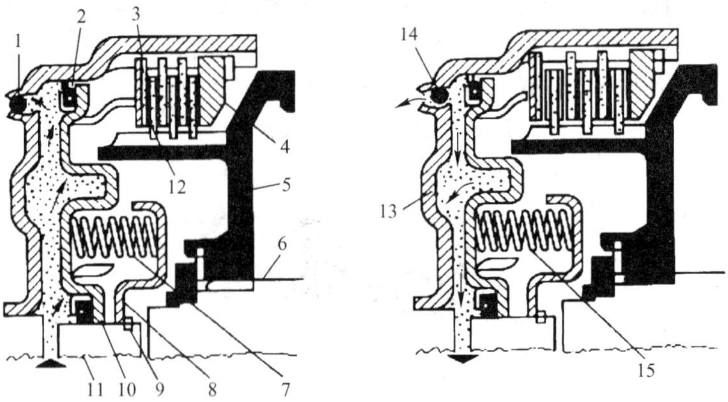

（a）液压作用　　（b）液压释放

图 2-5-10　多片湿式离合器工作原理

1—封闭的单向阀；2—油封；3—钢片；4—挡圈；5—离合器毂；6—输出轴；
7—压缩的复位弹簧；8—弹簧支座；9—卡环；10—活塞；11—输入轴；12—摩擦片；
13—离合器壳；14—打开的单向阀；15—伸展的复位弹簧

2. 制动器

制动器的作用是将行星排中的太阳轮、齿圈或行星架加以固定，使其不能旋转。制动器有两种类型：一种是带式制动器，另一种是湿式多片制动器。

1）带式制动器

带式制动器是利用围绕在制动转鼓周围的制动带收缩而产生制动效果的一种制动器。

带式制动器由制动带、制动转鼓、液压缸和活塞等组成。制动转鼓与行星排的某一基本元件连接并随之一起转动，如图 2-5-11 所示。

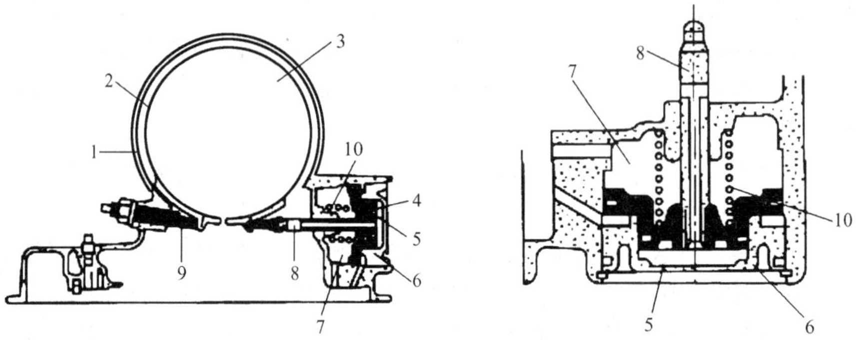

图 2-5-11　带式制动器

1—变速器壳；2—制动带；3—制动转鼓；4—活塞；5—液压缸施压腔；6—液压缸端盖；
7—液压缸释放腔；8—推杆；9—调整螺栓；10—复位弹簧

制动带内表面为一层摩擦因数较高的摩擦衬片，其一端支承在变速器壳体上的制动带支架或制动带调整螺栓上，另一端与液压缸活塞上的推杆连接。液压缸被活塞分隔为施压腔和释放腔两部分，分别通过各自的控制油道与控制阀相通。当液压缸的施压腔和释放腔内均无液压油时，带式制动器不工作，制动带与制动转鼓之间有一定的间隙。当控制阀给液压缸的施压腔通液压油时，活塞克服复位弹簧弹力而移动，通过机械联动装置使制动带箍紧制动转鼓，行星齿轮机构某一元件也随之被固定，此时为制动状态。若在此状态时，通过控制阀有液压油进入释放腔，因释放腔一侧的活塞面积大于施压腔一侧的活塞面积，作用在活塞两侧的液压力不相等，释放腔一侧大于施压腔一侧。活塞在两侧的压力差及复位弹簧弹力的共同作用下回到初始位置，使制动器由制动状态变为释放状态。

在制动过程中，制动带和制动转鼓之间会有磨损，通过调整螺栓可以调整制动带和制动转鼓的间隙。

液压缸是产生制动带作用力的装置，油缸作用面积愈大，作用油压越高，所产生作用力越大。图 2-5-11 所示是一种广泛采用的液压缸，油缸中仅有一个活塞，它是活塞两侧都可作用油压的双向作用液压缸。另外，还有油压仅作用在活塞一侧的单向作用液压缸和两个大小不一样的活塞组成的复合式活塞的液压缸。

带式制动器的优点：有良好的抱合性能；占用变速器的空间较小；当制动带贴紧旋转的制动转鼓时，会产生一个使制动转鼓停止旋转的、具有自增力作用的楔紧作用。

2）湿式多片制动器

湿式多片制动器由制动器壳、制动器活塞、复位弹簧、钢片、摩擦片及制动器毂等部件组成。它的工作原理和多片湿式离合器基本相同，但片式制动器的制动器壳（相当于离合器鼓）固定在变速器壳体上，如图 2-5-12 所示。钢片通过外花键齿安装在固定于变速器壳体上的制动器壳内花键齿圈中，或直接安装在变速器壳体上的内花键齿圈中；摩擦片则通过内花键齿和制动器毂上的外花键齿连接。当制动器不工作时，钢片和摩擦片之间没有压力，制动器毂可以自由旋转。当制动器工作时，来自控制阀的液压油进入制动器的液压缸中，油压作用在制动器活塞上，推动活塞将制动器摩擦片和钢片紧压在一起，与行星排某一基本元件连接的制动器毂被固定而不能旋转。

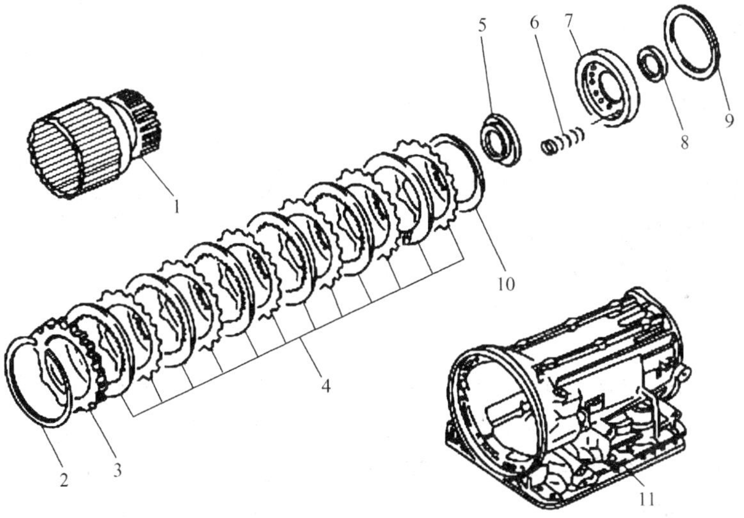

图 2-5-12　湿式多片制动器

1—制动器毂；2—卡环；3—挡圈；4—钢片和摩擦片；5—弹簧座；6—复位弹簧；
7—制动器活塞；8、9—密封圈；10—碟形环；11—变速器壳

片式制动器的工作平顺性优于带式制动器，因此近年来在轿车自动变速器上，采用片式制动器的越来越多。另外，片式制动器也易于通过增减摩擦片的片数来满足不同排量发动机的

要求。

3. 单向离合器

单向离合器又称单向啮合器或自由轮离合器，它是一种固定装置。单向离合器无需控制机构，它是依靠其单向锁止原理来发挥固定或连接作用的，力矩的传递是单方向的，其连接和固定完全由与之相连接元件的受力方向所决定。当与之相连接元件的受力方向与锁止方向相同时，该元件即被固定或连接；当受力方向与锁止方向相反时，该元件即被释放或脱离连接。

自动变速器中常用的单向离合器有滚柱式和楔块式两种。它们的具体结构和工作原理与液力变矩器中的导轮单向离合器并无二致，请读者参照前述内容自行理解，此处不再赘述。

（四）液压调节阀

在液压系统中，液压阀可分为调节阀和控制阀两种基本形式。另外，还有其他形式的阀，如单向阀和起阻尼、节流作用的小孔，它们协助自动变速器的液压系统工作。

1. 液压系统的油压

液力自动变速器存在着三种基本控制油压，分别是主油路油压、节气门油压和速控油压。这些油压都是由调压阀、节气门阀和速控阀（目前的大多数自动变速器改由相应的电磁阀来取代节气门阀和速控阀来调节节气门油压和速控油压）调节的。主油路油压是由主调压阀将液压泵输出的油压经调节后而形成的，又称工作油压。主油路油压主要用于驱动制动器和离合器，如图 2-5-13 所示。主油路油压经过减压装置或节流通道之后用于变矩器和润滑变速器；节气门油压是根据发动机负荷或节气门开度变化调节的油压；速控油压是根据车速变化调节的油压。

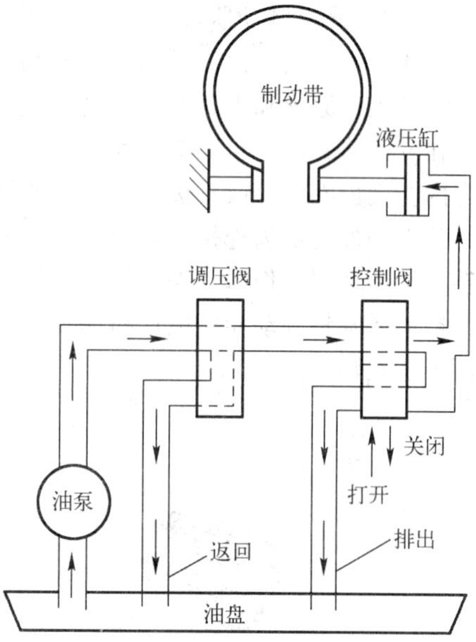

图 2-5-13　液压系统原理布置图

在液力自动变速器中节气门油压和速控油压的综合作用控制变速器换挡。在电控液力自动变速器中，由于采用电磁阀控制换挡（前已述及），一般没有速控阀和节气门开度阀，节气门油压由电磁阀调节产生。但有些半电控的自动变速器上，还保留了节气门开度阀。

2. 主油路调压阀

自动变速器的液压泵由发动机曲轴通过变矩器外壳驱动，因此液压泵的泵油量和压力均受发动机转速的影响。为了保证自动变速器的正常工作，当发动机处于最低转速工况（怠速）时，供油系统中的油压应能满足自动变速器各部分的需要，防止油压过低使离合器、制动器打滑，影响变速器的动力传递。由于发动机在怠速工况下的转速（800 r/min 左右）和最高转速（7 000 r/min 左右）之间相差太大，那么当发动机高速运转时，液压泵的泵油量将大大超过自动变速器各部分所需要的油量和油压，导致油压过高，增加发动机的负荷，并造成换挡冲击。因此，必须在油路中设置一个油压调节装置，在发动机高速运转时让多余的液压油流回油底壳，使液压泵的泵油压力维持在一定范围内。

为使主油路油压能满足自动变速器不同工况的需要，油压调节装置还应具备以下功能：

（1）主油路油压应能随发动机节气门开度的增大而升高。当节气门开度较大时，发动机输出功率和自动变速器所传递的转矩都较大，为了防止离合器、制动器等换挡执行元件打滑，主油路油压要相应升高；反之，主油路油压可以相应降低。

（2）汽车在高速挡以较高车速行驶时，由于此时汽车传动系处在高转速、低转矩状态下工作，因此可以相应地降低主油路的油压，以减少液压泵的运转阻力，节省燃油。

（3）倒挡时，主油路油压应比前进挡时的主油路油压大，通常可达 1 ~ 1.5 MPa。这是因为倒挡在汽车使用过程中所占的时间少，为了减小自动变速器的尺寸，倒挡离合器或倒挡制动器在设计上采用的摩擦片较少，因此在工作时需要较高的油压，以防止其接合时打滑。

主油压调节装置是一个油压调节阀，又称主油路调压阀。它的作用是根据汽车行驶速度和节气门开度的变化，自动调节流向各液压系统的油压，保证各系统液压的稳定，使各信号阀工作平稳。主油路调压阀一般由阀芯、阀体、柱塞、柱塞套筒和调压弹簧等主要元件组成，如图 2-5-14 所示。

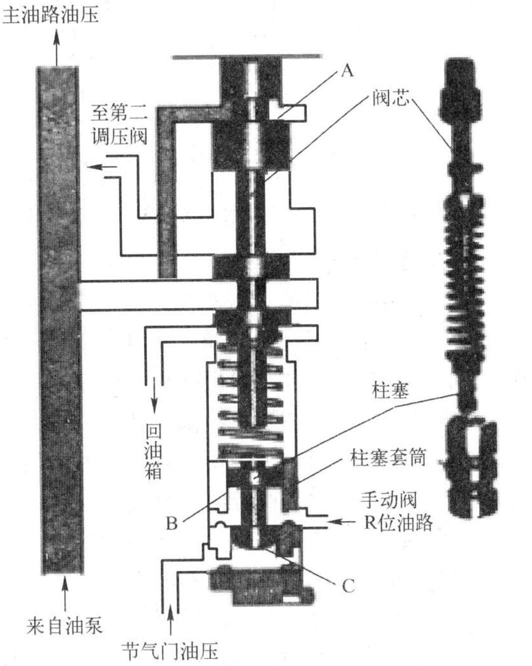

图 2-5-14　主油路调压阀结构简图

来自液压（油泵）的压力油液从进油口进入，并作用到阀芯的上部 A 处，节气门油压和手动阀倒挡油路油压经进油口作用在柱塞的 C 处和 B 处。节气门油压由油压电磁阀控制，它随发动机节气门开度的增加而增大。

当发动机负荷较小时，节气门油压较低。若液压泵压力升高，作用在阀芯 A 处的油液压力较高，此油压所产生的作用力大于阀芯下端弹簧预紧力和节气门油压对柱塞的作用力时，弹簧被压缩，阀芯向下移动，阀芯中部的密封台肩将使泄油口露出一部分（来自液压泵的油液压力越高则泄油口就露出越多），油液经泄油口流回油箱，使油压下降，直至油液压力所产生的推力与调压弹簧的预紧力和节气门油压的合力保持平衡为止，此时主油路调压阀以低于液压泵输入压力的油压输出。

当节气门开度增大时，增大了的节气门油压将使柱塞向上移动，压缩调压弹簧，使阀芯中部的密封台肩关小或堵住泄油口，使油压上升。节气门开度越大，主油路高压阀输出的压力越高。

当自动变速器处于倒挡时，来自手动阀的倒挡油路压力油进入柱塞 B 处，柱塞上移，压缩调压弹簧，主油路调压阀所调节的主油路压力也因此升高，满足了倒挡时对主油路油压的需要。

（五）液压控制阀

液压系统的控制阀绝大多数采用的是滑阀，通过改变滑阀在阀座中的位置，可改变油液流动路线，从而使换挡执行元件接合或分离。

1. 手动阀

手动阀又称选挡阀，是一种手动控制的多路换向阀，位于控制系统的阀体总成中，经机械传动机构和自动变速器的变速杆相连，由驾驶人手动操作。变速杆处于不同位置时，手动阀也随之移至相应的位置，使进入手动阀的主油路油压与不同的控制油路接通，或直接将主油路压力油送入不同的控制油路。

图 2-5-15 所示为典型手动阀的结构和工作原理示意图。手动阀由几段直径相同的阀芯组

成，控制阀体上不同油道的开通和关闭，手动阀所处的位置与变速杆的位置相同，手动阀的进油口与主油路调压阀相通，出油口与各换挡阀、顺序动作阀等相通。

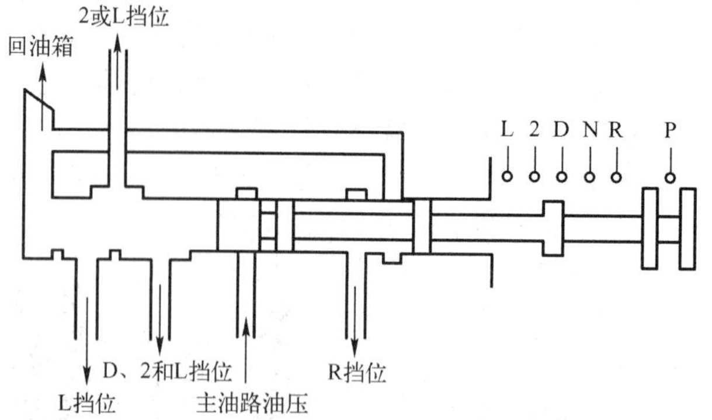

图 2-5-15　典型手动阀的结构和工作原理示意图

2. 换挡控制阀

换挡控制阀（简称换挡阀）是一个 2 位换向阀，它根据发动机负荷（节气门开度）或车速的变化，自动控制挡位的升降，使自动变速器处于最适合汽车行驶状态的挡位上。自动变速器都有几个换挡控制阀，其数目根据自动变速器前进挡位数来确定。

电控液力自动变速器换挡阀的工作完全由换挡电磁阀控制。其控制方式有两种：一种是泄压控制，即通过开启或关闭换挡阀控制油路的泄油孔来控制换挡阀的工作；另一种是加压控制，即通过开启或关闭换挡阀控制油路的进油孔来控制换挡阀的工作。

泄压控制方式工作原理如图 2-5-16（a）所示。换挡电磁阀不通电时，油阀关闭，主油路油压经节流孔后加在换挡控制阀的右侧，于是柱塞左移，主油路与高挡油路接通，此时为高挡状态；换挡电磁阀通电时，油阀打开，控制阀柱塞右侧油液经电磁阀泄压，柱塞右侧压力下降，柱塞右移，主油路与低挡油路接通，此时为低挡状态。

加压控制方式工作原理如图 2-5-16（b）所示。换挡电磁阀不通电时，油阀关闭，柱塞在弹簧力作用下右移，主油路与低挡油路接通，此时为低挡状态；换挡电磁阀通电时，油阀打开，主油路油压进入柱塞右侧，柱塞左移，主油路与高挡油路接通，此时为高挡状态。

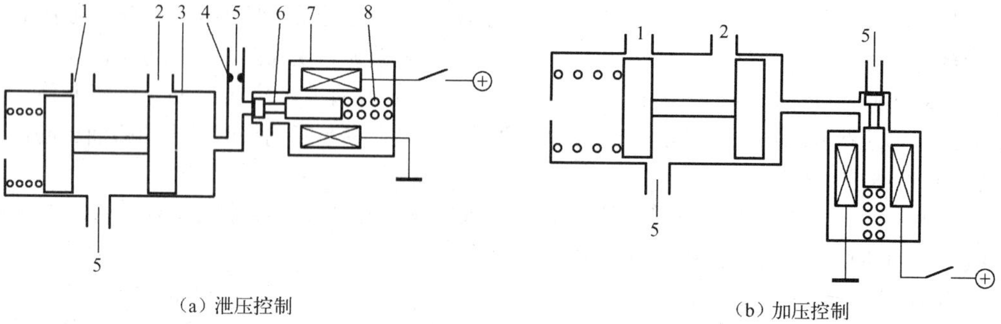

（a）泄压控制　　（b）加压控制

图 2-5-16　换挡控制方式

1—高挡油路；2—低挡油路；3—换挡控制阀；4—节流孔；5—主油路；6—油阀；7—换挡电磁阀；8—弹簧

有四个前进挡的自动变速器通常有三个换挡阀（分别为 1－2 换挡阀、2－3 换挡阀和 3－4 换挡阀）。目前大部分电控液力自动变速器采用由两个电磁阀控制三个换挡阀的控制方式。这种换挡控制的工作原理如图 2-5-17 所示（换挡执行元件的工作情况可以参照表 2－4－2 进行理解，但并非完全一致，请注意甄别），它采用了泄压控制的方式。由图 2-5-17 可知，1－2 挡换挡阀和 3－4 挡换挡阀由电磁阀 A、B 共同控制，2－3 挡换挡阀则由电磁阀 B 单独控制。电磁阀不通电时关闭泄油孔，来自手动阀的主油路压力油通过节流孔之后作用在各换挡阀右端，使阀芯克服左端弹簧弹力而左移。电磁阀通电时泄油孔开启，换挡阀右端压力油被泄空，阀芯在左端弹簧弹力的作用下右移。

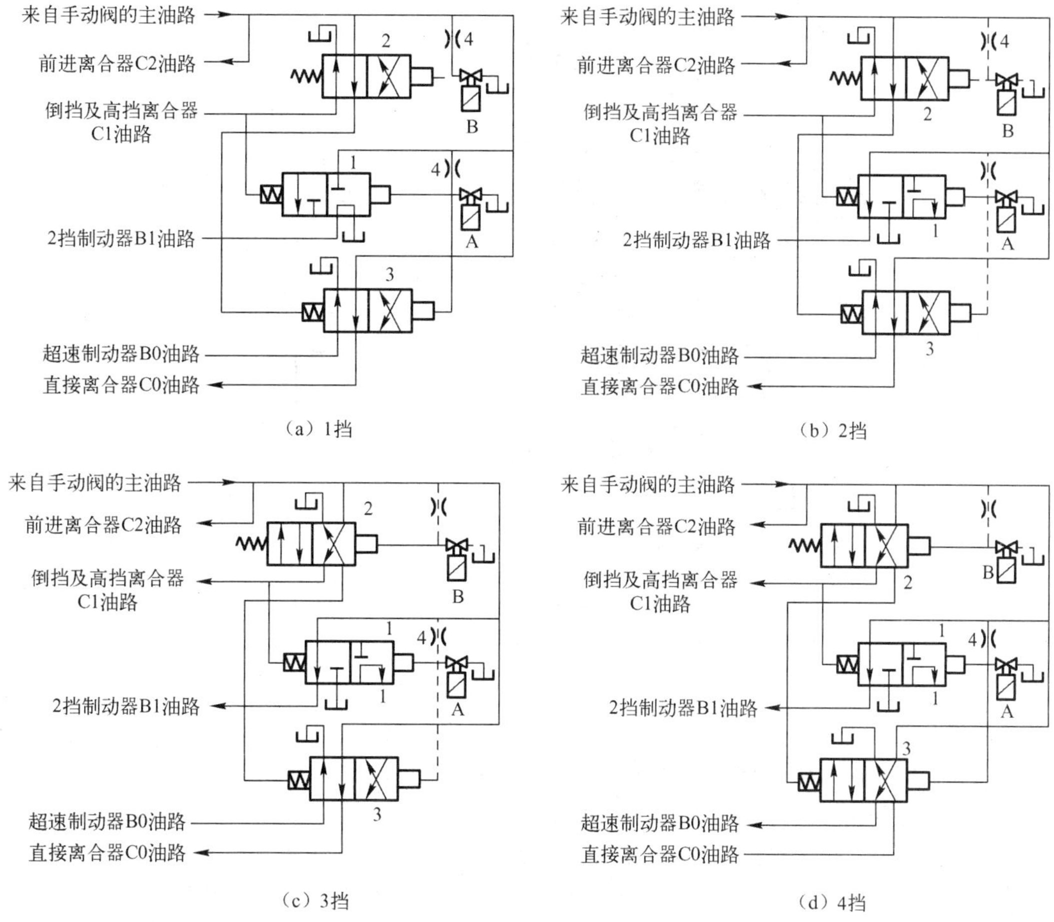

图 2-5-17　有四个前进挡的电控液力自动变速器 D 位换挡控制原理示意图

1—1－2 挡换挡阀；2—2－3 挡换挡阀；3—3－4 挡换挡阀；4—节流阀；A、B—换挡电磁阀

1 挡时，电磁阀 A 断电，电磁阀 B 通电，2－3 挡换挡阀阀芯在弹簧作用下右移；1－2 挡换挡阀阀芯在控制油压作用下左移；主油路油压作用在 3－4 挡换挡阀左端，3－4 挡换挡阀锁止在右端位置。于是前进离合器 C2 和直接离合器 C0 油路接通，如图 2-5-17（a）所示。

2 挡时，电磁阀 A 和 B 同时通电，1－2 挡换挡阀右端油压下降，阀芯右移；3－4 挡换挡阀锁止在右端位置。于是前进离合器 C2、直接离合器 C0 和 2 挡制动器 B1 油路接通，如图 2-5-17（b）所示。

3 挡时，电磁阀 A 通电，电磁阀 B 断电，2－3 挡换挡阀右端油压上升，阀芯左移；同时，主油路油压作用在 1－2 挡换挡阀左端，并让 3－4 挡换挡阀左端控制压力泄空，3－4 挡换挡阀锁止在右端位置。于是 C2、C1、B1 和 C0 油路接通，如图 2-5-17（c）所示。

4 挡时，电磁阀 A 和 B 均断电，3－4 挡换挡阀右端控制压力上升，阀芯左移。1－2 挡换挡阀左端作用着主油路油压，虽然右端有控制压力，阀芯仍保持在右端而不能左移。于是 C2、C1、B1 和 B0 油路接通，如图 2-5-17（d）所示。

3. 锁止离合器控制阀

早期的电子控制自动变速器中，锁止电磁阀是采用开关电磁阀，即通电时锁止离合器接合，断电时锁止离合器分离。目前电子控制自动变速器大多数采用脉冲线性式电磁阀作为锁止电磁阀，其工作原理示意图如图 2-5-18 所示。

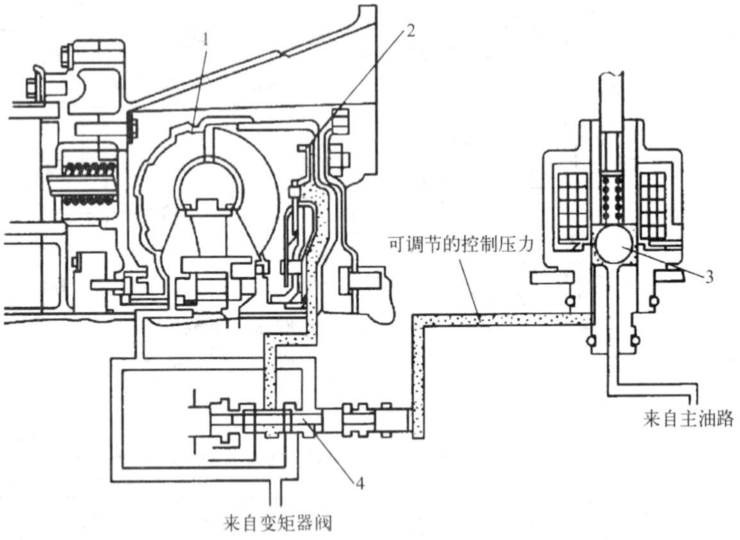

图 2-5-18 锁止离合器控制阀工作原理示意图

1—变矩器；2—锁止离合器；3—脉冲线性式锁止电磁阀；4—锁止离合器控制阀

当作用在锁止电磁阀上的脉冲电信号的占空比为 0 时，电磁阀关闭，没有油压作用在锁止离合器控制阀右端，此时锁止离合器左、右两侧的油压相同，锁止离合器处于分离状态；当作用在锁止电磁阀上的脉冲电信号的占空比较小时，电磁阀的开度和作用在锁止离合器控制阀右端的油压以及锁止控制阀左移打开的排油孔开度均较小，锁止离合器活塞左、右两侧油压差及由此产生的锁止离合器接合力也较小，使锁止离合器处于半接合状态。脉冲电信号的占空比愈大，锁止离合器左、右侧的油压差及锁止离合器的接合力也愈大。当脉冲电信号的占空比达到一定数值时，锁止离合器即可完全接合。这样，ECU 在控制锁止离合器接合时，可以通过电磁阀来调节接合力和接合速度，让接合力逐渐增大，使接合过程更加柔和。

（六）换挡品质控制装置

1. 换挡品质

换挡品质是指换挡过程的平顺性，即换挡过程能平稳而无颠簸或冲击地进行。通常对换挡过程的具体要求有两个：

（1）换挡过程应尽量迅速地完成，以减少由于换挡时间过长而使摩擦元件的磨损增加和减少因换挡期间输入功率低或中断而引起的速度损失。

（2）换挡过程应尽量缓慢平稳过渡，以使车速过渡圆滑，没有过高的瞬时加速度或瞬时减速度，避免振动和冲击，以提高乘坐舒适性，减小传动系统的冲击载荷，延长机件使用寿命。

容易看出，以上两个要求是相互矛盾的。换挡过程快，就不可避免地产生较大的冲击和动载荷，换挡过程的平稳性就不好。而如果为了提高换挡过程的平稳性而延长过渡时间，则摩擦元件的滑转时间延长，导致摩擦元件温度升高、磨损加剧。在一般情况下，在最小摩擦时间的前提下提高换挡过程的平稳性。

自动变速器中用于改善换挡品质的装置很多，其中最常见的有缓冲阀、蓄能器、单向节流阀等。其作用都是使换挡执行元件的接合更为柔和，使换挡平稳、无冲击。

2. 蓄能器

蓄能器又称蓄压器或储能器。自动变速器控制系统中采用的一般是弹簧式蓄能器，它由缸筒、活塞和弹簧组成，如图 2-5-19 所示。当弹簧 3 被压缩时，储存能量；当弹簧伸长时，释放能量。

蓄能器可以只从活塞无弹簧的一侧进油，也可以从活塞两侧都进油。图 2-5-20 所示为在油路中设置了蓄能器和带式制动器的工作情况示意图。

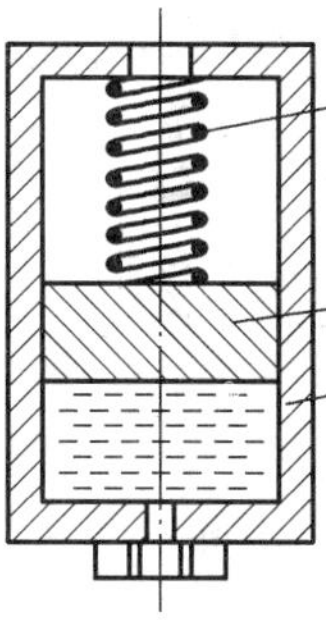

图 2-5-19　蓄能器

1—缸筒；2—活塞；3—弹簧

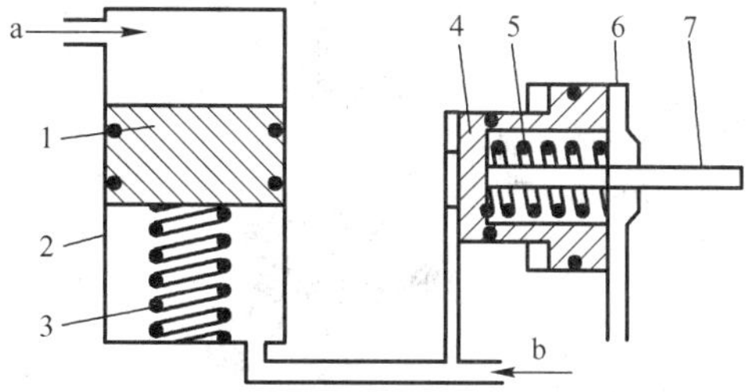

图 2-5-20　蓄能器工作情况示意图

1—蓄能器活塞；2—油缸；3，5—弹簧；4—制动器液压活塞；6—制动器液压缸；7—推杆；a—来自液压泵的主油路压力油液进油道；b—来自换挡阀的主压力油液进油道

当变速器位于空挡或驻车挡位置时，主油路压力油液经油道 a 进入蓄能器活塞无弹簧的一侧，使活塞下移并压缩弹簧。在换挡时，来自换挡阀的主油路压力油液经油道 b 进入制动器液压缸的工作侧（无弹簧的一侧），推动制动器液压活塞，使带式制动器夹紧，同时主压力油液也进入蓄能器有弹簧一侧的油室。当蓄能器的弹簧被压缩时，来自换挡阀的压力油液和蓄能器的油液一起能很快地流到制动器液压缸的工作侧。一旦活塞遇到阻力，即制动器开始接合时，蓄能器弹簧一侧的压力升高，弹簧的作用力将活塞往上推，弹簧伸长，由进油口流入的主油路压力油液有一部分流入蓄能器的下方油室，去填充因活塞上移而增加的容积，结果使流入制动器液压缸工作侧的压力油液减少。所以，蓄能器使制动器接合平稳、时机合适，减小了接合冲击。此外，由于蓄能器在系统中提供了额外的油量，制动器液压活塞往回运动的速率减慢，使得制动器放松的速率减缓。

3. 单向节流阀

单向节流阀布置在换挡阀至换挡执行元件之间的油路中，其作用是对流向换挡执行元件的液压油产生节流作用，在换挡执行元件接合时延缓油压增大的速率，以减小换挡冲击。在换挡执行元件分离时，单向节流阀对换挡执行元件的泄油不产生节流作用，以加快泄油过程，使换挡执行元件迅速分离。

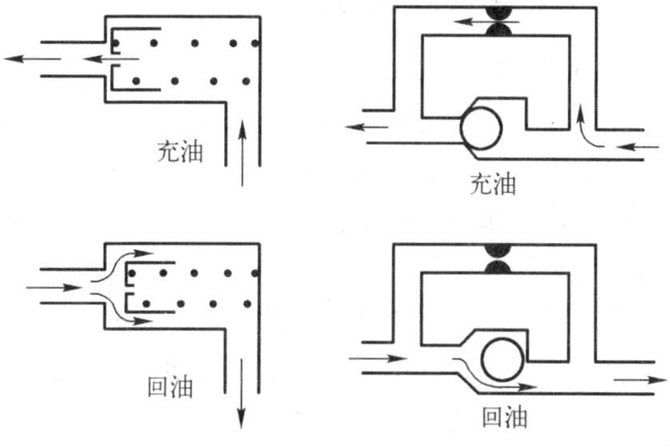

（a）弹簧节流阀式　（b）球阀节流孔式

图 2-5-21　单向节流阀

单向节流阀有两种形式：一种是弹簧节流阀式，如图 2-5-21（a）所示。在充油时，

节流阀关闭，液压油只能从节流阀中的节流孔通过，从而产生节流效应；在回油时，液压油将节流阀推开，节流孔不起作用。另一种是球阀节流孔式，如图 2-5-21（b）所示。在充油时，球阀关闭，液压油只能从球阀旁的节流孔经过，减缓了充油过程；在回油时，球阀开启，加快了回油过程。

4. 阀体

液压控制系统的阀体用于装载各种液压阀，其上制造有许多密集复杂的油道，用于控制液压及切换液压通道。阀体通常分为上阀体、下阀体和手动阀体，图 2-5-22 所示为典型的液压控制阀体的结构。

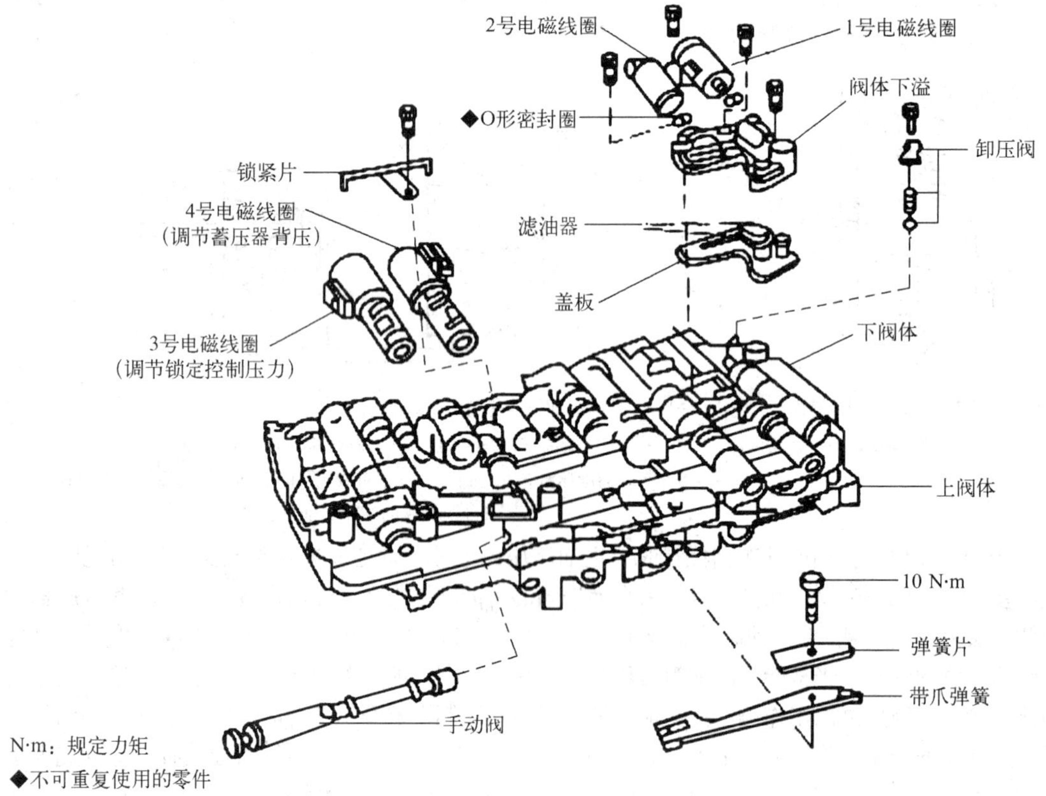

图 2-5-22　典型的液压控制阀体的结构

二、A340E 油路分析

（一）部分挡位油路分析

自动变速器动力传递与挡位变换，靠行星齿轮等齿轮变速机构来完成，而齿轮变速机构是否接合或传力，由换挡执行元件（即离合器 C、制动器 B 和单向离合器 F）控制。其中，单向离合器 F 是否工作，决定于其所连接的机件的运动状态，与液压控制系统无关。而离合器 C 与制动器 B 是否接合工作，直接受控于液压控制系统。液压控制系统是根据各挡位所需要工作的换挡执行元件，来控制油路走向的。

下面以丰田 A340E 型自动变速器电控液压系统为例，学习电液控制原理，进行部分挡位油路分析（未涉及挡位的分析请读者自行练习）。

丰田 A340E 自动变速器共有三个电磁阀，No. 1 电磁阀、No. 2 电磁阀是换挡电磁阀，No. 3 电磁阀是锁止电磁阀，如图 2-5-23 所示。电磁阀在各挡位的工作情况，如表 2-5-1 所示。

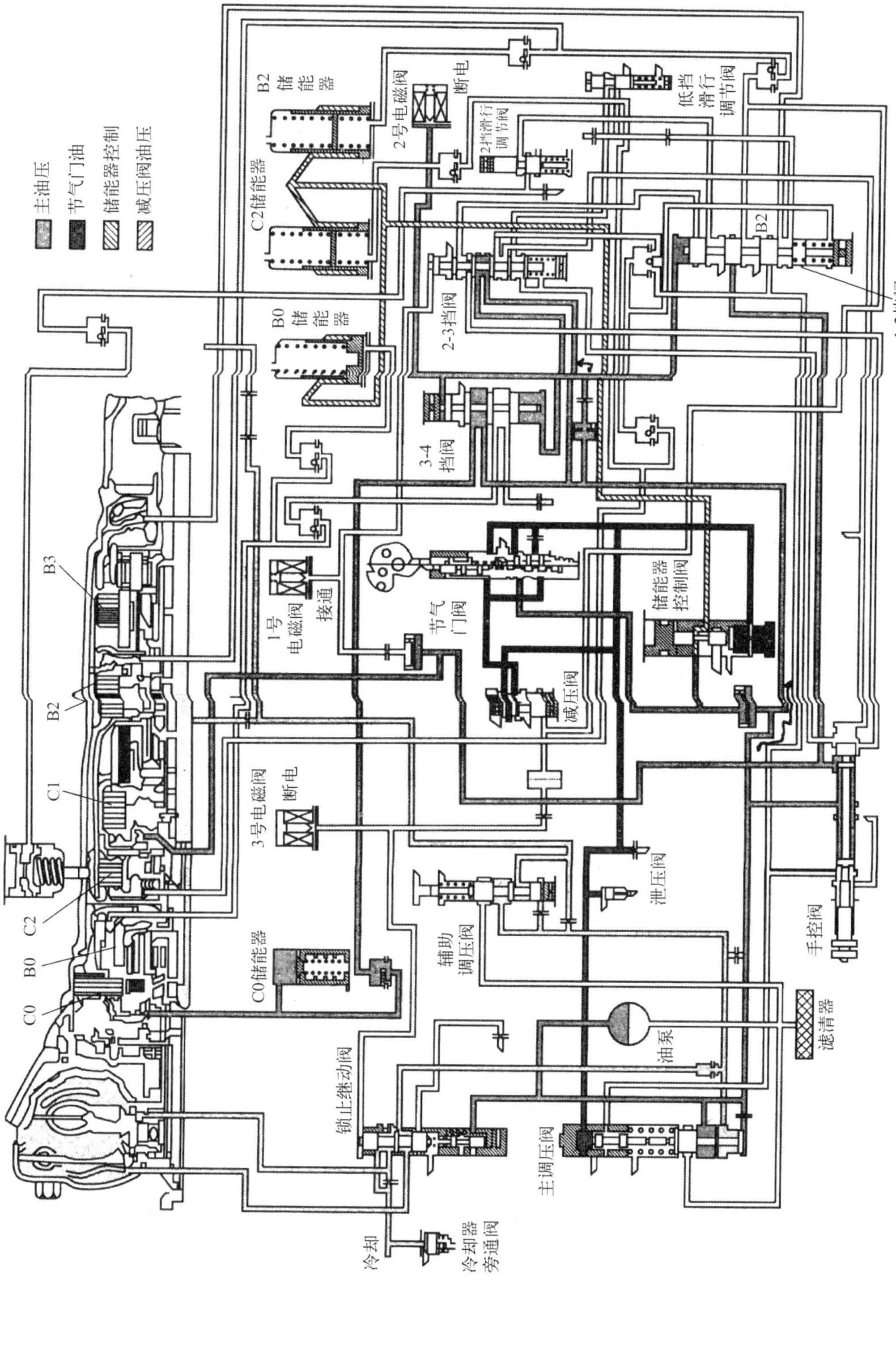

图2-5-23　A340E型自动变速器D位1挡时的工作情况

表 2-5-1 A340E 中电磁阀在各挡位的工作情况

挡位电磁阀	No. 1 电磁阀（常闭式）	No. 2 电磁阀（常闭式）	No. 3 电磁阀（常开式）
D1	ON	OFF	OFF
D2	ON	ON	ON/OFF
D3	OFF	ON	ON/OFF
D4	OFF	OFF	ON/OFF

1. D 位 1 挡

计算机接收到挡位开关信号、节气门位置信号、车速传感器信号等，根据计算机内预先存入的换挡程序，控制 No. 1 电磁阀通电，No. 2 电磁阀断电，No. 3 电磁阀断电，离合器 C0、C1 工作，变速器进入 1 挡，如图 2-5-23 所示。

No. 1 电磁阀通电，泄油口打开，2 – 3 挡换挡阀上方油压泄掉，使 2 – 3 挡换挡阀把主油压送入 3 – 4 挡换挡阀下端。通过 3 – 4 挡换挡阀将主油压送入离合器 C0。

No. 2 电磁阀断电，泄油口关闭，将 1 – 2 挡换挡阀压下，切断通往 B2 的油路。

No. 3 电磁阀断电，泄油口打开，锁止继动器阀上方油压泄掉，锁止离合器不工作。即使 No. 3 电磁阀通电，也没有电磁阀油压，因此，1 挡是不能锁止的。

D 位 1 挡油路走向如下：

油泵→主油道（主调压阀调节主油压）→
- 滤网→
  - 蓄能器控制阀→
    - 制动器B0蓄能器背压
    - 制动器B2蓄能器背压
    - 离合器C2上端（修正主油压）
  - 节气门阀（调节节气门油压）→
    - 主调压阀上端（修正主油压）
    - 蓄能器控制阀下端（调节蓄能器背压）
    - 节流口→节气门阀
    - 节气门减压阀→节气门阀（修正节气门油压）
    - 限压阀（限制节气门油压）
- 节流口→次调压阀→
  - 单向节流阀→锁止控制阀→液力变矩器→散热器
  - 节流口→次调压阀下端
  - 节流口→润滑油道→泄油
- 滤清器→节流口→
  - No.2电磁阀（泄油口关闭）
  - 1–2挡换挡阀上端（压下1–2挡换挡阀，使制动器B2的油在此待命）
  - 3–4挡换挡阀上端（待命）
- 2–3挡换挡阀→3–4挡换挡阀下端（上推3–4挡换挡阀，打开C0油道）
- 3–4挡换挡阀→单向节流阀→
  - C0蓄能器
  - C0离合器
- 手动阀2口→手动阀3口→
  - 1–2挡换挡阀（待命）
  - 滤清器→节流口→No.1电磁阀（泄油）
  - 离合器C1

D 位 1 挡时，重点关注以下油路：

（1）油泵→主油压→滤清器→蓄能器控制阀到B0、B2、C2蓄能器背压。

（2）油泵→主油压→滤清器→节气门阀→
- 主调压阀上端（修正主油压）。
- 蓄能器控制阀下端（调整蓄能器背压）。
- 节气门减压阀→节气门阀（修正节气门油压）。

（3）主油压→节流孔→锁止继动器→锁止离合器→冷却器。

（4）主油压→No.2电磁阀关闭→1-2换挡阀上端（使去B2的油压在此待命）。

（5）主油压→2-3挡换挡阀→3-4挡换挡阀下端（上推3-4挡换挡阀，打开C0油路）。

（6）主油压→3-4挡换挡阀→单向节流阀→
- C0蓄能器。
- C0离合器。

（7）手动阀2口→手动阀3口→
- 1-2挡换挡阀（待命）。
- 离合器C1。

2. D位4挡（O/D挡）

D位4挡，即超速挡。当手动阀在D位，车速升到D4挡范围时，计算机根据车速信号、节气门位置信号、挡位开关信号等，控制No. 1电磁阀断电，No. 2电磁阀断电，No. 3电磁阀通电。No. 2电磁阀断电，泄油口关闭，主油压压到3－4挡换挡阀上方，将B0油道打开，C0油道关闭。

D位4挡油路走向如下：

油泵→主油道（主调压阀调节主油压）→
- 滤网→
  - 蓄能器控制阀（蓄能器背压）→
    - 制动器B0蓄能器背压
    - 制动器B2蓄能器背压
    - 离合器C2蓄能器背压
  - 节气门阀（调节节气门油压）→
    - 主调压阀上端（修正主油压）
    - 蓄能器控制阀下端（修正蓄能器背压）
    - 节流口→节气门阀
    - 节气门减压阀→节气门阀
    - 限压阀（限制节气门油压）
- 节流口→次调压阀→
  - 单向节流阀→锁止控制阀→液力变矩器前→液力变矩器后→散热器
  - 节流口→次调压阀下端
  - 节流口→润滑油路→泄油
- 3-4挡换挡阀→单向节流阀→
  - 制动器B0蓄能器
  - 制动器B0
- 2-3挡换挡阀→单向节流阀→
  - 1-2挡换挡阀下端（上推1-2挡换挡阀，打开B2油道）
  - 单向节流阀→离合器C2蓄能器
  - 离合器C2
- 手动阀2口→手动阀3口→
  - 1-2挡换挡阀→
    - 单向节流阀→
      - 单向阀→制动器B2蓄能器
      - 制动器B2
    - 节气门减压阀（调节反馈油压）
    - 滤网→节流口→
      - No.3电磁阀关闭泄油口
      - 锁止控制阀上端
  - 滤网→节流口→
    - No.1电磁阀关闭泄油口
    - 2-3挡换挡阀上端
  - 离合器C1
- 滤网→节流口→
  - No.2电磁阀断电关闭泄油口
  - 3-4挡换挡阀上端（压下3-4挡换档阀，打开B0油路）
  - 1-2挡换挡阀上端（暂不起作用）

D 位 4 挡时，重点关注以下内容：

（1）油泵→主油道→3－4 挡换挡阀→单向节流阀→B0 制动器。此油路同时断开 C0 离合器油路。

（2）C1 离合器、C2 离合器仍然工作，根据齿轮变速原理分析得知，汽车以 4 挡行驶。

（3）此时，B2 制动器仍然接合，但不传力，与 3 挡时相同。为降 2 挡做好准备。

（4）No. 3 电磁阀在 2 挡以上通电时，即可控制锁止离合器锁止。

（5）锁止控制油路由 No. 3 电磁阀控制，锁止油路由锁止控制阀控制。

3. S 位（2 位）2 挡

当驾驶人选用 2 位，汽车以 2 挡行驶时，计算机根据挡位开关信号、节气门位置传感器信号及车速信号，控制 No. 1 电磁阀通电，No. 2 电磁阀通电，No. 3 电磁阀断电。

当 No. 2 电磁阀通电，泄油口打开时，使 1－2 挡换挡阀上方油压卸掉，一方面通过 1－2 挡换挡阀打开通往制动器 B2 的油路；另一方面，打开通往节气门减压阀的油路，并将主油压送到减压阀下端，以调整节气门反馈油压。

当 No. 1 电磁阀通电，泄油口打开时，电磁阀将 2－3 挡换挡阀上端的油压卸掉，使 2－3 挡换挡阀上行，将主油压通过 2－3 挡换挡阀送到 3－4 挡换挡阀下端，将 3－4 挡换挡阀推向上方，以使 3－4 挡换挡阀打通 C0 油路。

当 No. 3 电磁阀打开泄油口时，锁止继动阀上端的油压从 No. 3 电磁阀泄油口卸掉，锁止继动阀上行，锁止离合器不锁止。

S 位（2 位）2 挡油路走向如下：

油泵→主油道→
- 滤网→
  - 蓄能器背压控制阀→
    - 制动器B0蓄能器背压
    - 离合器C2蓄能器背压
    - 制动器B2蓄能器背压
  - 节气门阀（调节节气门油压）→
    - 主调压阀上端（修正主油压）
    - 蓄能器背压控制阀下端（修正蓄能器背压）
    - 节流孔→节气门阀（自调节气门油压）
    - 节气门减压阀→节气门阀（修正节气门油压）
    - 限压阀（限制节气门油压）
- 3–4挡换挡阀→
  - C0离合器
  - C0蓄能器
- 滤网→节流孔→
  - No.2电磁阀（电磁阀泄油口关闭）
  - 3–4挡换挡阀上端（暂不起作用）
  - 1–2挡换挡阀上端（压下1–2挡换挡阀，打开去B3的油路）
- 2–3挡换挡阀→3–4挡换挡阀下端（上推3–4挡换挡阀，打开C0油路）
- 手动阀2口→
  - 手动阀3口→
    - 滤网→节流孔→1号电磁阀泄油，使2–3挡换挡阀上行
    - 1–2挡换挡阀（待命）
    - 离合器C1
  - 手动阀4口→2–3挡换挡阀→1–2挡换挡阀→2挡滑行调节阀→制动器B1
- 次调压阀（辅助调压阀）→
  - 反馈给次调压阀
  - 节流孔→润滑油道
  - 单向节流阀→液力变矩器锁止继动阀→液力变矩器→散热器

4. S 位（2 位）3 挡

当变速杆推到 2 位，汽车进入 3 挡范围时，计算机根据挡位开关信号、节气门位置传感器信

号及车速信号，控制 No. 1 电磁阀断电，关闭泄油口；No. 2 电磁阀通电，打开泄油口；No. 3 电磁阀断电，打开泄油口。

从图 2-5-23 中可知，No. 1 电磁阀断电，使电磁阀泄油口关闭，2－3 挡换挡阀上端有主油压作用，压下 2－3 挡换挡阀，打开去 3－4 挡换挡阀的油路，将 3－4 挡换挡阀推向上方，便打开通往离合器 C0 的油路。

No. 2 电磁阀通电，打开电磁阀泄油口，1－2 挡换挡阀上端油压被卸掉，并通过 2－3 挡换挡阀打开通往离合器 C2 的油路，同时送到 1－2 挡换挡阀下端，将 1－2 挡换挡阀上推，接通制动器 B2 的油路；另一方面，将主油压送到 No. 3 电磁阀下端，并至节气门减压阀，修正节气门油压。

No. 3 电磁阀通电时，锁止离合器锁止，断电时锁止离合器不锁止。

S 位（2 位）3 挡油路走向如下：

油泵→主油道→
- 滤网→
  - 蓄能器背压控制阀→
    - 制动器B0蓄能器背压
    - 离合器C2蓄能器背压
    - 制动器B2蓄能器背压
  - 节气门阀（调节节气门油压）→
    - 主调压阀上端（修正主油压）
    - 蓄能器背压控制阀下端（修正蓄能器背压）
    - 节流孔→节气门阀（自调节气门油压）
    - 节气门减压阀→节气门阀（修正节气门油压）
    - 限压阀（限制节气门油压）
- 3-4挡换挡阀→
  - C0离合器
  - C0蓄能器
- 滤网→节流孔→
  - No.2电磁阀（电磁阀泄油口关闭）
  - 3-4挡换挡阀上端（暂不起作用）
  - 1-2挡换挡阀上端（压下1-2挡换挡阀，打开去B3的油路）
- 2-3挡换挡阀→3-4挡换挡阀下端（上推3-4挡换挡阀，打开C0油路）
- 手动阀2口→
  - 手动阀3口→
    - 滤网→节流孔→No.1电磁阀泄油，使2-3挡换挡阀上行
    - 1-2挡换挡阀（待命）
    - 离合器C1
  - 手动阀4口→2-3挡换挡阀→1-2挡换挡阀→2挡滑行调节阀→制动器B1
- 次调压阀（辅助调压阀）→
  - 反馈给次调压阀
  - 节流孔→润滑油路
  - 单向节流阀→液力变矩器锁止继动阀→液力变矩器→散热器

5. L 位

手动阀在 L 位 1 挡，车速在 1 挡范围内，计算机根据挡位开关信号，节气门位置传感器号以及车速信号等，控制 No. 1 电磁阀通电，打开泄油口；No. 2 电磁阀断电，关闭泄油口，No. 3 电磁阀断电，打开泄油口。

No. 1 电磁阀通电，打开泄油口泄掉 2－3 挡换挡阀上端油压，使 2－3 挡换挡阀上行，以便打开去 3－4 挡下端油压的通路，使 3－4 挡换挡阀上升，进而打开去 C0 的油路，主油压进入 C0 离合器。

No. 2 电磁阀断电，关闭泄油口，主油压作用于 1－2 挡换挡阀上端，压下 1－2 挡换挡阀，经低挡滑行调压阀后到制动器 B3。

No. 3 电磁阀断电，打开泄油口，解除锁止。

L 位油路走向如下：

油泵→主油道
- 滤网→
  - 蓄能器背压控制阀→
    - 制动器B0蓄能器背压
    - 离合器C2蓄能器背压
    - 制动器B2蓄能器背压
  - 节气门阀（调节节气门油压）→
    - 主调压阀上端（修正主油压）
    - 蓄能器背压控制阀下端（修正蓄能器背压）
    - 节流孔→节气门阀（自调节气门油压）
    - 节气门减压阀→节气门阀（修正节气门油压）
    - 限压阀（限制节气门油压）
- 3–4挡换挡阀→
  - C0离合器
  - C0蓄能器
- 滤网→节流孔→
  - No.2电磁阀（电磁阀泄油口关闭）
  - 3–4挡换挡阀上端（暂不起作用）
  - 1–2挡换挡阀上端（压下1–2挡换挡阀，打开去B3的油路）
- 2–3挡换挡阀→3–4挡换挡阀下端（上推3–4挡换挡阀，打开C0油道）
- 手动阀2口→
  - 手动阀3口→
    - 滤网→节流孔→No.1电磁阀泄油，使2–3挡换挡阀上行
    - 1–2挡换挡阀（待命）
    - 离合器C1
  - 手动阀4口→2–3挡换挡阀下端→低挡滑行调压阀→1–2挡换挡阀→制动器B3
- 次调压阀（辅助调压阀）→
  - 反馈给次调压阀
  - 节流孔→润滑油道
  - 单向节流阀→液力变矩器锁止继动阀→液力变矩器→散热器

6. R 位

倒挡实际上是个手动挡，当驾驶人将变速器换挡手柄推到 R 位时，手动阀将主油道来的油压分别送到倒挡离合器 C2 和倒挡制动器 B3。

R 位倒挡油路走向如下：

主油道→手动阀→
- 1–2挡换挡阀→B3制动器
- 单向节流阀→
  - 1–2挡换挡阀下端（上推1–2挡换挡阀）
  - 单向节流阀→
    - C2离合器
    - 单向节流阀→C2蓄能器

（二）阀体实物对照

A340E 型自动变速器阀体实物如图 2-5-24 和图 2-5-25 所示。

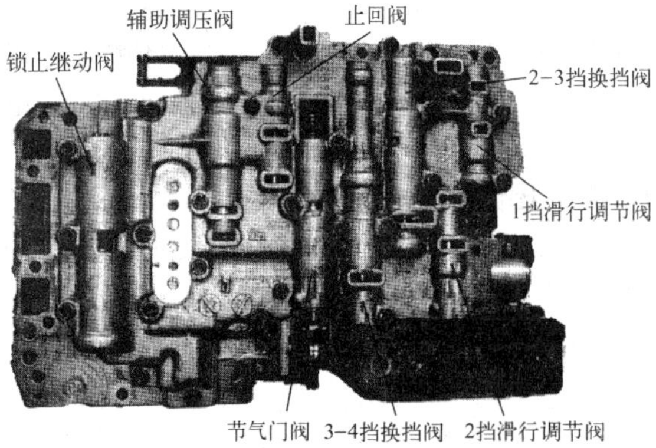

图 2-5-24　A340E 型自动变速器上阀体

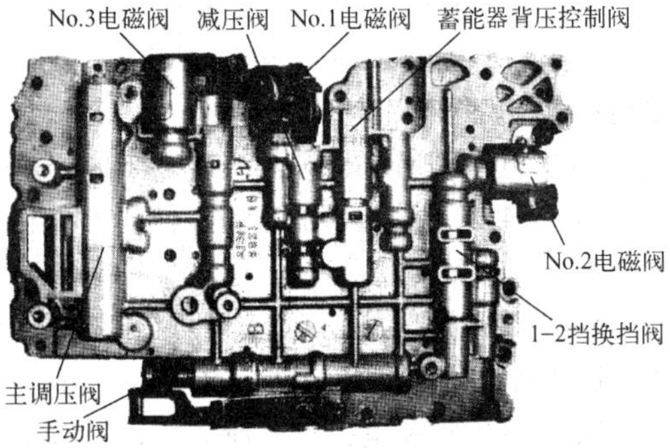

图 2-5-25　A340E 型自动变速器下阀体

任务实施

一、实施环境

（1）汽车底盘电控实训室或汽车整车实训室。

（2）装备有自动变速器的轿车（如世嘉、标致307、科鲁兹、英朗、君威等）或汽车自动变速器台架（如MAXA、AF13、4T65E、AL4、A34系列、01M、01N等）、举升机、工具车（配有拆装工具）、工作台。

（3）相应的车辆维修手册或自动变速器台架资料。

二、实施步骤

1. 拆检油泵

（1）A341E型自动变速器的油泵零部件分解图如图2-5-26所示。

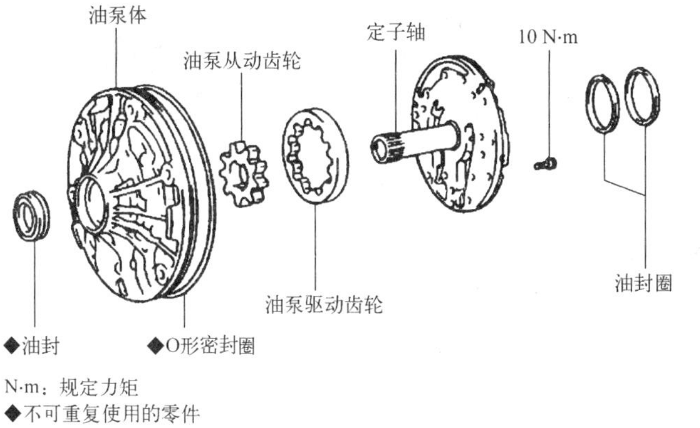

图2-5-26　A341E型自动变速器的油泵零部件分解图

（2）丰田A341E型自动变速器油泵关键检修步骤见表2-5-2。

表2-5-2　丰田A341E型自动变速器油泵关键检修步骤

步　骤	对应项目	具体程序	
1	检查从动齿轮与泵体间隙	将从动齿轮推向泵体的一侧，用塞尺测量间隙。标准泵体间隙为0.07～0.15 mm，最大泵体间隙为0.3 mm。若间隙超过最大值，应更换主动齿轮、从动齿轮或泵体	
2	检查从动齿轮齿顶间隙	测量从动齿轮与泵体月牙板的间隙。标准齿顶间隙为0.11～0.14 mm，最大齿顶间隙为0.3 mm。如果齿顶间隙超过最大值，应更换主动齿轮、从动齿轮或泵体	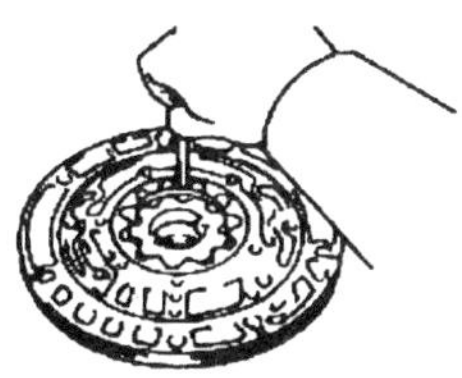

续表

步骤	对应项目	具体程序	
3	检查主动齿轮和从动齿轮的侧隙	用直规和测隙规测量两齿轮侧隙。标准侧隙为0.02～0.05 mm，最大侧隙为0.1 mm。如果侧隙超过最大值，应更换主动齿轮、从动齿轮或泵体	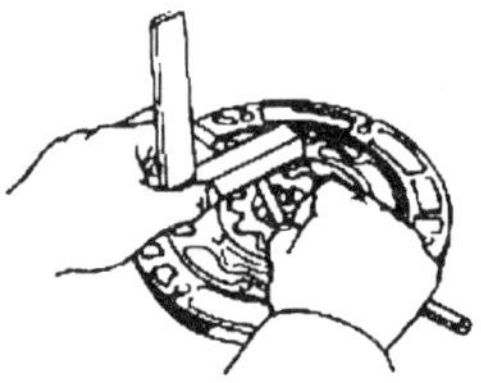
4	检查油泵体衬套	用百分表测量变速器泵体衬套内径。标准内径为38.113～38.138 mm。最大内径：前端为38.138 mm。如果内径超过最大值，应更换泵体	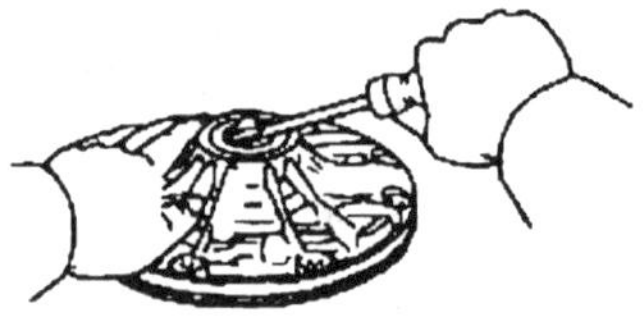
5	检查定子轴衬套	用百分表测量定子轴衬套内径。最大内径：前端为21.58 mm，后端为27.08 mm。如果内径超过最大值，应更换定子轴	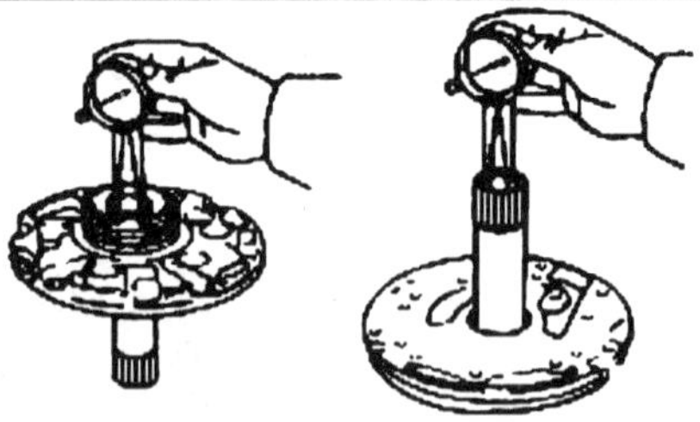

2. 拆检换挡执行元件

A341E型自动变速器的超速挡离合器、超速挡单向离合器零部件分解如图2-5-27所示。

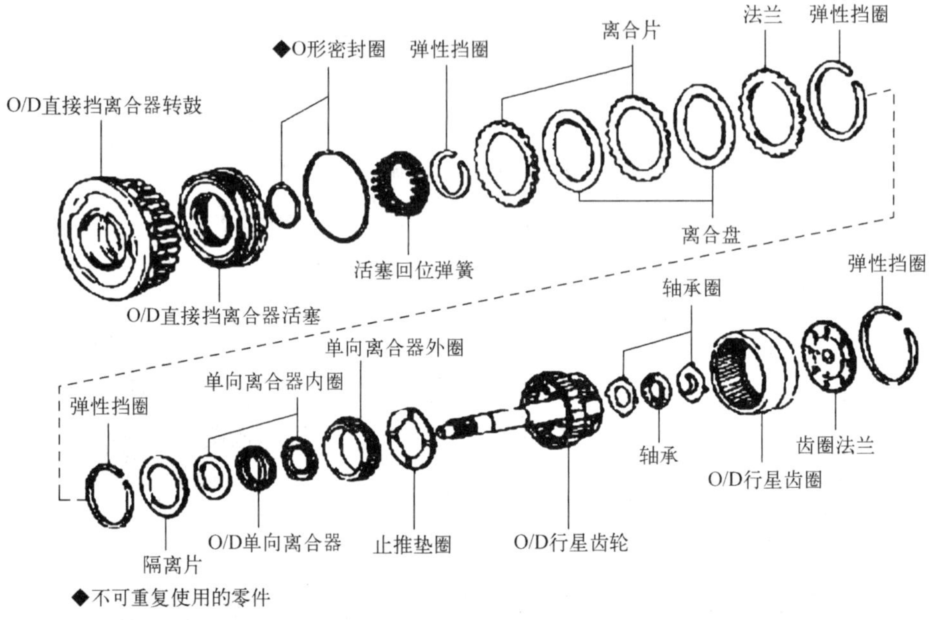

图2-5-27 A341E型自动变速器的超速挡离合器、超速挡单向离合器零部件分解图

以A341E型自动变速器为例，换挡执行元件离合器和单向离合器关键检修步骤见表2-5-3。

表 2-5-3　A341E 型自动变速器换挡执行元件离合器和单向离合器关键检修步骤

步　骤	对应项目	具体程序	
1	检查单向离合器工作情况	握住 O/D 挡离合器转鼓并转动输入轴。输入轴顺时针方向转动灵活，逆时针方向锁定	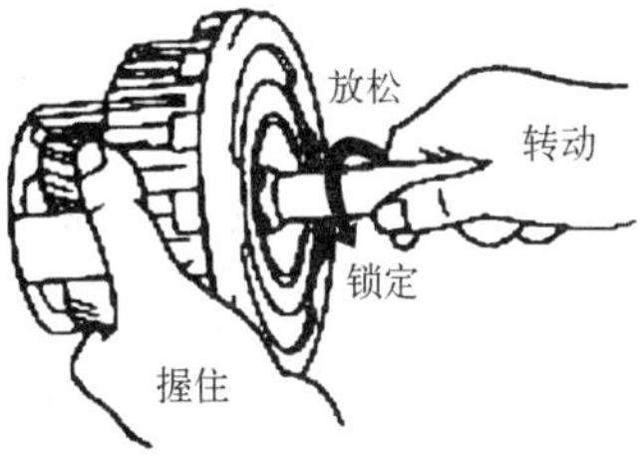
2	检查超速挡离合器活塞行程	用 SST 和百分表测量 O/D 挡离合器活塞行程，如右图所示。充入和泄放压缩空气（400 ~ 800 kPa）。活塞行程为 1.45 ~ 1.70 mm。如果行程不符合标准，应检查离合盘	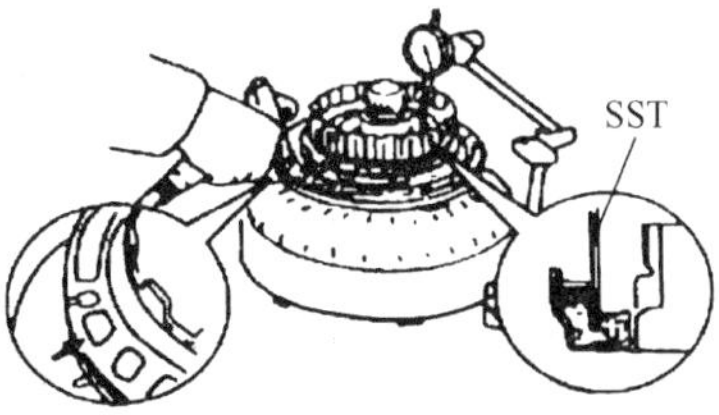
3	拆下法兰、离合片和离合盘	（1）从 O/D 挡离合器转鼓上拆下弹性挡圈。 （2）拆下法兰、两个离合片和两个离合盘	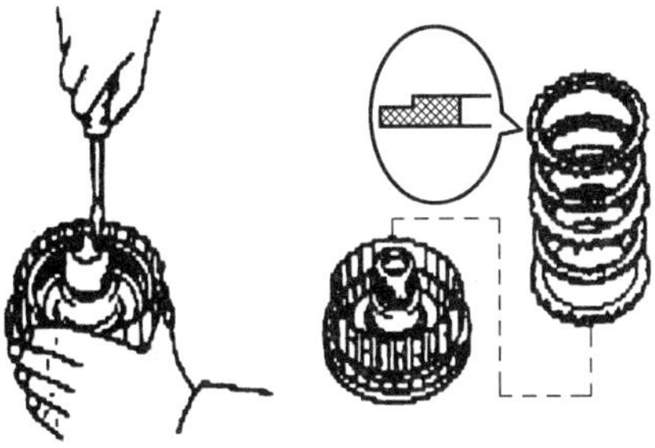
4	拆下活塞回位弹簧	（1）将 SST 放在回位弹簧上并用夹具压缩回位弹簧。 （2）用 SST 拆下弹性挡圈。 （3）拆下活塞回位弹簧	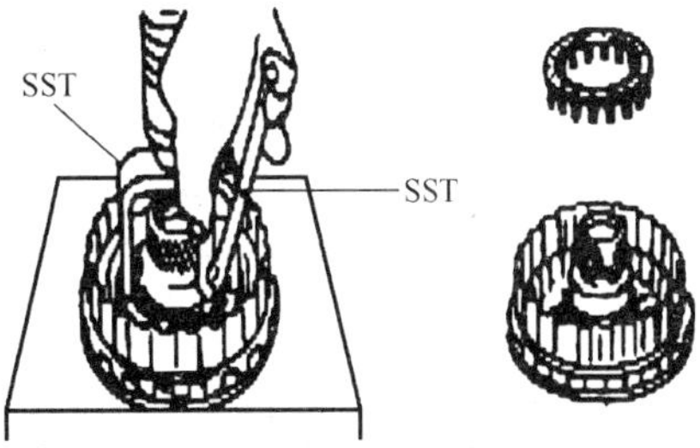
5	拆下超速挡离合器活塞	（1）将油泵放到液力变矩器上，然后将 O/D 挡离合器放到油泵上。 （2）用手握住 O/D 挡离合器活塞，向油泵充入压缩空气以拆下 O/D 挡离合器活塞。 （3）拆下 O/D 挡离合器活塞	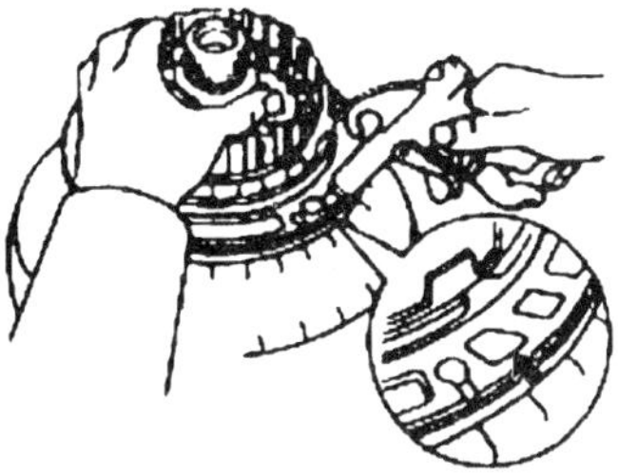

续表

步　骤	对应项目	具体程序	
6	检查离合盘和离合片	检查离合盘、离合片和法兰滑动面是否磨损和烧坏。必要时应予以更换。备注：如果离合盘的衬垫剥落或松动，甚至印制号码部分磨损，应更换全部离合盘。 装配新离合盘前，将其浸入ATF至少15 min	
7	检查超速挡离合器活塞	（1）检查摇动活塞时，止回球应松动。 （2）检查充入低压压缩空气时，阀门应不泄漏	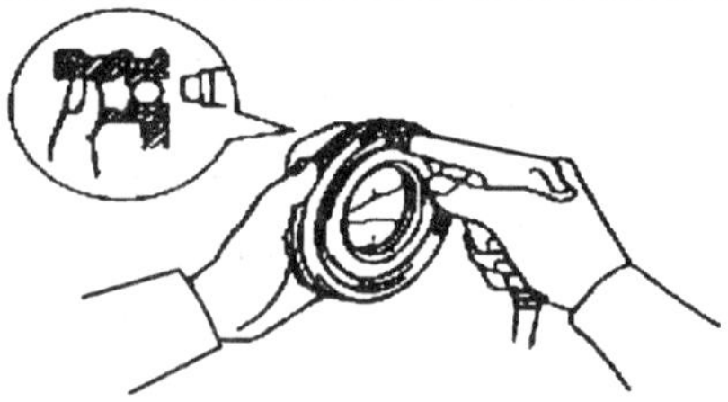
8	检查超速挡离合器回位弹簧	检查包括弹簧座在内的弹簧自由长度。标准自由长度为15. 8 mm	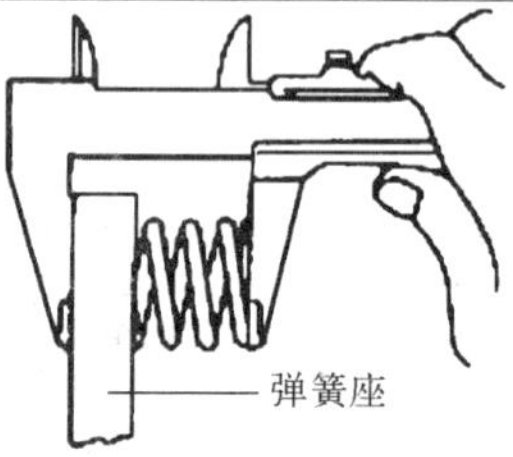
9	检查超速挡离合器转鼓衬套	用百分表测量离合器转鼓衬套内径。最大内径为27. 11 mm，如果内径超过最大值，应更换离合器转鼓	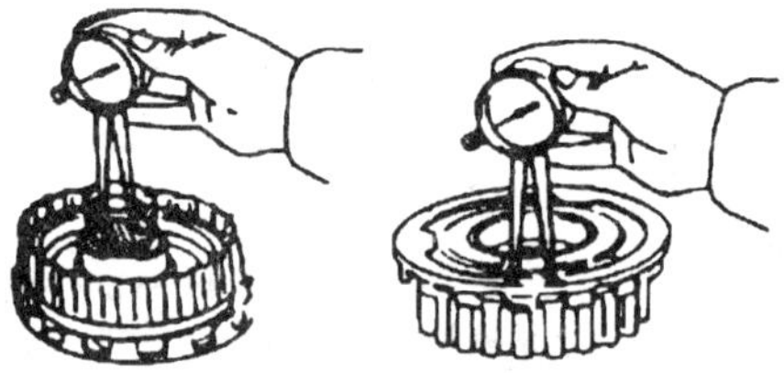
10	测量行星小齿轮止推间隙	用测隙规测量行星小齿轮止推间隙。标准间隙为0. 2 ~ 0. 6 mm，最大间隙为1. 0 mm。如果间隙超过最大值，应更换行星齿轮总成	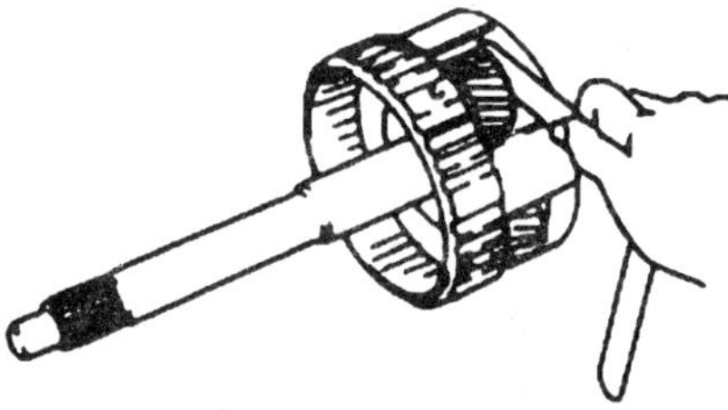
11	检查超速挡行星齿轮衬套	用百分表测量行星齿轮衬套内径。最大内径为11. 27 mm。如果内径超过最大值，应更换行星齿轮	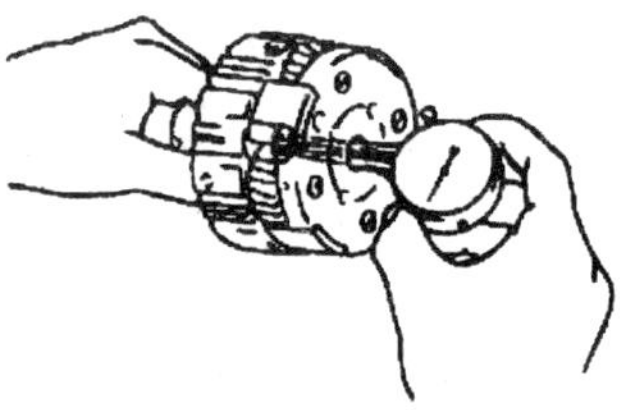

续表

<table>
<tr><th>步　骤</th><th>对应项目</th><th colspan="2">具体程序</th></tr>
<tr><td>12</td><td>安装超速挡单向离合器</td><td>（1）将止推垫圈装到超速挡行星齿轮上，使带槽的一面向下。
（2）将单向离合器装入外圈，单向离合器的翻边面向上</td><td>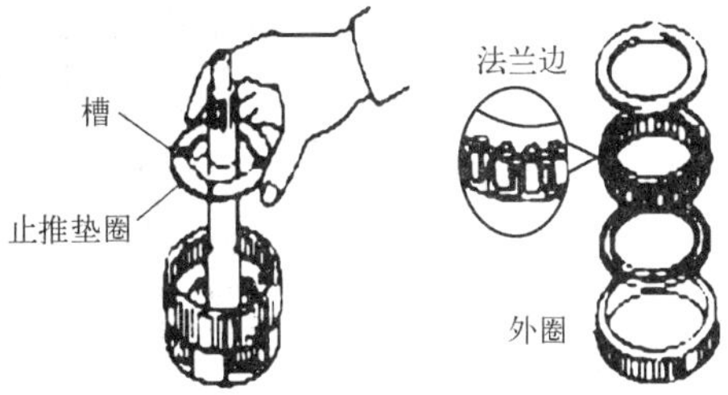
</td></tr>
<tr><td>13</td><td>安装超速挡离合器活塞</td><td>（1）在新 O 形密封圈上涂上 ATF，并将其装到 O/D 直接挡离合器活塞上。
（2）小心不要损坏 O 形密封圈，用双手将直接挡离合器活塞压入离合器转鼓</td><td>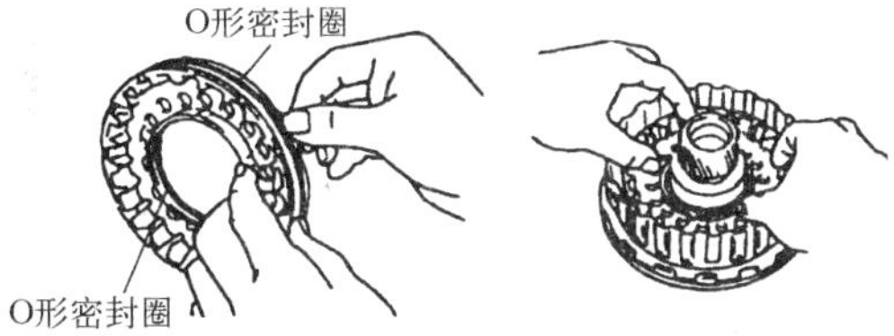
</td></tr>
<tr><td>14</td><td>安装活塞回位弹簧</td><td>（1）将活塞回位弹簧装到活塞上。
（2）将 SST 放到弹簧座上，并用夹具压缩回位弹簧。
（3）用 SST 安装弹簧弹性挡圈，确保不使弹性挡圈端部开口与弹簧爪对齐</td><td>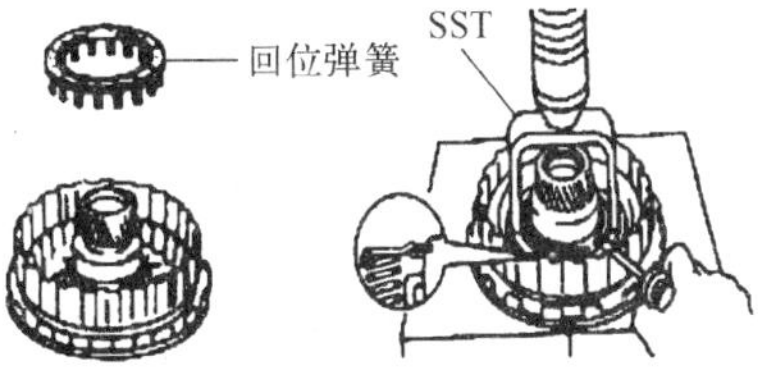
</td></tr>
<tr><td>15</td><td>检查超速挡离合器活塞行程</td><td>用 SST 和百分表，如图右所示，充入和放泄压缩空气（400 ~ 800 kPa）测量超速挡离合器活塞行程。活塞行程为 1.45 ~ 1.70 mm。如果活塞行程小于极限值，可能是零件装配不正确，所以要重新装配和检查。如果活塞行程不符合标准，选择另一法兰。
法兰厚度
<table><tr><th>编号</th><th>厚度/mm</th><th>编号</th><th>厚度/mm</th></tr><tr><td>16</td><td>3.6</td><td>19</td><td>3.3</td></tr><tr><td>17</td><td>3.5</td><td>20</td><td>3.2</td></tr><tr><td>18</td><td>3.4</td><td>21</td><td>3.1</td></tr></table></td><td>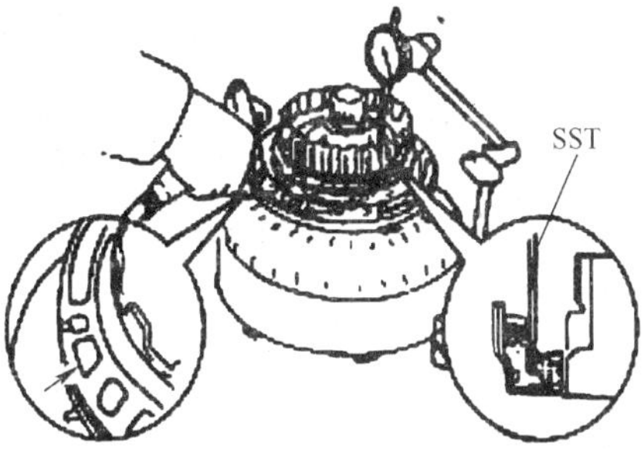
</td></tr>
<tr><td>16</td><td>安装超速挡离合器总成</td><td>（1）对准超速挡离合器中离合盘的倒钩。
（2）将超速挡离合器总成装到 O/D 行星齿轮上</td><td>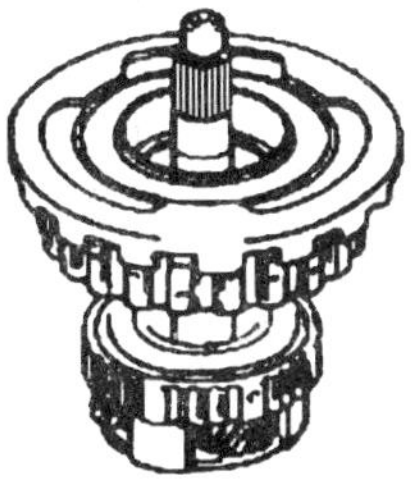</td></tr>
</table>

3. 拆检阀体

各类自动变速器中阀体的拆装方法基本相同，现以 A341E 型自动变速器阀体检修为例，说明阀体的拆装，其拆检关键步骤见表 2-5-4。

表 2-5-4　A341E 型自动变速器阀体拆检关键步骤

步　骤	对应项目	具体程序
1	注意事项	阀体是自动变速器中最精密的部件，在检修自动变速器时，不要轻易拆检阀体，以免破坏阀体中各控制阀的装配精度。只有在自动变速器换挡规律失常或摩擦片严重烧毁，阀体内沾有大量粉末时，才对阀体进行拆解修理。 （1）分解阀体时，不可将阀芯等重要零部件掉落，不要用铁丝、螺钉等硬物伸入阀孔中，以免破坏阀孔和阀芯的配合表面。 （2）分解后的零部件在清洗后，要用压缩空气吹干。 （3）装配阀体时，应确保各阀芯能在阀孔中活动自如。 （4）分解、装配阀体时应参考详细的技术资料
2	拆下带爪弹簧和弹簧片	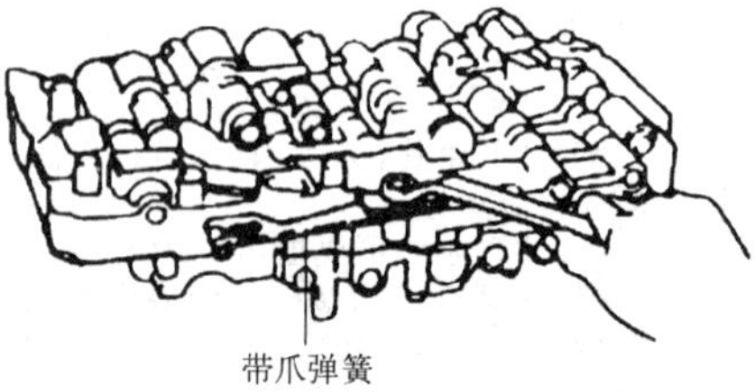
3	拆下手动阀	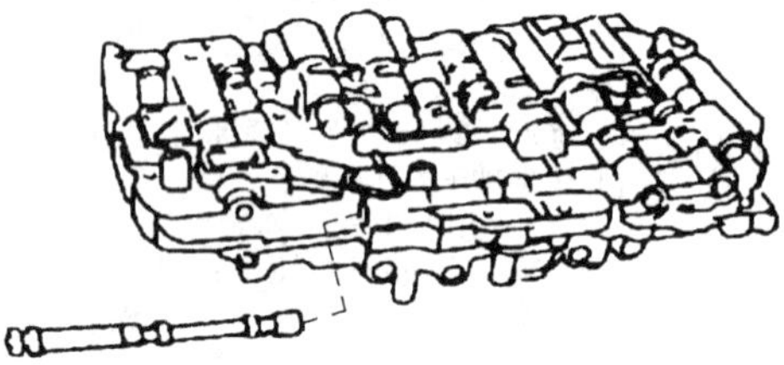
4	拆下四个电磁线圈	（1）拆下 1 号和 2 号电磁线圈。 （2）从1号和2号电磁线圈上拆下 O 形密封圈。 （3）从3号和4号电磁线圈上拆下锁紧片 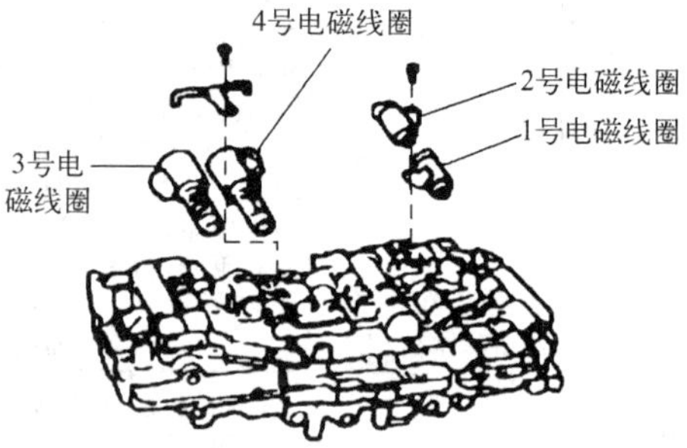
5	翻转总成并拆下 28 个螺栓	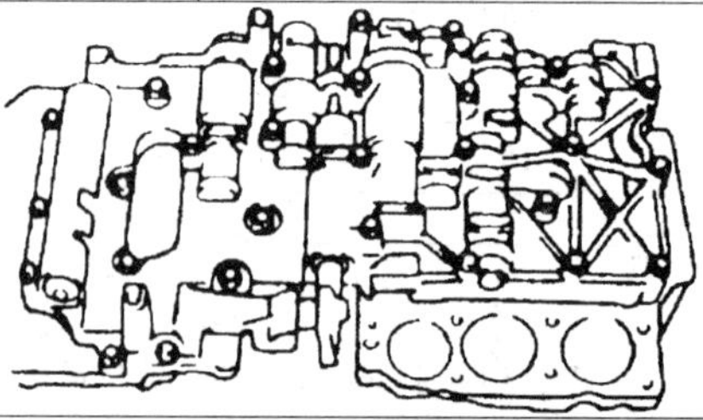
6	抬起阀体和垫板	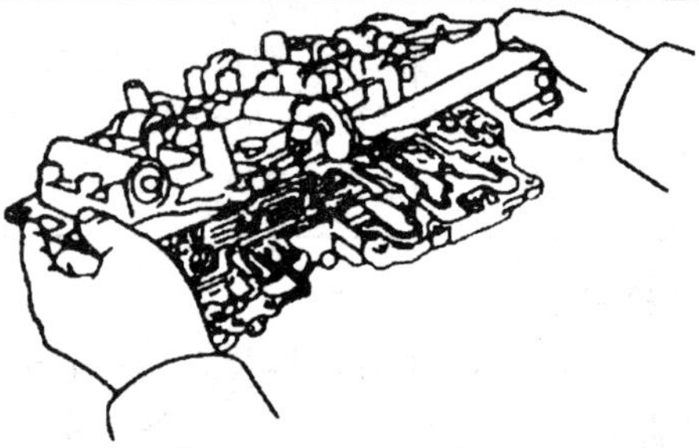

续表

步　骤	对应项目	具体程序
7	组装密封垫	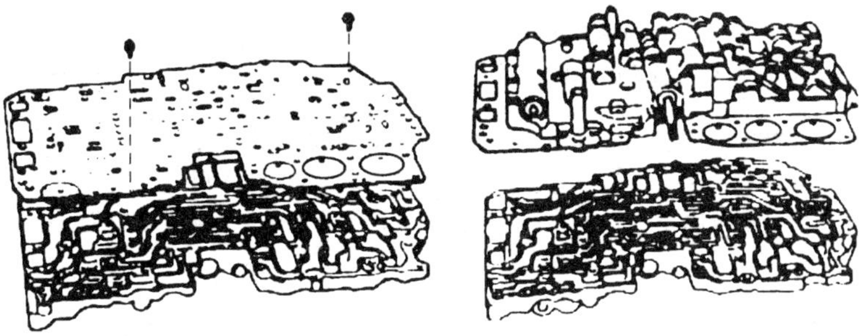 （1）对准组装密封垫的每一个螺栓孔并装上螺钉。 （2）对准密封垫、阀体和每一个螺栓孔
8	安装28个螺栓到上阀体	拧紧力矩：6.1 N·m。 备注：螺栓长度（mm）注明在图上。 A螺栓：45 mm； B螺栓：35 mm； C螺栓：20 mm 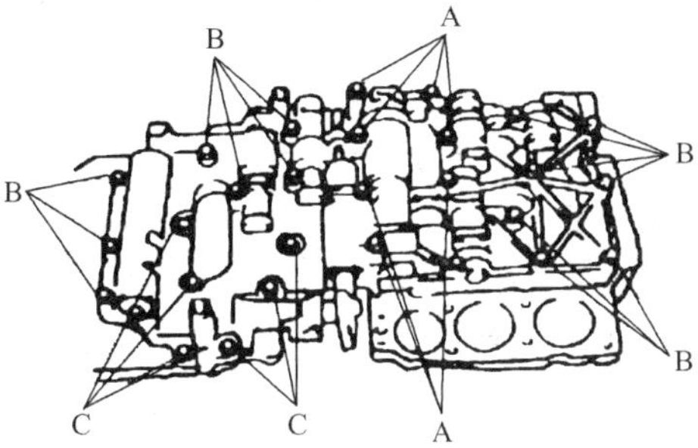
9	安装滤油器、泄压阀、电磁线圈	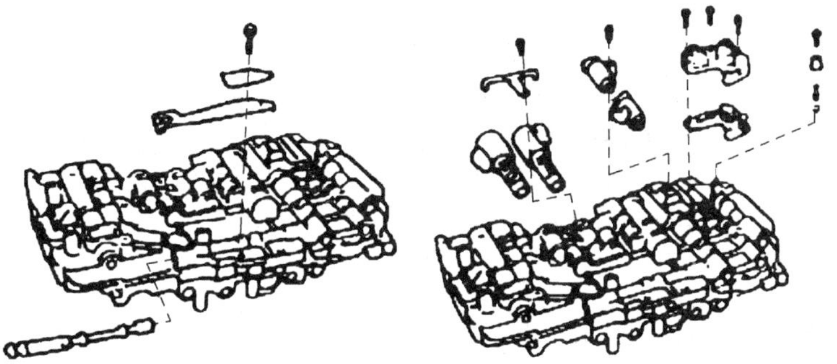
10	安装手动阀、带爪弹簧	用百分表测量行星齿轮衬套内径。最大内径为11.27 mm。如果内径超过最大值，应更换行星齿轮 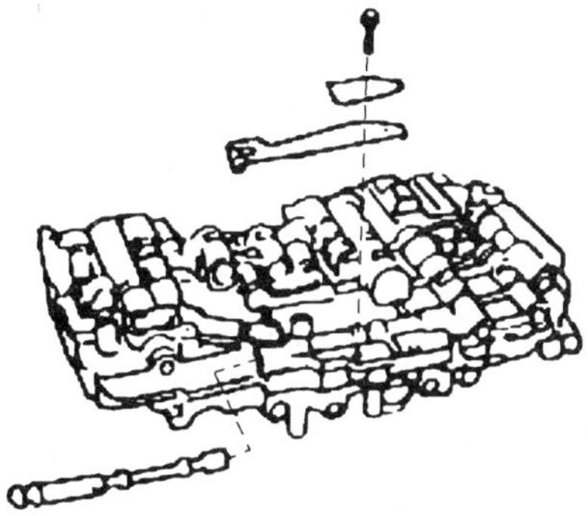

三、任务工单

项目二　检修电控液力自动变速器 任务五　检修液控系统	班级			
	姓名		学号	
	日期		分数	

（1）根据教师指定的自动挡车辆和自动变速器，回答以下问题：

① 车辆的型号：____________________；　② 车辆的 VIN 码：____________________；

③ 自动变速器型号：____________________；④ 齿轮变速机构的类型：____________________；

⑤ 所用的换挡执行元件各自的名称及作用：____

____

____

____

____

____

____

____

____

____

____；

⑥ 此型自动变速器各挡所对应的换挡执行元件分别是：________________________________

____

____

____

____

____；

⑦ 查找此型自动变速器的油路图，分析各挡油路。

（2）下面的信息中有些地方空缺了，请补充完整。

① 自动变速器中的油泵主要有________、________、________和________。

② 自动变速器中换挡执行元件主要有________、________和________三种类型。

③ 在自动变速器中常用的制动器有________和________两类。

④ 单向离合器有________和________两种，其作用是________________________________

____。

⑤ 根据控制阀所起作用的不同，自动变速器中常见的控制阀分为三大类型，即______________、______________和______________。

⑥ 自动变速器液压控制系统中压力调节阀主要由________、________、________等组成。

⑦ 自动变速器中换挡控制阀主要由__________和__________等控制阀组成。

⑧ 常见的换挡品质控制元件有________、________和________等。

（3）完成液压控制系统相关元件的检修：

① 检修液压泵：

检查内容	检查结果	维修方法
外齿轮与壳体间隙		
齿顶与月牙板间隙		
齿轮端隙		
液压泵零件表面质量		

② 阀体零件的检修：

续表

<table>
<tr><td rowspan="3">项目二 检修电控液力自动变速器
任务五 检修液控系统</td><td>班级</td><td colspan="3"></td></tr>
<tr><td>姓名</td><td></td><td>学号</td><td></td></tr>
<tr><td>日期</td><td></td><td>分数</td><td></td></tr>
</table>

零件名称	阀芯检查情况	弹簧自由长度检查	维修方法
主轴路高压阀			
手动阀			

拓展知识

一、油泵使用注意事项

自动变速器所用油泵要求具有严格的加工制造精度。因为齿轮之间，齿轮与泵体之间，柱塞与活塞腔之间，滑片与滑片槽之间等配合副之间精度极高，这些地方任何过大的磨损和间隙都将导致油泵的性能下降，油压过低，直接影响自动变速器的正常工作。（本任务中的故障案例正是由此引起）

油泵使用应注意如下事项：

（1）发动机不工作的，油泵不转，自动变速器无油压，即使在D位和R位，也不能靠推车启动发动机。

（2）长距离拖车时，由于发动机不转，油泵也不转，齿轮系统没有润滑油，磨损会加剧，因此要求车速慢、距离短。例如，丰田车系要求拖车车速不高于30 km/h，距离不超过80 km；奔驰车系要求拖车车速不高于50 km/h，距离不超过50 km。

（3）变速齿轮系统有故障或严重漏油时，牵引车辆应将传动轴脱开。对于前轮驱动的汽车，应将前轮悬空牵引。

二、自动变速器漏油故障检修

自动变速器漏油后油量会不足，从而产生换挡迟滞、润滑不良、散热不好等多种问题，严重情况下可能导致自动变速器卡死。

1. 漏油部位

根据油液泄漏部位不同分为内泄漏和外泄漏。

内泄漏是指自动变速器内部各部位发生的泄漏，油液不流出自动变速器壳体外，它包括液压控制系统各ATF油管路发生泄漏的降压现象和ATF与其他液体（如齿轮油、冷却液）之间发生的相互渗漏现象。

外泄漏是指ATF通过自动变速器壳体各密封面向外流出的现象，这种泄漏通过眼睛可以观察到，结果导致自动变速器内油量逐渐减少，初期漏油虽然对自动变速器影响不大，但存在很大的潜在威胁。

2. 漏油故障现象

主要表现：自动变速器油面高度降低；自动变速器油发白；自动变速器油压降低，甚至车辆不能行驶等。

3. 外泄漏故障原因分析

（1）油封轴颈处漏油的原因：油封老化变形或油封装错方向等，均会使油封失去挡油作用，应更换老化变形的油封，并注意油封的方向。

（2）壳体接合面处漏油的原因：壳体接合端面有损伤；密封纸垫损坏；壳盖螺栓松动。

（3）轴承前接合面处漏油的原因：密封纸垫损坏；紧固螺栓松动。

（4）自动变速器通气孔堵塞，自动变速器工作时与外界大气隔绝，造成自动变速器内压力升高，也使油从堵塞处渗出。应保持自动变速器通气孔畅通，减少自动变速器内的压力，防止漏油。

（5）油封或凸缘磨损，齿轮油量超过规定标准。

（6）各轴端间隙过大，座孔及轴承松旷，衬垫破损失效，密封垫圈损坏或漏装。

（7）各密封件表面的加工质量没有达到要求，紧固螺栓松动。

（8）润滑油使用不当。

4. 漏油故障诊断与排除

1）外泄漏

目视泄漏油，并沿泄漏轨迹跟踪泄漏源。必须确定泄漏原因，以便进行相应修理。

2）内泄漏

（1）ATF与其他液体（如齿轮油、冷却液）之间的相互渗漏，此时在其他液体中会有ATF，或ATF中有其他液体。

（2）液压阀体各油路之间发生泄漏，对阀体拆检查找原因。

复习延伸

一、小结

（1）液压控制系统不仅担负着对液力传动装置提供介质，控制液力变矩器锁止、润滑和冷却的任务，同时还担负着对行星齿轮结构进行换挡控制和对齿轮、轴承等零部件润滑、冷却等任务。

（2）液压控制系统主要由自动变速器油、油泵、主油路油压调节装置、换挡信号装置、换挡控制装置、变矩器锁止离合器控制装置、缓冲安全装置等组成。根据驾驶人的意图和行驶条件（节气门的开度和车速等信号）的需要，利用控制液压阀等元件控制液压油的施加和释放，通过操纵换挡执行元件中的离合器和制动器的动作，控制行星齿轮机构的运动组合方式的改变，从而实现自动换挡。

（3）自动变速器油泵的作用是使ATF产生一定的压力和流量，供给液力变矩器和液力操纵系统，并保证行星齿轮机构的润滑需要。通常安装在液力变矩器的后方，由液力变矩器后端的轴套驱动。自动变速器油泵主要有内啮合齿轮泵、转子泵、叶片泵和可变流量叶片泵四种类型。

（4）限压阀的作用是限制主油道的最高压力。

（5）主调压阀的作用是调节主油压，主油压的大小与节气门的开度有关。节气门的开度大时，主油压高；节气门的开度小时，主油压低。

（6）第二调节阀的作用是调节液力变矩器油压和润滑油压。

（7）节气门阀的作用是调节与节气门开度相关的负荷油压，负荷油压用于调节主油压、液力变矩器油压、润滑油压和控制换挡。

（8）速控阀的作用是调节速控油压用于控制换挡。

（9）手控阀由换挡手柄通过联动装置控制，用于液压控制系统中油道的初始状态的确定，在换挡手柄的位置确定后，以后的挡位变换只能在此基础上进行。

（10）换挡阀通过控制换挡执行元件进油通道的开通和断开，从而实现自动变速器的升降挡。

（11）在自动变速器中，液压控制系统将发动机负荷和车辆行驶速度转换成有关的液压信号，即负荷油压信号与速控油压信号，然后用这两个油压信号来控制换挡。

（12）单向球阀的作用是减小油压增长的速度、缓和换挡冲击。

（13）蓄能器的作用是吸收液压油的压力脉冲，以避免较大的压力脉冲影响执行元件接合、缓和换挡冲击。

二、练习与思考

（一）判断题

（1）油泵通常安装在液力变矩器后，由飞轮通过液力变矩器壳直接驱动。（　）

（2）油面过高会影响执行元件的平顺分离和换挡稳定性。（　）

（3）离合器的自由间隙不符合标准值，可采用更换不同厚度挡圈的方法来调整。（　）

（4）离合器摩擦片上有数字记号的，记号磨掉后也必须更换。（　）

（5）换挡阀也具有强制降挡作用。（　）

（6）节气门开度越大，节气门油压也越高。（　）

（7）自动变速器都有若干个换挡阀，其具体数目根据变速器前进挡位数而定。（　）

（8）在自动变速器换挡执行元件中，离合器主要使用的是湿式多片式离合器。（　）

（9）发动机不工作时，油泵不泵油，但自动变速器内有控制油压。（　）

（10）装用自动变速器的汽车。不能利用推车启动的方法使发动机运转。（　）

（二）选择题

（1）内啮合齿轮泵的组成不包括（　　）。

A. 小齿轮　　B. 月牙形隔板　　C. 叶片　　D. 内齿轮

（2）换挡执行器是用来（　　）。

A. 将发动机与变矩器进行连接　　B. 将齿圈与输入轴进行连接

C. 将行星架与输出轴进行连接　　D. 驱动或锁定行星齿轮组的不同元件

（3）油泵泵出的油首先经过（　　）。

A. 主调压阀　　B. 手动阀　　C. 换挡阀　　D. 蓄能器

（4）甲说："油泵被变矩器驱动毂驱动。"乙说："油泵被变矩器导轮间接驱动。"则（　　）。

A. 甲对　　B. 乙对　　C. 两人都对　　D. 两人都错

（5）甲说："自动变速器油加少了，空气会侵入油道。"乙说："油加多了，空气也会侵入油道。"则（　　）

A. 甲对　　B. 乙对　　C. 两人都对　　D. 两人都错

（6）甲说："简单的单向阀可以关闭油液通路。"乙说："单向阀只允许油液向一个方向流动。"则（　　）。

A. 甲对　　B. 乙对　　C. 两人都对　　D. 两人都错

(7) 甲说："哪个换挡阀发生卡滞就没有哪个挡。如2－3挡换挡阀卡滞，就没有3挡。"乙说："换挡阀卡滞的位置不同，造成的故障也不相同。"则（　　）

A. 甲对　　B. 乙对　　C. 两人都对　　D. 两人都错

(8) 甲说："离合器回位弹簧大多数是由一圈小螺旋弹簧组成，也有的使用一个大的螺旋弹簧。"乙说："离合器活塞回位弹簧也有膜片式和波浪形的。"则（　　）

A. 甲对　　B. 乙对　　C. 两人都对　　D. 两人都错

(9) 甲说："离合器、制动器摩擦衬片的磨损极限，主要是看含油层是否完好，油槽是否磨平，表面是否烧蚀或剥落。"乙说："摩擦片使用极限是片厚的1/2。"则（　　）。

A. 甲对　　B. 乙对　　C. 两人都对　　D. 两人都错

(10) 在讨论离合器和片式制动器装配技巧时，甲说："必须把主动片所有内齿的缺口全部对正。"乙说："在大多数情况下不用浪费时间去将主动片上的缺口对正。"则（　　）

A. 甲正确　　B. 乙正确　　C. 两人均正确　　D. 两人均不正确

（三）思考题

(1) 自动变速器液压控制系统由哪些部分组成？

(2) 自动变速器主油路调压阀起什么作用？其工作原理如何？

(3) 多片离合器及制动器为什么要设置自由间隙？其自由间隙不正确会造成什么后果？

(4) 查找除丰田A34系列之外的，本书前述内容涉及的一两款自动变速器（如01N、01M、09G、AL4等）的油路图，并尝试进行分析。

任务六　检修电控系统

任务导入

一辆伊兰特（自动挡）车主称自己的车辆在行驶中，当车速达到70 km/h时，自动变速器在2挡和4挡之间频繁跳动，感觉车辆耸动，且故障指示灯常亮。

故障原因分析：用解码仪读取故障码，无码显现。读数据流时发现，当故障发生时发动机转速突然升高，且节气门开度由22%突升至55%，随后回落到原值，发动机转速也跟随回落，但是无故障码显示。维修人员根据经验分析，可能是节气门位置传感器故障，输出电压不稳，造成计算机误判：以为此时处于急加速工况。故发出错误指令，要求自动变速器强制降挡。更换节气门位置传感器后，故障排除，同时故障指示灯熄灭，恢复正常。

本任务介绍自动变速器电控系统各传感器及控制开关的结构原理、作用和检测方法，要求通过本任务的学习能够读懂自动变速器的控制电路原理图，初步掌握诊断设备的使用方法，初步具备正确判断自动变速器电控系统相关故障和数据分析的能力。

相关知识

电子控制自动变速器与液压控制自动变速器的不同之处在于，在其基础上增加了传感器、电子控制单元和执行器等元件，自动换挡的控制系统（换挡点的选择及发生换挡信号等）是由ECU来完成的。此时，控制换挡的信号（如节气门开度、车速、换挡范围、换挡规律选择等）也相应地变为电信号。

一、电控系统的组成

目前新款轿车多采用电子控制自动变速器，自动变速器电子控制系统（简称“电控系统”）主要由信号输入装置、执行器及电子控制单元（ECU）三大部分组成，其组成框图如图2-6-1所示。

信号输入装置主要包括节气门位置传感器、车速传感器、输入轴转速传感器、冷却液温度传感器、油温传感器、空挡启动开关、强制降挡开关、制动灯开关、模式选择开关、O/D挡开关等。

执行器部分主要包括各种电磁阀和故障指示灯等。

电子控制单元（ECU）主要完成换挡控制、锁止离合器控制、油压控制、故障诊断和失效保护等功能。

电控单元是整个电控系统的控制中心，它通过检测节气门开度和车速、发动机转速、控制开关信号等参数，按照特定的处理程序处理这些数据，并发出相应的控制信号，控制各种电磁阀的工作，使各种液压阀动作，用液压油驱动离合器、制动器、锁止离合器、单向离合器等执行机构，实现对自动变速器的自动换挡等控制。

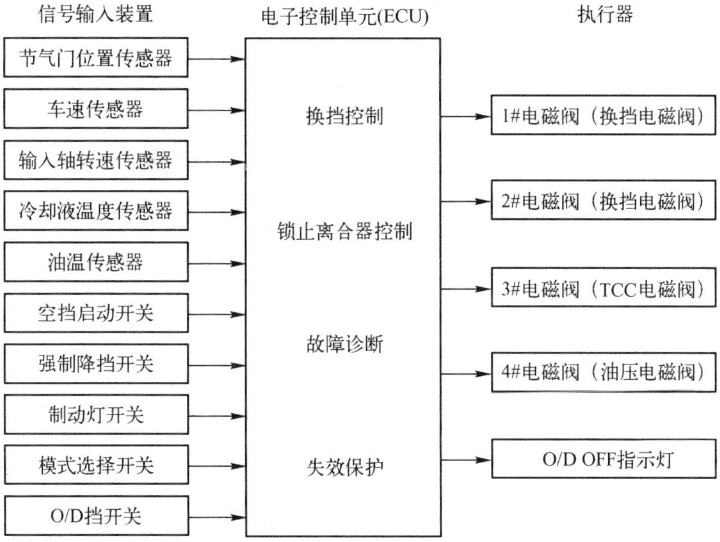

图2-6-1 自动变速器电控系统组成框图

1. 信号输入装置

电控自动变速器的输入信号主要指各种传感器信号和开关信号。

1）节气门位置传感器（TPS）

节气门位置传感器安装在节气门体上，用于检测节气门开度的大小，并将数据传送给计算机，计算机根据此信号判断发动机负荷，从而控制自动变速器的换挡、调节主油压和对锁止离合器进行控制。节气门位置信号相当于液控自动变速器中的节气门油压。

节气门位置传感器一般是采用线性输出型可调电阻式传感器，其原理、结构如图2-6-2所示。它实际上是一个滑线式变阻器，有四个接线端子，E是搭铁端子，IDL是怠速端子，VTA是节气门开度信号端子，VC是ECU供电端子，由计算机提供恒定5 V电压。当节气门开度增加，节气门开度信号触点逆时针转动，VTA端子输出电压也随之线性增大，如图2-6-3所示，VTA端子输出电压与节气门开度成正比。当怠速时，怠速开关闭合，IDL端子电压为0 V。

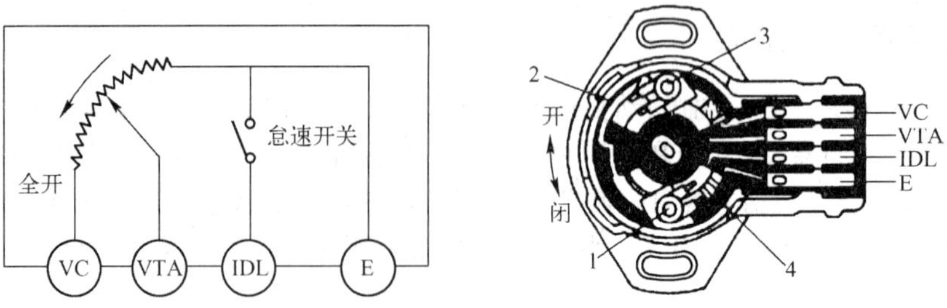

（a）原理图　　（b）结构图

图 2-6-2　节气门位置传感器的原理图及结构图

1—怠速信号触点；2—电阻器；3—节气门开度信号触点；4—绝缘体

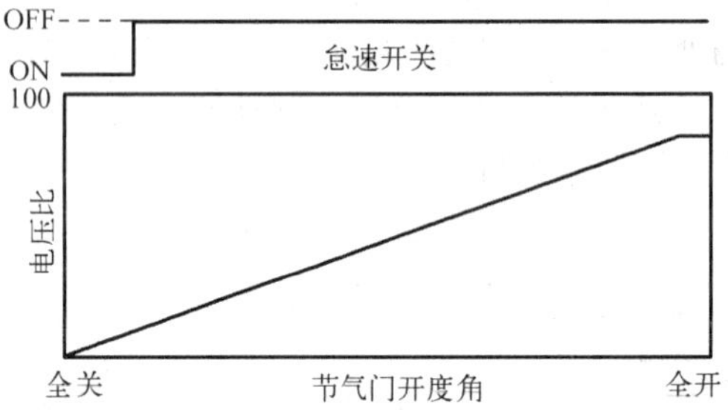

图 2-6-3　TPS 输出端子电压与节气开度的关系

计算机通过节气门位置传感器可以获得表示节气门由全闭到全开的所有开启角度的连续变化的模拟信号以及节气门开度的变化速率，以作为其控制不同行驶条件下的挡位变换的主要依据之一。

2）车速传感器（VSS）

车速传感器用于检测自动变速器输出轴转速，自动变速器 ECU 根据车速传感器输入的信号计算出车速，并以此信号控制自动变速器的换挡和锁止离合器的锁止。

车速传感器有磁阻元件式、电磁式、舌簧开关式、光电式等四种形式。一般自动变速器装有两个车速传感器，分为 1 号和 2 号车速传感器。2 号车速传感器一般为电磁式的，它装在自动变速器输出轴附近的壳体上，为主车速传感器，1 号车速传感器一般为舌簧开关式的，为副车速传感器，它装在车速表的转子附近，负责车速的传输，它同时也是 2 号车速传感器的备用件，当 2 号车速传感器失效后，由 1 号车速传感器代替工作。

图 2-6-4（a）为电磁式车速传感器的原理图。电磁式车速传感器主要由永久磁铁、电磁感应线圈、转子等组成。转子一般安装在变速器输出轴上，永久磁铁和电磁感应线圈安装在变速器壳体上，如图 2-6-4（b）所示。当输出轴转动，转子也转动，转子与传感器之间的空气间隙发生周期性变化，使电磁感应线圈中磁通量也发生变化，从而产生交流感应电压，如图 2-6-4（c）所示，并输送给计算机。交流感应电压随着车速（输出轴转速）具有两个响应特性，一是随着车速的增加，交流感应电压增高；二是随着车速的增加，交流感应电压脉冲频率也增加。计算机是根据交流感应电压脉冲频率的大小计算车速，并以此控制自动变速器的换挡。车速传感器信号相当于液控自动变速器中的速控油压，电控自动变速器没有速控阀。

3）输入轴转速传感器

输入轴转速传感器的结构、工作原理与车速传感器相同。它安装在行星齿轮变速器的输入

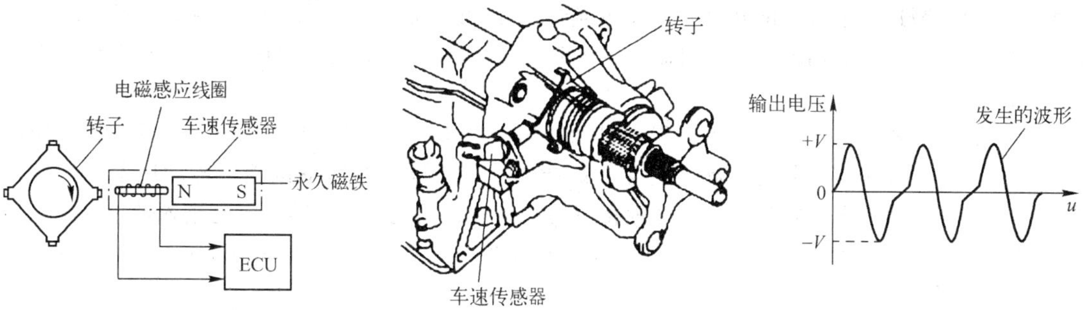

（a）原理图　（b）结构图　（c）波形图

图 2-6-4　电磁式车速传感器的原理、结构及波形图

轴或与输入轴连接的离合器毂附近的壳体上（见图 2-6-5、图 2-6-6）。输入轴转速传感器的主要作用如下：

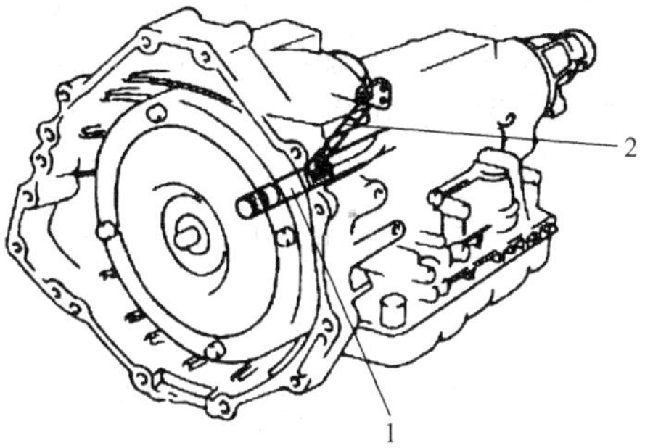

图 2-6-5　输入轴转速传感器

1—行星齿轮变速器输入轴；2—输入轴转速传感器

图 2-6-6　输入轴转速传感器实物

（1）检查自动变速器各个挡位的传动比是否正常。输入轴转速传感器和车速传感器（VSS）一起检测自动变速器各个挡位的传动比是否正常。控制单元掌握了挡位和发动机负荷的信号，然后根据自动变速器输入轴和输出轴的转速差和存储的数据对比，即可判断该挡位负责连接和固定作用的离合器和制动器是否打滑。

（2）检查液力变矩器的传动比是否正常。控制单元根据来自输入轴转速传感器的信号和发动机转速传感器的信号进行比较，计算出液力变矩器的传动比，使液力变矩器的锁止离合器的锁止油压控制过程和锁止离合器锁止程度的控制过程得到进一步优化，以改善液力变矩器的锁止工况的平顺性。

（3）用于控制变矩器锁止离合器。控制单元在变矩器锁止离合器进入锁止工况时机的控制时，也要参考输入轴转速传感器的信号。

（4）用于控制防止换挡冲击。发动机控制单元根据自动变速器转速传感器的信号在自动变速器换挡的瞬间会推迟点火提前角，通过降低换挡瞬间发动机的输出转矩，达到降低油泵油压和主油压，防止换挡冲击的目的。在此期间，发动机控制单元在推迟点火提前角过程中也要参考输入轴转速传感器的信号。输入轴转速传感器信号失准会造成换挡冲击。

（5）检查自动变速器能否保证发动机制动。用诊断仪读取数据流，在发动机急减速时，检查自动变速器输入轴的转速是否同步减速，进而检查自动变速器内相关挡位的制动器是否打滑。

如果发动机急减速时输入轴的转速没有同步降低，表明负责该挡的制动器打滑。或者读取故障码，如果故障码显示 2 挡，无发动机制动，表明负责 2 挡的制动器已经打滑，必须马上更换失效的制动器。

如果出现换挡不顺，施力装置打滑，自动变速器会进入失效保护，在 D 位上只有各换挡电磁阀都不工作的那个挡，同时自动变速器故障指示灯被点亮，并留下该挡位传动比不对的故障码。自动变速器控制单元根据输入轴转速传感器的信号，发现液力变矩器不能进入锁止工况，自动变速器不能进入超速挡或发现自动变速器在 2 挡/3 挡无发动机制动，会点亮自动变速器故障指示灯，留下故障码。

4）冷却液温度传感器（CTS）

冷却液温度传感器是热敏电阻式负温度系数传感器，装在发动机水套出液口处。冷却液温度传感器主要负责提供发动机冷却液温度的信息，控制单元根据这些信息对液力变矩器锁止和自动变速器进入超速挡的时机进行控制。

发动机冷却液温度达到 56～65 ℃以上时，液力变矩器才能进入锁止；冷却液温度达到 70 ℃以上时，自动变速器才能升入 4 挡。冷却液温度传感器的实际电阻值与规定电阻值有差异时，会导致不良后果。如因传感器自身故障，或线束端子接触不良，造成电阻值过高时，会造成液力变矩器不能进入锁止，自动变速器不能升入 4 挡。如果冷却液温度传感器出现故障，发动机 ECU 会自动将冷却液温度设定为 80 ℃，以便发动机和自动变速器可以工作。

冷却液温度传感器一般都是一个负温度系数的热敏电阻器，即温度升高，电阻下降。如图 2-6-7所示，发动机 ECU 在 THW 端子接收到一个与冷却液温度成正比的电压，从而得到冷却液温度信号。

5）油温传感器

油温传感器都是热敏电阻式负温度系数传感器，装在控制阀上（见图 2-6-8），当自动变速器油温达到 132～150 ℃（不同车型在温度上略有差异）时，自动变速器控制单元进入失效保护。

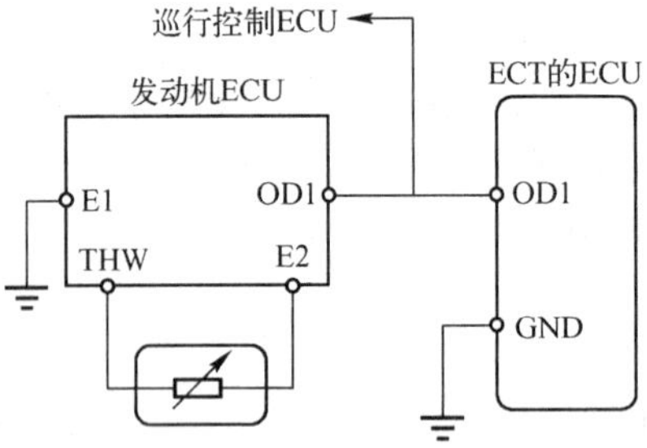

图 2-6-7　冷却液温度传感器线路图

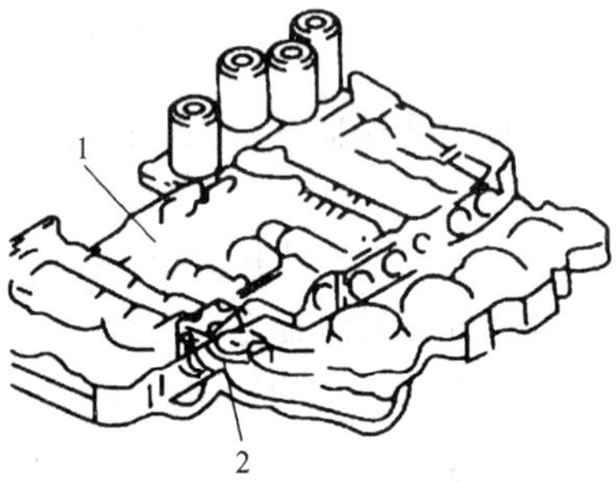

图 2-6-8　油温传感器安装位置

1—阀板；2—油温传感器

（1）液力变矩器先进入锁止工况，进入锁止工况 20～30 s 后，如果油温仍不下降，液力变矩器解除锁止。

（2）在液力变矩器解除锁止的同时，自动变速器退出超速挡。

（3）自动变速器的升挡点会严重滞后。

（4）大众自动变速器油温过高时，自动变速器还会再自动降一个挡位，以避免因离合器或制动器打滑而造成摩擦片烧蚀。

油温传感器的实际电阻值与规定电阻值有差异时，也会导致不良后果。如因传感器或线束短路时，或线束端子接触不良，造成电阻值过低时，控制单元会错误地认为自动变速器油温过高（明明自动变速器油温正常，数据流却显示自动变速器油温超过150℃），造成液力变矩器不能进入锁止，自动变速器升挡点严重滞后，而且不能升入超速挡；自动变速器油温过低时，自动变速器控制单元会根据油温传感器的信号不让液力变矩器进入锁止工况。发动机控制单元在换挡瞬间推迟点火提前角过程中也要参考油温传感器的信号。

6）空挡启动开关

空挡启动开关装在自动变速器的上边或右侧。空挡开关又称自动变速器挡位传感器或多功能开关，包含一组作用如同分压器的电阻器。由一个随换挡摇臂轴旋转的活动触头（活动触头和点火开关相连）和P位、R位、N位、D位及手动挡的固定触头组成（每个选位上有一个固定触头和自动变速器控制单元相连），其中，在P位和N位各多设一个启动触头（和启动开关相连）。R位多设一个倒车灯触头（和倒车灯开关相连）。

空挡启动开关有两个功用：一是感知变速杆位置并将此状态信号送给自动变速器ECU，二是保证只有变速杆置于P位或N位才能启动发动机。

如图2-6-9所示，当变速杆置于不同的挡位时，仪表盘上相应的挡位指示灯会点亮。当ECU的端子N、2或L与端子E接通时，ECU便分别确定变速杆位于N、2或L位；否则，ECU便确定变速杆位于D位。只有当变速杆置于P或N位时，端子B与NB接通，才能给起动机通电，使发动机启动。

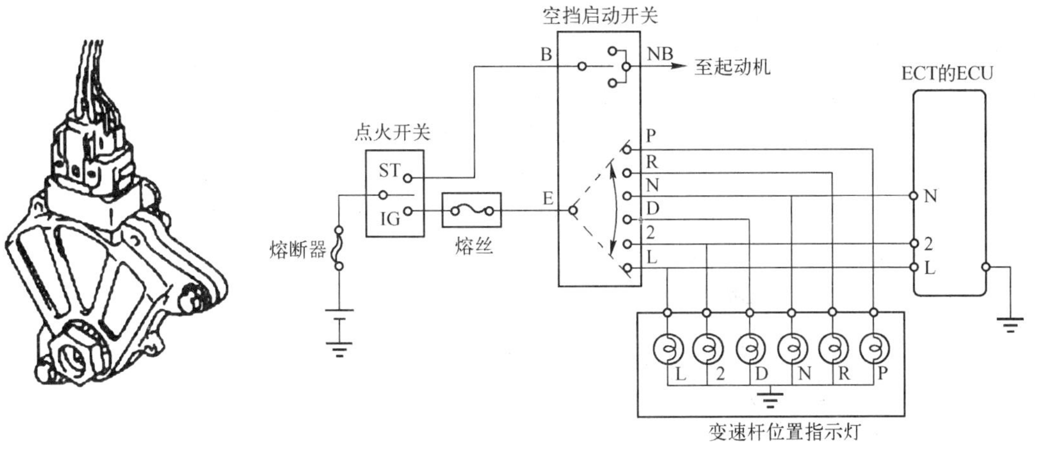

图2-6-9　空挡启动开关及线路图

7）强制降挡开关

强制降挡开关安装在节气门拉索上，当节气门开度达到一定值时，此开关闭合，这表示驾驶人要求较高的动力，变速器控制ECU接到此信号后，将降低一个挡位。

8）模式选择开关

模式选择开关又称程序选择开关，用于选择变速器控制模式。模式选择开关一般安装在变速杆旁边，常见的模式选择开关有常规模式（Normal）、动力模式（Power）、经济模式（Economy）、雪地模式（Snow）。自动变速器ECU根据所选择的行驶模式执行不同的换挡程序，控制换挡和锁止正时。如选择动力模式，自动变速器会推迟升挡，以提高动力性；而选择经济模式，自动变速器会提前升挡，以提高经济性；常规模式介于二者之间。

9）超速挡控制开关

超速挡控制开关（O/D开关）安装在自动变速器的变速杆上（见图2-6-10），由驾驶人操作控制，可以使自动变速器有或没有超速挡。

如图 2-6-10 所示，当按下 O/D 开关（ON），O/D 开关的触点实际为断开，此时 ECU 的 OD_2 端子的电压为 12 V，自动变速器可以升至超速挡，且 O/D OFF 指示灯不亮。

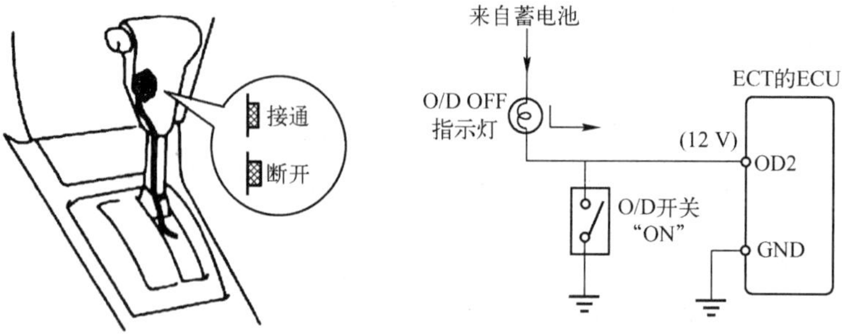

图 2-6-10　O/D 开关位置及 O/D 开关 ON 的电路

如图 2-6-11 所示，当再次按下 O/D 开关，O/D 开关会弹起（OFF），O/D 开关的触点实际为闭合，此时 ECU 的 OD2 端子的电压为 0 V，自动变速器不能升至超速挡，且 O/D OFF 指示灯点亮。

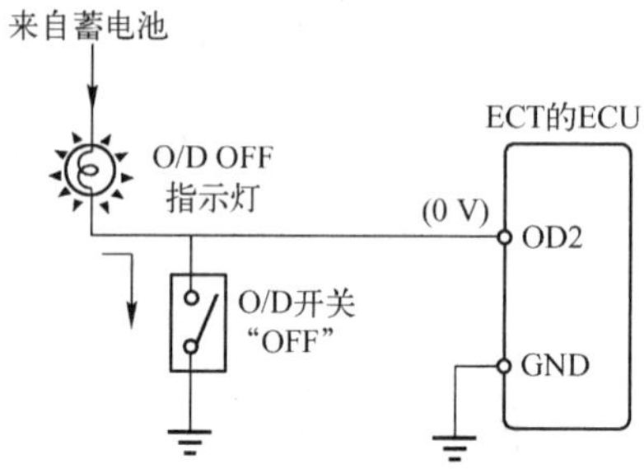

图 2-6-11　O/D 开关 OFF 的电路

图 2-6-12 为常见的具有常规和动力两种模式的模式选择开关电路图，当开关接通 NORM（常规模式），仪表盘上 NORM 指示灯点亮，同时自动变速器 ECU 的 PWR 端子的电压为 0 V，ECU 从而知道选择了常规模式；当开关接通 PWR（动力模式），仪表盘上 PWR 指示灯点亮，同时自动变速器 ECU 的 PWR 端子的电压为 12 V，ECU 从而知道选择了动力模式。

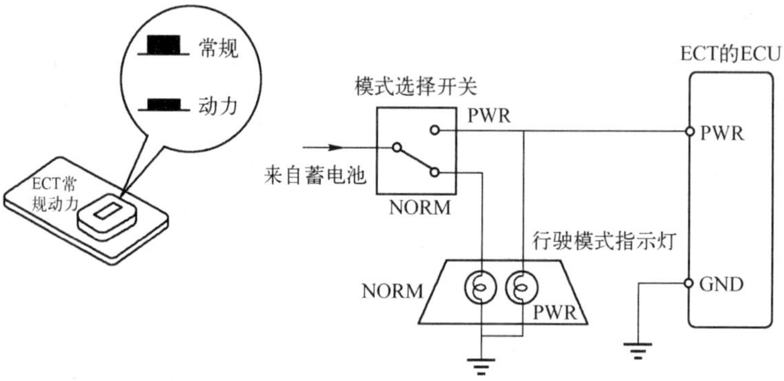

图 2-6-12　模式选择开关及其电路图

10）手动模式开关

（1）通过换挡电磁阀进行增减挡控制。手动与自动一体的自动变速器和普通的自动变速器的控制阀和传动系统上并没有明显的变化，只是在变速杆的一侧装有手动模式开关，即增/减挡开关，位于换挡选位的外侧。

自动变速器控制单元根据增/减挡开关的信号通过电磁阀对换挡滑阀进行增挡或减挡控制。

（2）根据实际需要选择合适的起步挡位。汽车正常行驶的条件是牵引力大于或等于行驶阻力，小于附着力。在附着力较差的路面上起步时利用手动模式开关选择2挡或3挡起步，可保证顺利起步。

11）制动灯开关

制动灯开关用以判断制动踏板是否踩下。如果踩下，则该开关将信号输给电控单元，以解除锁止离合器的接合，防止突然制动时发动机熄火。

如图2-6-13所示，制动灯开关安装在制动踏板支架上。当踩下制动踏板时，开关接通，ECU的STP端子电压为12 V；当松开制动踏板时，开关断开，STP端子电压为0 V。ECU根据STP端子的电压变化了解制动踏板的工作情况。

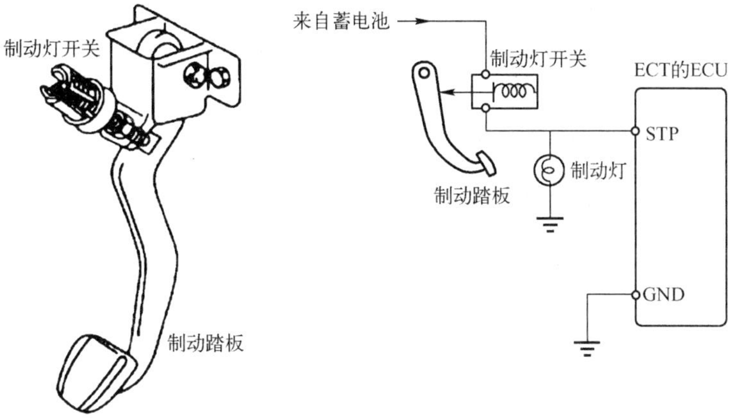

图2-6-13　制动灯开关及其线路

2. 执行器

电控自动变速器的执行器主要是指各种电磁阀，其功用是根据变速器ECU的指令接通、切断或部分接通、切断液压回路，以实现自动变速器的换挡、液力变矩器锁止、主油压调节、发动机制动等控制。

电磁阀根据功能的不同可以分为换挡电磁阀、锁止离合器电磁阀和油压电磁阀；根据工作原理的不同可以分为开关式电磁阀和占空比（脉冲线性）式电磁阀。不同的自动变速器使用的电磁阀数量不尽相同，一般为3~8个不等。例如，上海通用的4T65-E自动变速器电控系统有4个电磁阀，其中，2个是换挡电磁阀、1个是油压电磁阀、1个是锁止离合器电磁阀。而一汽大众的01M自动变速器电控系统则采用了7个电磁阀。

绝大多数换挡电磁阀采用开关式电磁阀，油压电磁阀采用脉冲线性式电磁阀，而锁止离合器电磁阀采用开关式电磁阀和脉冲线性式电磁阀。

1）开关式电磁阀

开关式电磁阀的作用是开启或关闭液压油路，通常用于控制换挡阀及变矩器锁止控制阀的工作。

开关式电磁阀由电磁线圈、衔铁、回位弹簧、阀芯和阀球组成，如图2-6-14所示。它有两种工作方式：一种是让某一条油路保持油压或泄空，如图2-6-14（a）所示，即当电磁线圈不通电时，阀芯被油压推开，打开泄油孔，该油路的液压油经电磁阀泄空，油路压力为零；当电磁阀线圈通电时，电磁阀使阀芯下移，关闭泄油孔，使油路油压上升。另一种开启或关闭某一条油路，即当电磁线圈不通电时，油压将阀芯推开，阀球在油压作用下关闭泄油孔，打开进油孔，使主油路压力油进入控制油道，如图2-6-14（b）所示；当电磁线圈通电时，电磁力使阀芯下移，推动阀球关闭进油孔，打开泄油孔，控制油道内的压力油由泄油孔泄空，如图 2-6-14（c）所示。

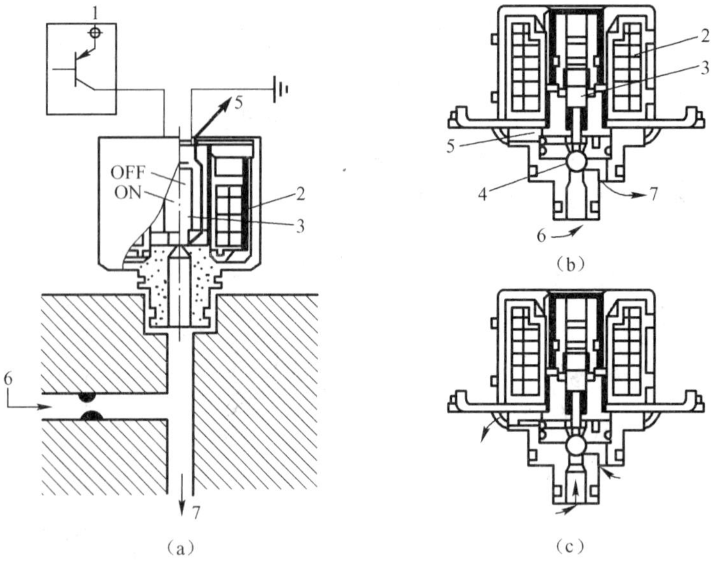

图 2-6-14　开关式电磁阀

1—计算机；2—电磁线圈；3—衔铁和阀芯；4—阀球；
5—泄油孔；6—主油道；7—控制油道

开关式电磁阀是两位两通电磁阀，工作频率较低，所以电阻值相对较高。丰田公司自动变速器中所有电磁阀的电阻值都是 11 ~ 15 Ω，大众公司的换挡开关电磁阀的电阻值为 56 ~ 65 Ω，其余公司自动变速器的换挡开关电磁阀的电阻值通常为 20 ~ 30 Ω。

2）占空比（脉冲线性）式电磁阀

占空比是指一个脉冲周期中通电时间所占的比例（百分数）。

占空比式电磁阀的结构与开关式电磁阀相似，也是由电磁线圈、衔铁、阀芯或滑阀等组成，如图 2-6-15 所示。通常用它来控制油路中的油压，有的车型的锁止离合器也采用此种电磁阀控制。与开关式电磁阀不同的是，占空比式电磁阀的电信号不是恒定不变的电压信号，而是一个固定频率的脉冲电信号。在脉冲电信号的作用下，电磁阀不断开启、关闭泄油口。占空比式电磁阀有两种工作方式：一种是占空比越大，经电磁阀泄油就越多，油压就越低（图 2-6-16 所示为占空比式电磁阀控制的主油路调压原理）；另一种是占空比越大，油压就越高。

占空比式电磁阀一般安装在主油路或蓄能器背压油路上，ECU 通过这种电磁阀在自动变速器升挡或降挡的瞬间使油压下降，进一步减少换挡冲击，使挡位的变换更加平顺。

3. 电子控制单元

电子控制单元英文缩写为 ECU，俗称计算机，电控自动变速器可以使用独立的 ECU，也可与发动机电子控制燃油喷射系统共用一个 ECU（如通用，则称其为动力控制模块，英文缩写为 PCM）。电子控制单元是电控自动变速器电子控制系统的核心，它由电源、输入电路、信号转换电路、微机和输出电路等组成。

自动变速器电子控制单元通常具有以下控制功能。

1）换挡控制

换挡控制即换挡时刻控制，是电控自动变速器电子控制单元最基本的控制内容。汽车在某

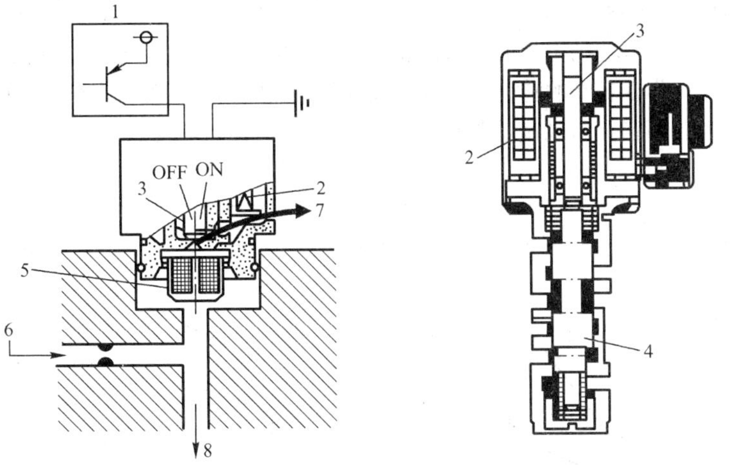

（a）普通脉冲线性式电磁阀 （b）带滑阀的脉冲线性式电磁阀

图 2-6-15 占空比式电磁阀

1—ECU；2—电磁线圈；3—衔铁和阀芯；4—滑阀；
5—滤网；6—主油道；7—泄油孔；8—控制油道

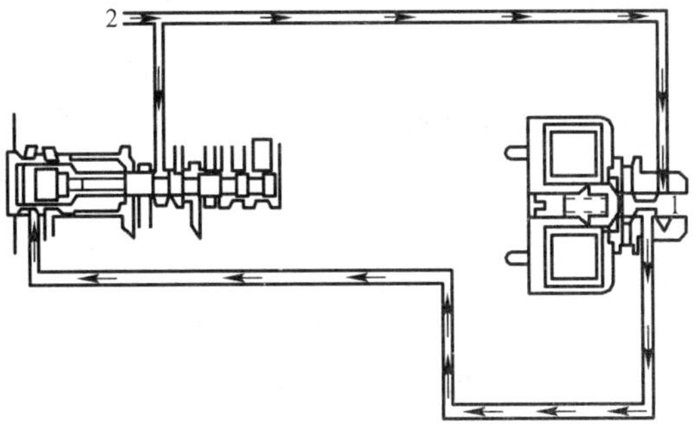

图 2-6-16 占空比式电磁阀控制的主油路调压原理

1—调压电磁阀；2—主油路压力油

个特定工况下都有一个与之相对应的最佳换挡时机或换挡车速，ECU 应使自动变速器在汽车任何行驶条件下都按最佳换挡时刻进行换挡，从而使汽车的动力性和燃料经济性等各项指标达到最优。

汽车的最佳换挡车速主要取决于汽车行驶时的节气门开度。不同节气门开度下的最佳换挡车速可以用自动换挡图（见图 2-6-17）来表示。

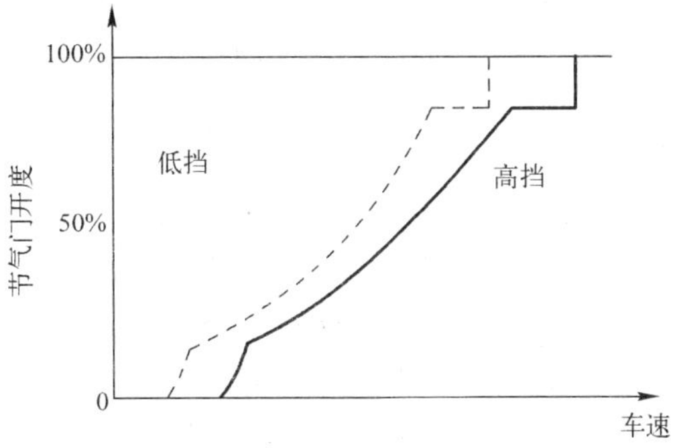

图 2-6-17 自动换挡图

（实线表示升挡曲线 虚线表示降挡曲线）

节气门开度越小，汽车的升挡车速和降挡车速越低；节气门开度越大，汽车的升挡车速和降挡车速越高。这种换挡规律十分符合汽车的实际使用要求。例如，当汽车在良好的路面上缓慢加速时，行驶阻力较小，节气门开度也小，升挡车速可相应降低，即可以较早地升入高挡，从而让发动机在较低的转速范围内工作，减少汽车油耗；反之，当汽车急加速或上坡时，行驶阻力较大，为保证汽车有足够的动力，节气门开度应较大，换挡时刻相应延迟，也就是升挡车速相应提高，从而让发动机工作在较高的转速范围内，以发出较大的功率，提高汽车的加速和爬坡能力。

图 2-6-18 为典型四挡自动变速器的自动换挡图，具有如下特点：

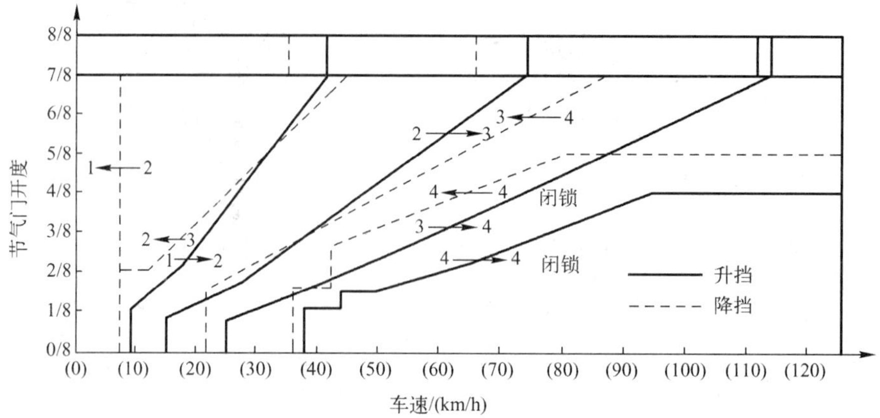

图 2-6-18 典型四挡自动变速器的自动换挡图

（1）随着节气门开度的增加，升挡或降挡车速增加。以 2 挡升 3 挡为例，当节气门开度为 2/8 时，升挡车速为 35 km/h，降挡车速为 12 km/h。当节气门开度为 4/8 时，升挡车速为 80 km/h，降挡车速为 25 km/h。

（2）升挡车速高于降挡车速，以免自动变速器在某一车速附近频繁升挡、降挡而加速自动变速器的磨损。

汽车的行驶条件多变，在不同的条件对汽车的使用要求也有所不同。当汽车自动变速器的变速杆或模式开关处于不同位置时，要求其换挡规律也应进行相应调整。ECU 将汽车在不同使用要求下的最佳换挡规律以自动换挡图的形式存储在存储器中。在汽车行驶时，ECU 根据挡位开关和模式开关的信号从存储器内选择出相应的自动换挡图，再将车速传感器和节气门位置传感器测得的车速、节气门开度与自动换挡图比较，根据比较结果，在达到设定的换挡车速时，ECU 向换挡电磁阀发出电信号，以实现挡位的自动变换，如图 2-6-19 所示。

四挡自动变速器控制系统换挡电磁阀通常有两个或三个，控制系统借助这些换挡电磁阀开启和关闭（通电或断电）的不同组合来控制油路，以组成不同的挡位。不同车型自动变速器换挡电磁阀的工作组合与挡位的关系不完全相同。

2）主油压控制

现代大多数电控液力自动变速器的控制系统都取消了节气门阀，节气门油压由一个调压电磁阀来产生。调压电磁阀是一种脉冲线性式电磁阀（参见图 2-6-15），除丰田公司自动变速器所有的电磁阀的电阻值都是 11 ~ 15 Ω 外，其余公司自动变速器的调压电磁阀的电阻值通常都在 5 Ω 左右。

ECU 根据节气门位置传感器测得的节气门开度，计算并控制送往调压电磁阀的脉冲信号的占空比，以改变调压电磁阀排油孔的开度，产生随节气门开度变化的油压（即节气门油压）。节气门开度越大，脉冲电信号的占空比越小，调压电磁阀的排油孔开度越小，节气门油压越大。这一节气门油压被反馈到主油路调压阀，作为主油路调压阀的控制压力，使主油路调压阀随着节气门开度的变化改变所调节的主油路油压，以获得不同的发动机负荷下主油路油压的最佳值，并将驱动油泵的动力损失减少到最小。此外 ECU 还能根据挡位开关的信号，在变速杆处于倒挡

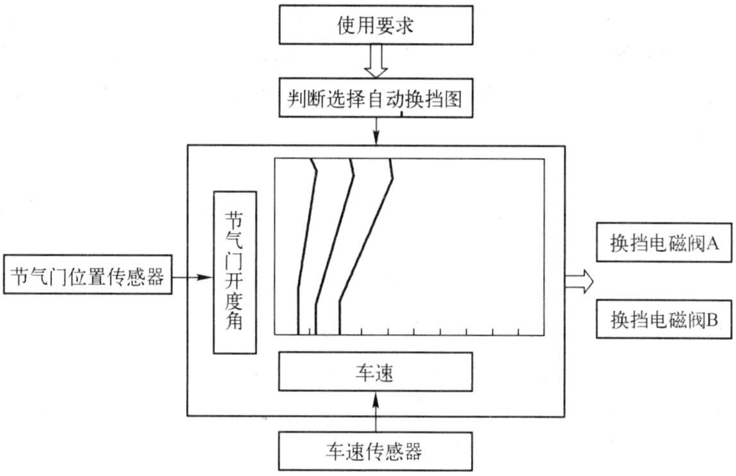

图 2-6-19 自动换挡控制图

位置时提高节气门油压，使倒挡时的主油路油压升高，以满足倒挡时对主油路油压的需要，如图 2-6-20所示。

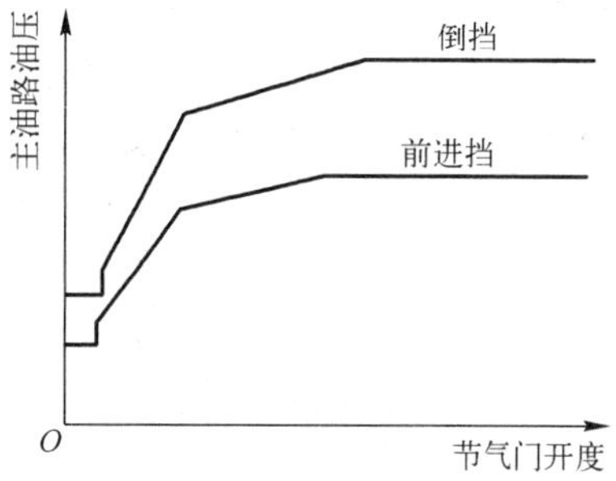

图 2-6-20 主油路油压调节特性

除正常的主油路油压控制外，ECU 还可以根据各个传感器测得的自动变速器的工作条件，在一些特殊情况下对主油路油压进行适当的修正，使油路压力的控制获得最佳效果。例如，在变速杆位于前进低挡（S、L 或 2、1）位置时，由于汽车的驱动力相应较大，ECU 自动使主油路油压高于前进挡时的油压，以满足动力传递的需要。为减小换挡冲击，ECU 还在自动变速器换挡过程中按照换挡时节气门的大小，通过调压电磁阀适当减小主油路油压，以改善换挡感觉。ECU 还可以根据油温传感器的信号，在 ATF 温度未达到正常工作温度时（低于 60 ℃），将主油路油压调整为低于正常值，以防止因 ATF 在低温下黏度较大而产生换挡冲击。当 ATF 温度过低时（低于 -30 ℃），ECU 使主油路油压升到最大值，以加速离合器、制动器的接合，防止温度过低时因 ATF 黏度过大而导致换挡过程过于缓慢。在海拔较高时，发动机输出功率降低，ECU 将主油路油压控制为低于正常值，以防止换挡时产生冲击。

3）液力变矩器锁止离合器控制（TCC）

电控自动变速器中的锁止离合器的工作是由 ECU 控制的，ECU 按照设定的控制程序，通过一个锁止离合器控制阀（参见图 2-5-18）来控制锁止离合器的接合或分离。电控自动变速器在各种工作条件下的最佳锁止离合器控制程序被预先存储在 ECU 的存储器内。ECU 根据自动变速器的挡位、控制模式等工作条件从存储器内选择出相应的锁止控制程序，再将节气门开度、车速与锁止控制程序进行比较。当车速足够高，且其他各种因素均满足锁止条件时，ECU 即向锁止电磁阀输出电信号，使锁止离合器接合，实现液力变矩器的锁止。

ECU 在对锁止离合器进行控制时，还要根据自动变速器的工作条件，在下述一些特殊工况下禁止锁止离合器接合，以保证汽车的行驶性能。这些禁止锁止离合器接合的条件有：自动变速器收到制动信号时（有些自动变速器则是在 ECU 收到制动信号且车速降到一定车速时）；当发动机冷却液温度低于某值时；自动变速器油温低于某值时；当节气门完全关闭时；其他情况如 ECU 检测到锁止离合器控制电路故障时。早期的电子控制自动变速器中，控制锁止离合器工作的电磁阀采用的是开关式电磁阀，即通电时锁止离合器接合，断电时锁止离合器分离。目前新生产的车型多数采用脉冲线性式电磁阀作为锁止电磁阀，ECU 在控制锁止离合器接合时，通过改变脉冲电信号的占空比，让锁止电磁阀的开度缓慢增大，以减小锁止离合器接合时所产生的冲击，使锁止离合器的接合过程变得更加柔和。

4）换挡品质控制

为了提高汽车舒适性，自动变速器换挡需要平顺柔和，为此，电控自动变速器 ECU 都有换挡品质控制程序。目前常见的改善换挡品质的控制功能有以下几方面：

（1）换挡油压控制。在自动变速器升挡或降挡的瞬间，ECU 通过油路压力电磁阀适当降低主油路油压，以减小换挡冲击，改善换挡质量。也有一些控制系统是通过电磁阀在换挡时减小蓄能器活塞的背压，以减缓离合器或制动器液压缸内油压的增长速度，达到减小换挡冲击的目的。

（2）减力矩控制。在换挡的瞬间，通过延迟发动机的点火时间或减少喷油量，暂时减小发动机的输出力矩，以减小换挡冲击和输出轴的转矩波动。

（3）N－D 换挡控制。这种控制是在变速杆由驻车挡或空挡（P 或 N）位置换至前进挡或倒挡（D 或 R）位置，或相反地由 D 位或 R 位换至 P 位或 N 位时，通过调整发动机喷油量，将发动机的转速变化减至最低程度，以改善换挡质量。

若没有这种控制时，当自动变速器的变速杆由 P 位或 N 位换至 D 位或 R 位时，由于发动机负荷增加，转速随之下降；反之，由 D 位或 R 位换至 P 位或 N 位时，由于发动机负荷减小，转速将上升。具有 N－D 换挡控制功能的自动变速器的 ECU 在变速杆由 P 位或 N 位换至 D 位或 R 位时，若输入轴传感器所测得的输入轴转速变化超过规定值，即向发动机 ECU 发出 N－D 换挡控制信号，发动机 ECU 根据这一信号增加或减小喷油量，以防止发动机转速变化过大。

5）自动模式选择控制

ECU 通过各个传感器测得汽车行驶情况和驾驶人的操作方式，经过运算分析，自动选择采用经济模式、普通模式或动力模式进行换挡控制，以满足不同的驾驶人的操作要求。

ECU 在进行自动模式选择控制时，主要参考变速杆的位置及加速踏板被踩下的速度，以判断驾驶人的操作目的，自动选择控制模式。

（1）在前进低挡（S、L 或 2、1）时，ECU 只选择动力模式。

（2）在前进挡 D 位，且加速踏板被踩下的速度较低时，ECU 选择经济模式。当加速踏板被踩下的速度超过控制程序中所设定的速度时，ECU 由经济模式转变为动力模式。

（3）在前进挡 D 位，ECU 选择动力模式之后，一旦节气门开度低于 1/8 时，ECU 即由动力模式转换为经济模式。

6）发动机制动功能控制

一些新型的电控自动变速器的强制离合器或强制制动器的工作也由 ECU 通过电磁阀来控制。ECU 按照设定的发动机制动控制程序，当变速杆位置、车速、节气门开度等因素满足一定条件（如变速杆位于前进低挡位置，且车速大于 10 km/h，节气门开度小于 1/8）时，向强制离合器电磁阀或强制制动器电磁阀发出电信号，打开强制离合器或强制制动器的控制油路，使之接合或制动，让自动变速器具有反向传递动力的能力，在汽车滑行时以实现发动机制动。

7）输入轴转速传感器的控制

电控自动变速器 ECU 通过输入轴转速传感器可以检测出自动变速器输入轴的转速，并由此计算出液力变矩器的传动比（泵轮和涡轮的转速之比），以及发动机曲轴和自动变速器输入轴的转速差，从而使 ECU 更精确地控制自动变速器的工作。特别是 ECU 在进行换挡油路压力控制、减力矩控制、锁止离合器控制时，利用这一参数进行计算，可使这些控制的持续时间更加精确，从而获得最佳的换挡品质和乘坐舒适性。

8）故障自诊断与失效保护

电控自动变速器 ECU 具有故障自诊断和失效保护功能。ECU 在汽车行驶过程中不停地监测自动变速器电子控制装置中所有传感器和部分执行器的工作。一旦发现某个传感器或执行器有故障，立即采取以下几种保护措施：

（1）在汽车行驶时，仪表盘上的自动变速器故障警告灯亮起，提醒驾驶人立即将汽车送至维修厂检修。目前，大部分汽车是以超速挡指示灯“O/D　OFF”作为自动变速器故障警告灯。若超速挡指示灯亮起后，按超速挡开关也不能将它熄灭，即说明电子控制装置出现故障。

（2）传感器出现故障时，ECU 所采取的控制方式和保护措施如下：

① 当节气门位置传感器出现故障时，ECU 根据怠速开关的状态进行控制。当怠速开关断开时（加速踏板被踩下），按节气门开度为 1/2 进行控制，同时节气门油压为最大值；当怠速开关接通时（加速踏板完全放松），按节气门处于全闭状态进行控制，同时节气门油压为最小值。

② 当车速传感器出现故障时，ECU 不能进行自动换挡控制，此时自动变速器的挡位由变速杆的位置决定。在 D 位和 S（或 2）位固定为超速挡或 3 挡，在 L（或 1）位固定为 2 挡或 1 挡，或不论变速杆在任何前进挡位，都固定为 1 挡，以保持汽车最基本的行驶能力。许多车型的自动变速器有两个车速传感器，其中一个用于自动变速器的换挡控制，另一个为仪表盘上车速表的传感器。这两个传感器都与 ECU 相连，当用于换挡控制的车速传感器损坏时，ECU 可利用车速表传感器的信号来控制换挡。

③ 输入轴转速传感器出现故障时，ECU 停止减转矩控制，换挡冲击有所增大。

④ 油温传感器出现故障时，ECU 按自动变速器油温为 80 ℃的设定进行控制。

（3）执行器出现故障时，ECU 所采取的控制方式和保护措施如下：

① 换挡电磁阀出现故障时，不同的 ECU 有两种不同的失效保护功能：一种是不论有几个换挡电磁阀出现故障，ECU 都将停止所有换挡电磁阀的工作，此时自动变速器的挡位将完全由变速杆的位置决定，在 D 位和 S（或 2）位时被固定为 3 挡，在 L（或 1）位时被固定为 2 挡；另一种是几个换挡电磁阀中有一个出现故障时，ECU 控制其他无故障的电磁阀工作，以保证自动变速器仍能自动升挡或降挡，但会失去某些挡位，而且升挡或降挡规律有所变化，例如，可能直接由 1 挡升到 3 挡或超速挡。

② 强制离合器或强制制动器电磁阀出现故障时，ECU 停止电磁阀的工作，让强制离合器或强制制动器始终处于接合状态，这样汽车减速时总有发动机制动作用。

③ 锁止电磁阀出现故障时，ECU 停止锁止离合器控制，使锁止离合器始终处于分离状态。

④ 油压电磁阀出现故障时，ECU 停止锁止离合器控制，使油路压力保持为最大。

二、丰田 A341E 型的电控系统

由于不同自动变速器的结构类型、电路表达方式及控制策略不尽相同，为尽可能全面掌握自动变速器电控系统检修方法，故在此选取了日系典型自动变速器丰田 A341E 进行介绍，希望读者能够通过学习达到举一反三、触类旁通之功效。

1. 电路组成

A341E 型自动变速器的电控系统电路如图 2-6-21 所示。图 2-6-22 所示为该自动变速器的指示灯控制电路（图 2-6-22 中数字编号含义如表 2-6-1 所示）。它主要由发动机、ECU、换挡模式选择开关、挡位开关、超速挡开关、驻车开关、车速传感器、水温传感器、节气门位置传感器及电磁阀等组成。

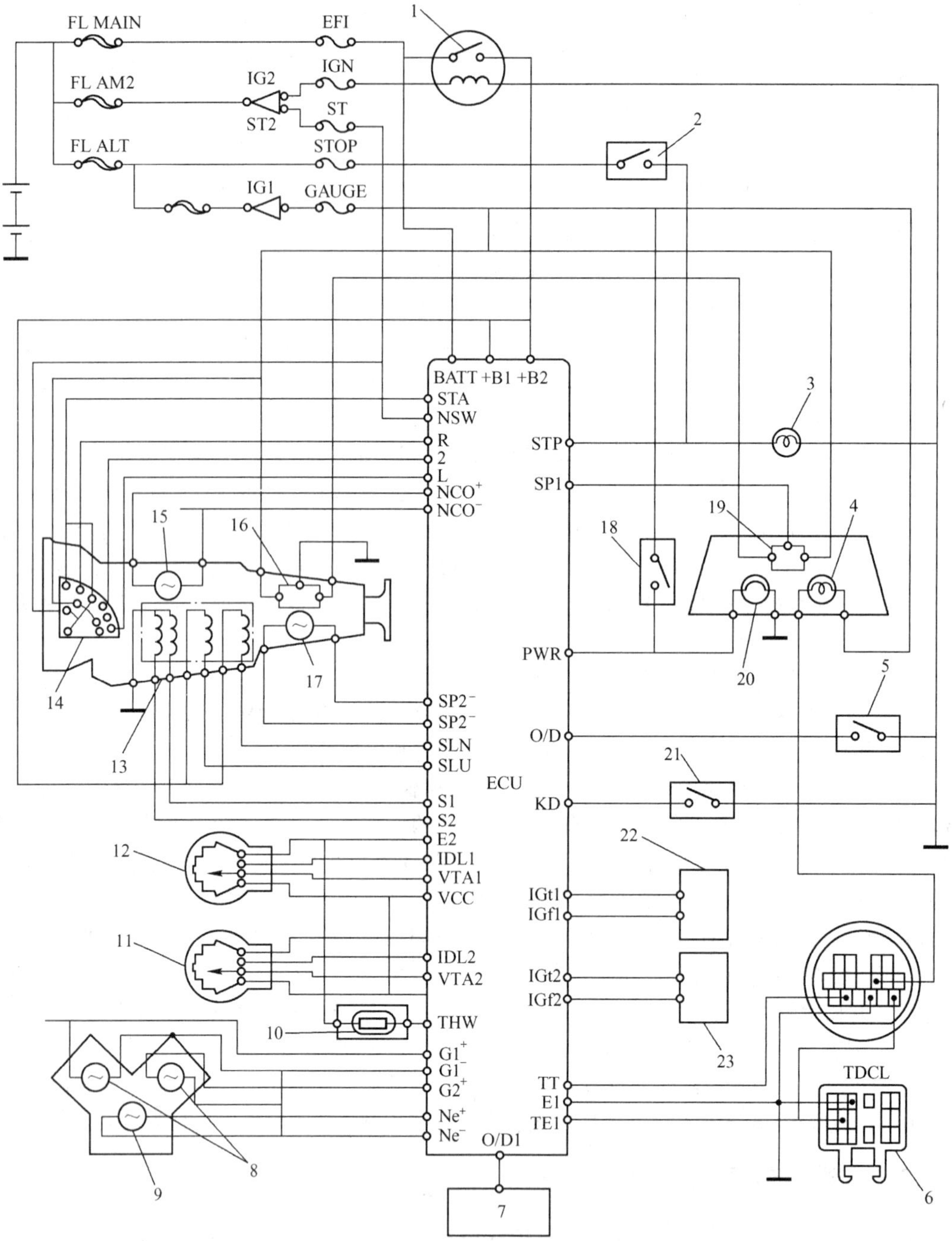

图 2-6-21　A341E 型自动变速器电控系统电路

1— EFI 主继电器；2—制动灯开关；3—制动灯；4—O/D OFF 指示灯；5—超速开关；6—诊断接头；7—巡航控制单元；8—凸轮位置传感器；9—发动机转速传感器；10—发动机水温传感器；11—副节气门位置传感器；12—主节气门位置传感器；13—电磁阀；14—空挡启动开关；15—超速离合器转速传感器；16—1 号车速传感器；17—2 号车速传感器；18—行驶模式选择开关；19—脉冲转换电路；20—行驶模式指示灯；21—节气门全开强制降挡开关；22—1 号点火器；23—2 号点火器

汽车行驶中，发动机和自动变速器 ECU 根据各传感器和控制开关传来的信号进行换挡控制和锁止离合器控制，并通过各电磁阀控制变速器。

2. 主要元件的结构原理

1）车速传感器

丰田 LS400 系列轿车装用的 A341E 型自动变速器，共设有两个电磁感应式车速传感器。这两个车速传感器均安装在变速器输出轴附近的壳体上，一个称为 1 号车速传感器，另一个称为 2 号车速传感器。

（1）1 号车速传感器。1 号车速传感器安装在变速器输出轴附近的壳体上，由输出轴从动齿轮驱动旋转的信号转子装在传感器的对面，如图 2–6–23 所示。

在电控自动变速器的 ECU 中，1 号车速传感器是 2 号车速传感器的备用传感器，当 2 号车速传感器有故障时，可代替 2 号车速传感器的信号，用来检测自动变速器输出轴的转速，并将信号传递给 ECU。

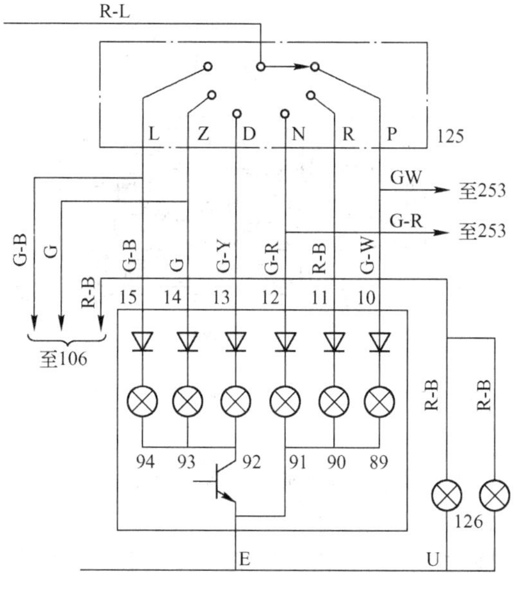

图 2–6–22 A341E 型自动变速器指示灯控制电路

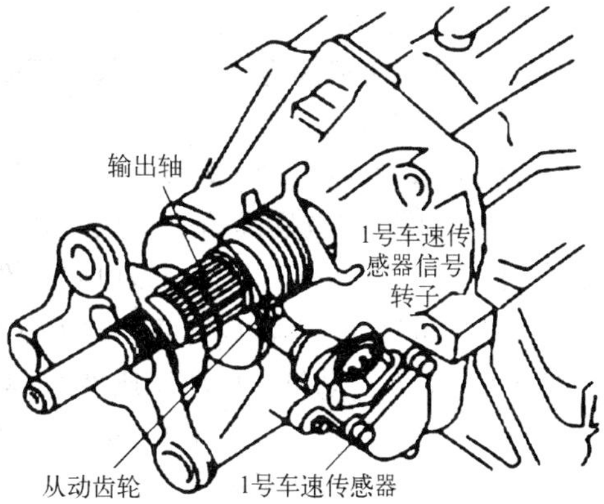

图 2–6–23 1 号车速传感器安装位置示意图

表 2–6–1 A341E 型自动变速器指示灯控制电路数字编号含义

编号	含义	编号	含义
89	驻车挡（P）指示灯	94	限定 1 挡指示灯
90	倒挡（R）指示灯	106	ECT ECU（电子控制单元）
91	空挡（N）指示灯	115	变速方式选择开关（80 自动变速器指示灯）
92	自动挡（D）指示灯	125	自动变速指示器开关（在空挡启动开关内）
93	限定 2 挡（2）指示灯	126	倒车灯

（2）2 号车速传感器。2 号车速传感器也安装在变速器输出轴附近的壳体上，由输出轴直接驱动旋转的信号转子位于传感器的对面，如图 2–6–24（a）所示，其与 ECU 之间的接线图如图 2–6–24（b）所示。

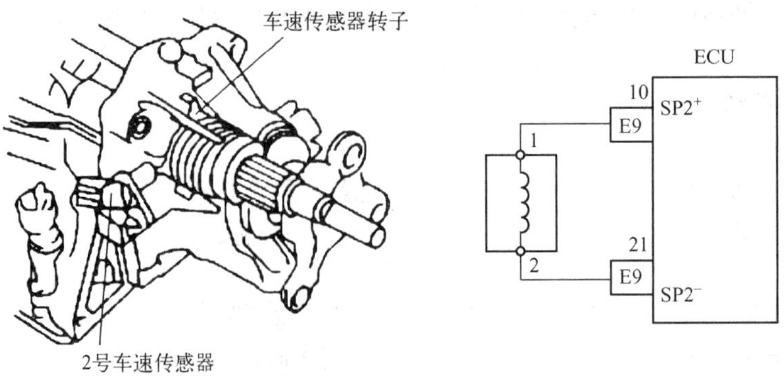

（a）传感器位置　　（b）接线图

图 2-6-24　2 号车速传感器安装位置及接线图

2）电磁阀结构原理

丰田 LS400 系列轿车配装的 A341E 型自动变速器共设有四个电磁阀。这四个电磁阀均安装在自动变速器的阀体总成上。其中，1 号、2 号电磁阀为换挡电磁阀，用来控制换挡油压；3 号电磁阀为锁止电磁阀，用来控制锁止离合器的工作时间；4 号电磁阀为调压电磁阀，用来调节作用在执行元件上的油压。

(1) 1 号、2 号电磁阀。1 号、2 号电磁阀主要由柱塞（阀）和电磁线圈等组成。其结构示意图如图 2-6-25 所示。当柱塞被电磁线圈吸拉至右侧时，阀门打开并泄放管路中的压力油。

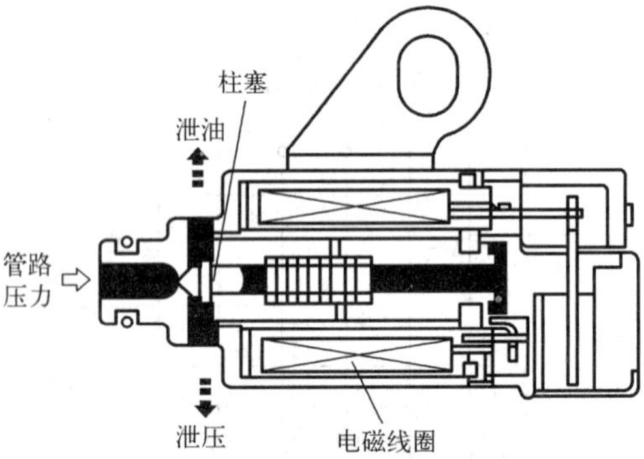

图 2-6-25　1 号、2 号电磁阀的结构示意图

汽车工作时，发动机和自动变速器的 ECU 通过对 1 号、2 号电磁阀 ON（接通）、OFF（关断）控制的组合，形成自动变速器在 1 挡到 O/D 挡之间的挡位变换。

如果 1 号电磁阀或 2 号电磁阀任意一个发生故障时，发动机和 ECT 的 ECU 可使用正常的电磁阀进行换挡控制。当两个电磁阀均发生故障时，ECU 进入备用系统，停止向电磁阀供电，由电控换挡变为手动操作换挡。

表 2-6-2 列出了正常情况下电磁阀的通断信号与各挡位的关系。

表 2-6-2　正常情况下电磁阀的通断信号与各挡位的关系

变速器变速杆位置	变速器挡位	电磁阀工作情况	
		1 号电磁阀	2 号电磁阀
P	驻车挡	接通	关断
R	倒挡	接通	关断
N	空挡	接通	关断
D	1 挡	接通	关断
	2 挡	接通	接通
	3 挡	关断	接通
	4 挡	关断	关断

续表

变速器变速杆位置	变速器挡位	电磁阀工作情况	
		1 号电磁阀	2 号电磁阀
2	1 挡	接通	关断
	2 挡	接通	接通
	3 挡	关断	接通
L	1 挡	接通	关断
	2 挡	接通	关断

1 号、2 号电磁阀与 ECU 之间的接线如图 2-6-26 所示。

（2）3 号电磁阀。3 号电磁阀安装在自动变速器的阀体总成上，其作用是控制作用在锁止离合器上的油压和锁定时间。

3 号电磁阀的结构示意图如图 2-6-27 所示。它主要由柱塞（阀）、电磁线圈、回位弹簧、柱塞轴及控制阀等组成。3 号电磁阀为脉冲线性式电磁阀，流经电磁线圈的电流由发动机和自动变速器的 ECU 输出信号的占空比控制。当进行锁定时，自动变速器的 ECU 输出的脉冲信号使电磁线圈通电时间长，因此占空比高，锁定油压高。锁定工作压力与电磁阀电流成线性关系，如图 2-6-28 所示。3 号、4 号电磁阀与 ECU 之间的接线图如图 2-6-29 所示。

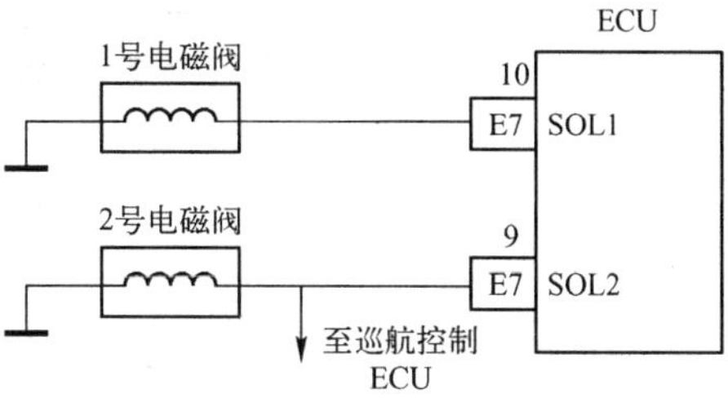

图 2-6-26 1 号、2 号电磁阀与 ECU 之间的接线图

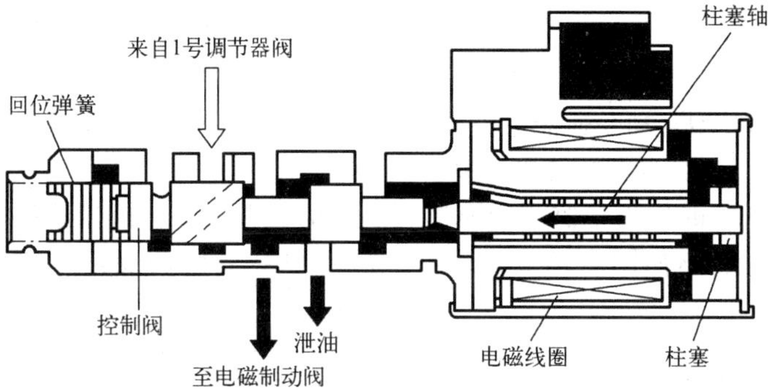

图 2-6-27 3 号电磁阀的结构示意图

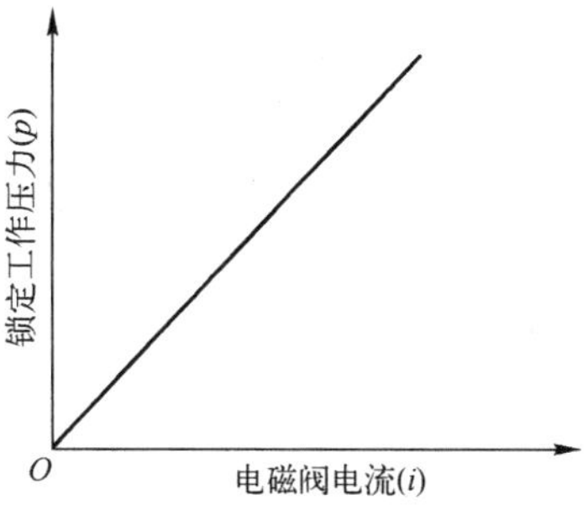

图 2-6-28 锁定工作压力与电磁阀电流的关系曲线

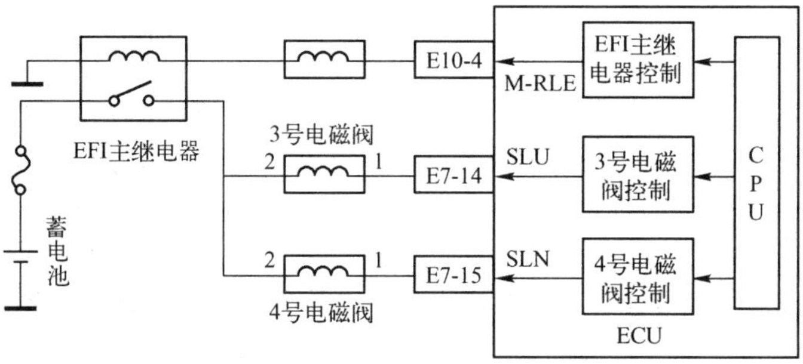

图 2-6-29 3 号和 4 号电磁阀与 ECU 之间的接线图

(3) 4 号电磁阀。4 号电磁阀安装在变速器的阀体总成上，其作用是调节作用在行星齿轮机构离合器及制动器上的油压，以实现平稳换挡。4 号电磁阀的结构示意图如图 2-6-30 所示，它主要由电磁线圈、柱塞（阀）、柱塞轴、回位弹簧及控制阀等组成。

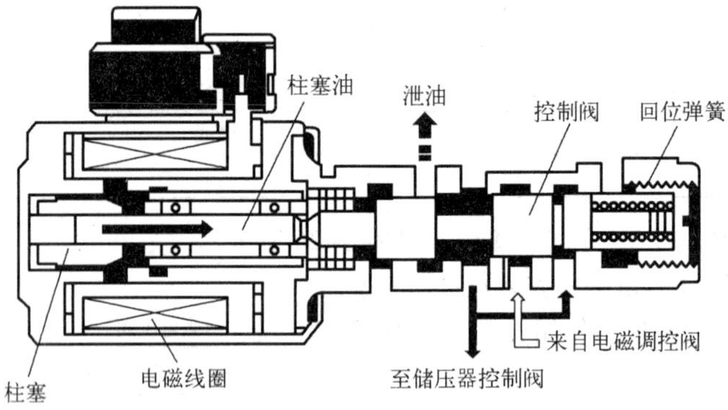

图 2-6-30　4 号电磁阀的结构示意图

发动机和自动变速器的 ECU 根据节气门位置传感器、车速传感器和 O/D 离合器转速传感器（输入轴转速传感器）的信号，确定最佳工作油压，并控制流经电磁阀电磁线圈中的电流的大小。

流经电磁线圈电流的大小由自动变速器的 ECU 输出脉冲信号的占空比控制，从而使作用在离合器上的油压发生变化。即电磁线圈通电时间越长，占空比越高时，作用在离合器上的油压越低，换挡越平稳。也就是说，作用在离合器上的油压与 ECU 控制信号的占空比成反比，其控制曲线如图 2-6-31 所示。

3）开关控制电路

丰田 LS400 系列轿车配装的 A341E 型自动变速器电控系统共设有五个控制开关，即空挡启动开关、强制降挡开关、驻车灯开关、模式选择开关和 O/D 开关。

(1) 空挡启动开关。空挡启动开关的作用是监测变速器变速杆的位置，并将信号传送给发动机 ECU 和 ECT ECU。其结构示意图如图 2-6-32 所示。它与 ECU 之间的连接方式如图 2-6-33 所示。

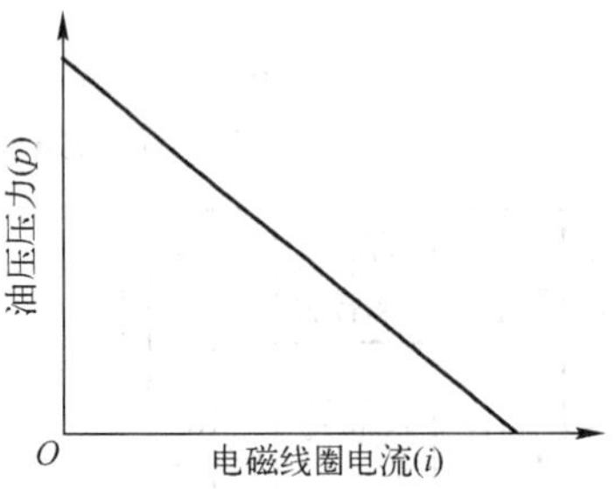

图 2-6-31　离合器油压与占空比信号关系曲线

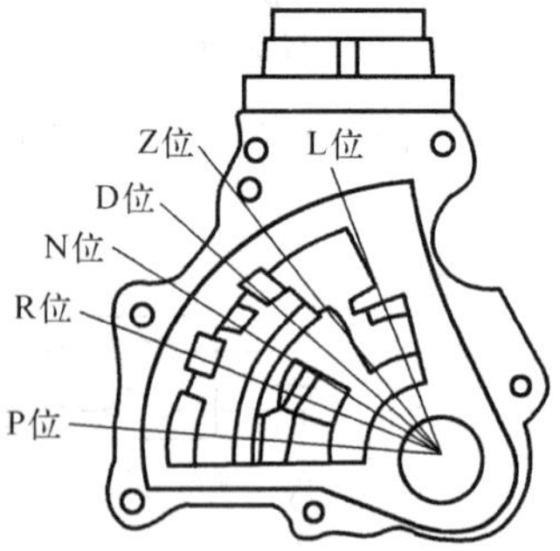

图 2-6-32　空挡启动开关结构示意图

启动前，应先将变速器变速杆置于 P 位或 N 位，向发动机和自动变速器的 ECU 传送空挡启动开关 NSW 信号，然后再启动发动机。如果发动机和自动变速器的 ECU 收不到空挡启动开关传来的 NSW 信号，发动机便不能启动运转。

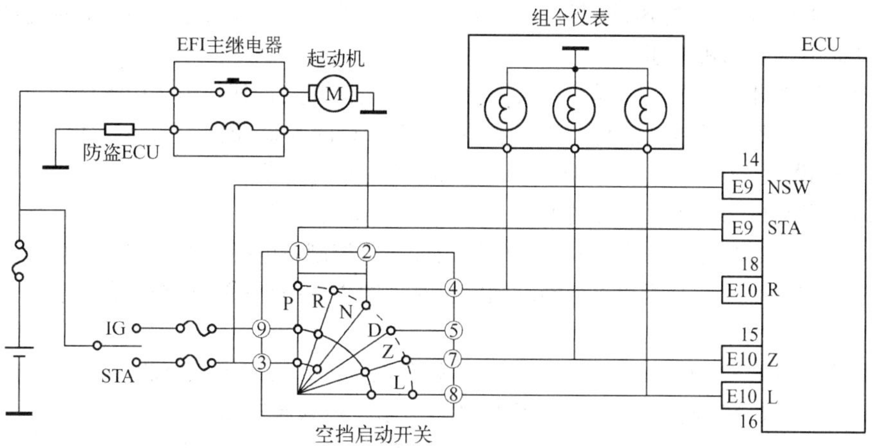

图 2-6-33　空挡启动开关与 ECU 之间的连接方式

（2）强制降挡开关。又称自动跳合开关，其位于加速踏板下方，如图 2-6-34（a）所示。它的作用是监测加速踏板下移的位置。当加速踏板踩下超过节气门全开位置时，强制降挡开关接通，并将信号传送给发动机和自动变速器的 ECU，如图 2-6-34（b）所示。ECU 收到强制降挡开关接通 KD 信号后，按照存储在发动机和自动变速器的 ECU 中的换挡程序进行换挡。

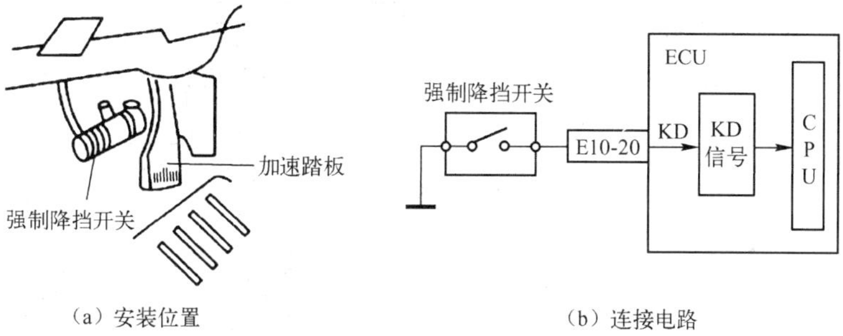

（a）安装位置　　（b）连接电路

图 2-6-34　强制降挡开关安装位置及接线图

如果强制降挡开关电路发生短路，没有 KD 信号传送到发动机和自动变速器的 ECU，则 ECU 便控制换挡电路处于手动换挡状态。

（3）驻车灯开关。为了防止车辆在锁定情况下行驶时由于突然制动而造成失速，故自动变速器控制电路设置了驻车灯开关。驻车灯开关的作用是监测制动踏板的动作。驻车灯开关安装在制动踏板下方，在制动踏板动作时，驻车灯开关被接通，并将 BK（制动灯接通开关信号）信号传送给发动机和自动变速器的 ECU，如图 2-6-35 所示。

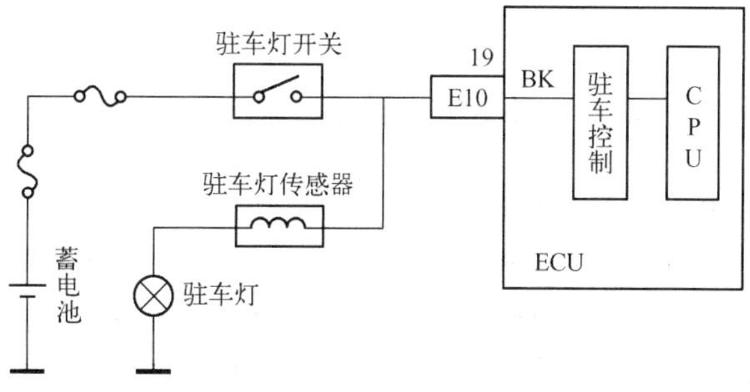

图 2-6-35　驻车灯开关与 ECU 连接示意图

自动变速器的ECU收到BK信号后，便解除离合器的锁定，以防止在离合器锁定的情况下由于突然制动而造成发动机失速。

（4）模式选择开关。模式选择开关又称驱动方式选择开关，其作用是用来选择自动变速器的控制模式，以适应不同的行驶条件。发动机和ECT ECU的存储器内设有NORM（正常）模式、PWR（动力）模式、2挡模式、L挡模式及锁定模式的换挡模式。

工作时，发动机和自动变速器的ECU根据来自模式选择开关，空挡启动开关及各种传感器的信号，按照存储器中存放的不同模式下的换挡程序，控制各电磁阀的通与断及离合器、制动器的工作，从而控制变速器换挡和离合器的锁定正时。图2-6-36是模式选择开关与ECU之间连接示意图。

（5）O/D开关和O/D指示灯。O/D开关即超速主开关，其作用是监测O/D开关的位置，并将信号传送给发动机和ECT的ECU，从而确认是否阻止换入超速挡行驶。

O/D开关和O/D OFF指示灯与ECU之间的连接示意图如图2-6-37所示。

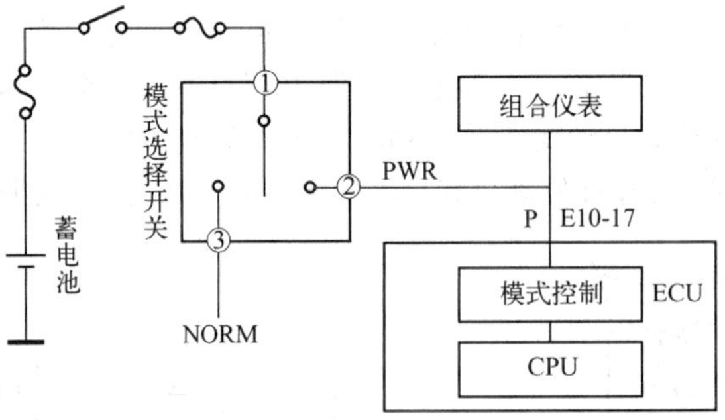

图2-6-36 模式选择开关与ECU之间连接示意图

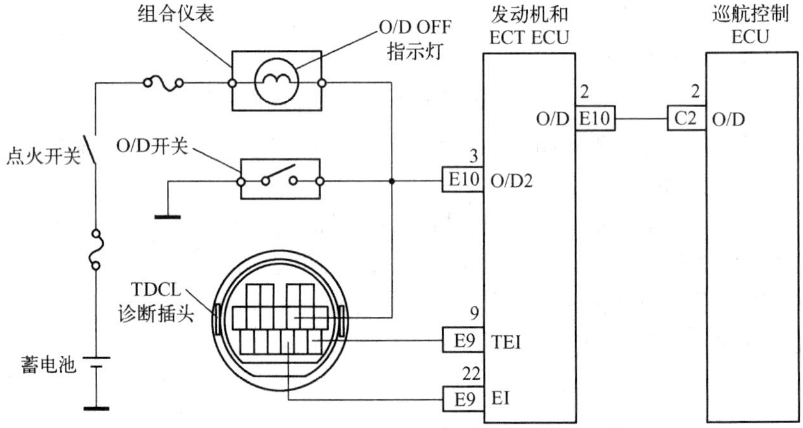

图2-6-37 O/D开关和O/D OFF指示灯与ECU之间的连接示意图

当O/D开关处于OFF（关）位置时，O/D开关触点接通，O/D OFF指示灯点亮，并向发动机和ECT ECU的O/D 2引脚传送低电平（0 V）信号，于是ECU阻止换入超速挡行驶。当O/D开关处于ON（开）位置时，O/D开关触点断开，O/D OFF指示灯熄灭，并向发动机和ECT ECU的O/D 2引脚传送高电平（12 V）信号，此时ECU允许换入超速挡行驶。

4）ECU 各端子状态参数

A341E 型自动变速器 ECU 各端子对地电压如表 2-6-3 所示。

表 2-6-3　A341E 型自动变速器 ECU 各端子对地电压

检测端子（端子号）	检测状态		正　常
S1	点火开关在 ON 位置，P 位		蓄电池电压
	在 1、2 挡		
	在 3、4 挡		0 V
S2	点火开关在 ON 位置，P 位		0 V
	在 1、4 挡		0 V
	在 2、3 挡		蓄电池电压
SLU	点火开关在 ON 位置		蓄电池电压
SLN	点火开关在 ON 位置		蓄电池电压
IDL	点火开关在 ON 位置，节气门开		4～6 V
VTA	点火开关在 ON 位置，节气门关		0.1～1.0 V
	点火开关在 ON 位置，节气门全开		3～5 V
SP2	自动变速器正常运转		脉冲电压
VC	点火开关在 ON 位置		4～6 V
NSW	点火开关在 ON 位置，P 位或 N 位		0 V
	点火开关在 ON 位置，其他挡位		5 V
SPD	自动变速器正常运转		脉冲电压
O/D1	点火开关在 ON 位置		蓄电池电压
O/D2	点火开关在 ON 位置，O/D 开关 ON		0 V
	点火开关在 ON 位置，O/D 开关 OFF		5 V
2	点火开关在 ON 位置，2 位		蓄电池电压
	点火开关在 ON 位置，其他挡位		0 V
L	点火开关在 ON 位置，L 位		蓄电池电压
	点火开关在 ON 位置，其他挡位		0 V
R	点火开关在 ON 位置，R 位		蓄电池电压
	点火开关在 ON 位置，其他挡位		0 V
PWR	点火开关在 ON 位置	模式开关在 PWR 位	蓄电池电压
		模式开关在 NORM 位	0 V
STP	踩下制动踏板		蓄电池电压
	松开制动踏板		0 V
KD	点火开关在 ON 位置	不踩加速踏板	蓄电池电压
		加速踏板踩到底	0 V

3. 自诊断系统

丰田 LS400 系列轿车 A341E 型自动变速器的电子控制系统具有自诊断功能，该系统在汽车运行时监视各传感器和执行机构的工作情况，当系统发生故障时，ECU 将所发生的故障转变为相应的代码，存储于存储器中，并使 O/D 指示灯闪亮，以警告驾驶人系统出了问题。

A341E 型自动变速器故障码见表 2-6-4。

表 2-6-4 A341E 型自动变速器故障码

故障码	故障诊断	故障部位
42	1 号车速传感器线路有断路或短路故障	1 号车速传感器或其线路；发动机与 ECT ECU
46	4 号电磁阀线路有开路或短路	4 号电磁阀或其线路，发动机与 ECT ECU
61	2 号车速传感器线路有断路或短路故障	2 号车速传感器或其线路
62	1 号电磁阀线路有开路或短路	1 号电磁阀或其线路；发动机与 ECT ECU
63	2 号电磁阀线路有开路或短路	2 号电磁阀或其线路；发动机与 ECT ECU
64	3 号电磁阀线路有开路或短路	3 号电磁阀或其线路；发动机与 ECT ECU
67	O/D 直接挡转速传感器信号不良	O/D 直接挡速传感器或其线路；发动机与 ECT ECU
68	强制降挡开关断路	强制降挡开关或其线路；发动机与 ECT ECU

4. 故障诊断表

需要说明的是，为了方便检修人员快捷地排除 A341E 型自动变速器的有关故障，丰田公司给出了对应的电控系统故障诊断表。编者考虑到篇幅和目前实际应用情况，将此部分的内容予以省略，如有需要，可自行查找相关资料。

任务实施

一、实施环境

（1）汽车底盘电控实训室或汽车整车实训室。

（2）装备有自动变速器的轿车（如世嘉、标致 307、科鲁兹、英朗、君威等）或汽车自动变速器台架（如 MAXA、AF13、4T65E、AL4、A34 系列、01M、01N 等）、举升机、工具车（配有拆装工具）、工作台。

（3）相应的车辆维修手册或自动变速器台架资料。

二、实施步骤

（一）实操流程

（1）各小组对照分解的实物、模型或图片说明所视对象属于哪种类型的自动变速器。

（2）确定此种自动变速器（由教师指定）的型号，并查找该自动变速器的维修手册及相关资料。

（3）依据资料分析其电子控制系统的控制原理。

（4）对照实物与电路控制图，辨识、确认各传感器、执行器的位置及接线端子的编号及作用。

（5）实绘 ECT ECU 的接线端口图示，并与资料进行比对，弄清楚各个端子编号及作用。

（6）分组讨论，说明检修电控系统应注意的事项。

（二）检修对象

1. 电磁阀的检修

1）电磁阀的就车检查

用万用表测量电磁阀线圈的电阻。开关式电磁阀线圈的电阻一般为 10 ～ 30 Ω。脉冲线性式电磁阀线圈的电阻值较小，一般为 2 ～ 6 Ω。若电磁阀线圈短路、断路或电阻值不符合标准，应更换。

将 12 V 电源施加在电磁阀线圈上，此时应能到听到电磁阀工作的“咔嗒”声；否则，说明阀芯卡住，应更换电磁阀。

2）电磁阀的性能检验

开关式电磁阀性能的检验方法：拆下电磁阀，将压缩空气吹入电磁阀进油口。当电磁阀线圈不接电源时，进油孔和泄油孔之间应不通气；接上电源后，进油孔和泄油孔之间应相通。若不满足要求，说明电磁阀损坏，应更换电磁阀。

脉冲线性式电磁阀性能的检验方法：拆下脉冲线性式电磁阀，将蓄电池串联一个 8 ～ 10 W 的车用灯泡，然后与电磁阀线圈连接（脉冲线性式电磁阀线圈电阻较小，不可直接与 12 V 电源连接，否则会烧毁电磁线圈）。通电时，电磁阀阀芯应向外伸出；断电时，电磁阀阀芯应向内缩入。如果异常，说明电磁阀损坏，应更换。

脉冲线性式电磁阀性能的另一种检验方法：将可调电源与电磁阀线圈连接，调整电源的电压，同时观察阀芯的移动情况。当电压逐渐升高时，阀芯应随之向外移动；当电压逐渐减小时，阀芯应随之向内移动。否则，说明电磁阀损坏，应更换。检验中应注意，电流不要超过 1 A。

2. ECU 及控制电路的检修

ECU 及其控制电路的故障可通过故障诊断仪来检测。如果无法使用故障诊断仪，也可以采用另一种检测方法：通过测量 ECU 线束插头内各引脚的工作电压，来判断 ECU 及其控制电路工作是否正常。采用此方法检测故障时，必须以被测车型的详细维修技术资料为依据。这些技术资料包括：ECU 各引脚（端子）的定义、各引脚在发动机不同工作状态下的标准电压值等。如果在检测中发现某一引脚的实际工作电压与标准值不符，即表明 ECU 或控制电路有故障。

3. 控制系统工作过程的检验

控制系统工作过程的检验就是检查 ECU 向各个电磁阀的控制信号是否正常。只要这些控制信号正常，就可以说明控制系统中的 ECU、传感器及其控制电路的工作是正常的。

控制系统的工作过程可以用故障诊断仪来检验，如美国的通用、福特等车型可用这种方法。在无法使用故障诊断仪的情况下，则可以采用以下几种方法来检验控制系统的工作过程。

1）用电压表通过故障自诊断插座进行检测

在某些丰田车的故障自诊断插座内有一个 TT 插孔，这是专门用于检测电控自动变速器控制系统的。

启动发动机并运转至正常工作温度。按下超速挡开关，置于 ON 位置。按下模式开关，使之位于普通模式或经济模式位置。将变速器变速杆拨至 D 位，踩下加速踏板，让汽车行驶并加速。用电压表测量 TT 插孔与 E1 插孔的电压，其电压值与 ECU 发出的换挡信号的关系如表 2-6-5 所示。由表中可知，随着挡位的升高，电压值将做阶跃性增大。每次电压增大的时刻即为 ECU 发出升挡信号的时刻。

表 2-6-5　电压值与 ECU 发出的换挡信号的关系

挡位信号	电压/V	挡位信号	电压/V
1 挡	0	2 挡，锁止离合器接合	3
2 挡	2	3 挡，锁止离合器接合	5
3 挡	4	4 挡，锁止离合器接合	7
4 挡	6		

2）通过电磁阀的控制电路进行检测

ECU 是通过电磁阀来控制自动变速器工作的，因此只要检测 ECU 输送给各个电磁阀的控制信号，就可以检测到控制系统的工作状态。由于电磁阀的控制信号通常是 12 V 的直流电压或脉冲电压。因此，检测电磁阀控制信号最简便的方法是采用（自制的）12 V 二极管试灯（见图 2-6-38）。12 V 二极管试灯由一个发光二极管串联一个 1 kΩ 左右的电阻器构成。

将试灯正极与电磁阀控制线路连接，负极一端搭铁，通过观察发光二极管点亮情况来检测电磁阀的工作状态。若在自动变速器工作过程中，与某个电磁阀连接的发光二极管点亮，说明该电磁阀正在工作。

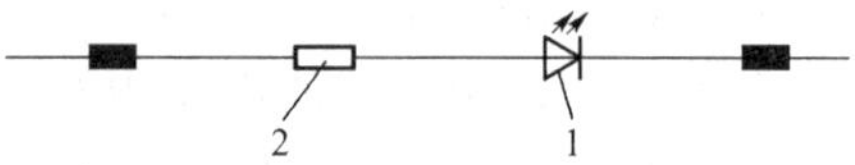

图 2-6-38　自制发光二极管试灯

1—发光二极管；2—电阻器

这种方法可以不受任何条件的限制，适于检测任何车型电子控制自动变速器的控制系统，特别适于检测控制系统的换挡信号。只要将测得的各个换挡电磁阀的工作状态与不同挡位下换挡电磁阀的工作规律情况进行比较，就可以知道控制系统向换挡电磁阀发出的控制信号是哪个挡位。

（三）检测内容与方法

自动变速器电子控制装置常用的内容与方法见表 2-6-6。

表 2-6-6　自动变速器电子控制装置常用的内容与方法

<table>
<tr><th>步 骤</th><th>对应项目</th><th>具 体 程 序</th></tr>
<tr><td rowspan="2">1</td><td rowspan="2">节气门位置传感器的检测</td><td>（1）电阻检测：节气门位置传感器各端子的电阻见下表。
（2）电压检测：全开和全闭时的电压见下表。
（3）怠速开关检查：用万用表测量怠速开关导通情况，当节气门全闭时，应导通；开启时，则不导通。
（4）接地检测：检查接地线安装是否牢固，有无腐蚀等。</td></tr>
<tr><td>传感器各端子间的电阻
<table>
<tr><th>测量端子</th><th>节气门位置</th><th>电阻/kΩ</th></tr>
<tr><td rowspan="2">IDL－E</td><td>全关</td><td>0</td></tr>
<tr><td>全开</td><td>∞</td></tr>
<tr><td>VC－E</td><td>任意开度</td><td>3.1～7.2</td></tr>
<tr><td rowspan="2">VTA－E</td><td>全关</td><td>0.34～6.3</td></tr>
<tr><td>全开</td><td>2.4～11.2</td></tr>
</table>
传感器各端子电压
<table>
<tr><th>节气门位置</th><th>测量端子</th><th>电阻/V</th></tr>
<tr><td>全闭</td><td>VTA－E</td><td>0.3～0.8</td></tr>
<tr><td>全开</td><td>VTA－E</td><td>3.2～4.9</td></tr>
<tr><td>全开</td><td>IDL－E</td><td>9～14</td></tr>
<tr><td>任意开度</td><td>VC－E</td><td>4.0～5.5</td></tr>
</table></td></tr>
<tr><td>2</td><td>车速传感器的检测</td><td>（1）电阻检测：关闭点火开关，拔下车速传感器的线束插头，用万用表测量传感器两接线柱之间的电阻，应为 560～680 Ω。如果感应线圈短路、断路或电阻不符合标准，则更换传感器。
（2）传感器输出脉冲的检测：
① 用千斤顶将汽车的一侧驱动轮顶起，将变速杆置于 N 位，用手转动悬空的驱动轮，用万用表测量车速传感器两接线柱之间有无脉冲感应电压。若有电压输出，说明其工作正常；否则，应更换传感器。
② 将车速传感器拆下，用一块磁铁靠近传感器的前端，然后迅速离开，用万用表检查传感器端子间的电压，若有电压，则说明传感器良好；否则，应更换传感器
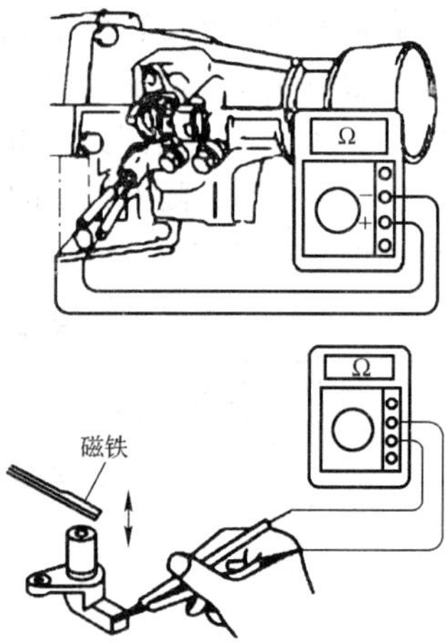
</td></tr>
</table>

续表

<table>
<tr><th>步骤</th><th>对应项目</th><th colspan="2">具体程序</th></tr>
<tr><td>3</td><td>温度传感器的检测</td><td>将传感器拆下，放入水中检测，并对液体试杯加热，当温度由低到高变化时，用欧姆表检测传感器线束插头端子间的电阻，其电阻应均衡变化，并应在规定的范围之内。
温度传感器的温度与电阻对应关系
<table>
<tr><th>温度/℃</th><th>电阻/kΩ</th></tr>
<tr><td>10</td><td>6.5</td></tr>
<tr><td>110</td><td>0.2</td></tr>
</table></td><td>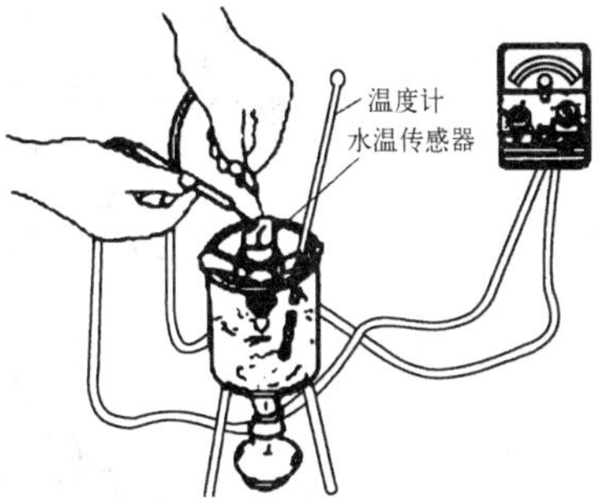
</td></tr>
<tr><td>4</td><td>空挡启动开关检测</td><td colspan="2">用欧姆表测试空挡启动开关端子各通路是否导通，详见下表。
空挡启动开关内部连接关系
<table>
<tr><th>挡位＼端子</th><th colspan="2">点火开关的启动挡</th><th colspan="7">点火开关的点火挡</th></tr>
<tr><th></th><th>B</th><th>NB</th><th>P</th><th>R</th><th>N</th><th>D</th><th>S</th><th>L</th><th>E</th></tr>
<tr><td>P</td><td>○</td><td>○</td><td>○</td><td>—</td><td>—</td><td>—</td><td>—</td><td>—</td><td>○</td></tr>
<tr><td>R</td><td></td><td></td><td></td><td>○</td><td>—</td><td>—</td><td>—</td><td>—</td><td>○</td></tr>
<tr><td>N</td><td>○</td><td>○</td><td></td><td></td><td>○</td><td>—</td><td>—</td><td>—</td><td>○</td></tr>
<tr><td>D</td><td></td><td></td><td></td><td></td><td></td><td>○</td><td>—</td><td>—</td><td>○</td></tr>
<tr><td>S</td><td></td><td></td><td></td><td></td><td></td><td></td><td>○</td><td>—</td><td>○</td></tr>
<tr><td>L</td><td></td><td></td><td></td><td></td><td></td><td></td><td></td><td>○</td><td>○</td></tr>
</table>
注：“○——○”表示导通。</td></tr>
<tr><td>5</td><td>制动灯开关检测</td><td colspan="2">（1）电压检测：测量制动灯开关线路的电源端子与接地端子之间的电压，没有制动时应为蓄电池电压。若不是蓄电池电压，应检查制动灯开关线路。
（2）电阻检测：断开制动灯开关，在制动灯开关两端子之间连接欧姆表。松开制动踏板，电阻为∞；踩下制动踏板，电阻为0；如果电阻不符，则更换制动灯开关</td></tr>
<tr><td>6</td><td>超速挡开关检测</td><td colspan="2">当按下 O/D 开关（ON）时，O/D OFF 指示灯应熄灭；当再次按下 O/D 开关时，O/D 开关弹起（OFF）时，O/D OFF 指示灯应点亮；否则，应检查 O/D OFF 指示灯、O/D 开关及线路</td></tr>
<tr><td>7</td><td>行驶模式选择开关检测</td><td colspan="2">几种行驶模式选择开关的检测方法是完全相同的，在点火开关 OFF 时，用万用表测量开关两端子之间的电阻。当开关处于工作状态时，电阻为零；当开关断开时，电阻为∞</td></tr>
<tr><td>8</td><td>开关电磁阀密封性检测</td><td colspan="2">拆下电磁阀，将压缩空气吹入电磁阀进油口。当电磁阀线圈不接电源时，进油孔和泄油孔之间应不通气；接上电源后，进油孔和泄油孔之间应相通，如下图所示。若不满足要求，说明电磁阀损坏，应更换电磁阀
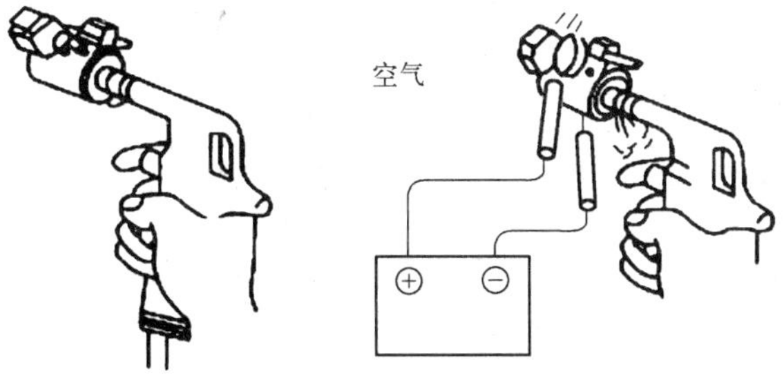

（a）不通电时应无空气泄漏　　（b）通电时空气流出</td></tr>
</table>

续表

步 骤	对应项目	具 体 程 序
9	电磁阀工作性能检测	（1）开关式电磁阀的检测：如下图所示，将12 V电源施加在电磁阀的线圈上，接线时若没有反应则表明其内部断路；若听到“咔嗒”声，说明电磁阀内部电路良好；如接线完后，稍停片刻才能听到“咔嗒”声，说明电磁阀内部过脏或内部发生短路。 （2）线性电磁阀的检测：拆下线性电磁阀插接器。将蓄电池电源串联一个低阻值的电阻器，如一个8～10 W的灯泡，然后与电磁阀电磁线圈连接，如下图所示。通电时，电磁阀阀芯应向外伸出；断电时，电磁阀阀芯应向内缩入。如果异常，则说明电磁阀损坏 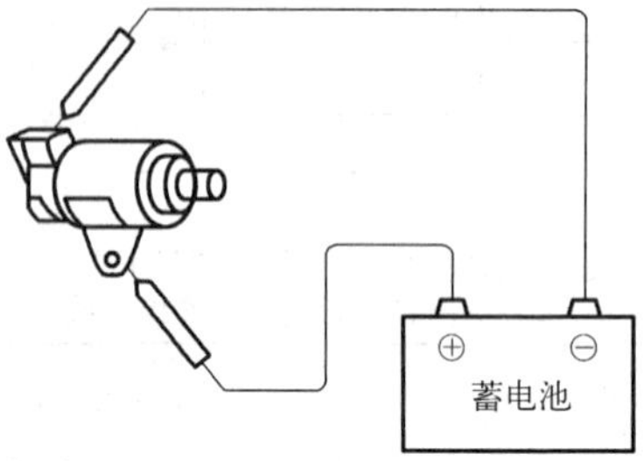 开关式电磁阀的检测 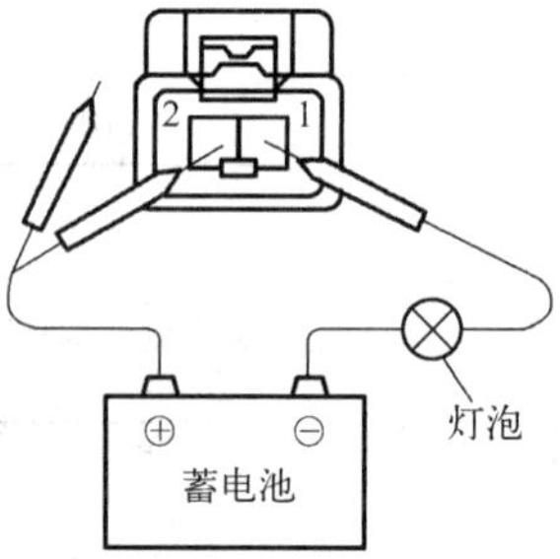 线性电磁阀的检测
10	电磁阀电阻的检测	不同汽车公司的变速器电磁阀的电阻是不同的。电磁阀的电阻应使用欧姆表进行测量，如低于标准值，说明内部短路；高于标准值，说明有断路现象，都必须更换，如下图所示： 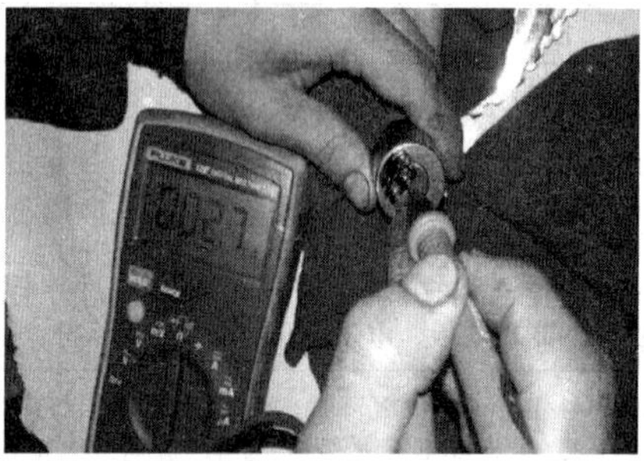

三、任务工单

<table>
<tr><td rowspan="3">项目二　检修电控液力自动变速器
任务六　检修电控系统</td><td>班级</td><td colspan="3"></td></tr>
<tr><td>姓名</td><td></td><td>学号</td><td></td></tr>
<tr><td>日期</td><td></td><td>分数</td><td></td></tr>
</table>

（1）根据教师指定的自动挡车辆和自动变速器，回答以下问题：

① 车辆的型号：____________________；　② 车辆的VIN码：____________________；

③ 自动变速器型号：________________；　④ ECT　ECU和零件编号及版本号：______________________________

____。

（2）识读电路图，并完成以下任务：

续表

项目二 检修电控液力自动变速器 任务六 检修电控系统	班级			
	姓名		学号	
	日期		分数	

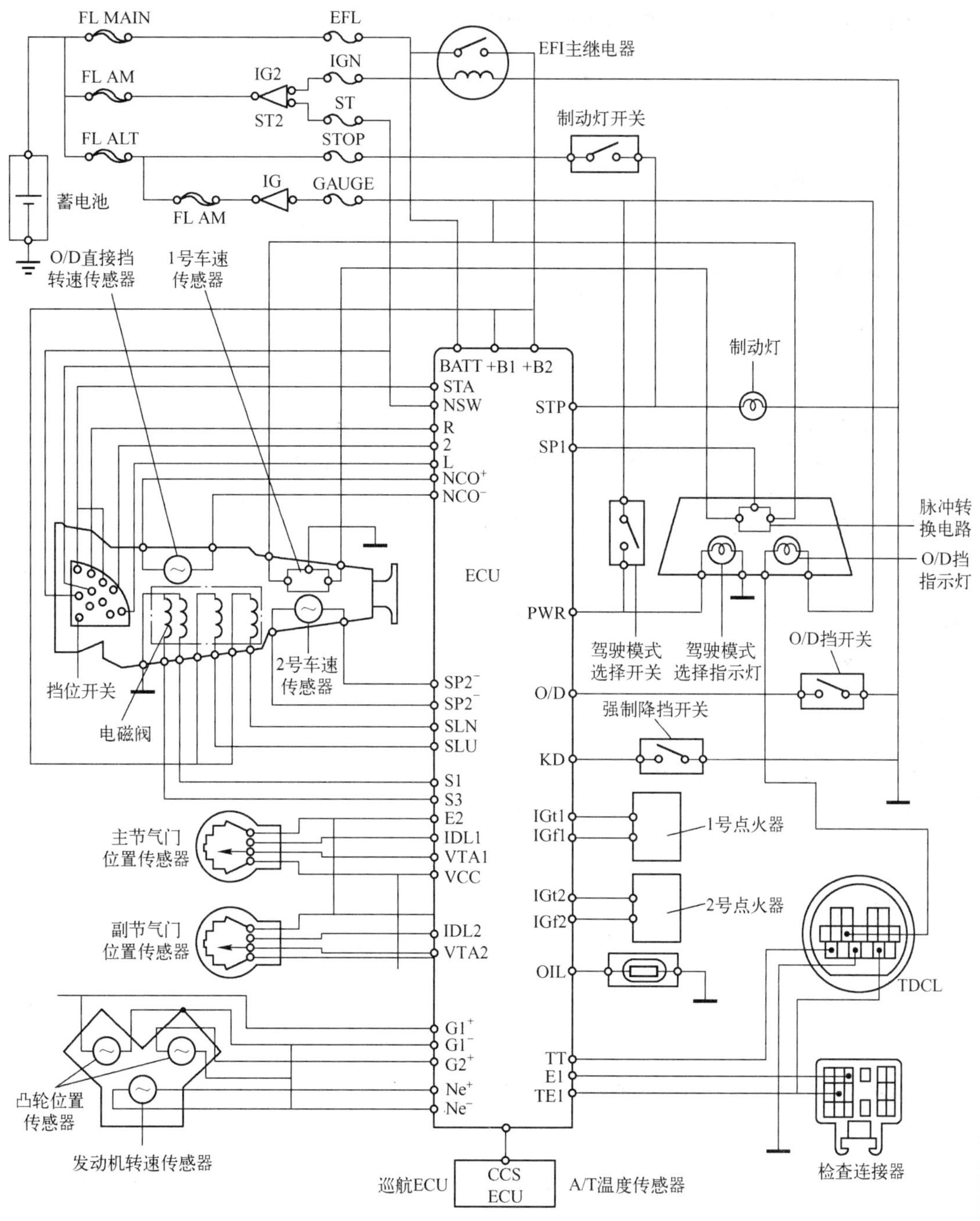

A341E 电子控制系统电路

续表

项目二　检修电控液力自动变速器 任务六　检修电控系统	班级			
	姓名		学号	
	日期		分数	

① 换挡电磁阀：

a. 找出上图中所有换挡电磁阀所在位置，A341E 有几个换挡电磁阀？

b. 换挡电磁阀的通电状态与挡位间的对应关系怎样？

c. 说明换挡电磁阀的控制电路。

d. 说明换挡电磁阀的检测步骤，并判断其技术状态。

② 锁止离合器控制电磁阀：

a. 找出上图中所有锁止离合器电磁阀所在位置，A341E 有几个锁止离合器电磁阀？

b. 说明锁止离合器电磁阀的控制电路。

c. 说明锁止离合器电磁阀的检测方法，并判定其技术状态。

③ 电控单元 ECU：

a. 说明电控单元 ECU 的作用，它的线束插接器有几个？

b. 找出电控单元 ECU 的所有电源端子（+）。

c. 电控单元 ECU 的搭铁端子有哪些？

d. 检测各电源端子和搭铁端子，并说明其技术状态的好坏。

④ 分组讨论，分析说明任务导入故障现象与 TPS 技术状态的关系，结合图 2-6-2 拟出 TPS 的检测步骤。

拓展知识

利用检测仪诊断自动变速器故障

自动变速器电控系统通过故障自诊断系统实时记录各种传感器、执行器的工作信号，经过运算来确定故障的内容和范围，将之存储在 ECU 的存储器中并以故障码的形式进行显示。对于故障码的读取，需要借用故障检测仪器来进行。

一、诊断条件

（1）变速杆置于 P 位，并且拉紧驻车制动器。

（2）蓄电池电压正常，ECU 供电电压不能低于 11.5 V。

（3）自动变速器接地点连接良好。

二、诊断步骤

（1）确定自动变速器故障指示灯点亮或电子控制系统有故障。

（2）查找并确定诊断盒或诊断接口的位置。

（3）确定故障码显示灯或连接专用仪器。

（4）检查蓄电池电压是否正常，若不正常，修理或更换蓄电池。

（5）确定故障码读取的操作步骤。

（6）利用检测仪读取故障码。

（7）根据故障码并对照故障码表，确定故障的部位及修理方法。

（8）按照故障的原因和部位，进行排除法诊断，对确定的故障进行修理。

（9）清除自动变速器 ECT 中存储的故障码。

（10）进行相关的试验及路试，若故障码和故障现象同时消失，说明故障排除，如图 2-6-39 所示（以大众车系为例）。

三、操作示例

1. 利用检测仪读取和清除故障码

自动变速器的检测仪可以分为两大类：第一类是综合检测仪，分为专用型和通用型两种，这类检测仪有丰田车系的 IT－Ⅱ，大众车系的 V. A. G 1551、V. A. S 505X，通用车系的 TECH 系列，福特车系的 STAR－Ⅱ等；第二类是自动变速器专用检测仪，如 TranX2000 和 Auto－tec，这类检测仪定位比较准确，只能用来检测自动变速器，但是功能齐全，几乎可以检测所有种类的电控自动变速器。

1）利用丰田车系的 IT－Ⅱ读取和清除故障码

（1）点火开关在 OFF 的情况下，将 IT－Ⅱ检测仪与诊断接口连接。

（2）将点火开关转到 ON（接通）位置，按下 IT－Ⅱ电源开关以将电源接通。

（3）当 IT－Ⅱ已启动且开启屏幕显示出来后，车上/离车检查屏幕显示出来。当触按车上/离车检查屏幕上的“自动”和“手动”按钮时，IT－Ⅱ开始与车辆通信并检查 ECU。触按系统列表上的底盘系统，进行诊断。

（4）触按 DTC 主菜单按钮，也可以触按系统选择屏幕 Function 列表中的 DTC。DTC 数据列表显示在 DTC 数据显示屏幕上。

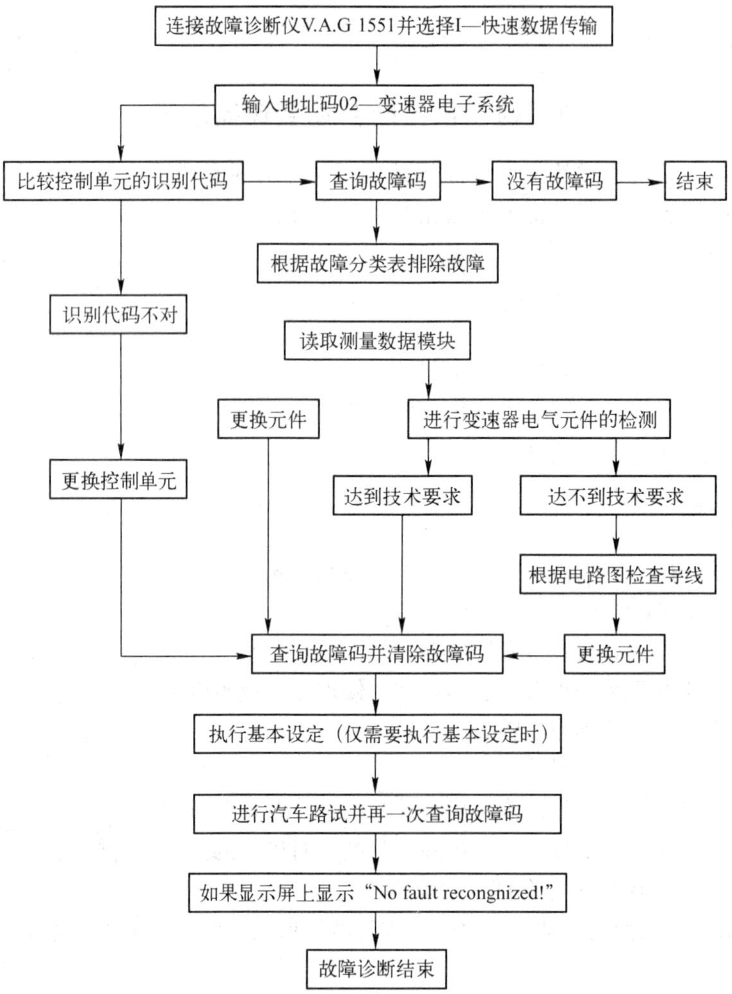

图 2-6-39 自动变速器故障诊断流程图

（5）从 DTC 数据显示屏幕功能按钮中，触按“保存”按钮，DTC 数据保存对话框显示出来。

（6）从 DTC 数据显示屏幕功能按钮中，触按“清除”按钮，DTC 数据清除对话框显示出来。

（7）在 DTC 数据清除对话框上，触按“是”按钮，其具体流程如图 2-6-40 所示。

2）利用大众车系的 V. A. G 1551 读取和清除故障码

（1） 连接故障检测仪 V. A. G 1551 和选择功能：

① 拆下驻车制动器手柄旁边的诊断插座上方的盖板，如图 2-6-41 所示。

② 关闭点火开关，用诊断导线 V. A. G 1551/3 连接好故障检测仪 V. A. G 1551。屏幕显示如下：

V. A. G SELF – DIAGNOSIS HELP 1—Rapid data transfer; 2—Flash code output	V. A. G 自诊断　帮助 1—快速数据传输； 2—闪烁代码输出

③ 接通点火开关，按数字键 1。屏幕显示如下：

Rapid data transfer HELP Enter address word XX	快速数据传输 帮助 输入地址码 XX

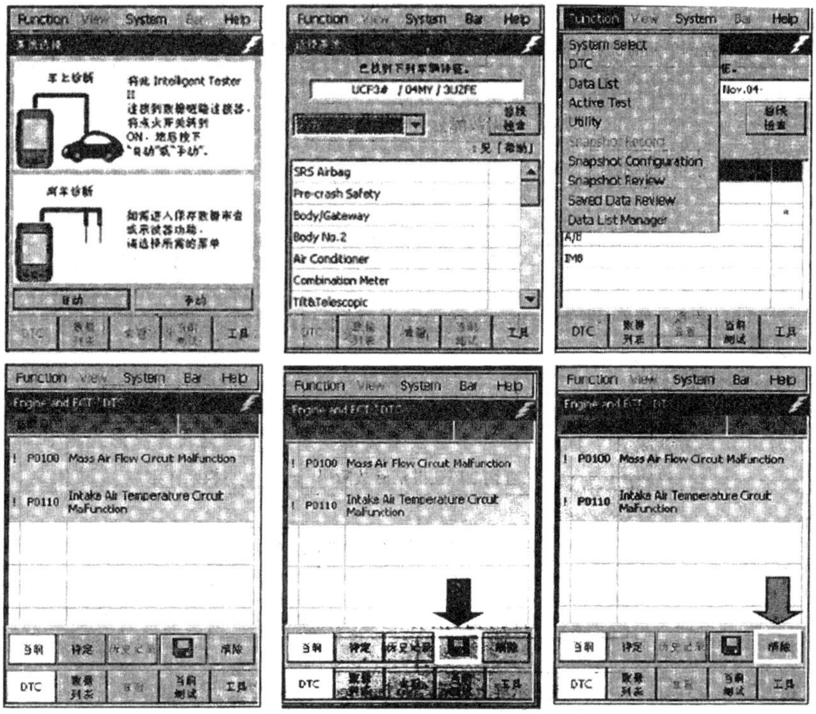

图 2-6-40 利用丰田车系的 IT－II 读取和清除故障码

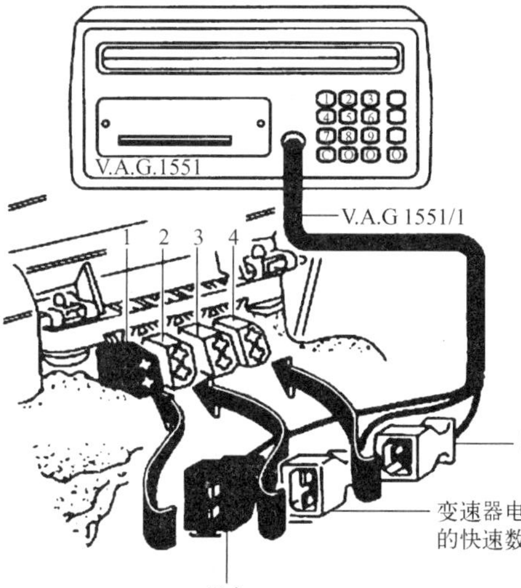

图 2-6-41 V. A. G 1551 的连接

④ 按数字键 0 和 2，屏幕显示如下：

Rapid data transfer Q 02 Gearbox electronics	快速数据传输 Q 02 变速器电子系统

⑤ 按 Q 键确认，屏幕显示如下：

01N 927733BA AG4 Gearbox 01N 2754 Coding 000000 wsc000000	01N 927733BA AG4 变速器 01N 2754 编码 000000 wsc000000

其中，01N 927733BA 表示配件号；AG4 Gearbox 01N 表示四挡自动变速器 01N；2754 表示 EPROM（程序版本）；编码 000000 目前不需要；wsc00000 表示最近一次编码故障检测仪 V. A. G 1551 的经销商代号。

屏幕显示如下：

Rapid data transfer HELP Select function XX	快速数据传输 帮助 选择功能 XX

（2）读取故障码：

① 连接故障诊断仪 V. A. G 1551，输入地址码 02，即变速器电子系统。屏幕显示如下：

Rapid data transfer HELP Select function XX	快速数据传输 帮助 选择功能 XX

② 按数字键 0 和 2，查询故障码。屏幕显示如下：

Rapid data transfer Q 02—Interrogate fault memory	快速数据传输 Q 02—查询故障存储

③ 按 Q 键确认。屏幕上显示出存储的故障数量或 No faults recognized！（没有识别到故障码）：

X faults recognized!	X 故障被识别！

④ 按→键依次显示所有故障码直至结束。

（3）清除故障码：

① 查询到故障码以后，屏幕显示如下：

Rapid data transfer HELP Select function XX	快速数据传输 帮助 选择功能 XX

② 按数字键 0 和 5，清除故障码。屏幕显示如下：

Rapid data transfer Q 05 Erase fault memory	快速数据传输 Q 05 清除故障存储

③ 按 Q 键确认，屏幕显示如下：

Rapid data transfer → Fault memory is erased	快速数据传输 → 故障存储被清除

④ 屏幕显示约 5 s 后，故障存储被清除。

2. TranX2000 自动变速器专用检测仪

TranX2000（见图 2-6-42）是目前世界上较先进的电控自动变速器专用检测仪，它能快速、方便、安全地检测各种自动变速器的故障。具体功能如下：

（1）自动变速器代码选择：用一个三位数的代码识别所测变速器的型号，从操作手册中可以查出所测自动变速器的型号代码，使用时只需要输入代码即可。

（2）测试模式选择：电磁阀测试、换挡测试、计算机监视测试、特殊测试。

（3）挡位显示：可按数字键选择挡位，以便确定换挡电磁阀的状况。

（4）功能选择：可选择液力变矩器离合器锁止、四轮驱动等工作状态。

（5）可选择电磁阀的占空比显示功能：通过控制，可以改变电磁阀的占空比。

（6）显示压力控制百分比：其功能如同用油压表测试自动变速器的油路压力。

（7）传感器监测：可监测传感器的正极电压、接地状况及脉冲信号等。

（8）万用表功能：可测试电磁阀的电流、电压和电阻。

（9）电磁阀状况显示：显示 10 组电磁阀的通道，由发光二极管显示。

（10）适用的车型有：丰田、克莱斯勒、福特、马自达、通用、三菱、日产、本田、阿库拉、五十铃、斯巴鲁、大众/奥迪、采埃孚、宝马等车型。

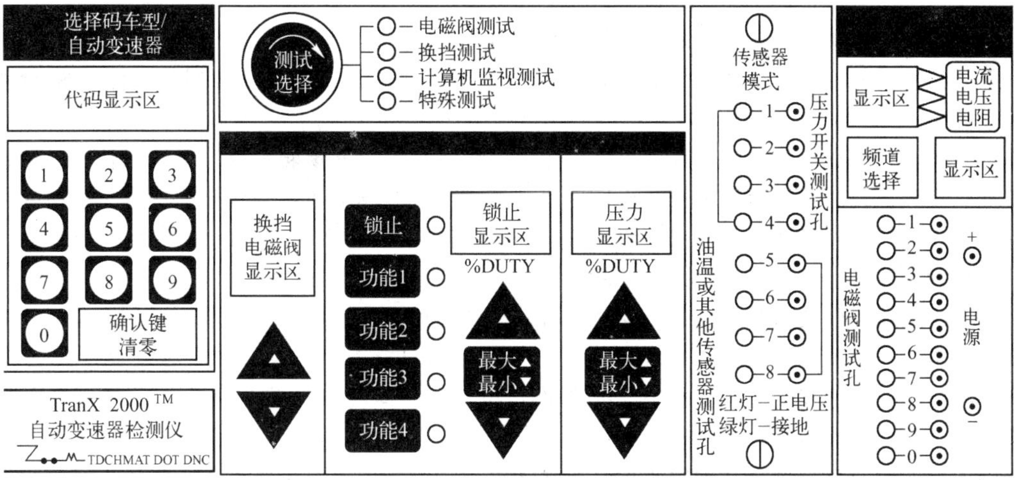

图 2-6-42　TranX2000 的控制面板

Tranx2000 最基本的三个测试功能为电磁阀测试、换挡测试、计算机监视测试。

在电磁阀测试中，TranX2000 可以代替自动变速器原有的线束，能够准确判断线路是否开路或短路；而且可测量单个电磁阀的电阻、电压和电流，还可检测单个电磁阀电路的开路或短路故障和各电磁阀在各挡时的工作情况及相应的电流和电阻，从输出屏幕可以读出数据流。如一辆轿车只有一挡，连接好 TranX2000 进行电磁阀测试时发现，其 2 号换挡电磁阀的电阻约 160 kΩ（正常值为 11 ～ 15 Ω），而电流几乎为零，因而确定故障是 2 号换挡电磁阀损坏导致不能升挡。

在换挡测试和计算机监视测试中，TranX2000 可以代替自动变速器的控制单元向自动变速器发出指令，区分是自动变速器 ECU 故障还是自动变速器本身故障，使检修更有针对性。如一款汽车，路试时不能升入二挡，经检测发现其换挡电磁阀及线路良好；利用 TranX2000 进行换挡测试，汽车能够升入二挡，因而断定自动变速器 ECU 产生故障，更换 ECU 后故障排除，从而避免了繁重的自动变速器拆卸和分解工作。

若再结合油压表，可区分出是电控系统故障还是机械系统故障，并判断出具体故障部位。

此外，该检测仪的电源供电较为方便，可插接在控制器接口盒上，由蓄电池直接供电，也可利用驾驶室内工具箱和点烟器提供的 12 V 电源来供电。

复习延伸

一、小结

(1) 电子控制自动变速器与液压控制自动变速器的不同之处在于，在其基础上增加了传感器、电子控制单元和执行器等元件，自动换挡的控制系统（换挡点的选择及发生换挡信号等）是由ECU来完成的。此时，控制换挡的信号（如节气门开度、车速、换挡范围、换挡规律选择等）也相应地变为电信号。

(2) 目前新款轿车多采用电子控制自动变速器，自动变速器电子控制系统主要由信号输入装置、执行器及电子控制单元（ECU）三大部分组成。

信号输入装置主要包括节气门位置传感器、车速传感器、输入轴转速传感器、冷却液温度传感器、油温传感器、空挡启动开关、强制降挡开关、制动灯开关、模式选择开关、O/D挡开关等。

执行器部分主要包括各种电磁阀和故障指示灯等。

电子控制单元（ECU）主要完成换挡控制、锁止离合器控制、油压控制、故障诊断和失效保护等功能。

电控单元是整个电控系统的控制中心，它通过检测节气门开度和车速、发动机转速、控制开关信号等参数，按照特定的处理程序处理这些数据，并发出相应的控制信号，控制各种电磁阀的工作，使各种液压阀动作，用液压油驱动离合器、制动器、锁止离合器、单向离合器等执行机构，实现对自动变速器的自动换挡等控制。

(3) 换挡控制即换挡时刻控制，是电控自动变速器电子控制单元最基本的控制内容。汽车的最佳换挡车速主要取决于汽车行驶时的节气门开度。不同节气门开度下的最佳换挡车速可以用自动换挡图来表示。节气门开度越小，汽车的升挡车速和降挡车速越低；反之，节气门开度越大，汽车的升挡车速和降挡车速越高。

(4) 节气门油压受调压电磁阀的控制并被反馈到主油路调压阀，作为主油路调压阀的控制压力，使主油路调压阀随着节气门开度的变化改变所调节的主油路油压，以获得不同的发动机负荷下主油路油压的最佳值，并将驱动油泵的动力损失减少到最小。此外ECU还能根据挡位开关的信号，在变速杆处于倒挡位置时提高节气门油压，使倒挡时的主油路油压升高，以满足倒挡时对主油路油压的需要。

除正常的主油路油压控制外，ECU还可以根据各个传感器测得的自动变速器的工作条件，在一些特殊情况下对主油路油压进行适当的修正，使油路压力的控制获得最佳效果。

(5) 电控自动变速器在各种工作条件下的最佳锁止离合器控制程序被预先存储在ECU的存储器内。ECU根据自动变速器的挡位、控制模式等工作条件从存储器内选择出相应的锁止控制程序，再将节气门开度、车速与锁止控制程序进行比较。当车速足够高，且其他各种因素均满足锁止条件时，ECU即向锁止电磁阀输出电信号，使锁止离合器接合，实现液力变矩器的锁止。

ECU在对锁止离合器进行控制时，还要根据自动变速器的工作条件，在下述一些特殊工况下禁止锁止离合器接合，以保证汽车的行驶性能。这些禁止锁止离合器接合的条件有：自动变速器收到制动信号时（有些自动变速器则是在ECU收到制动信号且车速降到一定车速时）；当发动机冷却液温度低于某值时；自动变速器油温低于某值时；当节气门完全关闭时；其他情况如ECU检测到锁止离合器控制电路故障时。

(6) 目前常见的改善换挡品质的控制功能有以下几个方面：

① 换挡油压控制；

② 减力矩控制；

③ N－D 换挡控制。

(7) ECU 通过各个传感器测得汽车行驶情况和驾驶人的操作方式，经过运算分析，自动选择采用经济模式、普通模式或动力模式进行换挡控制，以满足不同的驾驶人的操作要求。

ECU 在进行自动模式选择控制时，主要参考变速杆的位置及加速踏板被踩下的速度，以判断驾驶人的操作目的，自动选择控制模式。

(8) 一些新型的电控自动变速器的强制离合器或强制制动器的工作也由 ECU 通过电磁阀来控制。ECU 按照设定的发动机制动控制程序，当变速杆位置、车速、节气门开度等因素满足一定条件（如变速杆位于前进低挡位置，且车速大于 10 km/h，节气门开度小于 1/8）时，向强制离合器电磁阀或强制制动器电磁阀发出电信号，打开强制离合器或强制制动器的控制油路，使之接合或制动，让自动变速器具有反向传递动力的能力，在汽车滑行时以实现发动机制动。

(9) 电控自动变速器 ECU 通过输入轴转速传感器可以检测出自动变速器输入轴的转速，并由此计算出液力变矩器的传动比（泵轮和涡轮的转速之比），以及发动机曲轴和自动变速器输入轴的转速差，从而使 ECU 更精确地控制自动变速器的工作。特别是 ECU 在进行换挡油路压力控制、减力矩控制、锁止离合器控制时，利用这一参数进行计算，可使这些控制的持续时间更加精确，从而获得最佳的换挡品质和乘座舒适性。

(10) 电控自动变速器 ECU 具有故障自诊断和失效保护功能。ECU 在汽车行驶过程中不停地监测自动变速器电子控制装置中所有传感器和部分执行器的工作。一旦发现某个传感器或执行器有故障，立即采取相应的保护措施：

二、练习与思考

(一) 判断题

(1) 换挡阀也具有强制降挡功能。 (　　)

(2) 节气门开度不变时，汽车升挡和降挡时刻完全取决于车速。 (　　)

(3) 对于空挡启动开关的检修只测电阻不测电压。 (　　)

(4) 具有四个前进挡的电控自动变速器，必须有四个换挡电磁阀。 (　　)

(5) 空挡启动开关的作用是保证只有变速杆置于 P 位或 N 位时，才能启动发动机。 (　　)

(6) 在换挡操作过程中，可采用“急收加速踏板”的方法实现自动变速器快速升挡。 (　　)

(7) 自动变速器常用的电磁阀有开关式电磁阀和脉冲线性式电磁阀两种。 (　　)

(8) 占空比越大，油路压力越高。 (　　)

(9) 自动变速器器中超速挡开关的作用是用来超车的。 (　　)

(10) 行驶模式选择开关的作用是可提供多组换挡正时曲线。 (　　)

(二) 简答题

(1) 自动变速器电子控制系统由哪几部分组成？

(2) 自动变速器电子控制系统的输入装置包括哪些？

(3) 自动变速器电子控制系统中的 ECU 通常都会承担哪些控制内容？

(4) 自动变速器输入轴转速传感器有什么作用？

(5) 电控自动变速器 ECU 是如何完成故障自诊断和失效保护的？

任务七 检修自动变速器

任务导入

一辆2003款奥迪A4轿车车主称：新购车辆里程表才显示715 km，然而车辆在D位行使热车后，变速杆位于D位，仪表显示一、二、三、四、五挡位，且位于1位时加速不升挡，即使发动机转速达到4 000 r/min时，车速仅能达到40 km/h，同时变速器故障指示灯点亮。

故障原因分析：

此故障可以描述为不能升挡。连接诊断仪读取故障码，码号为18161，显示内容为"Tiptronic开关F189信号不可靠"。针对18161故障，重点检测F189的信号状态，读取03组显示信息，在正常情况下，03组显示内容为D，no operation；多次上路试验，直至故障现象出现。03组显示内容为D，M Switch up button、down button，此时根据3区、4区显示内容可知，ECU接收到变速杆在换挡槽内同时做加减挡操作，故判定信号不稳定，故确定故障原因为Tiptronic开关F189损坏。更换F189后，故障排除，计算机清码后故障指示灯熄灭。经多次试车，故障现象再未出现。

本任务介绍自动变速器的故障诊断原则和诊断程序，要求通过本任务的学习能够掌握自动变速器的基本检查与维护的相关技能；会使用故障诊断仪读取、清除故障码，会读取数据流并进行分析，进而判断故障原因；会对自动变速器进行性能测试；能根据电路图检测、分析故障；初步具备对自动变速器常见故障进行诊断与排除的能力。

相关知识

通过前面的学习，已经知道自动变速器的结构和具体的工作原理均相当复杂，不论是换挡执行元件损坏，还是控制电路、阀板等其他任何部件出现故障，都会影响自动变速器的正常工作。自动变速器不宜多次反复拆装，否则会给故障的诊断与排除带来一定的困难。因此，当自动变速器出现故障或工作不正常时，应首先利用各种检测工具和手段，按照合理的程序和步骤，诊断出故障的原因，以便有针对性地进行检修。盲目地拆卸和分解往往找不出故障的真正原因，甚至会造成自动变速器不应有的损坏。

一、自动变速器的故障诊断原则

自动变速器结构复杂，一旦出现故障，检修的难度较大。因此，首先必须要确定故障部位，而确定故障部位的关键是故障诊断。

（1）分清故障部位。分清故障是发动机电控系统还是自动变速器液压控制系统、电控系统引起的，抑或是机械系统（液力变矩器或行星齿轮机构）引起的。只有分清了故障部位，才能有针对性地去查找故障根源，少走弯路。

（2）坚持先简后难，逐步深入的原则。按故障的难易程度，先从最简单、最容易检查的部位入手，如开关、拉杆、自动变速器油状况等；从那些最容易接近的部位、易被忽视的部位和影响较大的因素开始；最后再深入实质性故障。

（3）充分利用自动变速器各检验项目（基本检查、失速测试、油压测试、换挡延迟测试、道路测试和手动换挡测试等），为查找故障提供思路和线索。通过这些检验项目，一般可以发现自动变速器的故障所在。

（4）必须在拆检之后才能确诊的故障，应是故障诊断的最后程序。不要轻易分解液力自动变速器，因为在原因不明的情况下盲目分解，不但不能确定故障原因和部位，还可能在分解过程中出现新的故障。

（5）充分利用电控自动变速器的故障自诊断功能。

（6）在进行检测与诊断前，应先阅读有关故障检测指南、使用说明书和维修手册，掌握必要的结构原理图、油路图、电控系统电路图等有关技术资料。

二、自动变速器的故障诊断程序

虽然各国厂商生产的自动变速器（AT）的具体结构千差万别，但是它们的基本原理是一致的，所以诊断时也就有了一定的规律可循。一般情况下，自动变速器的诊断过程按照由简单到复杂的程序，有条不紊地逐步进行。

（1）询问用户。向用户询问的内容包括：故障产生的时间、症状、条件、过程、是否已检修及动过什么部位等。通常应尽可能地进行详细询问，有时用户不一定都能说清楚，此时需要邀请他们一起在适当的路段上进行实际的行车观察（注意：行车观察前先检查车况和变速器油液），在行车观察中再次提出询问，作为验证和补充用户的叙述。若车况或路况不允许进行行车观察，只好做一些初步的外观检查，同时提出有关的查询问题。应当注意到，有些用户限于技术水平或叙述能力，所回答的内容只能作为诊断故障的参考。

（2）初步检查。初步检查的目的是确定自动变速器是否在正常前提条件下进行工作。通过初步检查往往能很快就找出故障的部位和原因。

（3）故障自诊断测试。如果电控自动变速器在初步检修后仍存在故障，可通过电子控制单元自诊断系统进行故障自诊断测试，调出故障码，帮助寻找故障发生部位。排除故障以后，要记住清除故障码。不同公司生产的不同车型，其故障自诊断方法不尽相同。

（4）手动换挡测试。进行手动换挡测试的目的是判断出故障是出自自动变速器的电控系统还是机械系统（包括齿轮变速传动系统和液压控制系统）。

（5）机械系统测试。机械系统的测试包括失速测试、油压测试、换挡延迟测试、道路测试和手动换挡测试等几项内容，因厂家不同，内容又有一定的差异。通过这几项测试，可以准确地判断出自动变速器机械系统的故障发生部位。

（6）电控系统测试。电控系统测试主要根据系统电路图检查线束导线，以及各插接件是否有断路、短路、搭铁和接触不良的故障；检测各种传感器、执行器是否损坏和失效。

（7）按故障诊断表检测。当按前述诊断步骤未发现异常，或者根据前述几个诊断步骤的结果很难准确判断具体的故障部位时，则为疑难故障。对疑难故障的诊断，一般可根据制造厂家提供的故障诊断表采取逐项排除法查找故障部位。

三、自动变速器的基本检查及维护

对于有故障的自动变速器，应先进行基本检查和性能测试，以缩小故障查找范围和确认故障部位，为进一步的分解检修提供依据。

自动变速器的基本检查及维护项目包括：自动变速器油质及油面高度的检查、自动变速器油的更换、节气门拉索的检查与调整、发动机怠速的检查与调整、变速杆位置的检查与调整、挡位开关的检查与调整、超速挡开关及其他控制开关的检查等。

1. 自动变速器油质及油面高度的检查

自动变速器油液位高度和油质的检查是自动变速器最基本的检查项目，也是决定自动变速器是否进行拆检的主要依据之一。自动变速器每行驶 2 万 km 或每六个月以后应检查一次油面高度和自动变速器油质，通过检查自动变速器油可以判断自动变速器的工作是否正常。

1）油质的检查

ATF 通常染成红色，以便在确定渗漏来源时，区别于发动机机油。

在进行 ATF 油质的检查时，可以用有吸附性的白纸擦拭油尺，检查 ATF 的颜色和气味以及有无杂质。未被污染的 ATF 呈粉红色或红色，无气味，也无任何颗粒沉淀或气泡悬浮。

如果 ATF 呈深褐色、黑色或有焦臭味，表明过热或没有及时换油。此时应更换 ATF 和滤清器，并检查自动变速器。

如果 ATF 呈乳白色，表明发动机的冷却液通过散热器，进入了自动变速器冷却器。此时应彻底冲洗、换油，并检查冷却器。

如果 ATF 中混有黑色颗粒状物，表明已烧片，此时需要彻底清洗、检查变速器。

如果 ATF 中混有银白色的金属微粒，表明阀体、轴承或行星排严重磨损，此时需要检查此类部件。

如果油尺上带有气泡，则表明空气渗入了高压油路。此时应换油并检查故障。

如果油尺上粘有难以擦净的胶状物，则表明 ATF 已过热氧化。此时应更换 ATF 和滤清器。

2）油面高度的检查

各种型号自动变速器的加油量都是有明确规定的，ATF 的油面高度应在厂家规定的范围内。低油位会使空气从油泵的进口混入，使油压难以建立，并最终导致换挡时打滑。高油位同样会导致空气的混入，当行星齿轮及相连零部件在油液里旋转时，空气会被压入油液。混有空气的 ATF 容易产生泡沫、过热和氧化等现象，并造成各种阀、离合器、伺服机构等部件出现故障。

自动变速器油面高度检查的方法和步骤如下：

（1）汽车水平停放，并拉紧驻车制动器手柄；

（2）让发动机怠速运转 1 min 以上；

（3）踩住制动踏板，将变速器变速杆拨到各挡位上并停留几秒，使液力变矩器和所有换挡元件中都充满液压油，最后将变速杆拨至 P 位或 N 位（遵照厂家规定）；

（4）将油尺护罩及手柄擦净，抽出油尺，擦净后重新插入，然后再抽出油尺，查看油位。

自动变速器油面应位于油尺两刻线之间。由于低温时油液黏度大，有较多的自动变速器油附着在行星齿轮等零件上，因而液位较低；高温时油液黏度小，易流向油底壳，因而液位较高。因此，自动变速器处于冷态（室温低于 25 ℃）时，液位应在油尺刻线的下限（COOL）附近，而处于热态（油温 70 ～ 80 ℃）时，液位应在油尺刻线的上限（HOT）附近，如图 2-7-1 所示。若液位高度过低，应继续向加油管内加入自动变速器油，直至油位高度符合规定为止。油位低的原因可能是漏油，这时应检查自动变速器壳体、油底壳与冷却器管路是否有泄漏，对泄露部位进行密封。

2. 自动变速器油的更换

定期地更换 ATF 和滤清器可在一定程度上减少自动变速器的故障。ATF 的更换频率取决于自动变速器的工作状态，一般轿车自动变速器每正常行驶 10 万～ 20 万 km（换油间隔里程各汽车公司有不同的规定）必须换一次油，即便不行驶，若放置一年以上，也必须将自动变速器油全部更换。

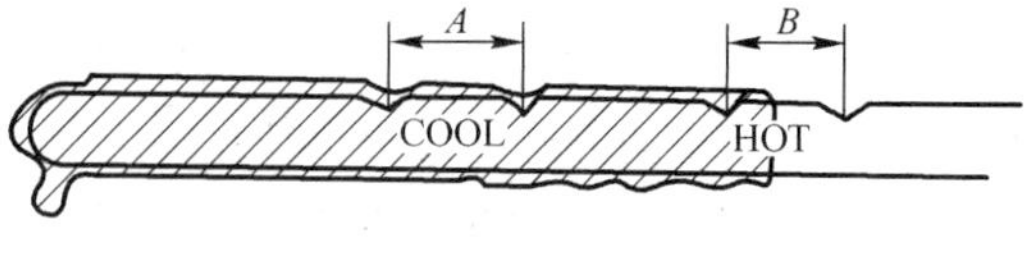

图 2-7-1　自动变速器油面高度的检查

A—冷态时的液位高度范围；

B—热态时的液位高度范围

换油时，应采用车辆随车手册上推荐使用的变速器油。不适当的 ATF 会改变自动变速器的换挡性能。注意：切勿用齿轮油或机油代替 ATF，否则会造成自动变速器的严重损坏。

更换 ATF 时可参照如下方法进行（具体应参照维修手册）：

（1）车辆运行至自动变速器正常工作温度（油温 70 ～ 80 ℃）后熄火，升起车辆。

（2）拆下自动变速器油底壳上的放油螺塞，使 ATF 全部流入油盆。对于无放油螺塞的自动变速器，应拧松所有油底壳螺栓，除了三个保留外，其余全都卸掉，先放出部分 ATF（注意防止烫伤），最后再拆下整个油底壳，放出全部 ATF。

（3）去除垫片，并将油底壳清洗干净。有些自动变速器采用磁性放油螺塞或在油底壳内专门放置一块磁铁，以吸附铁屑。它们在洗干净后应放回原位。

（4）卸下滤清器。

（5）拆下 ATF 散热器油管接头，用压缩空气将散热器内的余油吹出，再装好油管接头。

（6）装上新滤清器，放上新垫片，装好油底壳（注意拧紧力矩）。

（7）从加油管中加入规定牌号的 ATF。

（8）放下汽车，启动发动机，拉紧驻车制动并踩住制动踏板，手动换挡。

（9）检查并修正 ATF 油位高度。如果不慎加油过多，可以打开放油螺塞修正；如无放油螺塞，可从加油管处往外吸，使 ATF 油位至规定高度。

一般自动变速器的总油量为 10 L 左右，按上述方法换油时，液力变矩器内的液压油是无法放出的。若液压油严重变质，必须全部更换时，可先按上述方法换油，然后让汽车行驶约 5 min 后再次换油。

3. 节气门拉索的检查和调整

节气门的开度会影响自动变速器的换挡时间，发动机熄火后，节气门应全闭，当加速踏板踩到底时，节气门应全开。节气门拉索的索芯不应松弛，索套端和索芯上限位之间的距离应在 0 ～ 1 mm 之间，如图 2-7-2 所示。若节气门拉索调整不当，对于液力控制自动变速器来说，会导致换挡时刻不正常，造成换挡过早或换挡过迟，使汽车加速性能变差或产生换挡冲击；对于电控自动变速器来说，会导致主油路压力异常，造成油压过低或过高，使换挡执行元件打滑或产生换挡冲击。其调整步骤如下：

（1）推动加速踏板连杆，检查节气门是否全开，如节气门不全开，则应调整加速踏板连杆。

（2）把加速踏板踩到底。

（3）把调整螺母拧松。

（4）调整节气门拉索。

（5）拧动调整螺母，使橡胶套与拉索止动器间的距离为 0 ～ 1 mm。

（6）拧紧调整螺母。

（7）重新检查调整情况。

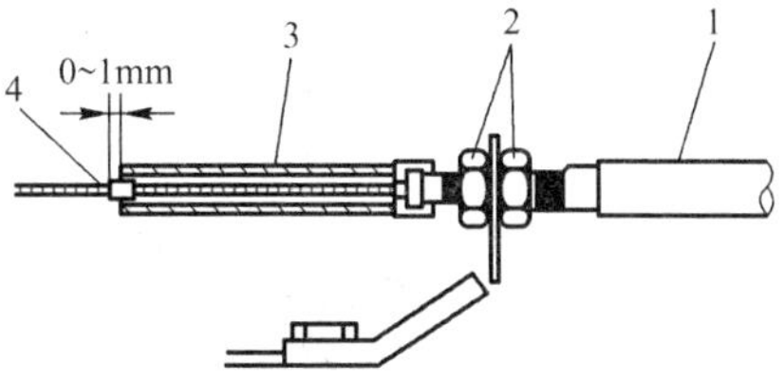

图 2-7-2　节气门拉索的检查和调整

1—橡胶套；2—调整螺母；3—拉索止动器；4—索芯

4. 发动机怠速的检查与调整

发动机怠速不正常，会使自动变速器工作不正常。如果怠速过高，出现换挡冲击、怠速爬行等故障；如果怠速过低，则容易出现入挡熄火现象。因此，在对自动变速器做进一步的检查之前，应先检查发动机的怠速是否正常。检查怠速时，应在发动机完成暖机之后，关闭所有用电设备，将自动变速器变速杆置于 P 位或 N 位。发动机的怠速调整通常与缸数有关，如四缸发动机的怠速常为（750 ± 50）r/min，六缸发动机的怠速常为（700 ± 50）r/min。若发动机怠速过低或过高，都应予以调整（具体数值以维修手册为准）或检修。

5. 变速杆位置的检查与调整

变速杆调整不当，会使变速杆的位置与自动变速器阀体中手动阀的实际位置不符，造成选挡错乱或挂不进P位或前进低挡，或变速杆的位置与仪表盘上挡位指示灯的显示不符，甚至造成在P位或N位时无法启动发动机。因此，必须对变速杆和空挡启动开关进行检查。

变速杆的调整方法如下（见图2-7-3）：

（1）拆下变速杆与自动变速器手动阀摇臂之间的连接杆。

（2）将变速杆拨至N位。

（3）将手动阀摇臂向后拨至极限位置（P位），然后再退回2格，使手动阀摇臂处于N位。

（4）稍稍用力将变速杆靠向R位方向，然后连接并固定变速杆与手动阀摇臂之间的连杆。

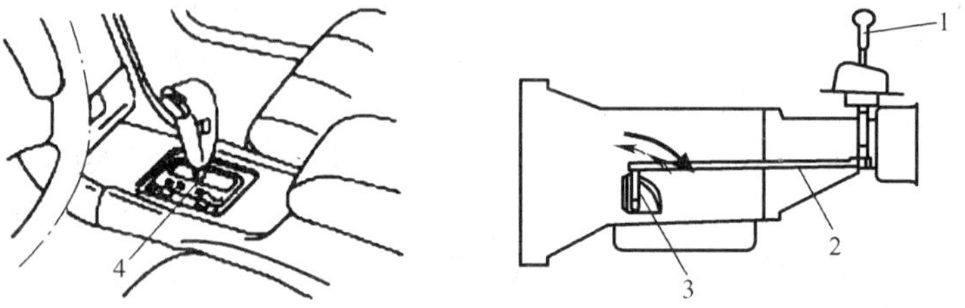

（a）　（b）

图2-7-3　变速杆的调整

1—变速杆；2—连接杆；3—手动阀摇臂；4—空挡位置

6. 挡位开关的检查与调整

将变速杆拨至各个挡位，检查挡位指示灯与变速杆位置是否一致、P位和N位时发动机能否启动，R位时倒挡灯是否亮起。发动机应只能在N位和P位时启动，其他挡位不能被启动，若有异常，应调节空挡启动开关螺栓和开关电路。

（1）松开挡位开关的固定螺钉，将变速杆放到N位。

（2）将槽口对准空挡基准线。有些自动变速器的挡位开关外壳上刻有一条基准线，调整时应将基准线和手动阀摇臂轴上的槽口对齐［见图2-7-4（a）］；也有一些自动变速器的挡位开关上有一个定位孔，调整时应使摇臂上的定位孔和挡位开关上的定位孔对准［见图2-7-4（b）］。

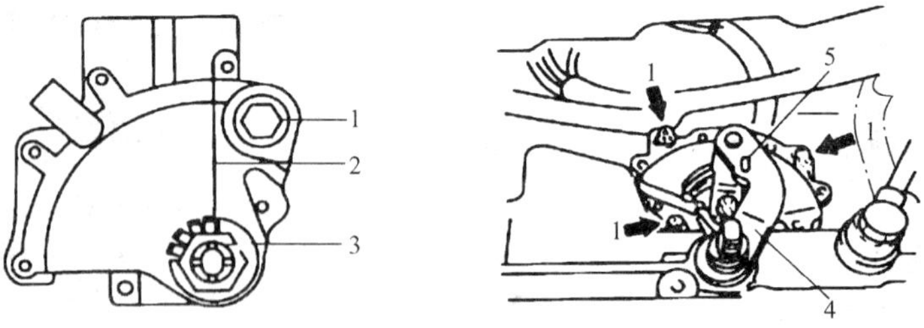

（a）　（b）

图2-7-4　挡位开关的调整

1—固定螺钉；2—基准线；3—槽口；4—摇臂；5—调整用定位销

7. 超速挡开关的检查

这项检验用于确认自动变速器的超速挡电控系统是否工作正常。

检查时的自动变速器油温应处于正常状态（70～80℃），然后将发动机熄火，打开点火开关，按动超速挡（O/D）控制开关，查听位于自动变速器内的相应电磁阀有无动作时发出的咔嗒声，如有咔嗒声，则说明被检自动变速器的超速挡电控系统工作正常。

若需要确认自动变速器能否在按下超速挡（O/D）开关时，可以在发动机节气门开度和汽车行驶速度适宜时产生由3挡升为4挡（超速挡）的升挡变换，以及从4挡降为3挡的降挡变换，则必须进行道路试验。当超速挡开关置ON位置时，自动变速器应能升入4挡（超速挡）。

需要说明的是：随着自动变速器的挡位数的增多，近年来生产的六速及以上挡位数的自动变速器，多数取消了专门的超速挡开关。自动变速器能否升入超速挡，由变速杆位置、换挡模式的选择等影响换挡规律的多种因素来决定。

自动变速器基本检查完毕后，应进行台架试验和道路试验，以进一步检查自动变速器的工作情况。

四、自动变速器的故障自诊断

自动变速器结构复杂，类型及系列多样，电控系统的控制策略不尽相同，当出现故障或工作不正常时，按照诊断程序在进行基本检查和调整完毕后，应该进行故障自诊断检查，以便进一步收集故障线索，更加快捷地得到或是分析推理出真正的故障原因，避免不必要的拆卸给自动变速器带来的损坏。

不同的自动变速器在进行故障自诊断检测时，所使用的仪器和具体的操作程序不完全一样，但通常都包含：连接故障诊断仪、读取故障码（或者读取数据流）、分析故障码（或数据流），维修后清除故障码等步骤。详细的操作过程应按照车辆维修手册、诊断仪器使用说明书等技术资料的指导来进行。

在本项目任务六中的拓展部分对使用诊断仪进行故障自诊断的相关内容，已经做过较为详细的说明，故在此不再赘述，请读者自行参考。

五、自动变速器的性能测试

在对自动变速器进行基本检查和故障自诊断之后，如果没有找出故障部位和故障原因，就需要做进一步的性能测试，以便根据测试结果进行诊断。

自动变速器在修理完毕后，也应进行全面的性能检查。修后检查是为了鉴定修理质量，检验自动变速器的各项性能指标是否达到标准要求。

自动变速器的性能测试项目包括：失速测试、油压测试、换挡延迟测试、道路测试和手动换挡测试等。

1. 失速测试

在前进挡或倒挡时，踩住制动踏板并完全踩下加速踏板时，发动机处于最大转矩工况，而此时自动变速器的输出轴及输入轴均静止不动，液力变矩器的涡轮也是静止不动的，只有液力变矩器壳及泵轮随着发动机一起转动，这种工况称为失速工况，此时的发动机转速称为失速转速。

失速转速用于检查发动机、液力变矩器及自动变速器中有关的换挡执行元件的工作是否正常。操作步骤如图2-7-5所示。

1）失速测试的准备

（1）启动汽车，使发动机和自动变速器均达到正常工作温度。

（2）检查汽车的行车制动和驻车制动，确认其性能良好。

（3）检查自动变速器的润滑油油位高度应正常。

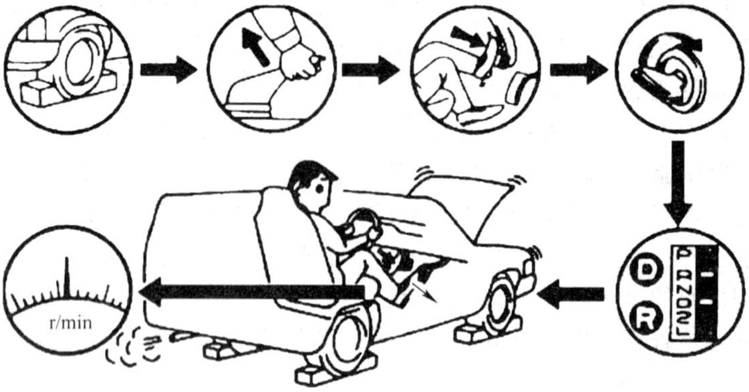

图 2-7-5　自动变速器失速测试

2）失速测试的步骤

（1）将汽车停放在宽阔的水平地面上，前后车轮用三角木块塞住。

（2）无发动机转速显示的，安装发动机转速表。

（3）拉紧驻车制动器，左脚用力踩住制动踏板。

（4）启动发动机。

（5）将变速杆拨入 D 位。

（6）在左脚踩紧制动踏板的同时，用右脚将加速踏板踩到底，读取此时发动机的最高转速，然后立即松开加速踏板。

（7）将变速杆拨入 P 位或 N 位，使发动机怠速运转 1 min 以上，防止自动变速器油因温度过高而变质。

（8）将变速杆拨入 R 位，做同样的测试。

在失速工况下，发动机的动力全部消耗在液力变矩器内液压油的内部摩擦损失上，液压油的温度急剧上升，因此在失速测试中，从加速踏板踩下到松开的整个过程的时间不得超过 5 s，否则会使液压油因温度过高而变质，甚至损坏密封圈零件。在一个挡位的测试完成之后，不要立即进行下一个挡位的测试，要等油温下降之后再进行。测试结束后不要立即熄火，应将变速杆拨入空挡或驻车挡，让发动机怠速运转几分钟，以便让液压油温度降至正常。如果在测试中发现驱动轮因制动力不足而转动，应立即松开加速踏板，停止测试。

3）测试结果分析

不同车型的自动变速器都有其失速转速标准。大部分自动变速器的失速转速标准为 2 300 r/min 左右。若失速转速与标准值相符，说明自动变速器的油泵、主油路油压及各个换挡执行元件的工作基本正常；若失速转速高于标准值，说明主油路油压过低或换挡执行元件打滑；若失速转速低于标准值，则可能是发动机动力不足或液力变矩器有故障。例如，当液力变矩器中的单向离合器打滑时，液力变矩器在液力耦合器的工况下工作，其变矩比下降，从而使发动机的负荷增大，转速下降。不同挡位失速转速不正常的原因如表 2-7-1 所示。

表 2-7-1　不同挡位失速转速不正常的原因

变速杆位置	失速转速	故障原因
所有位置	过高	（1）主油路油压过低； （2）前进挡和倒挡的换挡执行元件打滑； （3）低挡及倒挡制动器打滑

续表

变速杆位置	失速转速	故障原因
所有位置	过低	(1) 发动机动力不足； (2) 液力变矩器导轮的单向离合器打滑
仅在D位	过高	(1) 前进挡油路油压过低； (2) 前进离合器打滑
仅在R位	过高	(1) 倒挡油路油压过低； (2) 倒挡及高挡离合器打滑

2. 油压测试

油压测试是在自动变速器工作时，测量自动变速器控制系统各油路中的油压，为分析自动变速器的故障提供依据，以便有针对性地进行检修。控制系统的油压正常是自动变速器正常工作的先决条件，如果油压过低，会造成换挡执行元件打滑，加剧其摩擦片的磨损，甚至使换挡执行元件烧毁；如果油压过高，会使自动变速器出现严重的换挡冲击，甚至损坏控制系统。因此，在分解修理自动变速器之前和自动变速器修复之后，都要对自动变速器做油压测试，以保证自动变速器的修复质量。

进行该项测试时，为安全起见，测量油路压力时，一定要由两人配合，即一人进行测量，另一人站在车外观察车轮或车轮垫木的情况。

1）油压测试的方法及步骤

（1）先预热发动机和自动变速器，使其达到正常的工作温度，然后熄火。

（2）在自动变速器主油压测试仪孔上连接油压表（量程为2 MPa左右，如图2-7-6所示）。

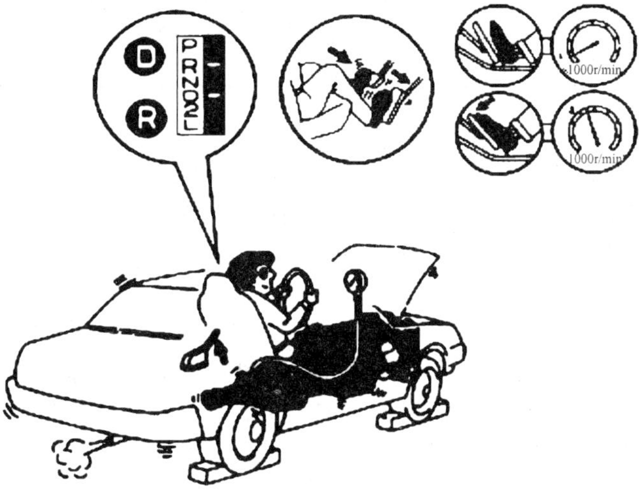

图2-7-6 自动变速器油压测试

（3）将全部车轮用三角木塞住、拉紧驻车制动器，踩下制动踏板，然后启动发动机。

（4）将变速杆换入D位，先记住D位怠速时的主油压，然后用左脚踩紧制动踏板，同时用右脚迅速将加速踏板踩到底，记下D位失速时的主油压，在节气门全开位置上停留不要超过3 s，以免该挡位的执行系统因过载而受损。

（5）将变速杆从D位回到N位，怠速运转2 min，也可以1 200 r/min的转速运转1 min，以便使ATF得到冷却。

（6）将变速杆再换至R位，记下R位的怠速油压和R位的失速油压。

注意：后轮驱动汽车的自动变速器上的主油路压力和速度油压的测试口通常装在与节气门及换挡操纵系统相反的一侧；有的自动变速器测试口在接近油底壳处；另一些自动变速器的测试口则在靠近液力变矩器壳处；如同时有 2 ～ 3 个螺塞，最前边或最上边的是主油压测试口，余下的为速度油压测试口。由于主油压测试是大负荷测试，因此建议车况特别差的情况，不要进行主油压测试。

2）测试结果分析

将测得的主油路油压与标准值进行比较。不同车型自动变速器的主油路油压不同。若主油路油压不正常，说明油泵或控制系统有故障。表 2-7-2 列出了引起主油路油压不正常的可能原因。

表 2-7-2　引起主油路油压不正常的可能原因

工　况	测试结果	故障原因
怠速	所有挡位的主油路油压均太低	油泵故障；主油路调压阀卡死；主油路泄漏；主油路调压阀弹簧太软；节气门拉索或节气门位置传感器调整不当
	前进挡和前进低挡的主油路油压均太低	前进离合器活塞漏油；前进挡油路泄漏
	前进挡的主油路油压正常；前进低挡的主油路油压太低	1 挡强制离合器或 2 挡强制离合器活塞漏油；前进低挡油路泄漏
	前进挡主油路油压正常；倒挡主油路油压太低	倒挡及高挡离合器活塞漏油；倒挡油路泄漏
	所有挡位的主油路油压均太高	节气门拉索或节气门位置传感器调整不当；主油路调压阀卡死；主油路调压阀弹簧太硬；油压电磁阀损坏或线路故障
失速	稍低于标准油压	节气门拉索或节气门位置传感器调整不当；油压电磁阀损坏或线路故障；主油路调压阀卡死或弹簧太软
	明显低于标准油压	油泵故障；主油路泄漏

3）大众自动变速器主油压的测试

大众公司的大多数自动变速器主油压测试方法与其他自动变速器有些不同：测试时车轮不用塞住，只需要将驱动轮悬空；不做失速油压测试，只做怠速和 2 000 r/min 时的油压测试；测试前需先从自动变速器壳上断开电磁阀线束（目的是为了断开主油压电磁阀线束，否则数值不准确）。

具体的测试方法是：先连接 V. A. G 1551 或 V. A. G 1552，输入地址“02 变速器电气”，直到在屏幕上显示“Select Function ××”时，选择功能；然后拆下自动变速器左侧中部靠近油底处的主油压孔塞，连接专用自动变速器油压表 V. A. G 1702，拧紧用于释放压力的滚花螺栓，启动发动机后，再松开滚花螺栓，将压力释放完后，重新拧紧螺栓；接着，按下按键 0 和 8 选择测量数据块；最后按数字 00 和 5（005 选择“显示组编号 5”），将 ATF 温度提高至 60 ℃即可读取主油压，其正常值如表 2-7-3 所示。

表 2-7-3　大众公司 01M、01N 和 01V 型自动变速器主油压正常值

发动机转速	变速杆位置			
	D		R	
	bar	kPa	bar	kPa
怠速	3. 4～3. 8	338～379	12. 4～13. 2	1 239～1 319
2 000 r/min	5～6	499～599	23～24	2 299～2 399

3. 换挡延迟测试

在发动机怠速运转时将变速杆从空挡拨至前进挡或倒挡后，需要有一段短暂时间的迟滞或延时才能使自动变速器完成挡位的接合（此时汽车会产生一个轻微的震动），这一短暂的时间称为自动变速器的换挡迟滞时间。换挡延迟测试就是测出自动变速器换挡的迟滞时间，根据迟滞时间和长短来判断主油路油压及换挡执行元件的工作是否正常，如图 2-7-7 所示。

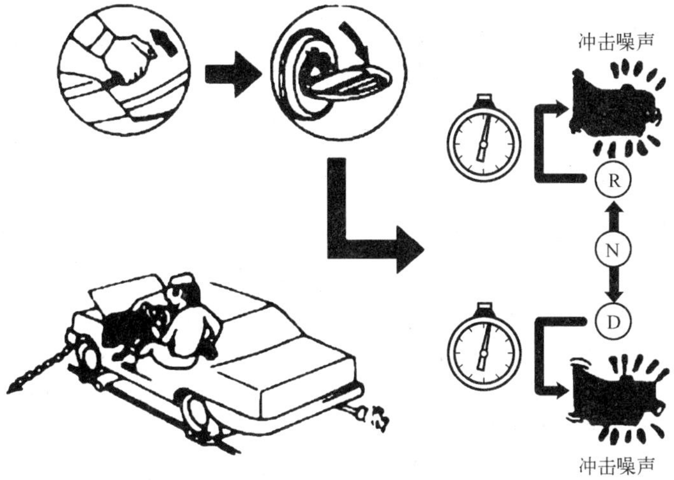

图 2-7-7　自动变速器换挡延迟测试

1）换挡延迟的测试方法及步骤

（1）让汽车行驶，使发动机和自动变速器达到正常工作温度。

（2）将汽车停放在水平地面上，拉紧驻车制动器。

（3）检查发动机怠速。如不正常，应按标准予以调整。

（4）将自动变速器变速杆从 N 位拨至 D 位，用秒表测量从拨动变速杆开始到感觉汽车振动为止所需的时间，该时间称为 N－D 延迟时间。

（5）将变速杆拨至 N 位，让发动机怠速运转 1 min 后，再做一次同样的测试。

（6）上述测试进行三次，取其平均值。

（7）按上述方法，将变速杆由 N 位拨至 R 位，测量 N－R 延时时间。

2）测试结果分析

大部分自动变速器 N－D 延迟时间小于 1.0 ～ 1.2 s，N－R 延迟时间小于 1.2 ～ 1.5 s。若 N－D 延迟时间过长，说明主油路油压过低，前进离合器摩擦片磨损过甚或前进单向离合器工作不良；若 N－R 延迟时间过长，说明倒挡主油路油压过低，倒挡离合器或倒挡制动器磨损过甚或工作不良。

4. 道路测试

自动变速器的道路测试是分析、诊断自动变速器故障及检验修复自动变速器工作性能和修理质量的最有效手段之一。道路测试是对汽车自动变速器性能的最终检验，检验内容侧重于换挡点、换挡冲击、振动、噪声和打滑等现象。

在道路测试之前，应确认汽车发动机及底盘各个系统的技术状态应完好，并且已经进行了基本检查。让汽车以中低速行驶 5 ～ 10 min，使发动机和自动变速器都达到正常的工作温度（70 ～ 80 ℃）。

1）升挡车速的检查

起动发动机，将变速杆拨至 D 位，踩下加速踏板，并使节气门保持在某一固定开度，让汽车起步并加速。当感觉到自动变速器升挡时，记下升挡车速。一般 4 挡自动变速器在节气门开度保持在 1/2 时，由 1 挡升至 2 挡的升挡车速为 25 ～35 km/h，由 2 挡升至 3 挡的升挡车速为 55 ～70 km/h，由 3 挡升至 4 挡（超速挡）的升挡车速为 90 ～120 km/h。不同节气门开度时，升挡车速不同，不同车型自动变速器的升挡车速也不相同。因此，只要升挡车速基本保持在上述范围内，而且汽车行驶中加速良好，无明显的换挡冲击，都可以认为其升挡车速基本正常。

若汽车行驶中加速无力，升挡车速明显低于上述范围，说明升挡车速过低（即过早升挡），一般是控制系统的故障所致；若汽车行驶中有明显的换挡冲击，升挡车速明显高于上述范围，说明升挡车速过高（即过迟升挡），可能是控制系统的故障所致，也可能是换挡执行元件的故障所致。

一般汽车维修手册中都有自动变速器升挡（或降挡）车速标准表，但表中通常只列出了节气门全开或全关时的升挡（或降挡）车速。然而在道路测试中，想要汽车以节气门全开状态行驶，往往因道路条件的限制而无法实施，而且以节气门处于全开位置行驶也容易加剧自动变速器内摩擦元件的磨损，一般不宜采用。因此，车速标准表中的数据只能作为参考。有些汽车维修手册中做出了该自动变速器的换挡图，从换挡图中可以得出不同节气门开度下自动变速器的升挡车速，这可作为判断换挡车速是否正确的标准。

由于降挡时刻在行驶中不易察觉，因此在道路试验中一般无法检查自动变速器降挡车速，只能通过检查升挡车速来判断自动变速器有无故障。如有必要，还可检查在其他模式下或变速杆位于前进低挡位置时的换挡车速，并与标准值进行比较，以作为判断故障的参考依据。

2）换挡质量的检查

换挡质量的检查内容主要是检查有无换挡冲击。正常的电控自动变速器的换挡冲击应十分微弱。若换挡冲击太大，说明自动变速器的控制系统或换挡执行元件有故障，其原因可能是油路油压高或换挡执行元件打滑，应做进一步检查。

3）锁止离合器工作状况的检查

自动变速器变矩器中的锁止离合器工作是否正常也可以采用道路试验的方法进行检查。测试中，让汽车加速至超速挡，以高于 80 km/h 的车速行驶，并让节气门开度保持在低于 1/2 的位置，使变矩器进入锁止状态。此时，快速将加速踏板踩下至 2/3 开度，若发动机转速没有太大的变化，说明锁止离合器处于接合状态；反之，若发动机转速升高很多，则说明锁止离合器没有接合，其原因通常是锁止控制系统有故障。

4）发动机制动作用的检查

检查自动变速器有无发动机制动作用时，应将变速杆拨至前进低挡（S、L 或 2、1）位置，在汽车以 2 挡或 1 挡行驶时，突然松开加速踏板，若车速立即随之下降，说明有发动机制动作用；否则，说明控制系统或相关的离合器、制动器有故障。

5）强制降挡功能的检查

检查自动变速器强制降挡功能时，应将变速杆拨至 D 位，保持节气门开度为 1/3 左右，在以 2 挡、3 挡或超速挡行驶时突然将加速踏板完全踩到底，检查自动变速器是否被强制降低一个挡位。在强制降挡时，发动机转速会突然上升至 4 000 r/min 左右，并随着加速升挡，转速逐渐下降。若踩下加速踏板后没有出现强制降挡，说明强制降挡功能失效。若在强制降挡时发动机转速异常升高至 5 000 ～6 000 r/min，并在升挡时出现换挡冲击，则说明换挡执行元件打滑，应拆修自动变速器。

6）P 位制动效果的检查

将汽车停在坡度大于9% 的斜坡上，变速杆拨入 P 位，松开驻车制动器，检查机械闭锁爪的锁止效果。

5. 手动换挡测试

对于电控自动变速器而言，为了确定故障存在的部位，区分故障是由机械系统、液压系统引起，还是由电子控制系统引起的，可进行手动换挡测试。

所谓手动换挡测试就是将电控自动变速器所有换挡电磁阀的线束插头全部脱开，此时 ECU 不能通过换挡电磁阀来控制换挡，自动变速器的换挡取决于变速杆的位置。不同车型的电控自动变速器在脱开换挡电磁阀线束插头后的挡位和变速杆的关系都不完全相同。

手动换挡测试的步骤如下：

（1）脱开电控自动变速器的所有换挡电磁阀线束插头。

（2）启动发动机，将变速杆拨至不同位置，然后做道路测试（也可以将驱动轮悬空，进行台架测试）。

（3）观察发动机转速和车速的对应关系，以判断自动变速器所处的挡位。不同挡位时发动机转速与车速的关系可参考表 2-7-4。由于液力变矩器的减速作用与传递的扭矩有关，因此表 2-7-4 中车速只能作为参考，实际车速将随着行驶中节气门开度的不同而产生一定的变化。

表 2-7-4　不同挡位时发动机转速和车速的关系

挡　　位	发动机转速/（r/min）	车速/（km/h）
1 挡	2 000	18～22
2 挡	2 000	34～38
3 挡	2 000	50～55
超速挡	2 000	70～75

（4）若变速杆位于不同位置时，自动变速器所处的挡位与表 2-7-4 相同。说明电控自动变速器的阀体及换挡执行元件基本上工作正常；否则，说明电控自动变速器的阀体或换挡执行元件有故障。

（5）测试结束后，接上电磁阀线束插头。

（6）清除 ECU 中的故障码，防止因脱开电磁阀线束插头而产生的故障码保存在 ECU 中，影响自动变速器的故障自诊断工作。

六、电控液力自动变速器常见故障诊断与排除

汽车自动变速器在使用中，随着技术状况的下降会出现一系列故障，常见的故障会通过一定的现象特征表现出来，不同车型由于结构上有所不同，其故障原因会有所差异，但故障产生的常见原因和诊断排除方法是基本相同的。

1. 汽车不能行驶故障的诊断

1）故障现象

（1）无论变速杆位于倒挡、前进挡或前进低挡，汽车都不能行驶；

（2）冷车起动后汽车能行驶小段路程，但热车状态下汽车不能行驶。

2）故障原因

（1）自动变速器油底壳渗漏，液压油全部漏光。

（2）变速杆和手动阀摇臂之间的连杆或拉索松脱，手动阀保持在空挡或驻车挡位置。

（3）油泵进油滤网堵塞。

（4）主油路严重泄漏。

（5）油泵损坏。

3）故障诊断与排除

（1）检查自动变速器内有无液压油。其方法是：拔出自动变速器的油尺，观察油尺上有无液压油。若油尺上没有液压油，说明自动变速器内的液压油已漏光。对此，应检查油底壳，液压油散热器、油管等处有无破损而导致漏油。如有严重漏油处，应修复后重新加油。

（2）检查自动变速器变速杆与手动阀摇臂之间的连杆或拉索有无松脱。如果有松脱，应予以装复，并重新调整好变速杆的位置。

（3）拆下主油路测压孔上的螺塞，起动发动机，将变速杆拨至前进挡或倒挡位置，检查测压孔内有无液压油流出。

（4）若主油路测压孔内没有液压油流出，应打开油底壳，检查手动阀摇臂轴与摇臂间有无松脱，手动阀阀芯有无折断或脱钩。若手动阀工作正常，则说明油泵损坏。对此，应拆卸分解自动变速器，更换油泵。

（5）若主油路测压孔内只有少量液压油流出，油压很低或基本上没有油压，应打开油底壳，检查油泵进油滤网有无堵塞。如无堵塞，说明油泵损坏或主油路严重泄漏。对此应拆卸、分解自动变速器，予以修理。

（6）若冷车启动时主油路有一定的油压，但热车后油压即明显下降，说明油泵磨损过甚。对此应更换油泵。

（7）若测压孔内有大量液压油喷出，说明主油路油压正常，故障出在自动变速器中的输入轴、行星排或输出轴。对此应拆检自动变速器。

注意：目前新出的电控自动变速器所用电磁阀较多，专门用于控制前进挡离合器的电磁阀损坏或与其相关的线路故障，都会造成无前进挡。有的车型所配用的自动变速器，连倒挡也有电磁阀参与，则其对应的电磁阀或线路损坏将产生“无倒挡”的故障现象。

2. 自动变速器打滑故障的诊断

1）故障现象

（1）起步时踩下加速踏板，发动机转速很快升高但车速升高缓慢。

（2）行驶中踩下加速踏板加速时，发动机转速升高但车速没有很快提高。

（3）平路行驶基本正常，但上坡无力，且发动机转速很高。

2）故障原因

（1）液压油油位太低。

（2）液压油油位太高，运转中被行星排剧烈搅动后产生大量气泡。

（3）离合器或制动器摩擦片、制动带磨损过甚或烧焦。

（4）油泵磨损过甚或主油路泄漏，造成油路油压过低。

（5）单向离合器打滑。

（6）离合器或制动器活塞密封圈损坏，导致漏油。

（7）蓄压器活塞密封圈损坏，导致漏油。

主油压过低时，应重点检查主调压阀弹簧的长度，阀与阀孔的间隙是否合适，有无发生卡滞，检查主油压电磁阀的密封性。然后，检查油泵的工作间隙，蓄能器过脏卡滞或密封圈密封不良，活塞上回位弹簧严重变形或折断、散落使离合器活塞回位速度明显减慢。活塞上单向球阀被粘住，排泄孔打不开，活塞腔内残存油液过多，使离合器处于半离合状态。活塞变形，造成活塞在热车状态下运动卡滞，离合器不能完全接合，也不能完全分离。活塞上单向球阀或密封圈密封不严，造成离合器工作油压不足，离合器不能完全接合。摩擦片上 ATF 油槽磨平或其含油层磨损，使摩擦片润滑效果恶劣，造成烧蚀。离合器工作间隙大，使活塞压紧力矩不足，而无法进入完全接合状态。油道堵塞，造成油压不足。

散热器水温过高，“烧片”后离合器打滑，由此会导致 ATF 油温急剧上升，由于 ATF 冷却器和发动机冷却系统中的散热器设置在一起，发动机冷却温度也随之上升，进而“开锅”。

注意：在任何情况下，自动变速器维修中都不要使用润滑脂和底盘润滑油。这些油脂不能被 ATF 溶解，会堵塞小孔及通道，甚至会使单向球排油阀与它的座圈隔开，使油压建立不起来，而造成离合器打滑。

在装配钢的或塑料的止推片或轴承时，为防止其位移可以用凡士林黏结。离合器“烧片”后必须彻底清洗变速器、变矩器和 ATF 冷却器。清洗过程中禁止用汽油和棉纱。

油压低是造成离合器打滑和“烧片”的主要原因。如丰田佳美车油压低至 3.5×10^5 Pa 时，离合器就会打滑和“烧片”。所以出现离合器打滑和“烧片”故障时，除了检查离合器自身外，还需要检查活塞的密封情况和蓄压器等的工作情况。

3）故障诊断与排除

打滑是自动变速器最常见的故障之一。虽然自动变速器打滑往往都伴有离合器或制动器摩擦片严重磨损甚至烧焦等现象，但如果只是简单地更换磨损的摩擦片而没有找出打滑的真正原因，则会使修理后的自动变速器使用一段时间后又出现打滑现象。因此，对于出现打滑的自动变速器，不要急于拆卸分解，而是应先做各种检查测试，以找出造成打滑的真正原因。

（1）对于出现打滑现象的自动变速器，应先检查其液压油的液位高度和品质。若液位过低或过高，应先调整至正常后再做检查。若液位调整正常后自动变速器不再打滑，可不必拆修自动变速器。

（2）检查液压油的品质。若液压油呈棕黑色或有烧焦味，说明离合器或制动器的摩擦片或制动带有烧焦，应拆修自动变速器。

（3）做路试，以确定自动变速器是否打滑，并检查出打滑的挡位和打滑和程度。将变速杆拨入不同的位置，让汽车行驶。若自动变速器升至某一挡位时发动机转速突然升高，但车速没有相应地提高，即说明该挡位有打滑。打滑时，发动机的转速越容易升高，说明打滑越严重。

根据出现打滑的规律，还可以判断产生打滑的是哪一个换挡执行元件。

① 若自动变速器在所有前进挡都出现打滑现象，则为前进离合器打滑。

② 若自动变速器在变速杆位于 D 位时的 1 挡有打滑，而在变速杆位于 L 位或 1 位时的 1 挡不打滑，则为前进单向离合器打滑。若不论变速杆位于 D 位或 L 位或 1 位时，1 挡都有打滑现象，则为低挡及倒挡制动器打滑。

③ 若自动变速器只在变速杆位于 D 位时的 2 挡有打滑，而在变速杆位于 S 位或 2 位时的 2 挡不打滑，则为 2 挡单向离合器打滑。若不论变速杆位于 D 位或 S 位或 2 位时，2 挡都有打滑现象，则为 2 挡制动器打滑。

④ 若自动变速器只在 3 挡有打滑现象，则为倒挡及高挡离合器打滑。

⑤ 若自动变速器只在超速挡时有打滑现象，则为超速制动器打滑。

⑥ 若自动变速器在倒挡和高挡时都有打滑现象，则为倒挡及高挡离合器打滑。

⑦ 若自动变速器在倒挡和 1 挡时都有打滑现象，则为低挡及倒挡制动器打滑。

上述结论可结合丰田 A34 系列自动变速器的动力传动简图和对应的换挡执行元件表来分析

推理，以进一步加深理解。

对于有打滑故障的自动变速器，在拆卸分解之前，应先检查自动变速器的主油路油压，以找出造成自动变速器打滑的原因。自动变速器不论前进挡或倒挡均打滑，其原因往往是主油路油压过低。若主油路油压正常，则只要更换磨损或烧焦的摩擦元件即可。若主油路油压不正常，则在拆修自动变速器的过程中，应根据主油路油压，相应地对油泵或阀进行检修，并更换自动变速器的所有密封圈和密封环。

注意：目前，电控自动变速器中较小面积的离合器较多，它们多易烧蚀，易造成高挡打滑。

3. 换挡冲击过大故障的诊断

1）故障现象

（1）在起步时，由驻车挡或空挡挂入倒挡或前进挡时，汽车振动较严重。

（2）行驶中，在自动变速器升挡的瞬间汽车有较明显的闯动。

2）故障原因

导致自动变速器换挡冲击大的故障原因很多，主要原因在于调整不当，机构元件性能下降或损坏，电控系统有故障，具体原因有：

（1）发动机怠速过高。

（2）节气门拉索或节气门位置传感器调整不当，使主油路油压过高。

（3）升挡过迟。

（4）油压电磁阀不工作。

（5）主油路调压阀有故障，使主油路油压过高。

（6）蓄能器活塞卡住，不能起减振作用。

（7）单向阀钢球漏装，换挡执行元件（离合器或制动器）接合过快。

（8）换挡执行元件打滑。

（9）ECU 有故障。

3）故障诊断与排除

由于引起换挡冲击的原因较多，因此，在诊断故障的过程中，必须循序渐进，对自动变速器的各个部分做认真的检查。一定要在全面检测的基础上，有针对性地进行分解修理，切不可盲目地拆修。总体而言，若是由于调整不当所造成的，只要稍作调整即可排除；若是自动变速器内部控制阀、蓄能器或换挡执行元件有故障，应分解自动变速器，予以修理；若是电控系统有故障，应对电控系统进行检测，找出具体原因，加以排除。具体检查诊断与排除步骤如下：

（1）检查发动机怠速。装用自动变速器的汽车发动机怠速一般为 750 r/min 左右。若怠速过高，应按标准予以调整或检修发动机。

（2）检查节气门拉索或节气门位置传感器的调整情况。如不符合标准，应重新予以调整。

（3）做路试。如果有升挡过迟的现象，则说明换挡冲击大的故障是升挡过迟所致。如果在升挡之前发动机转速异常升高，导致在升挡的瞬间有较大的换挡冲击，则说明离合器或制动器打滑，应分解自动变速器，予以修理。

（4）检测主油路油压。如果怠速时的主油路油压高，则说明主油路调压阀或节气门阀有故障，可能是调压弹簧的预紧力过大或阀芯卡滞所致；如果怠速时主油路油压正常，但起步进挡时有较大的冲击，则说明前进离合器或倒挡及高挡离合器的进油单向阀阀球损坏或漏装。对此应拆卸阀体，予以修理。

（5）检测换挡时的主油路油压。在正常情况下，换挡时的主油路油压会有瞬时的下降。如果换挡时主油路油压没有下降，则说明蓄能器活塞卡滞。对此，应拆检阀体和蓄能器。

(6) 电控自动变速器如果出现换挡冲击过大的故障，应检查油压电磁阀的线路，以及油压电磁阀工作是否正常、ECU 是否在换挡的瞬间向油压电磁阀发出控制信号。如果线路有故障，应予以修复；如果电磁阀损坏，应更换电磁阀；如果 ECU 在换挡的瞬间没有向油压电磁阀发出控制信号，说明 ECU 有故障，对此，应更换 ECU。

注意：蓄能器无背压控制油封或油脏、过热，主调压控制系统如节气门位置传感器、节气门拉索、真空调节阀等都会造成换挡冲击，且以上几种情况概率较高。

4. 升挡过迟故障的诊断

1）故障现象

(1) 在汽车行驶中，升挡车速明显高于标准值，升挡前发动机转速偏高。

(2) 必须采用松节气门提前升挡的操作方法，才能使自动变速器升入高挡或超速挡。

2）故障原因

(1) 节气门拉索或节气门位置传感器调整不当。

(2) 节气门位置传感器损坏。

(3) 主油路油压或节气门油压太高。

(4) 强制降挡开关短路。

(5) ECU 或传感器有故障。

3）故障诊断与排除

(1) 对于电控自动变速器，应先进行故障自诊断。如有故障码，则按所显示的故障码查找故障原因。

(2) 检查节气门拉索或节气门位置传感器的调整情况。如果不符合标准，应重新予以调整。

(3) 测量节气门位置传感器的电阻。如果不符合标准，应予以更换。

(4) 检查强制降挡开关。如有短路，应予以修复或更换。

(5) 测量怠速时的主油路油压，并与标准值进行比较。若油压太高，应通过节气门拉索或节气门位置传感器予以调整。若调整无效，应拆检主油路调压阀。

(6) 拆检或更换阀体。

注意：电控自动变速器换挡过迟与发动机动力性下降有关，且空气流量计出故障概率较高。其他影响动力性的因素如点火和燃油方面故障较易发现。油压不正常，也会影响换挡点。

5. 不能升挡故障的诊断

1）故障现象

(1) 汽车行驶中自动变速器始终保持在 1 挡，不能升入 2 挡和高速挡。

(2) 行驶中自动变速器可以升入 2 挡，但不能升入 3 挡和超速挡。

2）故障原因

(1) 节气门拉索或节气门位置传感器调整不当。

(2) 车速传感器有故障。

(3) 2 挡制动器或高挡离合器有故障。

(4) 换挡阀卡滞。

(5) 挡位开关有故障。

3）故障诊断与排除

(1) 对于电控自动变速器，应先进行故障自诊断，按所显示的故障码查找故障原因。

(2) 按标准重新调整节气门拉索或节气门位置传感器。

(3) 检查车速传感器。如有损坏，应予以更换。

(4) 检查挡位开关的信号。如有异常，应予以调整或更换。

(5) 拆卸阀体，检查各个换挡阀。换挡阀如有卡滞，可将阀芯取出，用金相砂纸抛光，再清洗后装入。如不能修复，应更换阀体。

(6) 若控制系统无故障，应分解自动变速器，检查各个换挡执行元件有无打滑现象，用压缩空气检查各个离合器、制动器油路或活塞有无泄漏。

6. 无超速挡故障的诊断

1) 故障现象

(1) 在汽车行驶中，车速已升高至超速挡工作范围，但自动变速器不能从3挡换入超速挡。

(2) 在车速已达到超速挡工作范围后，采用提前升挡（即松开加速踏板几秒后再踩下）的方法也不能使自动变速器升入超速挡。

2) 故障原因

(1) 超速挡开关有故障。

(2) 超速电磁阀有故障。

(3) 超速制动器打滑。

(4) 超速行星排上的直接离合器或直接单向离合器卡死。

(5) 挡位开关有故障。

(6) 液压油温度传感器有故障。

(7) 节气门位置传感器有故障。

(8) 3-4挡换挡阀卡滞。

3) 故障诊断与排除

(1) 对于电控自动变速器，应先进行故障自诊断，检查有无故障码。液压油温度传感器、节气门位置传感器、超速电磁阀等部件的故障都会影响超速挡的换挡控制。按显示的故障码查找故障原因。

(2) 检查液压油温度传感器在不同温度下的阻值，并与标准值进行比较。如有异常，应更换液压油温度传感器。

(3) 检查挡位开关和节气门位置传感器的信号。挡位开关的信号应和变速杆的位置相符。节气门位置传感器的电阻或输出电压应能随节气门的开大而上升，并与标准值相符。如有异常，应予以调整。若调整无效，应更换挡位开关或节气门位置传感器。

(4) 检查超速挡开关。在ON位置时，超速挡开关的触点应断开，超速指示灯（O/D OFF）不亮；在OFF位置时，超速挡开关触点应闭合，超速指示灯（O/D OFF）亮起。如有异常，应检查电路或更换超速挡开关。

(5) 检查超速电磁阀的工作情况。打开点火开关，但不要启动发动机，在按下超速挡开关时，检查超速电磁阀有无工作的声音。如果超速电磁阀不工作，应检查控制线路或更换超速电磁阀。

(6) 用举升器将汽车升起，让驱动轮悬空。运转发动机，让自动变速器以前进挡工作，检查在空载状态下自动变速器的升挡情况。如果在空载状态下自动变速器能升入超速挡，且升挡车速正常，说明控制系统工作正常，不能升挡的故障原因为超速制动器打滑，在有负荷的状态下不能实现超速挡。如果能升入超速挡，但升挡后车速不能提高，发动机转速下降，说明超速行星排中的直接离合器或直接单向离合器卡死，使超速行星排在超速挡状态下出现运动干涉，加大了发动机运转阻力。如果在无负荷状态下仍不能升入超速挡，说明控制系统有故障。对此，应拆卸阀体，检查3-4挡换挡阀。如有卡滞，可将阀芯拆下，予以清洗并抛光。如不能修复，应更换阀体总成。

7. 无前进挡故障的诊断

1）故障现象

（1）汽车倒挡行驶正常，在前进挡时不能行驶。

（2）变速杆在 D 位时不能起步，在 S 位、L 位（或 2 位、1 位）时可以起步。

2）故障原因

（1）前进离合器严重打滑。

（2）前进单向离合器打滑或装反。

（3）前进离合器油路严重泄漏。

（4）变速杆调整不当。

3）故障诊断与排除

（1）检查变速杆的调整情况。如果异常，应按规定程序重新调整。

（2）测量前进挡主油路油压。若油压过低，说明主油路严重泄漏，应拆检自动变速器，更换前进挡油路上各处的密封圈和密封环。

（3）若前进挡的主油路油压正常，应拆检前进离合器。如摩擦片表面粉末冶金有烧焦或磨损过甚，应更换摩擦片。

（4）若主油路油压和前进离合器均正常，则应拆检前进单向离合器，按照维修手册所述方法检查前进单向离合器的安装方向是否正确及有无打滑。如果装反，应重新安装；如有打滑，应更换新件。

8. 无倒挡故障的诊断

1）故障现象

汽车在前进挡能正常行驶，但在倒挡时不能行驶。

2）故障原因

（1）变速杆调整不当。

（2）倒挡油路泄漏。

（3）倒挡及高挡离合器或低挡及倒挡制动器打滑。

3）故障诊断与排除

（1）检查变速杆的位置。如有异常，应按规定程序重新调整。

（2）检查倒挡油路油压。若油压过低，则说明倒挡油路泄漏。对此，应拆检自动变速器，予以修复。

（3）若倒挡油路油压正常，应拆检自动变速器，更换损坏的离合器片或制动器片（制动带）。

9. 无锁止故障的诊断

1）故障现象

（1）汽车行驶中，车速、挡位已满足锁止离合器起作用的条件，但锁止离合器仍没有产生锁止作用。

（2）汽车油耗较大。

2）故障原因

（1）液压油温度传感器有故障。

（2）节气门位置传感器有故障。

（3）锁止电磁阀有故障或线路短路、断路。

（4）锁止控制阀有故障。

（5）液力变矩器中的锁止离合器损坏。

3）故障诊断与排除

（1）对于电控自动变速器，应先进行故障自诊断，检查有无故障码。如有故障码，则可按显示的故障码查找相应的故障原因。与锁止控制有关的部件包括液压油温度传感器、节气门位置传感器、锁止电磁阀等。

（2）检查节气门位置传感器。如果在一定节气门开度下的节气门位置传感器输出电压过高或电位计电阻过大，应予以调整。若调整无效，应更换节气门位置传感器。

（3）打开油底壳，拆下液压油温度传感器，检测液压油温度传感器。如不符合标准，应更换液压油温度传感器。

（4）测量锁止电磁阀。如有短路或断路，应检查电路；如电路正常，则应更换电磁阀。

（5）拆下锁止电磁阀，进行检查。如有异常，应予以更换。

（6）拆下阀体，分解并清洗锁止控制阀。如有卡滞，应抛光修复，如不能修复，应更换阀板。

（7）若控制系统无故障，则应更换液力变矩器。

10. 液压油易变质故障的诊断

1）故障现象

（1）更换后的新液压油使用不久即变质。

（2）自动变速器温度太高，从加油口处向外冒烟。

2）故障原因

（1）汽车使用不当，经常超负荷行驶，如经常用于拖车，或经常急速、超速行驶等。

（2）液压油散热器管路堵塞。

（3）通往液压油散热器的限压阀卡滞。

（4）离合器或制动器自由间隙太小。

（5）主油路油压太低，离合器或制动器在工作中打滑。

3）故障诊断与排除

（1）让汽车以中低速行驶 5 ～ 10 min，待自动变速器达到正常工作温度后，在发动机运转过程中检查自动变速器液压油散热器的温度。在正常情况下，液压油散热器的温度可达 60 ℃左右。若液压油散热器的温度低，说明油管堵塞，或通往液压油散热器的限压阀卡滞。这样，液压油得不到及时的冷却，油温过高，导致变质。

（2）若液压油散热器的温度太高，说明离合器或制动器自由间隙太小。对此，应拆卸自动变速器，予以调整。

（3）若液压油温度正常，应测量主油路油压。若油压太低，应检查节气门拉索或节气门位置传感器的调整情况。若节气门拉索或节气门位置传感器安装正常，应拆卸自动变速器，检查油泵是否磨损过甚、阀体内的主油路调压阀和节气门开度阀有无卡滞、主油路有无漏油处。

（4）若上述检查均正常，则故障可能是汽车经常超负荷行驶所致，或未按规定使用合适牌号的液压油所致。对此，可将液压油全部放出，加入规定牌号和数量的液压油。

11. 频繁跳挡故障的诊断

1）故障现象

汽车以前进挡行驶时，即使加速踏板保持不动，自动变速器仍会经常出现突然降挡现象；降挡后发动机转速异常升高，并产生换挡冲击。

2）故障原因

（1）节气门位置传感器有故障。

（2）车速传感器有故障。

（3）控制系统电路接地不良。

（4）换挡电磁阀接触不良。

（5）计算机有故障。

3）故障诊断与排除

（1）对于电子控制自动变速器，应先进行故障自诊断。如有故障码出现，按所显示的故障码查找故障原因。

（2）测量节气门位置传感器。如有异常，应更换。

（3）测量车速传感器。如有异常，应更换。

（4）检查控制系统电路各条接地线的接地状态。如有接地不良现象，应予以修复。

（5）拆下自动变速器油底壳，检查各个换挡电磁阀线束接头的连接情况。如有松动，应予以修复。

（6）检查控制系统计算机各接线脚的工作电压。如有异常，应予以修复或更换。

（7）换一个新的阀板或计算机试一下。如果故障消失，说明原阀板或计算机损坏，应更换。

（8）更换控制系统所有线束。

注意：电控自动变速器很多电磁阀以阀板为地，变速器与蓄电池连接损坏会造成频繁跳挡。

12. 挂挡后发动机怠速易熄火故障的诊断

1）故障现象

（1）若发动机怠速运转，将变速杆由 P 位或 N 位换入 R 位、D 位、2 位、L 位时发动机熄火。

（2）在前进挡或倒挡行驶中，踩下制动踏板停车时发动机熄火。

2）故障原因

（1）发动机怠速过低。

（2）阀板中的锁止控制阀卡滞。

（3）挡位开关有故障。

（4）输入轴转速传感器有故障。

3）故障诊断与排除

（1）在空挡或驻车挡时，检查发动机怠速。正常的发动机怠速应为 750 r/min 左右（具体以维修手册为准）。若怠速过低，应重新调整。

（2）对于电子控制自动变速器，应先进行故障自诊断，按所显示的故障码查找故障原因。

（3）检查挡位开关的信号，应与变速杆的位置相一致；否则应予以调整或更换。

（4）检查输入轴转速传感器。如有损坏，应更换。

（5）拆卸阀板，检查锁止控制阀。如有卡滞，应清洗抛光后装好。如仍不能排除故障，应更换阀板。若油底壳内有大量摩擦粉末，应彻底分解自动变速器，予以检修。

13. 无发动机制动故障的诊断

1）故障现象

（1）在行驶中，当变速杆位于前进低挡（2 位或 L 位时）位置时松开加速踏板，发动机速降至怠速，汽车没有明显减速。

（2）下坡时，变速杆位于前进低挡，但不能产生发动机制动作用。

2）故障原因

（1）挡位开关调整不当。

（2）变速杆调整不当。

（3）2 挡强制制动器打滑或低挡及倒挡制动器打滑。

（4）控制发动机制动的电磁阀有故障。

（5）阀板有故障。

（6）自动变速器打滑。

（7）计算机有故障。

3）故障诊断与排除

（1）对于电子控制自动变速器，应先进行故障自诊断，按所显示的故障码查找故障原因。

（2）做路试。检查加速时自动变速器有无打滑现象。如有打滑，应拆修自动变速器。

（3）如果变速杆位于 2 位时没有发动机制动作用，但变速杆位于 L 位时有发动机制动作用，则说明 2 挡强制制动器打滑，应拆修自动变速器。

（4）如果变速杆位于 L 位时没有发动机制动作用，但变速杆位于 S 位时有发动机制动作用，则说明低挡及倒挡制动器打滑，应拆修自动变速器。

（5）检查控制发动机制动的电磁阀线路有无短路或断路、电磁阀线圈电阻是否正常、通电后有无工作声音。如有异常，应修复或更换。

（6）拆卸阀板总成，清洗所有控制阀。阀芯如有卡滞可抛光后装复。如抛光后仍有卡滞，应更换阀板。

（7）检测计算机各引脚电压，要特别注意与节气门位置传感器、挡位开关连接的各引脚的电压。如有异常，应做进一步检查。

（8）更换一个新的计算机试一下。如果故障消失，说明原计算机损坏，应更换。

14. 不能强制降挡故障的诊断

1）故障现象

当汽车以 3 挡或超速挡行驶时，突然将加速踏板踩到底，自动变速器不能立即降低一个挡位，致使汽车加速无力。

2）故障原因

（1）节气门拉索或节气门位置传感器调整不当。

（2）强制降挡开关损坏或安装不当。

（3）强制降挡电磁阀损坏或线路短路、断路。

（4）阀板中的强制降挡控制阀卡滞。

3）故障诊断与排除

（1）检查节气门拉索或节气门位置传感器的安装情况。如有异常，应按标准重新调整。

（2）检查强制降挡开关。在加速踏板踩到底时，强制降挡开关的触点应闭合；松开加速踏板时，强制降挡开关的触点应断开。如果加速踏板踩到底时，强制降挡开关触点没有闭合，可用手直接按动强制降挡开关。如果按下开关后触点能闭合，说明开关安装不当，应重新调整；如果按下开关后触点仍不闭合，说明开关损坏，应予以更换。

（3）对照电路图，在自动变速器线束插头处测量强制降挡电磁阀。如有异常，则故障原因可能是线路短路、断路或电磁阀损坏。对此，应检查线路或更换电磁阀。

（4）打开自动变速器油底壳，拆下强制降挡电磁阀，检查电磁阀的工作情况。如有异常，应予以更换。

（5）拆卸阀板总成，分解并清洗强制降挡控制阀。阀芯如有卡滞，可进行抛光；若无法修复，则应更换阀板总成。

注意：电控自动变速器在车速太高时，急踩加速踏板到底无降挡，属于正常现象。

15. 异响故障的诊断

1）故障现象

（1）在汽车运转过程中，自动变速器内始终有异常响声。

（2）汽车行驶中自动变速器有异响，停车挂空挡后异响消失。

2）故障原因

（1）油泵因磨损过甚或液压油油面高度过低、过高而产生异响。

（2）液力变矩器因锁止离合器、导轮单向超越离合器等损坏而产生异响。

（3）行星齿轮机构异响。

（4）换挡执行元件异响。

3）故障诊断与排除

（1）检查自动变速器液压油油面高度。若太高或太低，应调整至正确高度。

（2）用举升器将汽车升起，启动发动机，在空挡、前进挡、倒挡等状态下检查自动变速器产生异响的部位和时刻。

（3）若在任何挡位下自动变速器前部始终有一连续的异响，通常为油泵或液力变矩器异响。对此，应拆检自动变速器，检查油泵有无磨损、液力变矩器内有无大量摩擦粉末。如有异常，应更换油泵或液力变矩器。

（4）若自动变速器只有在行驶中才有异响，空挡时无异响，则为行星齿轮机构异响。对此，应分解自动变速器，检查行星排各个零件有无磨损痕迹，齿轮有无断裂，单向超越离合器有无磨损、卡滞，轴承或止推垫片有无损坏。如有异常，应予以更换。

任务实施

一、实施环境

（1）汽车底盘电控实训室或汽车整车实训室。

（2）装备有自动变速器的轿车（如世嘉、标致307、科鲁兹、英朗、君威等）或汽车自动变速器台架（如MAXA、AF13、4T65E、AL4、A34系列、01M、01N等）、举升机、工具车（配有拆装工具）、工作台。

（3）相应的车辆维修手册或自动变速器台架资料。

二、实施步骤

（1）各小组对照分解的实物、模型或图片说明所视对象属于哪种类型的自动变速器。

（2）确定此种自动变速器（由教师指定）的型号，并查找该自动变速器的维修手册及相关资料。

（3）依据资料，分析其电子控制系统的控制原理和各挡位的动力传动路线。

（4）对照实物与维修手册（或相关资料）的图例，辨识、确认自动变速器基本检查与维护操作所涉及的各元件及装置的位置及作用。

（5）复习巩固电控自动变速器的基本检查与维护内容、方法，以及自动变速器性能测试所涉及的各项目的内容、作用和操作方法。

（6）分组讨论，分析说明电控自动变速器基本检查与维护和性能测试应注意的事项。

（7）在教师的指导下，分组完成任务工单。

三、任务工单

项目二　检修电控液力自动变速器 任务七　检修自动变速器	班级			
	姓名		学号	
	日期		分数	

（1）根据教师指定的自动挡车辆和自动变速器，回答以下问题：

① 车辆的型号：____________；　② 车辆的 VIN 码：____________；

③ 自动变速器的型号：____________；　④ ECT ECU 和零件编号及版本号：____________

________________________。

（2）根据问题车辆或问题自动变速器的故障现象，完成以下任务：

① 故障症状：________________________

____

____

________________________。

② 故障原因分析：________________________

____

____

________________________。

（3）自动变速器的基本检查与维护：

① ATF 的检查和更换：

a. ATF 液面高度的检查。检查 ATF 的液面高度是否正常。

检查结果：____________；原因分析：____________；

维修或调整方法：________________________。

b. ATF 油质的检查。从油质中了解自动变速器具体的情况。

- ATF 的颜色：是否为鲜亮、透明的红色。

检查结果：____________；原因分析：____________。

- ATF 的气味：是否有焦煳味。

检查结果：____________；原因分析：____________。

- ATF 的杂质：是否 ATF 中有金属切屑或胶质。

检查结果：____________；原因分析：____________。

② 自动变速器漏油检查：检查自动变速器是否有漏油的地方。　□是　□否

③ 节气门拉索检查：检查节气门拉索是否过松或过紧。

检查结果：____________；维修建议：____________。

④ 变速杆位置检查：将变速杆自 N 位换到其他挡位，检查变速杆是否能平稳而又精确地换到其他挡位。同时，检查挡位指示器是否正确地指示挡位。

检查结果：____________；维修建议：____________。

⑤ 空挡启动开关检查：检查发动机是否仅能在变速杆位于 N 位或 P 位时启动，而在其他挡位不能启动。

检查结果：____________；原因分析：____________。

⑥ 发动机怠速检查：将变速杆置于 N 位，关闭空调，检查发动机怠速转速。

检查结果：____________；标准怠速：____________。

（4）诊断仪检测：

续表

项目二　检修电控液力自动变速器 任务七　检修自动变速器	班级			
	姓名		学号	
	日期		分数	

① 故障码检测：

② 相关数据流检测：

③ 诊断仪的其他检测：

（5）变速器的性能测试：

① 失速测试。将测试结果填入下表。

变速杆位置	失速转速	结果分析	维修建议
D 位			
R 位			

② 油压测试。将测试结果填入下表。

工　　况	变换杆位置	测 试 结 果	结 果 分 析	维 修 建 议
怠速	D 位			
	R 位			
失速	D 位			
	R 位			

③ 换挡迟滞测试。将测试结果填入下表。

变速杆位置	延 迟 时 间	结 果 分 析	维 修 建 议
N 位→D 位			
N 位→R 位			

④ 道路测试：

a. 升挡检查。将变速杆置于 D 位，踩下加速踏板，使节气门保持在 50% 开度左右，让汽车起步加速，检查自动变速器的升挡情况。

检查结果：____________________；原因分析：____。

b. 升挡车速的检查。在升挡检查过程中，当察觉到自动变速器升挡时，记下升挡车速，并将测试结果填入下表。

续表

项目二　检修电控液力自动变速器 任务七　检修自动变速器	班级			
	姓名		学号	
	日期		分数	

节气门开度	升挡车速/(km/h)			结果分析	维修建议
50%	1挡升到2挡	2挡升3挡	3挡升4挡		

c. 换挡质量的检查。检查有无换挡冲击。

检查结果：____________；原因分析：________________________________。

d. 锁止离合器工作状况的检查。汽车加速至超速挡，以高于80 km/h的车速行驶，并让节气门开度保持在低于50%的位置，使液力变矩器进入锁止状态。快速将加速踏板踩下，使节气门开度超过85%，同时检查发动机转速的变化情况。

检查结果：____________；原因分析：________________________________。

e. 发动机制动作用的检查。变速杆置于2位或L位，在汽车以2挡或1挡行驶时，突然松开加速踏板，检查是否有发动机制动作用。

检查结果：____________；原因分析：________________________________。

f. 强制降挡功能的检查。变速杆置于D位，保持节气门开度为30%左右，在以2挡、3挡或超速挡行驶时突然将加速踏板完全踩到底，检查自动变速器是否被强制降低一个挡位。□是□否

发动机转速：____________；原因分析：________________________________。

⑤ 手动换挡测试：检查手动换挡测试过程中，不同挡位时发动机转速与车速的关系，并填写下表。

挡　　位	发动机转速	车　　速	结果分析	维修建议
1挡				
2挡				
3挡				
超速挡				

(6) 分组讨论本任务案例导入中的故障诊断程序，查找资料后，回答下面的问题：

① 此案例中，所涉及车型装备的自动变速器的型号为________________________________。

② 开关F189是如何向ECU传输信号的？用哪些办法可以检测、判断其信号是否正常？

拓展知识

一、新型自动变速器简介

随着汽车技术的发展，自动变速器的类型不断丰富，除了传统的电控液力式自动变速器（AT）外，近年来各大汽车生产厂商不断提高无级变速（CVT）、双离合器式变速器（DSG）的装车率，自动换挡的机械式变速器在一些低端车型上的运用也日益增多。如奥迪 A4、日产天籁、本田飞度、宝马 mini、瑞虎、景逸等车均有配备 CVT 的款型；又如一汽大众的高尔夫、速腾和迈腾，斯柯达的昕动、明锐、昊锐等车的某些款型则装备了 DSG；国产轿车奇瑞 QQ、宝骏等车的某些款型装备有 AMT，这些自动变速器与传统的 AT 在结构与变速方式上均有较大的差异，考虑到不同类型自动变速器带来的技术多样性及复杂性，结合其发展趋势，本书在此仅进行简单的介绍，旨在引起读者对 CVT、DSG 和 AMT 等不同类型自动变速器的学习兴趣，更为详细的内容请读者查找相关资料学习提高。

（一）自动机械式自动变速器及顺序换挡自动变速器

1. 自动机械式自动变速器

新型的电子控制机械式自动变速器，提供了对传统机械式变速器进行合理控制，以完成汽车起步、换挡等自动控制功能的可能性。用先进的电子技术改造传统的手动机械式变速器使其自动化，不仅能保留原齿轮变速器效率高、成本低等优点，而且还具有液力自动变速器因自动换挡带来的优点。目前的电子控制机械式自动变速器是在手动机械式变速器和干式离合器基础上增加电控系统实现自动化而产生的，主要区别是将原来的手动变速操纵机构和离合器踏板式传动机构由执行机构代替。

简单地说，自动机械式自动变速器（AMT）和手动变速器（MT）相比，换挡时不需要用脚去踩离合器踏板，而由计算机根据传感器信号控制离合器分离，再由计算机控制手动变速器盖子上的拨叉轴做轴向移动，完成换挡后，计算机再控制慢抬离合器，完成自动换挡。

AMT 系统的优点是：取消了液力变矩器，可减少维修和加工费用；取消了油冷却装置，减轻了质量，提高了工作可靠性；无论驾驶人水平如何，都可实现完美换挡；“辅助坡路起步”功能可避免在坡路起步时车辆倒溜；“保持”功能允许驾驶人控制换挡点。

AMT 和手动变速器的区别主要是 AMT 在变速器和变速杆之间取消了机械连接，变速自动且完全实现电控。此方式较传统的变速杆的机械传动方式提供了更多的变速杆的设计方式。

AMT 的主要缺点是换挡舒适性不好，并且在换挡过程中产生动力中断，使得在换挡过程中加速性能不好，特别是在驾驶人要求急加速的情况下更明显。而且目前市场上的 AMT 没有失效安全保护模式，系统失效将导致车辆不能行驶。AMT 与自动变速器 AT 相比，AMT 系统的价格稍微便宜，但增加的元件使变速器实现自动化要增加 10% 的质量。

德国 ZF（采矣孚）公司和萨克斯公司共同开发了 ZF - AS（Automatic Shifting，AS）机械式自动变速器。该自动变速器的大量生产始于 1997 年，首先在依维柯车上装配。2000 年在欧洲推出 12 挡和 16 挡的 AMT，使用在重型载货汽车上，在电控柴油发动机长途旅行客车上也推出 ZF - AS 机械式自动变速器。

由于离合器是自动的，因此取消了离合器踏板。换挡是在电控系统的控制下自动实现的，所以原来手动变速器人为控制离合器、选挡轴和换挡轴的三个动作由电控系统完成模拟。为了满足一部分购车人员要求有手动感觉的需求，可以通过变速杆在控制面板上向加减号方向移动，以此方式来控制手动换挡；也可通过在转向盘上安装带加减号的加减挡按钮来控制手动换挡；

变速器所处的实际挡位可由仪表显示出来。

离合器的动作要与发动机电子节气门开度动作及换挡操纵动作协调配合，控制系统对这种配合的要求很高。只有实现离合器的最佳接合规律，才能保持汽车正常平稳的起步和换挡过程中的平顺，减少对传动系统零部件的冲击，延长这些部件的使用寿命和提高乘坐的舒适性。

在起步换挡过程中，离合器操纵不仅受车辆载荷、坡度、发动机转速、车速及挡位等因素的影响，也受驾驶人的人为因素和一些偶然因素的影响。因此，离合器的最佳接合规律不仅是以人机工程学来模拟优秀驾驶人的操纵动作和感觉，而且应该做得更好。

下面分析离合器接合的主要影响因素。从离合器分离到接合为止，其行程大致可分三个阶段。

第一阶段：从离合器分离到稍有接合时，无转矩传递。

第二阶段：从离合器稍接合到完全接合，转矩传递急速增长，动作速度受节气门控制。

第三阶段：完全接合，恒定转矩传递，动作速度不受节气门控制。

在踩下加速踏板准备启动发动机时，离合器不接合，而需发动机达到一定转速（即发动机在该节气门开度下最大转矩对应的转速，这是个不能再提高的转速）以后才能平稳接合，以防止熄火。

第一阶段无转矩传递，故接合速度较快，可实现快速起步或减少换挡时功率中断的时间。以上三个过程正是模仿了人抬离合器踏板的三个动作过程：快抬消除离合器的自由间隙；慢抬使离合器平稳接合；平稳接合后，快抬防止继续打滑，损失动力。

第二阶段速度较慢，以获得平稳起步或换挡，提高乘坐舒适性和减少传动系统的冲击载荷；但过慢的速度又会造成滑磨时间长，影响离合器使用寿命，故需控制在一定时间内完成。此时，加速踏板的操纵位置用于控制离合器的接合速度。在离合器接合的开始阶段，离合器的接合速度与节气门开度成正比。离合器接合的速度分缓慢、正常和急速等不同程度，主要根据加速踏板的踏入量来控制。中、高车速范围时的离合器控制，除受节气门大小的影响外，还与节气门开度的变化率有关。

第三阶段速度也较快，以使压紧力尽快达到最大值，并保留分离轴承与分离叉之间的间隙。离合器接合后，因发动机与变速器输入轴已接近同步，接合速度不需再受节气门控制。

目标转速控制：离合器接合时，发动机转速会出现变化，接合的速度越快，发动机转速的波动量越大。为防止发动机输出转矩小于离合器从动轴阻力产生的转矩，使发动机转速下降过多而引起车身振动，甚至发动机熄火，电控系统的计算机需要先计算发动机的目标转速，如果发现该节气门开度下的实际转速小于目标转速，则离合器分离，停止接合。

车速信号控制：由于变速器输出转矩的大小与挡位即传动比成正比，低挡传动比越大，后备牵引力就越大，汽车的加速度也越大，从而传动系统可能产生的动载荷也越大。因此，从提高离合器接合平顺性、乘坐舒适性及减小动载荷考虑，应放慢离合器接合速度，故低挡时换挡时间长。此外，由于车速间接地反映了外界的负荷大小，在同一节气门开度下行驶时，车速越高，说明外部阻力越小，所以离合器接合速度可以加快。

道路坡度和汽车载荷控制：道路坡度和汽车载荷会引起发动机转速及输出转矩的明显变化。为了降低动载荷与提高接合的平稳性，计算机根据节气门开度和车速信号，共同确定道路坡度和汽车载荷，离合器的接合速度被适当放慢。

根据影响离合器接合的因素对离合器提出的基本要求，由各种节气门开度、发动机转速、道路坡度、传动比、车重及车速等条件确定离合器最佳接合规律。

离合器的执行机构有液动和气动两种。如果从使用性能来看，液动控制要优于气动控制，但对已有气压系统的汽车而言，使用气动方案可降低成本。

典型 AMT 的液压系统如图 2-7-8 所示，操纵离合器动作的是一个单作用液压缸，系统由电磁阀 Y1、Y2、Y3、Y4 控制，这些阀有直径各不相同的节流孔，以满足不同接合速度的要求。系统的工作模式有以下四种：

（1）离合器分离：电磁阀 Y1 接通，Y2、Y3 和 Y4 断电，压力油进入液压缸，离合器分离，用于防止发动机熄火及换挡。

（2）保持分离：Y1、Y2、Y3 和 Y4 均断电，缸内液压油被封闭，活塞不动，离合器保持分离。

（3）车辆起步、换挡：离合器半接合，Y1 断电，Y2、Y3 和 Y4 由驱动电磁阀的脉冲电流的脉冲幅值控制，分别或同时接通，脉冲越宽，活塞运动速度越快。系统根据行程传感器信号，对执行机构的实际运动进行修正，使离合器按最佳接合规律动作，配合车辆起步、换挡。

（4）保持接合离合器接合后，除 Y2 外，所有电磁阀全部断电，汽车进入正常行驶。

当电磁阀接通后，压力油进入液压缸左腔，推动活塞右移，使离合器分离；行程传感器将离合器的位置信号随时提供给计算机，以使计算机能根据工况对电磁阀进行控制，达到离合器适时分离或接合的目的。

注意：为保证离合器工作位置、选挡轴位置和换挡轴位置精确，三个元件的位置需要行程传感器反馈信号。传感器对于离合器是滑动变阻器，对于选挡轴位置和换挡轴位置为霍尔位置传感器。

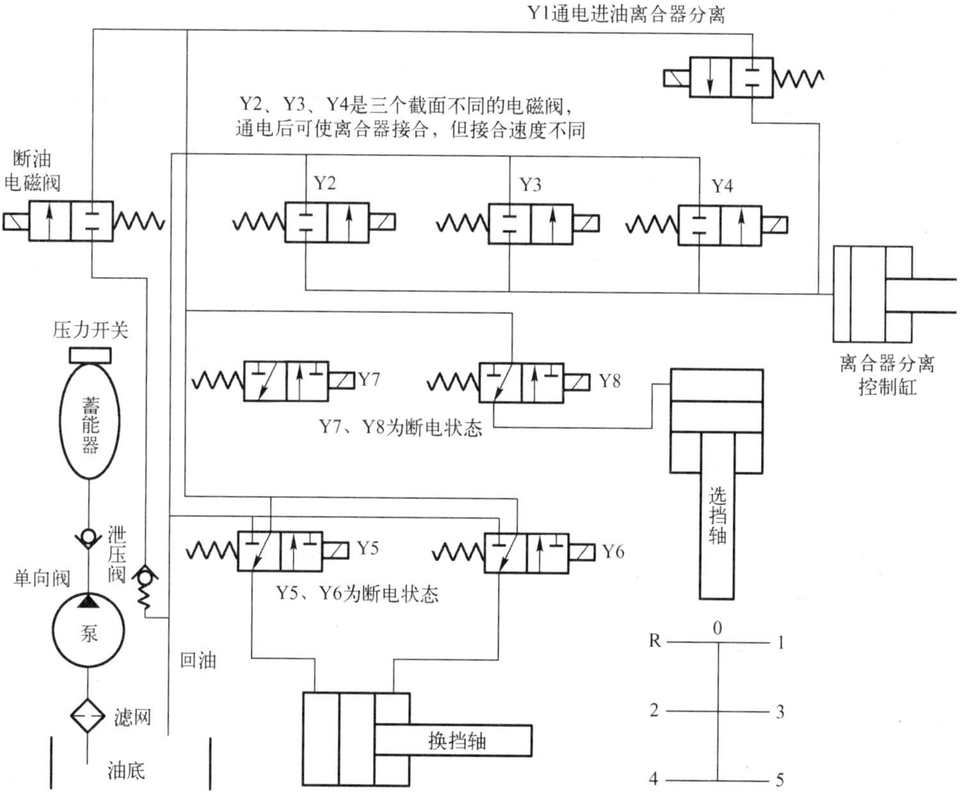

图 2-7-8　典型 AMT 的液压系统

当关闭整车电源开关后，电磁阀电流也被切断，离合器接合。如此时变速器还挂着挡，而发动机尚未完全停止运转，则会因离合器的接合产生很大的冲击，甚至有可能使车向前窜动。为保证安全，防止这种危险情况发生，离合器卸压阀 Y2 可采用常开型，并设置延迟电源电路，使其在电源切断后 2 ～ 3 s 内仍让离合器保持分离状态。

AMT 是一个集机、电、液控制技术于一体的高新技术的总成，是商用车和大型客车实现自动变速的最佳途径。目前国内外的 AMT 技术已经成熟，并已经开始在豪华商用车和豪华长途大型客车上应用。

2. 顺序换挡自动变速器

1997 年，顺序换挡自动变速器（Sequential Manual Gearbox，SMG）在宝马赛车上首先采用，它设有手动（S）和自动（A）两种换挡模式，在驾驶过程中两种模式可以随时切换。选自动模式时，就是一台自动变速器，可以自动准确选择换挡点，换挡过程非常平顺，没有冲击；选用手动模式时，将变速杆向前推一下就上一个挡，向后拉一下就降一个挡，如果不动变速杆，即使将加速踏板踩到底，也不会升挡。为了方便操控，在转向器上还设有一个手动换挡系统。

（1）SMG 的特点：

① 驾驶逻辑控制系统会根据驾驶人的驾驶习惯来控制变速器的换挡，总共可以记为 11 种不同的换挡模式。

② SMG 没有液力变矩器，也不需要离合器踏板。

③ 在仪表板上有换挡指示灯，它会根据车速和发动机转速提醒驾驶人在最佳换挡点换为最合适的挡位。

④ 当驾驶人降挡时，发动机会自动提高相应的转速，以保证平顺换挡。

⑤ SMG 变速杆的换挡非常简单和快捷，不用记住现在使用的是哪个挡位，只要知道现在需要升挡还是降挡即可，并且只需要将变速杆前推或后拉就可以完成换挡任务。

⑥ 在 SMG 的操作中，不会发生挂错挡位的事情，而手动变速器的变速杆位置一般布置成 H 形，2 挡和 4 挡的位置很近，在应该挂 4 挡时容易错挂成 2 挡。

（2）SMG 的结构和工作原理。SMG 由一台普通的齿轮变速器、一套自动换挡机构和电子离合器组成，如图 2-7-9 所示。其相对复杂的自动换挡机构，主要由拨叉伺服器和选位伺服器组成，伺服器一般采用电动机或者液压马达，拨叉伺服器用来推拉拨叉，选位伺服器用来选择工作所需的拨叉。

SMG 的工作原理和手动变速器的工作原理非常相似，只是把原来人工控制的踩离合器、退挡、进挡和松离合器的工作都交给了由计算机控制的电子离合器和自动换挡机构。为了提高变速器换挡的牢靠程度，在第二代 SMG 上采用了一个换挡转换鼓，如图 2-7-10 所示。换挡转换鼓的前端带有锥齿，用来驱动换挡转换鼓的旋转，在换挡转换鼓的外圆表面上有三条特殊槽，分别控制着槽内的三个拨叉。

在换挡的时候，只要转动换挡转换鼓，三个拨叉就会随着换挡转换鼓的转动而同时前后移动，实现降挡和升挡的任务。所以换挡转换鼓上槽的设计非常重要，由于要通过换挡转换鼓，因此第二代 SMG（SMG Ⅱ）的换挡是有顺序地一挡一挡进行的。例如，要从 1 挡换到 3 挡，必须前推变速杆两次，使换挡转换鼓转动两个 50°，然后再换入 3 挡，降挡也是如此。由此可见，第二代 SMG 不可以跳跃换挡，必须按顺序进行换挡，所以第二代 SMG 也被称为顺序换挡自动变速器。

图 2-7-9　SMG 的组成

图 2-7-10　换挡转换鼓

（二）无级自动变速器

1. 湿式复合带（链）式无级自动变速器

无级自动变速器（Continuously Variable Transmission，CVT）一直是人们的理想目标。通过改变双锥体上传动带或传动链半径的方法，可以很容易地实现主动锥盘和从动锥盘半径的增大和减小，实现低速挡到高速挡的过渡。但因接触部分压力太高而难以实用化，带传动只能用在小排量的家庭用车上，链传动可以用到稍大排量的轿车上。

CVT 由电控系统部分，液压部分，液力变矩器（也可用双质量飞轮代替），双行星轮换向行星排、前进挡离合器、倒挡制动器组成的换向机构，主从双锥体、钢带或钢链组成的无级变速机构等组成。

2002 年，国内开始在 Audi A6 2.8L 上装备 01J 链传动无级变速器，该变速器可以称为迄今为止最先进的无级变速器之一。其他车系如本田的飞度和菲亚特的西耶娜采用多层钢带的带传动，由于仍然使用变矩器作为发动机和变速器之间的动力传递装置，因此功率损失较大。图 2-7-11 所示为 01J 变速器示意图，图 2-7-12 为其剖视图。

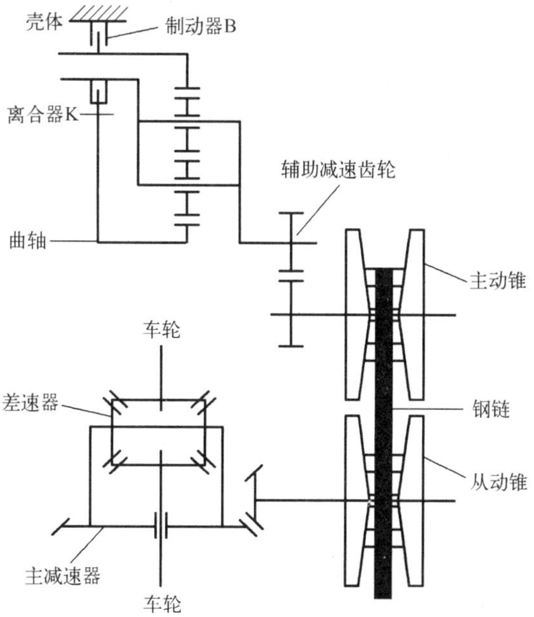

图 2-7-11　01J 变速器示意图

01J 变速器的关键部件是由传动链轮实现的无级变速器。它可允许变速比在最小和最大之间无级调节，能提供一个合适的传动比，这个传动比控制发动机总是工作在最佳经济转速范围内，进而使汽车动力性或燃油经济性最优化。无级变速器由两个带锥面的主链轮装置（链轮装置 A）和副链轮装置（链轮装置 B）以及工作于两个锥形链轮组之间 V 形槽内的专用传动链组成。传动链是动力传动装置。链轮装置 A 是由发动机通过辅助减速齿轮驱动的，发动机转矩通过传动链传递到链轮装置 B，并由此传给主减速器。每个链轮装置中的一个链轮可沿轴向移动，调整传动链的跨度尺寸和改变传动比。两组链轮装置必须同时进行调整，保证传动链始终处于张紧状态和有足够的盘接触传动压力。

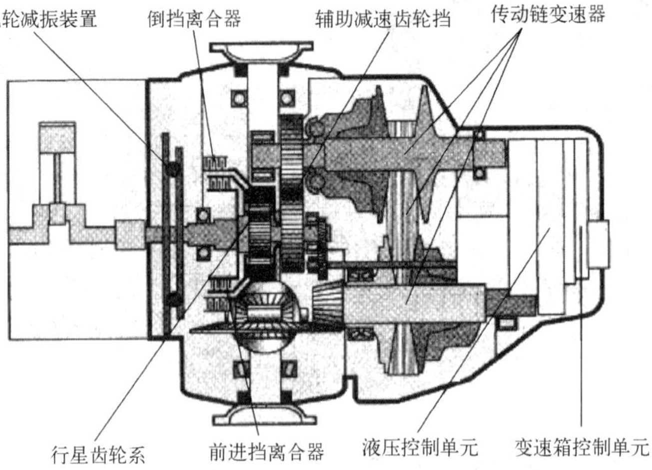

图 2-7-12　01J 变速器的剖视图

行星齿轮换向机构采用一个双行星轮行星排，主要作用是实现前进挡和倒挡的转换。前进挡时，前进离合器 K（德语 Klutch）接合，行星架直接输出动力，双行星轮行星排不改变传动比。倒挡时，制动器 B（Brake）制动内齿圈，太阳轮输入顺时针，内行星轮逆时针，外行星轮顺时针，由于内齿圈不动，行星架逆时针转动，倒挡双行星轮行星排改变传动比，传动比为从动行星架虚拟齿数比主动太阳轮齿数，为减速传动。

制动器 B 和离合器 K 均采用湿式摩擦片，工作时要由相应的制动器缸和离合器缸控制。

01J 变速器没有用变矩器作为发动机和变速器之间的传力装置，而采用双质量飞轮作为传力装置和减振装置。在图 2-7-11 中，倒挡制动器接合时为倒挡，前进挡离合器接合时为前进挡，两者都不接合时为空挡或驻车挡。油泵轴带动油泵泵油，电控单元（在阀体后部）和人右手共同控制阀体（液控单元），从而控制前进挡离合器、倒挡制动器工作及双锥体半径的大小。图 2-7-13 所示为 SMG 的组成，图 2-7-14 为 01J 变速器的结构图。

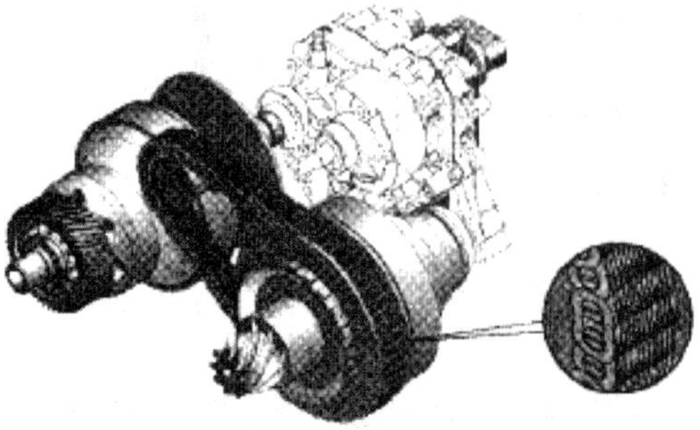

图 2-7-13　SMG 的组成

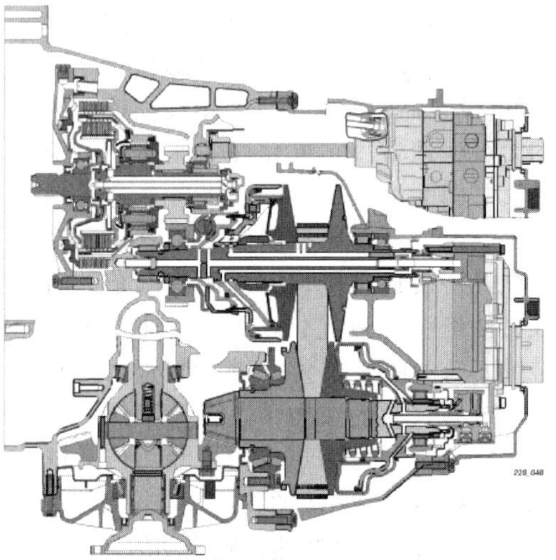

图 2-7-14　01J 变速器的结构图

2. 干式复合带式无级自动变速器

金属带式无级变速器（CVT）不仅可改善汽车的燃油经济性，而且极大地改善了发动机的排放性能，正在越来越多地被国内外汽车厂商开发和利用。但现在所采用的CVT，其传动装置除机械传动外，额外的液压控制系统也要消耗相应的能量。因为在润滑油的作用下锥盘和传送带之间的摩擦因数很低，需要一个高的压力去挤压传送带，而这种由液压泵产生的高压力必然带来较大的机械损失，这是当前无级变速器的一个缺点。针对这种缺点，韩国大宇公司开发采用树脂和铝合金等构成的干式复合带式无级变速器，其带轮半径连续变速控制，使用直流电动（即速比电动机）而不是液压控制系统，它不但可以使传送带的压力降至最小，而且还可以无液压传送力矩。干式复合带式无级自动变速器是一种高效率的无级变速器，但目前所开发的干式复合带式无级自动变速器只能用于小输出转矩的车辆上。

3. 无级自动变速器的结构和控制装置

图2-7-15所示为日产公司生产的一种使用金属传送带的无级自动变速器（钢带式无级自动变速器），用于1.3 L发动机。该变速器的输入装置使用电磁离合器，在带轮与离合器之间设有用来改变旋转方向的齿轮机构和同步器机构。变速通过改变带轮槽的轴向宽度，来改变输入从动带轮的半径。带轮槽宽度调节由液压系统控制。

图2-7-15　使用金属传送带的无级自动变速器的结构

钢带式无级自动变速器采用液压控制系统调节带轮的宽度变化，以获得传动比的变化。其液压控制原理如图2-7-16所示。由发动机驱动液压泵提供油压，经压力调节器调压后直接流入从动带轮的液压缸中，在压力作用下，两锥盘从两侧夹紧钢带，当滑移被抑制时，产生压紧力。主油路压力大小决定于输入转速的动压力与压力调节器内弹簧力相互平衡时滑阀所处的位置。

由于主动带轮可移动液压活塞的面积大于从动带轮液压活塞的面积，因此，当主油压力进入从动带轮液压缸后，作用在从动带轮上的压力会上升，钢带向外扩展，变速比增大；相反，减小变速比只要降低输入的油压即可。变速控制阀用来调节主动带轮液压缸的压力。该控制阀一侧受节气门开度所引起的弹簧力作用，另一侧受发动机转速引起的动压力作用，两力相互平衡来调节流向主动带轮液压缸的压力。

速度调压过程如下：

（1）变速杆换入前进挡，由发动机驱动的液压泵提供油压，经压力调节器调压后直接流入从动带轮的液压缸中，在压力作用下，两锥轮从两侧夹紧钢带，在夹紧力作用下，钢带滑移受到抑制而产生摩擦力，此时，从动带轮的半径较大。与此同时，因发动机转速较低，主动带轮上产生的动压力较小，变速控制阀在弹簧力作用下位于右侧，主动带轮液压缸压力较低，主动带轮半径小。为此，带轮以较大的传动比将输入转矩传递至输出轴，实现增矩运动。

（2）当节气门开大时，发动机转速升高，主动带轮上产生的动压力随之升高。动压力同时作用于压力调节器和变速器控制阀一侧，压力调节阀向左移动，使主油压力下降；与此同时，速度控制阀也向左移动，主油压力通过变速器控制阀进入主动带轮液压缸。由于主动带轮液压缸截面积大于从动带轮液压缸截面积，在压力相同的情况下，主动带轮半径增大、从动带轮半径减小，带轮将以较小的传动比将输入转矩传递至输出轴，实现增速运动。

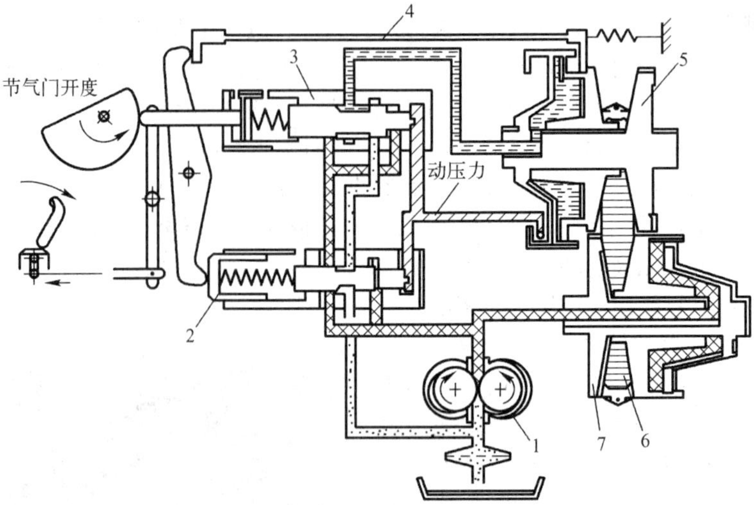

图 2-7-16　无级自动变速器液压控制原理图

1—液压泵；2—压力调节器；3—变速控制阀；4—带轮反馈推杆；5—主动带轮；6—钢带；7—从动带轮

（3）当汽车载荷增加时，带轮转速下降，动压力随之下降，在弹簧力作用下，压力调节器滑阀向右移动使节流孔减小，主油压力回升，从动带轮液压缸内压力上升。此时速度控制阀也因弹簧力将泄油口开启，主动带轮液压缸内的压力下降时，从动带轮的半径增加，主动带轮的半径减小，从而实现减速增矩运动。

（4）动压力取自主动带轮上设置的装满油的沟槽中，槽中的油与主动带轮一起转动形成动压力。当发动机转速升高，液压泵的流量也增加，随着动压力上升作用在压力调节阀和变速控制阀的一侧，与另一侧的弹簧相作用，改变节流孔的大小，加大泄油量，抑制压力上升。主油路压力控制如图 2-7-17 所示。

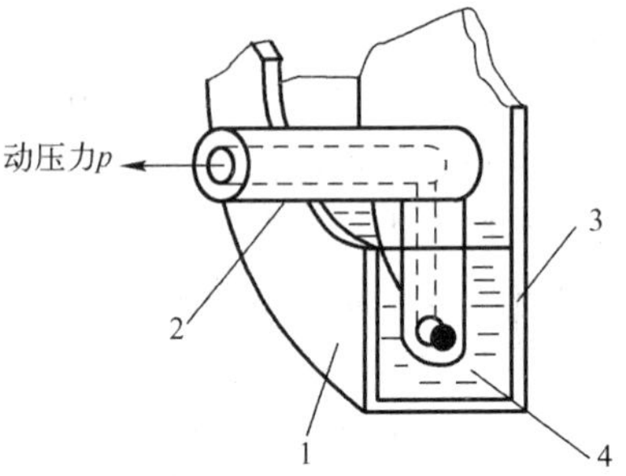

图 2-7-17　主油路压力控制

1—油腔；2—油管；3—油液；4—主动带轮壳

（5）对钢带施加一定的压紧力是必要的，但压紧力过大或油压过高会增加机械能的损失，所以油路压力应满足所必需的最小限度。为此，在压力调节器内设置了能够传递带轮移动量信息的机械机构。该机构由带轮位移反馈推杆和杠杆等组成。在低传动比、大传递转矩时，反馈推杆被主动带轮推向左侧，杠杆沿支点转动，压力调节器内弹簧被压紧，主油压力可适当提高，以获得较大承载能力。

图 2-7-18 所示为实际的液压控制油路。为了与操作和运行状况相适应，在油路中增加了一些油路和阀，基本工作原理与图 2-7-16 大致相同。

该变速器使用了电磁离合器，其结构如图 2-7-19 所示。它由主动元件、从动元件、励磁线圈和扭转减振器等组成。励磁线圈置于从动元件中，在主动元件与从动元件间有电磁粉末。当电磁线圈通电，主、从动元件间的电磁粉末受磁感线作用磁性固化，其固化程度随线圈励磁电流的大小变化，从而改变主、从动元件的接合力，实现动力渐变传递。电流大，离合器传递转矩能力

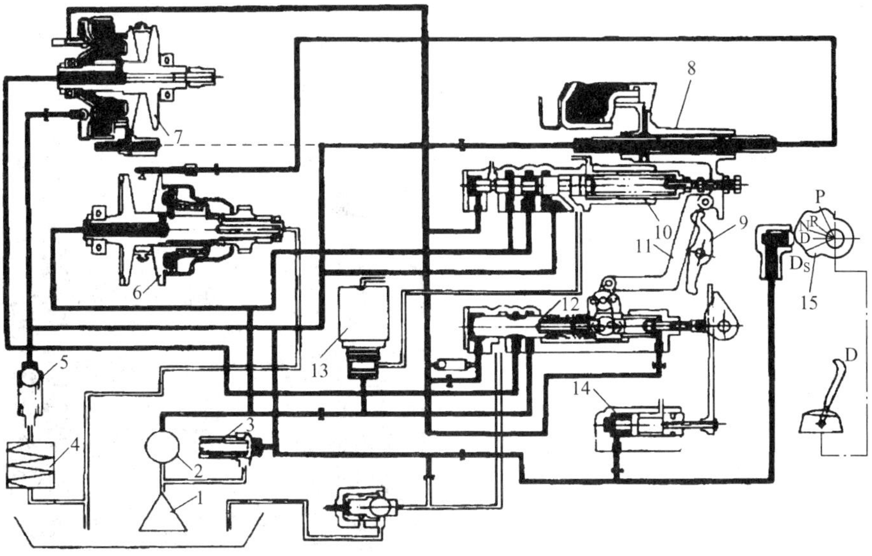

图 2-7-18 无级自动变速器实际液压控制油路

1—过滤器；2—液压泵；3—润滑压力阀；4—冷却器；5—止回阀；6—从动带轮；7—主动带轮；
8—带轮位置反馈滑块；9—修正杆；10—压力调节器；11—调整杆；12—变速控制阀；
13—主油压力电磁阀；14—发动机控制阀；15—换挡偏心片

强；电流消失，接合力消失。电磁离合器的动作依汽车的设定模式变化，起步时，随加速踏板的动作、发动机转速相应增加，电磁离合器的励磁电流加大，接合力增强。由于没有蠕动，为了在缓坡停住车，设定仍有少量电流维持部分转矩传递以使汽车停止或缓进。

图 2-7-20 所示为日本铃木无级自动变速器结构图。除传动带不同，其变速调节方式与前面的介绍几乎相同。其不同点是动力输出采用湿式液压驱动离合器，该离合器位于变速器输出端。该设计可使汽车在停止时也能自如调整变速比。在汽车急停、急减速后，带轮能迅速恢复低速大转矩状态。其另一特点是采用计算机对液压系统的主油压力、控制压力和离合器工作压力进行控制，提高了自动变速器的控制自由度。无级自动变速器电子控制系统如图 2-7-21 所示。

（三）双离合器式自动变速器

目前，在汽车传动系统中换挡响应最快捷、最节油环保、最能体现加速动感性的变速器当属双离合器式自动变速器（Dual Clutch Transmission，DCT），大众习惯性地将之称为直接换挡变速器（Direct Shift Gearbox，DSG）。它综合了 AMT 的优势和 AT 动力换挡的优点，具有很好的换挡品质和车辆动力性、经济性，所以非常适合于目前手动变速器占主导地位的国家。

2002 年 11 月，大众对外发布了其首款六速直接换挡变速器，型号为 DQ250（又称 02E），并于 2003 年一季度，装备于其下的 Golf 车型。从此，在全球范围内推广 DSG 双离合器式自动变速器。目前，不仅大众品牌的车型，而且奥迪、斯柯达，甚至布加迪也都在使用 DSG 双离合器式自动变速器。在国内，2008 年一汽大众率先在迈腾轿车上使用了此款双离合器式自动变速器。它采用多片湿式双离合器作为发动机的动力传递部件，最大可承载 350 N · m 的力矩，因而可与排量为 3.2 L 的发动机进行匹配。

直接换挡变速器有两组多片式湿式离合器，前进挡、倒挡每个挡位都有同步器操作模式，也可以实现手动和自动一体。

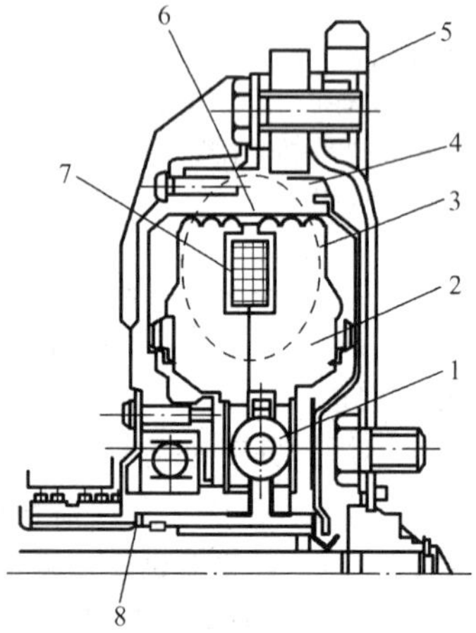

图 2-7-19 电磁离合器结构

1—扭转减振器；2—从动元件；3—磁感线；4—主动元件；5—驱动齿轮盘；6—电磁粉末；7—励磁线圈；8—变速器输入轴

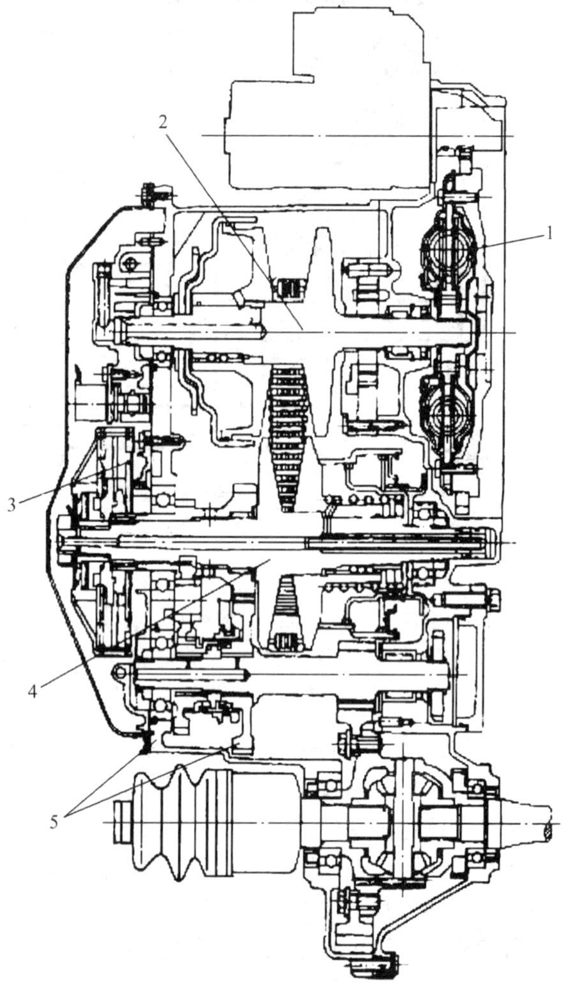

图 2-7-20 日本铃木无级自动变速器结构图

1—扭转减振器；2—主动齿轮；3—液压离合器；4—从动带轮；5—前进挡、倒挡机械切换机构

双离合器式自动变速器是基于手动变速器发展而来的，其工作原理是通过将变速器挡位按奇偶数分开布置，分别与两个离合器连接，通过离合器交替切换完成换挡过程，实现动力换挡。大众迈腾六速 02E 双离合器式自动变速器的外形如图 2-7-22 所示，其内部结构图如图 2-7-23 所示。

由于目前存在的各种自动变速器各具优缺点，因此对其评价也各不相同。液力自动变速器（AT）具有起步平稳、柔和，以及换挡迅速、无冲击等优点。除装有的液力变矩器可以改善车辆性能外，AT 实现了动力换挡，即换挡过程中不切断动力传递，只是通过离合器（或制动器）间的切换完成，换挡时间极短，换挡品质与车辆性能好。

图 2-7-24 所示为大众迈腾六速 02E DSG 工作原理图，其主要组成部分有 K1、K2 两个湿式离合器，以及按奇、偶数挡位分别布置的变速器齿轮组。

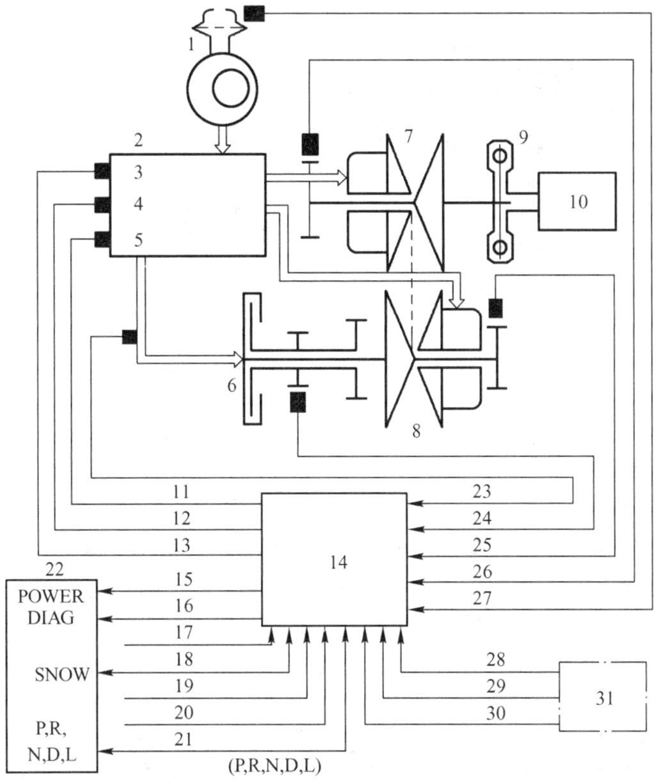

图 2-7-21 无级自动变速器电子控制系统

1—机油泵；2—油压控制机构；3—比例油压；4—管路油压；5，23—离合器油压；6—起步离合器；7—第 1 棘轮；8—第 2 棘轮；9—长行程阻尼器；10，31—发动机；11—管道电磁阀；12—离合器电磁阀；13—比例电磁阀；14—传动系统电控单元；15—动力工况；16—自诊断；17—A/C 信号；18—雪地工况；19—制动开关；20—动力工况开关；21—变速挡位；22—显示；24—宝塔齿轮转速；25—第 2 轴转速；26—第 1 轴转速；27—传动系统油温；28—怠速开关；29—节气门开度；30—怠速信号

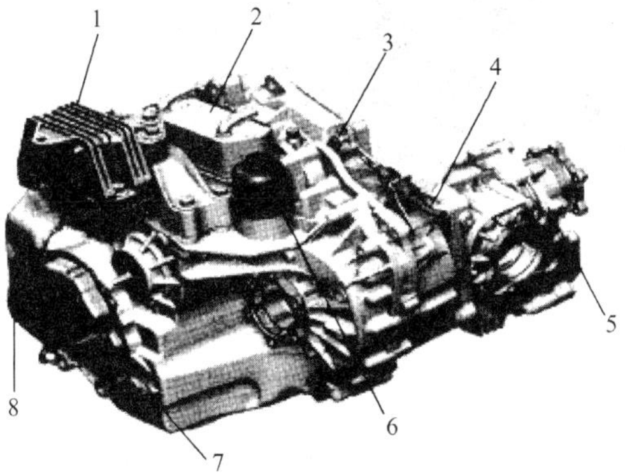

图 2-7-22 02E 双离合器式自动变速器的外形

1—传动齿轮箱；2—油冷却器；3—驻车制动杆；4—换挡拉索；5—齿轮机构（四驱）；6—ATF 过滤器；7—油泵；8—机械电子单元

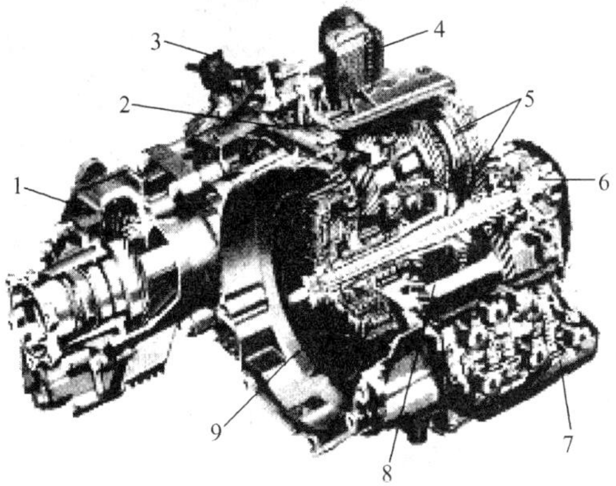

图 2-7-23 02E 双离合器式自动变速器内部结构图

1—齿轮机构（四驱）；2—驻车制动；3—换挡拉索；4—油冷却器；5—齿轮传动机构；6—油泵；7—机械电子单元；8—倒挡轴；9—双离合器

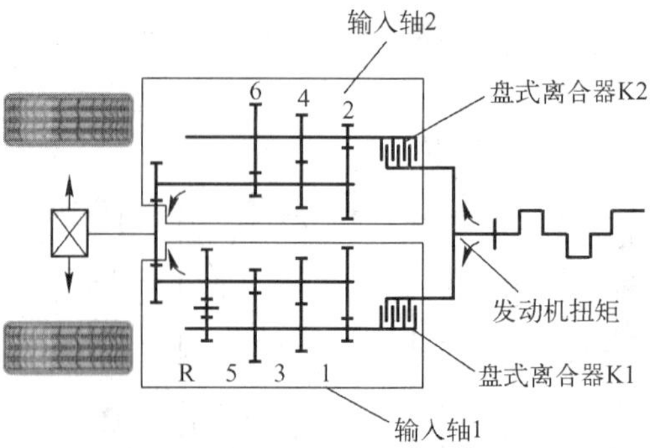

图 2-7-24 大众迈腾六速 02E DSG 工作原理图

在图 2-7-24 中，1 挡、3 挡、5 挡、R 挡与离合器 K1 连接在一起，2 挡、4 挡、6 挡连接在离合器 K2 上。当车辆以某一个挡位运行时，下一个即将进入运行的挡位可以始终处于啮合状态；当达到下一个挡位的换挡点时，只需将处于接合状态的离合器分离，处于分离状态的离合器接合，即切换两个离合器的工作状态，就可以完成换挡动作。由于在两个离合器的切换过程中，只会使发动机动力传递出现一个减弱的过程，而不需要完全切断动力传递，因此，DCT 实现的是动力换挡，其换挡过程与 AT 的换挡过程基本类似。图 2-7-25 所示为大众迈腾六速 DSG 内部传动机构，离合器 K1 接变速器实心输入轴 1，离合器 K2 接空芯输入轴 2，两个轴同心。

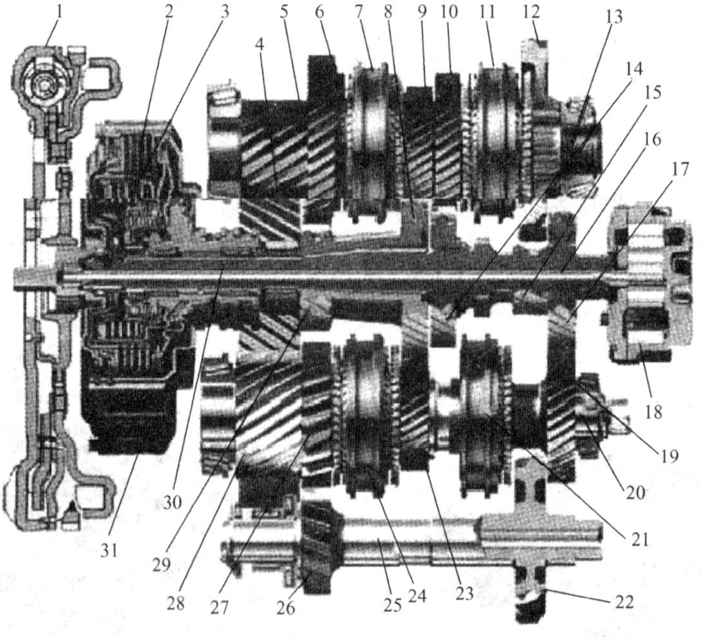

图 2-7-25 大众迈腾六速 DSG 内部传动机构

1—双质量飞轮；2—离合器 K1；3—离合器 K2；4—差速器输入齿轮；5—输出轴 1 上的输出齿轮；6—输出轴 1 上的 2 挡齿轮；7—2 挡、4 挡接合套；8—输入轴上的 4 挡、6 挡齿轮；9—输出轴 1 上的 4 挡齿轮；10—输出轴 1 上的 3 挡齿轮；11—1 挡、3 挡接合套；12—输出轴 1 上的 1 挡齿轮；13—输出轴；14—输入轴 1 上的 3 挡齿轮；15—输入轴 1 上的 1 挡、倒挡齿轮；16—油泵轴；17—输入轴 1 上的 5 挡齿轮；18—油泵；19—输出轴 2 上的 5 挡齿轮；20—输出轴 2；21—5 挡接合套；22—倒挡轴上的倒挡齿轮；23—输出轴 2 上的 6 挡齿轮；24—倒挡、6 挡接合套；25—倒挡轴；26—倒挡轴上的倒挡齿轮；27—输出轴 2 上的倒挡齿轮；28—输出轴 2 上的输出齿轮；29—输入轴 2 上的 2 挡齿轮；30—输入轴；31—双离合器

DCT 主要包括带扭转减振器的湿式离合器系统、按 DCT 工作原理配置的变速器、换挡系统及相应的控制系统。

由于在 DCT 中没有使用液力变矩器吸收系统振动，所以需要采用扭转减振器来吸收系统的扭转振动。在 DCT 系统中，可以采用普通的单级或多级扭转减振器，其安装位置在发动机飞轮与 DCT 动力输入部件之间，因此需要将飞轮的转动惯量与 DCT 动力输入件的惯量综合匹配，并确定系统的扭转刚度来设计扭转减振器。

但是，为了使整车实现更高的舒适性，可以将扭转减振系统设计为带有双质量飞轮式的扭转减振器，这样可以非常有效地控制汽车动力传动系统的扭转振动及噪声。

DCT 的液压系统主要负责接受电控系统的控制指令，对离合器和变速器的换挡机构进行操纵。液压控制系统主要包括双离合器控制部分、换挡机构控制部分和冷却部分。

在 DCT 中，既可以采用干式离合器，也可以采用湿式离合器。双离合器控制部分是通过对离合器油缸充入和释放液压油来实现离合器的分离和接合的。离合器油缸通过直接使用电磁阀或采用电磁阀作为先导阀进行动作控制，并且也可以使用线性电磁阀对离合器接合实现压力控制，这对实现动力传动系统的转矩控制有利。

在 DCT 中，必须实现换挡过程的自动化，这就要增加自动换挡机构来完成换挡任务。图 2-7-26 所示为大众迈腾六速 DSG 换挡机构。通常使用一个拨叉轴、两个油缸来控制。图 2-7-27 所示为大众迈腾六速 DSG 换挡拨叉控制。拨叉控制每个挡有一个同步器，其控制过程与 AMT 类同。

图 2-7-26 大众迈腾六速 DSG 换挡机构

1—双离合器；2—2、4 挡拨叉；3—1、3 挡拨叉；4—N、5 挡拨叉；5—R、6 挡拨叉

为了保证换挡时拨叉到达指定位置，拨叉位置应受到精确控制。图 2-7-28 所示为大众迈腾六速 DSG 换挡拨叉位置精确度控制。行程传感器把拨叉位置传给计算机，确定拨叉是否到位。

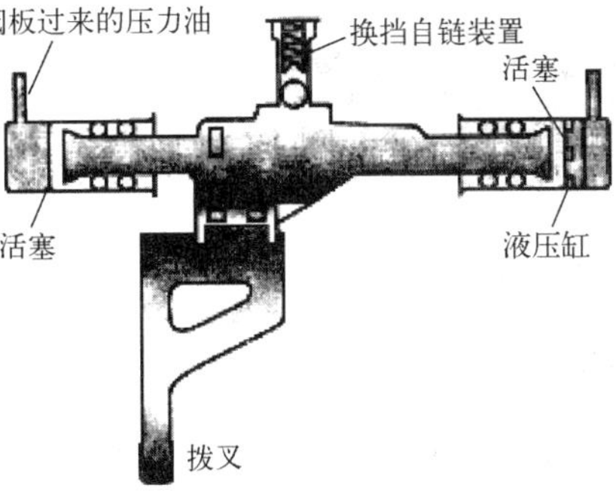

图 2-7-27 大众迈腾六速 DSG 换挡拨叉控制

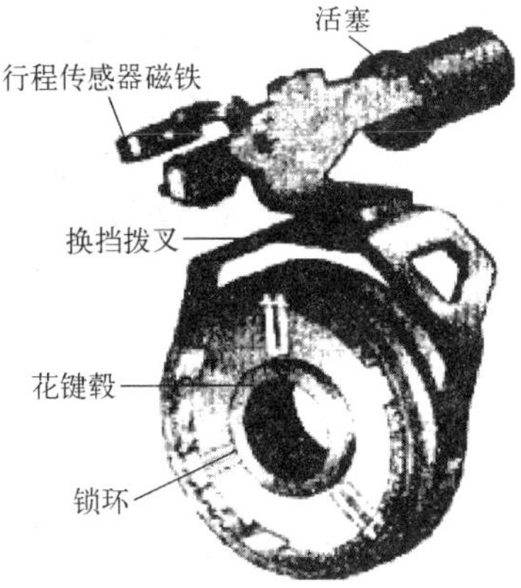

图 2-7-28 大众迈腾六速 DSG 换挡拨叉位置精确度控制

在 DCT 中，对离合器进行滑差控制必然产生摩擦热量，使油液温度升高。如果热量不能及时排出去，将使离合器的性能和使用寿命受到影响，因此有必要对 ATF 进行冷却。

各挡位的动力传动路线请读者参照图 2-7-25，并结合下面的文字说明来分析理解。

1. 1 挡动力传动路线

发动机动力经离合器 K1→输入轴 1→输入轴 1 上的 1 挡齿轮→输出轴 1 上的 1 挡齿轮→1、3 挡接合套→输出轴 1→输出轴 1 上的输出齿轮→差速器。

2. 2 挡动力传动路线

发动机动力经离合器 K2→输入轴 2→输入轴 2 上的 2 挡齿轮→输出轴 1 上的 2 挡齿轮→2、4 挡接合套→输出轴 1→输出轴 1 上的输出齿轮→差速器。

3. 3 挡动力传动路线

发动机动力经离合器 K1→输入轴 1→输入轴 1 上的 3 挡齿轮→输出轴 1 上的 3 挡齿轮→1、3 挡接合套→输出轴 1→输出轴 1 上的输出齿轮→差速器。

4. 4 挡动力传动路线

发动机动力经离合器 K2→输入轴 2→输入轴 2 上的 4、6 挡齿轮→输出轴 1 上的 2 挡齿轮→2、4 挡接合套→输出轴 1→输出轴 1 上的输出齿轮→差速器。

5. 5 挡动力传动路线

发动机动力经离合器 K1→输入轴 1→输入轴 1 上的 5 挡齿轮→输出轴 2 上的 5 挡齿轮→5 挡接合套→输出轴 2→输出轴 2 上的输出齿轮→差速器。

6. 6 挡动力传动路线

发动机动力经离合器 K2→输入轴 2→输入轴 2 上的 4、6 挡齿轮→输出轴 2 上的 6 挡齿轮→倒、6 挡接合套→输出轴 2→输出轴 2 上的输出齿轮→差速器。

7. R 挡动力传动路线

发动机动力经离合器 K1→输入轴 1→输入轴 1 上的倒挡齿轮→倒挡轴上的倒挡齿轮 1→倒挡轴→倒挡轴上的倒挡齿轮 2→输出轴 2 上的倒挡齿轮→倒、6 挡接合套→输出轴 2→输出轴 2 上的输出齿轮→差速器。

8. P 挡

变速杆移动到 P 挡位置时，驻车锁接合，制动爪卡入驻车锁齿轮的轮齿内，驻车锁结构图如图 2-7-29 所示。

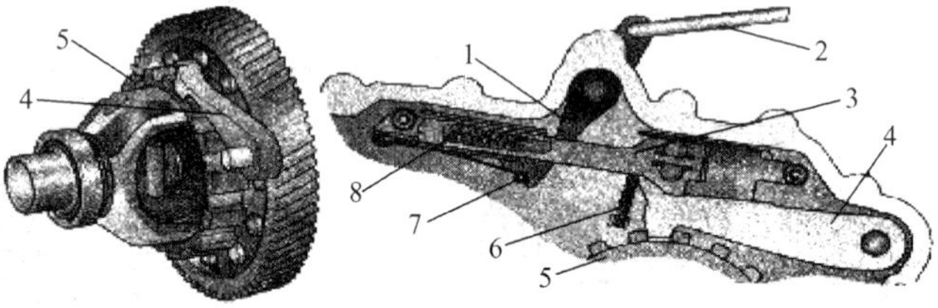

图 2-7-29 02E 双离合器式自动变速器的驻车锁结构图

1—连杆；2—连杆至变速杆的拉索；3—滑板；4—止动爪；5—驻车锁齿轮；6—弹簧 2；7—锁止弹簧；8—弹簧 1

如果驻车锁接合，止动爪卡入驻车锁齿轮的一个齿，弹簧 1 拉紧，锁止弹簧卡入连杆内并使止动爪保持不动，如果车辆开始移动，就会通过松开弹簧 1 将止动爪推到驻车锁齿轮上的下一个空隙处。

变速杆移出 P 位置时，驻车锁松开。滑板向右后侧退回到其初始位置，弹簧 2 将止动爪从驻车锁齿轮的空隙中推出。

二、故障案例

（一）案例一

1. 故障现象

宝来 1.8T　AT 行驶 10 000 km，变速器不跳挡，车速升不起来。

2. 故障诊断与排除

经 V. A. G 1551 访问变速器地址码 02，查得故障为变速器转速传感器 G38 信号不良，换用新 G38 传感器装车路试，故障依旧。于是，怀疑是否线路有问题，用万用表测量自动变速器控制单元 J217 的“21”及“66”脚与 G38 插头的电阻值，其中一条为无穷大，说明有断路现象。经过仔细检查，发现该线路与变速器计算机相连插座座孔接触不良，导致该线路断路。将该线路恢复后，路试车辆，一切正常，用 V. A. G 1551 访问变速器控制单元，传感器 G38 变为“SP”偶发故障，将该故障清除后，计算机无故障记忆。

（二）案例二

1. 故障现象

一辆桑塔纳 3000 超越者轿车的 01N 型自动变速器壳被撞碎，修复后，自动变速器不能正常升挡，感觉只能在一个挡位行驶，自动变速器进入紧急运行状态。

2. 故障诊断与排除

连接故障诊断仪 V. A. G 1551 选择“02 - 自动变速器”电控系统，再输入“02 - 读取故障码”，显示故障信息如表 2-7-5 所示。

表 2-7-5　故障信息

故　障　码	故 障 原 因
00258	电磁阀 N88 断路
00260	电磁阀 N89 断路
00262	电磁阀 N90 断路
00264	电磁阀 N91 断路
00266	电磁阀 N92 断路
00270	电磁阀 N94 断路
00281	多功能开关 F125 工作不良
00297	车速传感器 G68 无信号
00298	变速器输入转速传感器 G38 无信号

故障码提示所有的电磁阀都有故障，由此初步判断故障原因可能是变速器壳被撞碎后，在修复时，变速器线束的插头没有插好。打开自动变速器油底壳，检查阀体上的插头，发现插头松动，将插头重新连接后，清除故障码，重新试车，自动变速器工作正常。

（三）案例三

1. 故障现象

丰田皇冠 3.0 型轿车，装备 A340E 型自动变速器，车辆行驶无力，热车时尤其明显。

具体表现：该车冷车时动力尚可，热车时行驶无力，一个小台阶要深踩加速踏板才能爬上去。在起步时，要深踩加速踏板，给油充分才可慢慢起步，行驶时车辆行驶无力，车速可达到 80 km/h 以上。

2. 故障诊断与排除

从故障现象上分析，故障应由液压油泄漏引起。为进一步判断故障，通过对自动变速器做失速、时滞、液压试验，确定故障的具体部位。

起动发动机，让车辆上路运行，待发动机达到正常工作温度，自动变速器油温达到 70 ～ 80℃，检查自动变速器油面正常，调整发动机怠速转速约为 800 r/min；拉紧驻车制动，并用垫木垫住四个车轮。

（1）失速试验：左脚踩住制动踏板，起动发动机，将自动变速器变速杆挂至 D 位，然后用右脚将加速踏板快速踏到底，读取发动机转速。标准值为（2 350 ± 150）r/min，而该车却达到 2 800 r/min；同样，试验 R 位失速转速也为 2 800 r/min。R 位和 D 位的失速转速均比标准值高的原因有自动变速器管路压力过低；O/D 单向离合器故障。

（2）时滞试验：启动发动机，踏住制动踏板，将自动变速器变速杆从 N 位分别挂至 D 位和 R 位，用秒表记下从变速杆移到挡位到有振动感觉的时间。D 位迟滞时间的标准值为 1.2 s，R 位迟滞时间的标准值为 1.5 s。经检查，迟滞时间均长于标准值。R、D 位迟滞时间均过长的原因有自动变速器管路压力过低；O/D 单向离合器故障。

（3）液压试验：将液压油压力表接到自动变速器主油道上，启动发动机，分别记录下 D 位和 R 位在怠速和失速时的油压值。标准值：D 位，怠速时为 363 ～ 422 kPa，失速时为 902 ～ 1 147 kPa；R 位，怠速时为 500 ～ 598 kPa，失速时为 1 236 ～ 1 589 kPa。实际测试值均比标准值低。

引起 R 位、D 位油压值较低的原因如下：

（1）节气门拉索失调。

（2）节气门阀失效。

（3）调速阀失效。

（4）油泵失效。

（5）O/D 直接离合器失效。

分析失速、迟滞、液压试验结果，结合车辆道路试验的实际情况，可判定自动变速器油泵有故障。将自动变速器拆下，松开油泵总成固定螺栓后，取出油泵总成。解体油泵总成，取出卸压阀和弹簧，检查正常，进行油泵的检测，其中，油泵主、从动齿轮的间隙，标准值为 0.07 ～ 0.15 mm，极限值为 0.3 mm；油泵从动齿齿顶与月牙板之间的间隙，标准值为 0.11 ～ 0.14 mm，极限值为 0.3 mm；油泵主、从动齿轮与泵体的端隙，标准值为 0.05 ～ 0.2 mm，极限值为 0.3 mm。经检测，油泵的从动齿与油泵壳体之间的间隙、从动齿齿顶与月牙板之间的间隙均较大，但未超限；主、从动齿轮与泵体的端隙达到 0.4 mm，已超限。这样，就可确定故障是由油泵磨损引起的，而不需要拆检阀体、离合器、制动器等部件了。更换油泵后，故障排除。

（四）案例四

1. 故障现象

丰田雷克萨斯 300 轿车，装备 A341E 型自动变速器，AT 维修后不能行驶，但熄火几分钟后又可行驶。

具体表现：一辆皇冠轿车的自动变速器在解体修理后，两天内行驶正常。两天后再行驶中突然出现发动机继续工作，而车辆不能行驶的故障。此时，关掉发动机，停 5 ～ 6 min 后，再重新启动发动机，车辆又能正常行驶。但行驶一段时间后又重复上述故障。

2. 故障诊断与排除

在检查中发现，正常行驶时油面正常，而不能行驶时油面指示偏高，观察油中有许多泡沫，油温也偏高。

拆下自动变速器机油盘，发现有许多金属磨粒和杂质，再仔细观察滤网，上面同样附有许多金属磨粒和其他杂质。首先对油质进行检查，该车所用是 DEXRON – IIATF220 型油，发现其色泽与优质油差不多，但黏度和气味相差很大；于是，清洗滤网后更换了优质自动变速器油，该车一直运行正常。新修自动变速器正处于走合期，磨粒比较多，加上劣质油的作用，使磨损加剧。当油泵工作时，许多磨粒和其他杂质附着在滤网上，将滤网堵死，油泵不能将油泵入液压管路内，使车辆不能行驶，而此时油流回机油盘，使油面增加。当关掉发动机后，附着在滤网上的一些杂质下沉；重新启动发动机后，油又能进入滤网，车辆又能正常行驶，直到滤网堵住。

（五）案例五

1. 故障现象

一辆装有 DSG 大众迈腾轿车，起步时偶尔会出现加油发动机空转不走车的现象。

2. 故障诊断与排除

据车主反映，该车起步时偶尔会出现加油时，发动机空转不走车的现象，在等待交通信号灯之后起步时有时故障会出现，有时在正常行驶中加速时出现，故障出现没有规律，出现故障时仪表上的挡位指示灯全部变红且闪烁报警。根据故障现象首先使用故障诊断仪 V. A. S 5051 进行自诊断，无故障码存储。结合该车的故障现象，判断可能的原因有：变速器离合器进行了保护性切断，或离合器本身有机械故障。通过读取数据流 02 – 08 – 64 组 1 区提供的对离合器切断数据的监控，发现离合器切断动力传递次数为 52 次，而正常值应为 0，这显然说明离合器进行了保护性切断。根据离合器保护切断的原因分析为油温传感器有故障，通过读取油温传感器数据，发现 G509 信号有异常。更换离合器温度传感器 G509 后，反复路试，故障消失。

（六）案例六

1. 故障现象

一辆搭载 01J 型无级变速器奥迪 A6 轿车，行驶中有抖动的感觉。

2. 故障诊断与排除

通过路试发现该车车速在 10 km/h、30 km/h、50 km/h 及 70 km/h 时车辆有抖动的感觉。首先利用故障诊断仪 V. A. S 5051 对变速器控制系统进行检测，但没有发现故障码，读取数据流也未发现异常。根据该车的故障现象，怀疑液压控制系统故障的可能性较大，遂对变速器进行解体检查。在检查的过程中，发现从动锥轮的两个锥面和链条已有不同程度的磨损，且磨损的部位主要是从动锥轮的下锥面，因此判定故障是由于锥面和链条间的压力不够，变速器在运行中造成打滑所致。经过分解变速器进行检查，最终发现油泵磨损严重，更换油泵后故障排除。

复习延伸

一、小结

（1）自动变速器结构复杂，一旦出现故障，检修的难度较大。因此首先必须要确定故障部位，而确定故障部位的关键是故障诊断。

（2）自动变速器的故障诊断原则通常包括：分清故障部位；坚持先简后难、逐步深入的原则；充分利用自动变速器各检验项目（基本检查、失速测试、油压测试、换挡延迟测试、道路测试和手动换挡测试等），为查找故障提供思路和线索；必须在拆检之后才能确诊的故障，应是故障诊断的最后程序；充分利用电控自动变速器的故障自诊断功能；在进行检测和诊断前，应先充分阅读掌握相关技术资料等。

(3) 一般情况下，自动变速器的故障诊断过程按照由简单到复杂的程序，一步一步地进行，包括向用户询问；进行初步检查（主要内容有自动变速器油的检查和更换、节气门拉索的检查与调整、制动器间隙的调整、发动机怠速检查与调整、节气门全开检查和变速器漏油检查等）；故障自诊断测试；手动换挡测试；机械系统的测试；电控系统测试；按故障诊断表检测等步骤。

(4) 通常自动变速器每行驶 20 000 km 或六个月以后应检查一次液位高度和自动变速器油的品质，据此可判断自动变速器工作是否正常。一般轿车自动变速器每正常行驶 100 000 ～ 200 000 km 必须换一次油，即使不行驶，若放置一年以上，也必须将自动变速器油全部更换。具体规定应以汽车公司的维修手册为准。

(5) 节气门拉索调整不当对于电控自动变速器来说，会导致主油路压力异常，造成油压过低或过高，使换挡执行元件打滑或产生换挡冲击。因此必须按规定检查调整，确保正常。

(6) 发动机怠速不正常会使自动变速器工作不正常。如果怠速过高，将出现换挡冲击、怠速爬行等故障；如果怠速过低，则容易出现入挡熄火现象。因此在对自动变速器进行进一步检查之前应先检查发动机的怠速是否正常。

(7) 变速杆调整不当，会使变速杆的位置与自动变速器阀体中手动阀的实际位置不符，造成选挡错乱或挂不进 P 位或前进低挡，或变速杆的位置与仪表盘上挡位指示灯的显示不符，甚至造成在 P 位或 N 位时无法启动发动机。因此，必须对变速杆和空挡启动开关进行检查。

(8) 超速挡开关的检查用于确认电控自动变速器的超速挡电控系统是否工作正常。

(9) 电控自动变速器的故障自诊断现多用诊断仪进行，具体操作应遵照仪器使用手册进行。注意在故障排除后，宜清除原有的故障码，以免对后面的故障分析造成不必要的干扰。

通用 4T65E 型自动变速器通常的清码方式有：

① 利用故障诊断仪清除故障码；

② 把点火开关置于 OFF 挡，从熔断器盒内拔下 PCM 应急丝 30 s 以上；

③ 断开蓄电池负极（有可能引起其他系统锁码）；

④ 拔下 PCM 的 80 针插头；

⑤ PCM 自动清码：一种是连续三个点火循环后，PCM 没有检测到故障码，故障指示灯熄灭，无故障码出现，PCM 将取消应急状态；另一种是在汽车运行 40 个行驶循环（热车行驶一定里程）后，无故障码出现，PCM 将自动清除原先的故障码。

其他型号自动变速器故障码的清除可参考上述方式，具体以维修手册为准。

(10) 在对自动变速器进行基本检查和故障自诊断之后，如果没有找出故障部位和故障原因，就需要做进一步的性能测试，以便根据测试结果进行诊断。自动变速器的性能测试项目包括：失速测试、油压测试、换挡延迟测试、道路测试和手动换挡测试等。

在进行各种性能测试时，务必严格遵守操作规程，必须在充分消化了自动变速器动力传动路线与换挡执行元件组合规律的基础上，依据相关标准和测试数据进行严格细致的分析，充分利用多种性能测试结果相互验证，才能准确快捷地得到诊断结论。

(11) SMG、DCT（DSG）、CVT 的检查主要指液压控制系统和电子控制系统的检查。其基本检查方法与行星齿轮式电控自动变速器（AT）基本一样，都可通过基本检查、油压检测、故障指示灯及专用检测仪器读取故障码和数据信息的方法进行故障自诊断，通过线路及元件的检测最终确定故障部位，并排除故障。只有在变速器解体的情况下，才能对齿轮（或带轮、链轮）机构进行检查，其检查方法与手动变速器的检查方法相同。

二、练习与思考

（一）判断题

（1）手动换挡试验是用来判断自动变速器的故障是来自电子控制系统还是液压系统。（ ）

（2）通过失速试验，可以检查液力变矩器中导轮单向离合器工作情况的好坏。（ ）

（3）电控双离合器自动变速器综合了手动变速器与自动变速器的优点。（ ）

（4）电控双离合器自动变速器仍然装有液力变矩器。（ ）

（5）电控双离合器自动变速器中的湿式多片离合器与普通自动变速器中湿式多片离合器的结构和工作过程不同。（ ）

（6）电控双离合器自动变速器中的齿轮变速机构采用斜齿轮变速机构。（ ）

（7）电控双离合器自动变速器的换挡是通过拨叉来实现的。（ ）

（8）无级变速器的传动比可以在任意范围内连续变化。（ ）

（9）01J 无级变速器是通过改变主动带轮与从动带轮之间的中心距来实现传动比的连续变化的。（ ）

（10）01J 无级变速器的接触压力是由扭矩传感器进行控制的。（ ）

（二）填空题

（1）自动变速器失速试验时，应把变速器油温升到并保持在正常油温，每次连续试验时间不超过________s。

（2）主油路油压试验时，前进挡油压________倒挡油压。

（3）自动变速器从低挡换高挡瞬间，发动机转速将________；从高挡换低挡瞬间，发动机转速将________。

（4）发动机只能在P位、N位才能被启动，如果在P位、N位以外的挡位能启动发动机，则应调整________。

（三）简答题

（1）如何读取、清除01N变速器的故障码？

（2）简述自动变速器油质的检查方法。

（3）如何判断锁止离合器的工作情况？

（4）简述失速试验的操作方法，并对试验结果进行分析。

（5）分析说明自动变速器打滑的故障现象及原因？

（6）节气门拉索的调整与主油压有什么关系？

（7）前进挡和倒挡均主油压偏低的原因是什么？

（8）如何检查自动变速器有无发动机制动作用？

项目三　检修防抱死制动系统

学习目标

1. 知识目标

（1）了解 ABS（防抱死制动系统）的历史发展和类型，熟悉 ABS 的基本概念。

（2）掌握汽车制动时车轮的受力分析，熟悉滑移率的概念及滑移率对附着系数的影响，掌握 ABS 的基本组成和控制过程。

（3）熟悉 ABS 的组成、部件的结构原理。

（4）掌握 ABS 的控制过程。

（5）掌握 ABS 制动压力调节器组成部件的结构原理。

（6）掌握 ABS 基本故障的检测方法。

2. 能力目标

（1）能正确识别 ABS 的部件。

（2）能熟练分析各种不同类型 ABS 的特点及应用。

（3）能正确检测轮速传感器等 ABS 主要的传感器。

（4）能正确拆装 ABS 并进行正确调整。

（5）能正确检查 ABS 的基本故障，并对常见故障进行检修。

（6）能使用故障诊断仪器利用 ABS 自诊断系统判断故障。

任务一　认知防抱死制动系统

任务导入

一辆装备 ABS 桑塔纳 2000GSi 轿车，当点火开关置于 ON 时，ABS 控制系统进行功能自检，一切正常。但若是启动运转，不论是怠速还是正常行驶，在 1 ～ 3 min 内，仪表板上的 ABS 警告灯（黄色）就会常亮；与此同时，制动系统警告灯（红色）也闪烁。

本任务的学习拟通过在整车实训室利用整车或在汽车底盘电控实训室及 ABS 总成台架完成。具体包括：了解 ABS 的概念、类型、特点；快速辨识车辆是否装备 ABS 且能识别该 ABS 的类型；掌握滑移率的概念；掌握 ABS 的基本工作原理等。最后完成任务工单。

相关知识

一、防抱死制动系统的概念

防抱死制动系统的英文全称是 Anti-lock Brake System，简称 ABS。

防抱死制动系统是一种安全控制制动系统，目前已经成为轿车及客车的标准配置。它既有普通制动系统的制动功能，又能防止车轮制动抱死，提高了汽车制动时的方向稳定性，尽可能抑制制动侧滑和跑偏。

二、防抱死制动系统的组成与工作原理

（一）汽车制动时车轮的受力分析

制动时车轮的受力情况如图 3-1-1 所示，图 3-1-1 中忽略了滚动阻力矩和减速时的惯性力矩。

汽车制动时，只有受到与行驶方向相反的外力时，才能从一定的速度变化到较小的车速，直至停车。这个外力由地面和空气提供。但由于空气阻力相对较小，所以，实际上外力主要是由地面提供的。下面对图3-1-1 中的几个重要的受力进行分析。

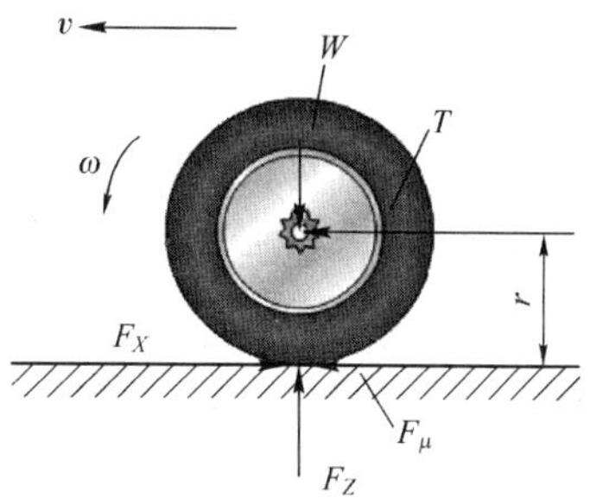

图 3-1-1　制动时车轮的受力情况

v—车速；ω—车轮旋转角速度；
W—车轮法向载荷；F_Z—地面法向反力；
T—车轴对车轮的推力；F_μ—制动器制动力；
F_X—地面制动力；r—车轮半径

1. 制动器制动力

汽车制动时，车轮制动器产生与车轮旋转方向相反的摩擦阻力矩，图3-1-1 中未画出，将制动器的摩擦阻力矩转化为车轮周缘的切向力，称为制动器制动力，即

$$F_\mu = \frac{M_\mu}{r}\ （M_\mu\text{是指摩擦阻力矩}）$$

制动器制动力相当于把汽车架离地面，并踩住制动踏板，在轮胎周缘沿切线方向推动车轮直至它能转动所需的力。它反映了汽车制动器制动效能的好坏。

制动器制动力的大小由制动器本身的结构参数所决定，即制动器的类型、结构尺寸、制动器摩擦副的摩擦因数等，也与车轮半径有关，并和踏板力大小成正比。

2. 地面制动力

在制动器制动力的作用下，路面反作用给车轮与制动器制动力方向相反的切向反作用力，如图 3-1-1 所示，称为地面制动力。它是迫使汽车减速或停车的外力。

当车轮未抱死之前，随着制动器制动力的增大，地面制动力与制动器制动力大小相等，方向相反，即

$$F_X = -F_\mu$$

3. 附着力

附着力是地面对轮胎切向反作用力的极限值。附着力的大小取决于轮胎与路面之间的摩擦作用及路面的抗剪强度，即

$$F_\varphi = F_Z \times \varphi$$

4. 制动器制动力、地面制动力和附着力的关系

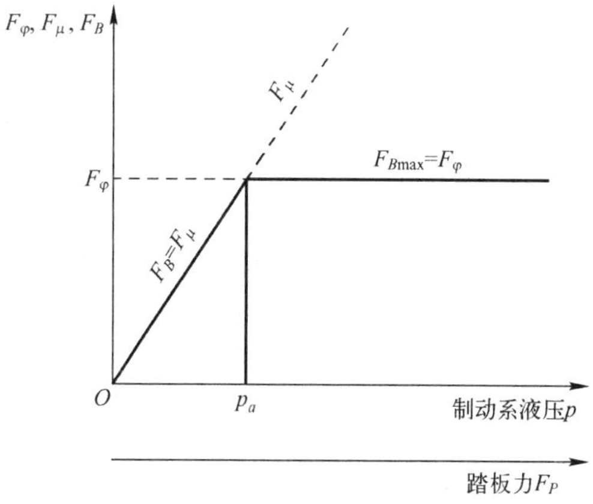

图 3-1-2　制动器制动力、地面制动力和附着力的关系

图 3-1-2 所示为不考虑制动过程中附着系数变化的制动器制动力、地面制动力和附着力的关系。横坐标 p 反映了制动时液压系统压力的大小。制动器制动力是过圆点 O 的斜直线，它与踏板力大小成正比；附着力是平行于横坐标的直线，与路面附着系数有关；当驾驶人踩制动踏板的力较小，制动摩擦力矩较小时，车轮只做减速滚动，随着摩擦力矩

的增加，制动器制动力和地面制动力也随之增长，且在车轮未抱死前地面制动力始终等于制动器制动力，此时，制动器制动力可全部转化为地面制动力。但制动器制动力达到附着极限时，随着制动器制动力的继续增长，地面制动力不再增加，即地面制动力不可能超过附着力。

由此可见，要想获得好的制动效果，必须同时具备两个条件，即汽车具有足够的制动器制动力，同时又要有附着系数较高的路面提供足够的地面制动力。

（二）车轮的滑移率及滑移率对附着系数的影响

1. 滑移率的概念

当汽车匀速直线行驶时，汽车的实际车速与车轮滚动的圆周速度（车轮轮速）是相同的，即 $v=r\times\omega$。当汽车制动时，车轮滚动的速度和实际车速虽然都降低了，但由于汽车自身的惯性，汽车的实际车速与车轮的轮速不再相等，使车速与轮速之间产生一个速度差。此时，轮胎与路面之间产生相对滑移现象，其滑移程度用滑移率表示。

滑移率是指车轮在制动过程中滑移成分在车轮纵向运动中所占的比例。其定义表达式为

$$S_{\mathrm{b}}=\frac{v-r\times\omega}{v}\times100\%$$

式中：v——车身（或车轮中心）纵向的速度；

ω——车轮的旋转角速度；

r——车轮的滚动半径。

由上式可见滑移率有三种情况：

（1）当 $v=r\times\omega$ 时，滑移率为零，即车轮为纯滚动；

（2）当汽车制动时，逐渐踩下制动踏板，车轮边滚动边滑移时，滑移率在 0 ～ 100% 之间；

（3）当制动踏板完全踩到底，车轮处于抱死状态，而车身又具有一定的速度时，车轮滚动圆周的速度为零，则滑移率为 100%。

2. 滑移率对附着系数的影响

大量的实验证明，在汽车的制动过程中，附着系数的大小随着滑移率的变化而变化。图 3-1-3 所示为在干燥硬实路面时附着系数与滑移率的关系。图 3-1-3 中横坐标是滑移率的大小；纵坐标是纵向附着系数和横向附着系数的大小。

1）滑移率对纵向附着系数的影响

由图 3-1-3 可以看出，当滑移率为 0 时，纵向附着系数最小，即汽车驱动行驶时，阻力也最小；随着滑移率的增加，纵向附着系数迅速增加，并在滑移率大约为 20% 时，纵向附着系数最大；然后随着滑移率的进一步增加，当滑移率大约为 100%，即车轮抱死时，纵向附着系数有所下降。也就是说，当车轮完全抱死时，制动距离会增加，制动效能会下降。

2）滑移率对横向附着系数的影响

由图 3-1-3 可以看出，当滑移率为 0 时，横向附着系数最大，即汽车抵抗侧滑能力最强；随着滑移率的不断增加，横向附着系数逐渐下降，并在滑移率为 100%，即车轮抱死时，横向附着系数下降为 0 左右，此时车轮将完全丧失抵抗外界侧向力作用的能力。也就是说，当车轮完全抱死时，如果有侧向力干扰（如路面不平产生的侧向力、汽车重力的侧向分力、侧向风力等），汽车就会产生侧滑而失去稳定性。

由以上分析可以看出，滑移率对附着系数有很大的影响，而且车轮完全抱死时，制动效能会有所下降，制动稳定性变差。如果制动时将车轮的滑移率控制在图 3-1-3 所示的阴影区域，即 10% ～ 30%，此时纵向附着系数较大，可得到较好的制动效能；同时横向附着系数也保持较大值，使汽车具有较好的制动方向稳定性。

图 3-1-3 中，滑移率在 0% ～ 20% 的区域，汽车制动时的方向稳定性良好，称为稳定区域；而滑移率大于 20% 的区域，横向附着系数急剧变小使汽车制动时的方向稳定性变差，称为非稳定区域。

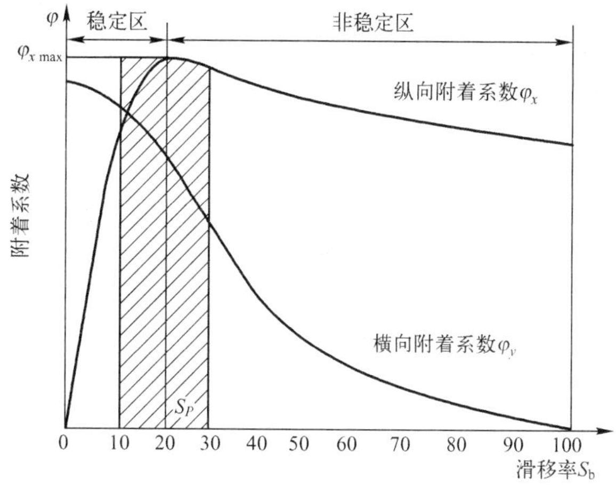

图 3-1-3　在干燥硬实路面时附着系数与滑移率的关系

在汽车的制动过程中，若能将滑移率控制在最大附着系数所对应的滑移率范围内，汽车将处于最佳制动状态。防抱死制动系统就是通过电子控制单元、车轮转速传感器和制动压力调节器，对作用于制动轮缸内的制动液压力进行瞬时的自动控制（约 20 次/s），从而控制制动车轮上的制动器压力，使制动车轮尽可能保持在最佳的滑移率范围内运动，从而使汽车的实际制动过程接近于最佳制动状态成为可能。

（三）防抱死制动系统的组成

防抱死制动系统的组成如图 3-1-4 所示，是在传统的制动系统的基础上增加了电子控制单元、制动压力调节器、轮速传感器、ABS 警告灯等部件。

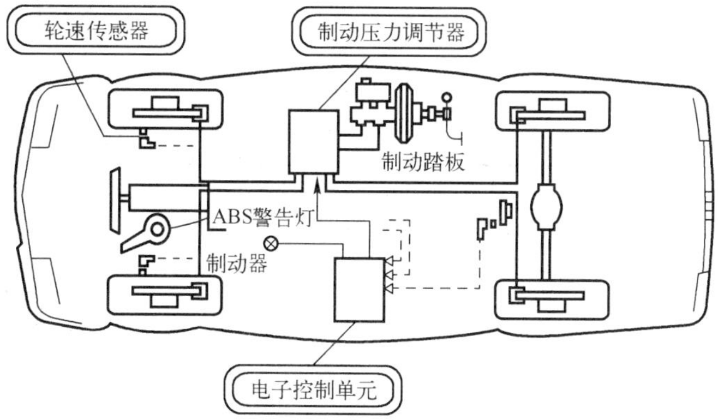

图 3-1-4　防抱死制动系统组成

轮速传感器安装在每个车轮的位置，它将各车轮的转速信号及时地输入电子控制单元；电子控制单元是 ABS 的控制中心，它根据各个轮速传感器输入的信号对各个车轮的运动状态进行监测和判定，并形成响应的控制指令，再适时发出控制指令给制动压力调节器；制动压力调节器是 ABS 中的执行器，它受电子控制单元的控制，对各制动轮缸的制动压力进行调节。

(四) 防抱死制动系统的控制过程

1. 防抱死制动系统的工作原理

防抱死制动系统的工作原理如图 3-1-5 所示。汽车在制动的过程中，轮速需要和事先在电子控制单元存储器内的减速度数值进行比较。假设控制单元确定车轮减速度达到门限值或者滑移率接近 100% 时，控制单元会控制液压制动器，液压制动器会按照控制单元的脉冲信号对制动分缸进行控制，使整个系统处于保压、增压、减压的工作过程，这一控制过程每秒可达 20 多次(甚至每秒 100 次以上)。

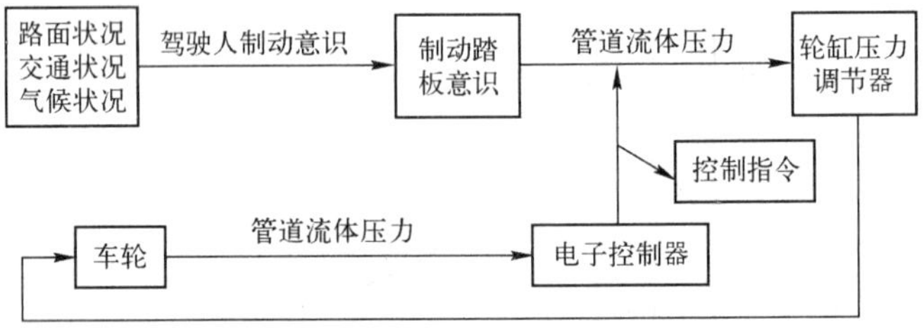

图 3-1-5 防抱死制动系统的工作原理

2. 防抱死制动系统的控制过程

下面以逻辑门限控制为例介绍防抱死制动系统的控制过程。控制过程如图 3-1-6 所示。

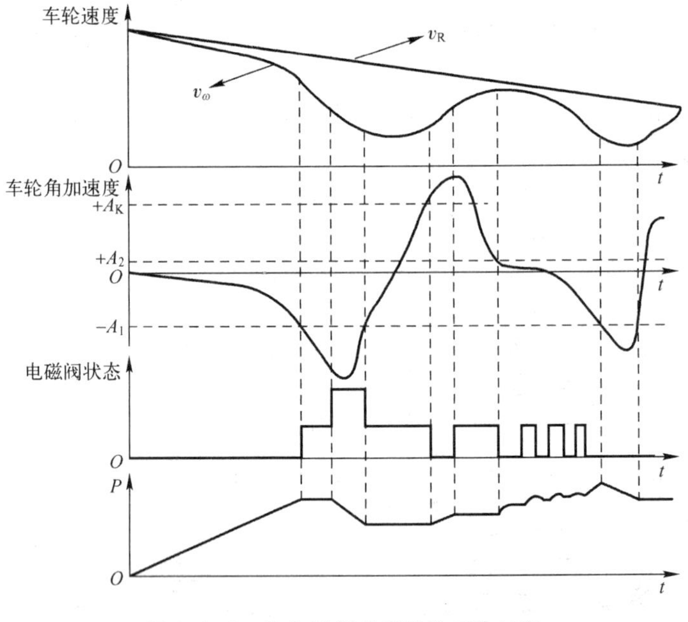

图 3-1-6 防抱死制动系统的工作过程

v_R—汽车的参考车速；v_ω—汽车的车轮轮速；P—汽车的制动压力

当行驶中的车辆紧急制动时，汽车制动轮缸内的制动压力会急速升高，车轮通过一定的延迟时间之后，汽车轮速会开始急速下降，此刻车轮角加速度为负值，且绝对值会随着制动压力的增加不断增大。当汽车车轮的角加速度小于 A_1 门限值时，系统开始进入 ABS 控制。制动控制系统中可以避免汽车在平稳区域时立即进入减压过程。此时还需要对比参考滑移率。

当参考滑移率低于设定值时，表明此时汽车车轮仍然处于稳定区域，则系统进入保压状态，则车轮可以充分制动；否则说明汽车车轮进入峰值附着系数的不稳定区间，系统开始减压。由于系统泄压，车轮角加速度就会回升，高于 A_1 时，系统进入保压。因为车轮的惯性及制动压力较小，此时汽车轮速继续回升，直至车轮角加速度已经超过 A_2。在一定的保压时间内，如果车轮角加速度不超过 A_2，表明此时路面附着系数比较小，则属于低附着路面的情况；如果大于 A_2 门限值，系统会继续保压，则会出现两种情况：一是车轮角加速度会超过 A_K，系统就会进行增压阶段，直到车轮角加速度低于 A_2；二是车轮角加速度再次低于 A_2，此时汽车车轮的峰值附着系数就会进入稳定区域，还会稍有制动不足。上面的两种情况下，车轮角加速度就会不高于 A_2，汽车就不会发生滑移。

为了让车轮停留在稳定区域的时间达到最大，所以系统运用了阶跃式的加压方法，等到车轮角加速度再次低于 A_1，完整的控制循环将会结束，后面的控制循环将会与首次的控制循环相同。

（五）防抱死制动系统的特点及局限性

1. 防抱死制动系统的优点

（1）能缩短制动距离。防抱死制动系统可以将滑移率控制在最大纵向附着系数范围附近，从而可获得最大的纵向制动力，缩短制动距离。

（2）提高了制动时的方向稳定性。防抱死制动系统可防止车轮在制动时完全抱死，能将车轮横向附着系数控制在较大的范围内，使车轮具有较强的抵抗侧向力的能力，以保证汽车制动时的稳定性。

（3）减轻轮胎的磨损。防抱死制动系统可以防止车轮抱死拖滑，从而避免了因制动车轮抱死造成的轮胎局部异常磨损，延长了轮胎的使用寿命。

（4）减少驾驶人紧张情绪。安装防抱死制动系统的汽车，在制动时，驾驶人可放心地将制动踏板踩到底，而不必担心车轮会抱死出现危险情况。

（5）使用方便、工作可靠。防抱死制动系统的使用与常规制动系统几乎没有区别，制动时驾驶人踩下制动踏板，防抱死制动系统就根据车轮的实际转速自动进入工作状态，使车轮保持在最佳工作状态。

2. 防抱死制动系统的局限性

在松散的砾石路面、松土路面上制动时，车轮抱死将更有利于汽车制动，因为松散的砾石、松土等在汽车轮胎前形成楔形物，有助于汽车的制动，如图 3-1-7 所示，而防抱死制动系统则会阻止这种楔形物的形成。

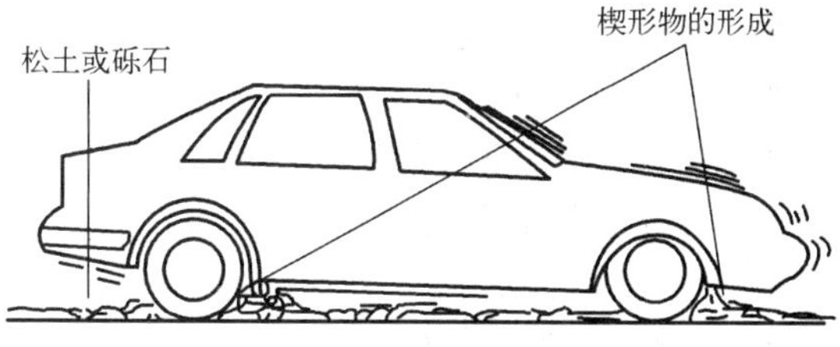

图 3-1-7　轮胎前楔形物的形成

三、防抱死制动系统的类型

（一）按生产厂家分类

德国博世公司生产的 BOSCH ABS，在欧洲、美国、日本、韩国轿车上采用较多。

德国坦孚（TEVES）公司生产的 TEVES ABS，在欧洲、美国、日本、韩国轿车上采用较多。

美国德尔科公司生产的 DELCO ABS，在美国通用、韩国大宇等轿车上采用较多。

美国本迪克斯公司生产的 BENDIX ABS，在美国克莱斯勒公司生产的汽车上采用较多。

以上四种 ABS 在轿车上应用很广泛，而德国瓦布科（WABCO）公司、日本本田－住友公司、美国凯尔塞·海伊斯（KELSEY HAYES）公司和英国卢卡斯·格林公司生产的 ABS 数量也相当大，主要应用在载货汽车或大型客车上。

我国上海汽车制动系统有限公司生产的 ABS，是从坦孚（TEVES）公司引进并合资生产的。

（二）按控制通道和传感器的数目分类

控制通道是指能够独立进行制动压力调节的制动管路。根据控制通道数目的不同，ABS 系统可分为四通道、三通道、二通道和一通道四种。根据传感器数目的不同，可分为四传感器和三传感器等。

如果一个车轮独自占用一个控制通道，称该车轮的控制为独立控制或单轮控制。如果两个车轮的制动压力是同时进行调节的，即同时改变，则称为同时控制或一同控制。当两个车轮同时控制的汽车行驶在左右附着系数不同的路面上时，由于两边车轮与路面间的附着力不同，制动时路面附着系数小的一侧车轮先抱死，附着系数大的一侧车轮后抱死。如果以保证附着系数较小车轮不发生抱死为原则进行制动压力调节，则称这两个车轮按低选原则一同控制；如果以保证附着系数较大车轮不发生抱死为原则进行制动压力调节，则称这两个车轮按高选原则一同控制。

由于单通道和双通道 ABS 缺陷较多，在目前生产的车辆上应用较少，下面主要介绍三通道和四通道 ABS 的特点。

1. 三通道 ABS

三通道 ABS 有四传感器三通道式和三传感器三通道式两种，其中四传感器三通道 ABS 又分前后布置和对角布置两种。

如图 3-1-8 所示，该系统用于制动管路前后布置形式的后轮驱动汽车。由于采用四个轮速传感器，前轮实现独立控制，后轮实现低选择控制方式，操纵性、稳定性较好，制动性能稍差。

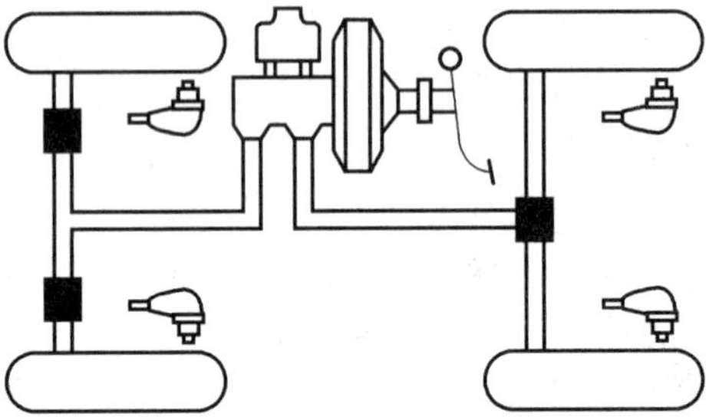

图 3-1-8　四传感器三通道 ABS 前后布置形式

如图 3-1-9 所示。该系统用于制动管路对角布置前轮驱动的汽车。前轮各有一个转速传感器，独立控制；后轮有两个轮速传感器，检测左右后驱动轮的轮速，实现低选择控制方式。

如图 3-1-10 所示，该系统用于制动管路前后布置后轮驱动的汽车，前轮各有一个转速传感器，独立控制；后轮轮速则由装于差速器上的一个测速传感器检测，按低选择的控制方式用一条制动管路对后轮进行制动控制。

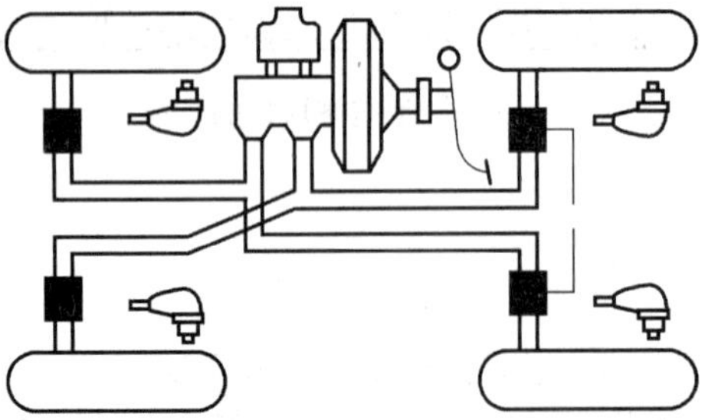

图 3-1-9　四传感器三通道 ABS 对角布置形式

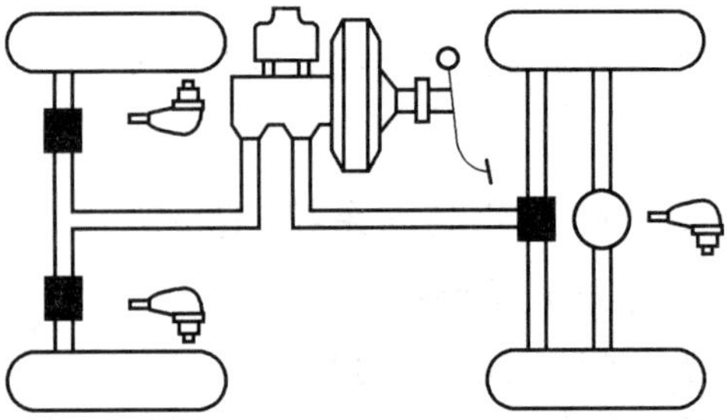

图 3-1-10　三传感器三通道 ABS

2. 四通道 ABS

一般有四个控制通道、四个轮速传感器和一个控制单元。在四个控制通道中各设一个制动压力调节器进行独立控制。

如图 3-1-11 所示，该系统是通过各轮速传感器的信号分别对各车轮制动压力进行单独控制。该系统的制动效能最好，但在附着系数不对称路面上制动时的方向稳定性较差，其原因是此时同一轴上左右车轮的制动力不同，使汽车产生较大偏转力矩而产生制动跑偏。

如图 3-1-12 所示，该系统前轮独立控制，而后轮选择方式控制，一般采用低选择控制，即以易抱死车轮为标准，给两后轮施加相等的制动压力控制车轮转动。此种控制方式用于 X 形制动管路汽车的 ABS 控制系统，因为左右后轮不是同一制动管路，因此需要采用四个通道。此种形式的操纵性、稳定性较好，制动效能稍差。

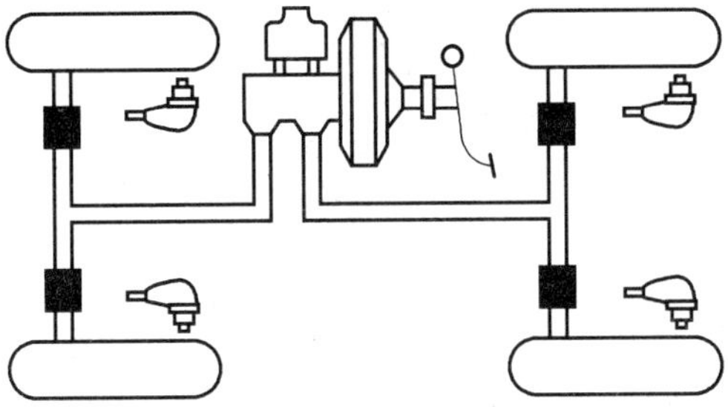

图 3-1-11 四通道 ABS 前后管路布置形式

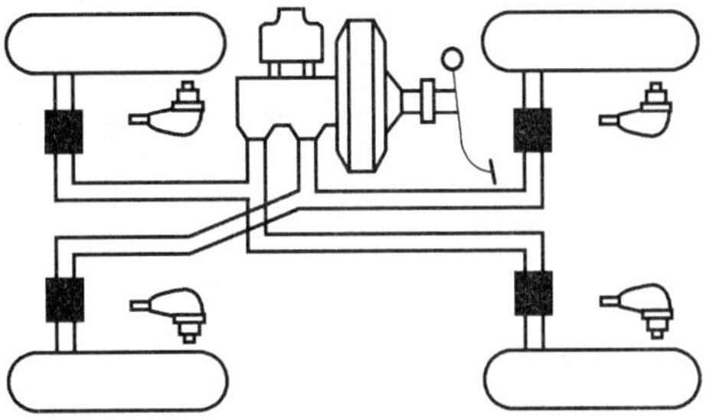

图 3-1-12 四通道 ABS 对角管路布置形式

四、防抱死制动系统主要部件的结构和原理

（一）轮速传感器

轮速传感器的功用是检测车轮的旋转速度，并将其转变为电信号后输入电子控制单元，用于计算、判断，决定是否开始进行防抱死控制。目前，常用的轮速传感器主要有电磁式和霍尔式两种。

1. 电磁式轮速传感器

电磁式轮速传感器主要由传感器头和齿圈两部分组成，如图 3-1-13 所示。

电磁式轮速传感器与齿圈是共同作用的，当齿圈转动时，轮速传感器感应交流信号，输入到 ABS 控制单元，提供轮速信号。轮速传感器通常安装在各车轮轮轴上、差速器、变速器输出轴处。

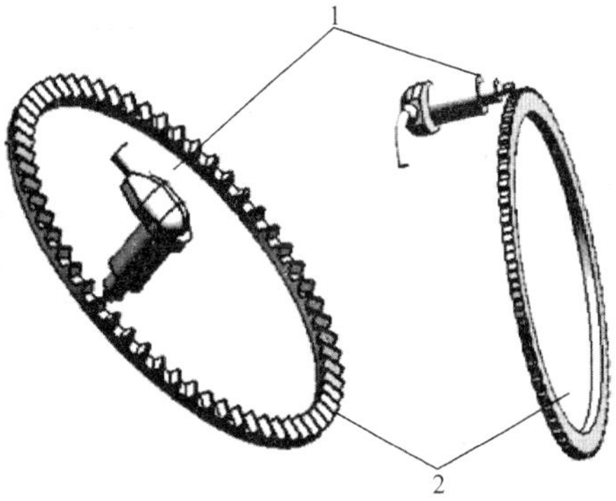

图 3-1-13 电磁式轮速传感器的组成

1—传感器头；2—齿圈

1）电磁式轮速传感器的结构

电磁式轮速传感器的主要类型有柱式极轴传感器头和凿式极轴传感器头两种，其主要结构如图 3-1-14 所示。

安装轮速传感器时，要保证其传感器头与齿圈间留有适当的空隙（为 1 ～ 2 mm），要求安装牢固，且安装前需要在传感器上加注一些润滑剂（如黄油）。确保汽车制动过程中的振动不会干扰或影响传感器信号，并避免灰尘、水、泥、砂等对传感器输出造成影响。

柱式极轴轮速传感器安装时需要将传感器头轴向垂直于齿圈；凿式极轴轮速传感器的传感器头一般径向垂直于齿圈安装；安装时都必须精确地对准齿圈。

2）电磁式轮速传感器的工作原理

传感器齿圈随车轮旋转的同时，即与传感器头极轴做相对运动。当传感器头的极轴与齿圈的齿隙相对时，极轴距齿圈之间的空气隙最大，即磁阻最大。传感器头的磁极磁感线只有少量通

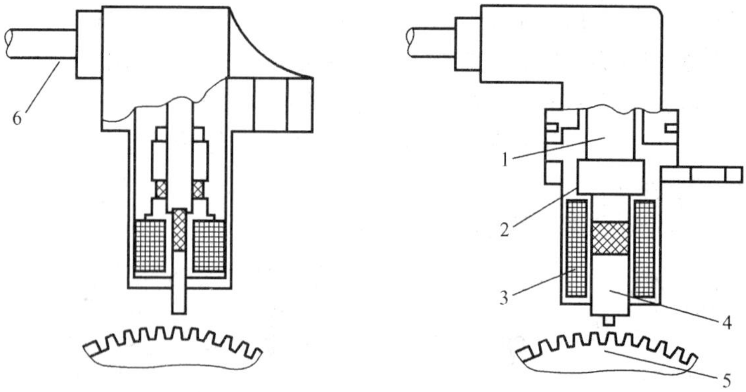

（a）柱式极轴传感器头　　（b）凿式极轴传感器头

图 3-1-14　电磁式轮速传感器的结构

1—永久磁体；2—外壳；3—传感线圈；4—极轴；5—齿圈；6—电缆

过齿圈而构成回路，在电磁线圈周围的磁场较弱，如图 3-1-15 所示；当传感器头的极轴与齿圈的齿顶相对时，两者之间的空气隙较小，即磁阻最小。传感器头的磁极磁感线通过齿圈的数量增多，在电磁线圈周围的磁场较强，如图 3-1-16 所示。

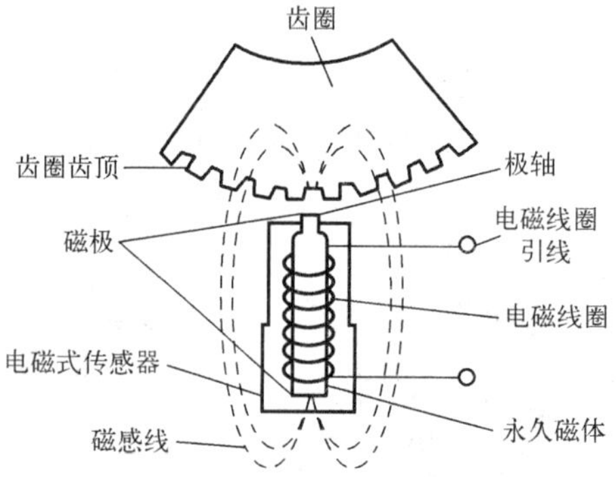

图 3-1-15　齿隙与极轴相对时的磁感线分布

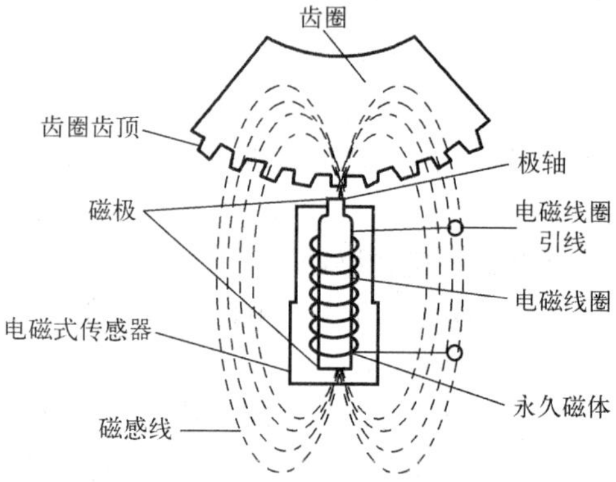

图 3-1-16　齿顶与极轴相对时的磁感线分布

齿圈随车轮不停地旋转，就使传感器头电磁线圈周围的磁场以强—弱—强—弱……周期性地变化，因此，电磁线圈就感应出交变电压信号，即车轮转速信号，如图 3-1-17 所示。

交变电压信号的频率与齿圈的齿数和转速成正比，因齿圈的齿数一定，因而车轮转速传感器输出的交流电压信号频率只与相应的车轮转速成正比。

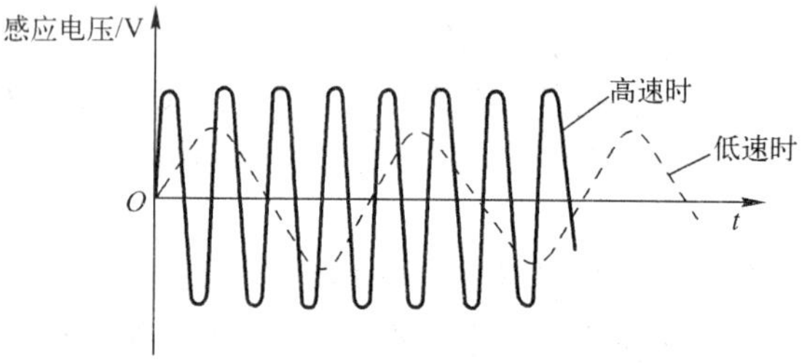

图 3-1-17　电磁式轮速传感器的输出电压信号

轮速传感器由电磁线圈引出两根导线，将其速度变化产生的交变电压信号送至 ABS 的电子控制单元（ECU）。为防止外部电磁波对速度信号的干扰，传感器的引出线采用屏蔽线，以保证反映车轮速度变化的交变电压信号准确地送至 ABS 的电子控制单元。

3）电磁式轮速传感器的特点

电磁式轮速传感器结构简单、成本低，但存在以下缺点：

电磁式轮速传感器向 ECU 输送的电压信号的强弱随转速的变化而变化，信号幅值一般在 1 ～ 15 V 的范围内变化。当转速很低时，传感器输出的电压信号若低于 1 V，则 ECU 无法检测到如此弱的信号，ABS 也就无法工作。

电磁式轮速传感器频率响应较低。当车轮转速过高时，传感器的频率响应跟不上，容易产生错误信号。电磁式轮速传感器的抗电磁波干扰能力较差，尤其是传感器输出的电压信号幅值较小时。

2. 霍尔式轮速传感器

霍尔式轮速传感器是利用霍尔效应原理产生与车轮转速相对应的电压脉冲信号。

1）霍尔式轮速传感器的结构

霍尔式轮速传感器也是由传感器头、齿圈组成。其齿圈的结构及安装方式与电磁式轮速传感器的齿圈相同，传感器头由永久磁铁、霍尔元件和电子电路等组成。

2）霍尔式轮速传感器的工作原理

传感器工作时，ABS ECU 给霍尔元件施加一个 5 V 或 8 V 的电压，永久磁铁的磁感线穿过霍尔元件通向齿圈。当齿圈位于图 3–1–18 所示位置时，穿过霍尔元件的磁感线分散，磁场相对较弱，产生的电压信号较小；而当齿圈位于图 3–1–19 所示位置时，穿过霍尔元件的磁感线集中，磁场相对较强，产生的电压信号较大。

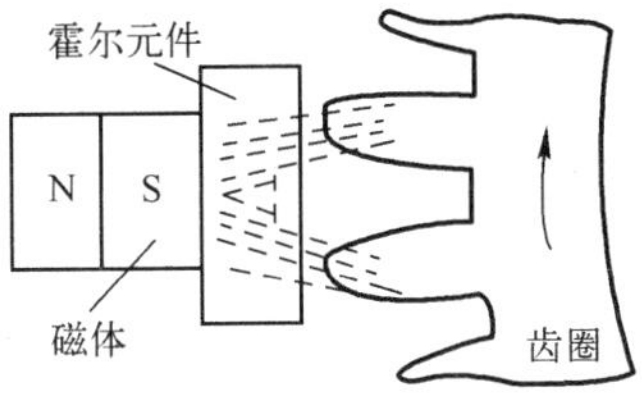

图 3–1–18　与齿隙相对时的磁感线分布图

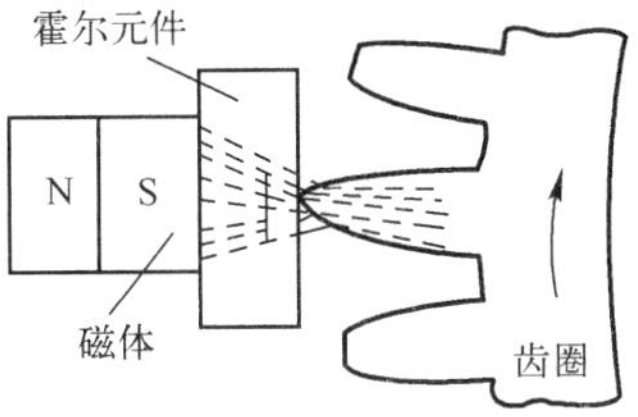

图 3–1–19　与齿顶相对时的磁感线分布图

齿圈转动时，使得穿过霍尔元件的磁感线密度发生变化，因而引起霍尔元件电压的变化，霍尔元件将输出一毫伏级的准正弦波电压。如图 3–1–20 所示，霍尔元件输出的毫伏级的准正弦波电压 U_1 首先经运算放大器放大为伏级电压信号 U_2，然后送往施密特触发器转换成标准的方波信号 U_3，再送到输出级放大 U_4 后输送给 ECU。线路中的各级波形如图 3–1–21 所示，其工作频率为 20 kHz，输出电压幅值为 7 ～ 14 V。

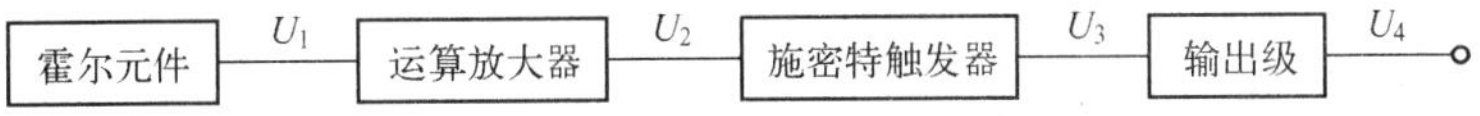

图 3–1–20　霍尔式轮速传感器线路框图

3）霍尔式轮速传感器的特点

霍尔式轮速传感器输出电压的信号强弱不随转速的变化而变化。在汽车电源电压为 12 V 的条件下，信号的幅值保持在 11.5 ～ 12 V 不变，即使车速很低时也不变，因此抗电磁波干扰能力较强。

霍尔式轮速传感器频率响应高达 20 kHz，用于 ABS 中相当于车速为 1 000 km/h 时所检测的信号频率，因此也不会出现高速时频率响应跟不上的问题。

因而，霍尔式轮速传感器在 ABS 中应用越来越广泛。

（二）减速度传感器

减速度传感器的作用是测出汽车制动时的减速度，识别是否是雪路、冰路等易滑路面。常见的减速度传感器有光电式、水银式、差分变压器式等。下面以光电式减速度传感器为例介绍其结构和原理。

光电式减速度传感器的结构和原理如图 3-1-22 所示。

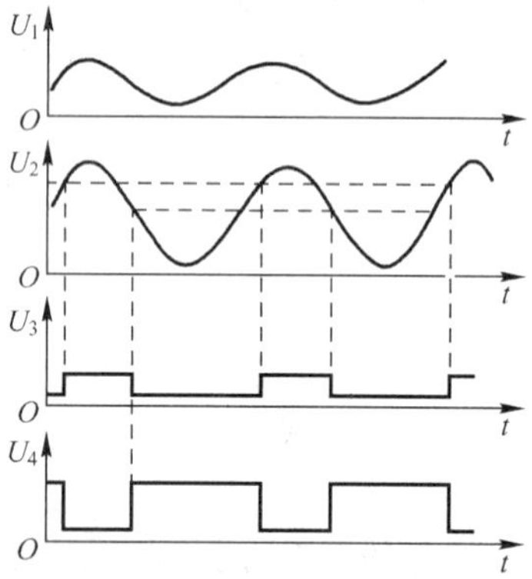

图 3-1-21 霍尔式轮速传感器线路中的各级波形图

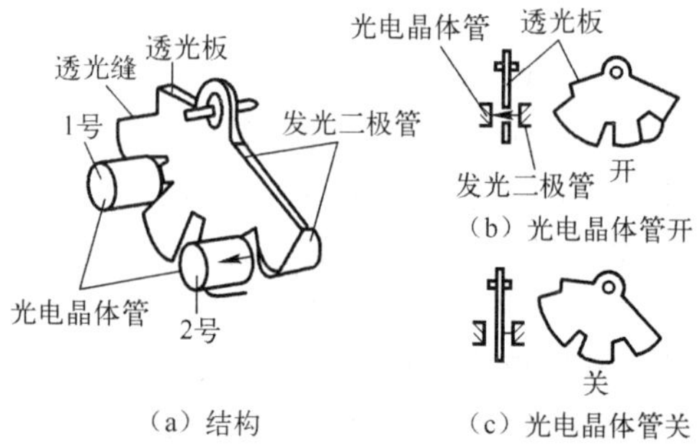

图 3-1-22 光电式减速度传感器结构和原理

如图 3-1-23 所示，当汽车匀速行驶时，透光板静止不动。当汽车减速行驶时，透光板则随着减速度的变化沿汽车的前进方向上摆。减速度越大，透光板的摆动位置越高。

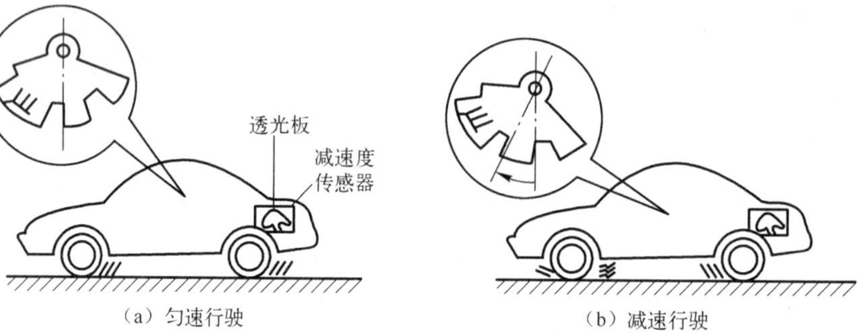

图 3-1-23 光电式减速度传感器匀速和减速行驶时的原理

透光板可遮挡发光二极管的光线，其位置的不同可使光电晶体管形成开和关两种状态，如图 3-1-22（b）、（c）所示。两个光电晶体管开关可形成四种组合，可以对轮速传感器进行补偿，使制动控制更加精确。

（三）电子控制单元

电子控制单元是 ABS 的控制中心，它的主要作用是接收传感器的信号并进行处理，判断车轮是否抱死，然后向制动压力调节器发出制动压力控制指令。ECU 一般由传感器输入电路、运算电路、输出控制电路和安全保护电路四个基本电路组成。

1. 传感器输入电路

传感器输入电路的功能是将轮速传感器、减速度传感器、开关等输入的信号进行预处理、A/D（模 - 数）转换等，然后送往运算电路。

2. 运算电路

运算电路的作用主要是进行车轮线速度、初始速度、滑移率、加速度和减速度的运算，调节电磁阀控制参数的运算和监控运算。经转换放大后的轮速传感器信号输入车轮线速度运算电路，由电路计算出车轮的瞬时速度。初始速度、滑移率及加减速度运算电路根据车轮瞬时线速度加以积分，计算出初速度，再把初速度和车轮瞬时线速度进行比较运算，最后得到滑移率和加速度、减速度。电磁阀控制参数运算电路根据计算出的滑移率、加减速度信号，计算出电磁阀控制参数输入到输出级。电子控制单元中一般设有两套运算电路，同时进行运算和传递数据，利用各自的运算结果相互比较、相互监视，确保可靠性。

3. 输出控制电路

通过来自运算电路的控制信号，控制各电磁阀的开启或控制电磁阀的电流。

4. 安全保护电路

安全保护电路包括稳压电源、电源监控电路、故障反馈电路和继电器驱动电路等。安全保护电路的主要作用是：将汽车电源（蓄电池、发电机）提供的 12 V 或 14 V 的电压变为 ECU 内部所需的 5 V 标准稳定电压，同时对电源电路的电压是否稳定在规定的范围内进行监控；当 ABS 出现故障时，关闭各电磁阀，停止 ABS 工作，返回常规制动状态，同时点亮仪表板上的 ABS 警告灯，提醒驾驶人注意 ABS 的故障。

（四）制动压力调节器

制动压力调节器的功用是在制动时根据 ABS 电子控制单元（ECU）的控制指令，自动调节制动轮缸制动压力的大小，防止车轮抱死，并处于理想滑移率的状态。

制动压力调节器通常主要由电动油泵、液压控制单元（包括蓄能器和电磁阀）等构成。

根据压力调节器的调压方式不同可分为循环式和可变容积式。循环式制动压力调节器是通过电磁阀直接控制轮缸的制动压力的；而可变容积式制动压力调节器是通过电磁阀间接改变轮缸的制动压力的。

1. 电磁阀的结构和工作原理

电磁阀是制动压力调节器的重要部件，主要有两大类型：二位二通电磁阀和三位三通电磁阀。

1）二位二通电磁阀

二位是指电磁阀有通电和断电两个工作位置；二通是指电磁阀有进液口（通制动主缸）和出液口（通制动轮缸）两个通路。

二位二通电磁阀有两种类型：二位二通常开电磁阀和二位二通常闭电磁阀。如图 3-1-24（a）所示，在电磁阀的电磁线圈未通电时，球阀处于开启状态，即为二位二通常开电磁阀。如图 3-1-24（b）所示，在电磁阀的电磁线圈未通电时，球阀处于关闭状态，即为二位二通常闭电磁阀。

（1）二位二通电磁阀的结构。如图 3-1-24 所示，两种电磁阀均由阀门、电磁线圈、衔铁、回位弹簧等组成。常态下，二位二通常开电磁阀阀门在弹簧张力的作用下处于打开状态，二位二通常闭电磁阀阀门在弹簧张力的作用下处于闭合状态。

如图 3-1-24（a）所示，在二位二通常开电磁阀中设有一根顶杆，顶杆和限位杆与活动铁芯固定在一起，复位弹簧一端压在活动铁芯上，另一端压在与阀体相连的弹簧座上。

限压阀的作用是限制电磁阀的最高压力。当制动液压力过高时，限压阀打开泄压，以免压力过高损坏电磁阀。

（2）二位二通电磁阀的工作原理。下面以二位二通常开电磁阀为例介绍其工作原理。

如图 3-1-24（a）所示，当电磁阀线圈未通电时，在复位弹簧弹力作用下，活动铁芯带动顶杆和限位杆下移复位，直到限位杆与缓冲垫圈相抵为止。顶杆下移时，球阀随之下移，使电磁阀阀门处于开启状态，制动液从进液口经球阀阀门和出液口流出。电磁线圈通电时，电流流过电磁线圈，活动铁芯产生电磁吸力，压缩复位弹簧并带动顶杆一起上移，顶杆将球阀压在阀座上，电磁阀阀门处于关闭状态，进液口与出液口之间的制动液通道关闭。

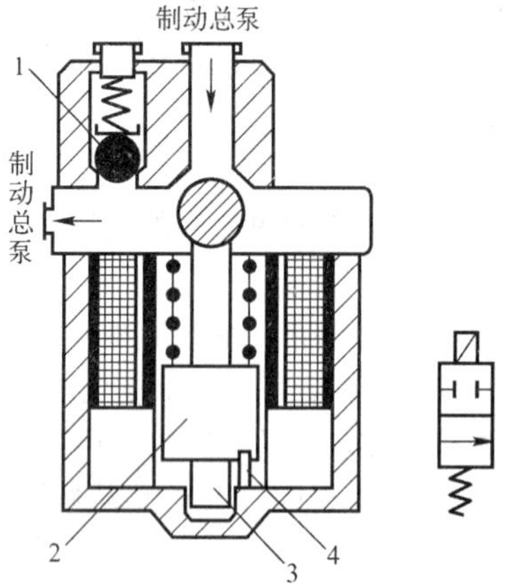

（a）二位二通常开电磁阀　　（b）二位二通常闭电磁阀

图 3-1-24　二位二通电磁阀的结构和符号

1—限压阀；2—活动铁芯；3—顶杆；4—限位杆

（3）二位二通电磁阀的应用。在 ABS 中，二位二通常开电磁阀用于控制制动总泵到制动分泵的制动液通路，又称二位二通常开进液电磁阀；二位二通常闭电磁阀用于控制制动分泵到储液器的制动液回路，又称二位二通常闭出液电磁阀。两个电磁阀配套使用，共同完成 ABS 对制动压力调节的任务。

2）三位三通电磁阀

三位是指电磁阀有断点、通大电流、通小电流三个工作位置。

三通是指电磁阀有进液口（通制动主缸）、出液口（通制动轮缸）和回液口（通储液器）三个通路。

（1）三位三通电磁阀的结构。如图 3-1-25 所示，三位三通电磁阀由固定铁芯、线圈、柱塞、可动铁芯等部件组成。三位三通电磁阀的符号如图 3-1-26 所示。

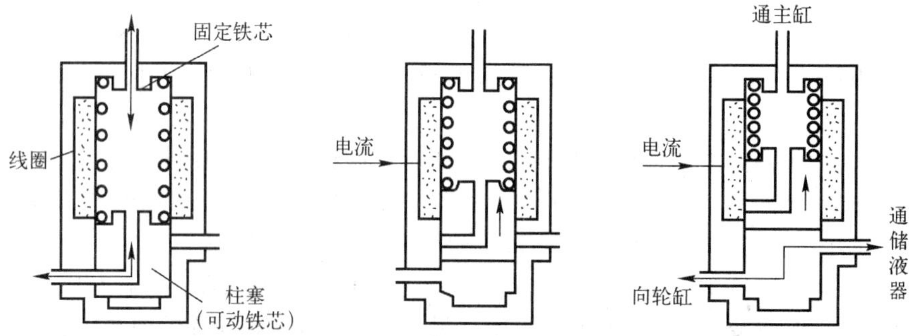

（a）电流为零　　（b）电流较小　　（c）电流最大

图 3-1-25　三位三通电磁阀的工作原理

（2）三位三通电磁阀的工作原理：

如图 3-1-25（a）所示，当电磁线圈中无电流通过时，柱塞在弹簧力的作用下处于最低位置，制动主缸与轮缸油路相通，电磁阀使制动压力调节器处于常规制动（增压）状态。

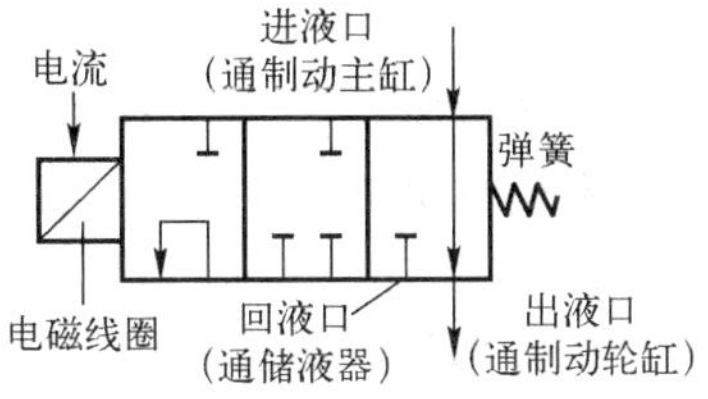

图 3-1-26 三位三通电磁阀的符号

如图 3-1-25（b）所示，当向电磁线圈通入较小电流时（保持电流大约为 2 A），电磁力使柱塞向上移动一定距离。此时，电磁力不足以克服弹簧的弹力，柱塞便保持在中间位置，所有通道均被截断，轮缸压力保持一定值，电磁阀使制动压力调节器处于保压状态。

如图 3-1-25（c）所示，当电子控制单元向电磁线圈通入较大工作电流时（保持电流大约为 5 A），电磁力足以克服弹簧的弹力使柱塞继续上移到最高位置，此时制动主缸和轮缸的通道被截断，而轮缸与储液器之间的通道接通，轮缸内的制动液流回储液器，制动压力降低，电磁阀使制动压力调节器处于减压状态。

2. 蓄能器与电动油泵

蓄能器有两种，根据其压力范围的不同，可分为低压蓄能器和高压蓄能器。它们分别配置在不同类型的压力调节器中。

1）低压蓄能器与电动油泵

低压蓄能器一般称为储液器，主要用来接纳 ABS 减压过程中从制动轮缸流回的制动液，同时还对回流制动液的压力波动具有一定的衰减作用。

（1）储液器的结构和工作原理。储液器由活塞和弹簧组成，如图 3-1-27 所示。

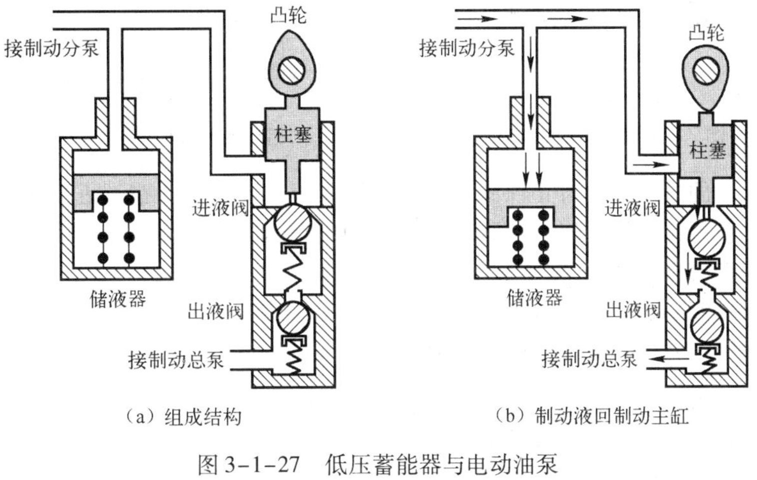

图 3-1-27 低压蓄能器与电动油泵

当制动液从制动轮缸流入储液器时，具有一定压力的制动液就会压缩弹簧并推动活塞下移，储液器容积变大，可以暂时存储制动液，然后由电动油泵将制动液泵入制动主缸。

（2）柱塞泵的结构和工作原理。如图 3-1-27 所示，电动油泵多为柱塞泵，由电动机带动凸轮驱动，泵内有两个止回阀，上阀为进液阀，下阀为出液阀。柱塞上行时，轮缸及储液器的压力油推开进油阀进入泵体内；柱塞下行时，首先封闭进油孔，继而使泵腔内压力升高，推开出液阀，将制动液压回制动主缸。由于该电动油泵的主要作用是将制动液泵回制动主缸，所以又称回油泵。

2）高压蓄能器与电动油泵

高压蓄能器一般常称为蓄能器（又称蓄压器），用于存储制动中或 ABS 工作时所需的高压制动液。蓄能器是制动系统的能源，在常规制动和防抱死制动系统工作时，它均可提供较大压力的制动液。

（1）蓄能器的结构和工作原理。蓄能器的结构如图 3-1-28 所示。蓄能器内部由一个膜片将蓄能器分成上下两个腔室。上腔为气室，充满氮气并具有一定压力；下腔为油室，与电动油泵油道相通，用来填充来自电动油泵泵入的制动液。在电动油泵工作时，向蓄能器下腔泵入制动液，使膜片向上移，进一步压缩氮气，此时氮气和制动液压力都会升高，直到蓄能器下腔室内制动液压力升高到规定值为止。

（2）增压泵的结构和工作原理。与蓄能器相配合的电动油泵由直流电动机和回转球阀活塞式油泵组成，如图 3-1-29 所示。由于该电动油泵的主要作用是增压，所以有的称为增压泵。

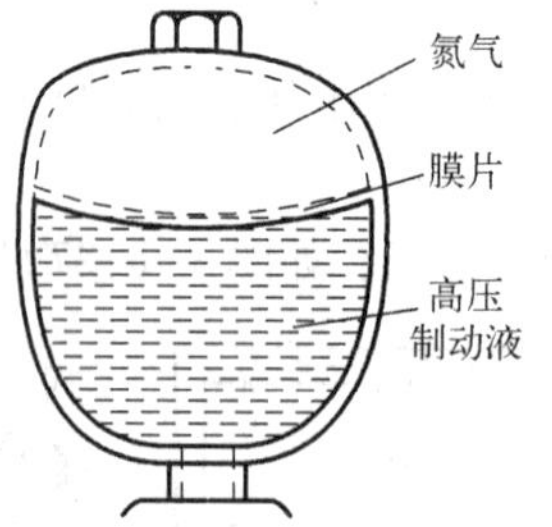

图 3-1-28　蓄能器的结构

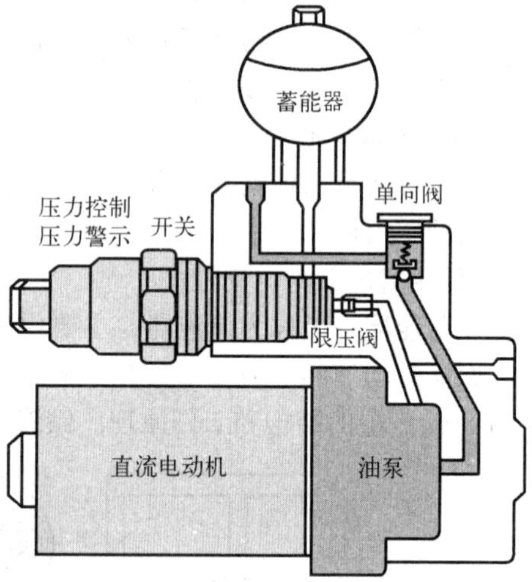

图 3-1-29　高压蓄能器与电动油泵

在靠近蓄能器的进液口处有止回阀，使制动液只能进不能出。在靠近出液口附近设有限压阀，当蓄能器内压力超过规定值时，限压阀打开，使蓄能器中制动液流回油泵的进液端，以降低蓄能器中制动液压力。

3）压力控制或警示开关的作用

压力控制或警示开关的作用是根据蓄能器的压力通过继电器控制电动液压泵的工作。有些压力开关还兼有另外一方面的作用，即在蓄能器压力低于一定标准时，向 ABS 计算机发出警示信号，计算机使警示灯点亮并使防抱死制动系统停止工作，这种压力开关又称作用压力开关。压力控制或警示开关的结构和工作原理如图 3-1-30 所示。

当蓄能器中压力升高到一定值时，弹性空心管变形，带动杠杆使微动开关断开，电动液压泵停止工作；反之，当蓄能器中压力低于一定值时，弹性空心管带动杠杆使微动开关闭合，电动液压泵开始工作。

3. 循环式制动压力调节器的原理

1）循环式制动压力调节器的基本组成

如图 3-1-31 所示，循环式制动压力调节器主要由制动踏板机构、制动主缸、回油泵、储液器、电磁阀、制动轮缸组成，在制动主缸与制动轮缸之间串联一个三位三通电磁阀，直接控制制动轮缸的制动压力。

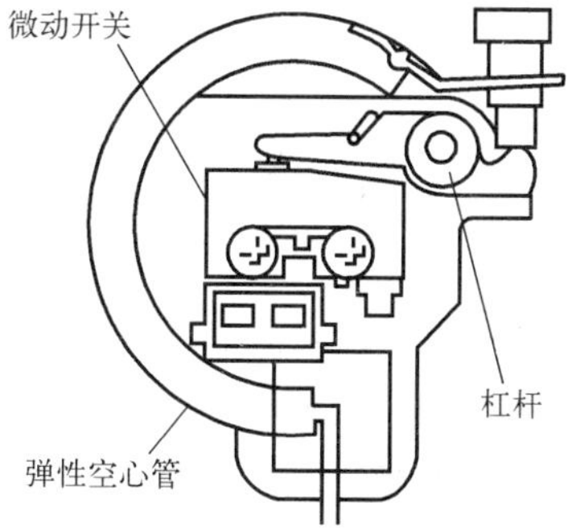

图 3-1-30 压力控制或警示开关的结构和工作原理

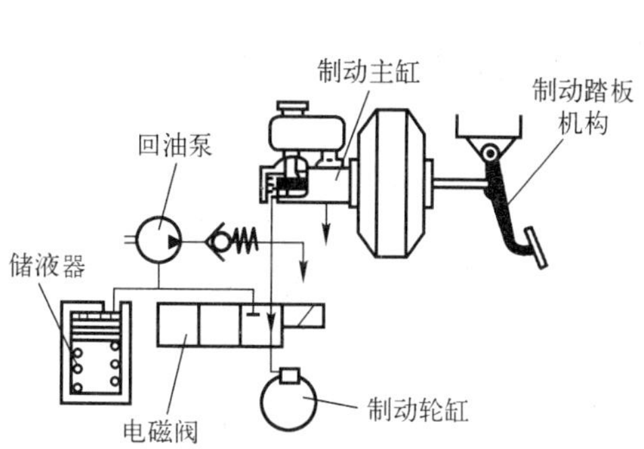

图 3-1-31 循环式制动压力调节器的基本组成

2）循环式制动压力调节器的工作过程

（1）常规制动过程。如图 3-1-32 所示，在常规制动过程中，ABS 不工作，电磁线圈中无电流通过，电磁阀柱塞在复位弹簧的作用下处于“下端”位置。此时制动主缸与轮缸相通，由制动主缸来的制动液直接进入轮缸，轮缸压力随主缸压力的升高而升高。此时回油液压泵不工作。

（2）保压制动过程。如图 3-1-33 所示，当电控单元根据传感器信号发现车轮制动接近抱死时，将向电磁线圈输入一个较小的保持电流（约为最大工作电流的 1/2），电磁线圈产生较小的电磁力，使柱塞处于“中间”位置。此时制动主缸、制动轮缸和回油孔相互隔离，制动轮缸中的制动压力保持一定。

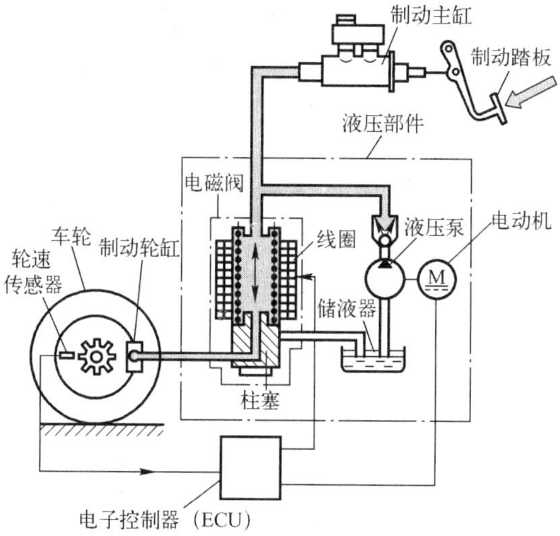

图 3-1-32 常规或增压制动过程

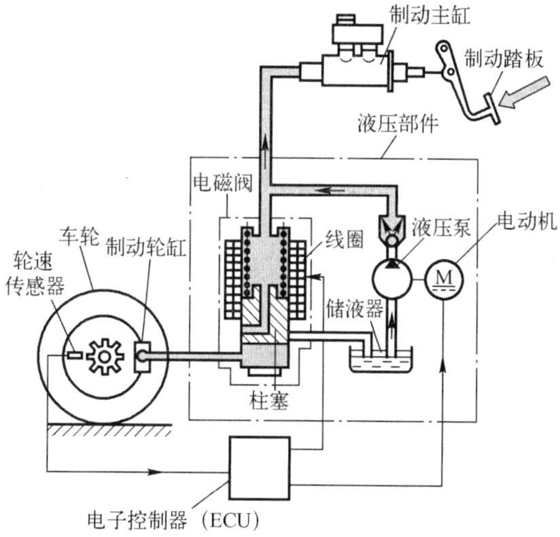

图 3-1-33 保压制动过程

（3）减压制动过程。如图 3-1-34 所示，在保持压力的作用下，电控单元发现车轮仍有抱死的倾向时，电控单元将向电磁线圈输入一个较大的工作电流，电磁线圈产生更大的电磁力，使柱塞处于“上端”位置。此时电磁阀柱塞将轮缸与回油通道或储液器接通，轮缸中的制动液经电磁阀流入储液器，轮缸压力下降。与此同时，电动机启动，带动油泵工作，将流回储液器的制动液输送回主缸，为下一个制动周期做好准备。

（4）增压制动过程。如图 3-1-32 所示，当制动压力下降而车轮转速太快时，电控单元便切断通往电磁阀的电流，主缸和轮缸再次接通，制动主缸中的高压制动液再次进入轮缸，使制动压力增加。

4. 可变容积式制动压力调节器的原理

所谓可变容积式制动压力调节器，是在汽车原有制动管路上增加一套液压控制装置，用它控制制动管路中制动液容积的增减，从而控制制动压力的变化。

1）可变容积式制动压力调节器的基本组成

如图 3-1-35 所示，可变容积式制动压力调节器主要由电磁阀、控制活塞、油泵、蓄能器等部件组成。可变容积式制动压力调节器采用三位三通电磁阀来控制控制活塞的位置。

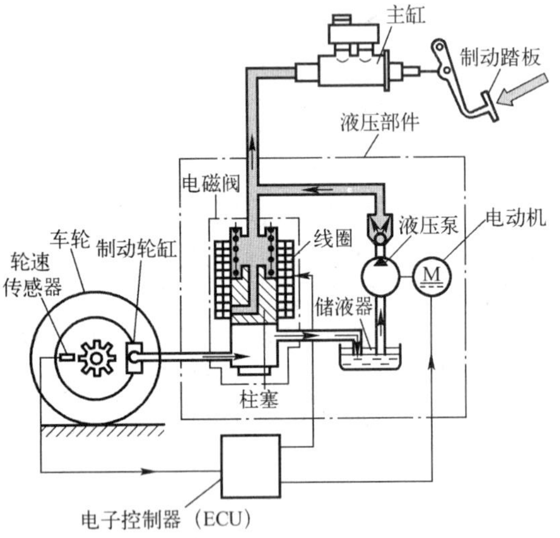

图 3-1-34　减压制动过程

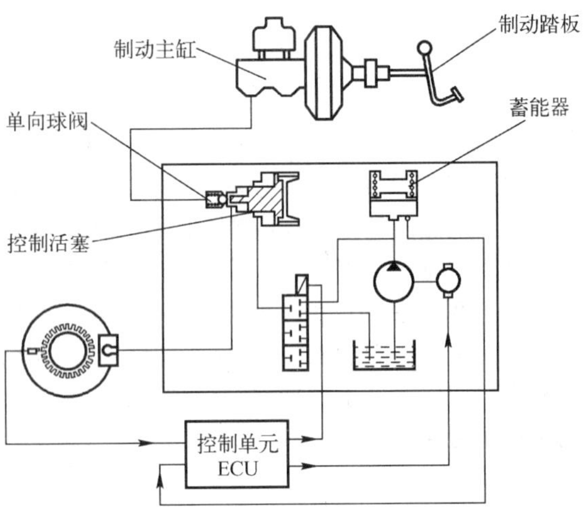

图 3-1-35　可变容积式制动压力调节器的基本组成

2）可变容积式制动压力调节器的工作过程

（1）常规制动过程。如图 3-1-36 所示，在常规制动过程中，ABS 不工作，电磁阀中的电磁线圈无电流流过，电磁阀柱塞在复位弹簧作用下使柱塞处于“左端”位置，将控制活塞的工作腔与回油管路接通，控制活塞在弹簧的作用下使活塞位于最左端，活塞顶端推杆将单向阀打开，使制动主缸与制动轮缸的制动管路接通，制动主缸的制动液直接进入制动轮缸，制动轮缸的压力随制动主缸压力的变化而变化。此时，电动泵不工作。

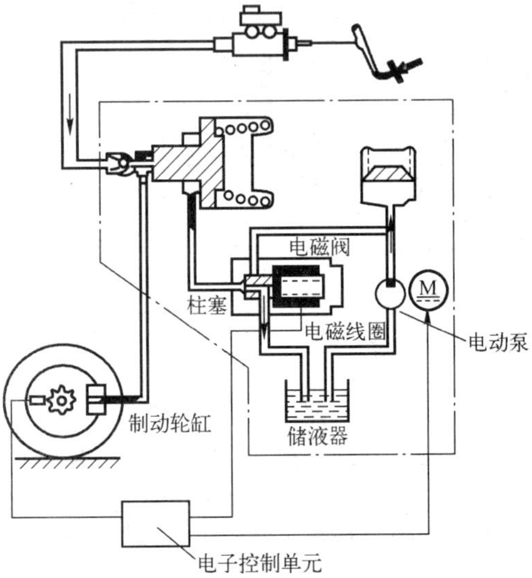

图 3-1-36　常规或增压制动过程

（2）保压制动过程。如图 3-1-37 所示，当电控单元根据传感器信号发现车轮制动接近抱死时，电控单元向电磁阀中的电磁线圈输入一较小的电流，由于电磁线圈的电磁力减小，柱塞在弹簧力的作用下左移，致使蓄能器、回油管和控制活塞工作腔管路处于相互关闭的位置。此时控制活塞左侧的液压保持一定，控制活塞在控制压力和弹簧力的作用下保持在一定位置，轮缸侧的容积也不发生变化（单向阀仍处于关闭状态），制动压力保持一定。

（3）减压制动过程。如图 3-1-38 所示，在保持压力的作用下，电控单元发现车轮仍有抱死的倾向时，电控单元将向电磁线圈输入一个较大的工作电流，电磁线圈产生更大的电磁力，电磁阀内的柱塞在电磁力的作用下克服弹簧的作用力向右移动，产生较大位移，将蓄能器与控制活塞的工作腔管路接通。蓄能器中的制动液进入控制活塞工作腔并推动活塞右移，单向阀关闭，制动主缸与制动轮缸之间的通路被切断。由于控制活塞的右移，使制动轮缸侧制动液容积增大，制动压力减小。

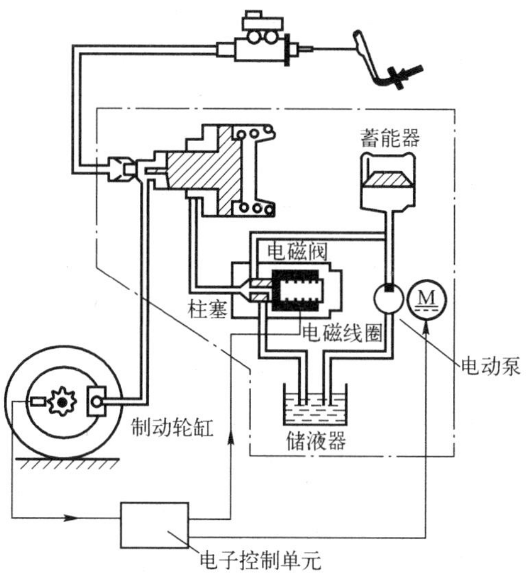

图 3-1-37 保压制动过程

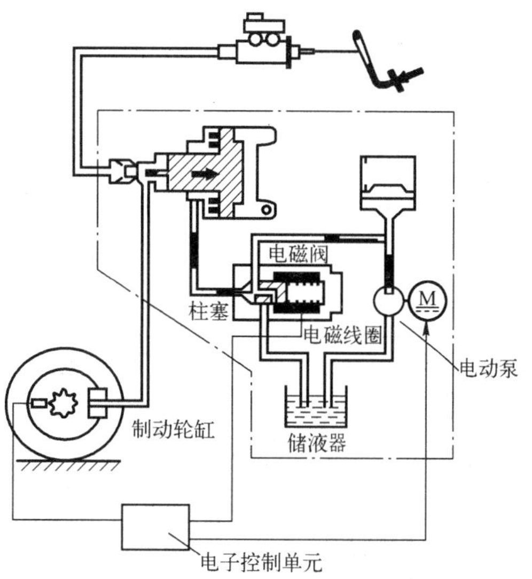

图 3-1-38 减压制动过程

（4）增压制动过程。如图 3-1-36 所示，当制动压力下降而车轮转速太快时，电控单元切断电磁阀中电磁线圈的电流，使电磁线圈中无电流流过，控制活塞在弹簧力的作用下将活塞推向最左端，活塞顶端推杆将单向阀打开，使制动主缸与制动轮缸的制动管路再次接通，制动主缸的制动液直接进入制动轮缸，使制动轮缸的压力增加。

任务实施

一、实施环境

（1）汽车底盘电控实训室或汽车整车实训室。

（2）装备有 ABS 的轿车或汽车 ABS 台架（如 YY - ABS - B、DB - 9036、DB - 9027、DB - 6021、DB - 6020、DB - 6019 等）、举升机、工具车（配有拆装工具）、工作台。

（3）相应的车辆维修手册或 ABS 台架资料。

二、实施步骤

分小组完成如下操作：

（1）对照本组指配的整车或台架查看 ABS 结构特征，弄清其具体组成和工作原理。

（2）分组操作，领会 ABS 制动过程车轮的运动状态。

（3）完成任务工单。

三、任务工单

项目三　检修防抱死制动系统 任务一　认知防抱死制动系统	班级			
	姓名		学号	
	日期		分数	

（1）根据教师指定的整车（装备 ABS）或 ABS 台架，回答以下问题：

① 车辆的型号：________________；② 车辆的 VIN 码：________________；

③ ABS 型号：________________；④ ABS 的类型：________________；

⑤ ABS 的组成部件：________________________________

________________________________。

（2）写出下左图中部件的名称

① ________________；② ________________；

③ ________________；④ ________________；

⑤ ________________；⑥ ________________。

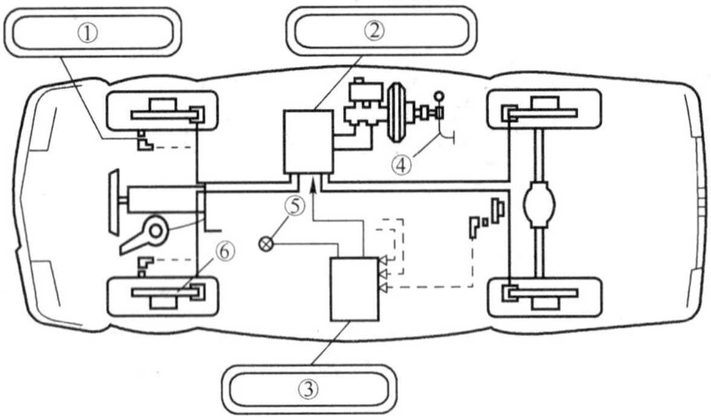

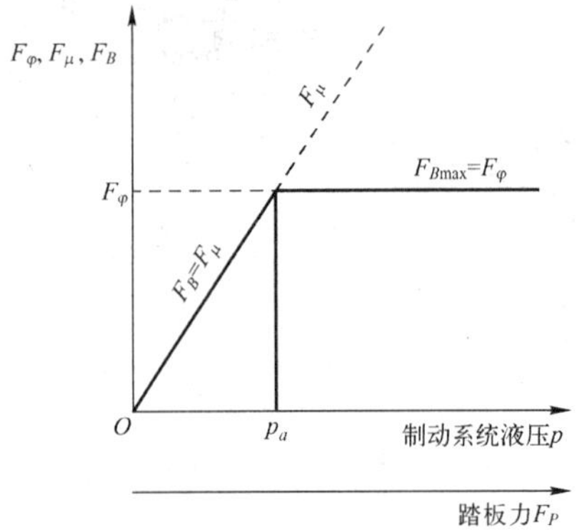

（3）根据上右图分析制动器制动力、地面制动力和附着力之间的关系。

（4）根据下图分析循环式制动压力调节器的工作过程。

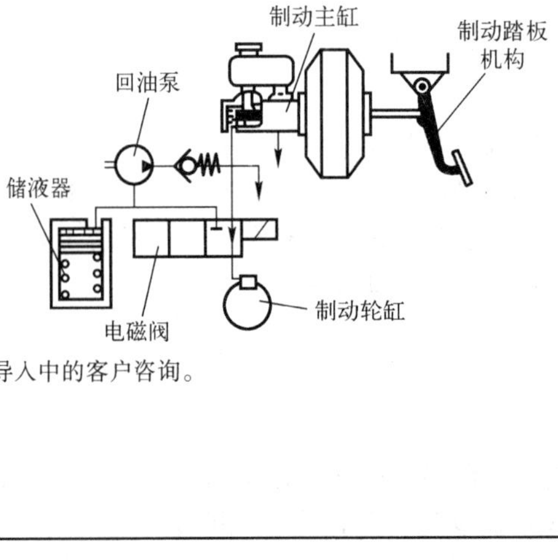

（5）分组讨论，如何回复任务导入中的客户咨询。

复习延伸

一、小结

（1）制动性能的评价指标有：制动效能、制动时的方向稳定性和制动效能的恒定性。

（2）防抱死制动系统是指 Anti-lock Brake System，简称 ABS。

（3）滑移率是指车轮在制动过程中滑移成分在车轮纵向运动中所占的比例，用 S_b 表示。

（4）防抱死制动系统的组成：常规液压制动系统、电子控制单元、制动压力调节器、轮速传感器、ABS 警告灯等。

（5）控制通道是指能够独立进行制动压力调节的制动管路。根据控制通道数目的不同，ABS 系统可分为四通道、三通道、二通道和一通道四种。

（6）轮速传感器的作用是检测车轮的旋转速度，并将其转变为电信号后输入电子控制单元，用于计算、判断，决定是否开始进行防抱死控制。目前，常用的轮速传感器主要有电磁式和霍尔式两种。

（7）减速度传感器的作用是测出汽车制动时的减速度，识别是否是雪路、冰路等易滑路面。常见的减速度传感器有光电式、水银式、差分变压器式等。

（8）电磁阀是制动压力调节器的重要部件，主要有两大类型：二位二通电磁阀和三位三通电磁阀。

（9）蓄能器有两种，根据其压力范围的不同，可分为低压蓄能器和高压蓄能器。

（10）循环式制动压力调节器主要由制动踏板机构、制动主缸、回油泵、储液器、电磁阀、制动轮缸组成，在制动主缸与制动轮缸之间串联一个三位三通电磁阀，直接控制制动轮缸的制动压力。

（11）可变容积式制动压力调节器是在汽车原有制动管路上增加一套液压控制装置，用它控制制动管路中制动液容积的增减，从而控制制动压力的变化。

二、练习与思考

（一）简答题

（1）汽车制动性能的评价指标有哪些？

（2）解释滑移率的概念，并分析滑移率对附着系数的影响。

（3）防抱死制动系统有哪些主要部件？各部件起什么作用？

（4）解释控制通道的概念。

（5）轮速传感器的作用是什么？安装在哪些位置？

（6）分析二位二通电磁阀和三位三通电磁阀的工作原理。

（7）分析循环式制动压力调节器的基本原理。

（二）选择题

（1）制动性能的评价指标有（　　）。（多选）

A. 制动效能　B. 制动效能的恒定性　C. 制动时的方向稳定性　D. 制动时间

（2）关于滑移率说法错误的是（　　）。

A. 滑移率是指车轮在制动过程中滑移成分在车轮纵向运动中所占的比例

B. 滑移率为零，即车轮为纯滚动

C. 当汽车制动时，逐渐踩下制动踏板，车轮处于边滚动边滑移状态

D. 滑移率对横向附着系数无影响

（3）关于ABS的制动压力调节器，下面说法错误的是（　　）。

A. 制动压力调节器安装在制动主缸与制动轮缸之间

B. 二位二通电磁阀二位是指通电和断电两个工作位置

C. 三位三通电磁阀三通是指通大电流点、小电流点和断电三个工作位置

D. 三位三通电磁阀不通电时，制动主缸与制动轮缸油路不相通

（4）如果四轮防抱死制动系统中有一电磁阀不起作用，控制模块将（　　）。

A. 切断防抱死操作　　B. 关闭电磁阀

C. 施加制动并接通两个警告灯　　D. 打开所有的电磁阀

（5）可以检测磁阻式轮速传感器信号的诊断工具是（　　）。

A. 示波器　　B. 交流电压表　　C. 直流电压表　　D. 欧姆表

（6）ABS系统工作时，调节制动轮缸压力的过程包括（　　）。（多选）

A. 减压过程　　B. 增压过程　　C. 蓄压过程　　D. 保压过程

（7）技师甲说："当车速在6 km/h（通用车型）以上时，ABS系统才能工作。"技师乙说："EBD（电子制动力分配系统）先于ABS工作，以调整前后车轮的制动力比例。"则说法正确的是（　　）。

A. 技师甲正确　　B. 技师乙正确　　C. 两个都正确　　D. 两个都不正确

（8）不属于防抱死制动系统部件的是（　　）。

A. EBCM　　B. 液压控制单元　　C. 制动警告灯　　D. 真空泵

（三）判断题

（1）随着踏板力的不断增加，地面制动力不断增加，但最大值不会超过附着力。（　　）

（2）当车轮抱死时，制动器制动力最大，所以制动效果最好，制动距离最短。（　　）

（3）控制通道是指能够独立进行制动压力调节的制动管路。（　　）

（4）四通道ABS比三通道ABS制动力要大，但制动稳定性可能稍差。（　　）

（5）霍尔式轮速传感器工作时，ABS ECU给霍尔元件施加一个5 V或8 V的电压。（　　）

（6）电磁式轮速传感器比霍尔式轮速传感器抗电磁干扰能力强。（　　）

（7）更换ABS控制单元后应进行重新编码。（　　）

任务二　桑塔纳2000GSi轿车ABS故障指示灯亮故障检修

任务导入

如前所述，ABS安装在制动主缸与制动轮缸的制动管路中，通过调节各制动轮缸的制动压力来防止车轮抱死，提高制动时的方向稳定性。汽车在使用过程中也会出现ABS故障，常见的故障现象有：ABS油泵不工作、ABS故障指示灯亮、轮速传感器信号弱或无、汽车紧急制动车轮抱死、制动踏板抖动、制动效果不良、电磁阀继电器故障等。

案例导入：一辆装备ABS桑塔纳2000GSi轿车，当点火开关置于ON时，ABS控制系统进行功能自检，一切正常。但若是启动运转，不论是怠速还是正常行驶，在1～3 min内，仪表板上的ABS警告灯（黄色）就会常亮；与此同时，制动系统警告灯（红色）也闪烁。通过本任务的学习，重点解决桑塔纳2000GSi轿车ABS故障指示灯亮的故障。

如何针对车辆出现的故障现象确定故障部位为ABS？又如何确定ABS故障的具体成因？这些都是本任务要解决的问题。

本任务重点介绍了ABS轮速传感器、电磁阀的作用、结构及工作原理，以桑塔纳2000GSi轿车ABS为例介绍了检修过程，分析了桑塔纳2000GSi轿车ABS故障指示灯亮的故障原因。

相关知识

一、桑塔纳2000GSi轿车ABS的结构特点

桑塔纳2000GSi轿车装用美国ITT公司MK20－Ⅰ型ABS，采用三通道四轮速传感器布置形式，前轮独立调节，后轮采用低选原则控制方式进行调节。

（一）桑塔纳2000GSi轿车ABS的基本组成

如图3-2-1所示，桑塔纳2000GSi轿车ABS主要包括ABS控制单元、制动主缸真空助力器、自诊断插口、ABS故障指示灯K47、ABS故障指示灯K118、后轮速传感器G44/G46、前轮速传感器G45/G47和制动灯开关等部件。

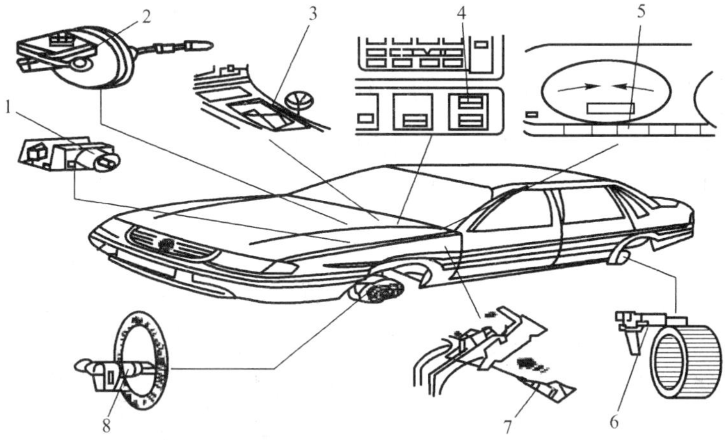

图3-2-1 桑塔纳2000GSi轿车ABS的基本组成

1—ABS控制单元；2—制动主缸真空助力器；3—自诊断插口；4—ABS故障指示灯K47；5—ABS故障指示灯K118；6—后轮速传感器G44/G46；7—制动灯开关；8—前轮速传感器G45/G57

（二）桑塔纳2000GSi轿车ABS的制动压力调节器

桑塔纳2000GSi轿车ABS制动压力调节器采用整体式结构、循环式调压。它与ABS的电子控制单元（ECU）组合为一体后安装于制动主缸与制动轮缸之间，其制动压力调节器的外形如图3-2-2所示。

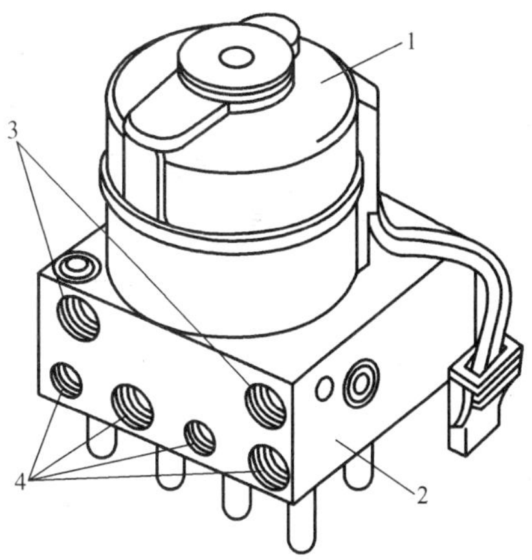

图3-2-2 桑塔纳2000GSi轿车ABS的制动压力调节器

1—低压储液罐的电动液压泵；2—阀体；3—至制动主缸；4—至制动轮缸

制动压力调节器串联在制动主缸和制动轮缸之间，调节器阀体有八个电磁阀，分别与每个制动轮缸相连（一个进油电磁阀和一个回油电磁阀），各电磁阀的开闭和液压泵的工作由ABS电控单元控制。

进油阀为常开式二位二通电磁阀，回油阀为常闭式二位二通电磁阀。

（三）桑塔纳2000GSi轿车ABS轮速传感器

四个轮速传感器均为电磁式，配合齿圈有43个齿。前轮速传感器的齿圈安装在传动轴上，传感器头安装在转向节上，如图3-2-3所示。后轮速传感器的齿圈安装在轮毂上，传感器头安装在固定支架上，如图3-2-4所示。

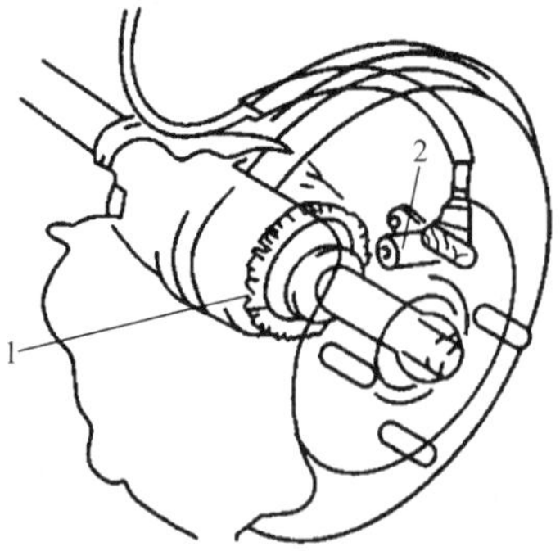

图 3-2-3 前轮速传感器的位置

1—齿圈；2—传感器头

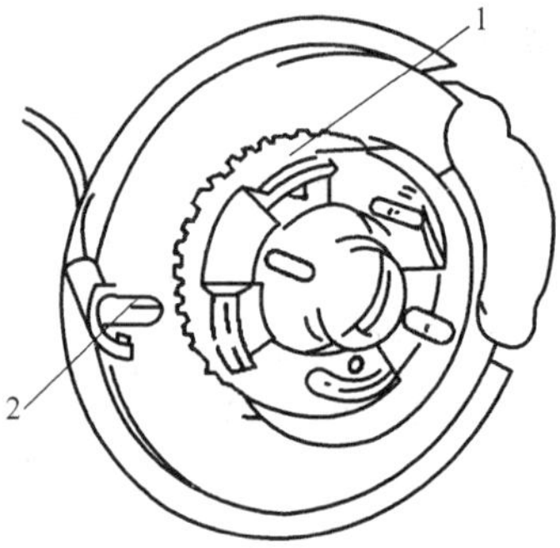

图 3-2-4 后轮速传感器的位置

1—齿圈；2—传感器头

二、桑塔纳 2000GSi 轿车 ABS 的工作过程

桑塔纳 2000GSi 轿车 ABS 制动压力调节器采用整体式结构、循环式调压。液控单元内包括八个电磁阀，每个回路一对，其中一个是常开进油阀，另一个是常闭出油阀。

1. 常规制动过程

如图 3-2-5 所示，在常规制动过程中，ABS 不工作，两电磁阀均不通电，进油电磁阀处于开启状态，出油电磁阀处于关闭状态。制动轮缸与低压储液罐隔离，与制动主缸相通。制动主缸里的制动液被推入制动轮缸产生制动。

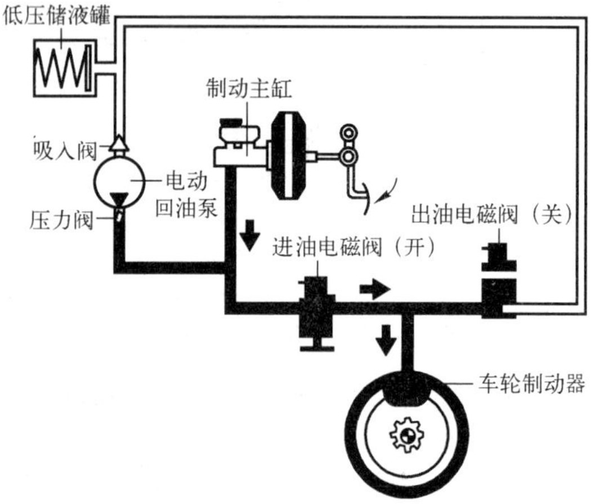

图 3-2-5 常规或增压制动过程

2. 保压制动过程

如图 3-2-6 所示，当 ABS 的电子控制单元（ECU）通过轮速传感器检测到车轮的减速度达到设定值时，使进油电磁阀通电关闭，出油电磁阀仍处于断电关闭状态，制动轮缸里的制动液处于不流通状态，制动压力保持。

3. 减压制动过程

如图 3-2-7 所示，当 ABS 的电子控制单元（ECU）通过轮速传感器检测到车轮趋于抱死时，进、出油电磁阀均通电，制动轮缸与低压储液罐相通，制动轮缸里的制动液在制动器复位装置的作用下流到低压储液罐，制动压力减小，同时电动回油泵通电运转及时将制动液泵回制动主缸，踏板有回弹感。当制动压力减小到使车轮的滑移率在设定范围内时，进油电磁阀通电，出油电磁阀断电，压力保持。

4. 增压制动过程

当 ABS 的电子控制单元（ECU）通过轮速传感器检测到车轮的加速度达到设定值时，进、出油电磁阀均断电，进油电磁阀开启，出油电磁阀关闭，同时电动回油泵通电，将低压储液罐里的制动液泵到制动轮缸，制动压力增高。

ABS 制动压力调节器以 5 ～ 6 次/s 的频率按上述“增压制动—保压制动—减压制动—保压制动—增压制动”的循环对制动压力进行调节，直到停车。

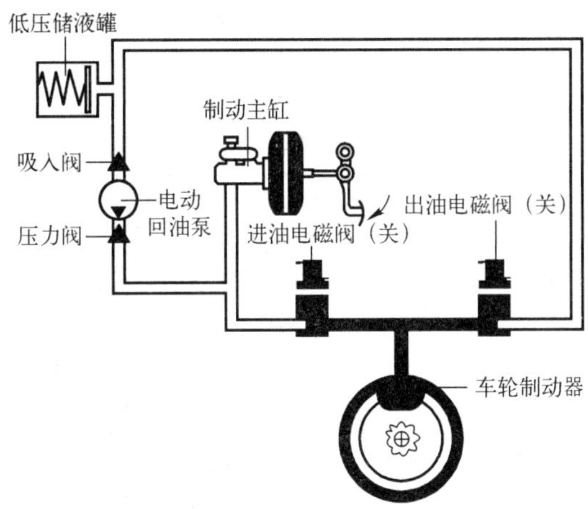

图 3-2-6　保压制动过程

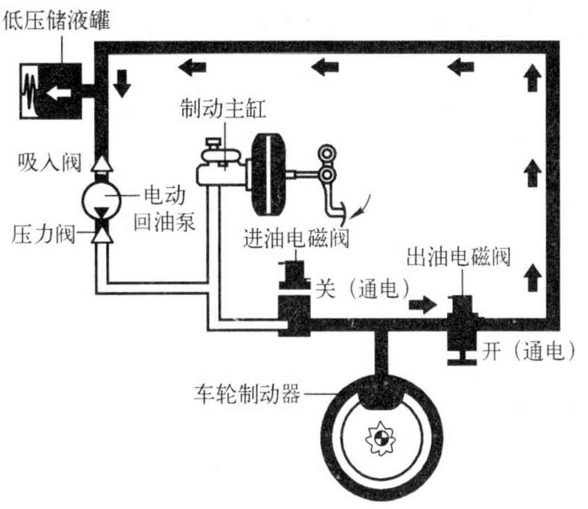

图 3-2-7　减压制动过程

5. 桑塔纳 2000GSi 轿车 ABS 的工作过程总结

表 3-2-1 所示为桑塔纳 2000GSi 轿车 ABS 的进油电磁阀、出油电磁阀工作情况和制动液流动方向总结。

表 3-2-1　桑塔纳 2000GSi 轿车 ABS 的工作过程总结

工作模式		进油电磁阀	出油电磁阀	液压泵	制动液流动方向
普通制动模式		打开	关闭	不工作	制动主缸直接进入制动轮缸
ABS 工作模式	减压模式	关闭	打开	工作	制动轮缸流回低压储液罐
	保压模式	关闭	关闭	不工作	制动液不流动
	增压模式	打开	关闭	工作	来自制动主缸和液压泵的制动液进入制动轮缸

三、桑塔纳 2000GSi 轿车 ABS 的控制电路

图 3-2-8 所示为桑塔纳 2000GSi 轿车 ABS 控制电路。

四个轮速传感器分别通过端子“1 ～ 17”、“3 ～ 18”、“2 ～ 10” 和 “4 ～ 11” 将各车轮的转速信号输入 ABS 计算机。

制动压力调节器 N55 中有八个二位二通电磁阀，分别由 ABS 计算机控制其工作。

当有下列的异常现象被发现时，ABS 计算机会使 ABS 故障指示灯点亮：

（1）液压泵电动机作用的时间超过一定的时间。

（2）车辆已经行驶超过 30 s，而忘记松开驻车制动。

（3）未收到四个车轮中任一车轮轮速传感器的信号。

（4）电磁阀作用超过一定的时间或检测到电磁阀断路。

（5）发动机已经开始动作或车辆已经开动，未收到电磁阀输出信号。

（6）当点火开关打开时，ABS 故障指示灯会被点亮，如果无异常现象，发动机启动后 ABS 故障指示灯就会熄灭。

四、检修桑塔纳 2000GSi 轿车 ABS 故障指示灯亮故障

（一）检修所需的仪器设备

ABS 故障指示灯亮故障检修所需的仪器设备：上海桑塔纳 2000GSi 轿车、V. A. G 1552 故障

诊断仪、V. A. G 1598/21 测试盒、车用万用表、试车场地、拆卸专用工具、举升机、维修操作台等。

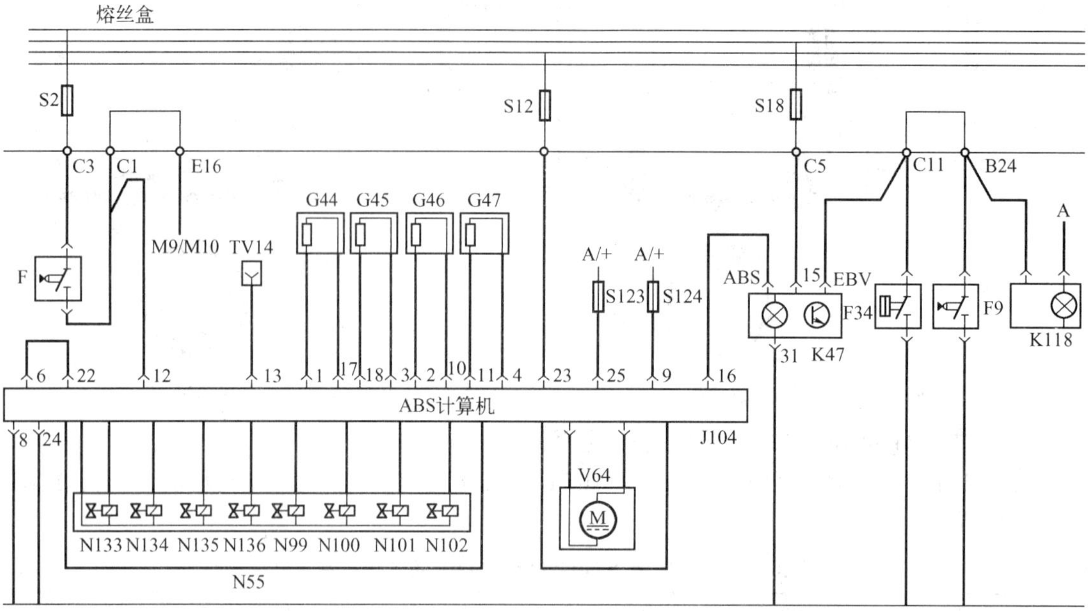

图 3-2-8 桑塔纳 2000GSi 轿车 ABS 控制电路

A—在仪表盘内端子 +15；F—制动灯开关；F9—驻车制动灯开关；F34—制动液位报警信号开关；G44—右后轮速传感器；G45—右前轮速传感器；G46—左后轮速传感；G47—左前轮速传感器；J104—ABS 计算机；K47—ABS 警告灯；K118—驻车制动及制动液位警告灯；M9—左制动灯；M10—右制动灯；N55—制动压力调节器；N99—右前轮进油阀；N100—右前轮出油阀；N101—左前轮进油阀；N102—左前轮出油阀；N133—右后轮进油阀；N134—右后轮出油阀；N135—左后轮进油阀；N136—左后轮出油阀；S2—10 A 熔丝；S12—15 A 熔丝；S18—10 A 熔丝；S123—液压泵 30 A 熔丝；S124—电磁阀 30 A 熔丝；TVl4—诊断连接器；V64—电动液压泵

（二）检修方法

1. 基本检查

1）常规制动系统故障和故障的判定

拔下 ABS 安全继电器（或电磁阀继电器），使汽车在普通制动模式下工作，若故障现象消失，则说明是 ABS 故障；否则就是常规制动系统故障。

2）ABS 故障诊断与排除的步骤

（1）听取用户反馈。了解用户的反馈意见可判断：在什么具体情况下发生的故障；什么时间或什么地点发生的故障；防抱死制动系统是否存在故障；确定故障诊断应该从哪里开始。

有些用户反映的问题可能属于正常现象，如紧急制动时踏板颤动，制动或启动 ABS 自检时系统发出声音等。

（2）目测检查。目测检查一般从以下几方面进行检查：

① 检查储液室液面是否过低、液压系统是否外部泄漏。

② 检查驻车制动是否完全放松及驻车开关功能是否正常。

③ 检查 ABS 熔丝是否熔断，如果熔断，找出熔丝熔断的原因，并更换熔丝。

④ 检查导线及连接器是否有破损或连接松动的现象，如果有，则更换导线和接好各连接器。

（3）警告灯检查。仪表板上 BRAKE 红色警告灯常亮，表示常规制动系统故障；ABS 黄色警告灯常亮，表示防抱死制动系统故障。

正常情况下，BRAKE 红色警告灯、ABS 黄色警告灯在点火开关接通约 3 s 后熄灭。

（4）路试：

路试前，首先检查制动踏板行程和阻力是否适宜。

路试时，至少保证在 40 km/h 的初始车速下紧急制动，若感觉踏板有轻微的颤动，轮胎与路面基本上无拖痕，则 ABS 工作正常；否则，说明 ABS 存在故障，紧急制动时 ABS 不起作用。

（5）间歇性故障诊断。大多数间歇性故障诊断都是由连接器和导线不良引起的，一般从以下几个方面进行检查：各连接器接触是否有不良和松动现象；接线端子的安装是否有不当之处或接线端子损坏；导线是否有局部损坏；制动液面传感器是否有线路故障或储液室液面是否过低；轮速传感器是否线路输出信号不良或间歇性输出；电源继电器、线路、线圈或触点是否不良；充电系统的电压是否过低而引起 ABS 黄色警告灯间歇性点亮等。

2. 自诊断系统

1）自诊断检测的条件

（1）所有车轮上必须安装规定的、相同尺寸的轮胎；轮胎的气压要符合规定。

（2）常规的制动系统都应正常，包括制动开关和制动灯。

（3）液压管路不能有泄漏。

（4）控制单元 J104 的线束插头正确连接。

（5）检查 ABS 元件的触点有无损坏及安装位置是否正确。

（6）所有熔丝须完好。

（7）供电电压正常（不低于 10.5 V）。

2）ABS 系统的自检

将点火开关转至 ON 位置，ABS 控制单元使 ABS 故障指示灯点亮 2 s，系统进行自检程序，检测项目有：电源电压、控制电压、电磁阀线圈、轮速传感器、控制单元编号等。

自检程序完成后，如果 ABS 故障指示灯（K47）不灭，可能存在下列故障：供电电压小于 10 V；ABS 故障指示灯触点 1 和控制电压触点 16 之间线路断路；传感器有故障；ABS 故障指示灯损坏；ABS 有故障。

如果 ABS 故障指示灯熄灭，但制动（BRAKE）故障指示灯 K118 维持亮的状态，可能存在下列故障：驻车制动没放到位、制动液面过低、制动故障指示灯线路有故障等。

如果 ABS 故障指示灯和制动故障指示灯都不灭，ABS 和 EBV（控制制动力分配）功能都被关闭。在轻微制动过程中，后轮的滑移率太大，制动压力就会被自动调整到不超过后轮被抱死的极限值。在紧急制动情况下，ABS 进入工作状态，EBV 的工作就结束了。

3. 检修注意事项说明

（1）K47 ABS 警告灯或驻车制动及 K118 制动液位警告灯点亮时，说明系统发生故障。某些故障在车速低于 20 km/h 时检测不到。

（2）若 K47 和 K118 警告灯不亮，但制动效果不良，则可能是液压制动系统有空气或常规制动系统存在故障。

（3）对 ABS 进行维修前，为快速查明故障原因，可先用 V. A. G 1552 故障诊断仪读取故障码。

（4）拆开 ABS 线束连接器时，必须将点火开关转至 OFF。

（5）维修前，必须将点火开关转至 OFF，并拆开蓄电池负极线。

（6）拆装元件时，应彻底清洁连接部位和支承面，但绝对不能使用汽油、稀释剂等类似的清洁剂，并注意防止制动液流进线束连接器内。

（7）拆下的 ABS 元件必须放置在清洁处，若维修时间较长，应覆盖好或用专用袋封好。

（8）制动压力调节器拆下后，必须放在专用支架上，以防碰坏阀体。

（9）ABS 拆卸后，不要使用压缩空气，也不要移动车辆。

（10）更换元件时，应使用原厂配件，安装时再从包内取出配件；更换计算机或制动压力调节器后，应使用 V. A. G 1552 故障诊断仪对计算机进行编码，否则 ABS 警告灯点亮系统不能正常工作。

（11）液压制动系统维修作业完成后，应使用专用 VW1238A 制动液充放机和 V. A. G 1552 故障诊断仪配合，对系统进行加液和排气。

（12）维修后试车时，应至少进行一次紧急制动。当 ABS 正常工作时，制动踏板会有反弹、振动的感觉，且紧急制动时车速下降快速、平稳。

4. 仪器检修方法

1）用万用表检测的项目

拔下 ABS 控制单元线束插头，并与 V. A. G 1598/21 测试盒的插座相连接，其插脚布置如图 3-2-9 所示。

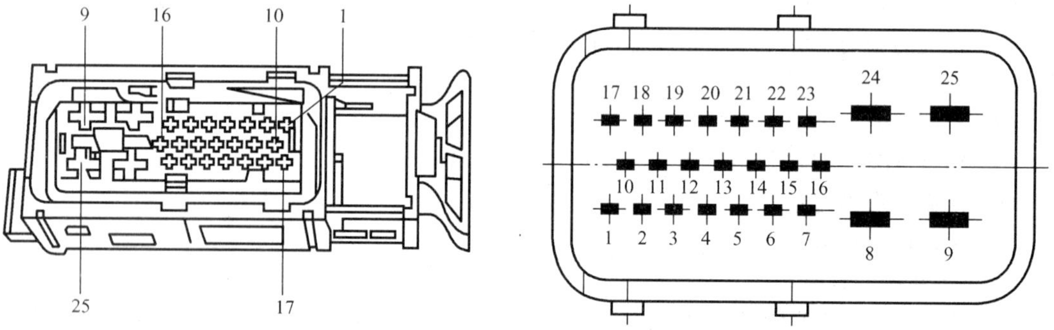

图 3-2-9 ABS 控制单元连接器及测试盒的插座

其中各插脚连接的元件见表 3-2-2。

表 3-2-2 各插脚连接的元件

插　　脚	连接的元件	插　　脚	连接的元件
1	右后轮速传感器 G44	14	空位
2	左后轮速传感器 G46	15	空位
3	右前轮速传感器 G45	16	ABS 故障指示灯 K47
4	左前轮速传感器 G47	17	右后轮速传感器 G44
5	空位	18	右前轮速传感器 G45
6	控制单元触点 22	19	空位
7	空位	20	空位
8	蓄电池（－）	21	空位
9	蓄电池（＋）	22	控制单元触点 6
10	左后轮速传感器 G46	23	中央电器触点 G3
11	左前轮速传感器 G47	24	蓄电池（－）
12	制动灯开关 F	25	蓄电池（＋）
13	诊断插口 K 线		

说明：

(1) V. A. G 1598/21 测试盒上的插孔可代替控制单元 J104 相应插脚的触点。

(2) 如果所测的数值偏离额定值，应按测试表 3-2-3 最右栏的提示再检测。

(3) 如果所测的数值达到额定值，应附带检查线路对正极和对搭铁的短路。

(4) 如果所测的数值稍微偏离额定值，应清洁插头和插座触点，再重复测试。

表 3-2-3 用万用表（或示波器）检测项目的方法

检查项目	连接端子	万用表挡位	测试条件	额定值	偏离额定值时的检查项目
左前轮速传感器电阻	4-11	24 kΩ 挡	点火开关转至 OFF	1.0～1.3 kΩ	(1) 检查插头； (2) 检查通向轮速传感器的导线电阻； (3) 检查轮速传感器的电阻 1.0～1.2 kΩ
右前轮速传感器电阻	3-18	24 kΩ 挡	点火开关转至 OFF	1.0～1.3 kΩ	同左前轮速传感器偏离额定值时的检查项目
左后轮速传感器电阻	2-10	24 kΩ 挡	点火开关转至 OFF	1.0～1.3 kΩ	同左前轮速传感器偏离额定值时的检查项目
右后轮速传感器电阻	1-17	24 kΩ 挡	点火开关转至 OFF	1.0～1.3 kΩ	同左前轮速传感器偏离额定值时的检查项目
左前轮速传感器电压	4-11	2 V 交流挡	点火开关转至 OFF；举升汽车；以约 1 r/s 的速度转动左前轮	190～1 140 mV 交流电压	(1) 检查轮速传感器和齿圈的交流电压； (2) 检查轮速传感器的间隙
右前轮速传感器电压	3-18	2 V 交流挡	点火开关转至 OFF；举升汽车；以约 1 r/s 的速度转动右前轮	190～1 140 mV 交流电压	同左前轮速传感器偏离额定值时的检查项目
左后轮速传感器电压	2-10	2 V 交流挡	点火开关转至 OFF；举升汽车；以约 1 r/s 的速度转动左后轮	190～1 140 mV 交流电压	同左前轮速传感器偏离额定值时的检查项目
右后轮速传感器电压	1-17	2 V 交流挡	点火开关转至 OFF；举升汽车；以约 1 r/s 的速度转动右后轮	190～1 140 mV 交流电压	同左前轮速传感器偏离额定值时的检查项目
蓄电池电压-液压泵	8-25	20 Ω 挡	点火开关转至 OFF	10.1～14.5 V	(1) 触点 8 搭铁线路； (2) 检查触点 25 经 S123 熔丝到蓄电池正极的线路
蓄电池电压-电磁阀	9-24	20 Ω 挡	点火开关转至 OFF	10.1～14.5 V	(1) 触点 24 搭铁线路； (2) 触点 9 经 S123 熔丝到蓄电池正极的线路
电源电压	8-23	20 Ω 挡	点火开关转至 OFF	0.0～0.5 V	(1) 检查触点 8 搭铁线路； (2) 检查触点 23 到中央电器 G3 的线路
			点火开关转至 ON	10～14.5 V	
搭铁绝缘性能	8-24	20 Ω 挡	点火开关转至 OFF	0.0～0.5 V	(1) 检查触点 8 搭铁线路； (2) 蓄电池负极线路
			点火开关转至 ON	10～14.5 V	

续表

检查项目	连接端子	万用表挡位	测试条件	额定值	偏离额定值时的检查项目
ABS 警告灯			点火开关转至 OFF，ECU 未连接	警告灯灭	（1）检查 K47 插座触点 31 接地线路；（2）检查 K47 插座触点 15 到中央电器 C5 的线路；（3）检查 K47 插座触点 ABS 到控制单元触点 16 的线路；（4）检查 K47 插座触点 EBV 到中央电器 C11 的线路
			点火开关转至 ON，ECU 未连接	警告灯亮	
			点火开关转至 OFF，连接 ECU	警告灯灭	
			点火开关转至 ON，连接 ECU	警告灯亮约 1.7 s 后熄灭	
制动灯开关功能	8－12		点火开关转至 ON，放松踏板	0.0～0.5 V	检查仪表板线束插头触点 23 到中央电器 B24 的线路

2）根据故障码排除故障的方法

桑塔纳 2000GSi 轿车的 MK20－I 型 ABS 的故障码、可能的故障原因及其故障排除方法如表 3-2-4 所示。

表 3-2-4　桑塔纳 2000GSi 轿车的 MK20－I 型 ABS 的故障码、可能的故障原因及排除方法

故障码	可能的故障原因	故障排除方法
未发现故障	（1）如果维修完毕，并用 V. A. G 1552 查询故障后未发现故障，自诊断结束； （2）无自诊断	如果“未发现故障”，但 ABS 不能正常工作，则可按以下步骤操作： （1）以大于 20 km/h 的车速进行紧急制动试车，重新查询故障； （2）仍无故障显示，在无自诊断的情况下着手寻找故障，全面进行电气检查
00668 汽车 30 号线终端电压信号超差	（1）ABS 系统熔丝烧断； （2）蓄电池电压太低或过高； （3）ABS 线束或线束插件损坏； （4）ABS ECU 损坏	（1）检查控制单元供电线路、熔断器连接线束及插头； （2）更换 ECU
00283 左前转速传感器 G47	（1）此轮速传感器插接器未连接好或线圈开路； （2）此轮速传感器线圈短路； （3）传感器头与齿圈间隙过大； （4）ABS ECU 对该轮速传感器信号的处理电路有故障； （5）检查车轮轴承间隙偏差过大； （6）轮速传感器齿圈损坏	（1）检查轮速传感器安装是否正确，若不正常，则调整间隙大小或重新正确安装； （2）检查轮速传感器和线束连接器，若不正常，则修理或更换； （3）检查轮速传感器齿圈，若不正常，则更换； （4）检查轮速传感器与计算机之间的线束，若不正常，则修理或更换； （5）检查车轮轴承间隙，若不正常，则修理或更换损坏元件； （6）检查轮速传感器的输出电压和电阻，若不正常，则更换传感器；若正常，则更换 ABS ECU
00285 右前转速传感器 G45		
00287 右后转速传感器 G44		
00290 左后转速传感器 G46		
01276 ABS 液压泵 V64 信号超差	（1）电源供应短路或搭铁； （2）电动机线束松脱； （3）电动机损坏	（1）检查线路，若不正常，则修理或更换； （2）检查电动机，若不正常，则修理或更换； （3）用“03 最终控制功能”诊断
65535 控制单元	控制单元故障	更换控制单元（J104）
01044 控制单元编码不正确	（1）在 ABS 线束内跳针连接错误； （2）ABS ECU 编码错误	（1）检查插头线束的线路，若不正常，则修理或更换； （2）ABS ECU 编码错误，重新编码
01130 ABS 工作信号超差	（1）强磁波干扰； （2）传感器损坏或传感器线束损坏； （3）ABS ECU 损坏	（1）检查所有线路及连接，其他磁干扰； （2）清除故障存储； （3）以大于 20 km/h 的车速进行紧急制动试车； （4）再次查询故障码，必要时更换 ECU

（三）ABS控制器（制动压力调节器和ABS计算机组件）的检修

1. 拆卸控制器

（1）关闭点火开关，拆下蓄电池。

（2）从ABS控制单元上拆下25端子线束连接器，如图3-2-10所示。

（3）踩下制动踏板，并用踏板架定位，如图3-2-11所示。

（4）拆卸控制器时，在制动液管下垫一块布，用以吸收拆卸时流出的制动液。

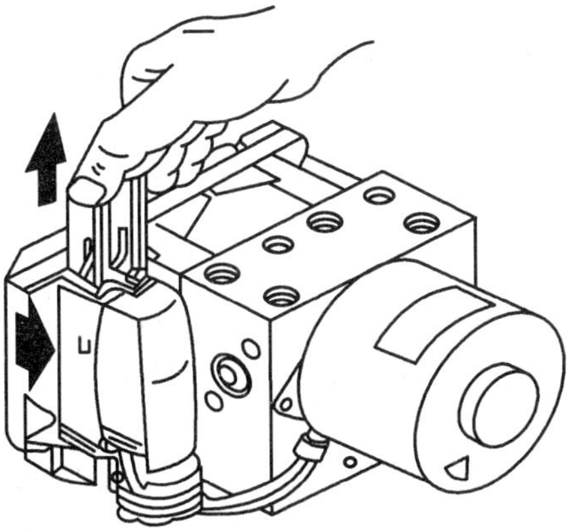

图3-2-10　ABS控制单元25端子线束连接器的拆卸

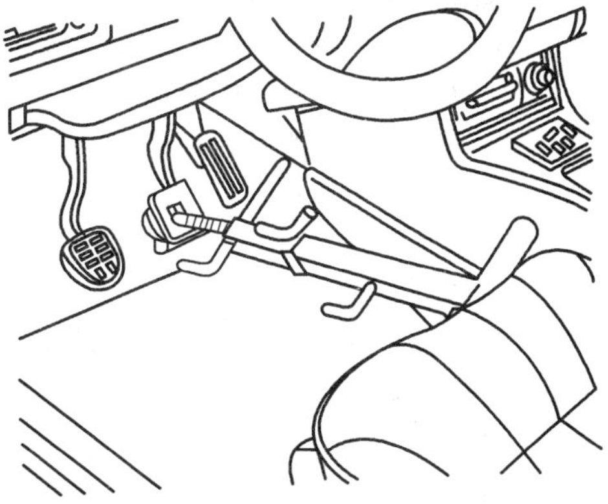

图3-2-11　用踏板架固定制动踏板

（5）从制动压力调节器阀体上拆下制动液管，并做上记号，同时用密封塞将调节器阀体上的管口塞住（见图3-2-12）。用软丝将制动液管A和B捆在一起，挂到使其管口高于储液器的液面处。

（6）从制动压力调节器上拆下制动液管1、2、3、4，并做上记号，并用密封塞将调节器阀体上的管口塞住。

在操作过程中，不能使制动液渗入ABS控制单元中，否则会因腐蚀元件而使系统损坏。

（7）从支架上拆下控制器，并放在特定的操作台上。

2. 分解控制器

（1）压下连接器侧的锁扣，拆下制动压力调节器上液压泵的线束连接器。

（2）用专用套筒扳手拆下ABS控制单元与制动压力调节器连接的四个连接螺栓，如图3-2-13所示。

（3）将制动压力调节器与ABS控制单元分离。注意不要碰坏阀体。

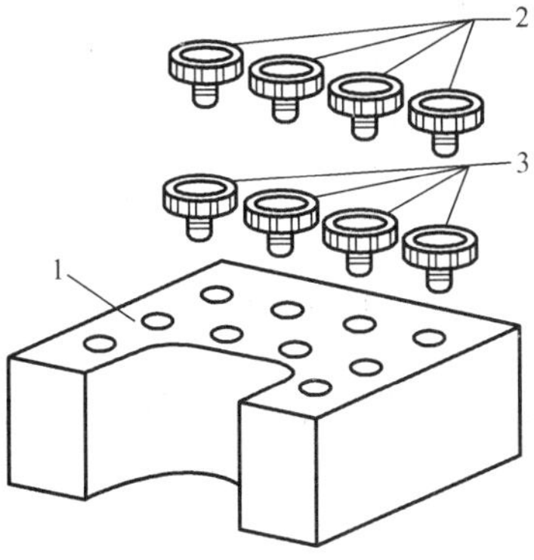

图3-2-12　管口密封塞

1—专用支架；2、3—密封塞

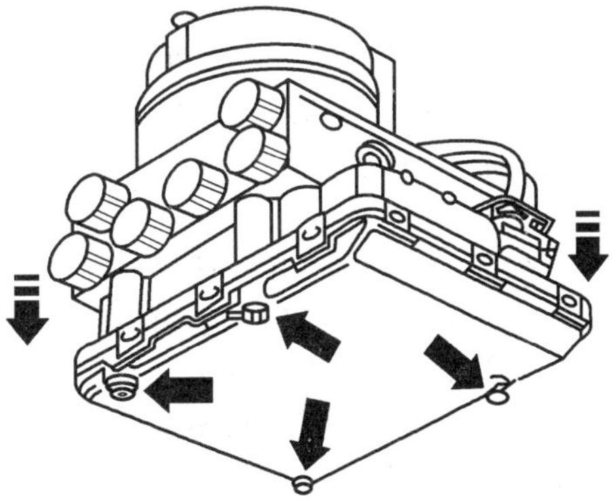

图3-2-13　拆卸控制单元与调节器的连接螺栓

（4）在 ABS 控制单元上盖一块防尘布，以防灰尘及脏物进入；将制动压力调节器安放在专用支架上，防止碰坏阀体。

3. 装配控制器

（1）把 ABS 控制单元与制动压力调节器装成一体，用专用套筒扳手按对角拧紧连接螺栓，拧紧力矩为 4 N·m。

（2）插上 ABS 控制单元与制动压力调节器的线束连接器，锁扣要锁好。

4. 安装控制器

（1）拆下相应的密封塞，检查制动液管的位置记号，依次装上连接各制动轮缸的四根制动液管，并以 20 N·m 的力矩拧紧管接头。

（2）拆下相应的密封塞，检查制动液管的位置记号，依次连接制动主缸前、后腔的两根制动液管，并以 20 N·m 的力矩拧紧管接头。

（3）插上 ABS 控制单元线束连接器。

（4）对 ABS 充液和放气。

（5）若更换了 ABS 控制单元或制动压力调节器，应对控制单元进行重新编码。

（6）打开点火开关，ABS 警告灯应亮 2 s 后熄灭。

（7）使用 V. A. G 1552 故障诊断仪，先清除故障码，再检查有无新的故障码出现。

（8）试车检测 ABS 的功能。应至少在 40 km/h 的初始速度下紧急制动，若感觉到制动踏板有轻微颤动，路面上基本没有轮胎拖痕和制动跑偏，说明 ABS 工作正常。

（四）前、后轮速传感器的检修

1）车前轮速传感器的检修

（1）检查齿圈：

① 用手搬动前轮，感觉有无明显的轴向摆动，若有明显摆动，检查齿圈的轴向跳动量，轴向跳动量应≤0. 3 mm。

② 若轴承损坏或轴向间隙过大，则应更换前轮轴承。

③ 检查齿圈有无变形或断齿现象。齿圈变形或齿数残缺不全时，应更换齿圈。

④ 检查并清除齿圈齿隙中的脏物。

（2）检查前轮速传感器的输出电压：

① 检查前轮速传感器的传感器头与齿圈间隙是否符合标准（1. 10 ～ 1. 97 mm）。

② 拔下 ABS 计算机线束连接器，使前轮以 30 r/min 的转速转动，用万用表或示波器测量。左前轮测量端子为 4 和 11；右前轮测量端子为 3 和 18。用万用表测量时，传感器的输出电压应为 70 ～ 310 mV；用示波器测量时，传感器的输出电压应为 3. 4 ～ 14. 8 mV/Hz。

若输出电压不符合标准，应检查：前轮速传感器的电阻是否符合标准；齿圈间隙是否符合标准（至少在四个位置检查传感器头与齿圈间隙）；线束和传感器头的安装是否正确。

2）后轮速传感器的检修

（1）检查齿圈：

① 升起后轮使之离地，用手搬动后轮，感觉有无明显的轴向摆动，若有明显摆动，应检查后轮齿圈的径向圆跳动量。后轮齿圈的径向圆跳动量应≤0. 05 mm。

② 若后轮齿圈的径向圆跳动量过大，应调整后轮轴承间隙；若轴承损坏，则应更换轴承。

③ 检查齿圈有无变形或齿形不全现象。齿圈变形或齿形残缺时，应更换齿圈。

④ 检查并清理齿圈齿隙中的脏物。

（2）检查后轮速传感器的输出电压：

① 检查后轮速传感器的传感器头与齿圈间隙是否符合标准（0. 42 ～ 0. 80 mm）。

② 拔下 ABS 计算机线束连接器，使后轮以 30 r/min 的转速转动，用万用表或示波器测量。左后轮测量端了为 2 和 10；右后轮测量端子为 1 和 17。用万用表测量时，传感器的输出电压应 ≥260 mV；用示波器测量时，传感器的输出电压应 ≥12. 2 mV/Hz。

若输出电压不符合标准，应检查：后轮速传感器的电阻是否符合标准；齿圈间隙是否符合标准（至少在四个位置检查传感器头与齿圈间隙）；线束和传感器头的安装是否正确。

（五）故障排除过程

1. 依据经验检查

根据经验，多数车辆 ABS 故障指示灯亮是因为制动系统一些简单故障而引起的，例如：制动灯灯泡损坏，制动液不足，制动摩擦片磨损过度，轮速传感器信号不正确等。所以，先从以上几方面着手检查，但未发现异常。

2. 故障诊断仪器检查

利用故障诊断仪器，调取该车故障码。显示有一个暂时性故障——电磁阀继电器不正常，消除该故障码后进行试车。

先让发动机怠速运转 5 min，ABS 故障指示灯及制动系统警告灯不亮；接着又在试车场（平坦路面）进行路试，也正常。

在返回途中驶过一个台阶后，ABS 故障指示灯及制动警告灯又亮了起来。再查，仍是电磁阀继电器故障，不过这一次显示的是永久性故障码。

于是，拆下了电磁阀继电器并测试其电阻，约为 50 Ω，在正常范围内（标准值 30 ～ 80 Ω）；而后进行通电测试，没有发现问题。为了排除该继电器检查有误的可能性，换上新继电器试验，故障仍不能排除。

3. 线路检查

根据以上检查，其他可能有问题的元器件尚有液压部件、仪表板、线路和 ABS ECU（电控单元）。鉴于电控单元的工作性能十分稳定、可靠，所以暂时不予考虑。

在 ABS 系统失去作用（只有普通制动）的情况下，仪表板 ABS 故障指示灯亮，说明仪表板也正常，因而先查线路。测量各传感器及执行器与电控单元的连接线路，均正常；各处接地也都良好；测量电磁阀及电动回油泵的电源电压为 12 V，也正常。最后，只得更换 ABS ECU 试验，然而故障仍不能排除。

此时，发现故障记忆又成了暂时性的，证明 ABS 系统的工作有间断性。再一次检查线路，同时进行摇摆测试（即检查线路时，摇动、挤压线路各处），当测试到电源供给线路时，发现 12 V 的电源供给没有了，经查找，发现在继电器盒后部有一处电线连接不可靠，已有氧化的迹象。将线路修复、试车，ABS 系统工作正常。

4. 检修总结

经了解，造成故障的原因是在安装防盗器时，上述电线曾受过损伤。时间稍长，线路破损处逐渐氧化，有时测量虽显示有电，但接上负载后，电压立即下降，不能驱动电磁阀工作，所以，ABS ECU 认为是电磁阀继电器有故障。由此可见，一般间歇性故障大多是由于线路连接不可靠问题而引起的。

任务实施

一、实施环境

（1）汽车底盘电控实训室或汽车整车实训室。

（2）装备有 ABS 的轿车或汽车 ABS 台架（如 YY - ABS - B、DB - 9036、DB - 9027、DB -

6021、DB－6020、DB－6019等）、举升机、工具车（配有拆装工具）、工作台。

（3）相应的车辆维修手册或ABS台架资料。

二、实施步骤

分小组完成如下操作：

（1）对照本组指配的整车或台架查看ABS的结构特征，弄清其具体组成和工作原理。

（2）分组操作检查ABS轮速传感器。

（3）完成任务工单。

三、任务工单

项目三　检修防抱死制动系统 任务二　桑塔纳2000GSi轿车ABS故障指示灯亮故障检修	班级			
	姓名		学号	
	日期		分数	

（1）根据教师指定的整车（装备ABS）或ABS台架，回答以下问题：

① 车辆的型号：________________；② 车辆的VIN码：________________；

③ ABS型号：________________；④ ABS的类型：________________；

⑤ ABS的组成部件有：________________________________

________________________________。

（2）桑塔纳2000GSi轿车ABS的工作过程包括：

① ________________；② ________________；

③ ________________；④ ________________。

（3）根据桑塔纳2000GSi轿车ABS的工作过程完成下表空缺内容。

工作模式		进油电磁阀	出油电磁阀	液压泵	制动液流动方向
普通制动模式		打开		不工作	制动主缸直接进入制动轮缸
ABS工作模式	减压模式		打开		制动轮缸流回低压储液罐
	保持模式	关闭		不工作	制动液不流动
	增压模式		关闭		来自制动主缸和液压泵的制动液进入制动轮缸

（4）自诊断检测的条件有哪些？

（5）分组讨论，如何解决任务导入的故障案例。

复习延伸

一、小结

（1）桑塔纳2000GSi轿车ABS的制动压力调节器串联在制动主缸和制动轮缸之间，调节器阀体有八个电磁阀，分别与每个制动轮缸相连（一个进油电磁阀和一个回油电磁阀），各电磁阀的开闭和液压泵的工作由 ABS 电控单元控制。

（2）桑塔纳 2000GSi 轿车 ABS 的工作过程包括：常规制动阶段、保压制动阶段、减压制动阶段和增压制动阶段。

（3）ABS 故障诊断与排除的步骤：

① 听取用户反馈；

② 目测检查；

③ 警告灯检查；

④ 路试；

⑤ 间歇性故障诊断。

（4）电子制动力分配系统的英文全称为 Electronic Brake force Distribution，简称 EBD。它是 ABS 功能的一个扩展，在部分制动时起作用。

（5）电子差速锁，英文全称为 Electronic Differential System，简称 EDS。它也是 ABS 的一种扩展功能，用于汽车的加速打滑控制。

二、练习与思考

（一）简答题

（1）简述桑塔纳 2000GSi 轿车 ABS 的工作过程。

（2）分析桑塔纳 2000GSi 轿车 ABS 故障指示灯亮的原因。

（3）简述常规制动系统故障和故障判定的方法。

（4）简述自诊断检测的条件。

（二）选择题

（1）桑塔纳 2000GSi 轿车 ABS 在保压过程中，下面说法正确的是（　　）。

A. 进油电磁阀和出油电磁阀均不通电　　B. 进油电磁阀通电，出油电磁阀不通电

C. 进油电磁阀不通电，出油电磁阀通电　　D. 进油电磁阀和出油电磁阀均通电

（2）桑塔纳 2000GSi 轿车 ABS 在减压过程中，下面说法正确的是（　　）。

A. 进油电磁阀和出油电磁阀均不通电　　B. 进油电磁阀通电，出油电磁阀不通电

C. 进油电磁阀不通电，出油电磁阀通电　　D. 进油电磁阀和出油电磁阀均通电

（3）拔下 ABS 安全继电器（或电磁阀继电器），使汽车在普通制动模式下工作，若故障现象消失，则故障可能在（　　）。

A. 常规制动系统　　B. ABS 系统　　C. A 和 B 都对　　D. A 和 B 都不对

（4）桑塔纳 2000GSi 轿车 ABS 前轮速传感器的传感器头与齿圈间隙为（　　）。

A. 0.1 ～ 0.5 mm　　B. 0.5 ～ 1 mm　　C. 1 ～ 2 mm　　D. 2 ～ 5 mm

（三）判断题

（1）桑塔纳 2000GSi 轿车 ABS 在增压过程时，进油电磁阀和出油电磁阀均通电。（　　）

（2）拆卸 ABS 控制器时可以不用断电。（　　）

（3）检修带有蓄能器的 ABS 液压系统，首先要卸除系统的高压。（　　）

（4）桑塔纳 2000GSi 轿车 ABS 后轮齿圈的径向圆跳动量应≤0.05 mm。（　　）

（5）在正常的情况下，点火开关打开，ABS 警告灯数秒后应当熄灭，否则说明 ABS 系统有问题。（　　）

项目四　检修驱动防滑控制系统

学习目标

1. 知识目标

（1）掌握滑转率的概念及滑转率对附着系数的影响。

（2）掌握 ASR（驱动防滑控制系统）系统的组成、部件的结构原理。

（3）掌握 ASR 系统的控制方式。

（4）掌握 ASR 系统的控制过程。

（5）掌握 ASR 系统制动压力调节器组成部件的结构原理。

（6）掌握 ASR 系统基本故障的检测方法。

2. 能力目标

（1）能正确识别 ASR 系统的部件。

（2）能熟练分析各种不同类型 ASR 系统的特点及应用。

（3）能正确拆装 ASR 系统并进行正确调整。

（4）能正确检查 ASR 系统的基本故障，并对常见故障进行检修。

任务一　认知驱动防滑控制系统

任务导入

一位购买装备 ABS/TRC 系统的丰田雷克萨斯 LS400UCF 轿车的车主反映最近行驶过程中汽车容易在湿滑路面发生侧滑，且仪表板上 ASR 故障指示灯常亮。通过了解，故障刚出现时，在汽车行驶一段时间后 ASR 故障指示灯才会亮；关掉车辆再重新启动，仪表板上的 ASR 故障指示灯又会熄灭；但再行驶一段路程，ASR 故障指示灯又会重新点亮，而且常亮。倘若你是该店售后服务人员，应该怎样正确答复客户的询问呢？

本任务的学习拟通过在整车实训室利用整车或汽车底盘电控实训室利用 ABS/ASR 台架完成。具体包括：了解驱动防滑控制系统的概念、作用；理解滑移率的概念、滑移率对附着系数的影响；快速辨识车辆是否装备 ASR 系统；掌握 ASR 系统的基本组成和工作原理等。最后完成任务工单。

相关知识

一、驱动防滑控制系统的概念

驱动防滑控制系统的英文全称是 Acceleration Slip Regulation，简称 ASR。又称牵引力控制系统（Traction Control System），简称 TCS 或 TRC。

ASR 是一种主动安全装置，它使车辆在恶劣路面或复杂路面条件下得到最佳纵向驱动力，能够在驱动过程中，特别是在起步、加速、转弯等过程中防止车轮发生过分滑转，使汽车在驱动过程中保持方向稳定性和转向操纵能力及提高加速性。

（一）ASR 的作用

1. 防止汽车驱动轮在加速时出现打滑

特别是下雨、下雪、冰雹、路冻等摩擦力较小的特殊路面上，当汽车加速时将滑转率控制在一定的范围内，从而防止驱动轮快速滑动。

2. 提高汽车的行驶稳定性

行驶在易滑的路面上，没有 ASR 的汽车加速时驱动轮容易打滑，如图 4-1-1 所示。如是后驱动的车辆容易甩尾，如是前驱动的车辆容易方向失控。有 ASR 时，汽车在加速时就不会有或能够减轻这种现象。在转弯时，如果发生驱动轮打滑会导致整个车辆向一侧偏移，当有 ASR 时就会使车辆沿着正确的路线转向。

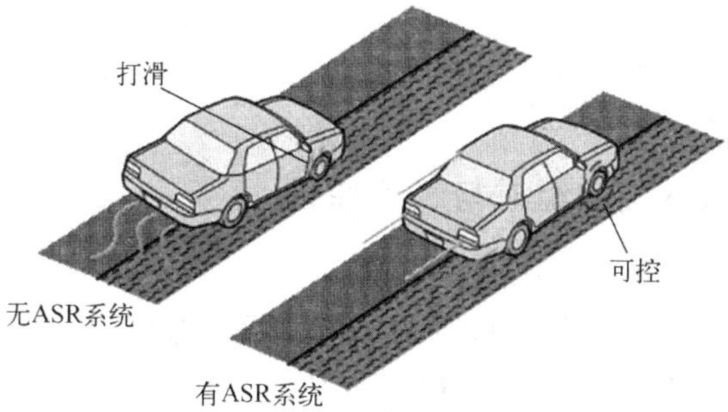

图 4-1-1　非对称路面汽车驱动比较

（二）滑转率

1. 滑转率的概念

汽车在驱动过程中，驱动车轮可能相对于路面发生滑转。滑转成分在车轮纵向运动中所占的比例称为驱动车轮的滑转率，通常用 S_d 表示。

$$S_d = \frac{r\omega - v}{r\omega} \times 100\%$$

式中：r——车轮的滚动半径；

ω——车轮的转动角速度；

v——车轮中心的纵向速度。

由上式可见滑转率有三种情况：

（1）当 $v = r\omega$ 时，滑转率为零，即车轮为纯滚动；

（2）当汽车驱动加速（如行驶在光滑路面时）时，驱动车轮边滚动边滑转时，则 $0 < S_d < 100\%$；

（3）当驱动车轮处于完全滑转时（如驱动车轮陷进泥潭中，汽车原地不动，而驱动车轮高速旋转），则滑转率为 100%。

2. 滑转率对附着系数的影响

大量的实验证明，附着系数的大小随着滑转率的变化而变化。如图 4-1-2 所示为不同附着系数路面时滑转率对附着系数的影响。

由图 4-1-2 可以看出，滑转率对附着系数的影响和滑移率对附着系数的影响基本类似。在干路面或湿路面上，当滑转率在 15% ～ 30% 范围内时，车轮具有最大的纵向附着系数，此时可产生的地面驱动力最大。在雪路或冰路面上时，最佳滑移率在 20% ～ 50% 的范围内；当滑转率为零，即车轮处于纯滚动状态时，其侧向附着系数也最大，此时汽车保持转向和防止侧滑的能力最强。随着滑转率的增加，侧向附着系数下降，当滑转率为 100%，侧向附着系数变得极小，轮胎与路面之间的侧向附着力接近于零，车轮将完全丧失抵抗外界侧向力作用的能力。

由图 4-1-2 可以看出，在各种路面上，滑转率约为 20% 时，附着系数达到峰值。ASR 系统就是利用控制系统控制车轮与路面的滑移率，防止汽车在加速、转向或在不同路面上行驶时打滑，防止驱动轮的空转，以保持汽车行驶方向的稳定性、操纵性和保证汽车的最佳驱动性能。

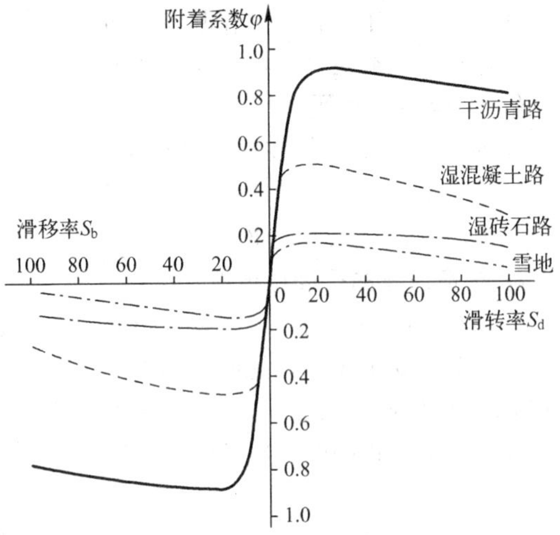

图 4-1-2 滑转率对附着系数的影响

二、驱动防滑控制系统的组成与工作原理

（一）驱动打滑与制动打滑的区别

驱动打滑是在驱动过程中产生的；制动打滑是在制动过程中产生的。

驱动打滑只发生在驱动车轮；制动打滑发生在所有车轮。

驱动打滑是驱动车轮发生滑转，通过滑转率来进行控制；制动打滑是车轮发生滑移，通过滑移率来进行控制。

（二）驱动防滑控制系统的控制方法

1. 驱动轮制动控制

当汽车在附着系数不均匀的路面上行驶时，处于低附着系数路面的驱动车轮可能会滑转，如图 4-1-3 所示。此时 ASR 电子控制单元将直接对发生空转的驱动车轮加以制动，反应时间最短。普遍采用 ASR 与 ABS 组合的液压控制系统，在 ABS 系统中增加电磁阀和调节器，从而增加了驱动控制功能。

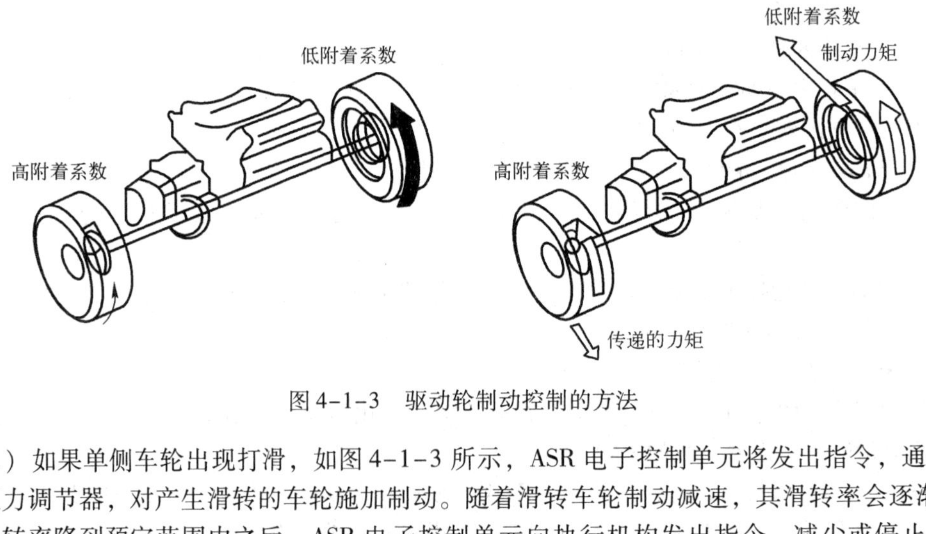

图 4-1-3 驱动轮制动控制的方法

（1）如果单侧车轮出现打滑，如图 4-1-3 所示，ASR 电子控制单元将发出指令，通过制动系统压力调节器，对产生滑转的车轮施加制动。随着滑转车轮制动减速，其滑转率会逐渐下降，直到滑转率降到预定范围内之后，ASR 电子控制单元向执行机构发出指令，减少或停止这种制

动控制。与此同时，另一侧非滑转车轮仍然保持正常的驱动力。这种控制类似于驱动桥差速器中的差速锁。

（2）当两侧驱动车轮都出现滑转，但滑转率不同时，可以通过对两侧驱动车轮施加不同的制动力，分别抑制它们的滑转。这种方式是防止驱动车轮滑转最迅速有效的一种控制方法。但出于对舒适性的考虑，一般这种制动力不可太大，因此，常常作为（1）的补充，以保证控制效果和控制速度的统一。

2. 发动机输出功率控制

在汽车驱动轮发生滑转时（起步、加速或行驶在附着系数小的路面上时），ASR 控制器根据各传感器信号输出控制信号来控制发动机的输出功率，以抑制驱动轮滑转。

通常有以下几种方法：

（1）调整供油量：减少或切断喷油量。

（2）调整点火时间：减小点火提前角或停止点火。

（3）调整进气量：减小节气门的开度。通过串联一个副节气门控制或电子控制系统直接控制电子节气门来实现节气门开度的调节。

这种控制方式能够保证发动机输出转矩与地面提供的驱动转矩达到匹配，可以改善燃油经济性，减少轮胎的磨损。

3. 同时控制发动机输出功率和驱动车轮的制动力

此类型的 ASR 系统是采用差速制动控制和发动机输出功率控制相结合的综合控制系统。汽车在行驶过程中，控制器可根据发动机的状态和车辆滑转的实际情况采取相应的控制措施。

4. 变速器的传动比控制

对于电控自动变速器的汽车，在驱动车轮出现滑转时，由驱动防滑电子控制装置与变速器电子控制装置进行通信，修正换挡规律，保证发动机转矩不增大的情况下，使作用于驱动车轮的驱动力有所减小，从而控制车轮的滑转。

该控制方式反应较慢，变化突然，一般不作为单独的控制模式。

5. 防滑差速锁（Limited Slip Differential，LSD）控制

当驱动轮单边滑转时，控制器输出控制信号，使 LSD 和制动压力调节器动作，以控制车轮的滑移率。这时非滑转车轮还有正常的驱动力，从而提高汽车在滑溜路面的起步、加速能力及行驶方向的稳定性。

6. 差速锁与发动机输出功率综合控制

汽车在行驶过程中，路面滑溜的情况千差万别，驱动力的状态也是不断变化的。根据发动机的状况和车轮滑转率的实际情况采取相应的控制，可使汽车在各种路面行驶和起步时具有更高的稳定性和可操纵性。

（三）驱动防滑控制系统的组成

以同时控制发动机输出功率和驱动车轮的制动力为例，驱动防滑控制系统由传感器（轮速传感器、节气门位置传感器等）、ASR 控制单元、执行器（制动压力调节器、节气门驱动装置等）等组成。

（四）驱动防滑控制系统的工作原理

ASR 的工作原理如图 4-1-4 所示。

车辆行驶过程中，轮速传感器将驱动车轮的转速及非驱动车轮的转速转变为电信号输送给 ASR 控制单元，ASR 控制单元根据车轮转速，计算驱动车轮的滑转率。如果滑转率超出了目标范围，ASR 控制单元则综合各方面参数选择控制方式，并发出相应的指令使执行机构工作，从而使驱动车轮的滑转率控制在目标范围之内。

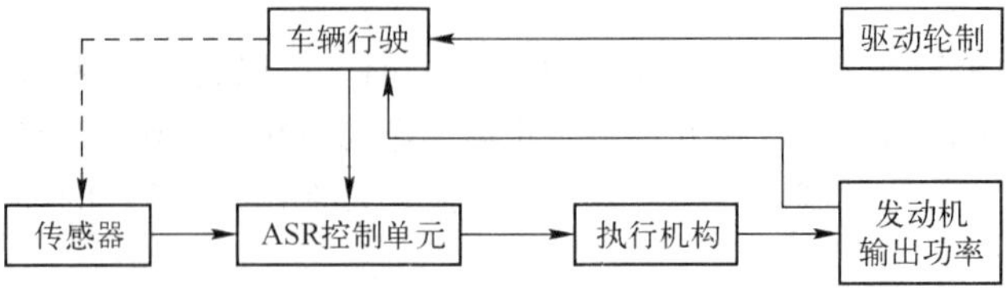

图 4-1-4　ASR 的工作原理

三、ASR 与 ABS 的联系与区别

1. ASR 与 ABS 的联系

（1）ASR 和 ABS 都是通过控制作用于被控制车轮的力矩，而将车轮的滑动率控制在设定的理想范围之内，从而缩短汽车制动距离或提高汽车的加速性能。

（2）ASR 和 ABS 都要求系统具有快速的反应能力，以适应车轮附着力的变化；都要求控制偏差量尽可能达到最小；都要求尽量减少调节过程中的能量消耗。

2. ASR 与 ABS 的区别

（1）ABS 对驱动和非驱动车轮都可进行控制，而 ASR 只对驱动车轮进行控制。

（2）在 ABS 控制期间，离合器通常处于分离状态（手动变速器），发动机也处于怠速运转；而在 ASR 控制期间，离合器通常处于接合状态，发动机的惯性对 ASR 控制有较大影响。

（3）在 ABS 控制期间，汽车传动系的振动较小；而在 ASR 控制期间，很容易使传动系产生较大的振动。

（4）在 ABS 控制期间，各车轮之间的相互影响不大；而在 ASR 控制期间，由于差速器的作用会使驱动车轮之间产生较大的互相影响。

（5）ABS 是在制动时，车轮出现抱死时起作用，车速很低（小于 8 km/h）时不起作用；ASR 在汽车整个运行过程中都工作，在车轮出现滑转时起作用，车速很高（大于 80 ～ 120 km/h ）时不起作用。

任务实施

一、实施环境

（1）汽车底盘电控实训室或汽车整车实训室。

（2）装备有 ASR 的轿车或 ASR 台架（如 S－D－ABS/ASR/ESP、DB－6021 ABS/ASR/ESP 制动系统实训台、HY－QC326 型 ABS/ASR 制动系统实训台等）、举升机、工具车（配有拆装工具）、工作台。

（3）相应的车辆维修手册或 ASR 台架资料。

二、实施步骤

分小组完成如下操作：

（1）对照本组指配的整车或台架查看 ASR 系统构造特征，弄清其具体组成和工作原理。

（2）分组分析 ASR 系统与 ABS 系统的区别。

（3）完成任务工单。

三、任务工单

项目四　检修驱动防滑控制系统 任务一　认知驱动防滑控制系统	班级			
	姓名		学号	
	日期		分数	

(1) 根据教师指定的装备 ASR 的轿车或台架，回答以下问题：

① 车辆的型号：____________；② 车辆的 VIN 码：____________；

③ ASR 的型号：____________；④ ASR 的类型：____________；

⑤ ASR 的组成部件：________________________。

(2) 分析驱动防滑控制系统的控制方法。

(3) 分析 ASR 与 ABS 的区别与联系。

(4) 分组讨论，如何回复任务导入中的客户咨询。

拓展知识

ASR 制动压力调节器

ASR 制动压力调节器执行 ASR ECU 的指令，对滑转车轮施加制动力和控制制动力的大小，以使滑转车轮的滑转率在目标范围内。

ASR 制动压力源是蓄能器，通过电磁阀来调节驱动车轮制动压力的大小。

ASR 制动压力调节器的结构形式有单独结构方式和组合结构方式两种。

(一) 单独结构方式的 ASR 制动压力调节器

所谓单独结构方式是指 ASR 制动压力调节器和 ABS 制动压力调节器在结构上各自分开，其工作原理如图 4-1-5 所示。

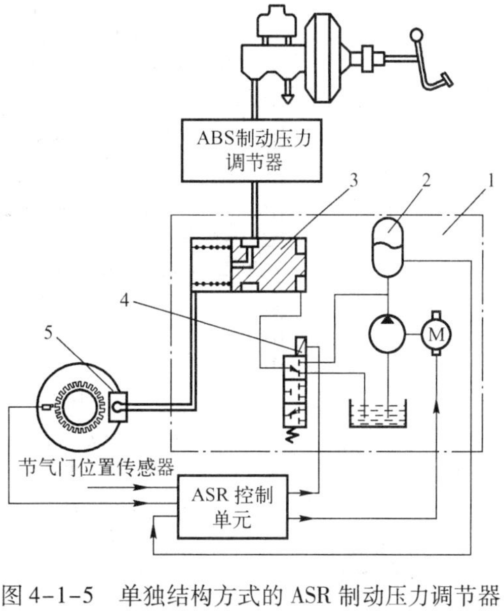

图 4-1-5　单独结构方式的 ASR 制动压力调节器

1—ASR 制动压力调节器；2—蓄能器；3—调压缸；4—三位三通电磁阀；5—驱动车轮制动器

1. ASR 不起作用

ASR 不起作用时，三位三通电磁阀不通电，调压缸的右腔与储液器相通，由于右腔压力低，调压缸的活塞被回位弹簧推到右边极限位，ABS制动压力调节器与驱动车轮的制动轮缸连通。因此，在 ASR 不起作用时，对 ABS 无影响。

2. ASR 增压过程

当驱动轮出现滑转时，ASR 控制单元输出控制信号，使三位三通电磁阀线圈通大电流电，此时调压缸右腔与储液器隔断而与蓄能器连通，蓄能器内的压力制动液推动调压缸的活塞左移，进而切断 ABS 制动压力调节器与驱动车轮轮缸之间的液压通道。同时随调压缸活塞左移，压缩右腔内的制动液，使调压缸左腔和驱动车轮制动轮缸内的制动压力增大从而使车轮制动。

3. ASR 保压过程

当需要保持驱动轮的制动压力时，控制单元使三位三通电磁阀电流变小，调压缸右腔与蓄能器隔断，与储液器也断开。于是，调压缸活塞保持原位不动，使驱动车轮制动轮缸的制动压力不变。

4. ASR 减压过程

当需要减小驱动车轮制动压力时，控制单元使三位三通电磁阀断电，调压缸右腔与蓄能器隔断而与储液器连通。于是，调压缸右腔压力下降，活塞在回位弹簧力的作用下右移，使调压缸左腔和驱动车轮制动轮缸之间的空间增大，从而使制动压力下降。

在驱动车轮出现滑转时，ASR ECU 就是通过对电磁阀的上述控制，实现对驱动车轮制动力的控制，将车轮的滑转率控制在目标范围内。

（二）组合结构方式的 ASR 制动压力调节器

组合结构方式是指 ASR 制动压力调节器与 ABS 制动压力调节器在结构上组合为一个整体，称为 ABS/ASR 制动压力调节器，其工作原理如图 4-1-6 所示。

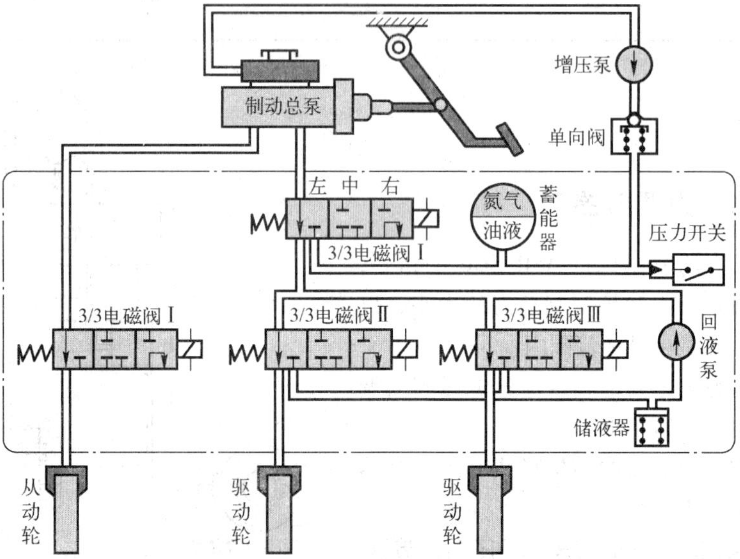

图 4-1-6　组合结构方式的 ASR 制动压力调节器工作原理

1. ASR 不起作用

ASR 不起作用时，电磁阀Ⅰ不通电，阀在左位。汽车在制动过程中如果车轮出现抱死，ABS 起作用，通过控制电磁阀Ⅱ和电磁阀Ⅲ来调节制动压力。

2. ASR 增压过程

当驱动车轮出现滑转时，ASR 控制单元使电磁阀Ⅰ通最大电流电，阀在右位；电磁阀Ⅱ和电磁阀Ⅲ不通电，阀处于左位；于是，蓄能器的高压制动液进入驱动车轮制动轮缸，制动压力增大。制动压力的调节是靠电磁阀Ⅱ和电磁阀Ⅲ的工作来完成的。

3. ASR 保压过程

当需要保持驱动车轮的制动压力时，ASR 控制器使电磁阀Ⅰ半通电，阀在中位，隔断了蓄能器及制动主缸的通路，驱动车轮制动轮缸的制动压力即被保持不变。

4. ASR 减压过程

当需要减小驱动车轮的制动压力时，ASR 控制器使电磁阀Ⅱ和电磁阀Ⅲ通电，电磁阀Ⅱ和电磁阀Ⅲ移至右位，将驱动车轮制动轮缸与储液器接通，于是，制动压力下降。

复 习 延 伸

一、小结

(1) 驱动防滑控制系统（Acceleration Slip Regulation）简称 ASR，又称牵引力控制系统（Traction Control System），简称 TCS 或 TRC。

(2) 汽车在驱动过程中，驱动车轮可能相对于路面发生滑转。滑转成分在车轮纵向运动中所占的比例称为驱动车轮的滑转率。滑转率对附着系数的影响和滑移率对附着系数的影响基本类似。

(3) 驱动防滑控制系统的控制方法有：驱动轮制动控制、发动机输出功率控制、同时控制发动机输出功率和驱动车轮的制动力、变速器的传动比控制、防滑差速锁控制等。

(4) ASR 制动压力调节器的结构形式有单独结构方式和组合结构方式两种。所谓单独结构方式是指 ASR 制动压力调节器和 ABS 制动压力调节器在结构上各自分开；组合结构方式是指 ASR 制动压力调节器与 ABS 制动压力调节器在结构上组合为一个整体，称为 ABS/ASR 制动压力调节器。

二、练习与思考

(一) 简答题

(1) 驱动防滑控制系统有哪些作用？

(2) 解释滑转率，分析滑转率对附着系数的影响。

(3) 驱动防滑控制系统的控制方法有哪些？

(4) 根据图 4-1-5 分析单独结构方式 ASR 制动压力调节器。

(5) 根据图 4-1-6 分析组合结构方式 ASR 制动压力调节器。

(二) 选择题

(1) ASR 制动压力调节器的工作过程包括（　　）。(多选)

A. 常规制动过程　　B. 压力增长过程　　C. 压力保持过程　　D. 压力降低过程

(2) 关于滑转率说法错误的是（　　）。(多选)

A. 滑转率是指车轮在制动过程中滑转成分在车轮纵向运动中所占的比例

B. 滑转率为零，即车轮为纯滚动

C. 当汽车加速时，车轮可能处于边滚动边滑转的状态

D. 滑转率对横向附着系数无影响

（三）判断题

（1）滑转率对附着系数的影响程度和滑移率对附着系数的影响程度几乎一样。（　）

（2）当滑转率大约为20%时，纵向附着系数处于最大值。（　）

（3）驱动防滑控制系统可采用降低发动机输出功率的方法来减小驱动车轮滑转。（　）

（4）驱动防滑控制系统可以通过踩制动踏板的方法实现减小驱动车轮滑转。（　）

任务二　丰田雷克萨斯 LS400UCF 轿车 ABS/TRC 系统故障指示灯亮故障检修

任务导入

如前所述，驱动防滑控制系统在起步、加速、转弯等过程中防止车轮发生过分滑转，使汽车在驱动过程中保持方向稳定性和转向操纵能力及提高加速性。汽车在使用过程中也会出现ASR故障，常见的故障现象有：ASR故障指示灯亮、汽车驱动行驶侧滑、电磁阀继电器故障等。

案例导入：一位购买装备ABS/TRC系统的丰田雷克萨斯LS400UCF轿车的车主反映最近行驶过程中汽车容易在湿滑路面发生侧滑，且仪表板上ASR故障指示灯常亮。通过了解，故障刚出现时，在汽车行驶一段时间后ASR故障指示灯才会亮；关掉车辆再重新启动，仪表板上的ASR故障指示灯又会熄灭；但再行驶一段路程，ASR故障指示灯又会重新点亮，而且常亮。通过本任务的学习，重点解决丰田雷克萨斯LS400UCF轿车ABS/TRC系统故障指示灯亮的故障。

如何针对车辆出现的故障现象确定故障部位为ASR？如何确定ASR故障的具体成因？这些都是本任务要解决的问题。另外，本任务重点介绍了LS400UCF轿车ABS/TRC系统的结构特点和工作过程，以LS400UCF轿车ABS/TRC系统故障指示灯常亮故障为例介绍了检修过程，分析了丰田雷克萨斯LS400UCF轿车ABS/TRC系统故障指示灯亮的故障原因。

相关知识

一、LS400UCF 轿车 ABS/TRC 系统的组成结构和工作原理

丰田雷克萨斯LS400UCF轿车ABS/TRC系统采用同时控制发动机输出功率和驱动车轮的制动力的控制方法实现对驱动车轮滑转率的控制。

ABS/ASR ECU根据车轮转速信号和汽车参考车速等确定驱动车轮的滑转率。当ABS/ASR ECU判定驱动车轮的滑转率超过设定的门限值时，就使控制副节气门的步进电动机转动，减小节气门的开度。主节气门的开度即使不变，发动机的进气量也会因副节气门开度的减小而减小，从而使发动机的输出转矩减小，驱动力随之下降。

若驱动车轮的滑转率仍未降到设定的控制范围内，ABS/ASR ECU会控制ASR的制动压力调节装置，对驱动车轮施加一定的制动力，进一步降低驱动车轮的滑移率，以达到防止驱动车轮滑转的目的。

（一）LS400UCF 轿车 ABS/TRC 系统的组成

丰田雷克萨斯LS400UCF轿车ABS/TRC系统的结构组成如图4-2-1所示，主要由ABS/TRC ECU、车轮转速传感器、TRC制动压力调节器、副节气门开度传感器、副节气门驱动步进电动机、TRC工作指示灯、TRC选择开关等部件组成。

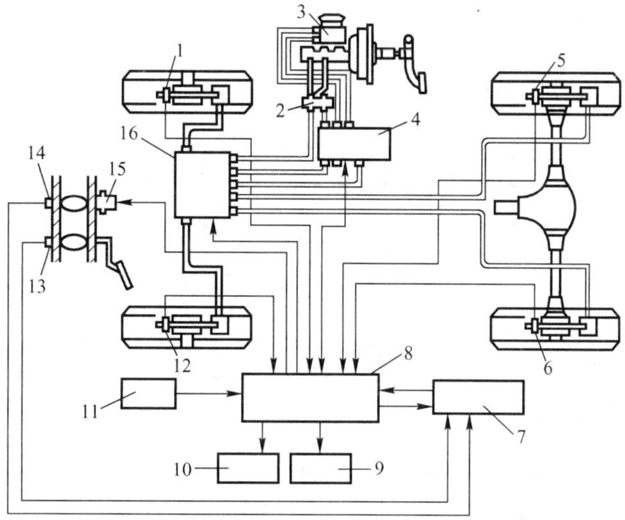

图 4-2-1 丰田雷克萨斯 LS400UCF 轿车 ABS/TRC 系统的结构组成

1—右前车轮转速传感器；2—比例阀和差压阀；3—制动主缸；4—TRC 制动压力调节器；5—左后车轮转速传感器；6—右后车轮转速传感器；7—发动机 ECU；8—ABS/TRC ECU；9—TRC 关闭指示灯；10—TRC 工作指示灯；11—TRC 选择开关；12—左前车轮转速传感器；13—主节气门开度传感器；14—副节气门开度传感器；15—副节气门驱动步进电动机；16—ABS 制动压力调节器

（二）LS400UCF 轿车 ABS/TRC 系统主要部件的结构和工作原理

1. ABS 执行器

LS400UCF 轿车 ABS/TRC 系统采用单独结构方式的 ASR 制动压力调节器，ASR 制动压力调节器和 ABS 制动压力调节器在结构上各自分开，ABS 执行器采用四传感器四通道式 ABS。

2. TRC 制动执行器

TRC 制动执行器主要由 TRC 隔离电磁阀总成和 TRC 制动供能总成组成。

1）TRC 制动压力调节器

TRC 制动压力调节器的组成如图 4-2-2 所示，主要包括储液室、电动液压泵、电磁阀体等部件。

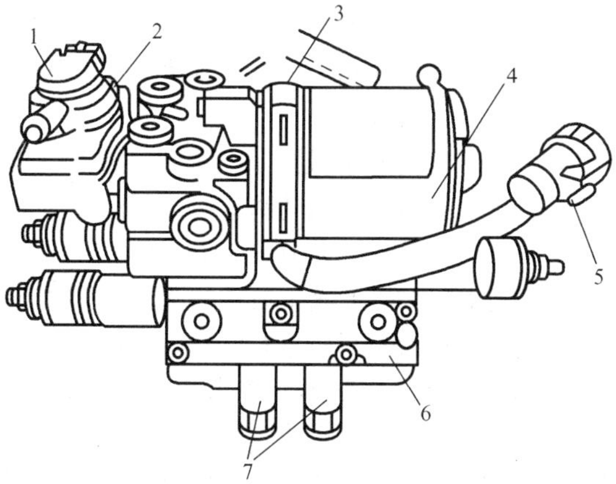

图 4-2-2 TRC 制动压力调节器的组成

1—低液位开关；2—储液室；3—动力室；4—电动液压泵；5—电动液压泵接线端子；6—电磁阀体；7—比例阀

2）TRC 隔离电磁阀总成

如图 4-2-3 所示，TRC 隔离电磁阀通过管路与制动主缸、ABS 制动压力调节器和 TRC 制动供能总成相连，主要由制动主缸隔离电磁阀、蓄能器隔离电磁阀和储液器隔离电磁阀组成。

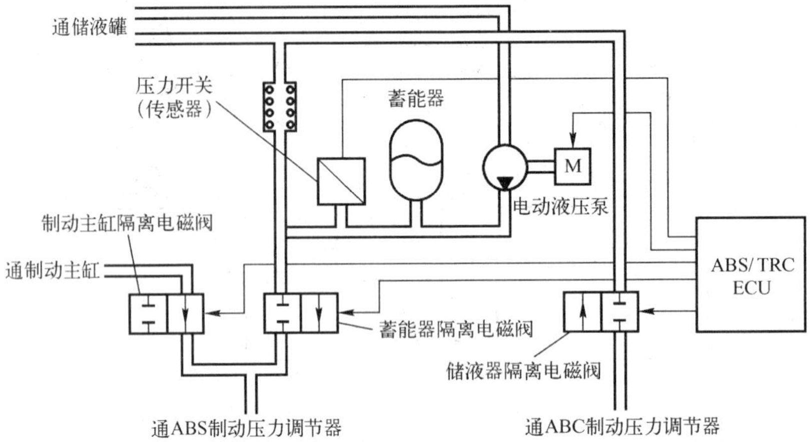

图 4-2-3 TRC 制动压力调节器的组成

制动主缸隔离电磁阀是常开式二位二通电磁阀，蓄能器隔离电磁阀和储液室隔离电磁阀是常闭式二位二通电磁阀。压力开关（传感器）主要检测蓄能器的压力，一旦压力下降至规定值，通过 ABS/TRC ECU 驱动电动液压泵工作。

在未介入制动时，三个隔离电磁阀不通电，制动主缸隔离电磁阀处于接通状态，将制动主缸至 ABS 制动压力调节器中，调压电磁阀的制动液通路接通；蓄能器隔离电磁阀处于截止状态，将 TRC 制动供能总成至 ABS 制动压力调节器中，调压电磁阀的制动液通路封闭；储液器隔离电磁阀处于截止状态，将 ABS 制动压力调节器中调压电磁阀至储液室的制动液路封闭。

在 TRC 工作过程中，三个隔离电磁阀在 ABS/TRC ECU 的控制下通电，此时制动主缸隔离电磁阀处于关闭状态，以防止制动液流回制动主缸；蓄能器隔离电磁阀处于接通状态，将蓄能器的高压制动液通过电磁阀送到制动轮缸；储液器隔离电磁阀也处于接通状态，以便能将储液器及制动轮缸的制动液送回制动主缸。

3）TRC 制动压力调节装置的工作过程

（1）在正常制动中（TRC 未起作用）。如图 4-2-4 所示，正常制动时，TRC 制动执行器的所有电磁阀都断开。

当踩下制动踏板时，制动主缸产生的制动液压通过制动主缸隔离电磁阀及 ABS 执行器中的三位电磁阀，对车轮制动轮缸起作用。当放松制动踏板时，制动液从车轮制动轮缸中流回制动主缸。此时，可以进行常规制动和 ABS 的增压、保压、减压控制。

（2）汽车加速过程（TRC 起作用）。如果汽车后轮（驱动车轮）在加速过程中滑转，ABS/TRC 控制单元会控制发动机输出功率以及对后轮进行制动，以避免发生滑转的情况。

TRC 执行器中所有电磁阀都在从电子控制单元传来的信号控制下全部接通。左右后轮制动器中的液压被分别控制为三种状态：压力升高模式、压力保持模式和压力降低模式。

① 压力升高模式：如图 4-2-5 所示，当踩下加速踏板而后轮（驱动车轮）滑转时，TRC 执行器中所有电磁阀在电子控制单元传来的信号的控制下全部接通。制动主缸隔离电磁阀通电，处于关闭状态；储液器隔离电磁阀、蓄能器隔离电磁阀通电，处于开启状态。

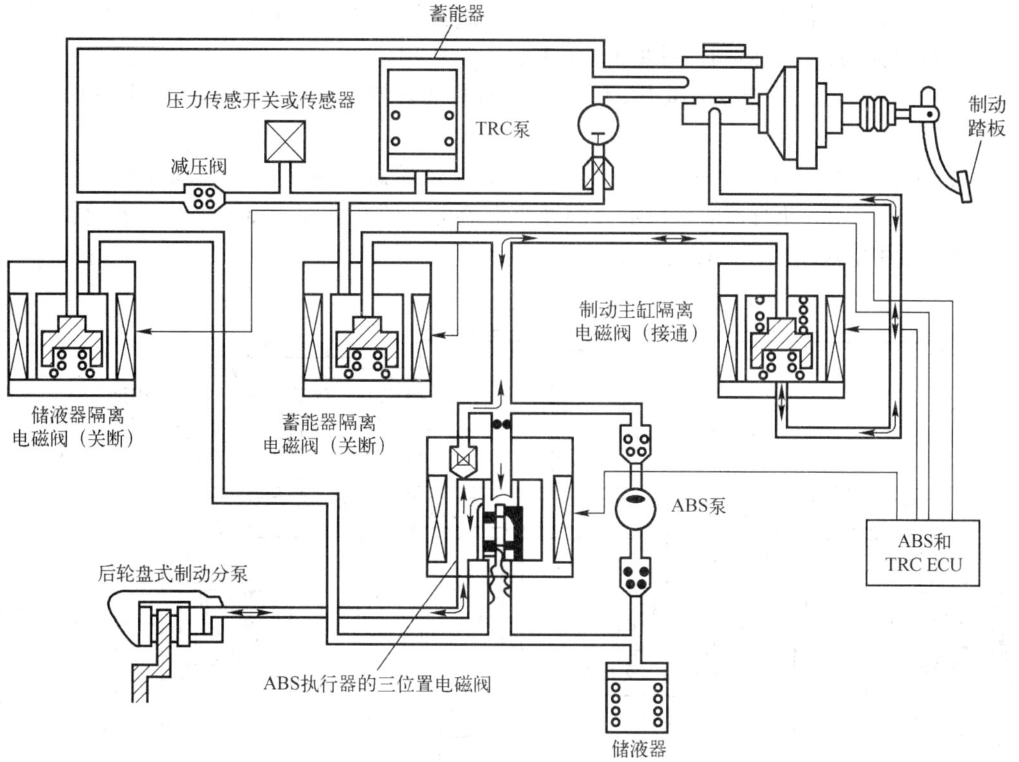

图 4-2-4 TRC 未起作用示意图

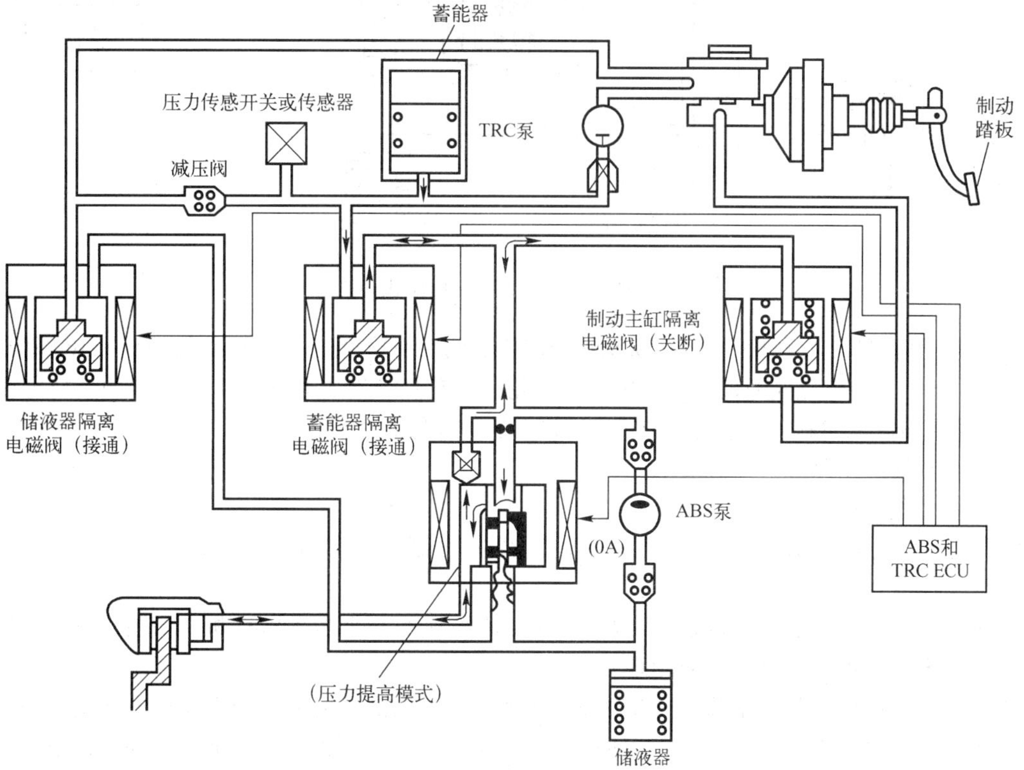

图 4-2-5 压力升高模式示意图

ABS 执行器的三位电磁阀不通电，置于左位。蓄能器中被加压的制动液通过蓄能器隔离电磁阀和 ABS 执行器的三位电磁阀，对车轮制动轮缸产生作用。

当压力开关检测到蓄能器中压力下降（不管 TRC 运转与否）时，ECU 就控制并打开 TRC 泵来升高压力。

② 压力保持模式：如图 4-2-6 所示，当后轮制动轮缸中的液压升高或降低到规定值时，ABS/TRC ECU 将 ABS 执行器的三位电磁阀通小电流电，使其进油、出油、回油通道相互隔绝，车轮制动轮缸中的液压油压力保持不变。

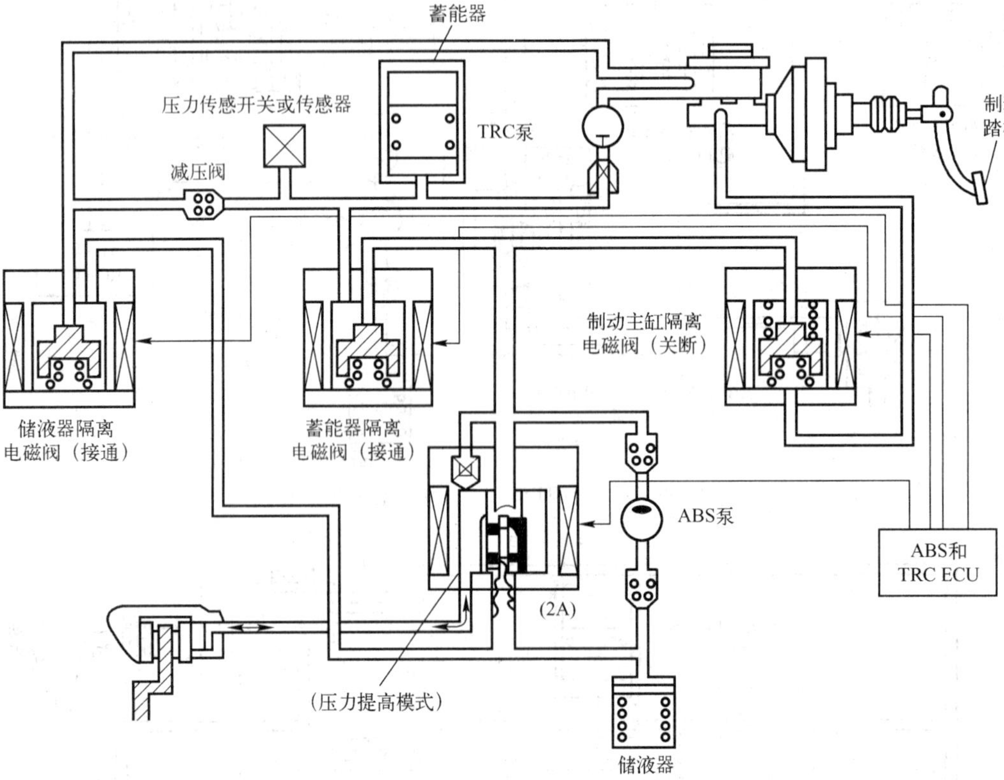

图 4-2-6 压力保持模式

③ 压力降低模式：如图 4-2-7 所示，当需要降低后制动轮缸中的液压时，ABS/TRC ECU 将 ABS 执行器的三位电磁阀通最大电流电。使车轮制动轮缸中液压通过 ABS 执行器的三位电磁阀和储液罐电磁阀流回制动主缸的储液罐中，制动压力降低。

3. 副节气门执行器

1）副节气门的位置

在发动机主节气门体上，主节气门的前方设置一个副节气门，如图 4-2-8 所示。

2）副节气门执行器

副节气门执行器是由永久磁铁、线圈、转子轴组成的一个步进电动机，如图 4-2-9 所示，由来自 ABS 和 TRC ECU 的信号使之驱动。

ABS 和 TRC ECU 控制系统通过改变发动机辅助节气门的开度来控制发动机的输出功率。步进电动机根据 ABS 和 TRC ECU 控制器输出的控制脉冲转动规定的转角，通过传动机构带动辅助节气门转动。

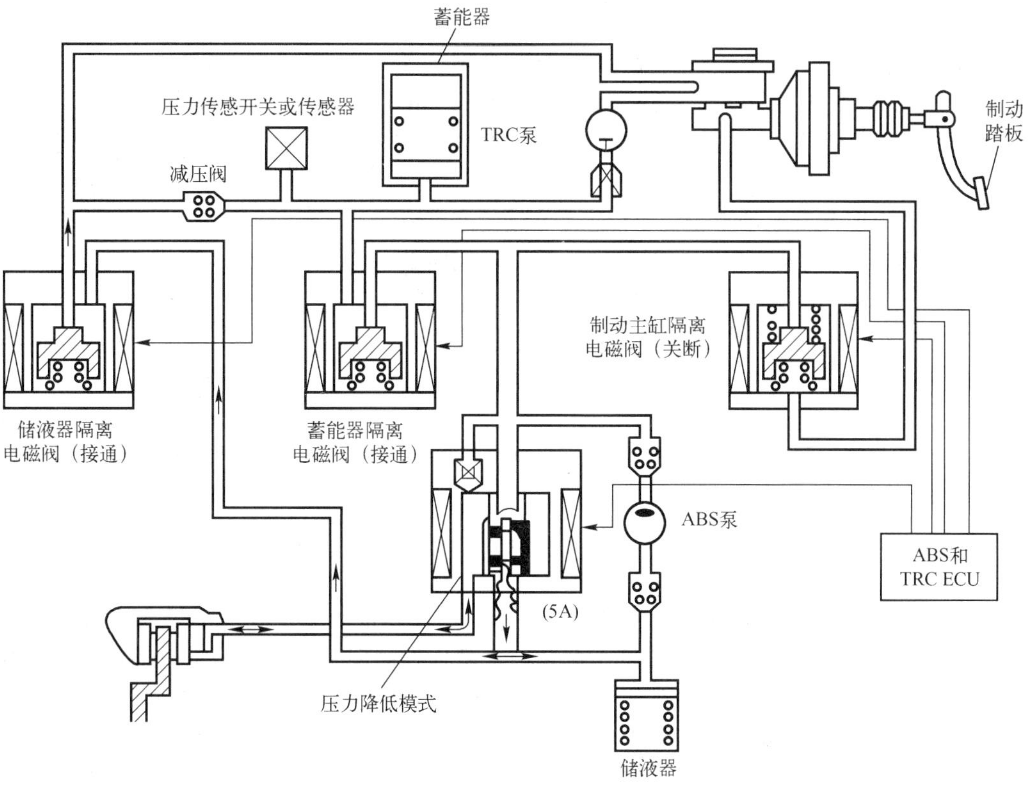

图 4-2-7　压力降低模式

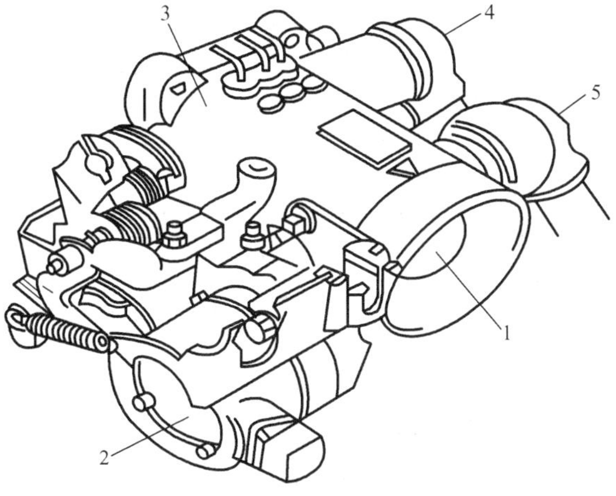

图 4-2-8　节气门总成的结构

1—副节气门；2—副节气门执行器（步进电动机）；
3—主节气门；4—主节气门位置传感器；
5—副节气门位置传感器

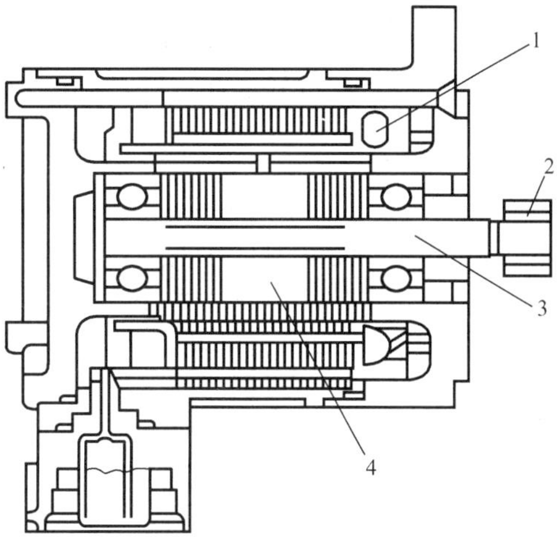

图 4-2-9　副节气门执行器的结构

1—线圈；2—主动齿轮；
3—转子轴；4—永久磁铁

TRC 不起作用时，辅助节气门处于全开位置，如图 4-2-10 所示。进入发动机的空气量由驾驶人控制主节气门的开度决定。当前、后轮速传感器检测到车轮滑转需要进行防滑控制时，ABS 和 TRC ECU 电子控制单元驱动步进电动机通过凸轮轴齿轮旋转，从而控制副节气门的开度。

3）副节气门位置传感器

如图 4-2-10 所示，副节气门位置传感器安装在副节气门枢轴上，检测副节气门开度的大小，反馈给 ABS 和 TRC ECU，以调整对副节气门执行器（步进电动机）的控制。

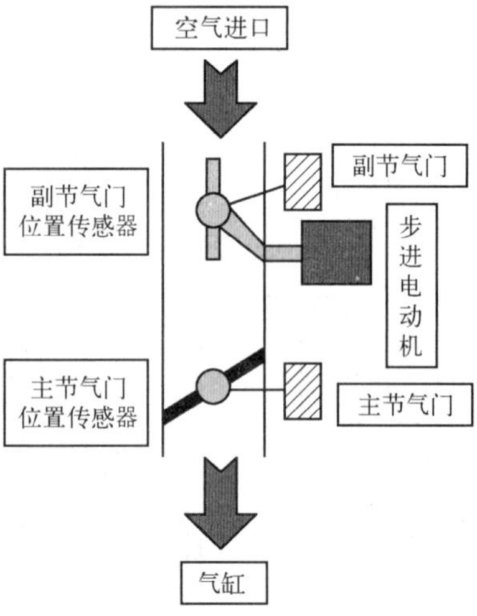

图 4-2-10　副节气门的工作情况

4. ABS/TRC ECU

ABS/TRC ECU 根据驱动车轮转速传感器输送的速度信号计算、判断出车轮与路面间的滑转状态，并适时地向其执行机构发出指令，以降低发动机的输出转矩和车轮的转速，从而实现防止驱动轮滑转的目的。此外，电子控制单元（ECU）还具有初始检测功能、故障自诊断功能和失效保护功能。

TRC 电子控制单元（ECU）也是以微处理器为核心的，配以输入/输出电路及电源等组成。由于 TRC 与 ABS 的一些信号输入和处理是相同的，通常将 TRC 与 ABS 电控单元组合在一起。

ABS/TRC ECU 根据车轮转速信号和汽车参考车速等确定驱动车轮的滑转率。当 ABS/TRC ECU 判定驱动车轮的滑转率超过设定的门限值时，就使控制副节气门的步进电动机转动，减小节气门的开度。主节气门的开度即使不变，发动机的进气量也会因副节气门开度的减小而减小，从而使发动机的输出转矩减小，驱动力随之下降。

若驱动车轮的滑转率仍未降到设定的控制范围内，ABS/TRC ECU 会控制 TRC 的制动压力调节装置，对驱动车轮施加一定的制动力，进一步降低驱动车轮的滑移率，以达到防止驱动车轮滑转的目的。

TRC 系统都有自诊断功能和失效保护功能，如图 4-2-11 所示。一旦有影响系统正常工作的故障时，ABS/TRC ECU 会自动关闭 TRC 工作系统，同时 TRC 警告灯点亮，发出警告信号。

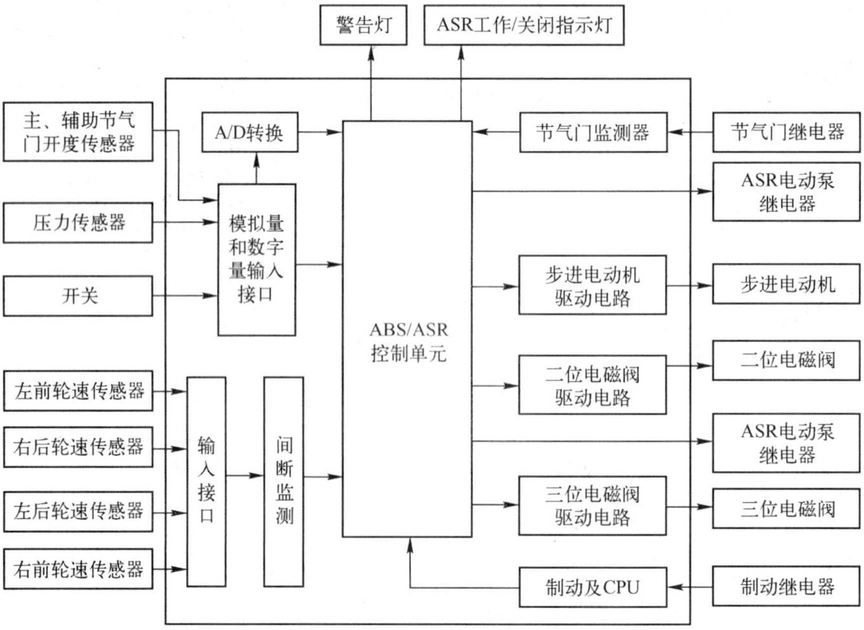

图 4-2-11　TRC 系统的自诊断功能和失效保护功能

二、LS400UCF 轿车 ABS/TRC 系统的控制电路

LS400UCF 轿车 ABS/TRC 系统的控制电路如图 4-2-12 所示。

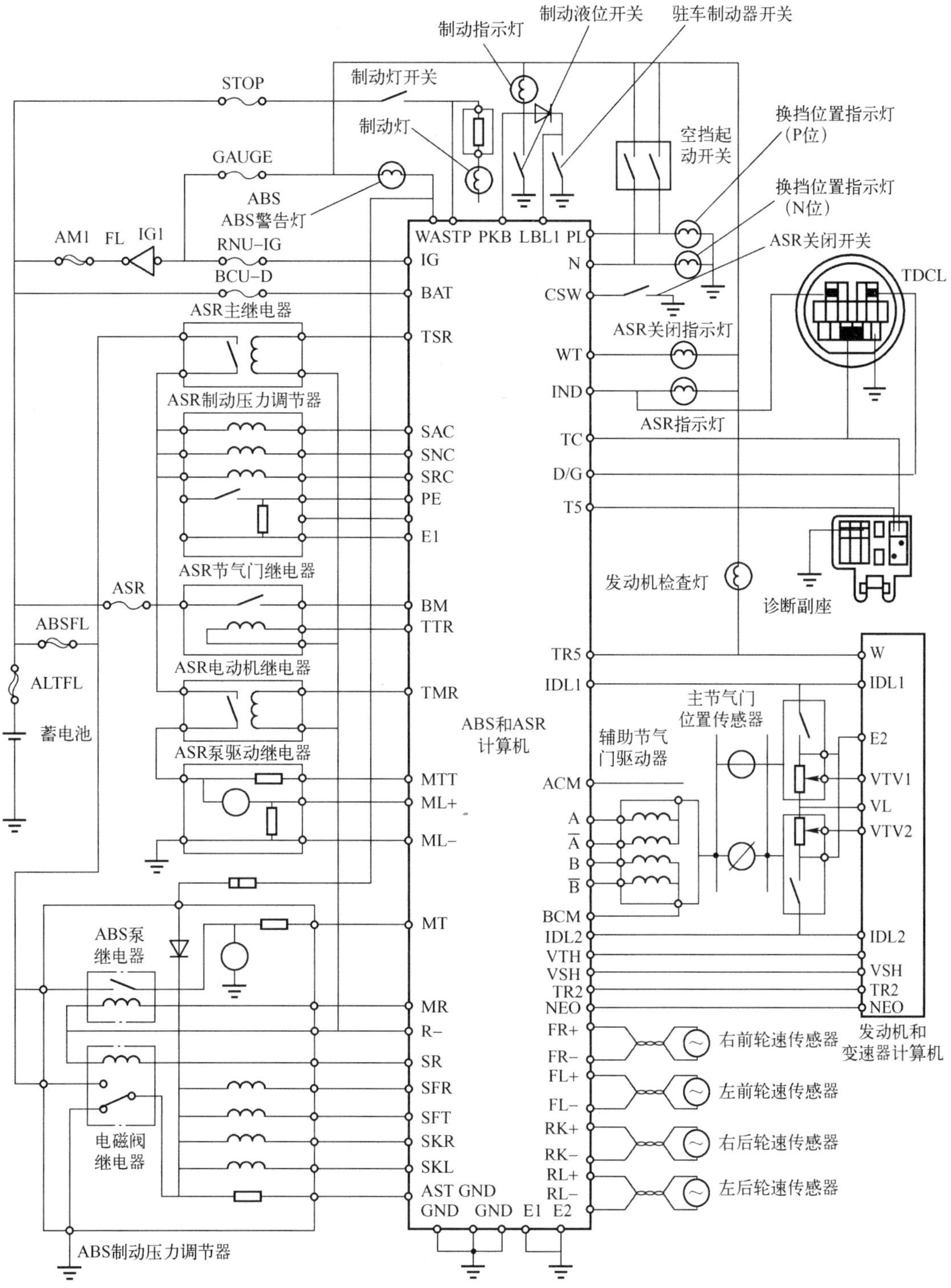

图 4-2-12 LS400UCF 轿车 ABS/TRC 系统控制电路

1. 主要装置的功能

（1）ABS/TRC ECU：接受并处理信号，并控制副节气门执行器和TRC制动执行器；TRC系统出现故障，将打开TRC故障警告灯，并存储故障码。

（2）轮速传感器：检测车轮的转速信息。

（3）空挡启动开关：向ABS/TRC ECU输入变速杆位置信号（P位或N位）。

（4）制动液面指示灯：检测制动总泵储液罐中的制动液液面高度。

（5）制动灯开关：检测制动信号（制动踏板是否被踩下）。

（6）TRC切断开关：允许驾驶人让TRC系统处于不工作状态。

（7）发动机和变速器ECU：接受主、副节气门开度信号，并将信号传送给ABS/TRC ECU。

（8）主、副节气门位置传感器：检测主、副节气门开度信号。

（9）副节气门执行器：根据ABS/TRC ECU的信号，控制副节气门的开度。

（10）TRC节气门继电器：通过ABS/TRC ECU向副节气门执行器提供电流。

（11）TRC制动执行器：根据ABS/TRC ECU的信号，为ABS执行器提供液压。

（12）TRC制动主继电器：给TRC制动执行器和TRC泵电动机继电器提供电流。

（13）TRC泵电动机继电器：给TRC泵电动机提供电流。

（14）ABS执行器：根据ABS/TRC ECU的信号，调整车轮的制动压力。

（15）TRC警告灯：通知驾驶人TRC系统正常工作，若TRC系统出现故障，则闪烁，警告驾驶人。

（16）TRC关闭指示灯：TRC不工作或切断开关已经断开。

2. 电路分析

1）系统进入工作状态

（1）制动防抱死系统：ABS/TRC电子控制单元向SR端子提供蓄电池电压，并使R－端子通过内部搭铁，调压电磁阀继电器将因励磁线圈中有电流通过而处于激励状态，使ABS警告灯熄灭，蓄电池电压通过调压电磁阀继电器中的闭合触点加在四个调压电磁阀电磁线圈的一端和ABS/TRC电子控制单元AST端子上，ABS系统处于等待工作状态。

（2）驱动防滑控制系统：TRC关闭开关断开，使ABS/TRC电子控制单元的CSW端子短路，TRC也处于等待工作状态。ABS/TRC电子控制单元向TSR端子供给蓄电池电压，使TRC制动主继电器处于激励状态，蓄电池电压通过TRC制动主继电器中的触点加在三个切断电磁阀电磁线圈的一端。当TRC中的压力开关因蓄电池中的制动液压力不足而闭合时，ABS/TRC电子控制单元的PR端子将与E2端子具有相同的电压，ABS/TRC电子控制单元由此判定需要向TMR端子供电，激励TRC电动供油泵继电器，使泵运转。电动供油泵继电器激励期间有电压加在MTT端子上，ABS/TRC电子控制单元由此监测电动供油泵继电器的工作状态。ABS/TRC电子控制单元还供给WT端子和IND端子电压，使TRC关闭指示灯和TRC工作指示灯熄灭。

2）车轮转速传感器

车轮转速传感器分别通过RL－和RL＋、RR－和RR＋、FL－和FL＋、FR－和FR＋四对端子向ABS/TRC ECU输入各个车轮的转速信号。

3）节气门位置传感器及发动机故障指示灯

主副节气门位置传感器通过发动机/自动变速器ECU的VTA1、VCC和VTA2端子，在经过VSH、VTH、IDL2和IDL1等端子向ABS/TRC电子控制单元输入主、副节气门开度及怠速状态等信号。

发动机控制系统出现故障时，点亮发动机故障警告灯，ABS/TRC 电子控制单元 TR5 端子搭铁，停止驱动防滑控制。

4）驻车开关、液位开关和变速器挡位

ABS/TRC 电子控制单元通过监测 PKB 和 LBL1 端子的输入电压对驻车制动开关和液位开关的状态进行判定。

ABS/TRC 电子控制单元通过监测 PL 和 NL 端子的输入电压对变速器所处挡位进行判定。

5）ABS 控制过程

正常制动时（TRC 不起作用），制动灯开关闭合，蓄电池电压通过制动灯开关从 STP 端子输入到 ABS/TRC 电子控制单元，并由此判定汽车进入制动过程。TRC 制动执行器的所有电磁阀均断开。ABS/TRC 电子控制单元根据车轮轮速传感器输入的信号对各车轮状态进行监测，并通过分别控制 ABS 执行器中的三位三通电磁阀的 SRL、SRR、SFL、SFR 四个端子的搭铁电阻值，控制 ABS 执行器中各调压电磁阀通过的电流，使各相应制动轮缸的制动压力增大、保持或减小。同时，ABS/TRC 电子控制单元向 MR 端子提供电压，驱动电动回油泵运转，ABS/TRC 电子控制单元根据其 MT 端子的电压值判定电动回油泵的工作状态。当放松制动踏板时，制动液从车轮制动分泵中流回制动总泵。

6）TRC 工作过程

如果汽车后轮在加速过程中滑转，ABS/TRC 电子控制单元就会向 TTR 端子提供电压，使副节气门步进电动机处于激励状态，将蓄电池电压通过 BM 端子经过 ABS/TRC 电子控制单元内部提供给 ACM 端子和 BCM 端子，ABS/TRC 电子控制单元通过控制副节气门步进电动机 A +、A -、B +、B - 端子减小发动机输出功率。若需要制动系统介入时，使 TRC 执行器中所有电磁阀都在电子控制单元传来的控制信号作用下全部接通。同时，ABS 执行器中的三位三通电磁阀处于“压力升高”状态。制动总泵切断电磁阀通电（关闭状态），蓄能器切断电磁阀通电（打开状态）。蓄能器中被加压的制动液通过蓄能器切断电磁阀和 ABS 三位三通电磁阀，对车轮分泵产生作用。当压力开关检测到蓄能器中压力下降时（不管 TRC 工作与否），ECU 驱动 TRC 泵电动机工作，提高蓄能器压力。车轮分泵中制动压力的高低通过 ABS 执行器中的三位三通电磁阀来控制。

闭合 TRC 开关，ABS/TRC 电子控制单元判定其 CSW 端子搭铁，就不再向端子 TSR、TFR 和 TMR 供给电压，使 TRC 制动主继电器、副节气门控制步进电动机继电器和 TRC 电动供油泵继电器都处于非激励状态，系统退出防滑控制。TRC 关闭指示灯因 ABS/TRC 电子控制单元 WT 端子通过内部搭铁而点亮。

三、检修方法

（一）故障码的读取与清除

1. 读取故障码

（1）点火开关转至 ON 位置。

（2）用跨接线将诊断插座的 TC 端子和 E1 端子短接。

（3）根据仪表板上 ASR 指示灯的闪烁频率读取故障码。故障码的读取方法与 ABS 相同。故障码如表 4-2-1 所示。

2. 清除故障码

故障排除后，点火开关转至 ON 位置，在诊断插座端子 TC 和 E1 短接的状态下，在 3 s 内连续踩制动踏板八次以上，即可清除故障码。

表 4-2-1 LS400UCF 轿车 ABS/TRC 系统的故障码及故障内容

故障码	故障内容	故障码	故障内容
11	ASR（TRC）主继电器电路断路	26	计算机控制辅助节气门全开，但辅助节气门不动作
12	ASR（TRC）主继电器电路短路	27	停止向步进电动机供电时，辅助节气门未能到达全开的位置
13	ASR（TRC）节气门继电器电路断路	44	ASR（TRC）工作时，Ne 信号未送入计算机
14	ASR（TRC）节气门继电器电路短路	45	主节气门位置传感器 IDL1 信号故障
15	ASR（TRC）液压泵电动机通电时间过长	46	主节气门位置传感器 VTA1 信号故障
16	压力开关电路断路	47	辅助节气门位置传感器 IDL2 信号故障
17	压力开关一直关闭	48	辅助节气门位置传感器 VTA2 信号故障
19	ASR 液压泵电动机开和关次数比正常多	49	ASR 输入发动机或变速器信号电路断路或短路
21	制动主缸隔离电磁阀电路断路或短路	51	发动机控制系统发生故障
22	蓄能器隔离电磁阀电路断路或短路	52	制动液液面警告灯开关接通，液位警告灯点亮
23	储液器隔离电磁阀电路断路或短路	54	液压泵电动机继电器电路断路
24	辅助节气门驱动器电路断路或短路	55	液压泵电动机继电器电路短路
25	辅助节气门步进电动机供电时，辅助节气门未能到达全开的位置	56	ASR 液压泵电动机锁死或开路

（二）主继电器电路和节气门继电器电路的故障诊断

1. 主继电器电路的故障诊断

故障码 11、12 说明雷克萨斯 LS400UCF 轿车 ABS/TRC 系统主继电器电路出现断路或短路故障。

1）故障码 11 故障分析

测试特征：ABS/TRC ECU 向主继电器有输出接通信号；计算机端子：SRC、SMC、SAC 的电压为 0 V。此测试特征表征主继电器电路出现断路。

主继电器电路断路可能的原因：主继电器接触不良（触点不能闭合或触点接触不良）；主继电器与计算机之间的连接器接触不良或连接器松脱；主继电器与 TRC 制动压力调节器之间的线路接触不良或连接器松脱；ABS/TRC ECU 有故障。

2）故障码 12 故障分析

测试特征：ABS/TRC ECU 未向主继电器输出接通信号；计算机端子 SRC、SMC、SAC 中任一端子的电压为蓄电池电压。此测试特征表征主继电器电路出现短路。

主继电器电路短路可能的原因：主继电器不能张开或线圈与电源短路；主继电器与 TRC 制动压力调节器之间的线路和连接器与电源线路有短路；ABS/TRC ECU 有故障。

3）故障诊断

ASR 主继电器电路及检查方法如图 4-2-13 所示。检查方法如下：

（1）检查 ASR 主继电器电源端子的电压。断开 ASR 主继电器连接器，点火开关接通。

用直流电压表测量 ASR 主继电器连接器（线束侧）1 号端子与搭铁之间的电压。电压正常值应为蓄电池电压。

（2）检查 ASR 主继电器。检测 ASR 主继电器连接器各端子之间的导通情况：1－2 端子之间不导通，3－4 端子之间导通（电阻≤0.5 Ω）。

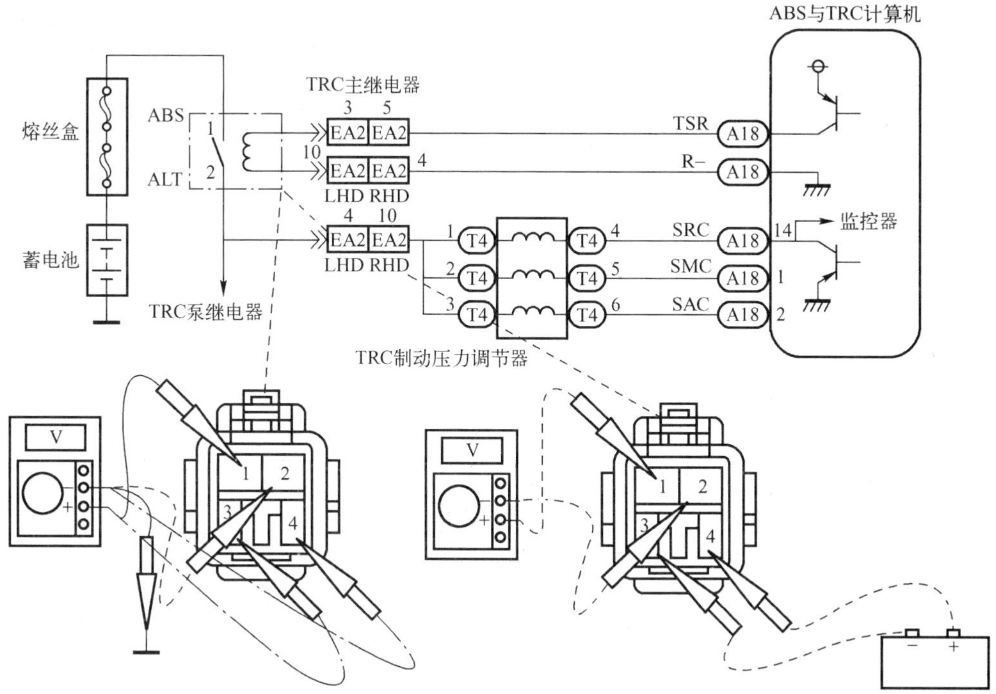

图 4-2-13 LS400UCF 轿车 ABS/TRC 系统主继电器电路及检查方法

给继电器 3 -4 端子之间施加蓄电池电压，继电器 1 -2 端子间应导通。

若上述检查结果不正常，应更换导线或 ASR 主继电器。若检查结果正常，应检查 ASR 主继电器的有关线路和连接器；如果线路和连接器均良好，则应检查或更换 ASR/ABS 计算机。

2. 节气门继电器电路的故障诊断

故障码 13、14 说明 ASR 系统节气门继电器电路出现断路或短路故障。

1）故障码 13 故障分析

测试特征：ABS/TRC ECU 向节气门继电器有输出接通信号；计算机端子 BM 的电压为 0 V。此测试特征表征主继电器电路出现断路。

节气门继电器电路断路可能的原因：节气门继电器接触不良（触点不能闭合或触点接触不良）；节气门继电器与计算机之间的连接器接触不良或连接器松脱；节气门继电器与蓄电池之间的线路接触不良或连接器松脱；ABS/TRC ECU 有故障。

2）故障码 14 故障分析

测试特征：ABS/TRC ECU 未向节气门继电器输出接通信号；计算机端子 BM 的电压为蓄电池电压。此测试特征表征主继电器电路出现短路。

节气门继电器电路短路可能的原因：节气门继电器不能张开或线圈与电源短路；节气门继电器与计算机之间的线路和连接器与电源线路有短路；ABS/TRC ECU 有故障。

3）故障诊断

ABS/TRC 系统节气门继电器电路及检查方法如图 4-2-14 所示。

ASR 节气门继电器电源端子电压的检查方法如下：

（1）拆下 ASR 节气门继电器连接器，点火开关接通。

（2）用直流电压表测量 ASR 节气门继电器连接器（线束侧）2 号端子与搭铁间的电压，正常电压应为蓄电池电压。

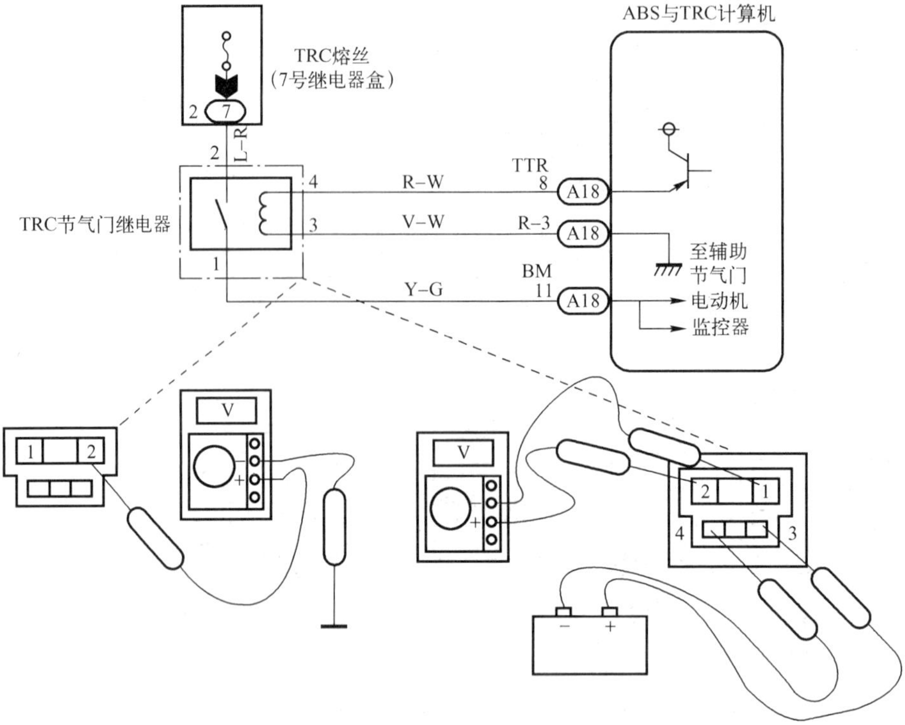

图 4-2-14　LS400UCF 轿车 ABS/TRC 系统节气门继电器电路及检查方法

（3）检查 ASR 节气门继电器。检测 ASR 节气门继电器连接器各端子之间的导通情况：正常应为 1－2 端子之间不导通（电阻为无穷大），3－4 端子之间应导通（电阻≤0.5 Ω）。

（4）给节气门继电器 3－4 端子之间施加蓄电池电压，1－2 端子之间应导通。

若上述检查结果不正常，应更换 ASR 节气门继电器；若检查结果正常，应检查 ASR 节气门继电器的有关线路和连接器。如果线路和连接器均良好，则应检查或更换 ASR/ABS 计算机。

（三）压力开关和调节器电磁阀电路的故障诊断

1. 压力开关的故障诊断

故障码 15、16 或 17 说明 ASR 压力开关传感器或其电路出现故障。

1）故障码 15、16、17 故障分析

故障码 15 特征：液压泵电动机通电时间过长。

故障码 15 可能的原因：压力开关不良；制动压力调节器与计算机之间的线路故障或连接器接触不良；计算机有故障。

故障码 16 特征：计算机端子 FR 与 E2 之间无电流。

故障码 16 可能的原因：制动压力调节器与计算机之间的线路故障或连接器接触不良；计算机有故障。

故障码 17 特征：当压力开关关断时，制动动作超过预定次数。

故障码 17 可能的原因：压力开关故障；计算机有故障。

2）故障诊断

ABS/TRC 系统压力开关电路及检查方法如图 4-2-15 所示。

故障检查方法如下：

（1）检查计算机端子 PR－E2 之间的电压。拆下 ASR 计算机（不断开连接器）；启动发动机并维持怠速运转30 s以上，使ASR制动压力调节器内的压力升高；将发动机熄火，点火开关转至ON位置，用直流电压表测量计算机PR－E2端子之间的电压，电压应约为5 V。放出ASR制动压力调节器内的制动液，调节器内部的压力降低，再测量PR－E2端子之间的电压，正常电压应为0 V。

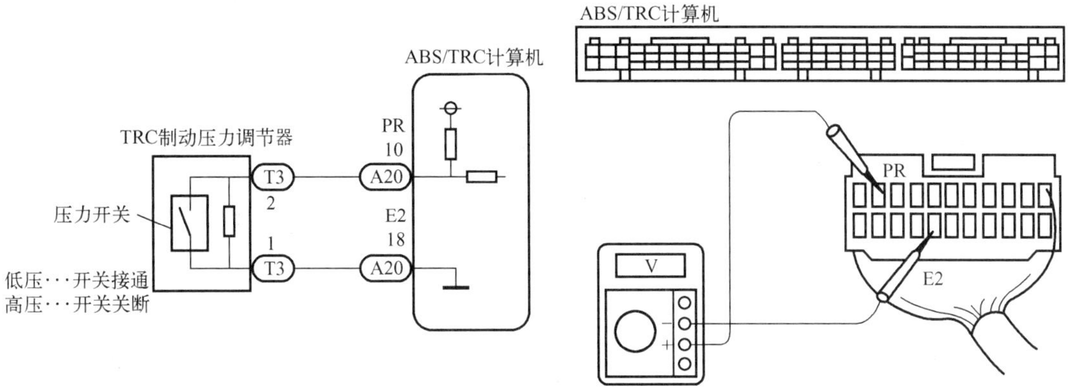

图4-2-15 LS400UCF轿车ABS/TRC系统压力开关电路及检查方法

若上述两次测量结果有一次不正常，应对压力开关进行检查；若上述两次测量结果均正常，则应检查或更换ASR/ABS计算机。

（2）压力开关的检查。断开压力开关连接器，测量连接器两端子之间的电阻，正常电阻值为∞；连接压力开关连接器，并启动发动机，怠速运转30 s，升高ASR制动压力调节器内的压力，将发动机熄火后，使点火开关转至ON位置，再测量压力开关两端子之间的电阻，正常阻值约为1.5 Ω。

若上述检查结果不正常，应更换压力开关；若上述检查结果正常，应检查与其相关的连接线。如没有问题，应检查或更换ASR/ABS计算机。

2. ASR调节器电磁阀电路的故障诊断

故障码21、22、23说明ASR制动压力调节器的电磁阀线圈电路出现断路或短路故障。

1）故障码21、22、23故障分析

制动压力调节器的电磁阀线圈电路出现断路或短路故障可能的原因：制动压力调节器的电磁阀有故障；制动压力调节器与计算机之间的线路故障或连接器接触不良；制动压力调节器与主继电器之间的线路故障或连接器接触不良；ABS/TRC ECU有故障。

2）故障诊断

LS400UCF轿车ABS/TRC系统ASR制动压力调节器电磁阀电路及检查方法如图4-2-16所示。

检查方法如下：

（1）检查ASR计算机端子SRC、SMC、SAC与搭铁之间的电压。拆下ASR计算机，连接器不断开，点火开关转至ON位置，分别测量ASR计算机的SRC、SMC、SAC端子与搭铁之间的电压，正常电压值均应为蓄电池电压。

如果上述检查有一端子电压不正常，应对电磁阀线圈进行检查。如果各端子电压均正常，则应检查或更换ASR计算机。

（2）检查ASR制动压力调节器电磁阀线圈。断开ASR制动压力调节器连接器，检查各端子之间的导通情况，1－4、2－5、3－6端子之间应导通（电阻≤0.5 Ω）。

若上述检查结果不正常，应更换制动压力调节器；若上述检查结果正常，应检查或更换ASR计算机。

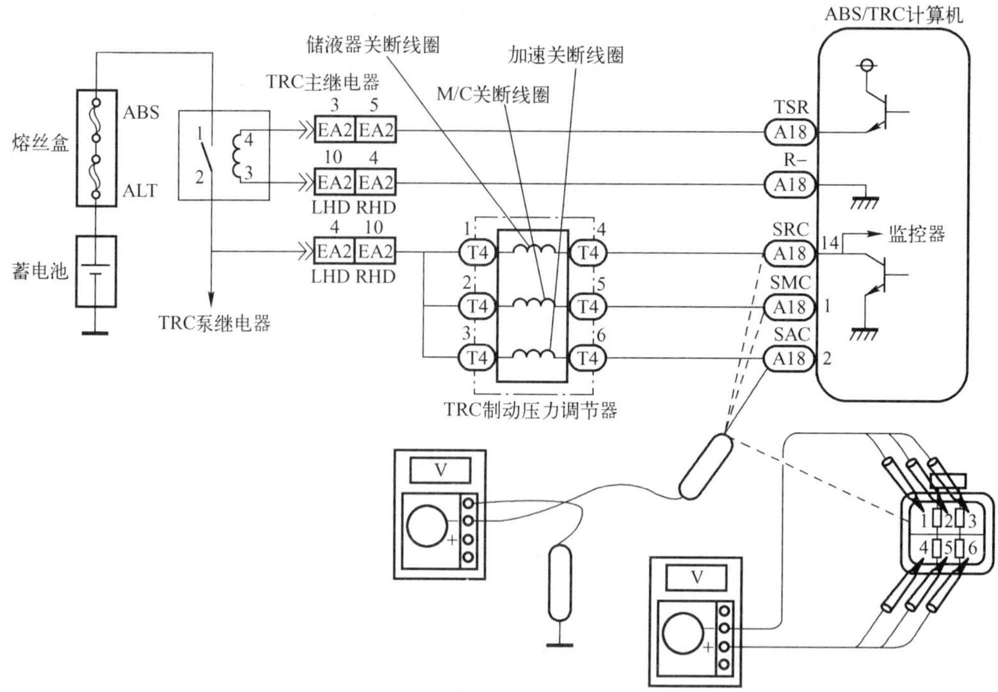

图 4-2-16 LS400UCF 轿车 ABS/TRC 系统 ASR 制动压力调节器电磁阀电路及检查方法

（四）辅助节气门驱动器电路、辅助节气门及其位置传感器的故障诊断

1. 辅助节气门驱动器电路的故障诊断

雷克萨斯 LS400UCF ASR 辅助节气门驱动器电路出现故障时，计算机会存储故障码 24。

1）故障码 24 故障分析

故障码 24 特征：辅助节气门驱动器电路出现故障。

故障码 24 可能的原因：辅助节气门驱动器故障；辅助节气门驱动器与计算机之间的线路故障或连接器接触不良；计算机故障。

2）故障诊断

LS400UCF 轿车 ABS/TRC 系统 ASR 辅助节气门驱动器电路及其检查方法如图 4-2-17 所示。

检查方法如下：

（1）断开 ASR 辅助节气门驱动连接器。

（2）检查连接器各端子之间的导通情况：1－2－3 端子之间应导通；4－5－6 端子之间应导通。

若上述检查结果不正常，应更换 ASR（TRC）辅助节气门驱动器；若上述检查结果正常，应进一步检查 ASR（TRC）辅助节气门驱动器与计算机之间的线路和连接器接触状况；如果线路和连接器均良好，则应检查或更换 ASR/ABS 计算机。

2. 辅助节气门及其位置传感器的故障诊断

故障码 25、26 或 27 说明辅助节气门及其位置传感器故障。

1）故障码 25、26 或 27 故障分析

故障码 25、26 或 27 特征：辅助节气门所处的位置与其位置传感器的信号电压不符。

故障码 25、26 或 27 可能的原因：辅助节气门驱动器故障；辅助节气门卡死或转动不灵；辅助节气门位置传感器不良；计算机故障。

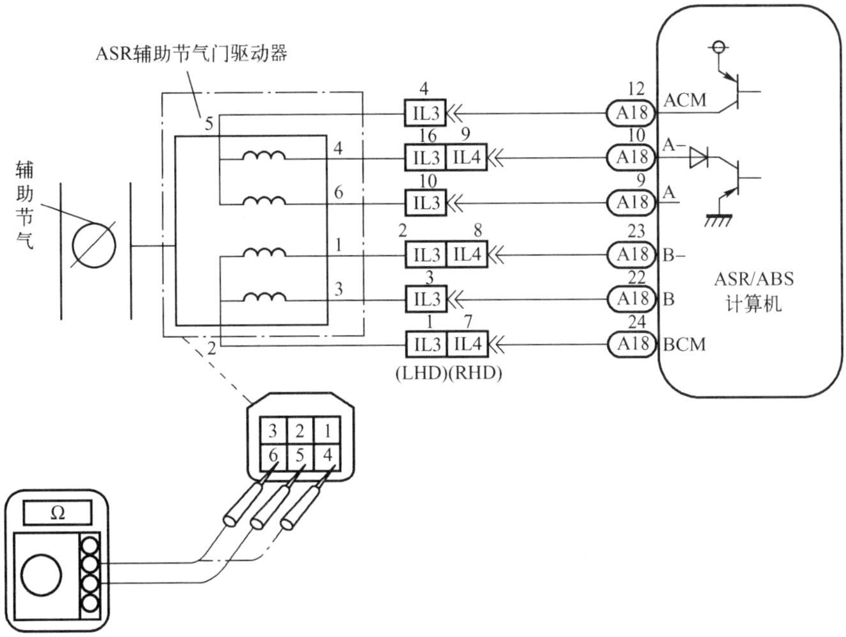

图 4-2-17 LS400UCF 轿车 ABS/TRC 系统辅助节气门驱动器电路及其检查方法

2）故障诊断

（1）检查辅助节气门。拆下进气管道，用手转动辅助节气门开关，检查其是否灵活：如果卡滞或已卡死，应更换节气门体；如无异常，则进一步检查辅助节气门位置传感器。

（2）检查辅助节气门位置传感器。辅助节气门位置传感器的检查：参考故障码 47 和 48 的检测。若传感器良好，检查辅助节气门驱动器；若辅助节气门驱动器也正常，则应检查或更换 ASR/ABS 计算机。

（五）发动机转速信号 Ne 电路、主节气门位置传感器及辅助节气门位置传感器电路的故障诊断

1. 发动机转速信号 Ne 电路的故障诊断

故障码 44 说明 ASR 计算机系统收不到来自发动机计算机和变速器计算机的转速信号 Ne。

1）故障码 44 故障分析

故障码 44 特征：ABS/TRC 计算机系统接收不到来自发动机计算机和变速器计算机的转速信号 Ne。

故障码 44 可能的原因：发动机电子控制系统故障；ABS/TRC 计算机与发动机电子控制系统之间的线路故障或连接器接触不良；ABS/TRC 计算机故障。

2）故障诊断

（1）检查 ASR 计算机 NEO 端子与搭铁之间的电压，如图 4-2-18 所示。拆下 ASR 计算机，断开连接器，点火开关转至 ON 位置，ASR 计算机 NEO 端子与搭铁之间的电压应约为 5 V；发动机怠速下测量 ASR 计算机 NEO 端子与搭铁之间的电压，应约为 2.5 V。

（2）检查发动机控制计算机 NEO 端子与搭铁之间的电压，如图 4-2-18 所示。断开发动机控制连接器，点火开关转至 ON 位置，测量计算机连接器（线束侧）NEO 端子与搭铁间的电压，正常电压应为 5 V 左右。

若电压检查正常，应检查或更换发动机控制计算机；若电压检查不正常，应检查 ASR 计算

机与发动机控制计算机之间的线路和连接器接触状况。如果线路和连接器均良好，则应检查或更换 ASR 计算机。

2. 主节气门位置传感器电路的故障诊断

故障码 45、46 说明主节气门位置传感器电路故障。主节气门位置传感器信号不正常时，ASR 系统将会停止工作。

1）故障码 45、46 故障分析

故障码 45、46 特征：主节气门位置传感器及其电路出现断路或短路故障。

故障码 45、46 可能的原因：主节气门位置传感器不良；ABS/TRC 计算机与发动机计算机之间的线路故障或连接器接触不良；ABS/TRC 计算机故障。

2）故障诊断

主节气门位置传感器电路如图 4-2-18 所示。检查方法如下：

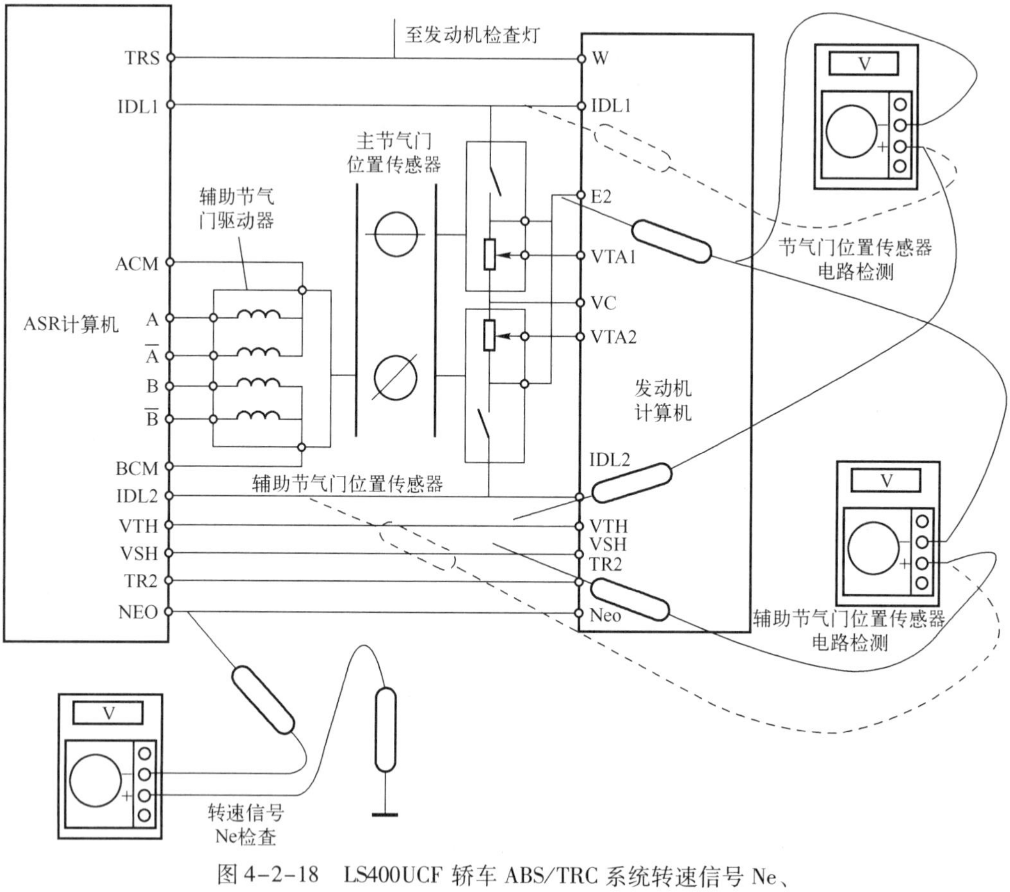

图 4-2-18 LS400UCF 轿车 ABS/TRC 系统转速信号 Ne、主节气门位置传感器及辅助节气门位置传感器电路及其检查方法

（1）读取发动机控制系统故障码。如有故障码，按故障码检修发动机控制系统；若无故障码，则进行下一步检查。

（2）检测 ASR 计算机 VTH 端子与搭铁之间的电压。拆下 ASR 计算机，断开连接器，拆下进气管道，在节气门转动过程中测量 ASR 计算机 VTH 端与搭铁之间的电压，正常电压值应为节气门全闭时 0.6 V 左右，节气门全开时 3.8 V 左右，节气门转动时电压逐渐增加或逐渐下降，不出现跃变现象。电压值不正常时应更换节气门位置传感器。

（3）检测 ASR 计算机 IDL1 端子与搭铁之间的电压。点火开关位于 ON 位置，在节气门全闭时，电压为 0 V；全开时，电压约为 5 V。

若电压不正常，应检查 ASR 计算机与节气门位置传感器之间的线路和连接器状况；若电压正常，且线路和连接器均良好，应检查或更换 ASR 计算机。

3. 辅助节气门位置传感器电路的故障诊断

故障码 47、48 说明辅助节气门位置传感器电路故障。

1）故障码 47、48 故障分析

故障码 47、48 特征：辅助节气门位置传感器信号不正常。

故障码 47、48 可能的原因：辅助节气门位置传感器不良；ABS/TRC 计算机与发动机计算机之间的线路故障或连接器接触不良；ABS/TRC 计算机故障。

2）故障诊断

辅助节气门位置传感器电路及其检测方法如图 4-2-18 所示。

检查方法如下：

（1）读取发动机控制系统故障码。如有故障码，按故障码检修发动机控制系统；若无故障码，则进行下一步检查。

（2）检测 ASR 计算机 VSH 端子与搭铁之间的电压。拆下 ASR 计算机，断开连接器，拆下进气管道，在节气门转动过程中测量 ASR 计算机 VSH 端与搭铁之间的电压，正常电压值应为节气门全闭时 0.6 V 左右，节气门全开时 3.8 V 左右，节气门转动时电压逐渐增加或逐渐下降，不出现跃变现象。电压值不正常时应更换辅助节气门位置传感器。

（3）检测 ASR 计算机 IDL2 端子与搭铁之间的电压。点火开关位于 ON 位置，在节气门全闭时电压为 0 V，全开时电压约为 5 V。

若电压不正常，应检查 ASR 计算机与辅助节气门位置传感器之间的线路和连接器状况。如果电压正常，且线路和连接器均良好，应检查或更换 ASR 计算机。

（六）发动机信息交换电路、制动液液面警告灯开关、液压泵电动机继电器电路、液压泵电动机监视电路的故障诊断

1. 发动机信息交换电路的故障诊断

故障码 49 说明推迟发动机点火正时信息交换电路故障——信息交换用于推迟输送点火正时信号，以推迟发动机点火正时。

1）故障码 49 故障分析

故障码 49 特征：发动机点火正时信息交换电路故障。

故障码 49 可能的原因：ABS/TRC 计算机与发动机计算机之间的线路故障或连接器接触不良；发动机计算机故障；ABS/TRC 计算机故障。

2）故障诊断

LS400UCF 轿车 ABS/TRC 系统发动机信息交换电路及其检查方法如图 4-2-19 所示。

检查方法如下：

（1）检测 ASR 计算机 TR2 端子与搭铁之间的电压。拆开 ASR 计算机连接器，点火开关转至 ON 位置，测量 ASR 计算机连接器（线束侧）TR2 端子与搭铁之间的电压，正常电压值应为 5 V。

若电压正常，应检查或更换 ASR 计算机。

（2）检测 ASR 计算机与发动机控制计算机之间的线路连接状况。如果线路或连接器有松脱或接触不良，应进行修理或更换。如果线路和连接器均正常，则应检查或更换发动机控制系统计算机。

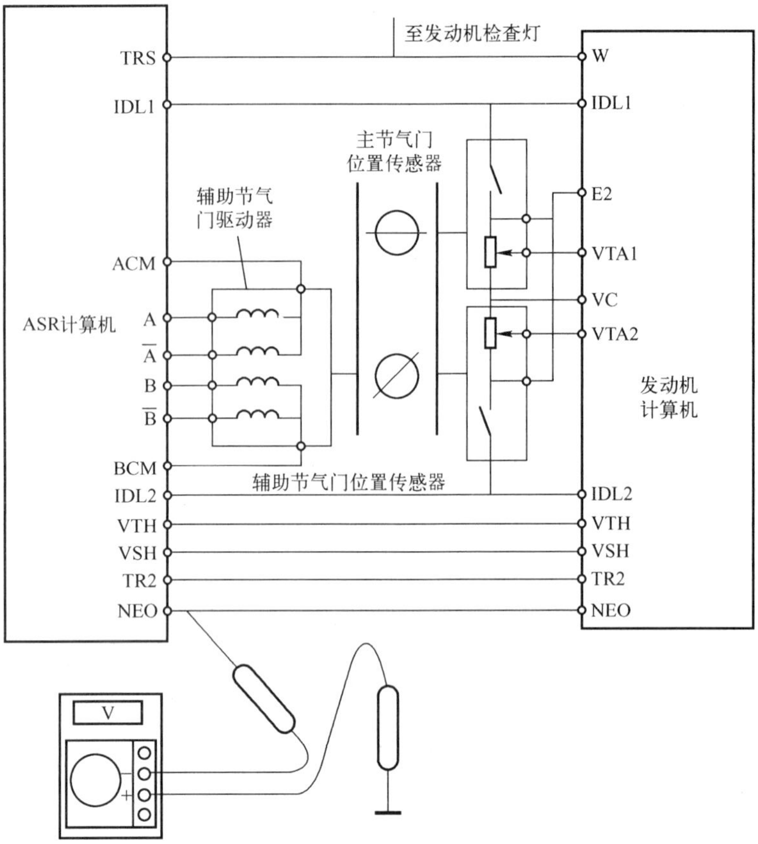

图 4-2-19　LS400UCF 轿车 ABS/TRC 系统发动机信息交换电路及其检查方法

2. 制动液液面警告灯开关电路的故障诊断

故障码 52 说明制动液面过低或警告灯开关电路出现故障。

1）故障码 52 故障分析

故障码 52 特征：制动液面过低或警告灯开关电路出现故障。

故障码 52 可能的原因：制动液有泄漏；制动液面警告灯开关不良或与计算机之间的线路连接不良；ABS/TRC 计算机故障。

2）故障诊断

LS400UCF 轿车 ABS/TRC 系统制动液液面警告灯开关电路及其检查方法如图 4-2-20 所示。

检查方法如下：

（1）检查制动液液面。如果液面过低，检查有无漏油之处，若有，应进行修理或更换并加足制动液；如果液面正常，进行下一步检查。

（2）检查制动液液面警告灯开关。如果开关不良，应更换开关；如果开关正常，应检查与制动液液面警告灯开关相连接的线路和连接器。若线路和连接器均正常，应检查或更换 ASR 计算机。

3. 液压泵电动机继电器电路的故障诊断

故障码 54 或 55 说明 LS400UCF 轿车 ABS/TRC 系统液压泵电动机继电器电路出现故障。

1）故障码 54 或 55 故障分析

故障码 54 或 55 特征：ABS/TRC 系统液压泵电动机继电器电路出现故障。

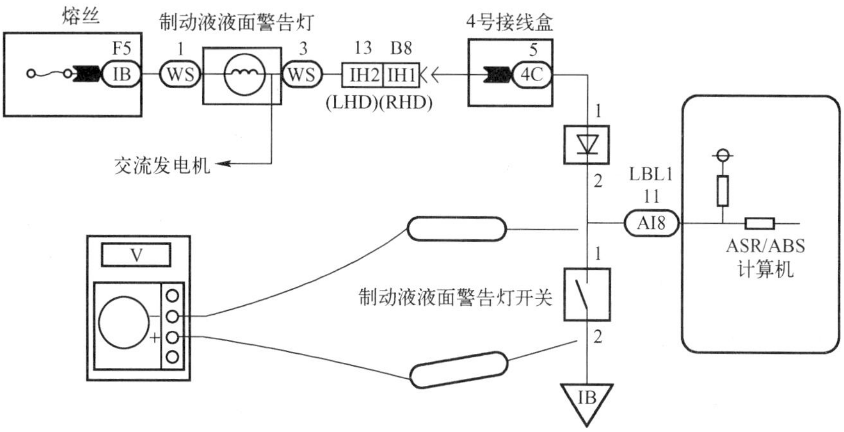

图 4-2-20　LS400UCF 轿车 ABS/TRC 系统制动液液面警告灯开关电路及其检查方法

故障码 54 或 55 可能的原因：液压泵电动机继电器不良；电动机与计算机之间的线路连接不良；ABS/TRC 计算机故障。

2）故障诊断

LS400UCF 轿车 ABS/TRC 系统液压泵继电器电路及其检查方法如图 4-2-21 所示。

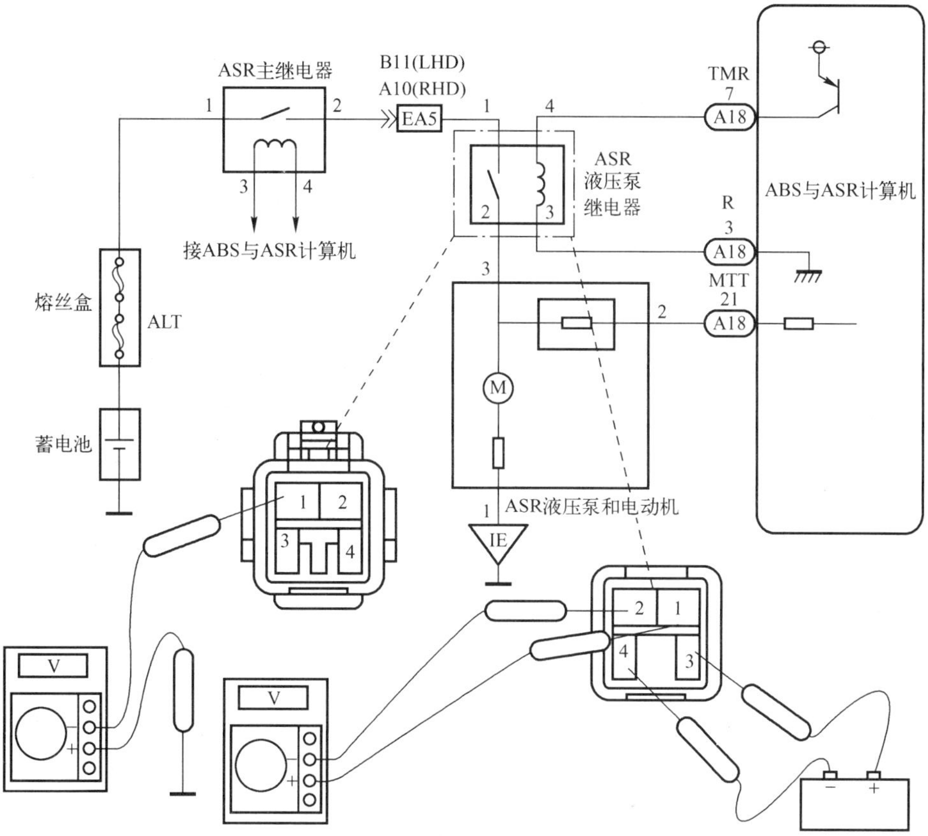

图 4-2-21　LS400UCF 轿车 ABS/TRC 系统液压泵电动机继电器电路及其检查方法

检查方法如下：

（1）检测液压泵电动机继电器的电源电压。拆下 ASR 液压泵电动机继电器，将点火开关置于 ON 位置，测量继电器连接器线束侧 1 号端子与搭铁之间的电压，电压值应为蓄电池电压。

若电压不正常，检查继电器与蓄电池之间的线路和连接器。

(2) 检测液压泵电动机继电器。检查液压泵电动机继电器各端子之间的导通情况，3－4 端子之间应导通，1－2 端子之间应不导通；在 3－4 端子之间加上蓄电池电压时，1－2 端子之间应导通。若上述检查有不正常，应更换 ASR 液压泵电动机继电器。

(3) 检查液压泵电动机。断开液压泵电动机连接器，2－3 端子之间应导通。若不导通，应更换液压泵及电动机总成；若正常，应检查液压泵电动机、液压泵电动机继电器与计算机之间的线路和连接器，如果线路和连接器均良好，则应检查或更换 ASR 计算机。

4. ASR 液压泵电动机监视电路的故障诊断

故障码 56 说明 ASR 液压泵电动机工作的信号电路故障。此电路用于向 ASR 计算机提供 ASR 液压泵电动机工作的信号，当电路出现故障时，ASR 控制功能被取消。

1）故障码 56 故障分析

故障码 56 特征：ASR 液压泵电动机工作的信号电路故障。

故障码 56 可能的原因：液压泵电动机故障；液压泵电动机搭铁、电动机与计算机之间的线路连接不良；计算机故障。

2）故障诊断

LS400 UCF 轿车 ABS/TRC 系统液压泵继电器电路及其检查方法如图 4-2-22 所示。

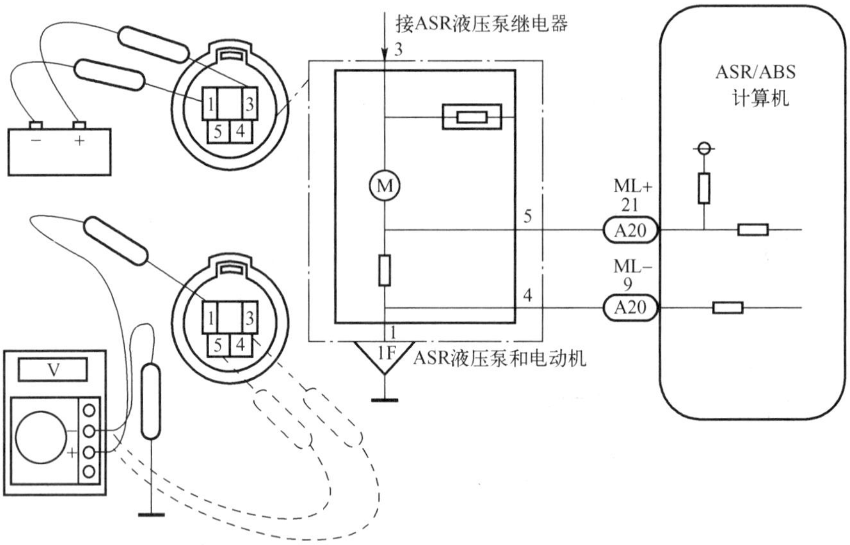

图 4-2-22　LS400UCF 轿车 ABS/TRC 系统液压泵电动机继电器电路及其检查方法

检查方法如下：

(1) 检测 ASR 液压泵电动机的工作情况。断开 ASR 液压泵电动机连接器，给液压泵电动机供电端接上蓄电池电压，蓄电池正极接 3 号端子，蓄电池负极接 1 号端子，ASR 液压泵电动机应运转；否则，应更换 ASR 液压泵电动机总成。

(2) 检测 ASR 液压泵电动机搭铁情况。ASR 液压泵电动机连接 1 号端子与搭铁之间应导通。若搭铁不正常，应检查 ASR 液压泵电动机搭铁线路和连接器。

(3) 检测 ASR 液压泵电动机连接器 4－5 端子之间的导通情况。断开 ASR 液压泵电动机连接器，检测液压泵电动机侧 4－5 端子之间是否导通，正常情况下应导通。若不导通，应更换

ASR 液压泵及电动机总成；若导通，应检查 ASR 液压泵电动机与 ASR 计算机之间的线路连接情况。若线路和连接器均良好，则应检查或更换 ASR 计算机。

任务实施

一、实施环境

（1）汽车底盘电控实训室或汽车整车实训室。

（2）装备有 ASR 的轿车或 ASR 台架（如 S－D－ABS/ASR/ESP、DB－6021 ABS/ASR/ESP 制动系统实训台、HY－QC326 型 ABS/ASR 制动系统实训台等）、举升机、工具车（配有拆装工具）、工作台。

（3）相应的车辆维修手册或 ASR 台架资料。

二、实施步骤

分小组完成如下操作：

（1）对照本组指配的整车或台架查看 ASR 系统构造特征，弄清其具体组成和工作原理；

（2）分组操作，完成 ASR 系统故障码的读取与清除。

（3）完成任务工单。

三、任务工单

项目四　检修驱动防滑控制系统 任务二　丰田雷克萨斯 LS400UCF 轿车 ABS/TRC 系统故障指示灯亮故障检修	班级			
	姓名		学号	
	日期		分数	

（1）根据教师指定的装备 ASR 的轿车或台架，回答以下问题：

① 车辆的型号：＿＿＿＿＿＿＿＿＿＿；② 车辆的 VIN 码：＿＿＿＿＿＿＿＿＿＿；

③ ASR 的型号：＿＿＿＿＿＿＿＿＿＿；④ ASR 的类型：＿＿＿＿＿＿＿＿＿＿；

⑤ ASR 的组成部件：＿＿。

（2）指出 LS400UCF 轿车 ABS/TRC 系统主要部件的名称。

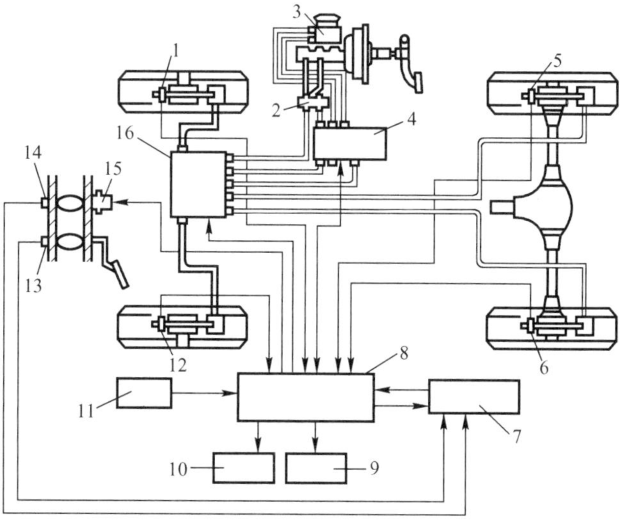

1：＿＿＿＿＿＿＿＿＿＿；

3：＿＿＿＿＿＿＿＿＿＿；

4：＿＿＿＿＿＿＿＿＿＿；

8：＿＿＿＿＿＿＿＿＿＿；

9：＿＿＿＿＿＿＿＿＿＿；

10：＿＿＿＿＿＿＿＿＿＿；

14：＿＿＿＿＿＿＿＿＿＿；

15：＿＿＿＿＿＿＿＿＿＿；

16：＿＿＿＿＿＿＿＿＿＿。

续表

项目四　检修驱动防滑控制系统 任务二　丰田雷克萨斯 LS400UCF 轿车 ABS/TRC 系统故障指示灯亮故障检修	班级			
	姓名		学号	
	日期		分数	

（3）分析 TRC 隔离电磁阀的原理。

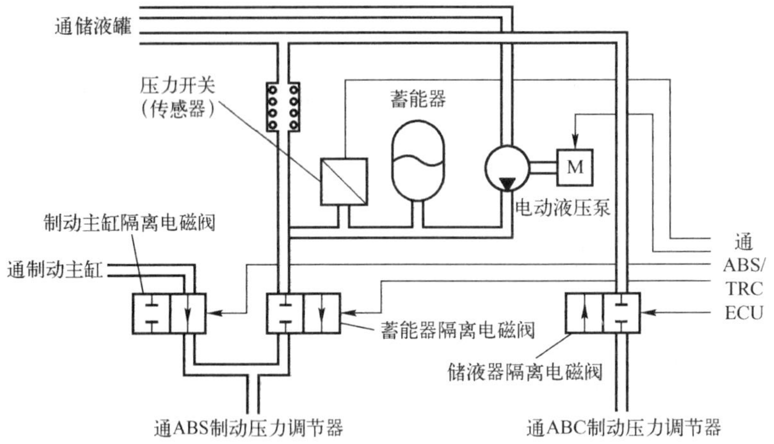

（4）分组讨论，如何回复任务导入中的客户咨询。

拓展知识

通用车型牵引力控制系统（TCS）介绍

一、通用车型牵引力控制系统（TCS）的作用

能够在车辆起步、加速或湿滑路面行驶时控制驱动轮滑转率，以维持车辆行驶的稳定性和最适当的驱动力。

二、通用车型 TCS 系统的主要部件

通用车型 TCS 系统与 ABS 整合在一起，共享电子组件和系统部件，并通过车载网络与其他系统共享信息，以提高控制精度和灵敏度。TCS 系统部件包括电控单元、传感器、液压控制单元、开关及故障指示灯等。

（一）TCS 系统电控单元

TCS 系统电控单元与 EBCM（电子制动控制模块）集成在一起，共享 ABS 所有输入信号和液压控制单元（HCU）。此外，TCS 还采集一些附加信号，主要包括发动机扭矩信息、TCS 开关信号和节气门开度信号等，这些信息可通过专线或 GMLAN 进行传输。TCS 对驱动轮进行防滑控制时，通过 GMLAN 向发动机控制模块、仪表控制模块及车辆诊断接口等输出相关请求信号或故障信息。TCS 系统信号输入与输出示意图如图 4-2-23 所示。

（二）TCS 传感器及 TCS 开关

TCS 传感器主要是轮速传感器和节气门位置传感器。轮速传感器信号用于计算车轮滑移率，

节气门位置传感器提供当前节气门开度信息。TCS 传感器参考这两个信号来改善驱动车轮的加速性能。

TCS 开关是一个瞬时接触开关，如图 4-2-24 所示，用于关闭牵引力控制功能。即使驾驶人通过该开关禁用了牵引力控制功能，系统也会在下一个点火循环重新启用该功能。

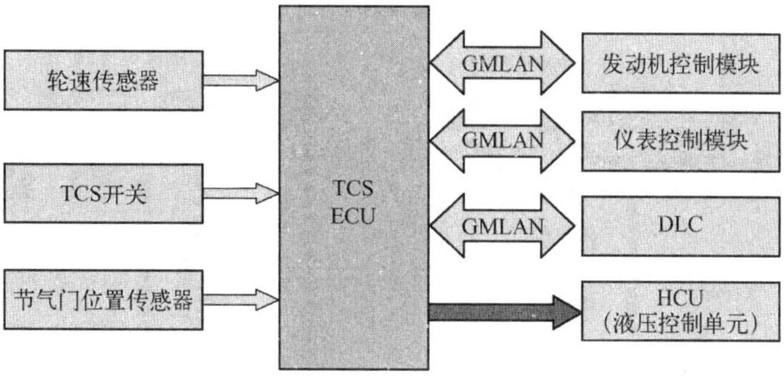

图 4-2-23　TCS 系统信号输入与输出示意图

（三）TCS 故障指示灯

TCS 故障指示灯为棕黄色，位于仪表板上，如图 4-2-25 所示。当打开点火开关时，TCS 进行自检，该故障指示灯将点亮 3 ～ 4 s。如果系统发生故障或 TCS 被禁用，TCS 指示灯将持续点亮。在牵引力控制的过程中，该指示灯会不断地闪烁。

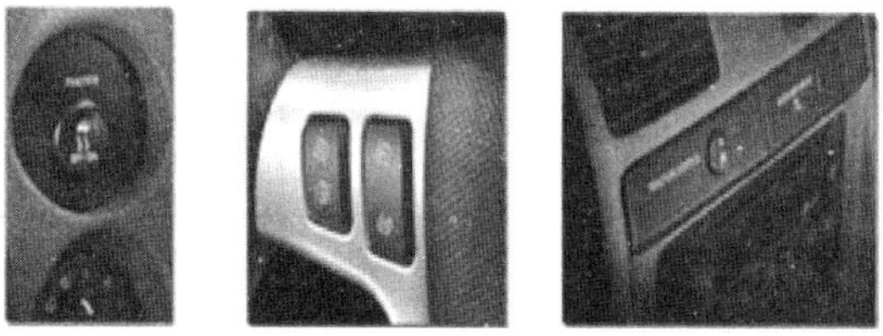

图 4-2-24　TCS 开关

图 4-2-25　TCS 故障指示灯

三、通用车型 TCS 系统的液控单元

TCS 液压控制单元在原 ABS 液压控制单元的基础上增加了隔离阀和启动阀。隔离阀为常开式电磁阀，启动阀为常闭式电磁阀，如图 4-2-26 所示。

当 TCS 不工作时，隔离阀和启动阀处于断电状态，隔离阀打开，启动阀关闭，制动主缸的油液经过隔离阀和进油阀进入驱动轮轮缸。此时制动系统可以通过此油路进行常规制动和防抱死制动。

当制动滑转的车轮时，TCS 给隔离阀和启动阀通电，同时驱动电动液压泵向驱动轮轮缸施加制动压力。启动阀打开，制动主缸的油液可以通过启动阀补充给电动液压泵；隔离阀关闭，可以阻止电动液压泵的泵油流回到制动主缸。与 ABS 一样，TCS 系统的液控单元也有增压、保压和减压三个过程。TCS 系统的液控单元在工作过程中的电磁阀状态如表 4-2-2 所示。

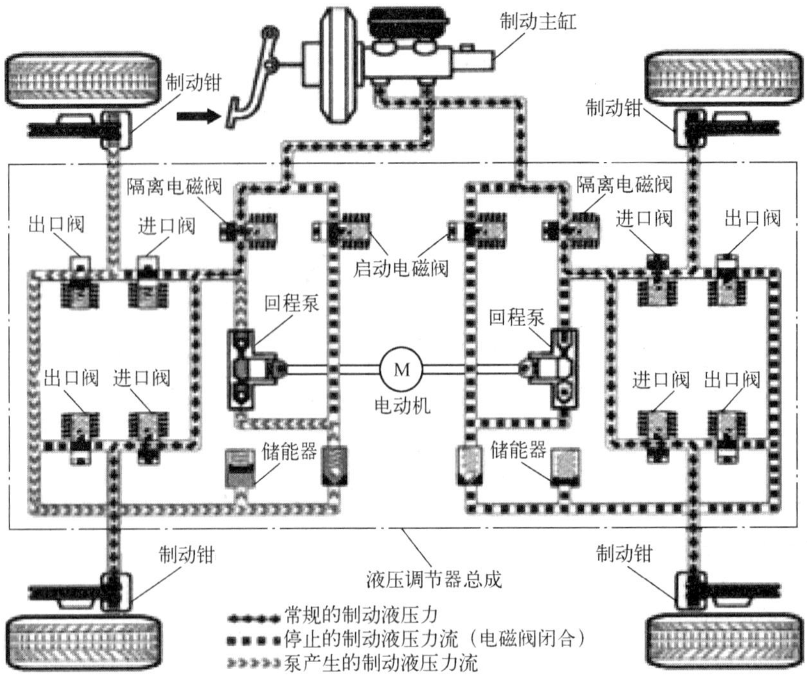

图 4-2-26　TCS 系统控制油路

表 4-2-2　TCS 系统的液控单元在工作过程中的电磁阀状态

电磁阀 / 工作过程	隔离阀	启动阀	进油阀	出油阀
增压过程	ON	ON	OFF	OFF
保压过程	ON	ON	ON	OFF
泄压过程	ON	ON	ON	ON

通电：ON；断电：OFF。

四、通用车型 TCS 系统的控制原理

TCS 在车辆行驶过程中不断检测轮速传感器等输入信号。在车辆加速过程中，如果检测到驱动车轮正向滑转，EBCM 将通过 GMLAN 向 ECM 发出降低扭矩请求信号。ECM 采取断缸、延迟点火、改变空燃比或升高变速器挡位（由 TCM 完成）等措施来降低输出扭矩。如果车辆配置电子节气门，ECM 还可以通过减小节气门开度来降低发动机输出扭矩。

如果 ECM 无法完全解决驱动车轮滑转现象，TCS 就会主动给滑转的驱动轮施加制动力，以阻止驱动轮滑转。此时，动力将通过差速器传递给具有更大附着力的其他驱动轮。

TCS 工作过程中，所有非驱动车轮的进油电磁阀都关闭，以确保非驱动车轮处于自由滚动状态。TCS 工作需要具备一定的前提条件，这些条件主要包括以下内容：

发动机转速必须大于 450 r/min；变速器必须在 D 挡、2 挡或 3 挡；制动踏板处于释放状态；车轮正向滑动超出限值。

复习延伸

一、小结

（1）丰田雷克萨斯 LS400UCF 轿车 ABS/TRC 系统采用同时控制发动机输出功率和驱动车轮的制动力的控制方法实现对驱动车轮滑转率的控制。

（2）TRC 制动执行器主要由 TRC 隔离电磁阀总成和 TRC 制动供能总成组成。

（3）TRC 隔离电磁阀通过管路与制动主缸、ABS 制动压力调节器和 TRC 制动供能总成相连，主要由制动主缸隔离电磁阀、蓄能器隔离电磁阀和储液器隔离电磁阀组成。

（4）副节气门传感器安装在副节气门枢轴上，检测副节气门开度的大小，反馈给 ABS 和 TRC ECU，以调整对副节气门执行器（步进电动机）的控制。

（5）ABS/TRC 的 ECU 根据驱动车轮转速传感器输送的速度信号计算并判断出车轮与路面间的滑转状态，并适时地向其执行机构发出指令，以降低发动机的输出转矩和车轮的转速，从而实现防止驱动轮滑转的目的。

二、练习与思考

（一）简答题

（1）简述 TRC 隔离电磁阀的工作过程。

（2）简述副节气门的控制过程。

（3）简述 ABS/TRC 的 ECU 的控制原理。

（4）简述 LS400UCF 轿车 ABS/TRC 系统控制单元连接器各端口的含义。

（二）选择题

（1）TRC 系统隔离电磁阀包括（　　）。（多选）

A. 制动主缸隔离电磁阀　　B. 蓄能器隔离电磁阀

C. 储液器隔离电磁阀　　D. 制动轮缸隔离电磁阀

（2）TRC 系统制动主缸隔离电磁阀是（　　）电磁阀。

A. 常开式　　B. 常闭式　　C. 常压式　　D. 常流式

（3）TCS 工作的前提条件包括（　　）。（多选）

A. 发动机转速必须大于 800 r/min（通用车型）

B. 变速器必须在 D 挡、2 挡或 3 挡

C. 制动踏板处于释放状态

D. 车轮正向滑动超出限值

（三）判断题

（1）副节气门传感器安装在副节气门枢轴上，检测副节气门开度的大小。（　　）

（2）丰田雷克萨斯 LS400UCF 轿车 ABS/TRC 系统 ABS 制动执行器和 TRC 制动执行器是组合在一起的。（　　）

（3）丰田雷克萨斯 LS400UCF 轿车 ABS/TRC 系统 ABS 制动执行器采用的电磁阀是三位三通电磁阀。（　　）

（4）丰田雷克萨斯 LS400UCF 轿车 ABS/TRC 系统 TRC 制动执行器中必须有蓄能器（高压）的存在。（　　）

项目五　检修电子控制悬架系统

学习目标

1. 知识目标

（1）了解电子控制悬架系统的主要优点和类型。

（2）掌握电子控制悬架系统主要部件的结构和工作原理。

（3）掌握电子控制悬架系统的控制功能。

（4）掌握电子控制悬架系统车身高度、悬架刚度和减振器阻尼系数调节的基本原理。

2. 能力目标

（1）能正确识别电子控制悬架系统的类型和检修的主要部件。

（2）能熟练分析车身高度传感器、转向盘转角传感器、模式选择开关等部件在电子控制悬架系统中的作用。

（3）能熟练识读电子控制悬架系统的电路图。

（4）能够对电子控制悬架系统常见故障进行正确的诊断与排除。

任务一　认知电子控制悬架系统

任务导入

一辆装备电控空气悬架的丰田雷克萨斯 LS400UCF 轿车在过年期间，由于乘坐人数及行李厢物体质量增加后，发现前照灯的照射位置比以往向上偏离了不少。于是客户将此情况向 4S 店的专业人员进行咨询，以解决此问题。

本任务的学习拟通过在整车实训室利用整车或在汽车底盘电控实训室利用电子控制悬架台架完成。具体包括：了解传统悬架的不足；了解电子控制悬架的类型、特点；快速辨识车辆是否装备电子控制悬架且能识别该电子控制悬架的类型；知道正确操纵装备电子控制悬架系统车辆的方法；掌握电子控制悬架系统主要部件的结构和基本工作原理等。最后完成任务工单。

相关知识

一、传统悬架系统的工作特性

传统悬架系统由弹性元件、减振器、导向装置和横向稳定器等部件组成，该系统一般具有固定的弹簧刚度和减振器阻尼系数，不能同时满足汽车行驶平顺性和操纵稳定性的要求。

降低弹簧刚度，平顺性会变好，使乘坐更舒适，但悬架偏软会使操纵稳定性变差。而增加弹簧刚度会提高操纵稳定性，但较硬的弹簧又使车辆对路面的不平度很敏感，使平顺性降低。

显然，既要满足平顺性的要求又要满足操纵稳定性的要求，固定的弹簧刚度和减振器阻尼系数是不能实现的。在不同的使用条件下具有不同的弹簧刚度和减振器阻尼系数的悬架系统才能同时满足汽车行驶平顺性和操纵稳定性的要求。

二、电子控制悬架系统的概念和类型

电子控制悬架系统的英文全称为 Electronic Controlled Suspension System，简称 ECSS。

1. 根据传力介质分类

（1）电控空气式悬架系统。(其英文全称为 Electronic Controlled Air Suspension System)，简称 ECAS。

（2）电控油气式悬架系统。以油为介质压缩气室中的空气，实现刚度特性的变化，采用管路中的小孔节流实现阻尼特性。

2. 根据悬架的刚度系数和阻尼系数是否可调分类

（1）半主动悬架。不改变悬架的刚度，只改变悬架的阻尼。

（2）全主动悬架。根据汽车的运动状态和路面状况，适时地调节悬架的刚度和阻尼。按照弹簧的类型可分为空气弹簧主动悬架和油气弹簧主动悬架。

3. 上汽通用的三种电控悬架控制系统

（1）自动水平控制全主动悬架 ALC（Automatic Level Control）。

（2）磁性液流控制半主动悬架 MRC（Magneto-rheological Control）。

（3）半主动式阻尼悬架 SADS（Semi-active Damping System）。

三、电子控制悬架系统的组成、控制功能和工作原理

（一）电子控制悬架系统的组成

虽然电子控制悬架系统的结构形式多种多样，但它们的基本组成基本相同，一般由传感器、开关、执行机构和电子控制单元等组成。

传感器主要有车身高度传感器、车速传感器、加速度传感器、转向盘转角传感器、节气门位置传感器等；开关有模式选择开关、制动灯开关、驻车开关和车门开关等；执行机构有可调阻尼的减振器、可调节弹簧高度和弹性大小的弹性元件等；电子控制单元一般由微机和信号放大电路组成。

（二）电子控制悬架系统的控制功能

电子控制悬架系统利用液压减振器和空气弹簧中存在的压缩空气进行减振器阻尼系数与悬架刚度的有级调节和车身高度的自动调节控制，可实现减振器阻尼力和悬架刚度“软－中－硬”的有级控制转换。

1. 车身高度自动调节功能

不管车辆负载在规定范围内如何变化，都可以保证车高一定，可大大减少汽车在转向时产生的侧倾。当车辆在凹凸不平的道路上行驶时可提高车身高度；当车辆高速行驶时又可使车身高度降低，以减少风阻并提高车辆的操纵稳定性。

1）高速感应控制

当汽车在良好路面上高速行驶时，车速超过 90 km/h，若车身高度控制开关选择在 HIGH 位置上，车身高度将自动转换为 NORM 状态，降低车身高度，以减少空气阻力，提高汽车行驶的稳定性。

2）连续差路面行驶控制

当汽车在连续差路面上行驶时，车速在 40 ～ 90 km/h，提高车身高度，以提高汽车的通过性；车速在 90 km/h 以上，降低车身高度，以满足汽车行驶的稳定性。

3）点火开关 OFF 控制

驻车时，当点火开关关闭后，乘客和行李质量的变化使车身高度高于目标高度时，能使车身高度降低到目标高度，改善汽车驻车时的姿势（车身高度降低），且便于乘客的乘降。

4）自动高度控制

不管乘客和行李质量如何变化，操作高度控制开关能使汽车的目标高度变为“正常”或“高”的状态，保持车身高度恒定。

2. 减振器的衰减力（阻尼系数）自动调节功能

减振器的衰减力（阻尼系数）自动调节的功能是提高车辆的操纵稳定性，在急转弯、急加速和紧急制动时可以抑制车辆姿态的变化（减少俯仰角、后仰角、侧倾角等）。

3. 弹性元件的弹性或刚性系数自动调节功能

利用弹性元件的弹性或刚性系数变化，控制车辆起步、急加速、紧急制动等工况时车身的姿态。

电子控制悬架系统的具体控制功能见表 5-1-1。

表 5-1-1　电子控制悬架系统的具体控制功能

序　号	控制项目	电控悬架系统控制功能
1	防侧倾控制	使悬架刚度和减振力变成“硬”状态，抑制侧倾，使汽车的姿态变化减至最小，改善操纵性能
2	防点头控制	使悬架刚度和减振力变成“硬”状态，抑制汽车制动前部点头，使汽车的姿态变化减至最小
3	防下坐控制	使悬架刚度和减振力变成“硬”状态，抑制汽车急加速时后部后坐，使汽车的姿态变化减至最小
4	高车速控制	使悬架刚度变成“硬”状态或使减振力变成“中”状态，改善行驶稳定性和操纵性能
5	不平路面控制	使悬架刚度和减振力视需要变成“硬”或“中”状态，抑制汽车车身沿悬架上下摆动，改善乘坐舒适性
6	颤动控制	使悬架刚度和减振力视需要变成“硬”或“中”状态，抑制汽车在不平路面行驶时的颤动
7	跳振控制	使悬架刚度和减振力视需要变成“硬”或“中”状态，抑制汽车在不平路面行驶时的上下跳振
8	车身高度控制	不管乘客和行李质量如何发生变化，使车身高度保持某一恒定的高度位置；操作车身高度控制开关，使车身目标高度变为“高”或“正常”状态
9	点火开关 ON/OFF 控制	点火开关关闭后，因乘客和行李质量发生变化使车身高度变为高于目标高度时，能使汽车车身高度降低至目标高度，改善汽车驻车时的姿态

（三）电子控制悬架系统的工作原理

电子控制悬架系统的一般工作原理是：利用传感器（包括开关）对汽车行驶时路面的状况和车身的状态进行检测，将检测信号输入计算机进行处理，计算机通过驱动电路控制悬架系统的执行器动作，完成悬架特性参数的调整。

（四）设有路况预测传感器的电子控制悬架的工作原理

设有路况预测传感器的电子控制悬架的基本结构如图 5-1-1 所示。储压器内充有气体，这些可压缩的气体可以产生一种类似弹簧的效果。主节流孔限制储压器和油压腔之间的油流，从而形成减振作用。当选择阀打开时，油流通过选择阀的副节流孔，在储压器和油压腔之间流动，从而减小振动阻尼。

控制单元根据各轮上设置的检测车身纵向加速度的传感器信号、路况预测传感器检测信号、车身高度、车速传感信号对设置在各车轮上的控制阀和选择阀进行控制。路况预测传感器的位

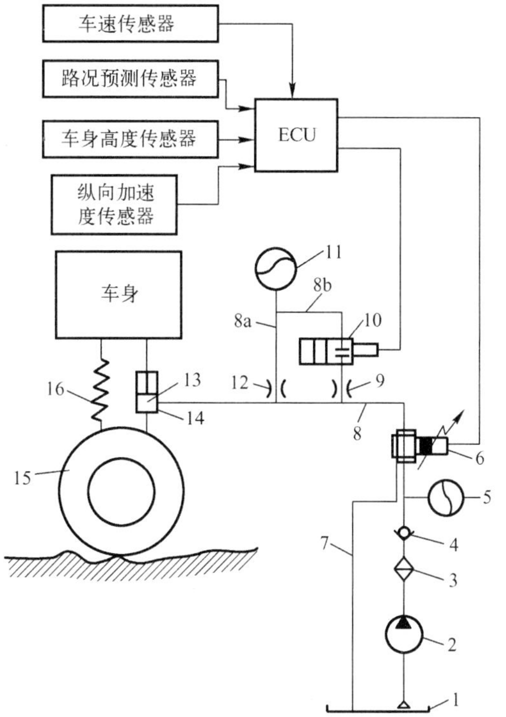

图 5-1-1　设有路况预测传感器的电子控制悬架的基本结构

1—油箱；2—油泵；3—滤清器；4—单向阀；5、11—储压器；6—控制阀；7—回油管；8—油管；9、12—节流孔；10—选择阀；13—油压腔；14—单向液压执行器；15—车轮；16—悬架弹簧

置如图 5-1-2 所示。路况预测传感器通常为超声波传感器，频率为 40 kHz 左右，它安装在车身的前面，以便对其下方的路面状况进行检测。

在车辆正常行驶时，选择阀关闭，单向液压执行器的油压腔通过主节流孔与储压器相通，它可以吸收并降低因路面不平而引起的微小振动。

当车辆上的路况预测传感器发现路面上有将引起振动的凸起物时，控制单元便控制选择阀打开，并将悬架系统的阻尼系数减小到一个特定的值上。

控制单元在检测路况预测传感器输出信号（见图 5-1-3）的同时，也不断地检测车速。根据车速可以估算出测得的凸起物和实际车轮通过凸起物之间的滞后时间。选择阀应恰好在车轮通过凸起物时打开，这样，在车轮通过凸起物时，悬架的阻尼系数只是短暂变化，车轮通过了凸起物后，选择阀便再次关闭。

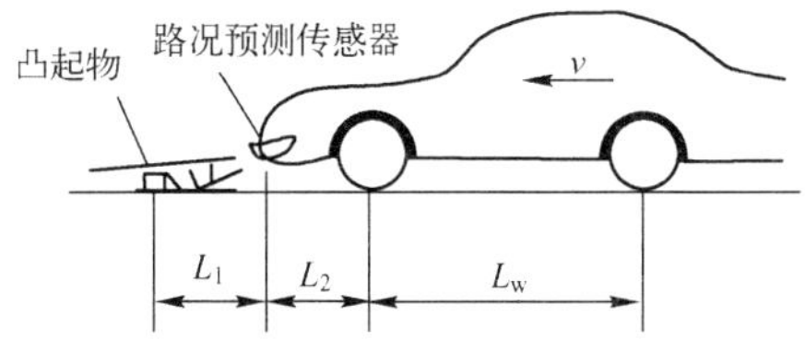

图 5-1-2　路况预测传感器的位置

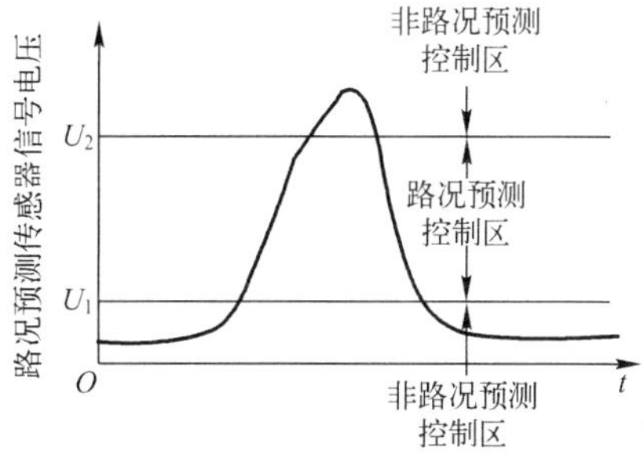

图 5-1-3　路况预测传感器的输出信号电压

带路况预测传感器（声呐系统）的主动式悬架系统可以在汽车到达之前对路面情况进行预测处理，因而大大改善了悬架的工作性能，装有这种系统的车辆在不平的路面上行驶时，甚至可以不扶转向盘。

四、电子控制悬架系统主要组件的结构和工作原理

（一）主要传感器的结构和工作原理

1. 车身高度传感器

车身高度传感器的作用是将车身与车桥之间的相对高度变化（悬架变形量的变化）转换为电信号并送给电控单元。有的车型有三个车身高度传感器，而有的车型有四个，在每个悬架上都装有一个车身高度传感器。

车身高度传感器通过监测车身与悬架下臂之间的距离变化，来检测车身高度和因道路不平而引起的悬架位移量。

车身高度传感器常用的有片簧开关式、霍尔式和光电式车身高度传感器。其中，片簧开关式和霍尔式车身高度传感器是接触式传感器，在使用中存在由于磨损而影响检测精度的缺点；而光电式车身高度传感器是非接触式传感器，不存在上述缺点，因而应用广泛。下面主要介绍光电式车身高度传感器的结构和工作原理。

1）光电式车身高度传感器的安装位置

光电式车身高度传感器一般安装在车身与车桥之间，如图5-1-4所示。

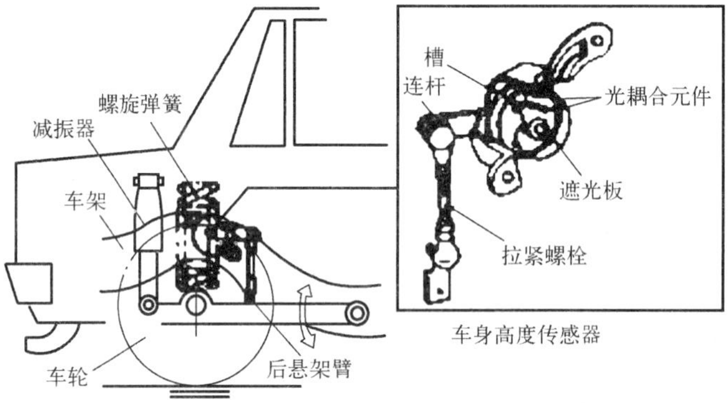

图5-1-4　光电式车身高度传感器的安装位置

2）光电式车身高度传感器的结构

光电式车身高度传感器主要由传感器轴、圆盘、遮光器、光耦合器等部件组成，如图5-1-5

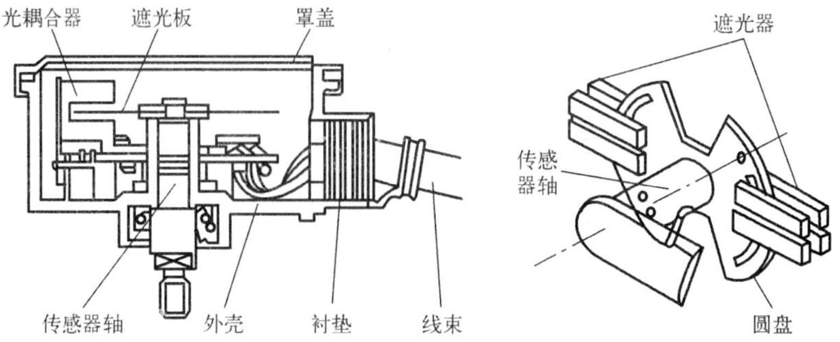

图5-1-5　光电式车身高度传感器的结构

所示。光电式车身高度传感器内有一根靠连杆（下连接在车桥上）带动转动的传感器轴，传感器轴上固定一个开有许多窄槽的圆盘，圆盘两边是由发光二极管和光电晶体管组成的光耦合器。每个光耦合器由四组发光二极管和光电晶体管组成。

3）光电式车身高度传感器的工作原理

当车身高度变化时（如不平路面或汽车载荷发生变化），车身与车轮的相对运动使车身高度传感器的连接杆转动，通过传感器轴带动圆盘转动，使光耦合器相对应的发光二极管和光电晶体管上的光线发生 ON/OFF 的转换，如图 5-1-6 所示。

光电晶体管把接收到的光线 ON/OFF 转换成电信号，并通过导线输送给悬架电子控制单元（ECU）。ECU 根据光耦合器 ON/OFF 转换的不同组合变化（共 16 种组合变化，如图 5-1-7 和表 5-1-2 所示），检测出不同的车身高度。

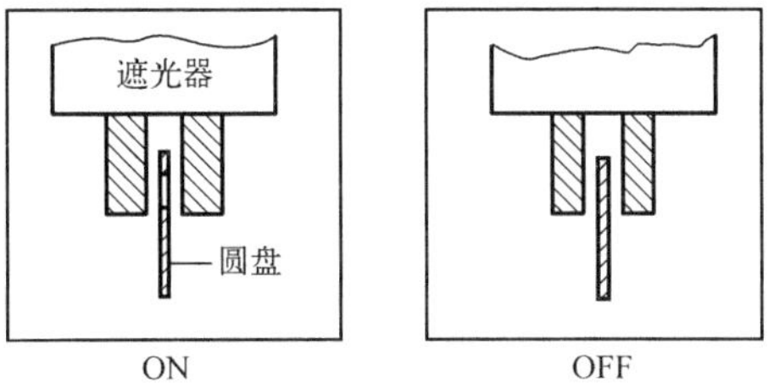

图 5-1-6 光电式车身高度传感器的 ON/OFF 转换

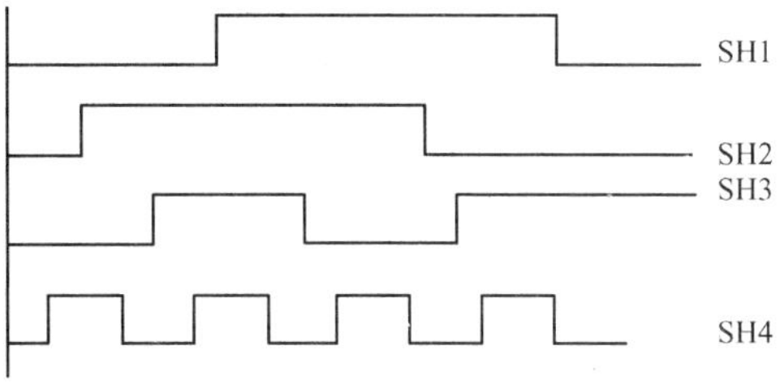

图 5-1-7 光耦合器输出信号

表 5-1-2 光耦合器的 16 种组合变化

高度等级	光耦合器 ON/OFF 情况				车身高度
	SH1	SH2	SH3	SH4	
1	OFF	OFF	OFF	OFF	最低
2	OFF	OFF	OFF	ON	
3	OFF	ON	OFF	ON	低
4	OFF	ON	OFF	OFF	
5	OFF	ON	ON	OFF	
6	OFF	ON	ON	ON	
7	ON	ON	ON	ON	标准
8	ON	ON	ON	OFF	
9	ON	ON	OFF	OFF	
10	ON	ON	OFF	ON	
11	ON	OFF	OFF	ON	高
12	ON	OFF	OFF	OFF	
13	ON	OFF	ON	OFF	
14	ON	OFF	ON	ON	
15	OFF	OFF	ON	ON	最高
16	OFF	OFF	ON	OFF	

2. 转向盘转角传感器

转向盘转角传感器用于检测转向盘的中间位置、转动方向、转动角度和转动速度。在电子控制悬架中，电子控制单元根据车速传感器信号和转角传感器信号，判断汽车转向时侧向力的大小和方向，提高操纵稳定性、防止侧倾。

目前，汽车上广泛采用光电式转向盘转角传感器，下面主要介绍光电式转向盘转角传感器的结构和工作原理。

1）光电式转向盘转角传感器的安装位置

光电式转向盘转角传感器安装在转向轴上，如图5-1-8所示。

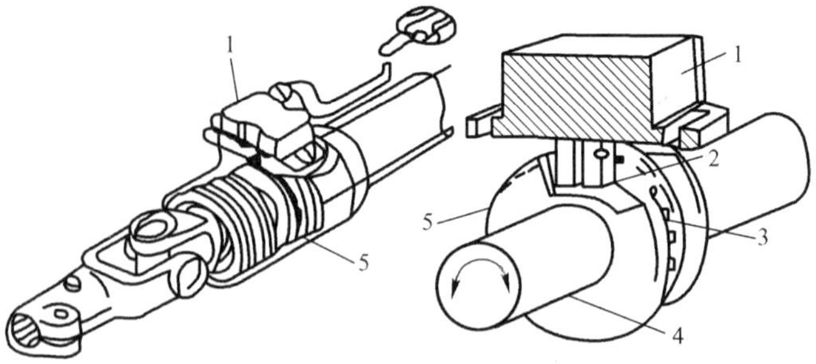

图5-1-8　光电式转向盘转角传感器的安装位置和结构

1—转向盘转角传感器；2—信号发生器；3—遮光盘；4—转向轴；5—传感器圆盘

2）光电式转向盘转角传感器的结构

如图5-1-8所示，在转向盘的转向轴上装有一个带窄缝的圆盘，传感器的光电元件（即发光二极管）和光电接收元件（光电晶体管）相对地装在盘两侧，形成遮光器。

由于圆盘上的窄缝呈等距均匀分布，当转向盘的转轴带动圆盘偏转时，窄缝圆盘将扫过遮光器中间的空穴，从而在遮光器的输出端即可进行ON/OFF转换，形成脉冲信号。

3）光电式转向盘转角传感器的工作原理

光电式转向盘转角传感器的工作原理如图5-1-9所示。当转动转向盘时，带窄缝的圆盘使遮光器之间的光束产生通/断的变化，遮光器的这种反复开/关状态产生与转角成一定比例的一系列数字信号，系统控制装置可根据此信号的变化来判断转向盘的转角与转速。同时，由于传感器上两个光耦合器ON/OFF信号变换的相位错开约90°，如图5-1-10所示，可根据检测到的脉冲信号的相位差来判断转向盘的偏转方向。

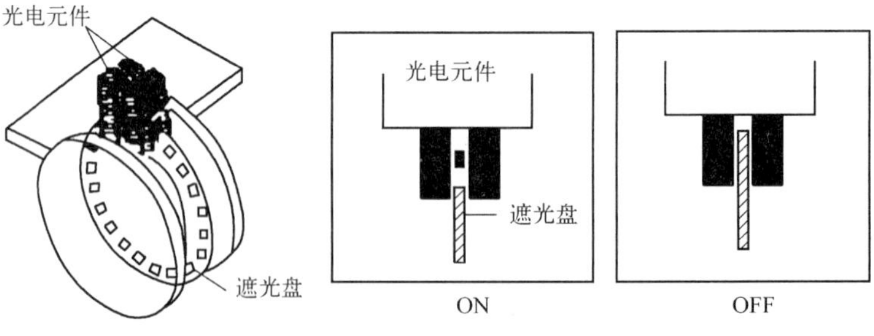

图5-1-9　转向盘转角传感器的工作原理

3. 加速度传感器

车轮打滑时，不能以转向角和汽车车速正确判断车身侧向力大小。为了直接测出车身横向加速度和纵向加速度，可以利用加速度传感器。

横向加速度传感器主要用于检测汽车转向时，汽车因离心力的作用而产生的横向加速度，并将产生的电信号输送给电子控制单元，使电子控制单元能判断悬架系统的阻尼力改变的大小及空气弹簧中空气压力的调节情况，以维持车身的最佳姿势。

常用的加速度传感器有差分变压器式和钢球位移式等。

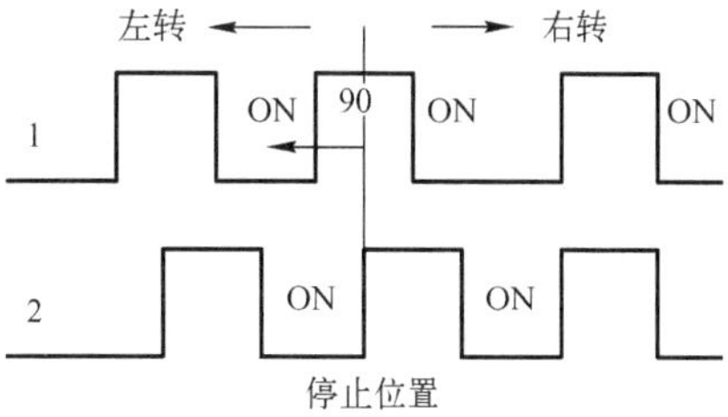

图 5-1-10　光电式转向盘转角传感器的信号相位图

4. 其他传感器

1）车速传感器

车速传感器安装在车轮上，送出与轮速成正比的脉冲信号，ECU 利用该信号与转向盘转角信号，可计算出车身侧倾程度。通过对车速的检测，来调节电控悬架的阻尼力，从而改善汽车行驶的安全性。车速传感器与自动变速器车速传感器共用。

2）节气门位置传感器

节气门位置传感器可以间接检测汽车加速信号，判断汽车是否在进行急加速，节气门位置传感器先将信号输入发动机电子控制单元，然后，发动机电子控制单元再将此信号输入悬架电子控制单元，悬架电子控制单元利用此信号作为防下坐控制的一个工作状态参数。节气门位置传感器与发动机节气门位置传感器共用。

3）车门传感器

车门传感器可防止行驶过程中车门未关闭。

4）制动力传感器

安装于制动管路中，制动时它向 ECU 送出一个阶跃信号，使 ECU 产生并输出抑制“点头”的信号。

（二）主要控制开关的工作原理

1. 模式选择开关

1）模式选择开关的位置和作用

驾驶人根据汽车的行驶状况和路面情况选择悬架的运行模式，即悬架的“软”、“中”或“硬”状态，从而决定减振器的阻尼力大小。

模式选择开关一般位于变速器变速杆旁。

2）四种运行模式

驾驶人通过控制模式选择开关，可使悬架系统工作在四种运行模式：自动标准（Auto Normal）；自动运动（Auto Sport）；手动标准（Manual Normal）；手动运动（Manual Sport）。

当选择自动模式时，悬架系统可以根据汽车的行驶状态自动调节减振器的阻尼力，以保证汽车的乘坐舒适性和操纵稳定性；当选择手动模式时，悬架系统的阻尼力只有标准（中等）和运动（硬）两种状态的转换。

2. 高度 ON/OFF 开关

高度 ON/OFF 开关安装在后备箱内，举升汽车时关闭。高度 ON/OFF 开关的作用是强制停止悬架计算机对车身高度的自动控制，防止车辆在维修时空气弹簧中的空气排出，导致发生车辆“趴下”现象发生。

3. 高度控制开关

高度控制开关用来选择车身高度，ECU 检测高度控制开关的状态并相应地使车身高度上升和下降。当高度控制开关处于 HIGH（高）位置时，系统对车身高度进行“高值自动控制”；当高度控制开关处于 NORM 时，车身高度则进入“常规值自动控制”状态。

4. 制动灯开关

当踩下制动踏板时，制动灯开关接通，ECU 接收这个信号作为防点头控制的一个起始状态。

（三）车身高度控制执行装置

车身高度控制是指可根据车内乘员人数或汽车装载情况自动调节车身高度，以保持车身具有稳定的行驶姿态。

1. 车身高度控制的类型

1）停车水平控制

停车后，当车上载荷减少而车身上抬时，控制系统能自动地降低车身高度，以减少悬架系统的负荷，改善汽车外观形象。

2）特殊行驶工况高度控制

当汽车高速行驶时，主动降低车身高度，以改善行车的操纵稳定性和气动特性。

当汽车行驶于起伏不平度较大的路面时，主动升高车身，避免与地面或悬架的磕碰。

3）自动水平控制

当乘员人数和装载质量增加或减少时，车身高度不受载荷影响，汽车高度自动保持一定，使乘坐更加平稳，使汽车行驶平稳，前照灯光束方向保持不变，可提高行车安全性。

2. 车身高度控制执行机构

车身高度控制执行机构主要由空气阀、空气压缩机和设置在悬架之上的主气室组成。

车身高度控制原理图如图 5-1-11 所示。

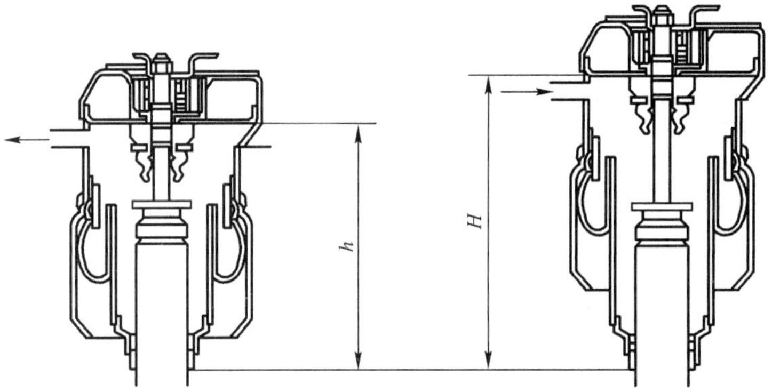

（a）车身低　　（b）车身高

图 5-1-11　车身高度控制原理图

车高控制主要是利用空气弹簧中主气室空气量的多少来进行调节的。当 ECU 接收到车身高度传感器、车速传感器、车门开关等信号，经过处理判断，若是增加车身高度，则控制执行机构向空气弹簧主气室充气，增加空气量使车身高度增加；若是降低车身高度，则控制执行机构打开排气装置向外排气，使空气弹簧主气室的空气量减少而降低车身高度。

空气压缩机的结构如图 5-1-12 所示，由驱动电动机、排气阀、干燥器等组成。它由电动机驱动，根据悬架 ECU 的信号向干燥器输送提高车身高度所必需的压缩空气。干燥器可将空气中的水分过滤掉。排气阀从系统中放出压缩空气，同时排掉干燥器滤出的空气水分。

高度控制阀是一个二位二通电磁阀，如图 5-1-13 所示，通过向空气弹簧的主气室内进气和排气，从而控制车身高度。

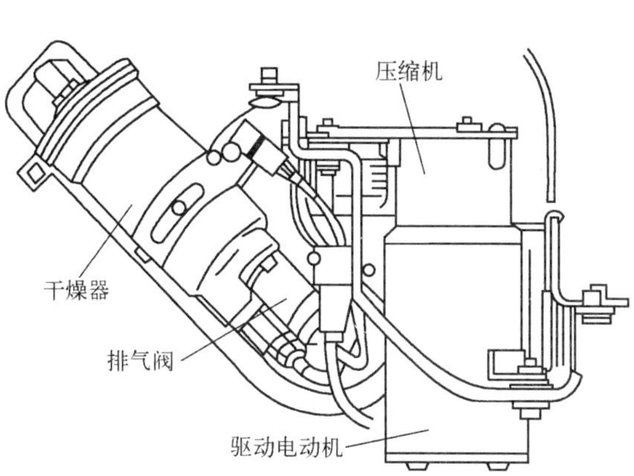

图 5-1-12　空气压缩机的结构

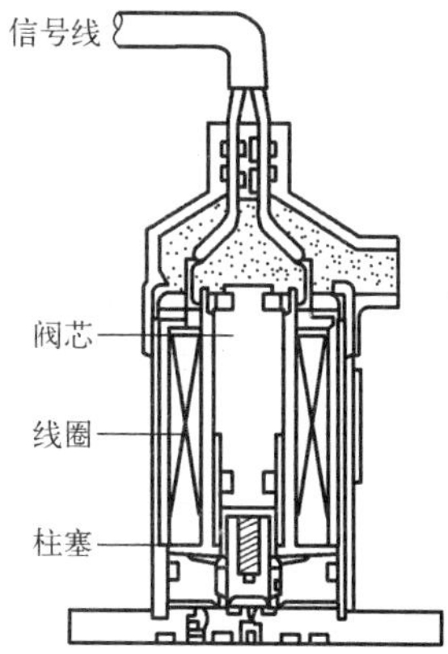

图 5-1-13　高度控制阀的结构

3. 车身高度控制的方式

如图 5-1-14 所示，在该控制系统中，高度传感器的信号用于控制空气压缩机向空气弹簧输送压缩空气，抬高车身。同时该信号（高度传感器）也被用来控制空气弹簧上的排气电磁阀，释放空气弹簧中已有的气体，从而达到维持弹簧内的压力和降低车身高度的目的。干燥器内的干燥剂（硅的化合物）吸收进气过程中压缩空气的水分，这些水分可以通过干燥器排出的气体带走，以使干燥剂能得以重复使用。

如图 5-1-15 所示，在空气压缩机与空气弹簧之间设置了高压的储气筒，空气压缩机输出的高压气体存储在该储气筒中，压力开关感受储气筒内的压力，最终通过计算机控制空气压缩机的运转。

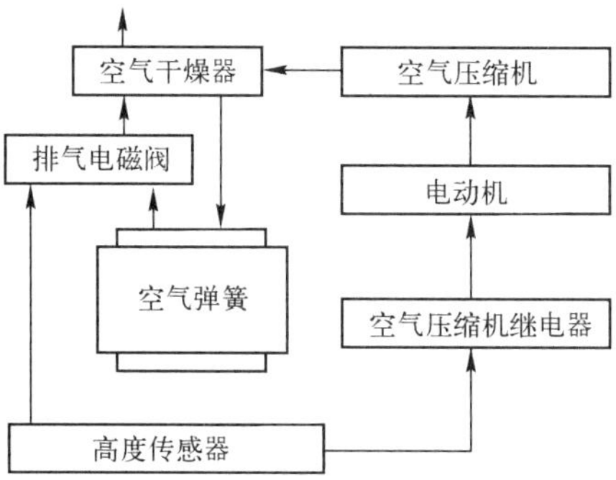

图 5-1-14　车身高度控制的方式（一）

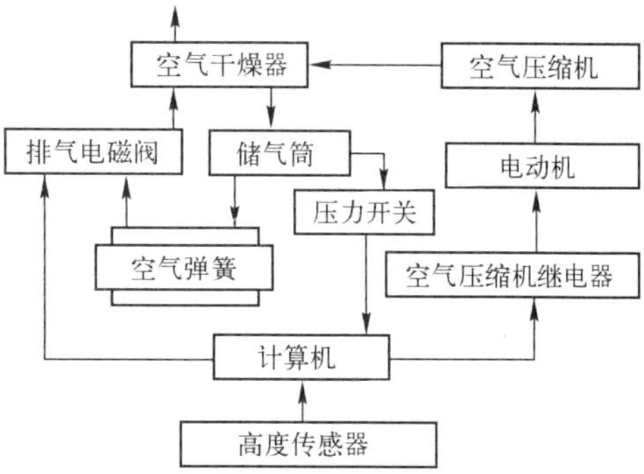

图 5-1-15　车身高度控制的方式（二）

（四）空气悬架刚度调节装置和悬架系统阻尼调节装置

1. 空气弹簧的结构

空气弹簧主要由主气室、副气室、悬架刚度执行机构、阻尼转换执行机构和液压减振器等组成，如图 5-1-16 所示。

悬架上端与车身连接，下端与车轮连接。主气室的容积是可变的，在它的下部有一个可伸展的隔膜，压缩空气进入主气室可升高悬架高度，反之使悬架下降。

悬架刚度执行机构在主气室与副气室之间，主、副气室之间通过一个通路，有气体相互流动，改变主、副气室之间气体通路的大小，使主气室被压缩的空气量发生变化，即可改变空气弹簧的刚度。

液压减振器活塞通过中心杆和悬架控制执行器连接，执行器带动阻尼调节杆转动可改变活塞上阻尼孔的大小，从而改变减振器的阻尼系数。

由此可见，弹簧刚度是通过主气室与副气室进行调节的，阻尼系数是通过减振器进行调节的。

2. 空气弹簧控制执行器

如图 5-1-17 所示，空气弹簧控制执行器由步进电动机、小齿轮、扇形齿轮、电磁线圈、制动杆、刚度控制杆、阻尼调节杆等部件组成。

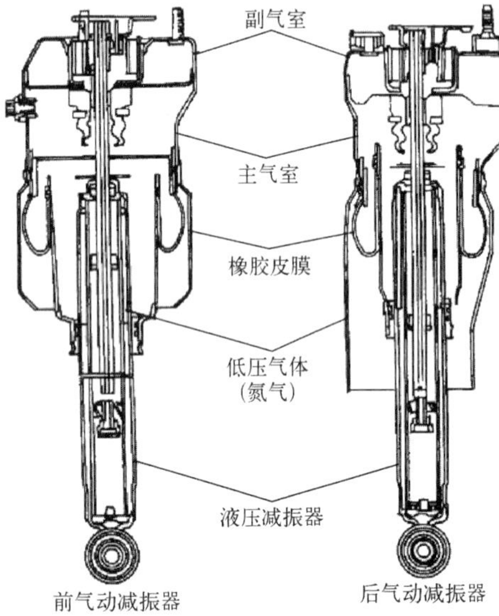

图 5-1-16 空气弹簧的结构

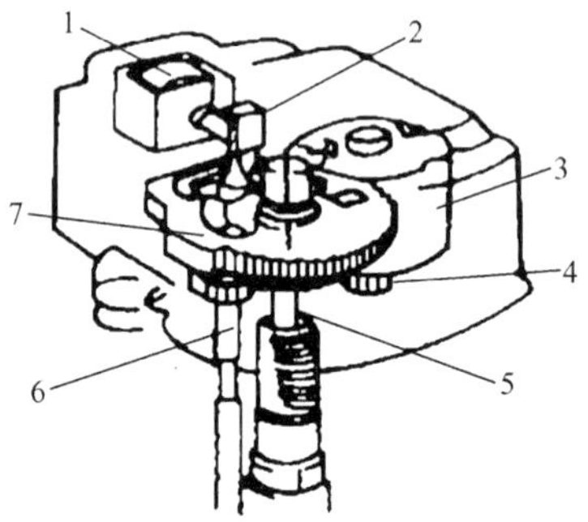

图 5-1-17 空气弹簧控制执行器的结构

1—电磁线圈；2—制动杆；3—步进电动机；4—小齿轮；5—阻尼调节杆；6—刚度调节杆；7—扇形齿轮

步进电动机带动小齿轮驱动扇形齿轮转动，与扇形齿轮同轴的阻尼调节杆带动回转阀转动，使阻尼孔开闭的数量变化，从而调节减振器的阻尼。在调节阻尼的同时，齿轮系带动与气室阀芯相连接的刚度调节杆转动，随着气室阀芯角度的改变，悬架的刚度也得以调节。电磁线圈控制的电磁制动开关松开时，制动杆处于扇形齿轮的滑槽内，扇形齿轮可以转动；电磁制动开关吸合时，制动杆往回拉，齿轮系处于锁止状态，各回转阀均不能转动，使悬架的参数保持在相对稳定的状态下。

3. 空气悬架刚度调节原理

悬架刚度调节是通过悬架刚度执行机构开闭主气室与副气室的隔板，改变气室的容积而实现的，即增大容积使刚度变小，减小容积使刚度增加。ECU 根据车辆状态信号及时调节悬架刚度，高速行驶转换为大刚度，低速行驶转换为小刚度；在制动时，使前悬架刚度增加，在加速时，使后悬架刚度增加；而转弯时，使左右悬架刚度调节以减少侧倾。一般减小空气弹簧刚度会使汽车增大侧倾、下坐或点头，因此悬架刚度的控制，多数情况下是和车身高度和阻尼系数的调节相结合使用，以便于从总体上改善平顺性。

4. 悬架系统阻尼调节原理

空气弹簧采用可调阻尼式减振器，通过空气弹簧控制执行器控制阻尼控制杆的位置，改变减振器上下腔室之间液体流通的阻尼孔的大小，从而改变减振器的阻尼系数。

（五）电子控制悬架电控单元

电子控制悬架电控制单元接收各传感器、开关输入的信号，通过运算处理，控制执行器进行适应性调节，保持车辆的平顺性和操纵稳定性。电子控制悬架电控单元 ECU 电路一般由输入电路、微处理器、输出电路和电源电路等组成。

ECU 具有提供稳压电源、传感器信号放大、输入信号计算、驱动执行机构和故障检测等功能。

1. 提供稳压电源

控制装置内部所用电源和供各种传感器的电源均由稳压电源提供。

2. 传感器信号放大

用接口电路将输入信号（如各种传感器信号、开关信号）中的干扰信号除去，然后放大、变换极值、比较极值，变换为适合输入控制装置的信号。

3. 输入信号计算

电子控制单元根据预先写入只读存储器（ROM）中的程序对各输入信号进行计算，并将计算结果与内存的数据进行比较后，向执行机构（电动机、电磁阀、继电器等）发出控制信号。当输入 ECU 的信号除了开/关信号外还有电压信号时，还应进行 A/D 转换。

4. 驱动执行机构

电子控制悬架电控单元用输出驱动电路将输出驱动信号放大，然后输送到各执行机构，如电动机、电磁阀、继电器等，以实现对汽车悬架参数的控制。

5. 故障检测

电子控制悬架电控单元用故障检测电路来检测传感器、执行器、线路等的故障，当发生故障时，将信号送入悬架 ECU，目的在于即使发生故障，也应使悬架系统安全工作，而且在修理故障时容易确定故障所在位置。

任务实施

一、实施环境

（1）汽车底盘电控实训室或汽车整车实训室。

（2）装备有电子控制悬架的轿车（如雪铁龙 XM 轿车、丰田雷克萨斯 LS400 轿车、马自达 929 或 MX－6 或 M－7 轿车等）或电子控制悬架台架（如 LS400 电控悬架试验台架、LS430 电控空气悬架等）、举升机、工具车（配有拆装工具）、工作台。

（3）相应的车辆维修手册或电子控制悬架台架资料。

二、实施步骤

分小组完成如下操作：

（1）对照本组指配的整车或台架查看电子控制悬架的构造特征，弄清其具体组成和工作原理。

（2）分组操作，领会电子控制悬架的正确操作方法。

（3）完成任务工单。

三、任务工单

项目五　检修电子控制悬架系统 任务一　认知电子控制悬架系统	班级			
	姓名		学号	
	日期		分数	

(1) 根据教师指定的电子控制悬架车辆或台架，回答以下问题：

① 车辆的型号：________________；② 车辆的 VIN 码：________________；

③ 电子控制悬架的类型：________________；④ 电子控制悬架的组成部件：________________

____。

(2) 分析传统悬架的不足之处。

(3) 写出电子控制悬架控制模式的中文名称。

Auto Normal：________________；Auto Sport：________________；

Manual Normal：________________；Manual Sport：________________。

(4) 完成光耦合器的 16 种组合变化。

高度等级	光耦合器 ON/OFF 情况				车身高度
	SH1	SH2	SH3	SH4	
1	OFF	OFF		OFF	
2	OFF		OFF	ON	
3		ON	OFF	ON	
4	OFF	ON	OFF		
5		ON	ON	OFF	
6	OFF		ON	ON	
7	ON	ON		ON	标准
8	ON	ON	ON		
9	ON	ON		OFF	
10	ON		OFF	ON	
11		OFF	OFF	ON	
12	ON		OFF	OFF	
13	ON	OFF		OFF	
14	ON	OFF	ON		
15	OFF	OFF		ON	
16	OFF		ON	OFF	

(5) 分组讨论，如何回复任务导入中的客户咨询。

复习延伸

一、小结

(1) 传统悬架系统一般具有固定的弹簧刚度和减振器阻尼系数，不能同时满足汽车行驶平顺性和操纵稳定性的要求。

(2) 电子控制悬架系统通过计算机自动检测不同的路面和行驶状况，计算出理想的弹簧刚度值和避震的阻尼系数大小，控制悬架的执行器，使弹簧的刚度、悬架的高度和减振器的阻尼系数达到理想值。

(3) 电子控制悬架系统的英文全称为 Electronic Controlled Suspension System，简称 ECSS。根据悬架的刚度系数和阻尼系数是否可调可分为半主动悬架和全主动悬架。

(4) 电子控制悬架系统的控制功能有：车身高度自动调节功能、减振器的衰减力（阻尼系数）自动调节功能、弹性元件的弹性或刚性系数自动调节功能。

(5) 电子控制悬架系统主要传感器有：光电式车身高度传感器、光电式转向盘转角传感器等；电子控制悬架系统主要控制开关有：模式选择开关、高度 ON/OFF 开关、高度控制开关等。

(6) 车身高度控制是指可根据车内乘员人数或汽车装载情况自动调节车身高度，以保持车身具有稳定的行驶姿态。包括停车水平控制、特殊行驶工况高度控制、自动水平控制。

(7) 悬架刚度调节是通过悬架刚度执行机构开闭主气室与副气室的隔板，改变气室的容积而实现的，即增大容积使刚度变小，减小容积使刚度增加。

(8) 空气弹簧采用可调阻尼式减振器，通过空气弹簧控制执行器控制阻尼控制杆的位置、改变减振器上下腔室之间液体流通的阻尼孔的大小，从而改变减振器的阻尼系数。

二、练习与思考

(一) 简答题

(1) 传统悬架有哪些不足之处？电子控制悬架有哪些优势？

(2) 简述电子控制悬架的控制功能。

(3) 简述电子控制悬架主要传感器的结构、原理。

(4) 简述电子控制悬架悬架刚度调节的原理。

(二) 选择题

(1) 关于电子控制悬架，下面说法正确的是（　　）。

A. 电子控制悬架的刚度有“软”“中”“硬”三级调节，当车速高时，悬架刚度处于“硬”的状态。

B. 当连续在差路面行驶时，不管车速高低，车身高度都应升高，以提高通过性。

C. 当可调阻尼式减振器上活塞的阻尼孔最大时，减振器阻尼系数最大。

D. 车身高度控制阀有两个，可为四个车轮空气弹簧提供气体通路。排气时，只需排气阀打开，车身高度控制阀不通电。

(2) 电子控制悬架的控制功能有（　　）。(多选)

A. 车身高度自动调节功能

B. 减振器的衰减力（阻尼系数）自动调节功能

C. 弹性元件的弹性或刚性系数自动调节功能

D. 以上说法都正确

(3) 技师 A 说："电子悬架系统通常使用单独的电子悬架控制模块。"技师 B 说："电子悬架模块功能由发动机控制模块来完成。"则说法正确的是（　　）。

A. 技师 A 正确　　B. 技师 B 正确　　C. 两个都正确　　D. 两个都不正确

（三）判断题

(1) 电控悬架中，车身高度传感器用来检测车身与车桥相对位置的变化程度。（　　）

(2) 电控悬架中，当高度控制开关选择在 HIGH 位置时，汽车在良好路面高速行驶时，车速超过 90 km/h，车身高度将降低。（　　）

(3) 电控悬架中，悬架刚度的调节是改变主、副气室之间气体通路的大小来实现的，主、副气室的通路面积最大时，悬架的刚度也最大。（　　）

(4) 电控悬架中，转向盘转角传感器可用来检测转向盘的中间位置、转动角度和转向速度，无法识别转向的方向。（　　）

(5) 电控悬架中，汽车在不平路面行驶时，车速超过 90 km/h，车身高度将降低。（　　）

任务二　丰田雷克萨斯 LS400UCF 轿车电控空气悬架车身高度调整失灵故障检修

任务导入

如前所述，电子控制悬架系统通过计算机自动检测不同的路面和行驶状况，计算出理想的弹簧刚度值和避震的阻尼系数大小，控制悬架的执行器，使弹簧的刚度、悬架的高度和减振器的阻尼系数达到理想值。汽车在使用过程中也会出现电子控制悬架系统故障，常见的故障现象有：悬架刚度和阻尼系数控制失灵、汽车车身高度控制失灵等。

案例导入：一辆装备电控空气悬架的丰田雷克萨斯 LS400UCF 轿车在过年期间，由于乘坐人数及行李厢物体质量增加后，发现前照灯的比以往向上偏离了不少。于是客户将此情况向 4S 店的专业人员进行咨询，以解决此问题。通过本任务的学习，重点解决丰田雷克萨斯 LS400UCF 轿车车身高度调整失灵的故障。

如何针对车辆出现的故障现象确定故障部位为电子控制悬架？又如何确定电子控制悬架故障的具体成因？这些都是本任务要解决的问题。另外，本任务以丰田雷克萨斯 LS400UCF 轿车电子控制悬架为例，介绍了电子控制悬架系统的结构特点、控制电路、控制功能等知识；介绍了电子控制悬架系统故障的诊断过程；分析了丰田雷克萨斯 LS400UCF 轿车控制指示灯一直闪烁故障的原因。

相关知识

一、丰田雷克萨斯 LS400UCF 轿车电子控制悬架系统的结构

丰田雷克萨斯 LS400UCF 轿车电子控制悬架系统为主动式空气弹簧悬架。它可以对车身高度、弹簧刚度及减振器阻尼力进行综合控制，可以抑制车辆侧倾、制动时前部点头和高速行驶时后部下沉等汽车行驶状态变化，因此具有良好的乘坐舒适性和操纵稳定性。

（一）丰田雷克萨斯 LS400UCF 轿车电子控制悬架系统的组成

丰田雷克萨斯 LS400UCF 轿车电子控制悬架系统主要由空气压缩机、干燥器、排气阀、高度控制阀、高度控制继电器、高度传感器、转向传感器、悬架控制执行器、悬架 ECU 、悬架刚度调节装置和减振器阻尼力调节装置等组成。电子控制悬架系统元件在车上的位置如图 5-2-1 所示。

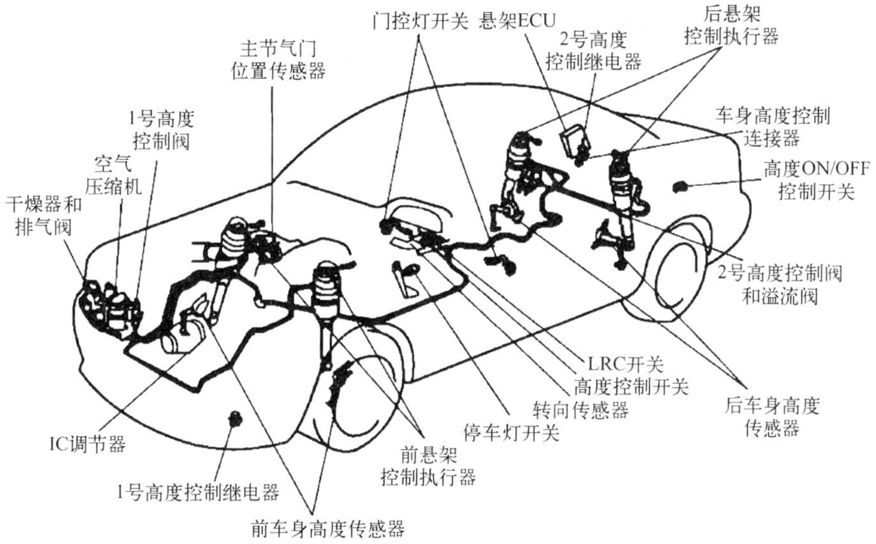

图 5-2-1　LS400UCF 轿车电子控制悬架系统元件在车上的位置

1. 系统操作

丰田雷克萨斯 LS400UCF 轿车电子控制悬架系统有三个操作选择开关：高度 ON/OFF 控制开关、高度控制开关和平顺性开关。

1）高度 ON/OFF 控制开关

高度 ON/OFF 控制开关安装在汽车尾部行李厢的左边。

当高度 ON/OFF 控制开关处于 ON 位置时，系统可按选择方式进行车身高度自动控制；该开关处于 OFF 位置时，系统不执行车身高度控制。

2）高度控制开关

高度控制开关安装在驾驶室内变速操纵杆的旁边。高度控制开关用于选择控制车身高度。当高度控制开关处于 HIGH（高）位置时，系统对车身高度进行“高值自动控制”；当高度控制开关处于 NORM 位置时，车身高度则进入“常规值自动控制”状态。

3）平顺性开关

平顺性开关用于选择控制悬架的刚度、阻尼力参数。当平顺性开关处于 SPORT 位置时，系统进入“高速行驶自动控制”；当平顺性开关处于 NORM 位置时，系统对悬架刚度、阻尼力进行“常规值自动控制”。此时，悬架 ECU 根据车速传感器等信号，使悬架的刚度、阻尼力自动地处于平顺性软、平顺性中或平顺性硬三个位置。

2. 丰田雷克萨斯 LS400UCF 轿车电子控制悬架系统主要部件的结构

1）空气压缩机

空气压缩机用来产生供车身高度调节所需的压缩空气。空气压缩机采用单缸活塞连杆式结构，由直流电动机驱动，如图 5-2-2 所示。

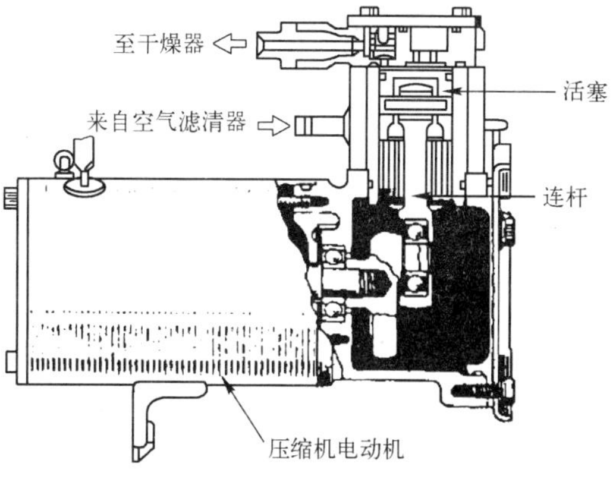

图 5-2-2　空气压缩机

2）空气干燥器和排气电磁阀

如图 5-2-3 所示，干燥器的作用是去除压缩空气中的水分，排气电磁阀的作用是将空气弹簧内的压缩空气排出到大气中，同时还将干燥器中的水分带走。

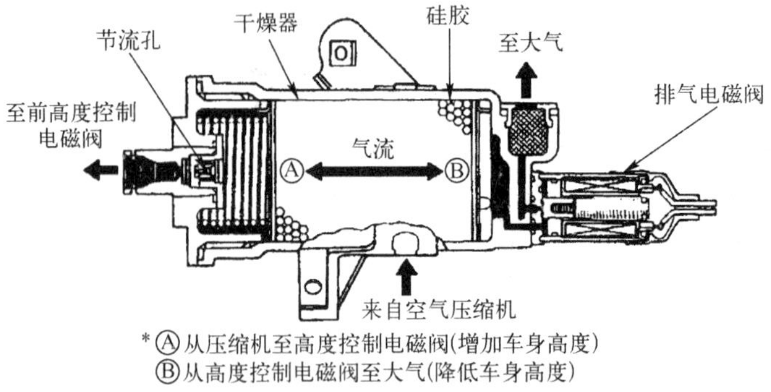

图 5-2-3 空气干燥器和排气电磁阀

3）空气悬架

丰田雷克萨斯 LS400UCF 轿车电子控制悬架系统空气弹簧主要由气室、三级可调减振器、执行器等部件组成。悬架系统弹簧刚度和减振器阻尼力控制执行器安装在空气弹簧的上部。

4）高度控制电磁阀

高度控制电磁阀安装于空气干燥器和气动减振器之间，用于控制汽车悬架的高度调节。其结构图如图 5-2-4 所示。

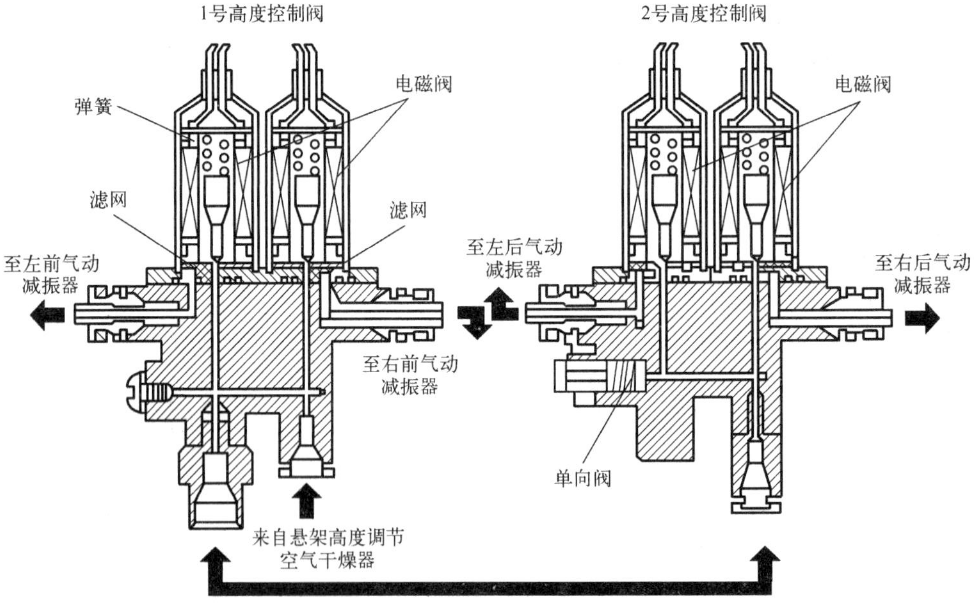

图 5-2-4 高度控制电磁阀的结构图

丰田雷克萨斯 LS400UCF 轿车电子控制悬架系统高度控制电磁阀由 1 号高度控制阀和 2 号高度控制阀组成，由四个常闭二位二通电磁阀来进行控制。1 号高度控制阀控制左前、右前两个空气弹簧，2 号高度控制阀控制左后、右后两个空气弹簧。为了防止空气管路中产生不正常的压力，2 号高度控制阀中采用了一个单向阀。

（二）LS400UCF 轿车电子控制悬架系统的控制电路

1. 空气压缩机控制电路

空气压缩机控制电路如图 5-2-5 所示，悬架 ECU 通过测量 RM+ 和 RM- 端子的电压来判断电动机的运行状况，并在检测到异常情况时中止高度控制。当车身高度需要上升时，从 ECU 的 RCMP 端子送出一个信号，使 1 号高度控制继电器接通，1 号高度控制继电器触点闭合，压缩机控制电路接通，产生压缩空气。

2. 车身高度传感器控制电路

车身高度传感器控制电路如图 5-2-6 所示，当点火开关接通时，ECU 使 2 号高度控制继电器线圈通电，2 号高度控制继电器触点闭合，使前后左右四个高度传感器接通蓄电池电源。

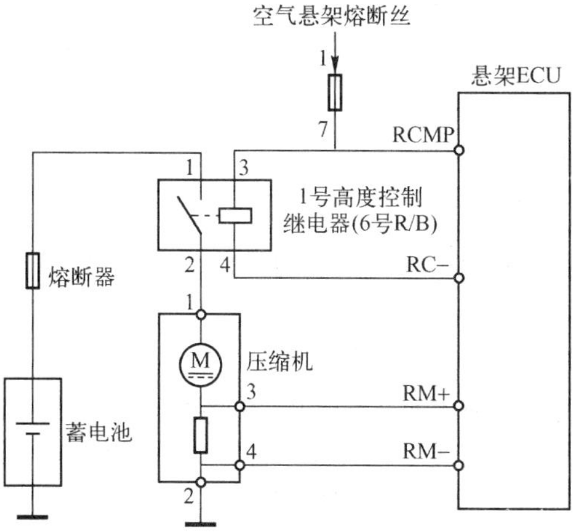

图 5-2-5 空气压缩机控制电路

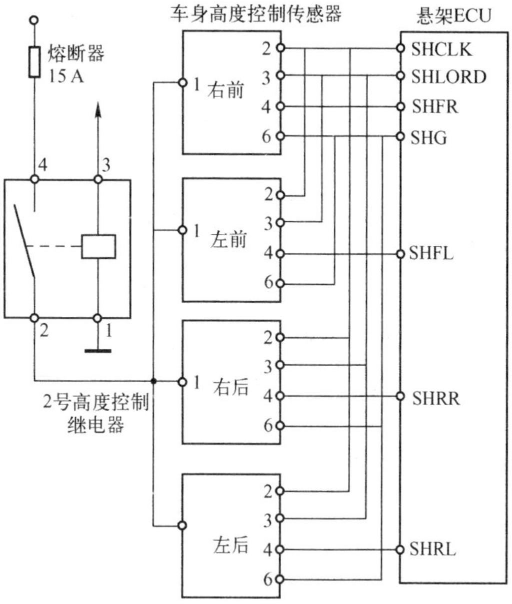

图 5-2-6 车身高度传感器控制电路

3. 高度控制阀控制电路

1 号高度控制阀和 2 号高度控制阀控制电路如图 5-2-7 所示。悬架 ECU 通过 SLFR、SLFL 向 1 号高度控制阀电磁线圈供电，通过 SLRL、SLRR 向 2 号高度控制阀电磁线圈供电。当 ECU 使高度控制电磁阀通电后，电磁线圈将高度控制阀打开，并将压缩空气引向气压缸，从而使车身高度上升。当检测到车身高度需要下降时，ECU 不仅使高度控制阀电磁线圈通电，而且还使排气阀电磁线圈通电，排气阀电磁线圈使排气阀打开，将气缸中的压缩空气排到大气中。

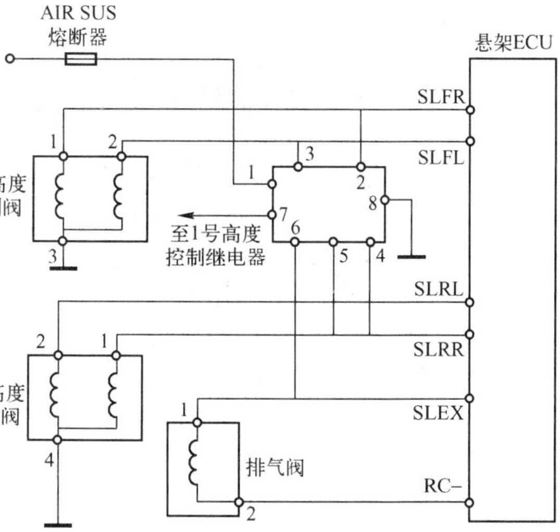

图 5-2-7 高度控制阀控制电路

（三）LS400UCF 轿车电子控制悬架系统的控制功能

1. 车身高度控制

车身高度控制系统由压缩机、干燥器、排气阀、1 号高度控制继电器、2 号高度控制继电器、1 号高度控制阀、2 号高度控制阀、前后左右四个空气弹簧、四个车身高度传感器及悬架 ECU 等组成。图 5-2-8 所示为车身高度控制系统示意图。

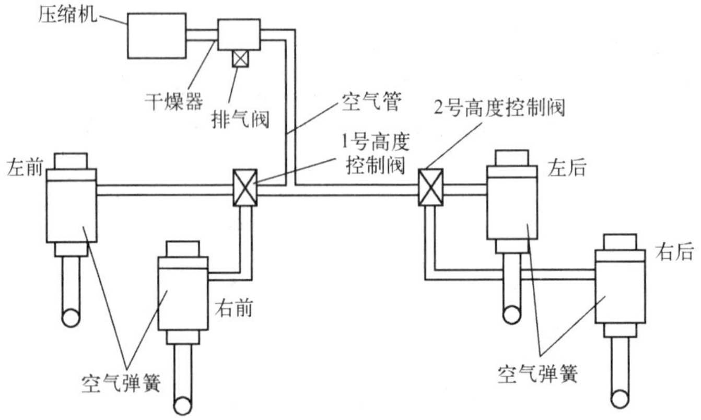

图 5-2-8　车身高度控制系统示意图

2. 刚度和阻尼控制

丰田雷克萨斯 LS400UCF 轿车电子控制悬架系统刚度和阻尼控制执行机构组装在一起，位于减振器的顶部。

1）刚度控制

刚度控制阀装在空气弹簧副气室的中部，由空气阀、阀体和空气阀控制杆组成，空气阀在截面上有一个空气孔，外部的阀体在截面上有不同大小的空气孔。图 5-2-9 所示为丰田雷克萨斯 LS400UCF 轿车电子控制悬架系统刚度调节的结构和原理。主、副气室之间的气阀体上有大、小两个通路。悬架控制执行器带动气阀体控制杆转动，使阀芯转过一个角度，改变通路的大小，就可以改变主、辅气室之间的气体流量，使悬架刚度发生变化。

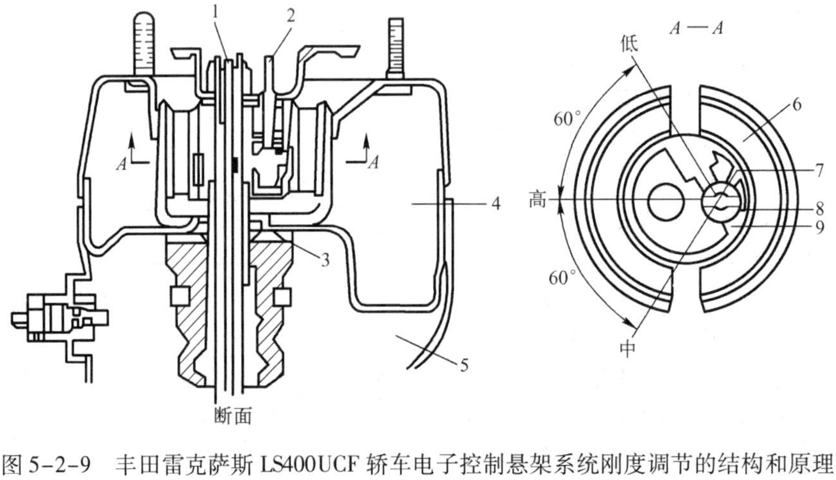

图 5-2-9　丰田雷克萨斯 LS400UCF 轿车电子控制悬架系统刚度调节的结构和原理

1—阻尼调节杆；2—空气阀控制杆；3—主、副气室通道；4—副气室；5—主气室；6—气阀体；7—小气体通路；8—阀芯；9—大气体通路其工作原理具体如下：

（1）刚度“软”控制：当阀芯的开口由电动机驱动的控制杆带动旋转到“低”的位置时，空气弹簧主气室的气体经过大气体通路与副气室相通，此时参与工作的气体容积最大，悬架刚度处于最小状态。

（2）刚度“中”控制：当阀芯的开口由电动机驱动的控制杆带动旋转到“中”的位置时，空气弹簧主气室的气体经过小气体通路与副气室相通，主、副气室之间的气体流量较小，悬架刚度处于中等状态。

（3）刚度“硬”控制：当阀芯的开口由电动机驱动的控制杆带动旋转到“高”的位置时，空气弹簧主、副气室之间的气体通路全部被封住，两气室间气体不能流动，此时仅仅靠主气室中的气体承担缓冲任务，悬架刚度处于最大状态。

2）阻尼力控制

丰田雷克萨斯 LS400UCF 轿车电子控制悬架系统采用三级可调减振器，其结构如图 5-2-10 所示。可调阻尼式减振器主要由缸筒、活塞及活塞控制杆、回转阀等组成。活塞杆是一空心杆，在其中心装有控制杆，控制杆的上端与执行器相连。控制杆的下端装有回转阀，回转阀上有三个油孔，活塞杆上有两个通孔。缸筒中的油液一部分经活塞上的阻尼孔在缸筒的上下两腔流动；一部分经回转阀与活塞杆上连通的孔在缸筒的上下两腔流动。

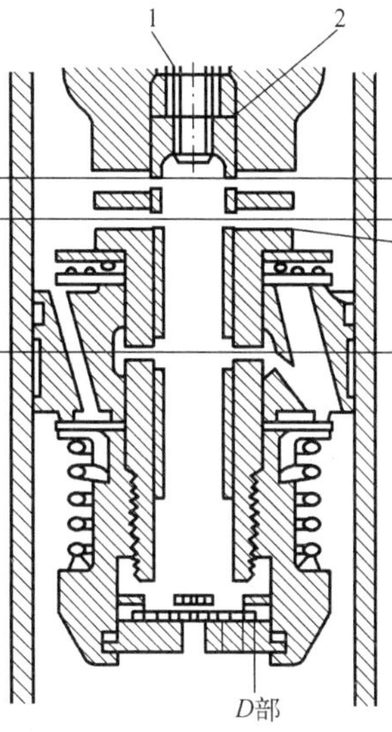

图 5-2-10　三级可调减振器的结构

1—阻尼调节杆；2—回转阀

当 ECU 促使执行器工作时，通过控制杆带动回转阀相对活塞杆转动，回转阀与活塞杆上的油孔连通或切断，从而增加或减少油液的流通面积，使油液的流动阻力改变，达到调节减振器阻尼力的目的，如图 5-2-11 所示。其工作原理具体如下：

（1）阻尼力“硬”控制。如图 5-2-11 所示，*A*—*A*、*B*—*B*、*C*—*C* 三个截面的阻尼孔全部被回转阀封住，此时只有减振器下面的主阻尼孔仍在工作，所以这时阻尼为最大，减振器被调节到“硬”状态。

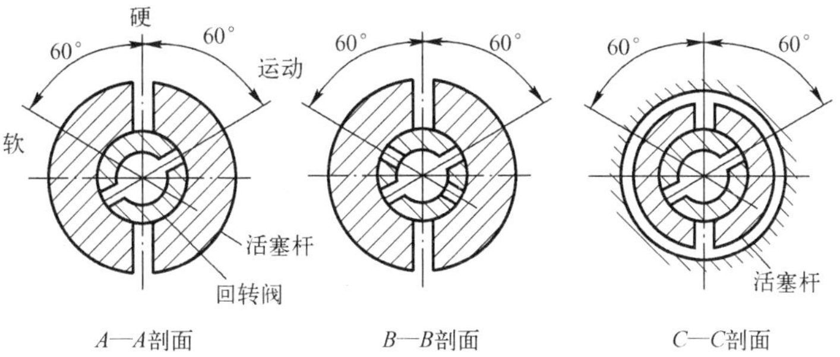

图 5-2-11　三级可调减振器的阻尼调节原理

（2）阻尼力“中”控制。当回转阀从“硬”状态位置顺时针转动 60°时，*B*—*B* 截面的阻尼孔打开，*A*—*A*、*C*—*C* 两截面的阻尼孔仍关闭，因为多了一个阻尼孔参加工作，所以减振器处于“运动”状态，即减振器被调节到“中”状态。

（3）阻尼力“软”控制。当回转阀从“硬”状态位置逆时针转动 60°时，*A*—*A*、*B*—*B*、*C*—*C*

三个截面的阻尼孔全部打开，这时减振器的阻尼最小，减振器被调节到“软”状态。

二、检修丰田雷克萨斯 LS400UCF 轿车电子控制悬架系统故障

（一）检修电子控制悬架系统注意事项

在检修汽车电子控制悬架系统时，应注意以下事项：

（1）维修过程中，当点火开关在打开状态下时，不要随意断开蓄电池接线，否则会丢失控制模块中存储的信息，也不要拆卸或安装控制模块及其电子插头。

（2）吊起、支起或拖动汽车之前，应该将高度控制 ON/OFF 开关置于 OFF 位置或断开蓄电池负极。如果在高度控制 ON/OFF 开关置于 ON 位置的情况下吊起或支起汽车，ECU 会记忆一个故障码。

（3）在放下千斤顶或将汽车从支架上放下之前，应将汽车下面的所有物体挪走。因为在维修过程中可能对悬架进行了放气，汽车落地后，车身高度会降低，将下面的物体压住。

（4）在开动汽车之前，必须启动发动机使汽车高度调整到正常状态。因为在维修过程中，悬架中的空气可能被放掉，这时车身高度会很低，如果这时汽车起步，就会造成车身与悬架或轮胎等的相互摩擦或碰撞。

（5）如果汽车装有安全气囊系统，在维修电控悬架前，应先将安全气囊系统断开。因为一些汽车的前安全气囊碰撞传感器安装在空气压缩机和 1 号车身高度控制阀上面，除非必要，一般不要碰撞该传感器，否则可能造成人身伤害或财产损失。

（6）在控制系统的检测中，必须使用生产厂家在维修手册中要求的检测工具，否则可能损坏控制系统的零部件。

（7）如果汽车生产厂家的维修手册没有指明，不要将系统的任何电路或元件加电压或接地。

（二）初步检查

1. 车身高度调节功能检查

通过操作高度控制开关来检查汽车车身高度的变化，步骤如下：

（1）检查轮胎气压是否正常（根据车辆维修手册严格执行）。

（2）检查汽车高度（下横臂安装螺栓中心到地面的距离）。

（3）启动发动机，将高度控制开关从 NORM 位置切换到 HIGH 位置。检查完成高度调整所需的时间和汽车车身高度的变化量（车身高度应升高 10 ～ 30 mm，从操作高度开关到压缩机启动的时间应为 2 s，从压缩机启动到高度调整完成，所需时间为 20 ～ 40 s）。

（4）在汽车处于 HIGH 高度时，启动发动机并将高度控制开关从 HIGH 位置切换至 NORM 位置。检查完成高度调整所需的时间和汽车车身高度的变化量（车身高度变化应为 10 ～ 30 mm，从操作高度开关到压缩机启动的时间应为 2 s，从开始排气到高度调整结束所需的时间为 20 ～ 40 s）。

2. 单向阀的检查

迫使压缩机工作以检查减压阀的动作，步骤如下：

（1）将点火开关转到 ON 位置，连接高度控制连接器的端子 3 和 6，如图 5-2-12（a）所示，使压缩机工作。（注意：连接时间不能超过 15 s。）

（2）压缩机工作一段时间后，检查 2 号高度控制阀单向阀是否有空气逸出，如图 5-2-12（b）所示。

（3）将点火开关转至 OFF 位置。

（4）清除故障码。（因迫使压缩机运行时，悬架 ECU 会记录下故障码。）

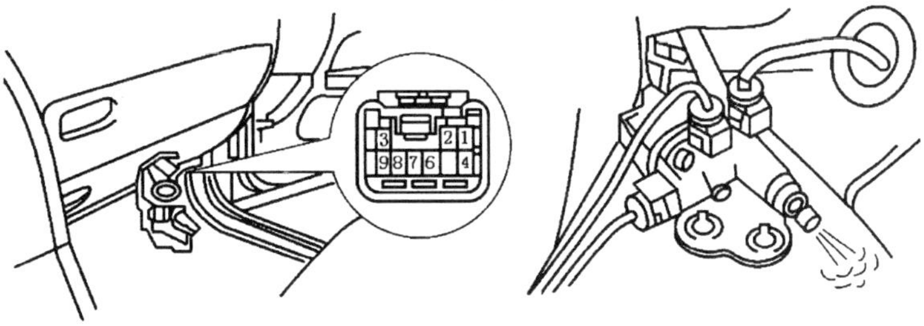

（a）　（b）

图 5-2-12　单向阀的检查

3. 漏气检查

检查空气悬架系统的软管、硬管及其连接处是否漏气，步骤如下：

（1）将高度控制开关切换至 HIGH 位置，升高车身。

（2）发动机熄灭。

（3）在软、硬管连接处涂抹肥皂水检查是否有漏气，如图 5-2-13 所示。

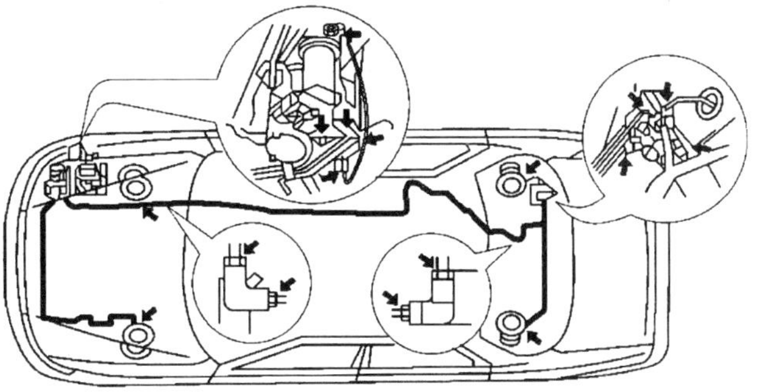

图 5-2-13　漏气检查

4. 车身高度初始调整

此项调整是使车身初始高度处于标准范围内。调整时，高度控制开关必须在 NORM 位置，汽车要停在平坦的路面上。

（1）检查车身高度。在相应的测量点检查车身高度是否合适，如图 5-2-14 所示。

测量标准值大约为（前）59.3 mm，（后）35.0 mm。若测量值不符，则按下一步进行调整。

（2）调整车身高度。步骤如下：

① 拧松高度传感器控制杆上的两个锁紧螺母。

② 转动高度传感器控制杆螺栓以调节长度，如图 5-2-15 所示。螺栓每转一圈，车身高度的改变量约为 5 mm。

③ 检查如图 5-2-16 所示的长度，应小于（前）10 mm；（后）14 mm。

④ 暂时拧紧两个锁紧螺母。

⑤ 再次检查车身高度。

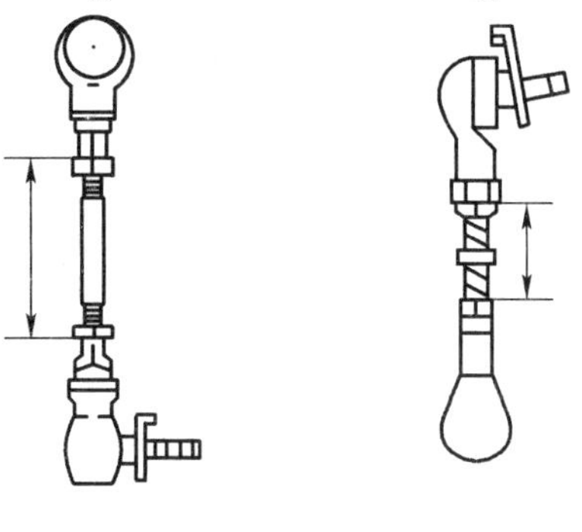

（a）车身前端高度测量　（b）车身后端高度测量

图 5-2-14　车身高度检查

⑥ 拧紧锁紧螺母。注意：在拧紧锁紧螺母时应确保球节与托架平行。

图 5-2-15 车身高度调整

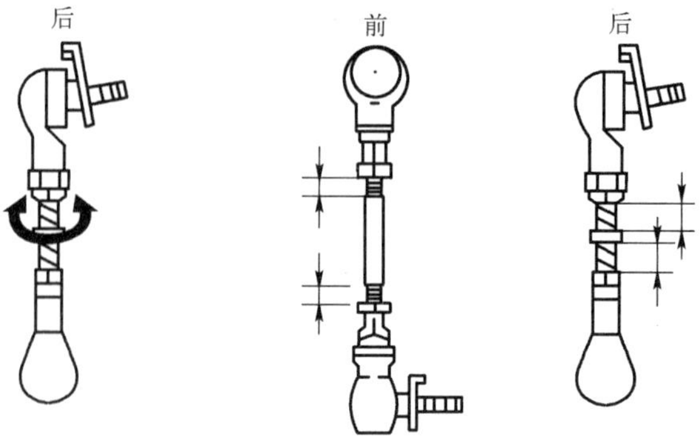

图 5-2-16 检查车身高度调整后的长度

（3）检查车轮定位。检查调整完成后进行四轮定位。

（三）故障自诊断

1. 故障自诊断系统的功能

1）监测系统的工作状况

如果系统发生了故障，装在仪表板上的车高控制指示灯将被通电闪亮，以提醒驾驶人立即检修。

2）存储故障码

当系统发生故障时，系统能够将故障以故障码的形式存放在悬架 ECU 中。在检修汽车时，维修人员可以采用一定的方法读取故障码及有关参数，以便迅速诊断出故障部位或查找出产生故障的原因。

3）失效保护

当某一个传感器或执行器发生故障时，自诊断系统将以预先设定的参数取代有故障的传感器或执行器工作，即自诊断系统具有失效保护功能。

2. 指示灯的检查

电控悬架系统的指示灯一般有两个：一个是车身高度控制指示灯，另一个是刚度阻尼指示灯 LRC。检查过程如下：

（1）点火开关置于 ON 位置。

（2）LRC 指示灯［见图 5-2-17（a）SPORT 指示灯］和 HEIGHT 指示灯［见图 5-2-17（b）NORM 和 HI 指示灯］应点亮 2 s。

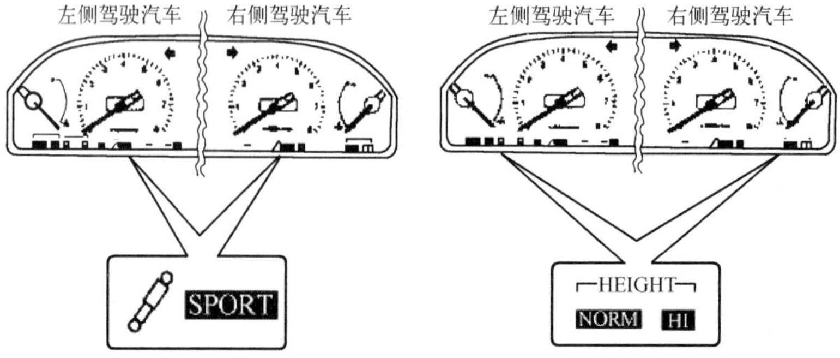

（a）LRC指示灯　（b）HEIGHT指示灯

图 5-2-17 指示灯的检查

（3）如果 NORM 指示灯以每 1 s 的间隔闪亮时，表明 ECU 中存有故障码；如果出现故障，应检查相应电路。

（4）2 s 后，各指示灯的亮灭取决于其控制开关的位置，正常情况如下：

① LRC 指示灯：如果 LRC 开关拨在 SPORT 侧，LRC 指示灯仍亮；LRC 开关拨在 NORM 侧，LRC 指示灯亮 2 s 后熄灭。

② 车身高度控制指示灯：如果车身高度控制开关拨在 NORM 侧，高度控制指示灯的 NORM 灯亮，HIGH 灯不亮；车身高度控制开关拨在 HIGH 侧，高度控制指示灯的 HIGH 灯亮，NORM 灯不亮。

③ HEIGHT 照明灯。当点火开关在 ON 时，HEIGHT 照明灯始终亮。

④ 当点火开关在 ON 时，如果车身高度控制 NORM 指示灯闪亮，表示悬架控制系统计算机存储器中已储存有故障码，应读取故障码后排除故障。

3. 故障码的读取

故障码的读取步骤如下：

（1）接通点火开关。

（2）用跨接线将 TDCL 或检查连接器的端子 TC 与 E1 连接，TDCL 与检查连接器如图 5-2-18 所示。

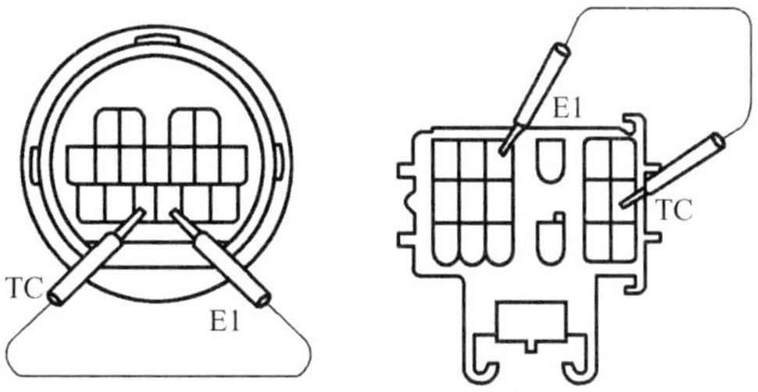

图 5-2-18　TDCL 与检查连接器

（3）根据仪表板悬架控制 NORM 指示灯的闪烁情况读取故障码，正常故障码如图 5-2-19 所示，故障码 11、31 的显示方式如图 5-2-20 所示。

（4）利用表 5-2-1 所示的故障码表检查故障情况。

（5）检查完毕后，将端子 TC 与 E1 跨接线脱开。

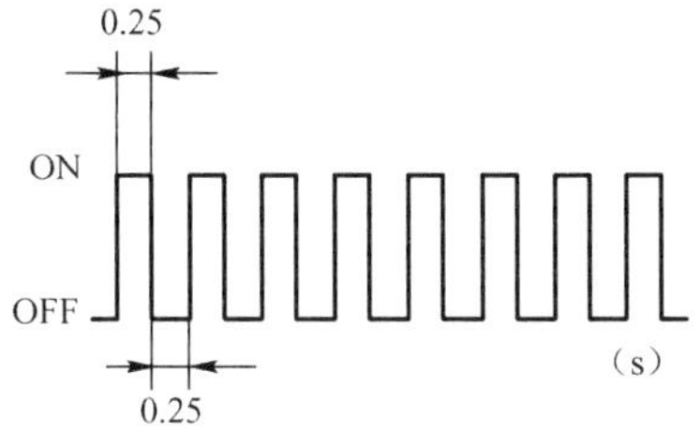

图 5-2-19　正常故障码（无故障）

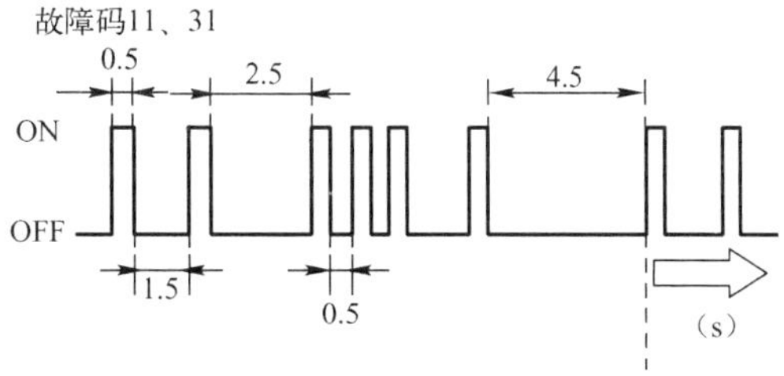

图 5-2-20　故障码 11、31 的显示方式

丰田雷克萨斯 LS400 电控悬架系统的常见故障码见表 5-2-1。

表 5-2-1　丰田雷克萨斯 LS400 电控悬架系统故障码表

故障码	故障部位	故障原因
11	右前高度传感器电路	高度传感器电路短路或断路
12	左前高度传感器电路	
13	右后高度传感器电路	
14	左前高度传感器电路	

续表

故障码	故障部位	故障原因
21	前悬架控制执行器电路	悬架控制执行器电路短路或断路
22	后悬架控制执行器电路	
31	1 号高度控制阀电路	高度控制阀电路短路或断路
33	2 号高度控制阀电路（用于后悬架）	
34	2 号高度控制阀电路（用于左悬架）	
35	排气阀电路	排气阀电路短路或断路
41	1 号高度控制继电器电路	1 号高度控制继电器电路短路或断路
42	压缩机电动机电路	压缩机电动机电路短路或断路
51	至 1 号高度控制继电器的持续电流	供至 1 号高度控制继电器的通电约 8.5 min 以上
52	至排气阀的持续电流	供至排气阀的持续电流通电约 6 min 以上
61	悬架控制信号	电控单元失灵
71	悬架控制执行器电源电路	悬架控制执行器电源电路断路：AIRSUS 熔丝烧断
72	高度控制 ON/OFF 开关电路	高度控制 ON/OFF 开关在 OFF 位置 高度控制 ON/OFF 开关电路断路

4. 故障码的清除

系统故障排除后要将故障码清除，清除方法有以下两种：

（1）关闭点火开关，拆下 2 号接线盒中的 ECU－B 熔丝 10 s 以上，即可清除故障码。

（2）关闭点火开关，用跨接线将悬架控制连接器的端子 9（端子 CLE）与端子 8（端子 E）连接，同时使检查连接器的端子 TS 和 E1 连接。保持在这一状态 10 s 以上，然后接通点火开关，并脱开以上各端子，即可以清除故障码。接线盒如图 5-2-21 所示，悬架控制连接器与检查连接器如图 5-2-22 所示。

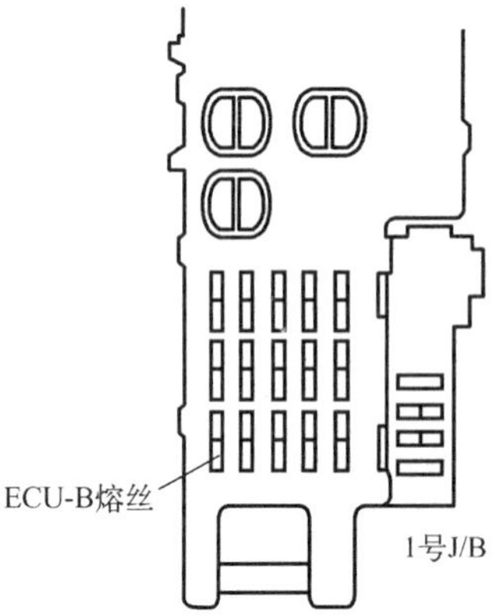

图 5-2-21　接线盒

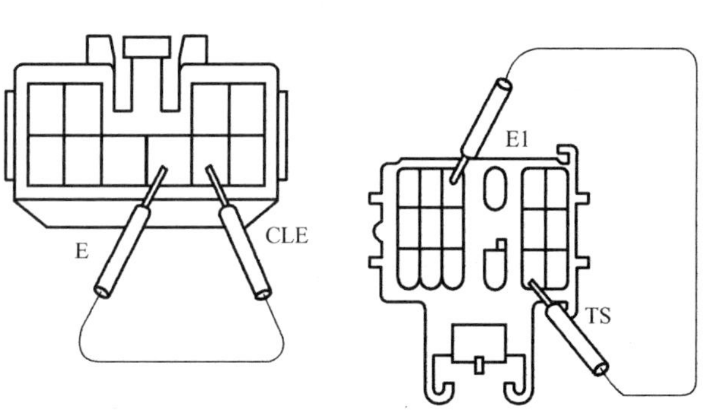

（a）高度控制连接器　（b）检查连接器

图 5-2-22　悬架控制连接器与检查连接器

（四）ECU 输入信号的检查

ECU 输入信号的检查主要是检查输入的转向传感器和驻车开关的信号是否正常，具体操作如下：

（1）将点火开关转到 ON 位置，按检查项目和操作内容操作。

（2）短接检查连接器的端子 TS 和 E1，观察悬架控制指示灯 NORM 状态。

正常状态如表 5-2-2 所示。闪烁是指 NORM 指示灯以 0.25 s 的间隔正常闪烁，常亮是指 NORM 指示灯不闪烁一直亮。

表 5-2-2 ECU 输入信号正常状态

检查项目	操作内容	发动机状态（停机）	发动机状态（运转）	操作内容	发动机状态（停机）	发动机状态（运转）
转向传感器	车向前摆正直行	闪烁	常亮	转向角 45°以上	常亮	闪烁
驻车灯开关	OFF（不踩制动踏板）	闪烁	常亮	ON（踩下制动踏板）	常亮	闪烁
门控灯开关	OFF（所有车门关闭）	闪烁	常亮	ON（所有车门打开）	常亮	闪烁
节气门位置传感器	不踩加速踏板	闪烁	常亮	加速踏板踩到底	常亮	闪烁
1 号车速传感器	车速低于 20 km/h	闪烁	常亮	车速高于 20 km/h	常亮	闪烁
高度控制开关	NORM 位置	闪烁	常亮	HIGH 位置	常亮	闪烁
开关	NORM 位置	闪烁	常亮	SPORT 位置	常亮	闪烁
高度控制 ON/OFF 开关	ON 位置	闪烁	常亮	OFF 位置	常亮	闪烁

（五）丰田雷克萨斯 LS400UCF 轿车电子控制悬架系统电路

丰田雷克萨斯 LS400UCF 轿车电子控制悬架系统电路如图 5-2-23 所示。

（六）电控悬架控制系统电路检修

1. 检修高度传感器电路

准备工作：拆卸前轮；拆出前翼子板衬里；脱开高度传感器连接器；拆下高度传感器。

（1）检查高度传感器，如图 5-2-24 所示。

（2）电路检查。将三只 1.5 V 的干电池串联起来；将端子 2 与干电池正极连接，端子 3 与干电池负极连接，在端子 2 与端子 3 之间施加约 4.5 V 的电压；使控制杆缓慢地上、下移动，同时检查端子 1、3 之间的电压：在正常位置为 2.3 V，低位置电压值为 0.5 ～ 2.3 V，高位置电压值为 2.3 ～ 4.1 V。

2. 检修转向传感器电路

转向传感器电路图如图 5-2-25 所示。

（1）检查悬架 ECU 连接器端子 SS1 和 SS2 与车身接地之间的电压。

准备工作：拆出仪表台下的杂物箱；接通点火开关。

检查：慢慢转动转向盘，测量悬架 ECU 连接器端子 SS1 和 SS2 与车身接地之间的电压；正常值在 0 ～ 5 V 之间变化。

（2）检测转向传感器连接端子电压。

准备工作：拆下转向盘；脱开转向传感器连接器；接通点火开关。

检查：测量转向传感器连接器端子 1、2 之间的电压；正常值在 9 ～ 14 V 之间。

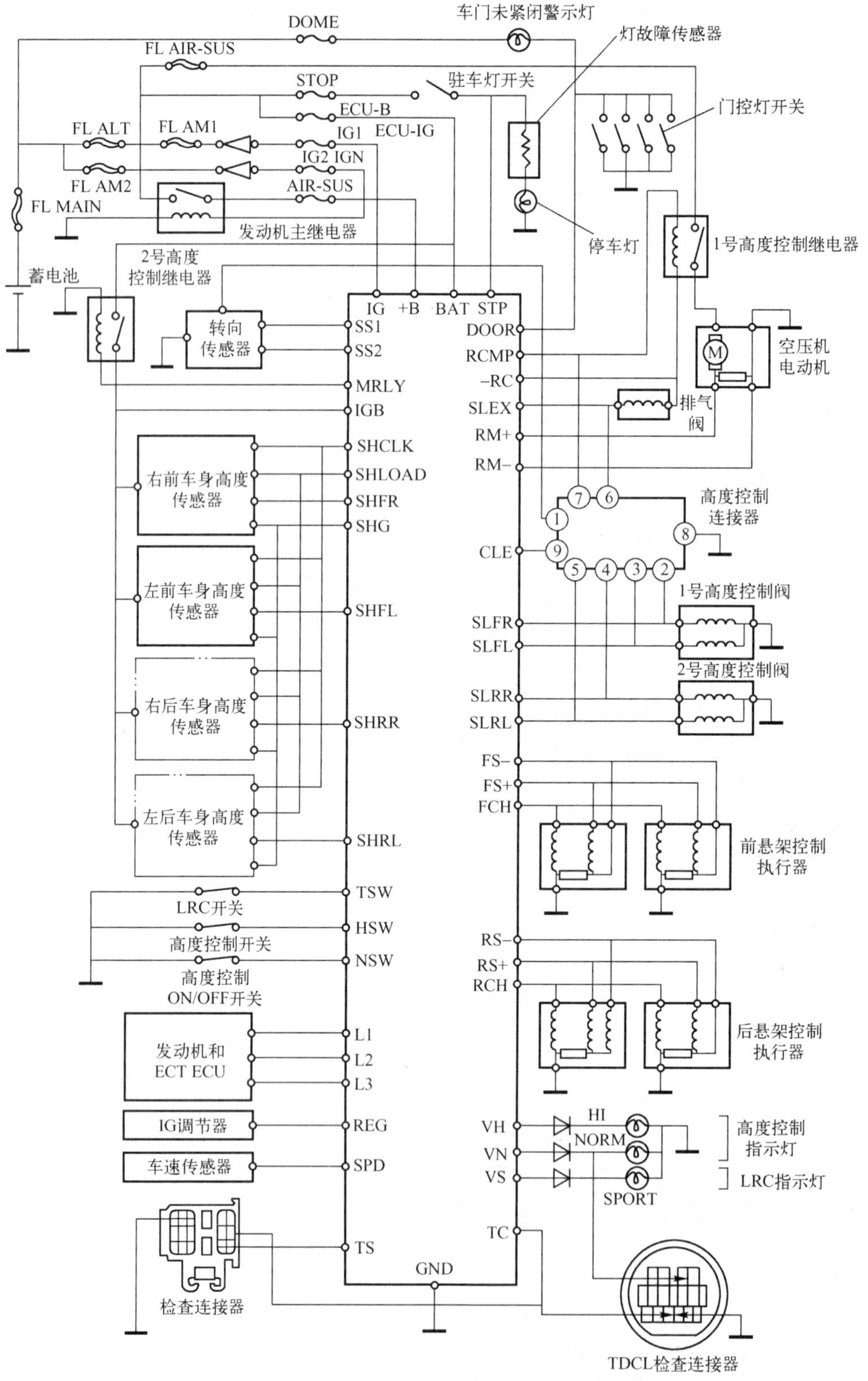

图 5-2-23 丰田雷克萨斯 LS400UCF 轿车电子控制悬架系统电路

（3）检查转向传感器。

准备工作：拆下转向盘；脱开转向传感器连接器；在端子间施加蓄电池电压。

检查：在转向传感器旋转部分慢慢转动的同时，测量转向传感器连接器端子 7、8 与 2 之间的电压；正常值在 0 ～∞ 之间变化。

3. 检修制动灯开关电路

制动灯开关电路如图 5-2-26 所示。踩下制动踏板时，制动灯开关接通，蓄电池正极电压施加在悬架 ECU 的端子 STP 上。悬架 ECU 还将该信号作为防点头控制的启动条件之一。

检查悬架 ECU 连接端子 STP 与车身接地之间的电压。

准备工作：拆出仪表台下的手套箱；接通点火开关。

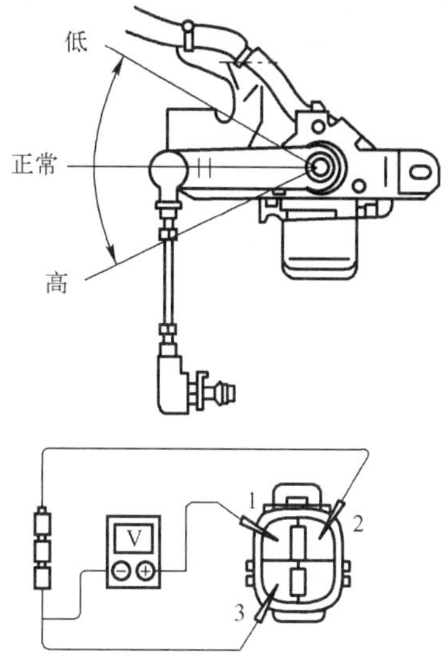

图 5-2-24　高度传感器检查

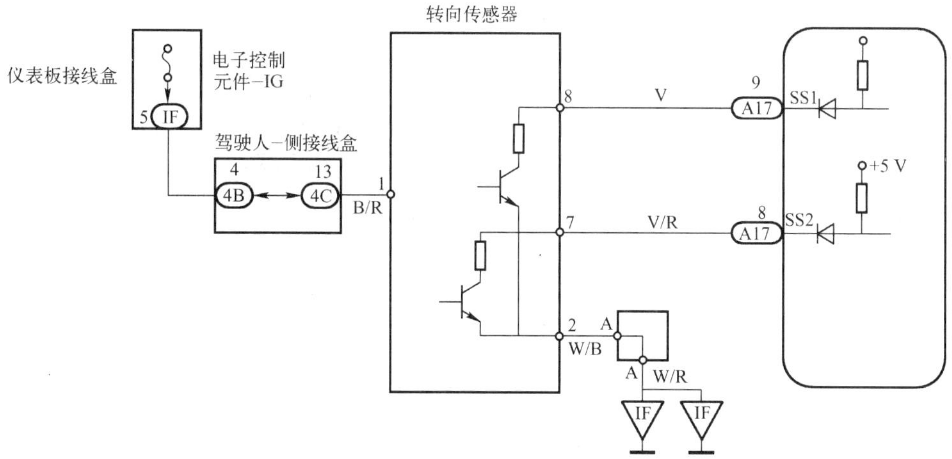

图 5-2-25　转向传感器电路图

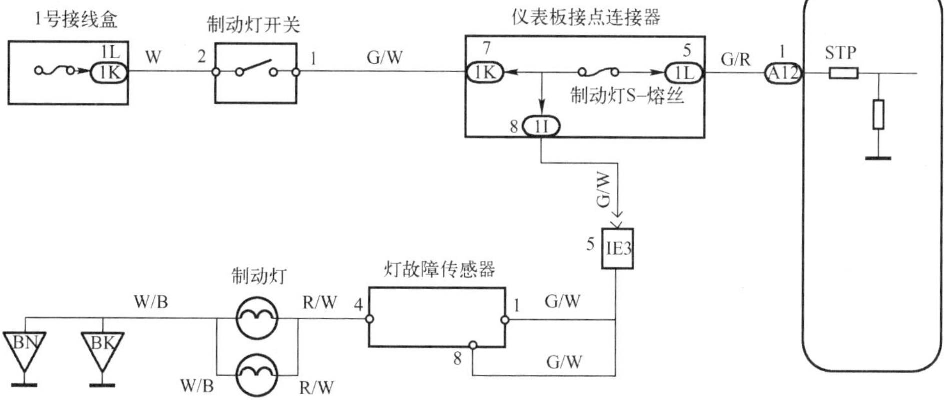

图 5-2-26　制动灯开关电路图

检查：在踩下和松开制动踏板的同时，分别测量悬架 ECU 连接器端子 STP 与车身接地之间的电压；正常值松开时为 0 ～ 1.2 V，踩下时为 9 ～ 14 V；若不正常，则需要进一步检查配线连接器及悬架 ECU。

（七）常见故障分析

丰田雷克萨斯 LS400UCF 轿车电子控制悬架系统常见故障有悬架刚度和阻尼系数控制失灵及汽车车身高度控制失灵，具体分析如下。

1. 悬架刚度和阻尼系数控制失灵

悬架刚度和阻尼系数控制失灵故障分析见表 5-2-3。

表 5-2-3 悬架刚度和阻尼系数控制失灵故障分析

序　号	故 障 现 象	可能的故障部件
1	操作 LRC 开关时，LRC 指示灯的状态不变	（1）LRC 开关电路； （2）悬架控制系统 ECU
2	悬架的刚度和阻尼控制不起作用	（1）悬架控制执行器及电路； （2）TC 端子电路； （3）TS 端子电路； （4）LRC 开关电路； （5）悬架控制执行器电源电路； （6）悬架控制系统 ECU
3	只有防俯仰控制不起作用	（1）气压缸或减振器； （2）悬架控制系统 ECU； （3）节气门位置传感器及其电路
4	只有防侧倾控制不起作用	（1）悬架控制系统 ECU； （2）转角传感器及其电路
5	只有在高速时不起作用	（1）悬架控制系统 ECU； （2）车速传感器及其电路

2. 汽车车身高度控制失灵

汽车车身高度控制失灵故障分析见表 5-2-4。

表 5-2-4 汽车车身高度控制失灵故障分析

序　号	故 障 现 象	可能的故障部件
1	汽车高度控制不起作用	（1）汽车高度控制电源电路； （2）汽车高度控制开关及其电路； （3）汽车高度控制 ON/OFF 开关及其电路； （4）发电机调节器电路； （5）悬架控制系统 ECU
2	对车身高度控制指示灯不随高度控制开关的动作变化	（1）车身高度传感器； （2）发电机调节器电路； （3）车身高度控制开关及其电路； （4）汽车高度控制电源电路； （5）悬架控制系统 ECU
3	汽车车身高度出现不规则变化	（1）车身高度传感器； （2）高度控制阀、排气阀及其电路； （3）悬架控制系统 ECU
4	只有高速时不起作用	（1）车身高度传感器； （2）悬架控制系统 ECU

续表

序　　号	故 障 现 象	可能的故障部件
5	汽车高度控制功能起作用，但汽车高度变化不均匀	（1）车速传感器及其电路； （2）车身高度传感器调节杆； （3）高度控制阀、排气阀及其电路； （4）悬架控制系统 ECU
6	汽车高度控制 ON/OFF 开关在 OFF 位置时，汽车高度控制仍起作用	（1）高度控制 ON/OFF 开关及其电路； （2）悬架控制系统 ECU
7	点火开关关断控制不起作用	（1）门控开关及其电路； （2）汽车高度控制电源电路； （3）悬架控制单元 ECU
8	车门打开时，点火开关关断控制仍起作用	门控开关及其电路
9	汽车停车时车身高度很低	（1）有空气泄漏； （2）气压缸或减振器

任务实施

一、实施环境

（1）汽车底盘电控实训室或汽车整车实训室。

（2）装备有电子控制悬架的轿车（如雪铁龙 XM 轿车、丰田雷克萨斯 LS400 轿车、马自达 929 或 MX－6 或 M－7 轿车等）或电子控制悬架台架（如 LS400 电控悬架试验台架、LS430 电控空气悬架等）、举升机、工具车（配有拆装工具）、工作台。

（3）相应的车辆维修手册或电子控制悬架台架资料。

二、实施步骤

分小组完成如下操作：

（1）对照本组指配的整车或台架分析电子控制悬架的初步检查（车身高度调节功能检查、单向阀检查、漏气检查等）、故障自诊断是如何操作的。

（2）分组操作领会电子控制悬架的初步检查（车身高度调节功能检查、单向阀检查、漏气检查等）、故障自诊断的操作方法。

（3）完成任务工单。

三、任务工单

<table>
<tr><td colspan="2">项目五　检修电子控制悬架系统</td><td>班级</td><td colspan="3"></td></tr>
<tr><td rowspan="2">任务二</td><td rowspan="2">丰田雷克萨斯 LS400UCF 轿车电控空气悬架车身高度调整失灵故障检修</td><td>姓名</td><td></td><td>学号</td><td></td></tr>
<tr><td>日期</td><td></td><td>分数</td><td></td></tr>
<tr><td colspan="6">（1）根据教师指定的电子控制悬架车辆或台架，回答以下问题：
① 车辆的型号：________________；② 车辆的 VIN 码：________________；
③ 电子控制悬架的类型：____________。
（2）写出车身高度调节功能的检查步骤。</td></tr>
</table>

续表

项目五　检修电子控制悬架系统 任务二　丰田雷克萨斯 LS400UCF 轿车电控空气悬架车身高度调整失灵故障检修	班级			
	姓名		学号	
	日期		分数	

（3）故障自诊断系统的功能有：________________、____。

（4）关于指示灯的检查，完成下面空缺地方。

电控悬架系统的指示灯一般有两个：一个是______________________，另一个是______________________。检查过程如下：

① 点火开关置于________ 位置。

② LRC 指示灯［见图 5-2-17（a）SPORT 指示灯］和 HEIGHT 指示灯［见图 5-2-17（b）NORM 和 HI 指示灯］应点亮________。

③ 如果 NORM 指示灯以每________的间隔闪亮时，表明 ECU 中存有故障码；如果出现故障，应检查相应电路。

④ ________后，各指示灯的亮灭取决于其控制开关的位置，正常情况如下：

a. LRC 指示灯：如果 LRC 开关拨在 SPORT 侧，LRC 指示灯仍________；LRC 开关拨在 NORM 侧，LRC 指示灯亮________后熄灭。

b. 车身高度控制指示灯：如果车身高度控制开关拨在 NORM 侧，高度控制指示灯的________灯亮，________灯不亮；高度控制开关在 HIGH 侧，高度控制指示灯的________灯亮，________灯不亮。

c. HEIGHT 照明灯：当点火开关在 ON 时，HEIGHT 照明灯始终________。

d. 当点火开关在 ON 时，如果车身高度控制 NORM 指示灯闪亮，表示悬架控制系统计算机存储器中已________，应读取故障码后排除故障。

（5）分析空气压缩机控制电路（见下图）。

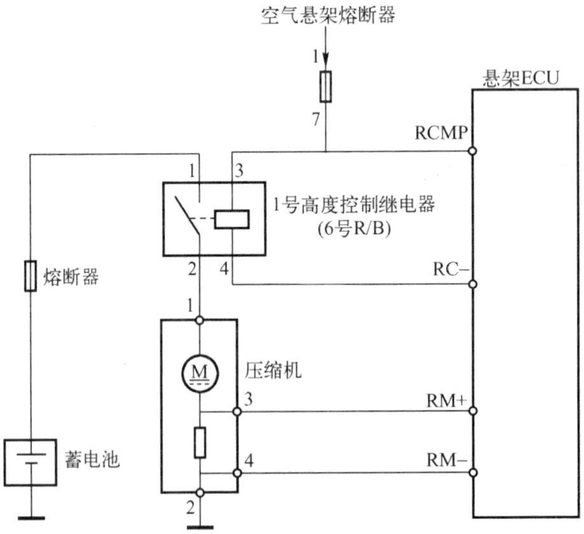

（6）分组讨论，如何回复任务导入中的客户咨询。

拓展知识

一、凯迪拉克 SLS 自动水平控制全主动悬架

上汽通用凯迪拉克 SLS 所配置的自动悬架高度控制系统 ALC（Automatic Level Control）为舒适性控制系统，该系统主要由控制模块接收车身悬架位置传感器的信号以判断车辆载荷的变化，然后通过向后减振器气囊充气或排气的方式来调节车身后部高度。

（一）主要部件的结构和工作原理

凯迪拉克 SLS 自动水平控制全主动悬架的主要组成部件有：电控悬架控制模块、后悬架高度传感器、后减振器总成、空气干燥器、空气压缩泵、气压传感器、排气电磁阀、空气软管等。

1. 电控悬架控制模块

电控悬架控制模块（ESC）是整个系统的控制中心，控制悬架高度并检测系统故障。如图 5-2-27 所示。

模块监测来自悬架高度传感器和气压传感器的输入信息，确定何时调节车身后部高度达到车辆整备高度。控制空气压缩泵的工作时间（限制在 255 s 以内），防止空气温度过高。

2. 悬架高度传感器

两个悬架高度传感器分别安装在左后和右后悬架控制臂上方，与后悬架的上控制臂相连，监测车身后部垂直高度，如图 5-2-28 所示。

图 5-2-27　电控悬架控制模块

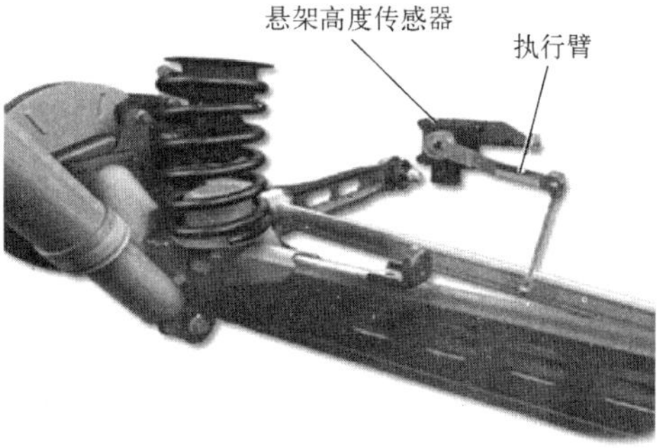

图 5-2-28　悬架高度传感器

悬架高度传感器采用霍尔效应式传感器，由电控悬架控制模块（ESC）提供 5 V 电压，信号输出电压为 0. 35 ～ 4. 75 V。

3. 后减振器总成

后减振器总成包括阻尼减振器和气囊。气囊位于阻尼减振器外围，用于存储空气，当气囊压力增加时气囊将会膨胀。气囊内部的空气压力将决定后部车身高度，气囊内部压力越大则车身后部越高；反之，则车身后部高度越低。

4. 空气压缩泵

空气压缩泵给后减振器气囊充气，以增加车身后部高度。空气压缩泵采用 12 V 直流永磁电动机，由 ESC 通过继电器控制，如图 5-2-29 所示。

5. 空气干燥器

空气干燥器安装在空气压缩泵总成的出口处，内含化学干燥剂。其作用是吸收压缩空气中的水分，防止减振器内部积水；空气排出气囊时，水分也随之被排到大气中。内部包含一个能维持 48 ～ 97 kPa 的限压阀，以限制系统压力，提高空气软管的可靠性。

6. 气压传感器

气压传感器一般位于空气压缩泵输出管路上，如图 5-2-30 所示。ESC 通过气压传感器的信号电压来判断压缩泵是否发挥作用及系统气压是否稳定。

图 5-2-29 空气压缩泵

图 5-2-30 气压传感器

7. 排气电磁阀

排气电磁阀位于空气压缩泵总成中，是不可维修部件。通电时排气电磁阀打开，控制气囊排出空气，降低车身高度。排气电磁阀具有限压功能，可限制管路最大压力。

8. 空气软管

空气软管是弹性软管，用于输送压缩空气，它通过接头连接空气压缩泵总成与后减振器。它是一个不可维修的部件。

（二）控制原理

ESC 接收悬架高度传感器和气压传感器输入的信息，对空气压缩泵和排气阀进行控制，以实现车身高度在加载或减载后始终保持在车辆整备高度范围内，如图 5-2-31 所示。

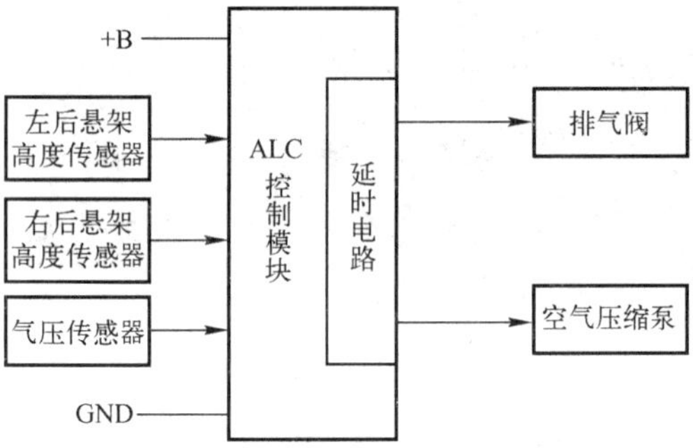

图 5-2-31 控制原理图

1. 车身高度升高控制

车身高度升高控制原理图如图 5-2-32 所示。

2. 车身高度下降控制

车身高度下降控制如图 5-2-33 所示。

3. 凯迪拉克 SLS 控制电路

凯迪拉克 SLS 控制电路如图 5-2-34 所示。

二、磁性液流控制悬架

磁性液流控制悬架 MRC（Magneto-rheological Control）又称电磁阻尼式悬架控制，属于半主动电控悬架系统。它可以在毫秒级范围内调节减振器内液压油液的黏性，改变油液的流动速度，从而改变减振器的阻尼状态，提高车辆操控稳定性和乘坐舒适性。

磁性液流控制悬架 MRC 的主要特点有：简洁的单管设计，没有电磁阀和小型的活动部件；改善了车辆高/低速行驶时的稳定性和舒适性；急转弯和避让行驶时，具有出色的防滚翻控制；低能耗（每个减振器最大 20 W）。

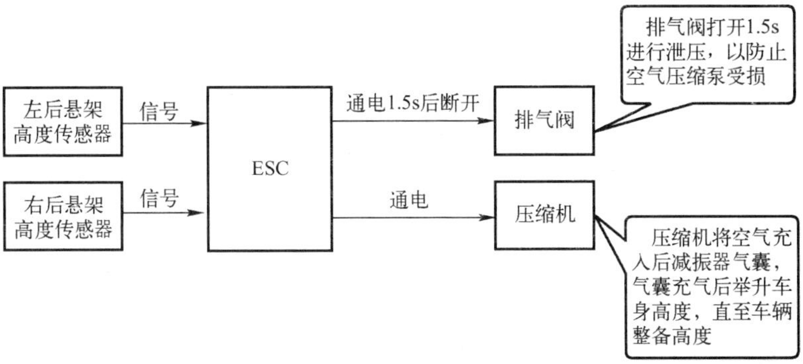

图 5-2-32　车身高度升高控制原理图

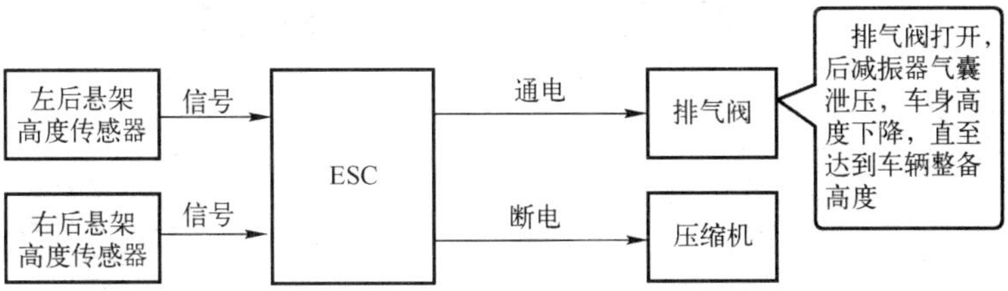

图 5-2-33　车身高度下降控制图

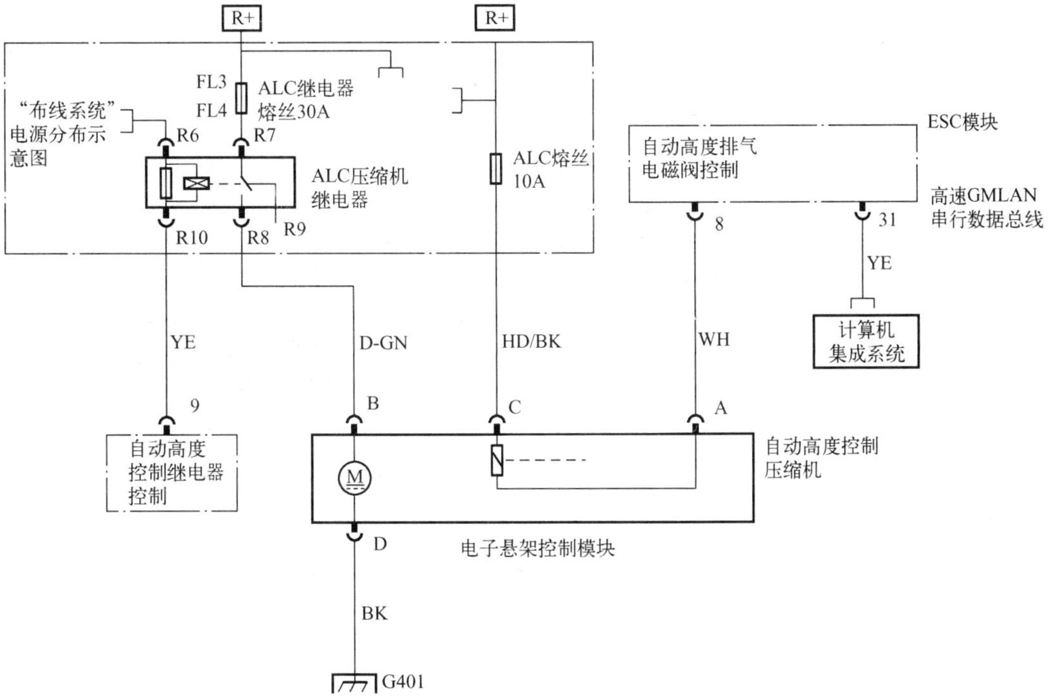

图 5-2-34　凯迪拉克 SLS 控制电路

（一）主要部件的结构和工作原理

磁性液流控制悬架 MRC 主要由悬架位置传感器、磁性液流减振器和悬架控制模块（ESC）组成。

1. 悬架位置传感器

悬架位置传感器安装在控制臂和车身之间，如图 5-2-35 所示，作用是向 ESC 提供车身与车轮之间的位移信号（信号电压在 0 ～ 5 V 之间变化）。如果系统监测到车身相对车轮发生位移，悬架控制模块将改变各个减振器的柔软度或刚度，以提供最佳的乘坐舒适性。

2. 磁性液流减振器

1）磁性液流减振器的结构

如图 5-2-36 所示，磁性液流减振器由 MR 油液、电磁线圈、推杆等部件组成。

图 5-2-35 悬架位置传感器

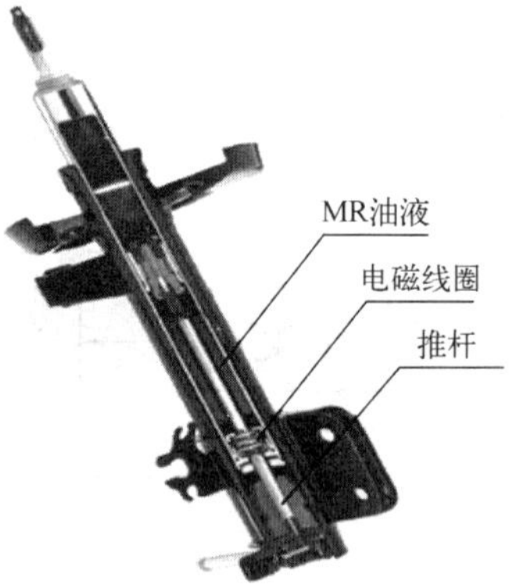

图 5-2-36 磁性液流减振器的结构图

MR 油液是指在碳氢化合物合成油中悬浮有微小铁粒子的液体。活塞中均安装有电磁线圈，它可以改变活塞周围的磁场，磁场强度由占空比控制，占空比越大，磁场强度越大。

2）磁性液流减振器的工作原理

如图 5-2-37 所示，在无磁场的情况下，MR 油液不会得到磁化，微小铁粒子的排列呈无规则状，阻尼系数较小；施加磁场后，在磁场力作用下，微小铁粒子快速集结，排列成纤维状结构，油液的黏稠度在 1 ms 的时间内就可以改变为果冻状，增大了阻尼系数。

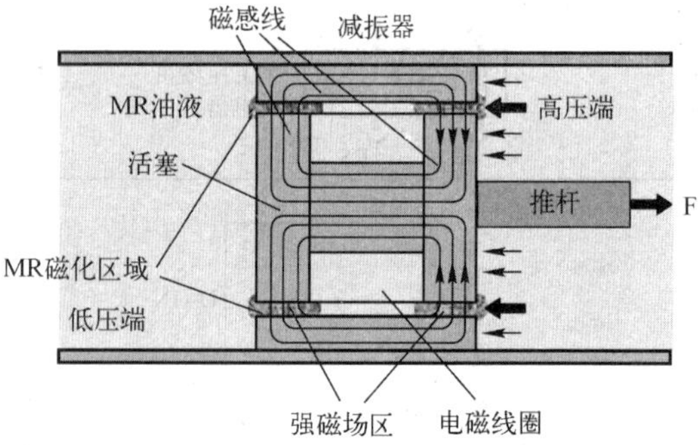

图 5-2-37 磁性液流减振器的工作原理图

3. 悬架控制模块（ESC）

ESC 通过悬架位置传感器和其他系统的串行数据（如车速、偏航率、制动压力等）来确定当前的路况和行驶条件，同时利用这些信息分别控制四个减振器的阻尼变化，以提高行驶的稳定性。ESC 以占空比控制电磁线圈的磁场强度，从而改变油液的流动特性。

（二）控制原理

如图 5-2-38 所示，ESC 通过 GMLAN 与 EBCM 和 ECM 进行通信，可以获取制动压力信息、车身偏航角度、转向盘转向角度及当前车辆行驶速度等输入信息，并根据当前车身高度（由悬架位置传感器提供信息）来计算、调整悬架系统阻尼力的大小。

控制模块向减振器电磁线圈发出 1 000 次/s 的电子指令，用以改变油液的流动特性，使减振器获得低阻力与高阻力之间的任何状态，实现悬架系统持续可变的实时减振。

1. ESC 输入信息

ESC 输入信息主要有：车身高度、车辆速度、转向盘转向角度、制动压力、偏航率等。

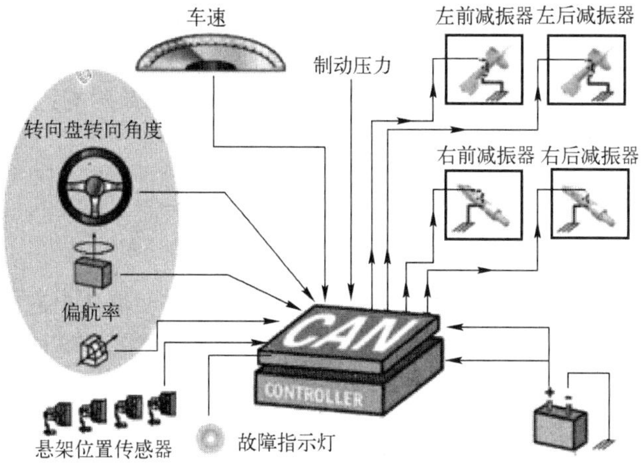

图 5-2-38 磁性液流减振器的控制原理图

2. ESC 输出信息

ESC 输出信息主要有：阻尼控制、故障诊断代码等。

复 习 延 伸

一、小结

(1) 丰田雷克萨斯 LS400UCF 轿车电子控制悬架系统有三个操作选择开关：平顺性开关、高度控制开关和高度控制 ON/OFF 开关。

(2) 丰田雷克萨斯 LS400UCF 轿车电子控制悬架系统主要由空气压缩机、干燥器、排气阀、高度控制阀、高度控制继电器、高度传感器、转向传感器、悬架控制执行器、悬架 ECU、悬架刚度调节装置和减振器阻尼力调节装置等组成。

(3) 丰田雷克萨斯 LS400UCF 轿车电子控制悬架系统的主要控制电路有：空气压缩机控制电路、高度控制阀控制电路和车身高度传感器控制电路。

(4) 丰田雷克萨斯 LS400UCF 轿车电子控制悬架系统控制功能有：车身高度控制、减振器的衰减力（阻尼系数）和悬架刚度的“软”“中”“硬”控制。

(5) 上汽通用凯迪拉克 SLS 所配置的自动悬架高度控制系统 ALC（Automatic Level Control）为舒适性控制系统，该系统主要由控制模块接收车身悬架位置传感器的信号以判断车辆载荷的变化，然后通过向后减振器气囊充气或排气的方式来调节车身后部高度。

(6) 磁性液流控制悬架 MRC（Magneto Rheological Control）又称电磁阻尼式悬架控制，属于半主动电控悬架系统。它可以在毫秒级范围内调节减振器内液压油液的黏性，改变油液的流动速度，从而改变减振器的阻尼状态，提高车辆操控稳定性和乘坐舒适性。

(7) 丰田雷克萨斯 LS400UCF 轿车电子控制悬架系统初步检查包括：车身高度调节功能检查、单向阀检查、漏气检查、车身高度初始调整。

(8) 丰田雷克萨斯 LS400UCF 轿车电子控制悬架系统故障自诊断系统的功能有：监测系统的工作状况、存储故障码和失效保护。

(9) 丰田雷克萨斯 LS400UCF 轿车电子控制悬架系统故障自诊断包括：指示灯的检查、故障码的读取、故障码的清除、ECU 输入信号的检查等。

(10) 丰田雷克萨斯 LS400UCF 轿车电子控制悬架系统电路检修中包括：检修高度传感器电路、检修转向传感器电路、检修制动灯开关电路。

(11) 丰田雷克萨斯 LS400UCF 轿车电子控制悬架系统常见故障有：悬架刚度和阻尼系数控制失灵及汽车车身高度控制失灵。

二、练习与思考

（一）简答题

(1) 丰田雷克萨斯 LS400UCF 轿车电子控制悬架系统有哪些操作开关？如何使用？

(2) 简述丰田雷克萨斯 LS400UCF 轿车电子控制悬架系统空气压缩机控制电路原理。

(3) 简述丰田雷克萨斯 LS400UCF 轿车电子控制悬架系统减振器的衰减力（阻尼系数）调节的原理。

(4) 简述电子控制悬架悬架刚度调节的原理。

(5) 轮速传感器的作用是什么？安装在哪些位置？

(6) 分析二位二通电磁阀和三位三通电磁阀的工作原理。

(7) 分析循环式制动压力调节器的基本原理。

（二）选择题

(1) 关于电子控制悬架，下面说法正确的是（　　）。

A. 电子控制悬架的刚度有“软”“中”“硬”三级调节，当车速高时，悬架刚度处于“硬”的状态

B. 当连续在差路面行驶时，不管车速高低，车身高度都应升高，以提高通过性

C. 当可调阻尼式减振器上活塞的阻尼孔最大时，减振器阻尼系数最大

D. 车身高度控制阀有两个，可为四个车轮空气弹簧提供气体通路。排气时，只需排气阀打开，车身高度控制阀不通电

(2) 电子控制悬架的控制功能有（　　）。（多选）

A. 车身高度自动调节功能

B. 减振器的衰减力（阻尼系数）自动调节功能

C. 弹性元件的弹性或刚性系数自动调节功能

D. 以上说法都正确

(3) 自动水平悬架控制系统使用（　　）的悬架高度传感器。

A. 霍尔式　　B. 光电式　　C. 磁簧开关　　D. 磁电式

(4) 以下（　　）部件不属于 ALC 自动水平控制系统组件。

A. 电子悬架控制模块（ESC）　　B. 减振器加速度传感器

C. 后部车身高度传感器　　D. 空气压缩泵

(5) 以下属于 ALC 自动水平悬架控制系统部件的是（　　）。（多选）

A. 空气压缩泵　　B. 磁液减振器　　C. 排气电磁阀　　D. 进气电磁阀

（三）判断题

(1) 电控悬架中，汽车在不平路面行驶时，车速超过 90 km/h，车身高度将降低。（　　）

(2) 丰田雷克萨斯 LS400UCF 轿车电子控制悬架系统有三个操作选择开关：平顺性开关、高度控制开关和高度控制 ON/OFF 开关。（　　）

(3) 高度控制电磁阀安装于空气干燥器和气动减振器之间，用于控制汽车悬架的高度调节。（　　）

（4）MR 油液是指在碳氢化合物合成油中悬浮有微小铁粒子的液体。磁场强度由占空比控制，占空比越大，磁场强度越大。此时，MR 油液的黏性越小。（　　）

（5）电控悬架中，车身高度传感器用来检测车身与车桥相对位置的变化程度。（　　）

（6）电控悬架中，当高度控制开关选择在 HIGH 位置时，汽车在良好路面高速行驶时，车速超过 90 km/h，车身高度将降低。（　　）

（7）电控悬架中，悬架刚度的调节是改变主、副气室之间气体通路的大小来实现的，主、副气室的通路面积最大时，悬架的刚度也最大。（　　）

（8）电控悬架中，转向盘转角传感器可用来检测转向盘的中间位置、转动角度和转向速度，无法识别转向的方向。（　　）

项目六　检修电控动力转向系统

学习目标

1. 知识目标

（1）了解普通动力转向系统的特性和不足。

（2）熟悉电控动力转向系统的概念、作用和类型。

（3）了解流量控制式 EPS 的组成、部件结构和基本工作原理。

（4）了解反力控制式 EPS 的组成、部件结构和基本工作原理。

（5）熟悉阀灵敏度控制式 EPS 的组成、部件结构和基本工作原理。

（6）熟悉电动式 EPS 的组成、部件结构和基本工作原理。

2. 能力目标

（1）能对电控动力转向系统主要传感器，如车速传感器等进行正确检测。

（2）能通过故障诊断仪进行电控动力转向系统的故障码读取、清除。

（3）能对液压式 EPS 常见故障进行诊断和排除。

（4）能对电动式 EPS 常见故障进行诊断和排除。

任务一　认知电控动力转向系统

任务导入

装备电控动力转向系统宝来（Bora 2004）轿车的客户反映在行驶过程中，发现转向异常沉重，同时 P/S 灯点亮。

本任务的学习拟通过在整车实训室或在汽车底盘电控实训室利用整车或电控动力转向系统总成台架完成。具体包括：了解电控动力转向系统的类型、特点；快速辨识车辆是否装备电控动力转向系统且能识别该电控动力转向系统的类型；掌握电控动力转向系统的基本工作原理等。最后完成任务工单。

相关知识

一、电控动力转向系统的概念

（一）普通动力转向系统的特性和不足

汽车转向时要求转向操纵轻便，即以较小的转向盘操纵力获得较大的转向力矩；同时也要求转向灵敏，即以较小的转向盘转角获得较大的转向角。但普通动力转向系统无法同时满足这两方面的要求。

如果设计的固定放大倍率的动力转向系统为减小停驶及低速时的轻便性，则使高速时转向盘操纵力过小，路感下降，易出现转向过度，不利于高速行驶方向控制；反之，如果设计的固定放大倍率的动力转向系统为增加高速行驶方向控制，则使停驶及低速时操纵力过大，转向沉重，效率下降。

由此可见，普通动力转向系统的助力特性是不变的，且与车速无关，这会导致停车及低速时，转向盘操纵沉重，中速时较轻快，当车速增高时更加轻快。

为了实现在各种行驶条件下转向盘上所需要的力都是最佳值，必须采用更先进的电子控制动力转向系统。

（二）电控动力转向系统的概念及作用

1. 电控动力转向系统的概念

电控动力转向系统英文全称为 Electronic Control Power Steering，简称 EPS 或 ECPS。

2. 电控动力转向系统的作用

电控动力转向系统根据车速、转向情况等对转向助力实施控制，使动力转向系统在不同的行驶条件下都有最佳的放大倍率。在低速时，有较大的放大倍率，可以减轻转向操纵力，使转向轻便、灵活；在高速时，则适当减小放大倍率，以稳定转向手感，提高高速行驶的操纵稳定性。它解决了转向轻便与转向灵活的矛盾，提高了行驶安全性和舒适性。

（三）电控动力转向系统的类型

根据动力源不同可分为液压式电控动力转向系统（液压式 EPS）和电动式电控动力转向系统（电动式 EPS）。

液压式 EPS 增设了控制液体流量的电磁阀、车速传感器和电子控制单元等，电子控制单元根据检测到的车速信号，控制电磁阀，使转向动力放大倍率实现连续可调，从而满足高、低速时的转向助力要求。

电动式 EPS 利用直流电动机作为动力源，电子控制单元根据转向参数和车速等信号，控制电动机转矩的大小和转动方向。电动机的转矩由电磁离合器通过减速机构减速增矩后，加在汽车的转向机构上，使之得到一个与工况相适应的转向作用力。

二、电控动力转向系统的组成与工作原理

（一）液压式 EPS 的组成与工作原理

液压式 EPS 是在传统的液压动力转向系统的基础上增设了液体流量控制装置、传感器和电子控制单元形成的。根据控制方式的不同，可分为流量控制式、反力控制式和阀灵敏度控制式三种形式。

1. 流量控制式 EPS

流量控制式 EPS 是根据车速传感器信号，调节液压动力转向装置中油液的输入、输出流量和压力，来控制液压动力的大小的。如图 6-1-1 所示，流量控制式 EPS 是在液压动力转向系统上增加流量控制电磁阀、车速传感器、电子控制单元和控制开关等元件构成的。

流量控制式 EPS 可分为分流电磁阀控制式和旁通流量控制阀式。

1）LS400 轿车的流量控制式 EPS

（1）LS400 轿车的流量控制式 EPS 的基本组成。LS400 轿车采用了分流电磁阀控制式 EPS，它在液压动力转向的基础上增加了分流电磁阀、电子控制单元、车速传感器等部件。在动力缸两侧的油道上设置了一条连通动力缸两腔的分流油道，油量流量受分流电磁阀控制，当电磁阀根据汽车行驶车速升高而将分流油道逐渐打开增大时，转向动力缸高压侧的高压油有一部分被分流到动力缸低压油室中去，同时返回储油罐中，使动力缸中的活塞两侧油压差减小，动力转向的增力减弱，此时转向时需要驾驶人施加较大的转向操纵力，使转向灵敏性和轻便性得到很好的

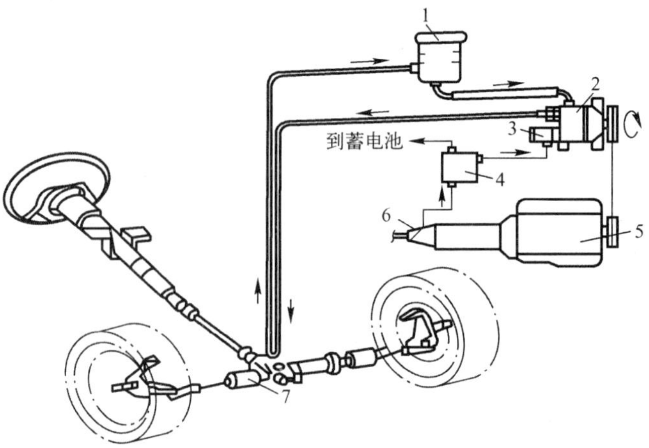

图 6-1-1　流量控制式 EPS

1—储液罐；2—转向油泵；3—流量控制电磁阀；4—电子控制单元；
5—发动机；6—车速传感器；7—齿轮齿条转向器及动力缸

兼顾，形成良好的路感。

(2) LS400 轿车流量控制式 EPS 的工作原理。发动机驱动油泵产生的液压油被送到分流控制阀。如图 6-1-2（a）所示，当汽车直线行驶时，分流控制阀处于中间位置，液压油流过控制阀进入泄油口并返回储液罐中，此时动力缸活塞两边的压力相等，活塞不会向某一方向移动，无助力效果。当汽车转弯行驶时（以右转弯为例），分流控制阀也将转动，关闭左侧液压通道，而使右侧液压通道开得更大，液压油被送到活塞右侧，形成高压，在活塞两侧油压差的作用下，活塞向左运动，起到转向助力的作用。分流控制阀的开度由 ECU 检测的车速传感器等信号进行控制。

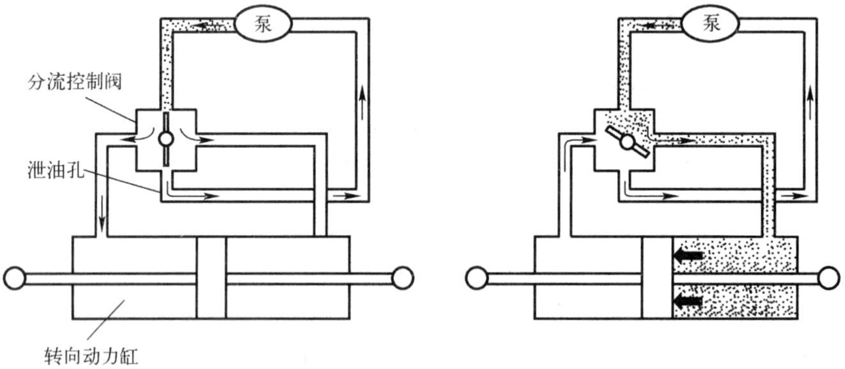

（a）汽车直线行驶时　　（b）汽车转弯时（以右转弯为例）

图 6-1-2　LS400 轿车流量控制式 EPS 基本原理示意图

(3) LS400 轿车流量控制式 EPS 的工作过程。汽车行驶时由车速传感器检测汽车速度，并转化为电信号送给电子控制单元，电子控制单元通过车速信号的大小来发出指令控制分流电磁阀电流的占空比，进而控制油道的开度大小，调节控制转向动力缸助力的大小。控制的原则是：车速较低时，转向所需的转向操纵力较小；车速较高时，转向所需的操纵力适当加大。

2）日产蓝鸟轿车的流量控制式 EPS

(1) 日产蓝鸟轿车的流量控制式 EPS 的基本组成。如图 6-1-3 所示，日产蓝鸟轿车采用旁通流量控制阀式 EPS，它是在普通液压动力转向系统的基础上增加旁通流量控制阀、车速传感器、转向角速度传感器、电子控制单元和控制开关等装置。在转向液压泵与转向机体之间设有旁通管路，由油量控制阀控制。

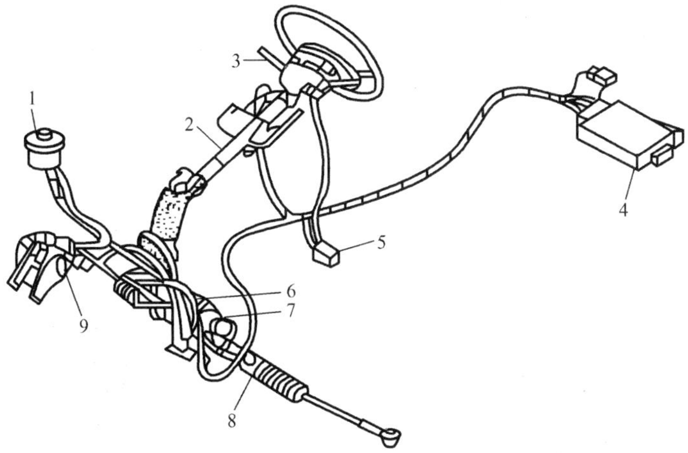

图 6-1-3　日产蓝鸟轿车的流量控制式 EPS 的基本组成

1—动力转向油罐；2—转向管柱；3—转向角速度传感器；
4—电子控制单元；5—转向角速度增幅传感器；6—旁通流量控制阀；
7—电磁线圈；8—转向齿轮联动机构；9—液压泵

（2）日产蓝鸟轿车的流量控制式 EPS 主要部件的结构：

① 旁通流量控制阀。旁通流量控制阀的结构如图 6-1-4 所示，主要由流量主孔、主滑阀、电磁线圈柱塞、调节螺钉、电磁线圈、节流孔、稳压滑阀等组成。在阀体内装有主滑阀和稳压滑阀，主滑阀的右端与电磁线圈柱塞连接，主滑阀在电磁线圈的作用下移动，从而改变主滑阀左端的流量主孔的开口面积，调节螺钉可以调节旁通流量的大小。

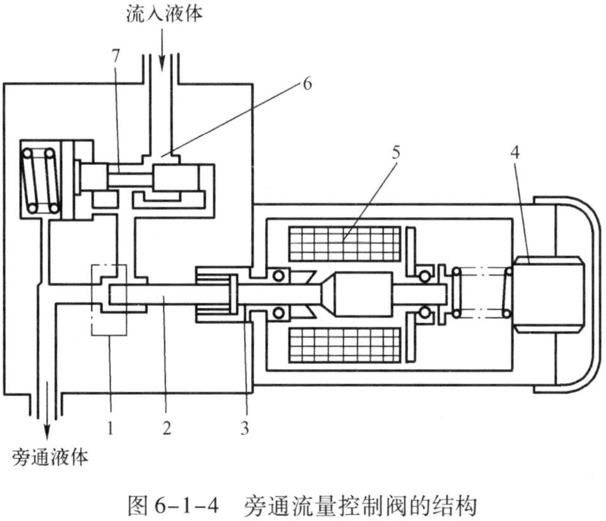

图 6-1-4　旁通流量控制阀的结构

1—流量主孔；2—主滑阀；3—电磁线圈柱塞；4—调节螺钉；
5—电磁线圈；6—节流孔；7—稳压滑阀

稳压滑阀的作用是保持流量主孔前后压差的稳定，以使旁通流量与流量主孔的开口面积成正比。当因转向负荷的变化使流量主孔前后压差偏离设定值（与稳压滑阀左侧弹簧相关）时，稳压滑阀阀芯将在其左侧弹簧张力和右侧油压作用下发生滑移。如果压差大于设定值，则阀芯左移，使节流孔面积减小，流入到流量主孔的液压油量减少，前后压差减小；如果压差小于设定值，则阀芯右移，使节流孔面积增大，流入到流量主孔的液压油量增多，前后压差变大。流量主孔前后压差的稳定，保证了旁通流量的大小只与主滑阀控制的流量主孔的开口面积有关。

② 转向角速度传感器。日产蓝鸟轿车的流量控制式 EPS 采用光电式转向角速度传感器，其结构和安装位置如图 6-1-5 所示。

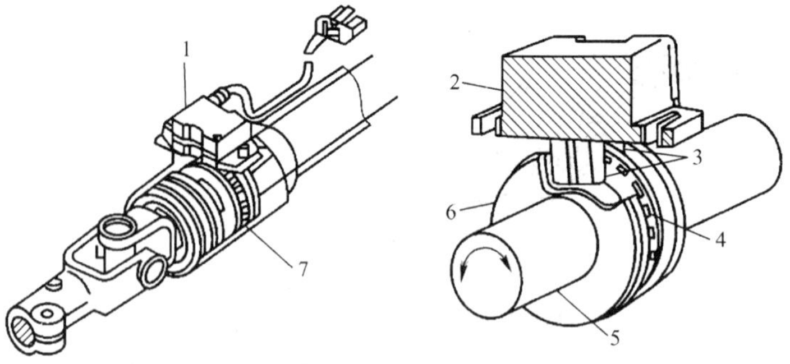

（a）安装位置　　（b）结构

图 6-1-5　光电式转向角速度传感器的结构和安装位置

1—转角传感器；2—转换装置；3—光电元件；4—遮光盘；5—轴；6—护板；7—传感器圆盘

在转向盘的转向轴上装有一个带窄缝的遮光盘，窄缝呈等距均匀分布，传感器的光电元件由发光二极管和光敏接收元件——光电晶体管组成，相对装在遮光盘两侧。当转向盘的转轴带动圆盘偏转时，传感器的发光二极管的光线通过窄缝圆盘空隙，或被遮光盘遮挡，从而光敏接收元件就有 ON、OFF 变化，形成脉冲信号。光电式传感器的工作原理和电路原理如图 6-1-6 所示。

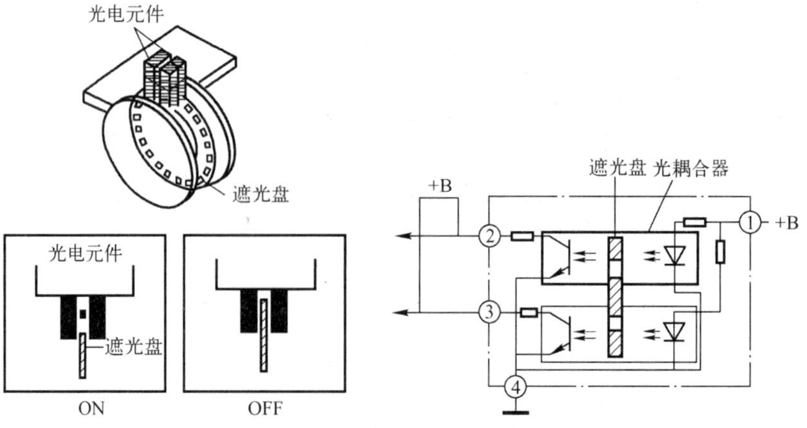

（a）工作原理　　（b）电路原理

图 6-1-6　光电式传感器的工作原理和电路原理

转向盘偏转时，遮光盘随之转动，使传感器之间的光束产生通断变化，遮光器的这种反复开、关状态形成与转向轴转角成一定比例的数字脉冲信号。转向控制装置可根据此信号的变化来判断转向盘的转角和转速。一般传感器在结构上采用两组光耦合器，这个遮光盘在安装上使它们的ON、OFF变化的相位错开一定的角度，可根据检测到的脉冲信号的相位差来判断转向盘的偏转方向。即通过判断哪个遮光盘先转变为ON状态，转向轴就偏转哪个方向。当左转时，左侧光敏接收元件总是先于右侧光敏接收元件达到ON状态；当右转时，右侧光敏接收元件总是先于左侧光敏接收元件达到ON状态。

③ 转换开关。驾驶人利用仪表板上的转换开关可以选择三种适应不同行驶条件的转向力特性曲线，如图6-1-7所示。

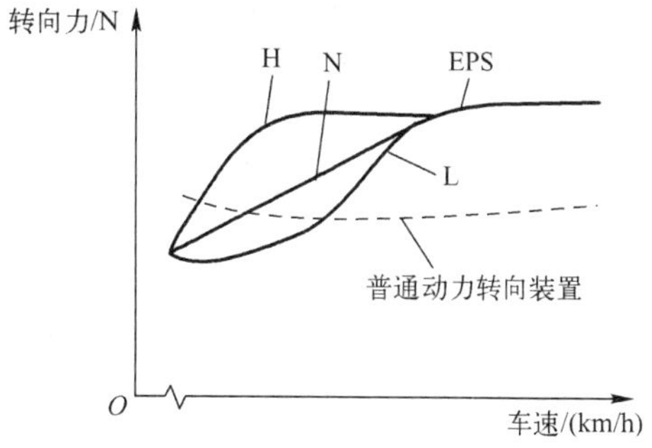

图6-1-7　三种转向力特性曲线

④ 电子控制动力转向系统电路。如图6-1-8所示，系统中电子控制单元接收车速传感器、转向角速度传感器及控制开关的信号，用以控制旁通流量控制阀的电流，本身具有故障自诊断功能。

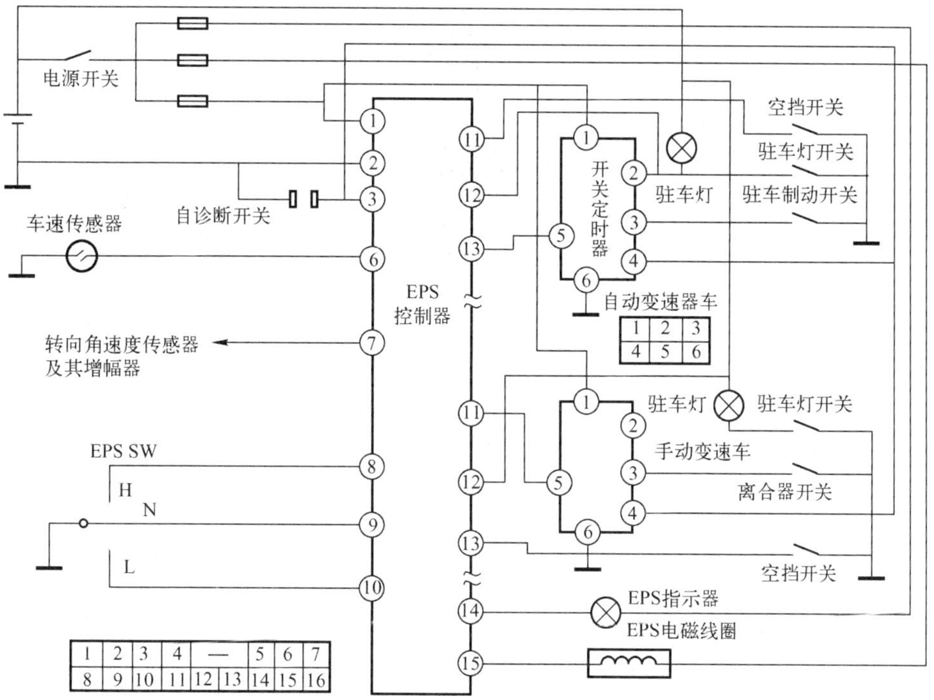

图6-1-8　电子控制动力转向系统电路图

3）日产蓝鸟轿车的流量控制式EPS的基本原理

如图6-1-9所示，根据车速传感器、转向角速度传感器和控制开关的信号，电子控制单元向旁通流量控制阀发出控制信号，控制旁通流量，从而调整向转向器供油的流量。

当车速很低时，EPS ECU输出的脉冲控制信号占空比很小，通过电磁阀线圈的平均电流很小，电磁阀阀芯开启程度也很小，旁路液压油流量小，液压助力作用大，使转向盘操纵轻便。

当车速提高时，EPS ECU 输出的脉冲控制信号占空比增大，使电磁阀线圈的平均电流增大，电磁阀阀芯的开启程度增大，旁路液压油流量增大，从而使液压助力作用减小，以提高操纵稳定性。

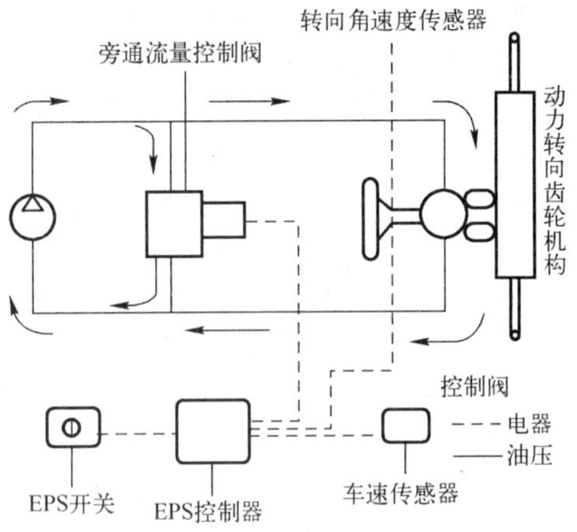

图 6-1-9　日产蓝鸟轿车的流量控制式 EPS 的基本原理

2. 反力控制式 EPS

1）反力控制式 EPS 的基本组成

反力控制式 EPS 主要由转向控制阀、分流阀、电磁阀、转向动力缸、转向油泵、储油罐、车速传感器及 ECU 等组成，如图 6-1-10 所示。

2）反力控制式 EPS 主要部件的结构

（1）转向控制阀。在传统的整体转阀式动力转向控制阀的基础上增设了油压反力室。扭力杆的上端通过销子与转阀阀杆相连，下端用销子与小齿轮轴和控制阀阀体相连。

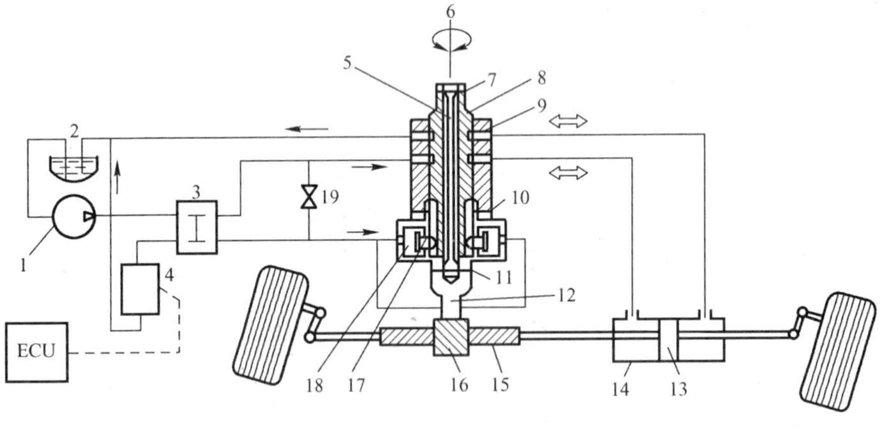

图 6-1-10　反力控制式 EPS 的基本组成

1—转向油泵；2—储油罐；3—分流阀；4—电磁阀；5—扭杆；6—转向盘；7、10、11—销；8—转阀阀杆；9—控制阀阀体；12—转向齿轮轴；13—活塞；14—转向动力缸；15—转向齿条；16—转向齿轮；17—柱塞；18—油压反力室；19—固定小孔

小齿轮轴的上端部通过销子与控制阀阀体相连。转向时，转向盘上的转向力通过扭力杆传递给小齿轮轴，带动小齿轮旋转，使齿条运动，实现转向。当转向力增大，扭力杆发生扭转变形时，转阀阀杆和控制阀体之间将发生相对转动，以此改变阀体和阀杆之间油道的通、断关系和工作油液的流动方向，从而实现液压助力转向作用。

（2）分流阀。分流阀的结构如图 6-1-11 所示，主要由阀门、弹簧、进油道和出油道组成。分流阀的作用是将来自转向油泵的液流分送到转阀、油压反力室和电磁阀。送到电磁阀和油压反力室中的液压油流量是由转阀中的油压来调整的。当转动转向盘时，转阀中的油压增大时，分配到电磁阀和油压反力室的液压油流量增加；当转阀中的油压达到一定值后，转阀中的油压便不再升高，而分配给电磁阀和油压反力室的液流量则不变。

（3）固定小孔。固定小孔的作用是把供给转向控制阀的一部分流量分配到油压反作用力室一侧。电磁阀根据需要开启适当的开度，使油压反作用力室一侧的油液流回储油箱。

（4）电磁阀。电磁阀一般安装在转向齿轮箱体上。电磁阀的开度由 ECU 的输出电流控制，而该输出电流又取决于车速的高低。

根据需要，将油压反力室一侧的机油压回储油箱。电子控制单元根据车速的高低控制电磁阀油路的阻尼面积，开口面积随电磁线圈通电电流占空比而变化，进而控制油压反力室一侧的液压油压力大小。车速低时，通电电流大，滑阀被吸引，油路的阻尼增大，流向油箱的回流量增加。随着车速的升高，电流减小，油液回流量也减少。

（5）车速传感器。车速传感器的主要功用是检测汽车行驶速度，通常安装在变速器输出轴上。

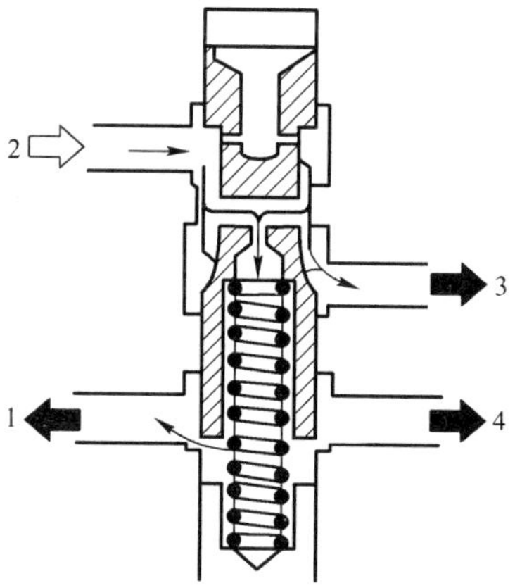

图 6-1-11 分流阀的结构

1—至电磁阀；2—至转向油泵；3—至转阀；4—至油压反力室

（6）电子控制单元。根据车速传感器输入信号控制通入电磁阀的电流，实现相应的控制功能。车速提高时，为了增大转向操纵力，需要加大电磁阀的电流；而当车速超过 120 km/h 时，为防止电流过大而造成过载，电子控制单元则使通往电磁阀的通电电流保持恒定。

当车辆静止或速度较低时，电子控制单元使电磁线圈的电流增大，电磁阀开口面积增大，经分流阀分流的液压油和固定小孔分流的液压油通过电磁阀开口重新回流到储油箱中的油量变大。作用于柱塞的背压（油压反力室压力）降低，柱塞推动控制阀转阀阀杆的反力较小，因此只需要较小的转向力就可使扭力杆扭转变形，使转阀阀杆和控制阀体发生相对转动而实现转向助力作用。当车辆在中高速区域转向时，电子控制单元使电磁线圈的电流减小，电磁阀开口面积减小，经分流阀分流的液压油和固定小孔分流的液压油通过电磁阀开口重新回流到储油箱中的油量变小，油压反力室的油压升高，作用于柱塞的背压增大，于是柱塞推动转阀阀杆的反力增大，此时需要较大的转向力才能使转阀阀杆和控制阀体之间做相对转动，才能实现转向助力作用，实现在中高速时使驾驶人获得良好的转向手感和转向特性。

3）反力控制式 EPS 的基本原理

下面以丰田汽车公司马克Ⅱ型车使用的反力控制式动力转向系统为例介绍其工作原理。

（1）马克Ⅱ型电子控制动力转向系统的结构。马克Ⅱ型电子控制动力转向系统的结构如图 6-1-12所示。

（2）控制阀的结构。控制阀的结构如图 6-1-13 所示。

（3）电磁阀的结构及其特性。电磁阀的结构及其特性如图 6-1-14 所示。

输入到电磁阀中的信号是通、断脉冲信号，改变信号占空比可以控制流过电磁阀线圈平均电流值的大小。当车速升高时，输入到电磁阀线圈的平均电流值减小，电磁阀的开度减小。这样，电磁阀开度的大小根据车速的高低就可以调整油压室反力，从而得到最佳的转向操纵力。

（4）工作过程：

汽车在低速范围内行驶时，ECU 输出一个大的电流，使电磁阀的开度增加，由分流分出的液体流过电磁阀回到储油罐中的流量增加。油压反力室的压力减小，柱塞推动控制阀杆的力减小，因此只需要较小的转向力就可使扭杆扭转变形，使阀体与阀杆发生相对转动而使控制阀打开，油泵输出油压作用到动力缸右室（或左室），使动力缸活塞左移（或右移），产生转向助力。

汽车中、高速行驶时。此时转向盘微量转动时，控制阀杆根据扭转角度而转动，转阀的开度

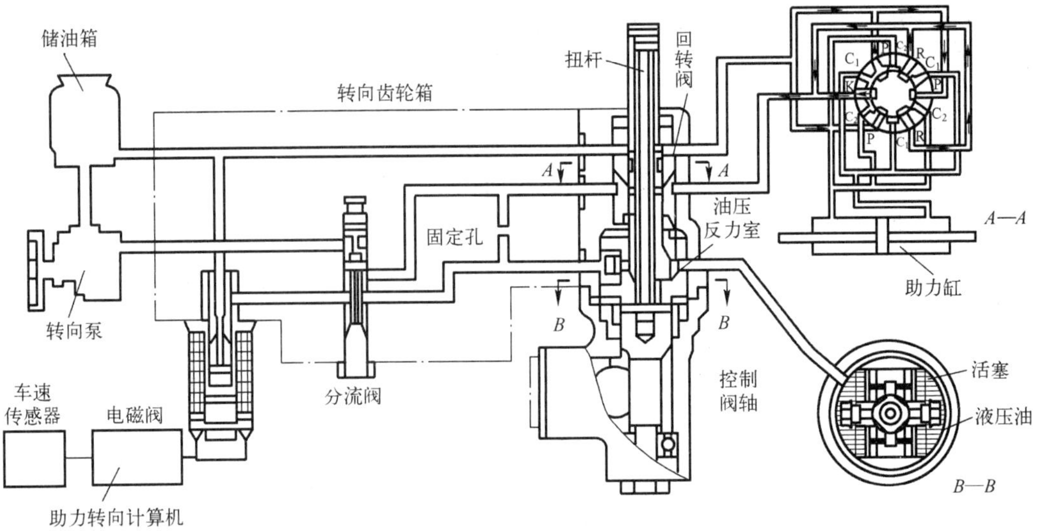

图 6-1-12 马克Ⅱ型电子控制动力转向系统的结构

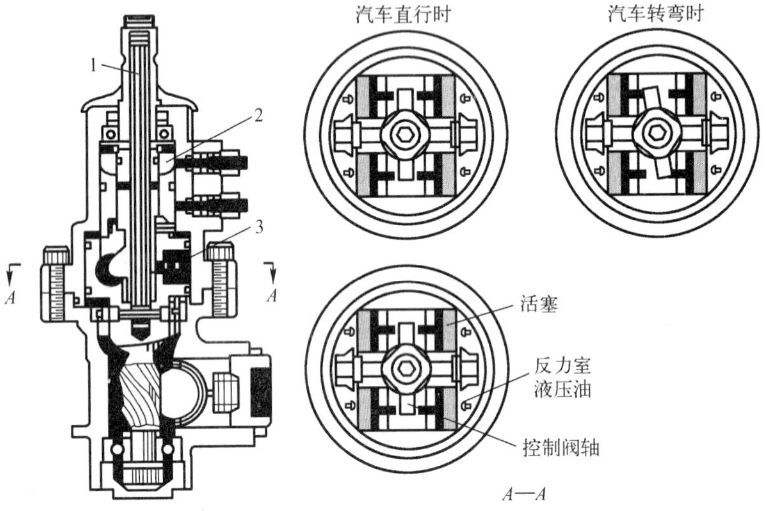

图 6-1-13 马克Ⅱ型反力控制式动力转向控制阀的结构

1—扭杆；2—回转阀；3—油压反力室

减小，转阀里面的压力增加，流向电磁阀和油压反力室中的液流量增加。当车速增加时，ECU 输出电流减小，电磁阀开度减小，流入油压反力室中的液流量增加，反力增大，使得柱塞推动控制阀杆的力变大。液流还从量孔流进油压反力室中，这也增大了油压反力室中的液体压力，故转向盘的转动角度增加时，将要求一个更大的转向操纵力，使得在中高速时，驾驶人可获得良好的转向手感和转向特性。

反力控制式动力转向系统是根据车速大小，控制油压反力室油压大小，从而控制转向力的大小的。其优点是具有较好的转向操纵力，驾驶人可以感受到稳定的操作手感；其缺点是结构复杂，成本较高。

3. 阀灵敏度控制式 EPS

阀灵敏度控制式 EPS 根据车速控制电磁阀，直接改变动力转向缸油压增益。这种转向系统

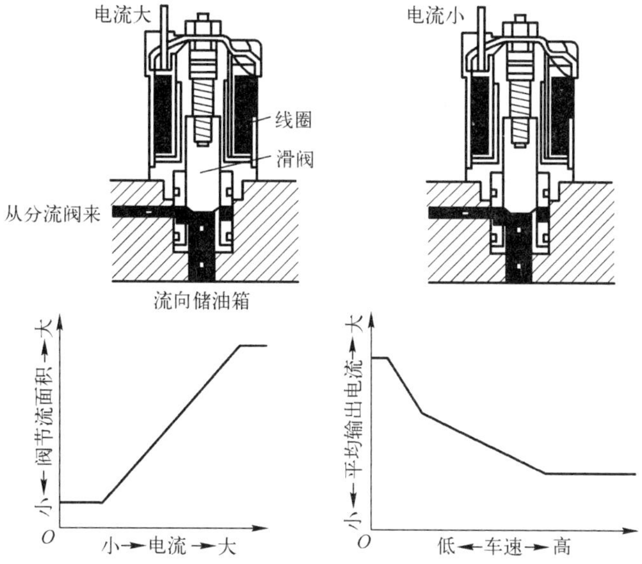

图 6-1-14　马克Ⅱ型反力控制式动力转向电磁阀的结构及其特性

结构简单、价格便宜，而且具有较大的选择转向力的自由度。与反力控制式转向相比，转向刚性较差，可以提高原来的弹性刚度加以克服，可获得较好的转向手感和良好的转向特性。

（1）阀灵敏度控制式 EPS 的基本组成。阀灵敏度控制式 EPS 的结构如图 6-1-15 所示，主要由转子阀、电磁阀、车速传感器及 ECU 等组成。

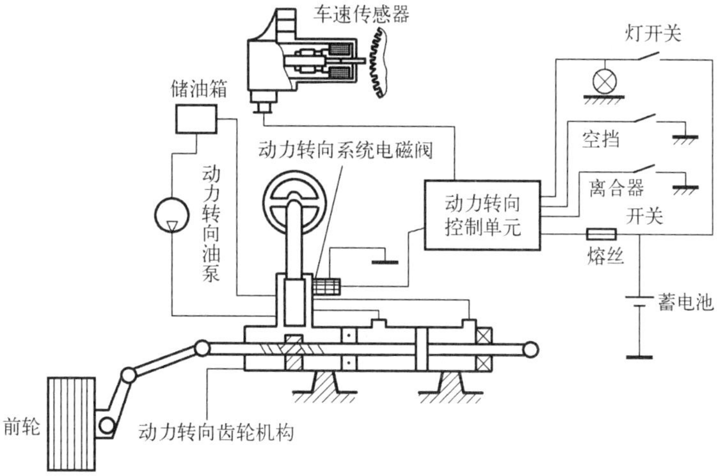

图 6-1-15　阀灵敏度控制式 EPS 的结构

（2）阀灵敏度控制式 EPS 主要部件的结构：

① 转子阀。转子阀的结构如图 6-1-16 所示，转子阀内体圆周上有 6 条或 8 条沟槽，各沟槽与阀外体构成的油路，与泵、动力缸、电磁阀及油箱连接。

转子阀的可变小孔分为低速专用节流小孔（1R、1L、2R、2L）和高速专用可变控制小孔（3L、3R）两种，在高速专用可变控制小孔的下边设有旁通电磁阀回路。其阀部的等效油路如图 6-1-17所示。

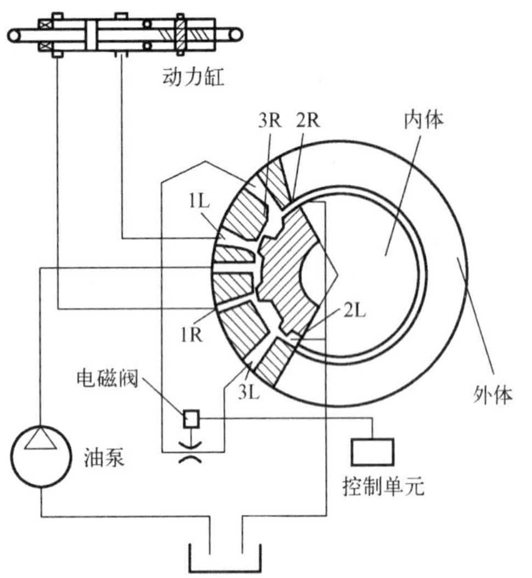

图 6-1-16 转子阀的结构

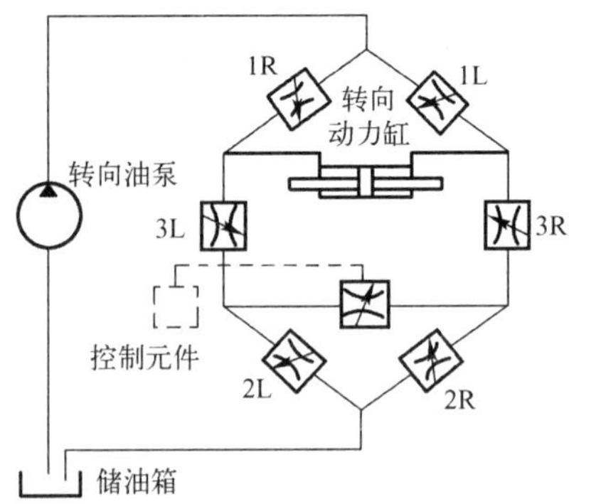

图 6-1-17 阀灵敏度控制式 EPS 阀部的等效油路

② 电磁阀。电磁阀如图 6-1-18 所示，电磁阀上设有控制进、出的旁通油道，是可变的节流阀。车速低时，电子控制单元向电磁线圈通以较大的电流，使控制孔关闭；随着车速升高，逐渐减小通电电流，控制孔逐渐开启；在高速时，开启通道达到最大值。该阀在汽车左右转向时，转向油流动的方向可以变换。

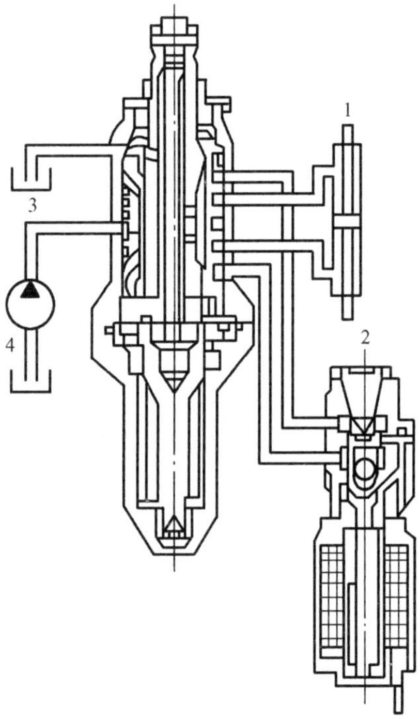

图 6-1-18 电磁阀

1—动力缸；2—电磁阀；3—油箱；4—油泵

③ ECU。ECU 可接受车速传感器的信号，控制电磁阀电磁线圈电流的大小。

（3）阀灵敏度控制式 EPS 的基本原理：

如图 6-1-19（a）所示，当车辆静止时，电磁阀完全关闭，如果此时向右转动转向盘，则高灵敏度低速专用节流小孔 1R 和 2R 在较小的转向扭矩作用下即可关闭，转向油泵的高压油液经 1L 流回转向动力缸右腔室，其左腔室的油液经 3L、2L 流回储油箱，所以，此时具有轻便的转向特性。而且施加在转向盘上的转向力矩越大，可变小孔 1L、2L 的开口面积越大，节流作用就越小，转向助力作用越明显。

如图 6-1-19（b）所示，随着车辆行驶速度的提高，在 ECU 的作用下，电磁阀的开度也线性增加，如果右转动转向盘，则转向油泵的高压油液经 1L、3R 旁通电磁阀流回储油箱。此时，转向动力缸右腔室的转向助力油压就取决于旁通电磁阀和灵敏度低的高速专用可变控制小孔 3R 的开度。车速越高，在 ECU 的控制下，电磁阀的开度越大，旁路流量越大，转向助力作用越小，3R 的开度逐渐减小，转向助力作用随之增大。

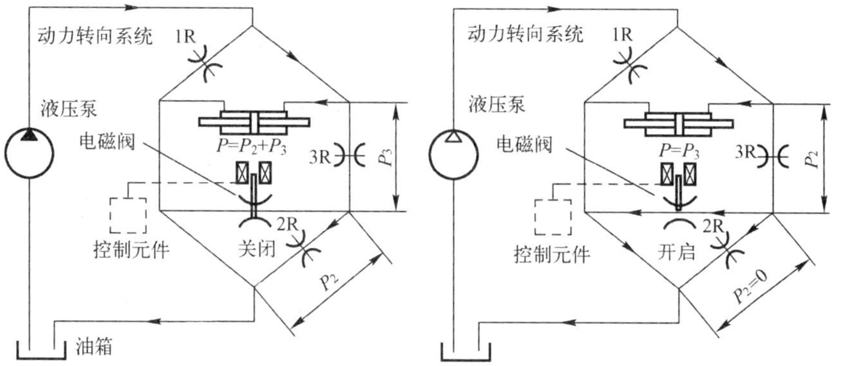

（a）低速转向时　　　（b）高速转向时

图 6-1-19　阀灵敏度控制式 EPS 等效液压油路

由此可见，阀灵敏度控制式 EPS 可使驾驶人获得非常自然的转向手感和良好的速度转向特性。

（二）电动式 EPS 的组成与工作原理

电动式 EPS 是一种直接依靠电动机提供辅助转矩的电动助力式转向系统。该系统仅需要控制电动机电流的方向和幅值，不需要复杂的控制机构。另外，该系统由于利用微机控制，为转向系统提供了较高的自由度，同时还降低了成本和质量。

1. 电动式 EPS 的组成、工作原理与特点

1）电动式 EPS 的组成

电动式 EPS 的组成如图 6-1-20 所示，电动式 EPS 系统是在机械转向机构的基础上，增加了电动式助力机构、转向助力控制系统后形成的。它一般由扭矩传感器、车速传感器、电子控制单元、电磁离合器、减速机构、电动机等组成。电动机是电动式 EPS 的助力源，电子控制单元根据车速和转向扭矩等参数，控制电动机工作，实现助力转向的作用。电动机连同离合器和减速齿轮一起，通过一个橡胶底座安装在左车架上。电动机的输出转矩由减速齿轮增大，并通过万向节、转向器中的助力小齿轮把输出转矩送至齿条，向转向轮提供转矩。

2）电动式 EPS 的工作原理

当转向盘转向时，装在转向轴上的扭矩传感器不断地测出转向轴上的扭矩大小，并把它变成输出信号，该信号与车速信号同时输入到电子控制单元。电子控制单元根据这些输入信号，判

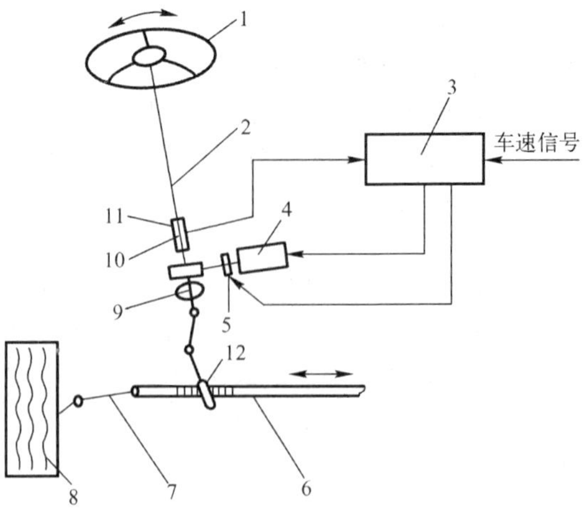

图 6-1-20　电动式 EPS 的组成

1—转向盘；2—转向轴；3—电子控制单元；4—电动机；
5—电磁离合器；6—齿条；7—横拉杆；8—转向轮；9—输出轴；
10—扭力杆；11—扭矩传感器；12—转向齿轮

断汽车的运行工况，确定助力扭矩的大小和方向，控制电动机的电流大小和转向，进而调整转向助力的大小。

3）电动式 EPS 的特点

（1）电动机、减速机构、转向柱和转向齿轮箱可以制成一个整体，既无管道也无控制阀，可使其结构紧凑、质量减轻，比液压式 EPS 大约轻 25%。

（2）无液压式 EPS 常运转转向油泵，电动机只是在需要转向时才接通电源，动力消耗、燃油消耗较低。

（3）因为零件的数目少，不需要加油和抽空气，所以在生产线上的装配性好。

（4）较容易按照汽车性能需要设置，修改转向助力特性。

2. 电动式 EPS 的类型

根据电动机布置位置的不同，电动式 EPS 可以分为转向轴助力式、齿轮助力式和齿条助力式三种类型，如图 6-1-21 所示。

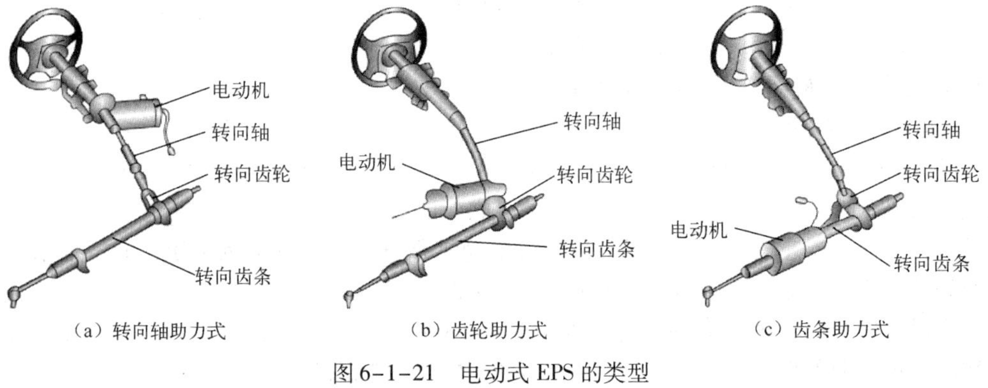

图 6-1-21　电动式 EPS 的类型

3. 电动式 EPS 主要部件的结构及工作原理

1）扭矩传感器

扭矩传感器的作用是检测驾驶人作用在转向盘上的转向力矩、转向方向等参数，并将其转变为电信号输送给 ECU，以作为电动助力的依据之一。

扭矩传感器可分为无触点式扭矩传感器和有触点式扭矩传感器。

（1）无触点式扭矩传感器。图 6-1-22 所示为无触点式扭矩传感器的结构及工作原理。

在输出轴的极靴上分别绕有 A、B、C、D 四个线圈，转向盘处于中间位置（直驶）时，扭力杆的纵向对称面正好处于输出轴极靴 AC、BD 的对称面上。当 U、T 两端加上连续的输入脉冲电压信号 U_i 时，由于通过每个极靴的磁通量相等，所以在 V、W 两端检测到的输出电压信号 $U_o = 0$ V。

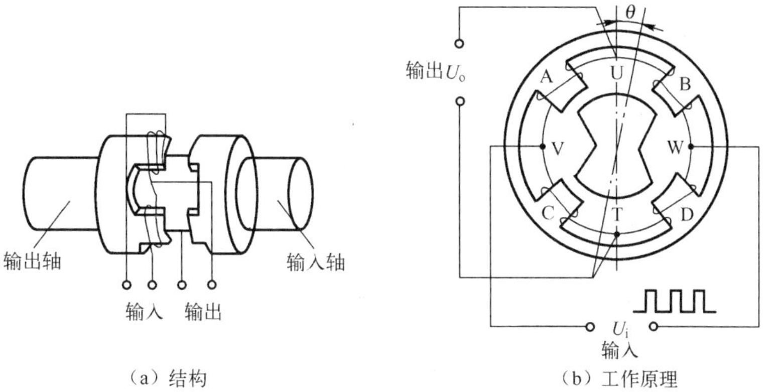

图 6-1-22　无触点式扭矩传感器的结构及工作原理

当右转向时，由于扭力杆和输出轴极靴之间发生相对扭转变形，极靴 A、D 之间的磁阻增加，B、C 之间的磁阻减少，各个极靴的磁通量发生变化，于是在 V、W 之间就出现了电位差，电位差与扭力杆的扭转角和输入电压 U_i 成正比。

所以，通过测量 V、W 两端的电位差就可以测量出转矩值。

（2）有触点式扭矩传感器。图 6-1-23 所示为滑动可变电阻式扭矩传感器的结构和工作原理。它是将转向力矩引起的扭力杆角位移转换为电位器电阻的变化以引起输出电压的变化，并经滑环传递出来作为扭矩信号。

2）电动机

电动式 EPS 一般采用直流电动机。其工作原理与启动用直流电动机的原理基本相同。其电压为 12 V，最大通过电流一般为 30 A 左右，额定转矩为 10 N · m 左右。

电动机的输出转矩控制是通过控制其输入电流来实现的，而电动机的正转和反转则是由 EPS ECU 输出的正、反转触发脉冲控制的，如图 6-1-24 所示。

a_1、a_2为触发信号端。从电子控制单元得到的直流信号输入到 a_1、a_2端，用以触发电动机产生正反转。当 a_1端得到输入信号时，晶体管 T_3导通，T_2得到基极电流而导通，电流经 T_2的发射极和集电极、电动机、T_3的集电极和发射极搭铁，电动机有电流通过而正转。当 a_2端得到输入信号时，晶体管 T_4导通，T_1得到基极电流而导通，电流经过 T_1的发射极和集电极、电动机、T_4的集电极和发射极搭铁，电动机有反向电流通过而反转。控制触发信号端的电流大小，就可以控制电动机通过电流的大小。

3）电磁离合器

图 6-1-25 所示为单片干式电磁离合器的工作原理。当图 6-1-23 所示的滑动可变电阻式扭矩传感器电流通过滑环进入电磁离合器线圈时，主动轮产生电磁吸力，带花键的压板被

吸引与主动轮压紧，于是电动机的动力经过轴、主动轮、压板、花键、从动轴传递给执行机构。

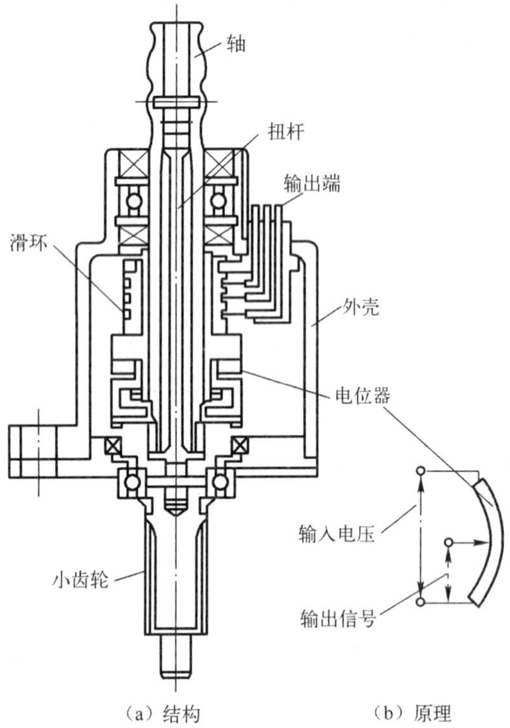

图 6-1-23 滑动可变电阻式扭矩传感器的结构和工作原理

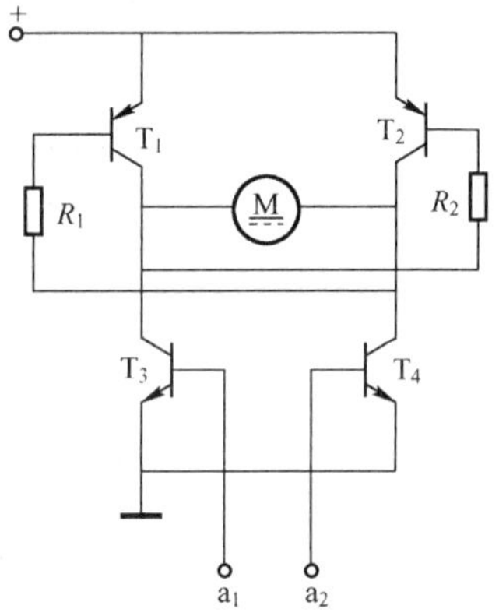

图 6-1-24 电动机正反转控制电路

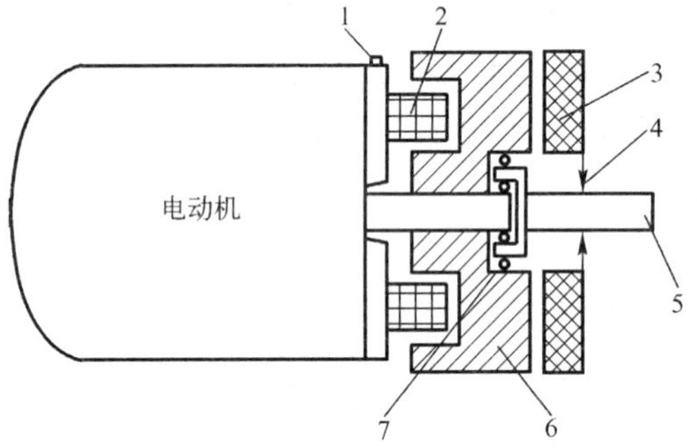

图 6-1-25 单片干式电磁离合器的工作原理

1—接线柱；2—线圈；3—压板；4—花键；
5—从动轴；6—主动轮；7—滚珠轴承

由于转向助力的工作范围限定在一定速度区域内，所以离合器一般设定一个速度范围，如当车速超过 30 km/h（不同的车型设计，此车速不同）时，离合器便分离，电动机也停止工作，这时就没有转向助力的作用。

当电动机停止工作时，为了不使电动机及离合器的惯性影响转向系统的工作，离合器也应及时分离，以切断辅助动力。

当系统中电动机等发生故障时，离合器会自动分离，这时仍可恢复手动控制转向。

4）减速机构

（1）蜗轮蜗杆减速助力传动机构。蜗轮蜗杆减速助力传动机构由电磁离合器、一套蜗轮蜗杆助力传动机构组成，如图 6-1-26 所示。电动机提供的转向助力通过蜗轮蜗杆机构放大作用于转向柱，辅助驾驶人进行转向动作。车辆高速行驶不需要助力或在助力转向系统出现故障时，为了增加转向的可靠性，在电动机与助力机构之间采用电磁离合器来实现电动机与转向系统分离。

（2）差动轮系减速助力传动机构。差动轮系减速助力传动机构由一套蜗轮蜗杆机构和一套差动轮系机构组成，如图 6-1-27 所示。转向输入轴与差动轮系的中心轮相连，电动机经过一级蜗轮蜗杆减速机构带动齿圈运动，合成的运动由行星架输出。

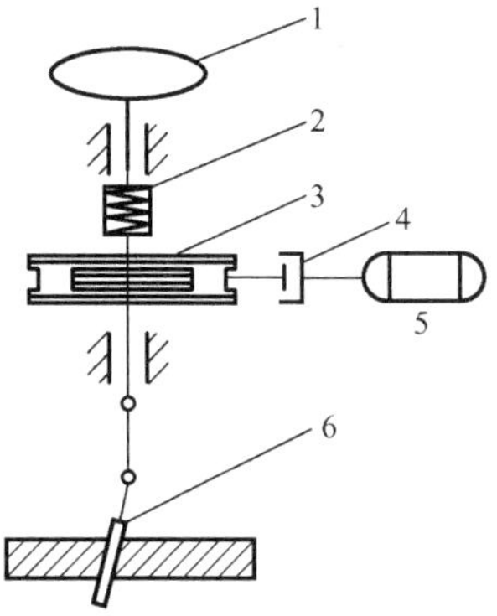

图 6-1-26　蜗轮蜗杆减速助力传动机构

1—转向盘；2—扭矩传感器；3—蜗轮蜗杆机构；4—离合器；5—电动机；6—齿轮齿条转向器

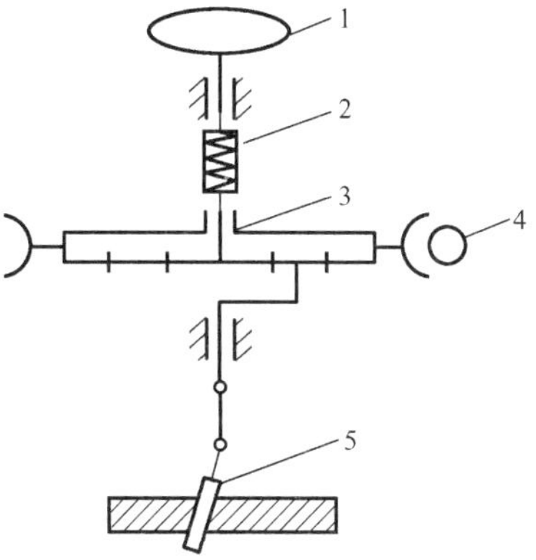

图 6-1-27　差动轮系减速助力传动机构

1—转向盘；2—转角传感器；3—差动行星轮机构；4—蜗轮蜗杆机构；5—齿轮齿条转向器

其工作原理是根据车速和手动转向角度，电子控制单元按照事先确定的控制规律使电动机提供一个与手动转向同方向的辅助转角并利用差动轮系的运动合成得到前轮转向角度，这间接地减小了转向系统的传动比而减小了手动转向角度，从而减少了驾驶人消耗的转向功。

任务实施

一、实施环境

（1）汽车底盘电控实训室或汽车整车实训室。

（2）装备有电控动力转向系统的轿车（科鲁兹、英朗、君威等）或汽车电控动力转向系统台架（如 SB－F8100－8A、时超动力转向系统试验台、TYQC－BSQ－021、TZXX－DP－DLZX 等）、举升机、工具车（配有拆装工具）、工作台。

（3）相应的车辆维修手册或电控动力转向系统台架资料。

二、实施步骤

分小组完成如下操作：

（1）对照本组指配的整车或台架查看电控动力转向系统构造特征，弄清其具体组成和工作原理。

（2）分组操作，体验有、无助力转向的区别。

（3）完成任务工单。

三、任务工单

项目六　检修电控动力转向系统 任务一　认知电控动力转向系统	班级			
	姓名		学号	
	日期		分数	

(1) 根据教师指定的装备电控动力转向系统车辆或台架，回答以下问题：

① 车辆或台架的型号：____________________。

② 电控动力转向系统的类型：____。

③ 电控动力转向系统的组成部件有：____

____。

(2) 简述电控动力转向系统的类型。

(3) 参照下图分析阀灵敏度控制式 EPS 的工作原理。

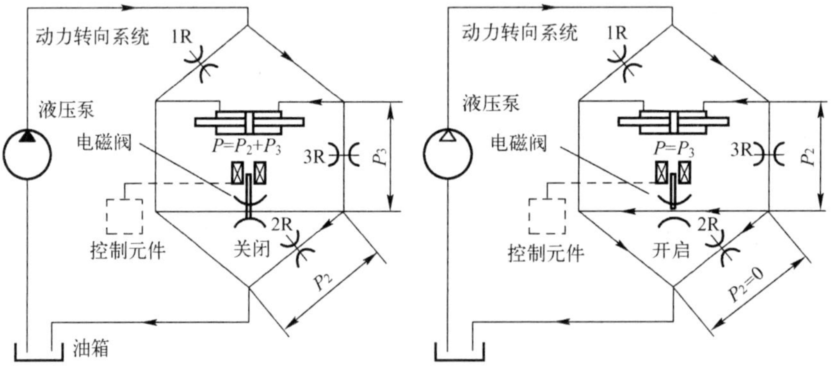

(a) 低速转向时　　　　(b) 高速转向时

(4) 分组讨论，如何回复任务导入中的客户咨询。

复习延伸

一、小结

（1）普通动力转向系统的助力特性是不变的，且与车速无关，这会导致停车及低速时，转向盘操纵沉重，中速时较轻快，当车速增高时更加轻快。

（2）电子控制动力转向系统英文全称为 Electronic Control Power Steering，简称 EPS 或 ECPS。

（3）根据动力源不同，电控动力转向系统可分为液压式电控动力转向系统（液压式 EPS）和电动式电控动力转向系统（电动式 EPS）。

（4）液压式 EPS 是在传统的液压动力转向系统的基础上增设了液体流量控制装置、传感器和电子控制单元形成的。根据控制方式的不同，可分为流量控制式、反力控制式和阀灵敏度控制式三种形式。

（5）流量控制式 EPS 是根据车速传感器信号，调节液压动力转向装置中油液的输入、输出流量和压力，来控制液压动力的大小的。可分为分流电磁阀控制式和旁通流量控制阀式。

（6）反力控制式 EPS 在传统的整体转阀式动力转向控制阀的基础上增设了油压反力室。

（7）电动式 EPS 系统是一种直接依靠电动机提供辅助转矩的电动助力式转向系统。该系统仅需要控制电动机电流的方向和幅值，不需要复杂的控制机构。

二、练习与思考

（一）简答题

（1）电子控制动力转向系统有哪些类型？

（2）分流电磁阀控制式和旁通流量控制阀式有何区别？

（3）电动式 EPS 系统有何特点？

（二）选择题

（1）液压式电控动力转向系统主要有（　　）。（多选）

A. 分流电磁阀控制式　　B. 旁通流量控制阀式

C. 反力控制式　　D. 阀灵敏度控制式

（2）关于电动式动力转向系统，下面说法错误的是（　　）。

A. 根据电动机布置位置的不同，电动式动力转向系统可以分为转向轴助力式、齿轮助力式和齿条助力式三种类型。

B. 转向盘处于中间位置（直驶）时，转矩传感器输出电压为 0 V。

C. 转向轴助力式电动式动力转向系统不用减速机构，电动机的输出动力直接传递给转向轴。

D. 电动式动力转向系统的电磁离合器根据车速高低来接通或断开。

（3）下列部件（　　）不是电动助力转向系统的组成部件。

A. 扭矩传感器　　B. 转向电动机

C. 电子控制模块　　D. 转向压力开关

（4）下列关于扭矩传感器说法正确的是（　　）。（多选）

A. 扭矩传感器是电磁式传感器　　B. 扭矩传感器输出两个 0 ～ 5 V 的直流电压

C. 扭矩传感器安装在扭力杆外侧　　D. 扭矩传感器是一个转速传感器

（三）判断题

（1）根据控制方式不同，液压式电控动力转向系统可分为流量控制式、反力控制式和阀灵

敏度控制式三种类型。 ( )

(2) 流量控制式 EPS 中，车速低时，电磁阀开度大，助力效果好。 ( )

(3) 反力控制式 EPS 中，通过油压反力室油压的高低来实现助力大小的控制，反力室的油压越高，助力效果越好。 ( )

(4) 电控动力转向系统的转向助力越大越好。 ( )

(5) 电动式 EPS 利用直流电动机作为动力源，通过控制电动机的电流和方向来实现助力大小的控制。 ( )

(6) 扭矩传感器是用来测量转向盘与转向器之间的相对扭矩的。 ( )

任务二 宝来（Bora 2004）轿车电控动力转向系统转向沉重故障检修

任务导入

如前所述，电控制动力转向系统根据车速、转向情况等对转向助力实施控制，使动力转向系统在不同的行驶条件下都有最佳的放大倍率，同时兼顾转向轻便性与转向灵敏性。汽车在使用过程中也会出现电控制动力转向系统故障，常见的故障现象有：EPS 故障指示灯亮、转向沉重、单侧转向沉重、异响、转向盘抖动、稳定性差、转向盘回正能力差等。

装备电控动力转向系统宝来（Bora 2004）轿车的客户反映在行驶过程中，发现转向异常沉重，同时 P/S 灯点亮。通过本任务的学习，重点解决装备电控动力转向系统宝来（Bora 2004）轿车的转向沉重故障。

如何针对车辆出现的故障现象确定故障部位为电控制动力转向系统？又如何确定电控制动力转向系统故障的具体成因？这些都是本任务要解决的问题。另外，本任务重点介绍了宝来（Bora 2004）轿车 EPS 系统的结构特点、控制过程；分析了宝来（Bora 2004）轿车的转向沉重故障的原因。

相关知识

一、宝来（Bora 2004）轿车 EPS 系统的结构

宝来（Bora 2004）轿车 EPS 系统采用的是电控机械式助力转向系统。与传统的液压转向器相比，电控机械式助力转向系统具有许多优点：它可以协助驾驶人行车，并减轻身体和心理负担；同时，它仅在需要时进行工作，也就是说，只有当驾驶人需要转向助力时，它才会自动提供帮助；此外，转向助力与车速、转向力矩和转向角等有关。

（一）宝来（Bora 2004）轿车 EPS 系统的基本组成

如图 6-2-1 所示，宝来（Bora 2004）轿车 EPS 系统主要包括转向盘、带转向角度传感器 G85 的组合开关、转向柱 G527、转向力矩传感器 G269、电子动力转向电动机 V187、转向器、动力转向辅助控制单元 J500 等。

转向器由一只转向力矩传感器 G269、一根扭转棒、一只转向小齿轮和一只驱动小齿轮、一只蜗轮传动装置，以及一只带控制单元的电动机组成。电动机械转向助力的核心部件是一根齿条，它由两只花键啮合在转向器中。

（二）宝来（Bora 2004）轿车 EPS 系统主要部件的位置

图 6-2-2 所示为宝来（Bora 2004）轿车 EPS 系统主要部件的位置。电动机械转向助力器需要的转向力是通过转向小齿轮和驱动小齿轮传送到齿条上的。

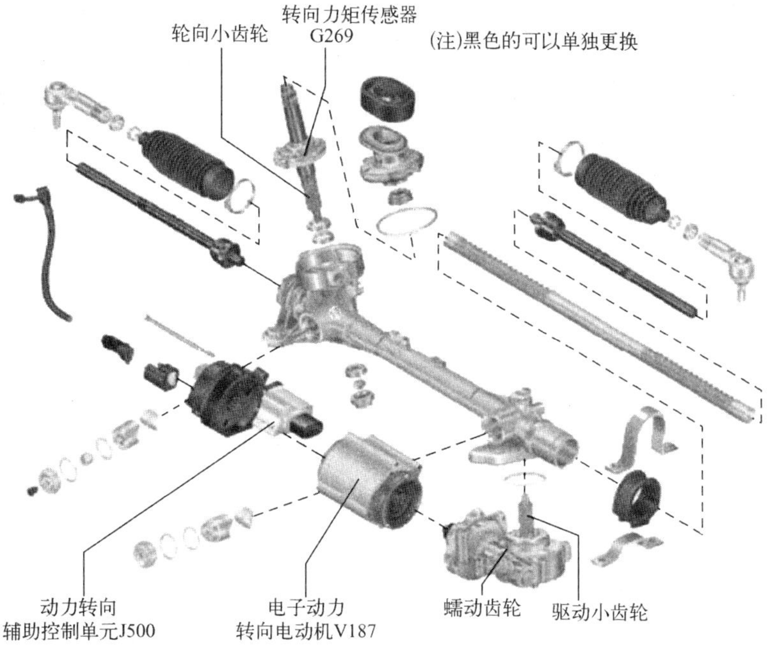

图 6-2-1 宝来（Bora 2004）轿车 EPS 系统的结构图

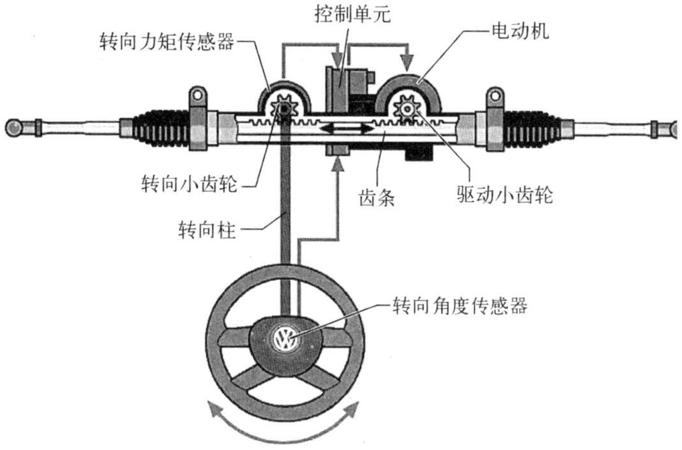

图 6-2-2 宝来（Bora 2004）轿车 EPS 系统主要部件的位置

转向小齿轮负责传送驾驶人施加的转向力矩，驱动小齿轮则通过一只蜗轮传动装置，传送由电动机械转向助力器电动机提供的助力力矩。该电动机具有用于转向助力的控制单元和传感装置，并安装在第二只小齿轮上。这种结构可以使转向盘和齿条之间形成机械连接，所以，当伺服电动机失灵时，可以确保车辆仍能够进行机械转向，但此时不具备转向助力的功能，转向时会感到很沉重。

二、宝来（Bora 2004）轿车 EPS 系统的工作原理

（一）宝来（Bora 2004）轿车转向助力特性曲线

转向助力是通过一个控制单元永久程序存储器中的特性曲线组来进行控制的。该存储器统

计了最大 16 条不同的特性曲线组。例如：宝来（Bora 2004）轿车从提供的特性曲线组中，选择了八条特性曲线组使用，并根据要求（比如车辆质量）在出厂前激活一条特性曲线组。也可以在售后服务特约维修站，通过 VAS505X 利用“匹配功能”和“通道 1”指令，激活此特性曲线组。图 6-2-3 所示为宝来（Bora 2004）轿车中八种特性图中的一种，根据车辆荷载不同，又分为轻重两部分特性曲线。

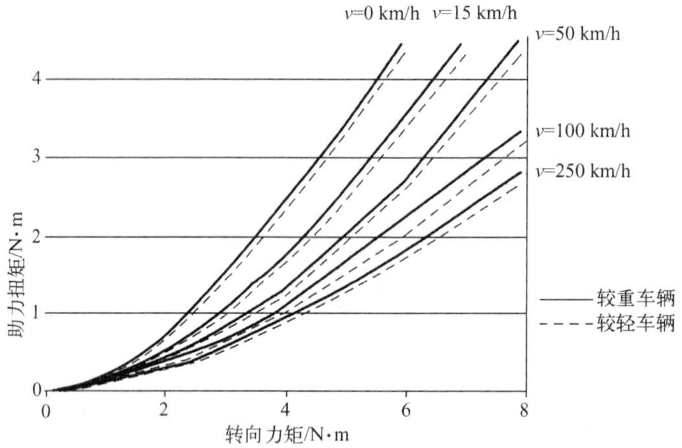

图 6-2-3　宝来（Bora 2004）轿车 EPS 系统转向助力特性曲线

特性曲线组中含有五条不同的特性曲线，用于不同的车速，如 0 km/h 、15 km/h、50 km/h、100 km/h 和 250 km/h。每条特性曲线说明了在对应车速时的转向盘扭矩下，电动机驱动扭矩所提供的转向助力。

（二）宝来（Bora 2004）轿车 EPS 系统的控制原理

电子助力转向系统转向过程的控制原理如图 6-2-4 所示。工作过程如下：

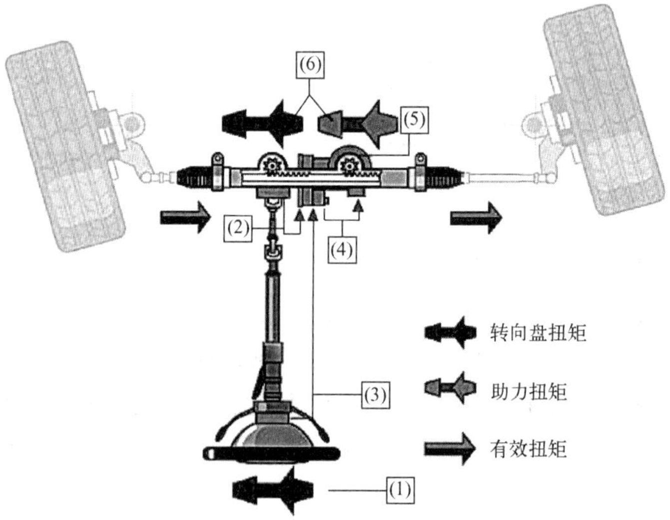

图 6-2-4　电子助力转向系统转向过程的控制原理

（1）驾驶人转动转向盘；

（2）转向盘上的扭矩转动转向器上的扭转棒，转向力矩传感器 G269 探测到转动，并将测得的转向力矩发送给动力转向辅助控制单元 J500；

（3）转向角度传感器 G85 发送当前的转向角信号，转子转速传感器发送当前的转向速度信号；

（4）控制单元根据转向力矩、车速、发动机转速、转向角和转向速度，以及在控制单元中设置的特性曲线，确定需要的助力扭矩，并控制电动机转动；

（5）转向助力是通过驱动齿轮来完成的，驱动齿轮由电动机驱动，电动机通过蜗轮传动并驱动小齿轮作用到齿条上，从而传送助力转向力；

（6）转向盘扭矩和助力扭矩的总和是转向器上引起齿条运动的有效扭矩，该扭矩驱动齿条实现转向。

1. 停车时转向控制过程

（1）停车时，驾驶人用力转动转向盘，扭转棒被扭转；

（2）转向力矩传感器 G269 探测到扭转，并通知动力转向辅助控制单元 J500（此时在转向盘上已经施加了大的转向力矩）；

（3）转向角度传感器 G85 发送大的转向角信号，转子转速传感器发送当前的转向速度信号；

（4）动力转向辅助控制单元 J500 根据大的转向力矩、车速（0 km/h）、发动机转速、大的转向角、转向速度和在控制单元中设置的 $v = 0$ km/h 时的特性曲线，测定需要较大的助力扭矩，并对电动机进行控制；

（5）这样就可以在停车时，通过驱动齿轮提供最大的转向助力；

（6）转向盘扭矩和最大助力扭矩总和是停车时在转向器上引起齿条运动的有效扭矩。

2. 市区行驶时转向控制过程

（1）在市区中转弯行驶时，驾驶人转动转向盘，扭转棒被扭转；

（2）转向力矩传感器 G269 探测到扭转，并通知动力转向辅助控制单元 J500（此时在转向盘上已经施加了中等力度的转向扭矩）；

（3）转向角度传感器 G85 发送中等转向角信号，转子转速传感器发送当前的转速信号；

（4）控制单元根据中等力度的转向扭矩、车速（50 km/h）、发动机转速、中等的转向角、转向速度和控制单元中设置的 $v = 50$ km/h 时的特性曲线，测定需要中等幅度的助力扭矩，并对电动机进行控制；

（5）这样就可以在转弯时，通过驱动齿轮，提供中等力度的转向扭矩；

（6）转向盘扭矩和中等助力扭矩的总和是市区内转弯行驶时在转向器上引起齿条运动的有效扭矩。

3. 高速公路行驶时转向控制过程

（1）变换车道时，驾驶人轻微转动转向盘，扭转棒被扭转；

（2）转向力矩传感器 G269 探测到扭转，并通知动力转向辅助控制单元 J500（此时在转向盘上已经施加了少量的转向扭矩）；

（3）转向角度传感器 G85 发送小的转向角信号，转子转速传感器发送当前转向速度信号；

（4）控制单元根据小的转向扭矩、车速（100 km/h）、发动机转速、小的转向角、转向速度和控制单元中设置的 $v = 100$ km/h 时的特性曲线，测定需要较小的助力扭矩，或无须助力扭矩，并对电动机进行控制；

(5) 这样就可以在高速公路转向过程中，通过驱动齿轮，提供少量的转向助力，或不提供转向助力；

(6) 转向盘扭矩和最小的助力扭矩的总和是变换车道时在转向器上引起齿条运动的有效扭矩。

4. 转向助力的主动回位

转向助力的主动回位控制如图 6-2-5 所示。其工作过程如下：

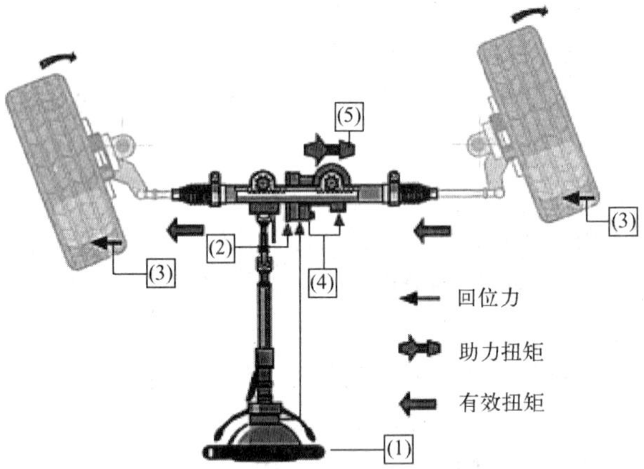

图 6-2-5 宝来（Bora 2004）轿车转向系统转向助力的主动回位控制

(1) 如果驾驶人在转弯行驶中，降低了转向扭矩，则扭转棒会自动松开；

(2) 根据下降的转向力矩和转向角与转向速度之间的关系，控制单元计算出额定的快退速度，将此速度与转向角速度相比较，由此得出回位扭矩；

(3) 车桥的几何结构会在转向的车轮上产生回位力，但由于转向系统和车桥内的摩擦力，此回位力通常太小，不能使车轮回位至正前行驶位置；

(4) 控制单元通过分析转向扭矩、车速、发动机转速、转向角、转向速度和控制单元中设定的特性曲线，计算出回位所需要的电动机扭矩；

(5) 动力转向辅助控制单元 J500 会控制电动机，并使车轮回位至正前行驶位置。

5. 正前行驶修正

正前行驶修正是由主动回位形成的一种功能，这时将产生一个助力扭矩，可使车辆回到无扭矩的正前行驶位置。它可以分为长时算法和暂时算法。

长时算法：其任务是补偿长期存在的正前行驶误差。例如：从夏季轮胎更换到新使用的（旧的）冬季轮胎时出现的误差。

暂时算法：利用暂时算法可以修正短时的误差。这样可以减轻驾驶人的负担。例如：当遇到持续侧风而必须进行持续的“补偿转向”时。正前行驶修正控制如图 6-2-6 所示。其工作过程如下：

(1) 持续侧面作用力，如侧风等施加在车辆上；

(2) 驾驶人转动转向盘，使车辆保持在正前行驶方向上；

(3) 控制单元通过分析转向力矩、车速、发动机转速、转向角、转向速度和控制单元中设定的特性曲线，计算出正前行驶修正所需要的电动机扭矩，控制电动机动作；

(4) 汽车回位至正前行驶位置，驾驶人不再需要“补偿转向”。

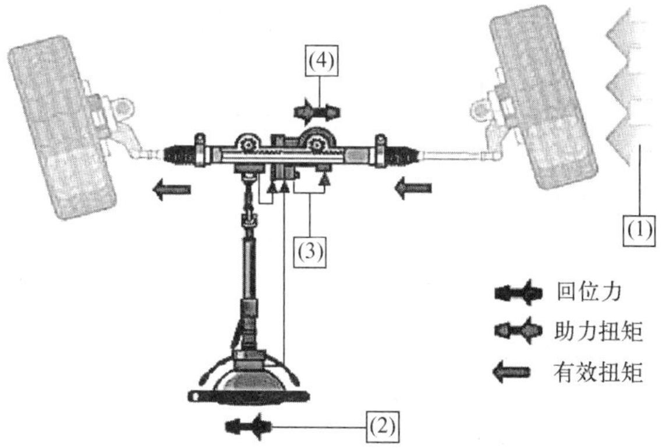

图 6-2-6 宝来（Bora 2004）轿车转向系统正前行驶修正控制

三、宝来（Bora 2004）轿车 EPS 系统主要部件的结构原理

（一）电子动力转向电动机 V187

电子动力转向电动机 V187 的结构如图 6-2-7 所示。宝来（Bora 2004）轿车 EPS 系统采用带外壳的异步伺服电动机系统，无电刷电动机，无扭矩波动，低噪声，无磁性材料，无额外摩擦，具有宽的转速范围，宽的温度范围。平均工作电流为 2.5 A，最大电流为 80 A。

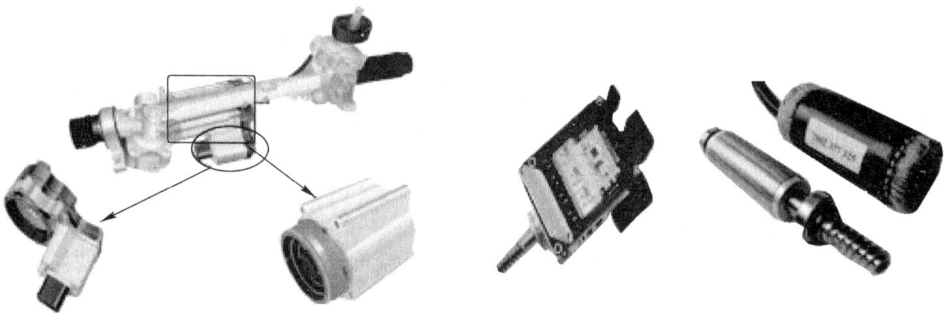

图 6-2-7 电子动力转向电动机 V187 的结构

（二）动力转向辅助控制单元 J500

动力转向辅助控制单元 J500 直接固定在电动机上，因此无须铺设连接转向助力器部件的管路。动力转向辅助控制单元根据输入的信号，如转向角信号、发动机转速信号、转向力矩和转子的转速、车速信号、点火钥匙的信号等，探测到当前的转向助力需要。计算出激励电流的电磁强度，并控制驱动电子动力转向电动机 V187。

当动力转向辅助控制单元 J500 损坏时，应整套更换。控制单元永久存储器中相关的特性曲线组必须用汽车诊断、测量和信息系统 VAS505X 进行激活。在 J500 中，集成了一只温度传感器，用来探测转向装置的温度。当温度上升到 100 ℃以上时，将持续降低转向助力。当转向助力低于 60% 以下时，故障将通过设置在组合仪表中带有转向盘符号的警告灯 K161 以红色点亮显示，并且在故障存储器中存储相应的故障码。

（三）转向盘转角传感器 G85

转向盘转角传感器 G85 的原理及构成如图 6-2-8 所示。转向盘转角传感器 G85 安装在转向柱上，转向开关与转向盘之间，与安全气囊时钟弹簧集成为一体。通过 CAN 总线将转向盘转角信号传递给转向柱电控单元 J527。由 J527 分析转向盘转角和转角速度。如果该信号失效，应急运转模式启动，由存储内设值代替，电子助力转向依然起作用，只不过故障指示灯 K161 常亮。

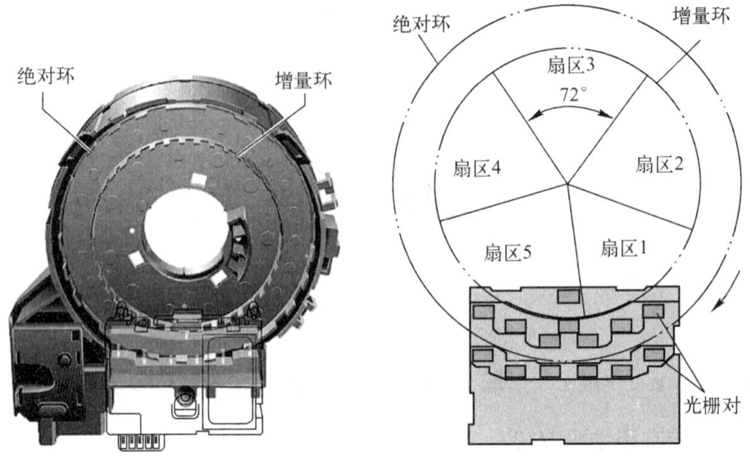

图 6-2-8　转向盘转角传感器 G85 的原理及构成

转向盘转角传感器 G85 的基本组成元件包括：带有两只密码环的密码盘、各有一只光源和一只光学传感器的光栅对。

密码盘由两只环组成，外面的一只称为绝对环，里面的一只称为增量环。增量环被分为五个扇区，每个扇区均为 72°，它由一对光栅对读取。该环在扇区内设有开口。同一扇区内的开口顺序是相同的，不同的扇区之间的开口顺序则不同，从而实现了各扇区之间的设码。绝对环用来确定角度，它被六只光栅对读取。

转向盘转角传感器 G85 可以识别出 1044°的转向角，它对角度进行累加。由此，当超出 360°的标记时，能够识别出转向盘完全转动了一圈。转向器的这种设计结构，可以使转向盘转动 2.9 圈。

角度测量是根据光栅原理进行的。出于简化考虑，仅观察增量环，每个扇区环的一侧是光源，而另一侧则是光学传感器，如图 6-2-9（a）所示。当光线穿过缝隙照射到传感器上时，便会产生信号电压。当光源被遮盖时，则电压又重新被切断，如图 6-2-9（b）所示。如果现在移动增量环，则会产生信号电压的脉冲波形，如图 6-2-9（c）所示。在绝对环上，光栅对也同样产生信号电压的脉冲波形。所有信号电压的脉冲波形都会在转向柱电子装置控制单元中处理。对信号进行比较后，系统可以计算出这两只环移动了多少距离。此时，将确定绝对环的移动起始点。

（四）转向力矩传感器 G269

转向力矩传感器 G269 的结构如图 6-2-10 所示。磁性转子和转向柱连接块为一体，磁阻传感元件和转向小齿轮连接块为一体，当转动转向盘时，转向柱连接块和转向小齿轮连接块反向运动，即磁性转子和磁阻传感元件反向运动，因此转向力（矩）的大小可以被测量出来并传递给电子控制单元。

转向力矩传感器 G269 的工作原理如图 6-2-11 所示。在扭矩传感器上，转向柱和转向器通过一根扭转棒相互连接。在连接转向柱的连接件外径上，装有一只磁性极性轮，在其上面被交替

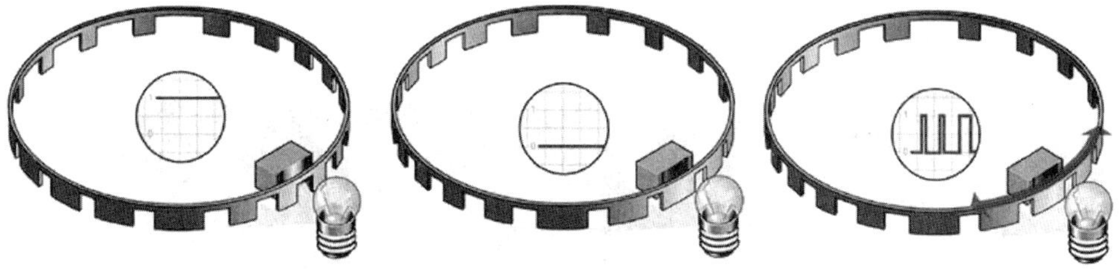

（a）　（b）　（c）

图 6-2-9　转角传感器 G85 的角度测量原理

划分出 24 个不同的极性区。每次分析扭矩时，使用两根磁极。辅助配合件是一只磁阻传感元件，它被固定在连接转向器的连接件上。当操作转向盘时，两只连接件会根据施加的扭矩做相对转动。由于此时磁性极性轮也相对于传感器元件旋转，因此可以测量施加的转向扭矩，并将其信号发送给控制单元。

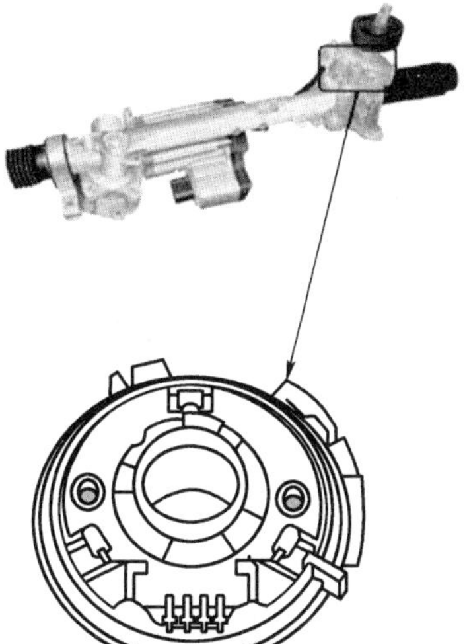

图 6-2-10　转向力矩传感器 G269 的结构

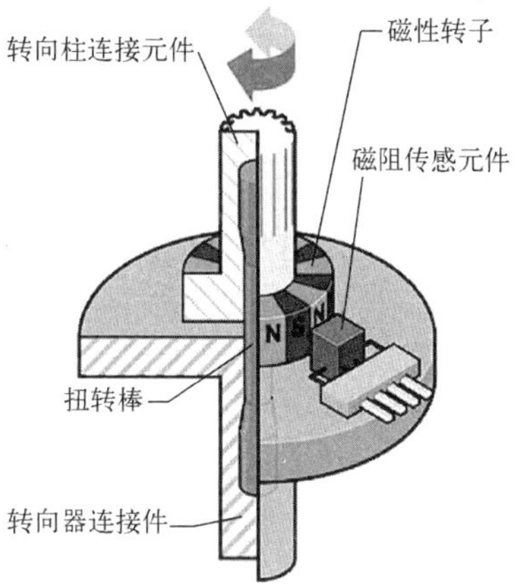

图 6-2-11　转向力矩传感器 G269 的工作原理

当转向力矩传感器 G269 发生故障时，必须更换转向器总成。当控制单元识别到故障时，将关闭转向助力。关闭的过程不是突然进行的，而是“缓慢地”进行。为了实现“缓慢”关闭，控制单元将根据转向角和电动机的转子角度，计算出转向扭矩的替代信号。故障将通过设置在组合仪表中带有转向盘符号的警告灯 K161 以红色点亮显示。

（五）故障警告灯 K161

故障警告灯 K161 被设置在组合仪表内的显示单元内，如图 6-2-12 所示。

故障警告灯 K161 用于显示电动机械转向助力器的功能失灵或故障。故障警告灯在功能失灵时，可以亮起两种颜色：黄色灯亮起时，表示是一种轻量警告；红色灯亮起时，必须立刻将车开到维修站查询故障。在故障警告灯亮起红色灯的同时，还会发出三声报警音作为声音警告信号。

在接通点火开关时，警告灯亮起红灯属于正常情况，因为电动机械转向助力器系统正在进行自检。只有当动力转向辅助控制单元 J500 收到系统工作正常的信号时，警告灯才会自动熄灭。这种自检过程大约 2 s。发动机启动时，警告灯会立刻熄灭。

另外，转向系统会识别过低的电压，并对此做出反应。当蓄电池的电压低于 9 V 时，会降低

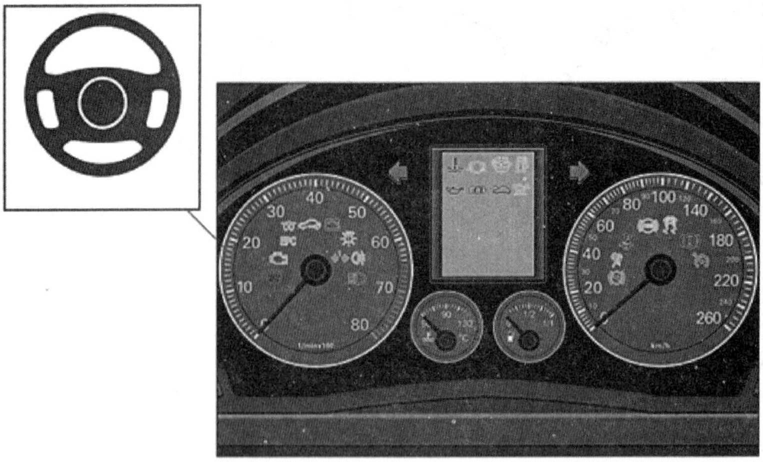

图 6-2-12　故障警告灯 K161 的位置

转向助力，直至关闭，同时设置在组合仪表中的警告灯 K161 会亮起红色灯；当蓄电池的电压暂时低于 9 V，或者在更换蓄电池之后，设置在组合仪表中的警告灯 K161 会亮起黄色灯。

四、宝来（Bora 2004）轿车 EPS 系统的控制电路

宝来（Bora 2004）轿车转向系统电路图如图 6-2-13 所示。

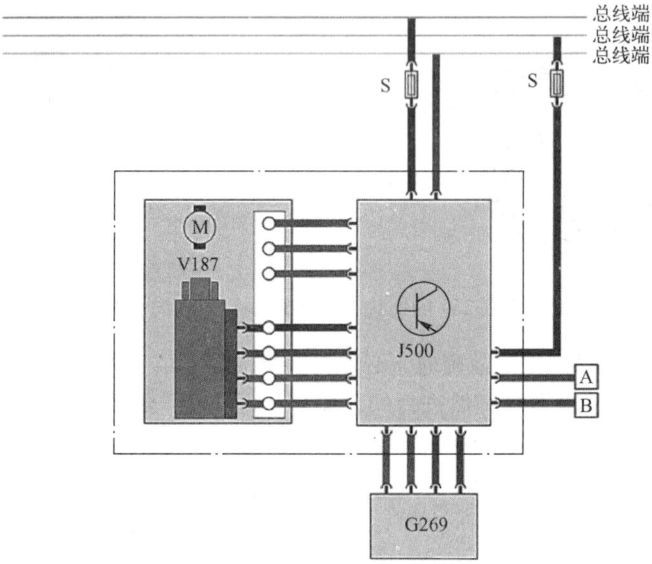

图 6-2-13　宝来（Bora 2004）轿车转向系统电路图

A—低速 CAN；B—高速 CAN；G269—转向力矩传感器；

J500—动力转向辅助控制单元；S—熔丝；V187—电动机械转向助力器电动机

五、宝来（Bora 2004）轿车 EPS 系统的检修

（一）初步检查

车辆停止情况下，应检查以下内容：

（1）轮胎压力与尺寸是否符合要求。

（2）转向柱总成及转向齿轮总成的连接安装是否牢固。

（3）车轮定位是否符合要求。

（4）车桥和悬架的连接安装是否符合要求。

（5）蓄电池电压是否正常。

（6）发动机和其他系统工作是否正常。

（7）电源电路端口是否松动。

（8）EPS 警告灯检查。

（二）故障自诊断

宝来（Bora 2004）轿车转向系统具有自诊断的功能。使用 V. A. G 1552 故障诊断仪，系统地址码为 44，可选择的功能码包括：

02——查询故障存储器；　03——对执行元件进行诊断；　04——基本设定；

05——清除故障存储器；　06——退出诊断程序；　07——控制单元编码；

08——读取测量数据流；　10——匹配；　11——登录。

宝来（Bora 2004）轿车转向系统故障码见表 6-2-1 所示。

表 6-2-1　宝来（Bora 2004）轿车转向系统故障码

故　障　码	故障码的内容
00778	转向角度传感器 G85 未设定/匹配或执行不正确
01288	转向助力信号太大
01314	发动机电控单元 J220 无信息
01317	仪表板中控制单元 J285 不良
01656	转向盘锁死
02546	转向限制挡块未进行基础设定/匹配或执行不正确
02614	转向器有故障
65535	动力转向辅助控制单元 J500 不良

（三）常见故障指示灯的指示方式

宝来（Bora 2004）轿车转向系统故障指示灯的指示方式如表 6-2-2 所示。

表 6-2-2　宝来（Bora 2004）轿车转向系统故障指示灯的指示方式

故障元件	组合仪表中的故障指示灯		说　明
	红色	黄色	
转向角度传感器 G85 不良			当转向角度传感器 G85 不良，紧急运行程序启动，缺损的信号被设置成一个替代值
转向力矩传感器 G269 不良			当转向力矩传感器 G269 发生故障时，必须更换转向器。同时 ECU 存储 02614 故障码
电子动力转向电动机 V187 转子转速传感器工作不良			当转子转速传感器工作不良，会将转向角速度用作替代信号，转向助力将安全缓慢降低

续表

故障元件	组合仪表中的故障指示灯		说明
	红色	黄色	
由ABS提供的车速信号不良			当车速传感器不良，紧急运行程序启动，但没有电控转向助力系统功能
电子动力转向电动机V187不良			即使当电动机故障引起转向助力失灵，甚至短路时，电动机也不会锁止转向盘
动力转向辅助控制单元J500内部温度过高			当ECU内部温度上升到100 ℃以上时，将持续降低转向助力，当转向助力低于60%以下时，亮起黄色灯，并存储故障码
动力转向辅助控制单元J500不良			当J500不良时，应整套更换转向器总成
蓄电池电压低于9 V			会降低转向助力直至关闭，并存储故障码，需要进行零位或极限位置设定
蓄电池电压低于9 V或临时更换电池后			存储故障码，根据具体情况，需要进行零位或极限位置设定

（四）宝来（Bora 2004）轿车电控动力转向系统转向沉重故障分析

1. 可能的故障原因

1）机械转向系统原因

（1）转向轴卡滞（如转向万向节缺油润滑、转向中间轴损坏等）；

（2）转向器卡滞（如缺油润滑、啮合间隙调整过小等）；

（3）转向传动机构卡滞（如球节缺油润滑等）。

2）转向助力的原因

（1）电子动力转向电动机V187工作不良；

（2）动力转向辅助控制单元J500内部温度过高；

（3）蓄电池电压低于9 V；

（4）车速传感器不良；

（5）电子动力转向电动机V187转子转速传感器工作不良。

3）其他方面的原因

（1）轮胎气压不足；

（2）车轮定位角度有问题（如主销后倾角过大）。

2. 故障分析思路

客户反映在行驶过程中，发现转向异常沉重，同时P/S灯点亮。

由于P/S灯点亮，说明存在故障码，故障可能是无转向助力的原因。

任务实施

一、实施环境

（1）汽车底盘电控实训室或汽车整车实训室。

（2）装备有电控动力转向系统的轿车（科鲁兹、英朗、君威等）或汽车电控动力转向系统台架（如 SB－F8100－8A、时超动力转向系统试验台、TYQC－BSQ－021、TZXX－DP－DLZX等）、举升机、工具车（配有拆装工具）、工作台。

（3）相应的车辆维修手册或电控动力转向系统台架资料。

二、实施步骤

分小组完成如下操作：

（1）对照本组指配的整车或台架查看电控动力转向系统构造特征，弄清其具体组成和工作原理。

（2）分组分析电控动力转向系统转向沉重的原因。

（3）完成任务工单。

三、任务工单

<table>
<tr><td rowspan="3">项目六　检修电控动力转向系统
任务二　宝来（Bora 2004）轿车电控动力转向系统转向沉重故障检修</td><td>班级</td><td colspan="3"></td></tr>
<tr><td>姓名</td><td></td><td>学号</td><td></td></tr>
<tr><td>日期</td><td></td><td>分数</td><td></td></tr>
<tr><td colspan="5">（1）根据教师指定的装备电控动力转向系统的车辆或台架，回答以下问题：
① 车辆或台架的型号：________________________；
② 电控动力转向系统的类型：____________________________；
③ 电控动力转向系统的组成部件：____
____。

（2）指出下列部件的名称
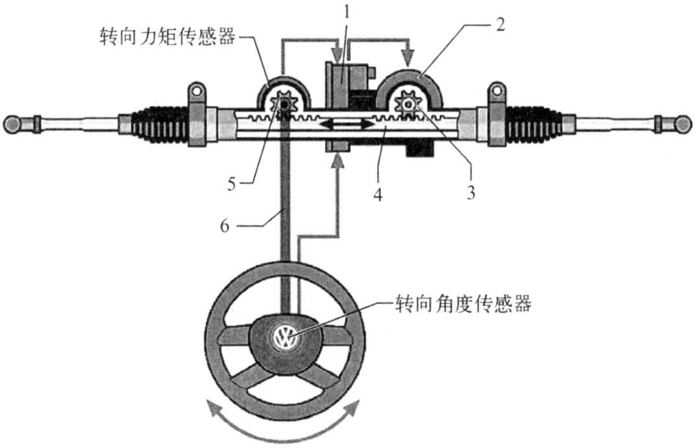

1：__________；2：__________；3：__________；
4：__________；5：__________；6：__________。</td></tr>
</table>

续表

<table>
<tr><td rowspan="3">项目六　检修电控动力转向系统
任务二　宝来（Bora 2004）轿车电控动力转向系统转向沉重故障检修</td><td>班级</td><td colspan="3"></td></tr>
<tr><td>姓名</td><td></td><td>学号</td><td></td></tr>
<tr><td>日期</td><td></td><td>分数</td><td></td></tr>
</table>

（3）分析电控动力转向系统转向沉重的原因。

（4）根据故障元件确定故障指示灯。

故障元件	组合仪表中的工作指示灯	
	红色	黄色
转向角度传感器 G85 不良		
转向力矩传感器 G269 不良		
电子动力转向电动机 V187 转子转速传感器工作不良		
由 ABS 提供的车速信号不良		
电子动力转向电动机 V187 不良		

（5）分组讨论，如何回复任务导入中的客户咨询。

拓展知识

电控四轮转向系统概述

随着当今社会的发展、技术的进步，道路安全得到了人们更高的重视，为了保证行车安全，汽车的操纵稳定性也受到了重视。四轮转向技术是一种可以使前后轮同时改变方向的技术，后轮可以独立进行转向。低速时，前后轮异向转向，可以减小汽车的转弯半径，提高汽车的机动性和灵活性；高速时，前后轮同向转向，可以提高汽车的循迹能力，提高汽车的行驶稳定性。

（一）传统两轮转向的局限性

普通汽车转向采用前轮转向（Front Wheel Steering，FWS），后轮不做转向，只做随动运动。

低速转向受最大转角的限制，无法获得很小的转弯半径，无法达到高机动性的要求；高速转向大的侧向加速度和横摆角不容易控制，易发生侧滑等。

（二）四轮转向系统的作用

四轮转向的英文全称是 4 Wheel Steering ，简称 4WS，它是指汽车的四个车轮都能起转向作用。

1. 改善汽车的操纵便捷性

在汽车低速行驶时，依靠逆向转向（前、后车轮的转角方向相反），获得较小的转向半径，改善汽车的操纵便捷性。2WS 和 4WS 低速转向特性如图 6-2-14 所示，显然 4WS 的汽车的转向中心在前后轴之间，转弯半径更小，转向操纵机动性好。

2. 提高转向时的操纵稳定性

在汽车中、高速行驶时，依靠同向转向（前、后车轮的转角方向相同），减小汽车的横摆运动，使汽车可以利用高速变换行进路线，提高转向时的操纵稳定性。2WS 和 4WS 中、高速转向特性如图 6-2-15 所示，显然 4WS 的汽车车体方向和前进方向的夹角较小，汽车中、高速转向横摆幅度小，转向操纵稳定性好。

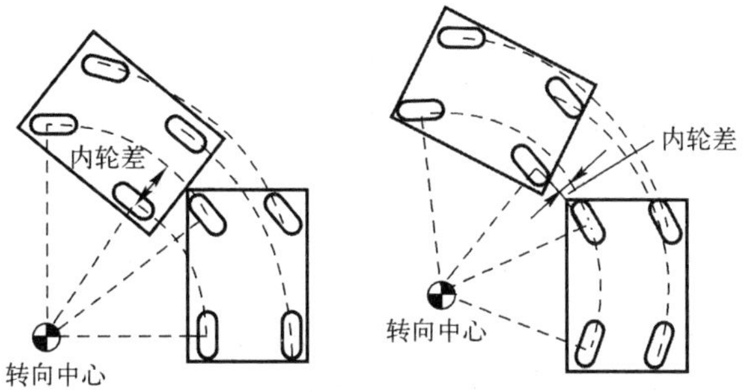

（a）2WS车　（b）4WS车

图 6-2-14　2WS 和 4WS 低速转向特性

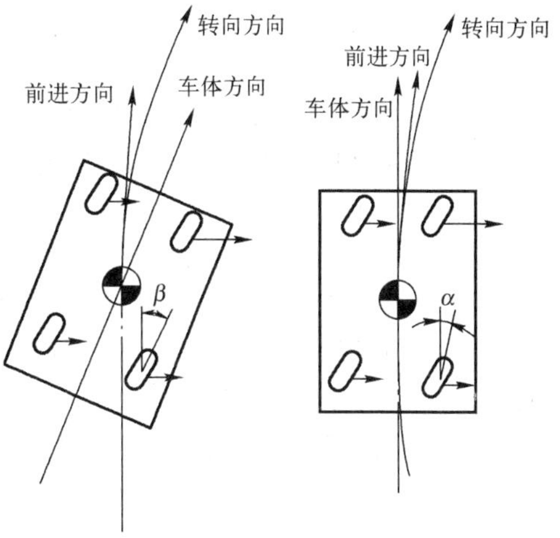

（a）2WS车　（b）4WS车

图 6-2-15　2WS 和 4WS 中、高速转向特性

（三）四轮转向系统的类型

1. 根据控制方法的不同分类

根据控制方法的不同，四轮转向系统可分为前反馈型 4WS 系统和反馈型 4WS 系统。

1）前反馈型 4WS 系统

前反馈型 4WS 系统如图 6-2-16 所示，驾驶人根据路面状况进行前轮转角的控制，根据汽车运动状态，前轮转角决定后轮转角的大小，以修正转向来抵御路面激励和侧向风等干扰因素。

早期的研究学者 Sano 发现，通过选择合适的前后轮转角比 K，能够使转向时稳态质心侧偏角恒为零。低速时，K 小于零，减小汽车转弯半径；高速时，K 大于零，提高操纵稳定性。

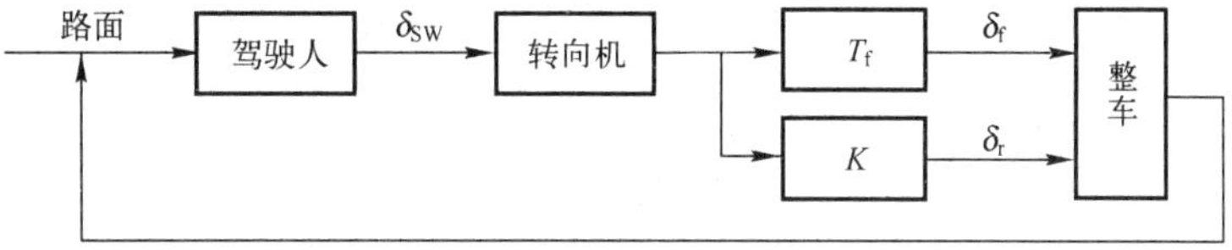

图 6-2-16　前反馈型 4WS 系统

2）反馈型 4WS 系统

最早的反馈型 4WS 思想是由 Okada 等人提出的。他们的控制思想是后轮的转角大小须根据反馈后轮的侧偏角的大小来控制。

车速非常低时，前后轮反相位转向，转角比为1。随着车速提高，后轮附加转角需要用横摆角速度反馈来补偿。这种反馈控制方法是通过汽车的运行参数来实现的，以此可以改变汽车侧向动力学的方程特征根，可以增强如侧向风等干扰的能力。现代的4WS控制方法都是根据此理论建立起来的。图6-2-17所示为反馈型4WS系统。

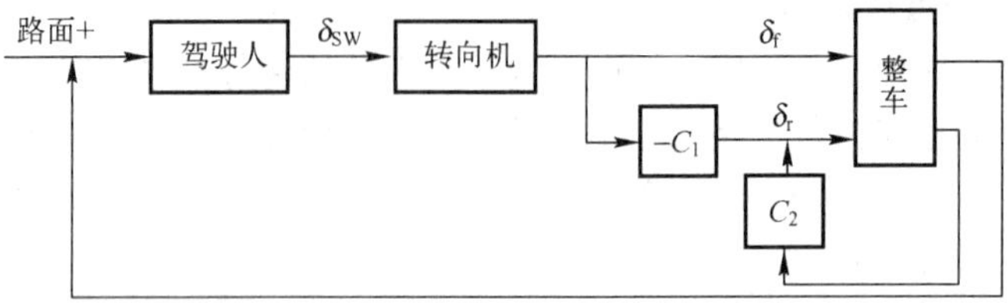

图6-2-17 反馈型4WS系统

2. 根据控制结构原理的不同分类

根据控制结构原理的不同，四轮转向系统可分为转向角比例控制式4WS和横摆角速度比例控制式4WS。

所谓转向角比例控制，就是使后轮的转角与转向盘的转角成比例变化，并使后轮在汽车低速行驶时，相对于前轮反向转向；在汽车中、高速行驶时，相对于前轮同向转向。

所谓横摆角速度比例控制，是一种根据检测出的车身横摆角速度来控制后轮转向量的控制方法。

(四) 四轮转向技术国内外发展趋势

随着计算机技术及控制理论的不断发展，4WS系统中不断出现一些先进的控制方法。如自适应控制、变结构控制、鲁棒控制等，最近几年，模糊控制、神经网络控制的控制方法又出现了。研究领域由最初的线性到非线性领域过渡，但是大都处于研究的初期阶段，还不成熟。四轮转向的研究趋势主要包括以下几个方面：

(1) 应更加全面考虑汽车的动态特性和轮胎的瞬态特性变化。研究并建立多自由度的控制模型。利用更先进的控制理论及方法，对所建的模型进行分析，使其转向响应快，大幅提高汽车的瞬态和稳态特性，使系统更加稳定可靠。

(2) 应把更多的精力放在后轮转向机构的设计及改进上，减少转向机构的内摩擦及轮胎的磨损，提高转向操纵机构的轻便性，更加符合阿克曼转角。

(3) 进一步研究开发高精度、高灵敏度、高性能的传感器，以便更加正确地测量和监控汽车的运动状态。

(4) 把“人－车－路”非线性闭环因素加入四轮转向系统中，以使模型更加符合实际。

(5) 将ABS、TCS、4WD等其他主动安全技术与四轮转向技术结合起来，综合考虑其对汽车动力学特性的影响，这是长期的研究目标。

复 习 延 伸

一、小结

(1) 宝来（Bora 2004）轿车EPS系统采用的是电控机械式助力转向系统。

(2) 宝来（Bora 2004）轿车EPS系统主要包括转向盘、带转向角度传感器G85的组合开关、转向柱G527、转向力矩传感器G269、电子动力转向电动V187、转向器、动力转向辅助控制单元

J500 等。

（3）宝来（Bora 2004）轿车 EPS 系统控制单元永久程序存储器中统计了最大 16 条不同的特性曲线组。

（4）宝来（Bora 2004）轿车 EPS 系统的控制原理包括：停车时转向控制过程、市区行驶时转向控制过程、高速公路行驶时转向控制过程、转向助力的主动回位和正前行驶修正。

（5）转向盘转角传感器 G85 的基本组成元件包括：带有两只密码环的密码盘、各有一只光源和一只光学传感器的光栅对。

（6）故障警告灯 K161 用于显示电动机械转向助力器的功能失灵或故障。

（7）四轮转向的英文全称是 4 Wheel Steering，简称 4WS，它是指汽车的四个车轮都能起转向作用。它可以改善低速行车转向时的操纵便捷性和提高高速行车转向时的操纵稳定性。

（8）根据控制方法的不同，四轮转向系统可分为前反馈型 4WS 系统和反馈型 4WS 系统。

（9）根据控制结构原理的不同，四轮转向系统可分为转向角比例控制式 4WS 和横摆角速度比例控制式 4WS。

二、练习与思考

（一）简答题

（1）分析宝来（Bora 2004）轿车 EPS 系统的工作原理。

（2）分析转向盘转角传感器 G85 的结构和工作原理。

（3）故障警告灯 K161 的作用是什么？

（4）动力转向系统初步检查包括哪些内容？

（5）四轮转向和两轮转向相比有哪些优势？

（二）选择题

（1）宝来（Bora 2004）轿车 EPS 系统提供助力的是（　　）。

A. 转向小齿轮　　B. 驱动小齿轮

C. 转向小齿轮和驱动小齿轮　　D. 转矩传感器

（2）宝来（Bora 2004）轿车 EPS 系统转向助力特性曲线中，速度越高时，助力越（　　）。

A. 大　　B. 小

C. 不变　　D. 助力与速度大小无关

（三）判断题

（1）电子控制单元 J500 损坏时，应整套更换。（　　）

（2）宝来（Bora 2004）轿车 EPS 系统伺服电动机失灵时，可以确保车辆仍能够进行机械转向，但此时不具备转向助力的功能，转向时会感到很沉重。（　　）

（3）电控四轮转向系统前后轮转角一样大。（　　）

（4）当转向扭矩传感器 G269 发生故障时，只更换转向扭矩传感器 G269，不必更换转向器总成。（　　）

（5）故障警告灯 K161 显示为黄色时，会发出三声报警音作为声音警告信号。（　　）

项目七 检修电子稳定程序控制系统

学习目标

1. 知识目标

（1）了解电子稳定程序控制系统的概念、作用和特点。

（2）熟悉汽车主要电子制动系统的性能、主要特点。

（3）掌握电子稳定程序控制系统的组成、部件结构和基本工作原理。

（4）熟悉横摆率传感器、转向盘转角传感器的安装位置、作用。

（5）掌握电子稳定程序控制系统对转向不足的控制原理。

（6）掌握电子稳定程序控制系统对转向过度的控制原理。

（7）掌握转向盘转角传感器的校准方法。

2. 能力目标

（1）能正确识别汽车是否装有电子稳定程序控制系统。

（2）能找出电子稳定程序控制系统传感器安装的位置。

（3）能检测电子稳定程序控制系统传感器的好坏。

（4）能对转向盘转角传感器进行校准。

任务一 认知电子稳定程序控制系统

任务导入

一辆装备 ESP 系统的大众迈腾轿车进场修理，客户反映该车在行驶过程中仪表板 ESP 警告灯常亮。

本任务的学习拟通过在整车实训室或在汽车底盘电控实训室利用整车或电子稳定程序控制系统台架完成。具体包括：了解电子稳定程序控制系统的概念、作用和特点；快速辨识车辆是否装备电子稳定程序控制系统；掌握电子稳定程序控制系统的基本工作原理等。最后完成任务工单。

相关知识

一、电子稳定程序控制系统的概念

汽车电子稳定程序控制系统的英文全称是 Electronic Stability Program，简称 ESP。它是改善汽车行驶性能的一种控制系统，是 ABS 和 ASR 两种系统在功能上的延伸。

ESP 在不同的车型中有不同的名称，如奔驰、奥迪称为 ESP；宝马称其为 DSC（Dynamic Stability Control，即动态稳定性控制）；丰田、雷克萨斯称其为 VSC（Vehicle Stability Control，即汽车稳定性控制系统）；三菱称其为 ASC/AYC（Active Stability Control/Active Yaw Control，即主动

稳定控制/主动横摆控制系统）；本田称其为 VSA（Vehicle Stability Assist，即车身稳定性辅助系统）；而 VOLVO 汽车称其为 DSTC（Dynamic Stability And Traction Control，即动态循迹防滑控制系统）。

二、汽车电子稳定程序控制系统的作用和特点

汽车电子稳定程序控制系统的作用是保持车辆在各种情况下的行驶稳定性，防止车辆由于行驶在不同的道路中因不同的附着力而产生车轮的打滑。

ESP 突破了 ABS/ASR 的限制，通过直接监测汽车的实时运行姿态进行控制，直接保证汽车的稳定性。ESP 可以通过有选择性地控制各车轮上的制动力，防止车辆滑移，因此，ESP 是一个主动安全系统。ESP 有以下四大特点：

1. 实时监控

ESP 能以 25 次/s 的高频率实时监控驾驶人的操控动作、路面反应、车辆运行工况，并可及时向发动机管理系统和制动系统发出指令。一个完备的 ESP 系统包括车距控制、防驾驶人困倦、限速识别、并线警告、停车入位、夜视仪、周围环境识别、综合稳定控制和制动助力（BAS）等九项功能。

2. 主动干预

ABS 等安全技术主要是对驾驶人的动作起干预作用，但不能调控发动机；ESP 则可以通过主动调控发动机的转速，并调整每个车轮的驱动力和制动力，来修正汽车的过度转向和转向不足。

3. 通过 CAN 完善控制功能

ESP ECU 与发动机传动系统的 ECU 通过 CAN 互联，使其能更高速有效地发挥控制功能。自动变速器将即时的机械传动比、液力变矩器的变矩比和挡位等信息传递给 ESP，以估算驱动轮上的驱动力。如对于后轮驱动的车辆，常易出现转向过度，致使后轮失控而甩尾，ESP 便会预先慢刹外侧前轮来稳定车辆；而当转向不足时为了校正循迹的方向，ESP 会慢刹内侧后轮来纠正行驶方向。

4. 事先提醒

当驾驶人操作不当或路面异常时，ESP 会用警告灯或电子显示屏警示驾驶人。ESP 是一类既能控制驱动轮又能控制从动轮的牵引力控制系统。当 ESP 识别出行进在低附着系数的路面时，它会禁止驾驶人挂抵挡。在这类路面上起步时，ESP 会告知传动系统，ECU 应事先挂入 2 挡，不仅确保了安全，也显著改善了大功率轿车起步的舒适性。

三、汽车电子制动系统性能比较

汽车电子制动系统主要有 ABS、EBD、EDL、ASR、BAS、EBC、ESP 等，它们的性能比较如表 7-1-1 所示。

表 7-1-1　汽车电子制动系统性能比较

汽车电子制动系统	主要特点
ABS（汽车防抱死制动系统）	防止制动时车轮抱死，提高制动时的方向稳定性，缩短制动距离
EBD（电子制动力分配系统）	自动检测各车轮的附着力状况，将制动系统所产生的制动力适当地分配至四个车轮，制动距离明显缩短，并在制动的同时保持车辆的平稳，提高行车安全
EDL（电子差速锁）	防止两驱动车轮在附着系数不同的路面上出现单侧打滑
ASR（驱动防滑控制系统）	防止驱动过程车轮滑转，提高汽车行驶稳定性

续表

汽车电子制动系统	主要特点
BAS（制动力辅助系统）	防止紧急制动时制动踏板力不足，缩短制动距离
EBC（发动机制动控制）	防止发动机制动时出现车轮抱死
ESP（电子稳定程序控制系统）	通过有选择性地制动某一车轮及发动机管理系统干预，防止车辆滑移

四、电子稳定程序控制系统的基本工作原理

ESP 电子稳定程序为在高速转弯或在湿滑路面上行驶时提供最佳的车辆稳定性和方向控制。

电子控制单元（ECU）通过转向盘转角传感器和轮速传感器确定驾驶人控制的汽车行驶方向；通过纵向加速度传感器、横向角速度传感器、横摆转角传感器和轮速传感器获得的信息来计算车辆实际行驶方向。

当电子稳定程序控制系统检测到车辆行驶轨迹与驾驶人要求不符时，ESP 即会利用牵引力控制系统能掌控发动机扭矩增减功能，向发动机控制模块（ECM）发送串行数据通信信号，请求减小发动机输出扭矩。若 ESP 依然检测到车轮侧向滑移，则 ESP 根据“从外部作用于车辆上的各种力（制动力、推动力或任一侧向力）皆会使车辆环绕其重心转动”的原理，通过对前后桥一个以上的车轮实施制动干预，即时克服转向不足或转向过度的风险，确保车辆恢复到稳定的行驶状态和遵循正确的行驶轨迹，安全行车。ESP 的干预措施除对车轮独立地施加制动力外，还包括在特殊工况下对变速器的干预措施；通过发动机管理系统减小发动机的输出扭矩。

ESP 由电子控制单元、转向盘转角传感器、轮速传感器、横摆角速度传感器、横向角速度传感器及液压系统等组成。它除了具有 ABS 与 TCS 的功能之外，更是一种智能的主动安全系统，利用智能化控制制动力、驱动力实现安全、平稳、高效的行驶。有效防止车辆在高速行驶时转弯或制动过程中因失控而酿成灾祸。

ESP 的程序软件设计蕴含较为复杂的计算机控制技术，即“稳定在算法”。需要先对状态参数变量进行恰当准确的估算，结合车辆动力学仿真软件进行仿真和验证，为 ESP 控制策略提供模型和数据依据。软件程序通过 ECU 开展前后左右车轮的制动力和驱动力，确保车辆的侧向稳定性。

ESP 主要是针对大的侧向加速度和大的侧偏角的极限工况来工作。它利用控制左右两侧车轮的制动力或驱动力之差产生的横摆力矩来预防出现可能失控的侧滑现象，保证车辆的路径循迹跟踪能力，提高车辆在高速行驶时的安全性。

任务实施

一、实施环境

（1）汽车底盘电控实训室或汽车整车实训室。

（2）装备有电子稳定程序控制系统的轿车或电子稳定程序控制系统台架（如 S－D－ABS/ASR/ESP、DB－6021 ABS/ASR/ESP 制动系统实训台等）、举升机、工具车（配有拆装工具）、工作台。

（3）相应的车辆维修手册或汽车电子稳定程序控制系统资料。

二、实施步骤

分小组完成如下操作：

（1）对照本组指配的整车或台架查看是否有电子稳定程序控制系统，弄清其具体组成和工作原理。

（2）分组分析电子稳定程序控制系统的特点。

（3）完成任务工单。

三、任务工单

<table>
<tr><td rowspan="3">项目七　检修电子稳定程序控制系统
任务一　认知电子稳定程序控制系统</td><td>班级</td><td colspan="3"></td></tr>
<tr><td>姓名</td><td></td><td>学号</td><td></td></tr>
<tr><td>日期</td><td></td><td>分数</td><td></td></tr>
<tr><td colspan="5">（1）根据教师指定的车辆或台架，回答以下问题：
① 车辆或台架的型号：________________；
② 车辆的 VIN 码：________________；
③ 电子稳定程序控制系统的类型：________________；
④ 电子稳定程序控制系统的组成部件：________________
________________________________。
（2）写出下面英文简称的含义。
ESP：____________；
DSC：____________；
VSC：____________；
ASC：____________；
VSA：____________；
DSTC：____________。

（3）简述汽车电子稳定程序控制系统的作用和特点。

（4）分组讨论，如何回复任务导入中的客户咨询。

</td></tr>
</table>

复习延伸

一、小结

（1）汽车电子稳定程序控制系统的英文全称是 Electronic Stability Program，简称 ESP。

（2）ESP 在不同的车型中有不同的名称，如奔驰、奥迪称为 ESP；宝马称其为 DSC；丰田、雷克萨斯称其为 VSC；三菱称其为 ASC/AYC；本田称其为 VSA；而 VOLVO 汽车称其为 DSTC。

（3）ESP有以下四大特点：实时监控，主动干预，通过CAN完善控制功能，事先提醒。

（4）汽车电子制动系统主要有ABS、EBD、EDL、ASR、BAS、EBC、ESP等。

（5）ESP除了具有ABS与TCS的功能之外，更是一种智能的主动安全系统，利用智能化控制制动力、驱动力实现安全、平稳、高效的行驶。

二、练习与思考

（一）简答题

（1）汽车电子稳定程序控制系统有哪些不同的名称？

（2）汽车电子稳定程序控制系统有哪些特点？

（3）汽车电子制动系统有哪些？

（4）简述汽车电子稳定程序控制系统的基本原理。

（二）选择题

（1）关于汽车电子稳定程序控制系统不同的名称，下面说法错误的是（　　）。

A. 奔驰、奥迪称其为ESP　　B. 宝马称其为DSC

C. 丰田、雷克萨斯称其为VSA　　D. VOLVO汽车称其为DSTC

（2）汽车电子制动系统主要有（　　）。

A. ABS　　B. EBD　　C. ASR　　D. EPS

（三）判断题

（1）汽车电子稳定程序控制系统简称ESP。（　　）

（2）电子稳定程序控制系统通过有选择性地制动某一车轮及发动机管理系统干预，防止车辆滑移。（　　）

（3）汽车电子稳定程序控制系统不具有ABS与TCS的功能。（　　）

任务二　别克荣御汽车电子稳定程序控制系统检修

任务导入

如前所述，汽车电子稳定程序控制系统是改善汽车行驶性能的一种控制系统，是ABS和ASR两种系统在功能上的延伸。汽车在使用过程中也会出现汽车电子稳定程序控制系统故障，常见的故障现象有：ESP故障指示灯亮、偏摆率传感器无信号、汽车紧急制动车轮抱死、制动效果不良、电磁阀继电器故障等。

本任务以别克荣御汽车电子稳定程序控制系统为例，介绍ESP的组成、各部件的安装位置和作用、转向不足的控制过程、转向过度的控制过程。

相关知识

一、别克荣御电子稳定程序控制系统的组成

图7-2-1所示是一款别克荣御车型的汽车电子稳定系统的零件位置及其组成。

汽车电子稳定程序控制系统一般主要由传感器（轮速传感器、减速度传感器、横摆率传感器、转向盘转角传感器、制动液压传感器、节气门位置传感）、电子控制单元、执行器及警示装置组成。

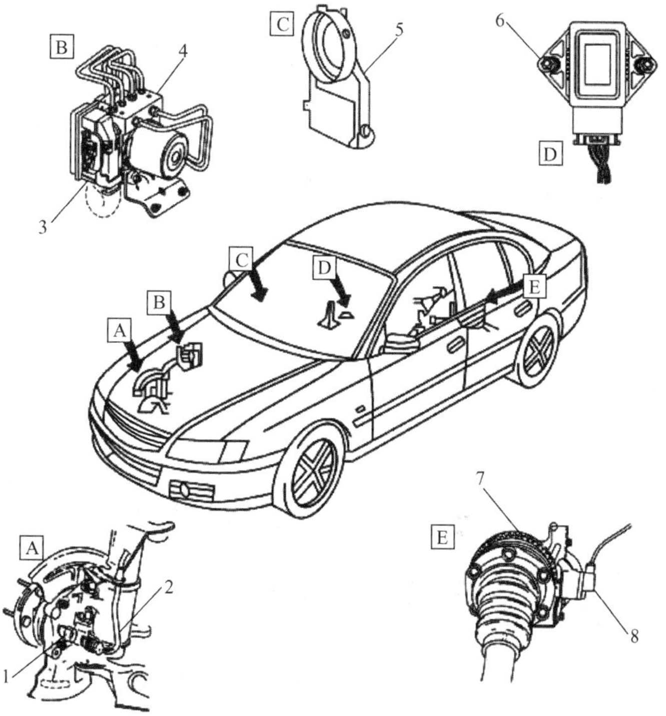

图 7-2-1　别克荣御电子稳定程序控制系统的零件位置及其组成

1—前轮速度传感器；2—前轮速度传感器接线；3—电子控制单元（ECU）；4—液压调节器总成；5—转向盘转角传感器；6—横摆率传感器；7—后轮速度传感器信号环；8—后轮速度传感器 A～F—部件在车上的安装位置

二、别克荣御电子稳定程序控制系统主要部件的基本作用

（一）轮速传感器

别克荣御电子稳定程序控制系统采用电磁式轮速传感器，装在每个车轮的相应位置上，用于检测车轮旋转的角速度。

前轮速度传感器是前轮轮毂总成的一部分。如图 7-2-2 所示，左前和右前轮轮毂各装有一个车轮速度传感器和一个 48 齿的磁脉冲信号环。

如图 7-2-3 所示，后轮速度传感器位于主减速器后盖的支架上，左、右各有一个。

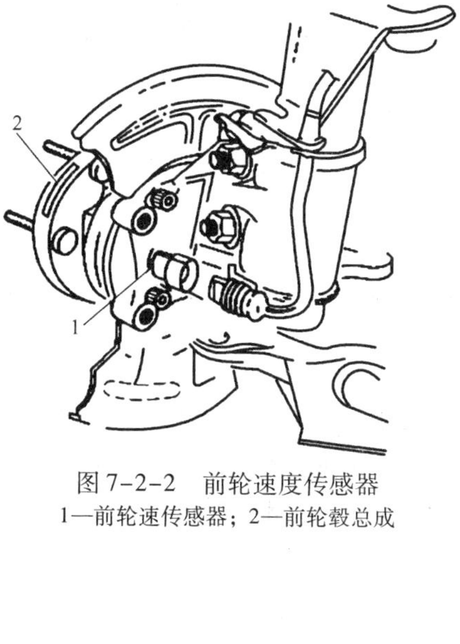

图 7-2-2　前轮速度传感器

1—前轮速传感器；2—前轮毂总成

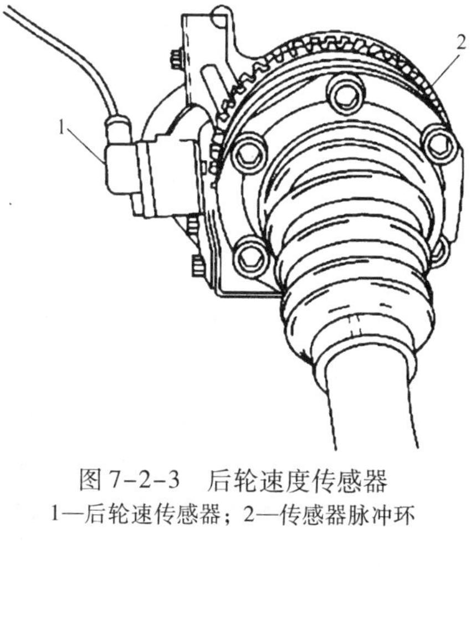

图 7-2-3　后轮速度传感器

1—后轮速传感器；2—传感器脉冲环

（二）横摆率传感器

横摆率传感器一般装在汽车行李厢前部，与汽车垂直轴线平行，用于检测汽车横摆率（汽车绕垂直轴旋转的速度）。

别克荣御电子稳定程序控制系统横摆率传感器位于仪表盘中央控制台的下部。横摆率传感器总成包括横摆率传感器和横向加速度传感器。横摆率传感器根据车辆绕其纵轴的旋转角度产生对应的输出电压信号；横向加速度传感器用于检测汽车的横向加速度，根据车轮侧向滑移量产生对应的输出电压信号。ESP 电子控制单元利用横摆率传感器和横向加速度传感器，计算出实际的运行姿态。

（三）转向盘转角传感器

转向盘转角传感器装于转向盘后侧，如图 7-2-4 所示，用于检测转向盘的转向角度，可根据转向盘的转动情况输出表示转向盘旋转角度的输出信号。

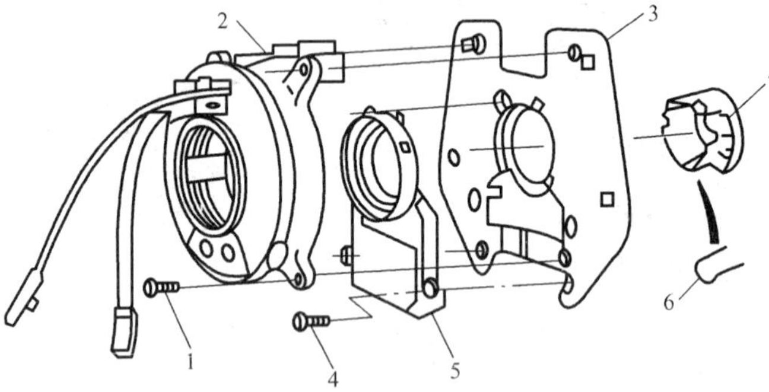

图 7-2-4　转向盘转角传感器的位置

1、4—螺钉；2—螺旋电缆；3—转接板；5—转向盘转角传感器；
6—固定凸舌；7—转向信号解除凸轮

转向盘转角传感器的结构如图 7-2-5 所示。由于两只测量齿轮的齿数不同，故产生不同相位的两个转角信号，即能产生一个可表示 ±760°转向盘旋转角度的输出信号。ESP 电子控制单元通过转向盘转角传感器和横摆率传感器信号进行比较，确定车辆实际行驶轨迹与驾驶要求是否一致。

（四）液压控制装置

液压控制装置正常情况下执行制动助力功能；当车轮在加速或减速过程中出现滑转或滑移时，执行 TRC 或 ABS 功能；当汽车出现侧滑时，把受到控制的制动液压加到每个车轮上。

别克荣御电子稳定程序控制系统的液压控制装置采用前、后分离的四通道回路结构，每个车轮的液压制动回路都是隔离的，这样，当某个制动回路出现泄漏时仍能继续制动。

（五）电子控制单元（ECU）

电子控制单元将传感器采集到的数据进行计算，算出车身状态然后跟存储器中预先设定的数据进行对比。当计算机计算数据超出存储器预存的数值，即车身临近失控或者已经失控的时候，则命令执行器工作，以保证车身行驶状态能够尽量满足驾驶人的意图。

别克荣御的电子控制单元与液压控制装置集成在一起组成一个总成，如图 7-2-6 所示。电子控制单元持续监测并判断的输入信号有：蓄电池电压、车轮速度、转向盘转角、横向偏摆率，以及点火开关接通、停车灯开关、串行数据通信电路等信号。根据所接收的输入信号，电子控制单元将向液压控制装置、发动机控制模块、组合仪表和串行数据通信电路等发送控制信号。

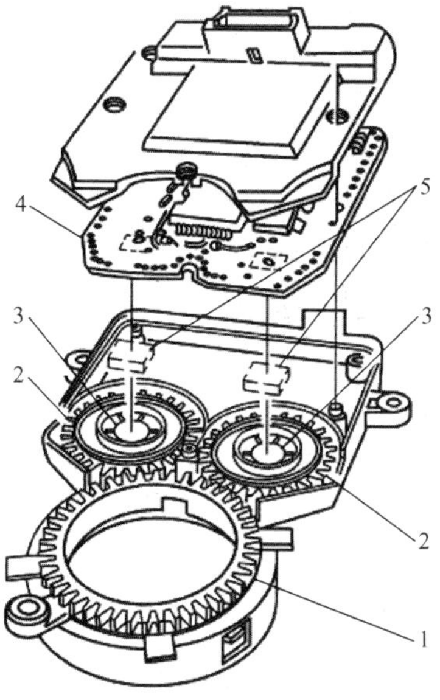

图 7-2-5　转向盘转角传感器的结构

1—齿轮；2—测量齿轮；3—磁铁；4—判断电路；
5—各向异性磁阻（AMR）集成电路

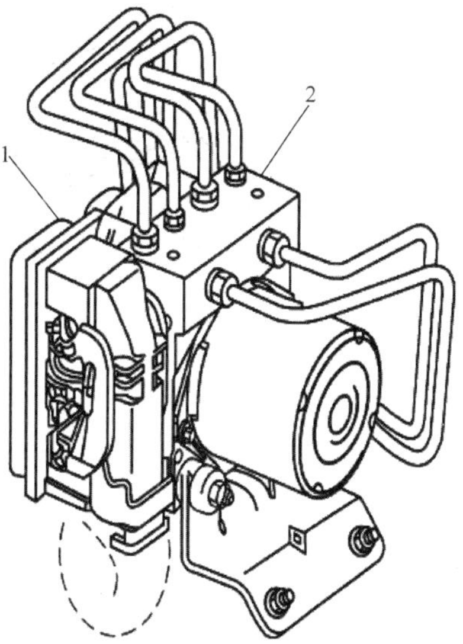

图 7-2-6　ECU、液压控制装置

1—电子控制单元（ECU）；
2—液压控制装置

别克荣御的电子控制单元是 ABS-TCS/ESP 系统的控制中心。当点火开关接通时，电子控制单元会进行自检，以检测并查明 ABS-TCS/ESP 系统的故障。此外，电子控制单元在每个点火循环都执行自检初始化程序。当车速达到约 15 km/h 时，初始化程序即启动。在执行初始化程序时，可能会听到或感觉到程序正在运行的声音，这属于系统正常工作的声音。

（六）制动液压传感器

制动液压传感器一般装于液压控制装置上部，检测驾驶人进行制动操作时的制动液压力。

（七）节气门位置传感器

节气门位置传感器装于节气门体上，检测节气门的开度。

（八）节气门执行器

节气门执行器在汽车电子稳定系统控制发动机功率时，控制节气门开度大小。

（九）警示装置

警示装置主要指仪表盘上的 ESP 警示灯。

别克荣御的 ESP 开关位于地板控制台上，如图 7-2-7 所示。该开关是一个瞬间接触开关，按一下 ESP 开关，电子稳定程序从接通转至关闭。

三、别克荣御电子稳定程序控制系统的基本工作原理

汽车在转弯过程中会出现打滑现象，当后轮出现打滑时产生转向过度，当前轮出现打滑时产生转向不足。当以上两种情况出现时，汽车电子稳定程序控制系统就开始工作。

电子控制单元通过转向盘转角传感器确定驾驶人想要的行驶方向；通过轮速传感器和横摆率传感器来计算车辆的实际行驶方向。当电子稳定程序检测到车辆行驶轨迹与驾驶人要求不符时，电子稳定程序将首先利用牵引力控制系统中的发动机扭矩减小功能并向发动机控制模块发送一个串行数据通信信号，请求减小发动机扭矩。如果电子稳定程序仍然检测到车轮侧向滑移，则电子稳定程序将实行主动制动干预。

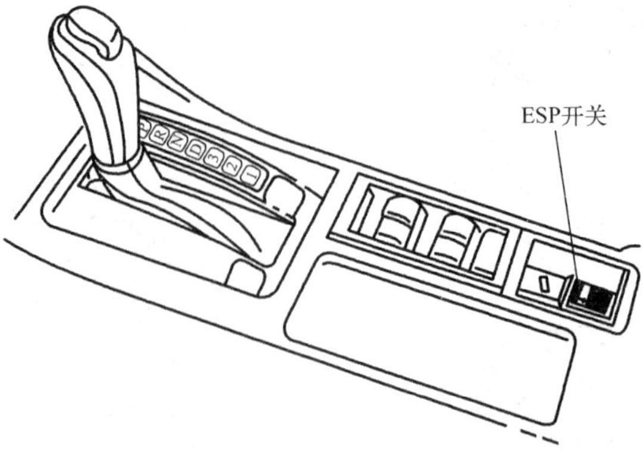

图 7-2-7　ESP 开关

1—电子控制单元（ECU）；2—液压控制装置

（一）转向过度

当汽车在行驶过程中，由于意外造成转向过度，而使后轮打滑车辆抛出转弯曲线，此时 ESP 把制动力加到外侧前轮，使车辆的转弯力减小，同时使后轮的打滑现象也减小，如图 7-2-8 所示。

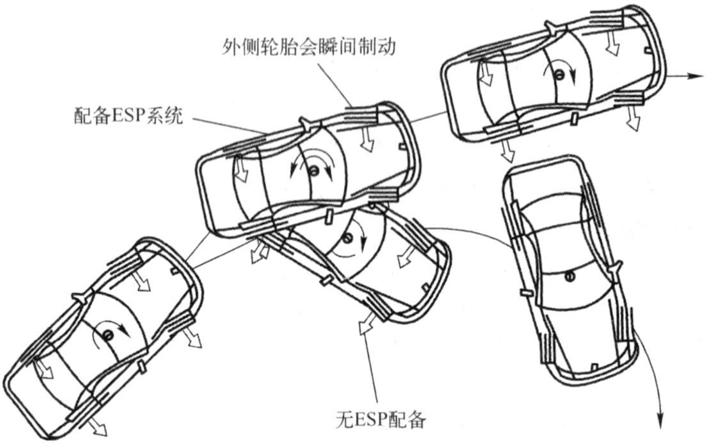

图 7-2-8　转向过度

其基本工作过程如下：

转向盘转角传感器向电子控制单元发送一个驾驶人想要转向的信号，横摆率传感器检测到车辆开始打转，同时车辆后端开始产生滑移，说明车辆开始转向过度，电子稳定程序将实行主动制动干预。

电子稳定程序控制系统利用 ABS - TCS 系统已有的主动制动控制功能向车辆的一个或两个外侧车轮施加计算得到的制动力，使内侧车轮绕车辆纵轴旋转，以稳定车辆并向驾驶人想要的方向偏转。当电子稳定程序控制系统电子控制单元测到车辆转向过度时，向液压控制装置发出指令信号，将制动液回路与总泵隔离开来，防止制动液返回总泵；打开前后启动阀，使制动液从总泵进入液压泵中；关闭左前、左后进液阀，以隔离左轮液压油路，从而使液压控制装置只向右轮提供制动液压力；运行液压控制装置，将合适的制动液施加到右轮上，以使车辆朝驾驶人想要的方向转向。

（二）转向不足

当汽车行驶过程中，如果出现前轮打滑，电子控制单元会发出指令，降低发动机转矩，并给内侧前轮加制动力，使其向内侧移动，以达到驾驶稳定的目的，如图7-2-9所示。其基本工作过程如下：

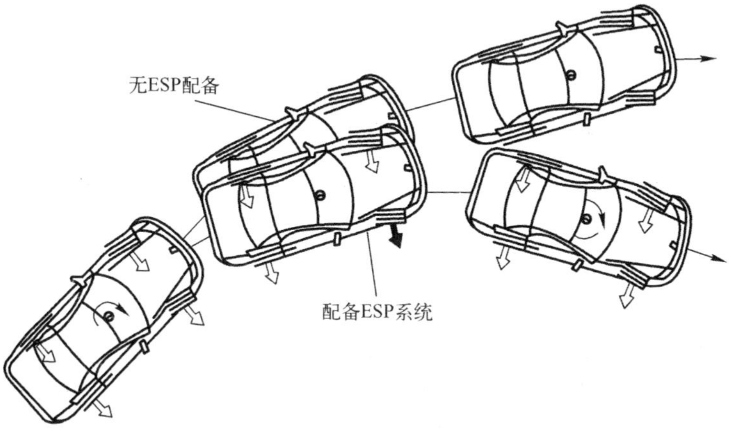

图7-2-9　转向不足

转向盘转角传感器向电子控制单元发送一个驾驶人想要转向的信号，横摆率传感器检测到车辆开始打转，同时车辆前端开始产生滑移，说明车辆出现转向不足，电子稳定程序将实行主动制动干预。

电子稳定程序控制系统利用ABS－TCS系统已有的主动制动控制功能向车辆的一个或两个外侧车轮施加计算得到的制动力，使内侧车轮绕车辆纵轴旋转，以稳定车辆并向驾驶人想要的方向偏转。当电子稳定程序控制系统电子控制单元测到车辆转向过度时，向液压控制装置发出指令信号，将制动液回路与总泵隔离开来，防止制动液返回总泵；打开前后启动阀，使制动液从总泵进入液压泵中；关闭右前、右后进液阀，以隔离右轮液压油路，从而使液压控制装置只向左轮提供制动液压力；运行液压控制装置，将合适的制动液施加到左轮上，以使车辆朝驾驶人想要的方向转向。

如果在ESP模式下进行人工制动，则退出ESP制动干预模式并允许常规制动。

四、别克荣御电子稳定程序控制系统常见故障及分析

别克荣御电子稳定程序控制系统绝大多数传感器与ABS、ASR系统通用，因此其常见故障与ABS、ASR系统常见故障基本相同，有传感器故障、制动系统有气等。

1. 制动系统排气

在执行ABS－TCS/ESP制动器排气之前，必须完成常规的制动系统排气程序。具体步骤如下：

（1）连接Tech2，启动发动机并怠速运行。

（2）按照“Tech2制动器排气程序”中所列的指示和步骤操作，注意在执行该程序期间，确保制动总泵中的制动液液位不低于最低液位。

（3）关闭点火开关，并从诊断座（DLC）上断开Tech2。

（4）用规定的制动液加注制动总泵储液罐至最高液位。

（5）执行另一个常规制动系统制动器排气操作。

（6）关闭点火开关，踩下制动踏板 3 ～ 5 次，以耗尽制动助力器的真空储备压力。

（7）缓慢踩下制动踏板，应该感觉很“硬”，如果感觉制动踏板绵软，重复 ABS－TCS/ESP 制动器排气操作。

（8）重复 ABS－TCS/ESP 制动器排气操作后，如果仍然感觉制动踏板绵软，检查制动系统是否存在外部或内部泄漏。

（9）保持发动机熄火并且不使用驻车制动器，然后接通点火开关，如果驻车制动器/制动器故障指示灯保持启亮，先诊断并排除故障。

（10）路试车辆，执行 ABS－TCS/ESP 自检初始化程序，如果感觉制动踏板绵软，重复 ABS－TCS/ESP 制动器排气操作，直到感觉制动踏板坚实。

（11）检查 ABS－TCS/ESP 系统的操作。

2. 转向盘转角传感器的校准

电子控制单元监测并判断转向盘转角传感器的输出信号，当车辆沿直线行驶了 15 min 或以上时，电子控制单元会将该行驶方向设定为正前方向。如果电子控制单元检测到转向盘转角传感器角向偏离正前方向，如果偏离度等于或小于 15°，则电子控制单元自动执行转向盘转角传感器校准；如果偏离度大于 15°，则设置 C0460 “转向盘转角传感器故障”。转向盘转角传感器可使用 Tech2 重新校准，具体操作步骤如下：

（1）路试车辆并记录车辆笔直向前行驶时的转向盘位置。

（2）将 Tech2 连接到车辆上，并执行“Tech2 转向盘转角传感器校准程序”中的指示。

（3）检查 ABS－TCS/ESP 系统的操作。

3. 轮速传感器的检查

别克荣御电子稳定程序控制系统四个轮速传感器均为电磁式传感器，传感器气隙不可调。检查轮速传感器时，可用万用表测量传感器阻值，也可用示波器测量传感器的输出波形。温度在 20 ℃时，传感器的电阻正常值为 1.3 ～ 1.8 kΩ。

4. ESP 开关的检查

ESP 开关的端子视图及检查方法如图 7-2-10 所示，可使用数字万用表测量 ESP 开关端子间的电阻，以判断其好坏。

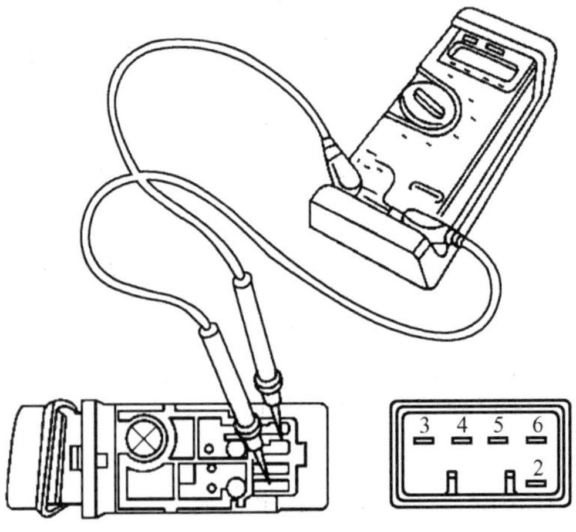

图 7-2-10　ESP 开关的端子视图及检查方法

ESP 开关处于常态位置时，端子 3 – 4 间应导通，端子 3 – 5 间开路。按下 ESP 开关时，端子 3 – 4 间开路，端子 3 – 5 间导通。端子 2 – 6 间是照明灯电阻。如果测量结果不在规格范围内，则更换 ESP 开关。

任务实施

一、实施环境

（1）汽车底盘电控实训室或汽车整车实训室。

（2）装备有电子稳定程序控制系统的轿车（如科鲁兹、英朗、君威等）或汽车电子稳定程序控制系统台架（如 S – D – ABS/ASR/ESP、DB – 6021 ABS/ASR/ESP 制动系统实训台等）、举升机、工具车（配有拆装工具）、工作台。

（3）相应的车辆维修手册或汽车电子稳定程序控制系统资料。

二、实施步骤

分小组完成如下操作：

（1）对照本组指配的整车或台架弄清其电子稳定程序控制系统的组成和工作原理。

（2）分组讨论 ESP 的控制过程。

（3）完成任务工单。

三、任务工单

<table>
<tr><td rowspan="3">项目七　检修电子稳定程序控制系统
任务二　别克荣御汽车电子稳定程序控制系统检修</td><td>班级</td><td colspan="3"></td></tr>
<tr><td>姓名</td><td></td><td>学号</td><td></td></tr>
<tr><td>日期</td><td></td><td>分数</td><td></td></tr>
<tr><td colspan="5">（1）根据教师指定的车辆或台架，回答以下问题：
① 车辆的型号：________________________；
② 车辆的 VIN 码：________________________；
③ 电子稳定程序控制系统的类型：____________________________；
④ 电子稳定程序控制系统的组成部件：____
____。
（2）写出别克荣御电子稳定程序控制系统主要部件的基本作用：
① 轮速传感器：____；
② 横摆率传感器：____；
③ 转向盘转角传感器：____；
④ 电子控制单元：____
____；
⑤ 警示装置：____。</td></tr>
</table>

续表

项目七 检修电子稳定程序控制系统 任务二 检修电子稳定程序控制系统	班级			
	姓名		学号	
	日期		分数	

（3）完成下图空缺的地方。

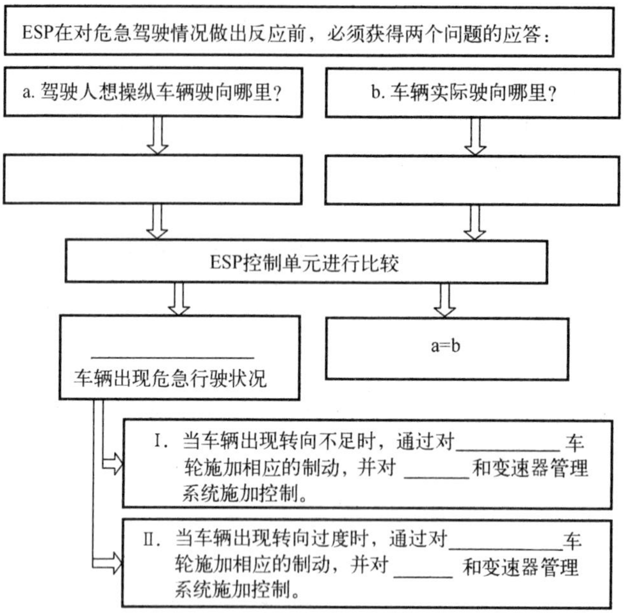

（4）ESP 检修时有哪些注意事项？

（5）分组讨论，如何分析 ESP 系统故障灯常亮故障现象。

拓展知识

一、ESP 系统的工作过程

ESP 系统的工作过程如图 7-2-11 所示。

以图 7-2-12 装备 ESP 的车辆在躲避障碍物时的具体过程为例进行分析。

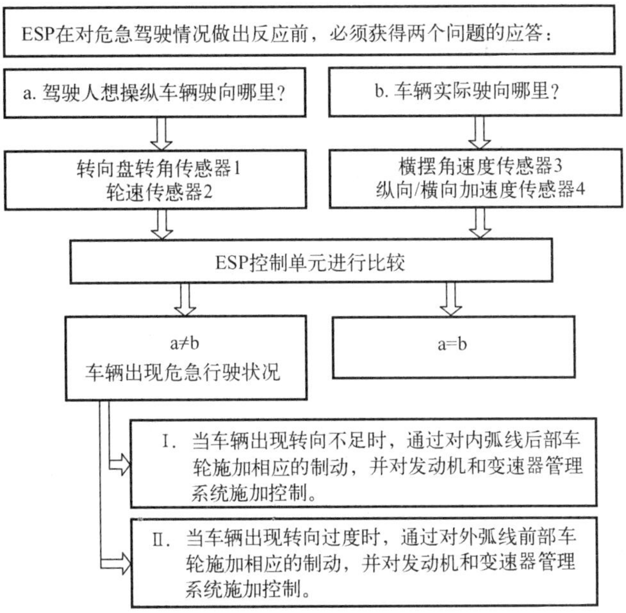

图 7-2-11　ESP 的工作过程示意图

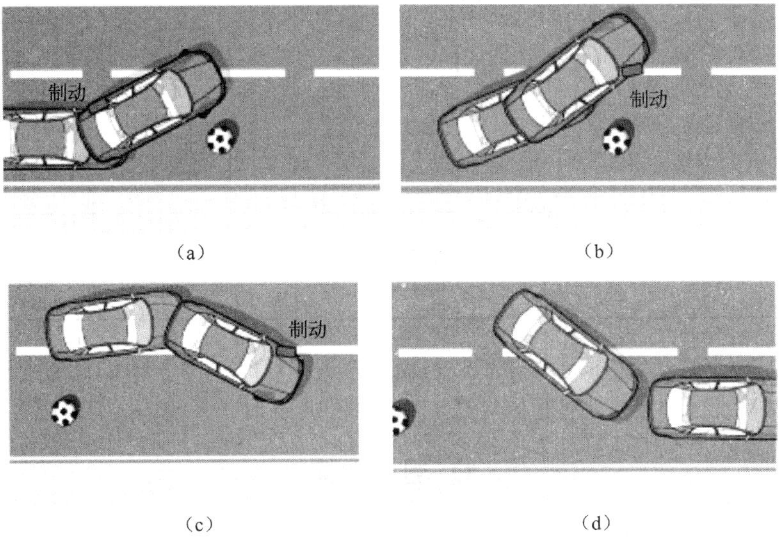

图 7-2-12　装备 ESP 的车辆在躲避障碍物时的具体过程

装备 ESP 的车辆在躲避障碍物时每个阶段的动作如表 7-2-1 所示。

表 7-2-1　装备 ESP 的车辆在躲避障碍物时的四个工作阶段

工作过程	行驶状态	车辆转向	受制动车轮	目　的
第一阶段	制动/向左	转向不足	左后轮	前轴保留侧向力，有效保证车辆的转向
第二阶段	向右	转向不足	右前轮	保证后轴的最佳侧向力，后轴车轮自由转动
第三阶段	向左	转向过度	左前轮	阻止车辆出现甩尾，限制前轴侧向力的建立，在特殊危险情形下这个车轮将强烈制动
第四阶段	中间	稳定	无	在所有不稳定行驶状态被校正后，ESP 退出

二、奥迪 A4 的 ESP 警告灯

奥迪 A4 的 ESP 系统共有三种警告灯，分别为制动系统警告灯 K118、ABS 警告灯 K47、ASR/ESP 警告灯 K155。当系统处于不同的状态时，三种警告灯就会有不同的显示，所以在实际应用过程中，可以根据三种警告灯的显示情况来判断整个 ESP 系统的工作是否正常，三种警告灯的显示情况如表 7-2-2 所示。

表 7-2-2　奥迪 A4 的 ESP 警告灯

状　态	制动系统警告灯 K118	ABS 警告灯 K47	ASR/ESP 警告灯 K155
点火开关打开			
系统正常			
ASR/ESP 正在工作			
ASR/ESP 按钮关闭，ABS 有效。在加速和正常行驶中 ESP 关闭，但是在 ABS 工作时 ESP 激活			
ASR/ESP 失效，ABS 失效（EBD 正常）			
ABS 失效，所有系统都关闭			

另外，当制动液储液罐中的油面过低或液面传感器损坏时，警告灯 K118 也会点亮，但此时 ESP 中不会有故障存储。由于其他原因导致三种警告灯点亮时，系统中会有故障存储。

复 习 延 伸

一、小结

（1）汽车电子稳定程序控制系统一般主要由传感器（轮速传感器、减速度传感器、横摆率传感器、转向盘转角传感器、制动液压传感器、节气门位置传感）、电子控制单元、执行器及警示装置组成。

（2）汽车在转弯过程中会出现打滑现象，当后轮出现打滑时产生转向过度，当前轮出现打滑时产生转向不足。当以上两种情况出现时，汽车电子稳定程序控制系统就开始工作。

（3）ESP 在调整右转弯转向过度时，应该增加制动力的车轮是左前轮；ESP 在调整右转弯转向不足时，应该增加制动力的车轮是右后轮。

（4）奥迪 A4 的 ESP 系统共有三种警告灯，分别为制动系统警告灯 K118、ABS 警告灯 K47、ASR/ESP 警告灯 K155。

二、练习与思考

（一）简答题

（1）轮速传感器的作用是什么？安装在哪些位置？

（2）横摆率传感器的作用是什么？安装在哪些位置？

（3）分析电子稳定程序控制系统转向不足的控制过程。

（4）电子稳定程序控制系统有哪些故障指示灯？各起什么作用？

（二）选择题

（1）ESP 在调整右转弯转向过度时，应该增加制动力的车轮是（　　）。

A. 左前轮　　B. 右前轮　　C. 左后轮　　D. 右后轮

（2）ESP 中用来检测车辆转向角度的是（　　）。

A. 转向盘转角传感器　　B. 横向加速度传感器

C. 偏航率传感器　　D. 纵向加速度传感器

（3）可以检测磁阻式轮速传感器信号的诊断工具是（　　）。

A. 示波器　　B. 交流电压表　　C. 直流电压表　　D. 欧姆表

（4）技师甲说："普通排气方法只能排除制动系统管路中的空气。"技师乙说："使用专用诊断仪对电子制动系统排气，可以排出液压控制单元内部的空气。"则下列说法正确的是（　　）。

A. 仅技师甲正确　　B. 仅技师乙正确　　C. 两个都正确　　D. 两个都不正确

（三）判断题

（1）横摆率传感器一般装在汽车行李厢前部，与汽车垂直轴线平行，用于检测汽车绕垂直轴旋转的速度。（　　）

（2）转向盘转角传感器用于检测转向盘的转向角度，不能检测输入扭矩的大小，也不能判断转动的方向。（　　）

（3）通过 ESP 开关操作可使 ESP 处于不工作状态。（　　）

（4）ESP 在调整左转弯转向不足时，应该增加制动力的车轮是左后轮。（　　）

参考文献

[1] 庞成立．汽车底盘电控系统原理与检修[M]．哈尔滨：哈尔滨工业大学出版社，2013.
[2] 郑劲，张子成．汽车底盘电控系统与检修[M]．北京：化学工业出版社，2011.
[3] 闵思鹏，周羽皓．汽车底盘电控系统检修[M]．北京：人民交通出版社，2015.
[4] 沈沉，张立新．汽车底盘电控系统检测与修复[M]．北京：机械工业出版社，2011.
[5] 赵振宁，李东兵．自动变速器原理与检修[M]．北京：北京理工大学出版社，2014.
[6] 王正旭，刘炽平．汽车自动变速器原理与检修实用教程[M]．北京：机械工业出版社，2012.
[7] 谢计红，刘红伟．自动变速器原理与检修[M]．北京：人民邮电出版社，2011.
[8] 李培军．汽车底盘电控技术[M]．2版．北京：人民邮电出版社，2015.
[9] 汪立亮，艾春萍．轿车自动变速器维修技能实训[M]．北京：北京理工大学出版社，2007.
[10] 李鹏，张鹏．汽车底盘电子控制技术[M]．北京：北京理工大学出版社，2013.
[11] 王忠良，陈昌建．汽车底盘电控技术[M]．2版．大连：大连理工大学出版社，2007.
[12] 秦海滨．汽车底盘电控技术[M]．大连：大连理工大学出版社，2007.
[13] 刘新宇．自动变速器检修[M]．北京：中国铁道出版社，2012.
[14] 徐家顺，郑志中．汽车自动变速器原理与检修[M]．北京：机械工业出版社，2015.
[15] 刘新宇．汽车综合故障诊断与修复[M]．北京：人民邮电出版社，2013.
[16] 王正旭．汽车自动变速器构造与检修[M]．北京：人民交通出版社，2012.
[17] 朱迅，李晓．自动变速器构造与维修[M]．北京：人民邮电出版社，2010.
[18] 徐家顺．自动变速器动力分析与故障诊断彩色图解[M]．北京：机械工业出版社，2014.
[19] 赵良红．汽车底盘电控系统检修[M]．北京：清华大学出版社，2010.
[20] 张蕾．汽车底盘电控系统原理与检修[M]．北京：机械工业出版社，2012.
[21] 姚焕新．汽车底盘电控系统检修[M]．北京：人民邮电出版社，2009.
[22] 张立新．汽车底盘电控系统检修[M]．北京：人民交通出版社，2012.
[23] 李培军．汽车底盘电控技术[M]．北京：人民邮电出版社，2011.
[24] 李雷．汽车底盘电控系统检修（含自动变速器）[M]．北京：人民邮电出版社，2009.
[25] 杨辉，白秀秀，杜晓辉．汽车底盘电控系统检修[M]．北京：北京理工大学出版社，2014.
[26] 陈天殷．汽车主动安全技术：电子稳定程序ESP[J]．轻型汽车技术，2015（8）.
[27] 王博翰，吴斌双，姚文龙，等．浅谈汽车电子稳定程序ESP[J]．科技论坛，2014（21）.
[28] 董鹏娜，李爱琴．电控液压动力转向系统的检测与故障诊断[J]．液压与气动，2012（7）.
[29] 孙世磊．电控空气悬架及其控制策略研究[D]．东北林业大学硕士学位论文，2015.
[30] 高超学，张良．雷克萨斯LS400电控悬架的故障诊断与检修方法[J]．装备制造技术，2015（1）.
[31] 黄启科，麻友良，王保华．汽车电控空气悬架发展与研究现状综述[J]．湖北汽车工业学院学报，2013（2）.